10/12

Pg.lithantype £39 —
26 —

Jena Center
Geschichte des 20. Jahrhunderts
20th Century History

BEITRÄGE ZUR GESCHICHTE
DES 20. JAHRHUNDERTS

Herausgegeben von
Norbert Frei

Band 6

Tobias Freimüller
Alexander Mitscherlich

Gesellschaftsdiagnosen und Psychoanalyse
nach Hitler

WALLSTEIN VERLAG

Gedruckt mit Hilfe der Geschwister Boehringer Ingelheim
Stiftung für Geisteswissenschaften in Ingelheim am Rhein

Bibliografische Information der Deutschen Nationalbibliothek
Die Deutsche Nationalbibliothek verzeichnet diese Publikation in der
Deutschen Nationalbibliografie; detaillierte bibliografische Daten
sind im Internet über http://dnb.d-nb.de abrufbar.

© Wallstein Verlag, Göttingen 2007
www.wallstein-verlag.de
Vom Verlag gesetzt aus der Adobe Garamond
Umschlaggestaltung: Susanne Gerhards, Düsseldorf
unter Verwendung einer Fotografie:
»Alexander Mitscherlich, Universität, Frankfurt 1970«
Foto: Barbara Klemm
Druck: Hubert & Co, Göttingen

ISBN 978-3-8353-0187-0

Inhalt

»Warum Mitscherlich?« 7
Forschungsstand und Fragen 21

1. Väter und Vorbilder 30
Kindheit und Jugend 31 – Studium und »konservative Revolution« 35 – »Exil« 43 – Mitscherlich und die Heidelberger Widerstandskreise 49

2. Neubeginn 1945 56
Zwischenspiel als Politiker 56 – Die Wiedereröffnung der Universität Heidelberg 60 – Der Neuanfang und die Jugend 71

3. Nachdenken über Deutschland 78
Freier Sozialismus 78 – Publizistische Pläne 85

4. Medizin ohne Menschlichkeit 97
Beobachter beim Nürnberger Ärzteprozess 97 – Das Diktat der Menschenverachtung 106 – Wissenschaft ohne Menschlichkeit 125

5. Kampf um die Klinik 134
Bemühungen um ein Institut für Psychotherapie 134 – Auswanderungspläne 144

6. Biographische Medizin 152
Freiheit und Unfreiheit in der Krankheit 152 – Re-Import der Psychoanalyse 160

7. Kampf für die Psychoanalyse 177
Gründung der *Psyche* 177 – Psychoanalyse und NS-Vergangenheit 180 – »One man army« 189 – Die unbekannte Psychoanalyse 200

8. Zwischen Heidelberg und Frankfurt 206
Das Angebot aus Frankfurt 206 – Die Gründung des Sigmund-Freud-Instituts 216

9. Auf dem Weg zur vaterlosen Gesellschaft 233
Massenpsychologie 233 – Der verschwundene Vater 244 – Ideen zur Sozialpsychologie 254

10. Rückkehr der Vergangenheit 267
Eine Neuauflage macht Furore 267 – Die Skandalisierung der NS-Medizin 274

INHALT

11. Was bedeutet »Aufarbeitung der Vergangenheit«? 286
    Latenter Faschismus und autoritärer Charakter 286 – Die Vorurteilskrankheit 293

12. Die Unfähigkeit zu trauern 303

13. »Verkündigung« und Zeitkritik 322
    Mitscherlich in der Öffentlichkeit der 1950er Jahre 322 – Die Humanistische Union 326 – Die Unwirtlichkeit der Städte 337 – Hemmen Tabus die Demokratisierung der deutschen Gesellschaft? 344 – Die Fernanalyse Rainer Barzels 348

14. Vaterlose Gesellen 353
    Berufung nach Frankfurt 353 – Politisierung 356 – Psychoanalyse und Protest 361 – »Papiervater« 376

15. Abschiede 384
    Nachhutgefechte 384 – Heidelberg-Emmertsgrund 397 – Abschied von Universität und Sigmund-Freud-Institut 404 – Bilanzen 409

Schluss 420

Dank 436

Quellen und Literatur 438

Abkürzungen 473

Personenregister 475

»Warum Mitscherlich?«

In der Geschichte der Bundesrepublik gelten die 1960er Jahre als »Scharnierjahrzehnt«, in dem Westdeutschland gesellschaftlich, politisch und kulturell fundamentalen »Wandlungsprozessen« unterworfen war.[1] Die Umbrüche, die – beginnend in den späten 1950er Jahren – die postnationalsozialistische Volksgemeinschaft der Nachkriegsjahre in eine liberale demokratische Gesellschaft verwandelt haben, sind mit den Begriffen der »Liberalisierung«[2] und der »Westernisierung«[3] beschrieben worden. An anderer Stelle wurde argumentiert, die Bundesrepublik sei in den 1960er Jahren überhaupt erst »intellektuell gegründet« worden.[4] Die Diskussion darüber, welchen Erkenntniswert solche Zuschreibungen haben und ob sie nicht Gefahr laufen, einer teleologischen Engführung aufzusitzen, wenn sie die Nachkriegsgeschichte vordringlich im Rahmen einer Modernisierungsgeschichte beschreiben, ist nicht beendet.

In jedem Fall werden die gesellschaftlichen, kulturellen und politischen Umbrüche der Bundesrepublik in den 1960er Jahren bislang in erster Linie als Aufbrüche zu neuen Ufern verstanden, auch weil in der Logik der chronologisch voranschreitenden zeithistorischen Forschung zunächst die Brüche zwischen den 1960er Jahren und den 1950er Jahren sowie dem NS-Staat in den Blick geraten sind. Der historische Ort des »Scharnierjahrzehnts« der 1960er Jahre wird zukünftig auch dadurch schärfer sichtbar werden, dass das eigene, durchaus krisenhafte Profil der 1970er und 1980er Jahre kontrastierend hinzutreten wird.

Ein wichtiger Ansatzpunkt in der Erforschung der 1960er Jahre ist seit längerer Zeit die Frage nach der Rolle, die einzelnen Personen im Zuge der gesellschaftlichen Veränderungsprozesse zukommt. Einzelne das Jahrzehnt prägende Gestalten, die neue Diskursfelder eröffneten oder gegen erhebliche Widerstände Themen in die Öffentlichkeit brachten, haben breite Aufmerksamkeit erfahren. Die Bedeutung der »kritischen Theorie« der Frankfurter Schule und namentlich Theodor W. Adornos

---

1 Herbert, Wandlungsprozesse. Die Literatur wird im Folgenden mit Kurztiteln zitiert. Ausnahmen bilden die Schriften Alexander Mitscherlichs, die im Interesse leichterer Auffindung bei der ersten Nennung mit vollem Titel angegeben sind.
2 Herbert, Liberalisierung.
3 Doering-Manteuffel, Westernisierung.
4 Albrecht, Gründung.

ist dabei ebenso evident wie die Bedeutung, die Fritz Bauer und dem von ihm maßgeblich herbeigeführten Auschwitzprozess zukommt. Eine Person, die zweifellos zu dieser Riege intellektueller Gründergestalten der Bundesrepublik zählt, die mit den Gegenwartsdiagnosen einer »vaterlosen Gesellschaft« und einer »Unfähigkeit zu trauern« geradezu sprichwörtlich gewordene Beiträge zur Selbstverortung der Zeitgenossen beisteuerte, hat dagegen lange Zeit wenig Beachtung gefunden: Alexander Mitscherlich.

Es ist auffällig, dass der Frankfurter Psychoanalytiker zu Beginn der 1960er Jahre mit seiner Publikation *Medizin ohne Menschlichkeit* in das Blickfeld der Öffentlichkeit trat, für einige Jahre zur »moralisch-öffentlichen Instanz, [zum] Gewissen der Nation«[5] wurde und mit dem Ende der »Reformzeit« zu Beginn der 1970er Jahre – kaum 65-jährig – wieder weitgehend aus der öffentlichen Wahrnehmung verschwand. Anders als Theodor Adorno ist Mitscherlich als Person nie zu einer Ikone der erinnernden Selbstbeschreibung der Bundesrepublik geworden, obwohl die Titel seiner Veröffentlichungen in den allgemeinen Sprachgebrauch eingesickert sind und sich bis heute geradezu emblematische Beschreibungskraft erhalten haben. Niemand käme auf den Gedanken, Mitscherlich als »letztes Genie« zu bezeichnen, wie Detlev Claussen dies für Adorno getan hat – und die wenigsten Zeitgenossen wüssten zu sagen, was eigentlich jenseits ihrer sprechenden Titel Inhalt und Gegenstand von Mitscherlichs Arbeiten gewesen ist.

Es liegt nahe, von einer besonderen Zeitgebundenheit der Bedeutung der Person Mitscherlichs und seines Wirkens auszugehen. Worin aber lag diese Bedeutung für die Selbstverständigung der Bundesrepublik der 1960er Jahre? Wurden die von ihm geprägten Begriffe lediglich emblematisch genutzt und aus ihrem psychoanalytischen Kontext in eine gesellschaftspolitische Bedeutung transformiert? Oder war es im Gegenteil die Psychoanalyse, die im Kontext der Protestbewegung der 1960er Jahre eine solche Bedeutung erlangte, dass ihr sichtbarster Vertreter für einige Jahre zur öffentlichen Figur wurde? Welche Rolle spielte Mitscherlichs lose Zugehörigkeit zur »Frankfurter Schule«, und in welchem Maße trugen seine Beiträge zur »Bewältigung« der NS-Vergangenheit dazu bei, Mitscherlich zu einer öffentlichen Instanz zu machen?

Diese Fragen sind bislang nur recht abstrakt beantwortet worden. Mitscherlichs Mitarbeiter Helmut Dahmer zählte ihn »zu der marginalen

---

5 Lohmann, Mitscherlich, S. 106.

Gruppe von oppositionellen Intellektuellen in der Bundesrepublik«[6], und der mit Mitscherlich eng befreundete Jürgen Habermas formulierte: »Ich kenne in der Bundesrepublik keinen zweiten Wissenschaftler, der eine mentalitätsprägende Kraft in einem so breiten Publikum hätte entfalten können.«[7] Worin bestand aber Mitscherlichs oppositionelle Rolle, und welche »mentalitätsprägende Kraft« entfaltete er? Und wie passen diese Charakterisierungen zu der Einschätzung Michael Rutschkys, dass man bei der Lektüre von Mitscherlichs gesammelten Schriften den Eindruck gewinne, »fortwährend die selbstverständlichsten Selbstverständlichkeiten zu lesen«[8]?

1969 wurde Alexander Mitscherlich der Friedenspreis des Deutschen Buchhandels verliehen. Als diese Nachricht im Frühjahr 1969 in den Zeitungen vermeldet wurde, erregte die Wahl des Preisträgers kaum Verwunderung. Zwar mokierte sich mancher mit halbem Ernst über die Verknüpfung des Namens Mitscherlich mit dem Begriff des Friedens, denn »Mitscherlich und Beschwichtigung: wann hätte es das je gegeben?«. Doch grundsätzlich stellte sich die Frage »warum Mitscherlich?«[9] den Zeitgenossen nicht. Die öffentlichen Würdigungen, die der Geehrte im Vorfeld und anlässlich der Preisverleihung erfuhr, erlauben eine erste Annäherung an die Frage, welches Bild der Person Mitscherlich den Westdeutschen Ende der 1960er Jahre vor Augen stand. Es war ein zumindest dreigeteiltes: das Bild eines unermüdlich für seine Wissenschaft streitenden Psychoanalytikers, eines unerschrockenen Zeitkritikers und schließlich das Bild eines Mannes, der gleich in doppelter Weise Opfer sowohl des Nationalsozialismus als auch von dessen personellen und mentalen Kontinuitäten in der Nachkriegszeit geworden war.

Mit einer genaueren Untersuchung der wissenschaftlichen Meriten des Preisträgers hielt sich die Presse 1969 in der Regel nicht lange auf. Meist ließ man es mit einem Verweis auf die Pionierleistung auf sich beruhen, die Mitscherlich für die psychosomatische Medizin und die Psychoanalyse erbracht habe. Wo die Überlegungen weiter gingen, erschien Mitscherlich in ihnen nicht nur als Arzt und Psychoanalytiker, sondern als über Fachgrenzen souverän hinweggreifender kritischer Geist, als Mittler zwischen Natur- und Geisteswissenschaften, dessen Krankheitsbegriff zu-

---

6 Dahmer, Mitscherlich, S. 1071.
7 Habermas, Mitscherlich, S. 1061.
8 Rutschky, Mitscherlich, S. 712.
9 Rhein-Neckar-Zeitung, 11./12.10.1969.

gleich »als Negativ, die positive Utopie des Menschen, seine historisch mögliche Befreiung intendiert«[10].

Sowohl die Psychoanalyse als auch die Person Mitscherlich charakterisierte Walter Dirks mit der Formel »hart aber brüderlich«[11]. So wie die Psychoanalyse den Patienten mit Peinlichem und Verdrängtem konfrontiere, ohne ihn deswegen als Opfer anzusehen, so handele auch Mitscherlich: »Man spürt das ›wir‹ im ›Ihr‹ heraus, wenn er sich deutlich und hart über diese Gesellschaft äußert«, und mit der »Unfähigkeit zu trauern« habe er den Bürgern dieser gestörten Gesellschaft die wichtigste und hilfreichste Beschreibung und Deutung an[geboten], die sie haben lesen können«.

In der *Frankfurter Allgemeinen Zeitung* hob Karl Korn vor allem auf das einnehmende Wesen Mitscherlichs ab: »Der temperamentvolle Einundsechzigjährige, sportlich, gesellig, allemal zu Gespräch und Diskussion bereit, ein unermüdlicher Besucher von Tagungen, politisch vielfach interessiert und engagiert, ein weltläufiger Professor.« Mitscherlich analysiere die Gegenwart unerschrocken, biete aber auch Perspektiven der Daseinsbewältigung. »Mitscherlichs Denkhilfen zur Bewältigung ungelöster Lebensprobleme unserer Zeit sind auch sein Beitrag zum sozialen Frieden. […] Wie immer man die Chancen eines neuen, jedermann zugänglichen und zugänglich zu machenden Bewußtseins einschätzen mag, der Mann Mitscherlich ist für diesen Prozeß eine Instanz geworden.«[12]

Die *Süddeutsche Zeitung* stellte Mitscherlich als »ungewöhnliche, unorthodoxe, mutige und unsere Demokratie ernst nehmende, zukunftsweisende Persönlichkeit« vor und verlieh zugleich der Verwunderung darüber Ausdruck, dass der Börsenverein mit seiner Entscheidung über sich hinausgewachsen sei: »Der Friedenspreis also einem Mann, der mit großer Kraft […] deutschnationale Klischees zu zersetzen wußte, der Beschwichtigungen und Verdrängungen mit scharfem klinischen Blick durchschaute.«[13] Die *Rhein-Neckar-Zeitung* machte die Lebensleistung des Preisträgers im »Aufspüren versteckter Mechanismen in den fließenden oder oft gefährlich erstarrten Vorgängen des öffentlichen Lebens« dingfest und im »Aufweis tieferer Schichten der Motivation von kollekti-

---

10 Kalow, Gerd: Die Geschichtlichkeit der Medizin. Bemerkungen über Alexander Mitscherlichs Scienza nuova. In: Pressekorrespondenz des Börsenvereins des Deutschen Buchhandels. Sondernummer (AMA, MI 76).
11 Dirks, Walter: Hart aber brüderlich. In: Pressekorrespondenz des Börsenvereins des Deutschen Buchhandels. Sondernummer (AMA MI 76).
12 Frankfurter Allgemeine Zeitung, 10.10.1969.
13 Süddeutsche Zeitung, 8./9.3.1969.

vem Verhalten, welche die Selbstdarstellung und das Selbstverständnis politischen Handelns oft als bedrohliche Maskerade erscheinen lassen«[14].

Mitscherlich erschien in diesen Würdigungen als scharfsichtiger Diagnostiker einer Gemengelage deutscher Mentalitäten, als Arzt der deutschen Seele, der den Deutschen den Spiegel vorhielt, ob sie dies wünschten oder nicht. »Es waren die Motive des Arztes, der Prophylaxe betrieb«, die ihn antrieben, meinte wiederum die *Rhein-Neckar-Zeitung*, dabei keinen Augenblick darüber reflektierend, dass sich aus dieser Sichtweise eine Selbstbeschreibung der bundesrepublikanischen Gesellschaft als seelisch krank ergeben musste. Woran die Gesellschaft aber so sehr kranke, dass auch Karl Korn die Notwendigkeit zur Herstellung eines »neuen Bewußtseins« ausmachte, blieb in den Würdigungen des Preisträgers eher unklar. Konkret wurde allenfalls Mitscherlichs Beitrag zur Debatte um die lange ausgebliebene »Bewältigung« der NS-Vergangenheit genannt, doch auch hier ließen die Autoren es in der Regel bei dem bloßen Hinweis auf die Diagnose der »Unfähigkeit zu trauern« bewenden.

Karl Korn ließ in der *Frankfurter Allgemeinen Zeitung* die Epoche des Nationalsozialismus und ihre Folgen für die Bundesrepublik in einem Zeitalter der bedrohlichen Moderne aufgehen. Mitscherlich habe diesen Gefahren der Gegenwart stets nachgespürt: »Die Gedankenarbeit des Mediziners und Sozialphilosophen kreist seit Jahren und zumal seit der deutschen Katastrophe, mehr noch seit den neuen Kriegen nach dem Nürnberger Tribunal um die Frage, wie in einer Epoche der gesellschaftlichen Totalumwälzung durch die Technik der mäßigende und sublimierende Einfluß der Ratio noch oder wieder Triebbändigung leisten könne.«[15]

Als mindestens ebenso wichtig wie seine Bedeutung als Analytiker der deutschen Gesellschaft befanden die journalistischen Laudatoren Mitscherlichs Geschichte als Kämpfer gegen die in Restaurationstendenzen erstarrte Rückständigkeit der Nachkriegszeit. Dieser Kampf habe dem Preisträger viele Feinde eingebracht: Dazu gehörten nach Auffassung des *Deutschen Allgemeinen Sonntagsblatts* der CDU-Politiker Rainer Barzel (den Mitscherlich ungefragt einer öffentlichen »Analyse« unterzogen hatte) und die Grundstücksbesitzer (gegen die Mitscherlich in der *Unwirtlichkeit unserer Städte* zur Revolution aufgerufen hatte), aber auch die Frankfurter Professoren, die Mitscherlich mit seinem entschlossenen

---

14 Rhein-Neckar-Zeitung, 11./12.10.1969. Dort auch das folgende Zitat.
15 Frankfurter Allgemeine Zeitung, 10.10.1969.

WARUM MITSCHERLICH?

Eintreten für die Belange der revoltierenden Studenten vergrätzt habe – und schließlich die revoltierenden Studenten selbst, die Mitscherlich mangelnde revolutionäre Konsequenz vorwarfen.[16] Ungenannt bleibt in diesem Reigen nur die Ärzteschaft, Mitscherlichs nach eigener Einschätzung ärgster Feind. Seit seinen Dokumentationen über die NS-Medizin, die aus der Beobachtertätigkeit beim Nürnberger Ärzteprozess hervorgegangen waren und um die es erbitterten Streit gegeben hatte, galt Mitscherlich in der allgemeinen Wahrnehmung als »einer der bestgehassten Männer der deutschen Medizin«[17]. Seine Karriere als Mediziner sei, so stand es überall zu lesen, gezielt behindert worden. Seine Heimatuniversität Heidelberg habe ihn niemals zum Ordinarius gemacht; erst das Land Hessen »durchhieb den Knoten«[18] und berief Mitscherlich 1967 im Alter von 59 Jahren auf einen ordentlichen Lehrstuhl. Diese späte Berufung – noch dazu nicht von einer medizinischen, sondern von einer philosophischen Fakultät – galt als Skandal. Die *Rhein-Neckar-Zeitung* machte geltend, dass die Heidelberger Gelehrten sich nach Kriegsende zwar des politisch unbelasteten Mitscherlich bedient hatten, als es um die Wiedereröffnung der Universität ging, ihm seinen wichtigen Beitrag aber nie gedankt hätten. Und dies, obwohl Mitscherlich zweifellos zu den zehn wichtigsten Leuten an den deutschen Universitäten gehöre.

Es war der Psychoanalytiker Tilman Moser, der die Verleihung des Friedenspreises in diesem Sinne als »Wiedergutmachung« interpretierte.[19] Wiedergutgemacht werde sowohl die Benachteiligung Mitscherlichs als Person als auch die »zähe soziale Ächtung der Psychoanalyse«. Im gleichen Atemzug erkannte Moser aber auch eine ganz andere, taktische Dimension der Preisverleihung. Nachdem im Vorjahr die Verleihung des Preises an den senegalesischen Präsidenten und Schriftsteller Leopold Senghor in Straßenschlachten zwischen Studenten und Polizei nahezu untergegangen war[20], habe man mit Mitscherlich einen Kandidaten ge-

---

16 Deutsches Allgemeines Sonntagsblatt, 12.10.1969.
17 Lifton, Mitscherlich, S. 12.
18 Rhein-Neckar-Zeitung, 11./12.10.1969.
19 So auch der Titel seines Textes: Stuttgarter Zeitung, 12.3.1969.
20 Die Verleihung des Friedenspreises an Senghor hatte erheblichen Unmut innerhalb der westdeutschen Linken und der Studentenbewegung hervorgerufen, die Senghor als »dichtende Marionette des Imperialismus« bezeichnete und ihm insbesondere vorwarf, zu Jahresbeginn die senegalesische Studentenbewegung sowie Proteste gegen Preiserhöhungen für Grundnahrungsmittel brutal niedergeschlagen zu haben.

funden, gegen den von links kaum Kritik möglich sei und der für die Konservativen »das Äußerste des Zumutbaren an Progressivität« darstelle. Eigentlich geehrt, so schloss Moser, würde gleichsam diese Integrationswirkung, die man seiner Person zutraue.[21]

In der Tat war Mitscherlich im Vorfeld mehrfach brieflich aufgefordert worden, die Annahme des Preises zu verweigern, der, wie ein Briefschreiber vermutete, sicher »unter dem Trommelwirbel von Gummiknüppeln verliehen werde«[22]. Auch ein »1. Arbeitskreis Literaturproduzenten«, in dem sich etwa 300 Verlags- und Buchhandelsangestellte zusammengeschlossen hatten, forderte Mitscherlich auf, den Preis abzulehnen. Der Verleger Klaus Wagenbach erläuterte: »Keinesfalls werden [...] sechshundert Jungbuchhändler in der Paulskirche sitzen, sie werden draußen stehen, möglicherweise unter ›Polizeischutz‹. [...] Sie sind ausgezeichnet worden nicht für Ihr Werk, das Anstoß erregt, sondern um dem Börsenverein aus dem Dilemma zu helfen. [...] Auch wir, die Angestellten des Buchhandels, fordern Sie auf, den Preis abzulehnen.«[23]

In einem Interview mit der *Welt* verwahrte sich Mitscherlich gegen den Vorwurf, sich affirmativ dem Establishment anzunähern. Er identifiziere sich weder mit dem Börsenverein noch mit dessen Gegnern. »Ich muß mir die Freiheit herausnehmen, zu sagen, daß ein solches Ausmalen der Ereignisse am 12. Oktober von der Annahme auszugehen scheint, daß dieser Staat nur noch zerstörenswert sei und daß die Gesellschaft auch dort, wo sie sich über ihre Egoismen belehren lassen könnte, daran gehindert werden sollte. Sie muß untergehen. Diese Auffassung teile ich nicht.« Neben dem nicht unbescheidenen Hinweis, die Welt werde sich von ihm über ihre Egoismen belehren lassen können, drückte sich in Mitscherlichs Worten auch die Kritik an der radikalisierten Protestbewegung aus, der er ihre Neigung zu ideologischer Verblendung ankreidete: »Ich beobachte mit Sorge, daß jugendliche Mitbürger diesen Staat in undifferenzierter Weise zu verachten beginnen. Gehört das zur deutschen Szene, daß auch die rebellische Linke, die sich doch der Vernunft verschworen wissen müßte, der alten deutschen Lust am Schlagen und Geschlagenwerden verfällt?«[24]

Mitscherlich nahm den Preis an – und die Sorgen um einen störungsfreien Ablauf der Verleihungszeremonie blieben vorerst bestehen: Am Freitag, den 10. Oktober 1969 war von Studenten der Stand der südafri-

---

21 Stuttgarter Zeitung, 12.3.1969.
22 Berger an Mitscherlich, 13.3.1969, AMA I, 459.1.
23 Zit. nach: Frankfurter Allgemeine Zeitung, 15.3.1969.
24 Die Welt, 20.3.1969.

kanischen Verlage zerstört worden, am folgenden Tag traf es den Stand des Verlegers Goldmann, der Angestellte entlassen hatte, die eine Verbesserung ihrer Arbeits- und Lohnverhältnisse verlangt hatten. Schließlich verschafften sich protestierende Studenten Zugang zur Hauptversammlung des Börsenvereins und platzten dabei mitten in eine Totenehrung. Die Sitzung musste vertagt werden.[25] Im Gegensatz dazu blieb es bei der Verleihungszeremonie in der Paulskirche am Sonntag überraschend friedlich.[26] Nicht nur der *Münchner Merkur* wunderte sich: »Messekrach – aber in der Paulskirche ist es ruhig«: Ob es an Heinemann oder Mitscherlich lag, so herzlichen Beifall habe man in der Paulskirche lange nicht gehört; »die Polizisten konnten draußen Skat spielen«.[27]

In der Paulskirche war derweil für die Zuschauer eine habituelle Modernisierung wahrnehmbar: »Sogar dem feierstündlichen Musikprogramm hatte der Psychologe Alexander Mitscherlich sein differenziert vorsorgendes Interesse gewidmet. Statt der obligaten klassischen Feierklänge waren diesmal Stellen aus den ›Drei Stücken für Streichquartett‹ von Strawinsky zu hören, gemäßigt herb, statt der Wohlbehagen fördernden Dreiklangtendenz mit einer fragenden Dissonanz abbrechend.« Gewohnte Stilelemente wie der Hinweis auf die Verbindung des Friedenspreises mit dem »deutschen Wesen« und auf den liberalen und demokratischen Geist Frankfurts verblassten »zum erträglichen Rankenwerk‹ gegenüber der dominierenden Rede Mitscherlichs«, lobte die *Süddeutsche Zeitung*.[28]

Als Laudator hatte Mitscherlich den international angesehenen Psychoanalytiker Heinz Kohut gewinnen können. Man solle die Gelegenheit, wenn dank der Fernsehübertragung der ARD 20 Millionen Menschen zuschauen, für die Psychoanalyse nutzen, hatte Mitscherlich argumentiert: »Ich möchte gerne als Person zurücktreten und die Ehrung als eine auffassen, die durch mich die Psychoanalyse erreicht. Nur das kann doch der Sinn einer Laudatio in meinem Fall sein. [...] Wenn der durchschnittliche Hörer in Deutschland etwas davon erfährt, daß die Psychoanalyse nicht nur eine Angelegenheit für Karikaturisten ist, dann wäre der Sache, glaube ich, schon ganz erheblich gedient.«[29] Heinz Kohut gelang, wie vermerkt wurde, »eine Rede von herrlich gefügter Rhetorik in

---

25 Neue Zürcher Zeitung, 13.10.1969.
26 Stuttgarter Zeitung, 13.10.1969.
27 Münchner Merkur, 13.10.1969.
28 Süddeutsche Zeitung, 13.10.1969.
29 Mitscherlich an Kohut, 25.6.1969, AMA I, 3026.49.

WARUM MITSCHERLICH?

einem unauffälligen edlen Deutsch«[30], er konnte aber inhaltlich lediglich Kernelemente des zeitgenössischen Mitscherlich-Bildes reproduzieren – schon deshalb, weil er Mitscherlich erst wenige Jahre zuvor kennengelernt hatte. Kaum tiefer irren konnte der Laudator beispielsweise, als er einleitend bemerkte, Mitscherlich stamme aus einer Professorenfamilie, was ihm »gewiß lebensstützende Kraft«[31] gebe.

So porträtierte Kohut den Preisträger insgesamt nicht wesentlich anders, als die bundesdeutsche Presse dies im Vorhinein getan hatte. Er lobte höflich dessen psychosomatische und psychoanalytische Forschungen, die auf »hohem fachmännischen Niveau« stünden, fügte jedoch sogleich hinzu: »Sein Bestes aber gibt er im Generellen, im synthetisch-lehrenden Überblick und in der mutigen organisatorischen Tat«. Selbst wo Mitscherlich nur Forschungsergebnisse anderer zusammenfasse, flössen »Gedankengänge ein, die von scharfsinnigster Originalität zeugen, ohne daß er von ihnen viel Aufhebens macht«. Dabei habe sich Mitscherlich Freud völlig zu eigen gemacht und spreche »mit überzeugender Gewißheit«, weil »ihm die psychoanalytische Einsicht anstrengungslos zu Gebote steht«. Kein Wort verlor Kohut darüber, dass sich Mitscherlich der freudianischen Psychoanalyse nach dem Krieg erst allmählich angenähert und selbst erst 1959 eine Lehranalyse durchlaufen hatte.

Schließlich kam Kohut zur öffentlichen Figur, zu Mitscherlich »als beteiligtem Bürger, als Träger des nationalen Gewissens, als Sozialreformer«. Dieser könne plötzlich zum »kraftvollen Polemiker« werden und nehme es immer wieder auf sich, »als Einziger oder als die tapfere Stimme der Wenigen Notlagen aufzuzeigen, Verbesserungsmöglichkeiten vorzuschlagen, Änderungen zu verlangen«. Darin liege, so Kohut, Mitscherlichs »bedeutendster Beitrag zur Kultur der Gegenwart«, denn er habe das tiefste Prinzip der Psychoanalyse von der Individualanalyse auf die Therapie eines Volkes übertragen. Was durch Mitscherlichs Hilfe in der Volksseele geheilt werde, ließ allerdings auch Kohut offen.

Schließlich näherte sich der Laudator der Frage, was Mitscherlich für so viele Menschen zum Vorbild werden lasse. Was mache einen bedeutenden Mann aus, einen großen Mann? Neben Intelligenz, Wissen, Arbeitskraft auch die Fähigkeit, »das kreative Vorstellungsvermögen der Mitmenschen anzuregen, besonders das der folgenden Generationen«. Auch wenn Mitscherlich selbst vor der Verherrlichung von Autoritäten warne, so gebe es doch ein »Bedürfnis des Menschen nach dem bildhaf-

---

30 Münchner Merkur, 13.10.1969.
31 Manuskript der Laudatio Kohuts: AMA X 73, unsortiert.

ten Beispiel«. Mitscherlich sei ein solches Beispiel,»ein neuer Typus: ein Mann mutigen Denkens und gedankenvollen Muts, der sich rastlos bemüht, die besten Erkenntnisse, die über das Individuum erzielt worden sind, zum Verständnis großer Gruppen anzuwenden und zum lebenden Gedankengut des kulturbeteiligten, verantwortungsvollen Mitmenschen zu machen«.
Anschließend hielt Mitscherlich seine Dankesrede.[32] In den Mittelpunkt stellte er das Thema der Bedrohung des Friedens durch den dem Menschen innewohnenden Aggressionstrieb. Wie stets zeigte sich Mitscherlich eloquent, mitreißend und sympathisch. Er verknüpfte das eigentlich sozialpsychologische Thema mit einem Plädoyer für die Psychoanalyse und versäumte es auch nicht, die aktuellen Kontroversen um die Preisverleihung anzusprechen:»In all seinen Teilstücken ist Frieden immer gefährdet; darauf muß man sich wohl einstellen. Nicht ohne ein Gefühl der Wehmut und eines für das ironische Moment, das hier enthalten ist, habe ich deshalb den Unfrieden beobachtet, der um Preis und Verleihungsmodus entstanden ist. Dieser Unfrieden hat mich bis in meinen persönlichen Lebensbereich hinein verfolgt.«[33] Verstehe man die Verleihung des Friedenspreises als Versuch,»einen uns liebgewordenen Charakterzug, das Martialische abzulegen«, so müsse man sich fragen, ob nicht dieser Charakterzug im Umfeld der Buchmesse und der Preisverleihung wieder durchschlage.»Natürlich weiß ich, daß verhärtete Institutionen sich nur rühren, wenn sie heftig und ausdauernd attackiert werden. Trotzdem muß ich fordern, daß gerade die progressiven ›Protestanten‹, wenn ich sie so nennen darf, die sich der Sache der Humanität in ihrem Bewußtsein verschrieben haben, sich um bessere Selbsterkenntnis bemü-

---

32 Mitscherlich, Alexander: Über Feindseligkeit und hergestellte Dummheit – einige andauernde Erschwernisse beim Herstellen von Frieden. Rede als Preisträger bei der Verleihung des Friedenspreises des Deutschen Buchhandels in der Frankfurter Paulskirche am 12.10.1969. Veröffentlicht in: Frankfurter Allgemeine Zeitung 13.10.1969; Börsenblatt für den Deutschen Buchhandel 25 (1969), S. 2609-2614; Der Spiegel 23 (1969), Heft 42, S. 206-209 und S. 211-212; wiederveröffentlicht unter dem Titel»Über Feindseligkeiten und hergestellte Dummheit« in:»Deutsches Mosaik – ein Lesebuch für Zeitgenossen«, Frankfurt 1972, S. 391-404, sowie unter dem Titel»Über hergestellte Dummheit« in den Sammelbänden Mitscherlichs»Toleranz – Überprüfung eines Begriffs« (1974),»Freiheit – eine Utopie« (1975) und»Das Ich und die Vielen« (1978); GS V, S. 363-375. Die Schriften Alexander Mitscherlichs werden im Folgenden, wenn nicht anders angegeben, nach den Gesammelten Schriften (GS) zitiert: Mitscherlich, Gesammelte Schriften.
33 Mitscherlich, Feindseligkeit, S. 363.

hen als sonstwer.«[34] Diese kaum verhüllte Kritik an den »Achtundsechzigern« brachte Mitscherlich den ersten spontanen Zwischenapplaus.[35] »Erwarten Sie bitte keine laute Schelte. Der Beruf, den ich ausübe, ist kein lauter. Als Psychoanalytiker höre ich zu, suche zu verstehen, bemühe mich, in der Erkenntnis der Konflikte meiner Patienten ihnen ein kleines Stück voraus zu sein, um ihnen damit zu helfen. Ich bitte aber, daraus nicht zu folgern, daß ich nicht des ungeheuren Maßes an Unfrieden und Ungerechtigkeit in der Welt gewahr oder keiner starken Gefühle fähig wäre. Was ich von der Welt in Erfahrung bringen konnte, hat mir nur wenig Hochachtung vor der Weisheit der Herrschenden abgefordert. Ich habe Verständnis für den Haß der Unterdrückten. Wird er aber helfen, in der Zukunft die Humanität zu mehren?«[36]

Angesichts des »Starrsinn[s] der Herrschenden«, wie er sich beispielsweise in der kirchlichen Haltung zur Geburtenregelung zeige, müsse er sich selbst »im Zaum halten, damit nicht auch mir Zorn und Verzweiflung in Haß umschlagen. Aber Haß, so habe ich einsehen müssen, wenn er undurchdacht bleibt, verdirbt die Humanität. Die Energie des Zorns muß umgesetzt werden, ehe sie in Haß erstarrt.« Und doch: »Überblickt man den Erdball als ganzes, dann kann freilich dieser unser Friedenspreis nur als Trostpreis für Erfolglosigkeit verstanden werden. Man könnte geradezu fragen: Werden hier Narren ausgezeichnet, die allem Augenschein zum Trotz an der Möglichkeit friedlicher Konfliktlösungen festhalten?« Aus dieser weltweiten Bedrohung des Friedens konnte aus Mitscherlichs Sicht nur eine institutionalisierte Friedensforschung einen Ausweg weisen, und die müsse selbstverständlich das Instrument der Psychoanalyse nutzen.

Frieden war für Mitscherlich kein statischer Zustand, sondern »Merkmal eines in ständiger Bewegung befindlichen und zwar befriedigenden Gleichgewichtssystems affektiver Beziehungen«. Deshalb müsse Friedensforschung »Erforschung menschlicher Motive« sein. Sie könne beispielsweise, so erklärte Mitscherlich, die die innerdeutschen Beziehungen hemmenden Affekte untersuchen, um auf diesem Feld, auf dem eigentlich »keine unlösbare Aufgabe« vorliege, Fortschritte zu erzielen. Doch eine wirksame Veränderung der herrschenden Verhältnisse werde mit einer Erforschung der Aggressionsneigung allein nicht erreicht werden können, eine Therapie müsse sich anschließen: »Ohne eine Veränderung der psychischen Konstitution – eine quasi qualitativ neue Stufe der kul-

---

34 Mitscherlich, Feindseligkeit, S. 364.
35 Süddeutsche Zeitung, 13.10.1969.
36 Mitscherlich, Feindseligkeit, S. 363; die folgenden Zit.: S. 364, 365, 366, 367.

turellen Entwicklung, ein erweitertes und gestärktes Bewußtsein – kann kaum mit einer Minderung der Kriegschancen gerechnet werden.« Die Zielvorstellung aller Kultur müsse aufgrund der »aggressive[n] Grundbegabung« des Menschen die »Milderung der feindseligen und zerstörerischen Formen von Aggression durch die Förderung ausgleichender seelischer Kräfte wie Mitgefühl, Verständnis für die Motive des anderen und ähnliches« sein. Dem stehe hauptsächlich die Situation einer »anerzogenen Dummheit« der Gesellschaft gegenüber, die »sorgfältig durch Erziehung zu Vorurteilen herbeigeführt« sei. »Nationale Dummheit und nationaler Stolz wachsen aus einem Holz«, postulierte Mitscherlich. »Die Feindseligkeit des Menschen kann mit Hilfe der Analyse ihrer Motive gedämpft werden«, aber dazu sei es notwendig, der ihr zugrunde liegenden Dummheit entgegenzuarbeiten.[37]

Mitscherlich schloss seine Rede mit der Ankündigung, das Preisgeld von 10 000 DM an Amnesty International zu spenden[38] – zum zweiten Mal erhielt er Applaus auf offener Szene[39]; anschließend ging die Versammlung »still und nachdenklich auseinander«.

Angesichts der Tatsache, dass Mitscherlich in seiner Rede nicht viel mehr geliefert hatte als ein Plädoyer für eine psychoanalytisch orientierte Sozialpsychologie, die er im Rahmen einer institutionalisierten »Friedensforschung« politisch nutzbar machen wollte, war das Echo auf seine Ausführungen erstaunlich. Die *Süddeutsche Zeitung* sprach von einem »behutsam und illusionslos vorgetragene[n] Programm für effektive, politische Friedensforschung« und war mit Mitscherlich der Überzeugung, dass ohne wissenschaftlich herbeigeführte Kenntnis psychischer Prozesse »keine verläßliche Basis für selbständiges Denken« entstehen könne. Es sei eine Zukunftsaufgabe, die Prozesse zu untersuchen, mit denen die Gesellschaft ihre Mitglieder zu Sozialwesen formt, erst dann könne man Einfluss nehmen. Ähnlich angetan von Mitscherlichs Vortrag zeigte sich die *Rhein-Neckar-Zeitung*, die ihren Lesern berichtete, der Redner habe beim Namen genannt, was normalerweise bei solchen Gelegenheiten unterschlagen werde. »Er klärte die Festversammlung und die Fernseher ungefragt über die Situation ›gesellschaftlich induzierter

---

37 Mitscherlich, Feindseligkeit, S. 374.
38 Mitscherlich war 1966 von Carola Stern, die zusammen mit Gerd Ruge die deutsche Sektion begründet hatte, auf Amnesty International aufmerksam gemacht worden und hatte sich schnell bereit erklärt, neben Adolf Arndt und Martin Niemöller dem Ehrenpräsidium beizutreten (Korrespondenz Mitscherlich/Amnesty International, AMA I, 153).
39 Süddeutsche Zeitung, 13.10.1969; dort auch die folgenden Zitate.

Aggression‹ auf« – ein »faszinierender Exkurs, der nachwirkte und nachvollziehbar war auch für unsereinen«[40]. Die größte Distanz behielt die *Frankfurter Rundschau*, die knapp kommentierte, an Mitscherlich (»ein Unumstrittener«) hätten auch die Oppositionellen »kein autoritäres Haar in der Suppe finden [können]«. Mitscherlich habe milde APO-Kritik betrieben, bessere Selbsterkenntnis gefordert und dafür von den Ehrengästen »frenetische[n] Beifall« erhalten«[41]. Neben den fast ausnahmslos freundlichen Würdigungen in der Presse erfuhr Mitscherlich auch aus privaten Zuschriften Verehrung und Zuspruch.[42] Die originellste Ehrengabe war ein selbstgewebter Wandteppich, den ein Blitzmotiv zierte, das die Schenkende mit den Worten erklärte: »Fahren doch Ihre Ideen gleich Blitzen in das Chaos und die vielen Umwälzungen dieser Welt«[43].

Negative Reaktionen – etwa hinsichtlich der Kritik Mitscherlichs an der päpstlichen Haltung zur Empfängnisverhütung – waren selten.[44] Ausführlich versuchte lediglich das Studentenblatt *Student* unter der Überschrift »Unfriedlicher Friedenspreisträger. Der SDS-Förderer Prof. Mitscherlich hofft auf eine Revolution in Deutschland« den Preisträger zu desavouieren.[45] Zur persönlichen Diskreditierung meinte das Blatt einerseits auf Mitscherlichs Tätigkeit als Leiter der deutschen Ärztekommission beim Nürnberger Ärzteprozeß verweisen zu müssen. Ferner raunte man, Mitscherlich habe »eine wenig bekannte Rolle in der amerikanischen Reeducation« gespielt und sei zudem Mitglied der SDS-Förderergesellschaft. Im Innenteil des Blattes klagte ein Neurologe und Psychiater, Mitscherlich äußere sich zur deutschen Geschichte so »abwertend, daß eigentlich keine Epoche mehr übrigbleibt, an welcher man noch als kritischer Deutscher Gefallen finden könnte«.

---

40 Rhein-Neckar-Zeitung, 16.10.1969.
41 Frankfurter Rundschau, 13.10.1969.
42 Vgl. beispielsweise: Burri an Mitscherlich, 17.1.1970, AMA I, 810.1; Hewel an Mitscherlich, 19.1.1970, AMA I, 2332.2; Ladwig an Mitscherlich, 4.2.1970; AMA I, 3234.1; Löwer an Mitscherlich, 4.11.1969, AMA I, 3435.1; Peter an Mitscherlich, 3.1.1970, AMA I, 4124.1; Pfeiffer an Mitscherlich, 22.12.1969, AMA I, 4147.1; Pichler an Mitscherlich, 13.10.1969, AMA I, 4169.1; Rachefahl an Mitscherlich, 16.3.1969, AMA I, 4219.1.; Rudolph an Mitscherlich, 4.1.1970, AMA I, 4572.1.
43 Rohrer-Siegele an Mitscherlich, 3.11.1969, AMA I, 4505.1
44 So etwa: Stefezius an Mitscherlich, 8.11.1969, AMA I, 5254.1; neue bildpost, 26.10.1969.
45 Student 2 (1969), Heft 7.

Nimmt man das Presseecho und die Zuschriften, die Mitscherlich erreichten, als Indiz für die öffentliche Wahrnehmung seiner Person am Ende der 1960er Jahre, so stand Mitscherlich den Bundesbürgern als Seelenarzt der Gesellschaft gegenüber, dessen Therapie in seiner Zeitkritik bestand. Mitscherlich förderte Verdrängtes zutage und leistete damit einer unbestimmten, aber positiv konnotierten Evolution des gesellschaftlichen Bewusstseins Vorschub. Die Hoffnung, mit Hilfe psychoanalytischer Erkenntnis Muster kollektiven Verhaltens erkennen und fortan die Geschicke der Menschheit positiv beeinflussen zu können, einte Mitscherlich und sein Publikum. Dieses erlebte die Belehrung durch einen Seelenarzt offenbar nicht als Bevormundung, sondern als notwendige Zurechtweisung. Die *Rhein-Neckar-Zeitung* resümierte: »Warum Mitscherlich? Darum also: weil er uns aufstört; weil er uns bewegt; weil er ein Gegengift ist gegen die Trägheit des Herzens und gegen die verfluchte Immobilität unserer gewählten Sonntagsheiligen.«[46]

Mitscherlichs Reputation gründete daneben auf seinem Ruf als Mann »mit vielen Feinden«. Diese Feinde waren die alten Eliten, gegen die er gleichsam stellvertretend gekämpft zu haben schien und oft genug persönlich negative Konsequenzen zu tragen gehabt hatte. Jetzt, 1969, hatten sich die vormaligen Minderheitenpositionen Mitscherlichs in mehrheitsfähige Standpunkte verwandelt. Die Verleihung des Friedenspreises war insofern Ausdruck der Integration des ehemals randständigen linken Professors durch ein gemäßigt linksliberales Milieu, das unterdessen die Hegemonie im Selbstverständigungsdiskurs der Bundesrepublik erlangt hatte und das Mitscherlich nicht nur den demonstrativen Abschied von jeglichen Insignien deutscher Tradition dankte, sondern auch seine maßvolle Kritik an den »Achtundsechzigern«.

Es ist insofern kaum erstaunlich, dass ein stets wiederkehrendes Element der Berichterstattung über die Friedenspreisverleihung die Bezugnahme auf den sich durch die Person den neuen Bundespräsidenten Gustav Heinemann ankündigenden »Machtwechsel« in Bonn war. Die *Frankfurter Rundschau* brachte ein gemeinsames Bild von Mitscherlich und Heinemann auf der Titelseite.[47] Die *Süddeutsche Zeitung* sah in Heinemann einen »kompetent wirkenden Adressaten [für Mitscherlichs Rede, T.F.], dessen persönlicher Stil in der Paulskirchenversammlung dieses Buchmesse-Sonntags unauffällig zu spüren war«,[48]. Bereits anlässlich der Bekanntgabe des Preisträgers im Frühjahr 1969 hatte die Zeitung die

---

46 Rhein-Neckar-Zeitung, 11./12.10.1969.
47 Frankfurter Rundschau, 13.10.1969.
48 Süddeutsche Zeitung, 13.10.1969.

Parallele hergestellt: »Wie sich das Bild gewandelt hat, das die Bundesrepublik bietet! Wir haben nun einen Außenminister, der nicht nur kein Nazi, sondern Antinazi war, einen Bundespräsidenten, wie man ihn sich couragierter nicht wünschen kann und einen Friedenspreisträger, der einer wichtigen, architekturkritisch-polemischen Studie über die Unwirtlichkeit unserer Städte den Untertitel gab: ›Anstiftung zum Unfrieden.‹«[49]

Das Gefühl, mit Männern wie Heinemann, Mitscherlich und Brandt die Ära Adenauer endgültig hinter sich zu lassen, war aber nicht nur in der veröffentlichten Meinung spürbar. Auch ein privater Briefschreiber war dieser Überzeugung: »Daß neben Ihnen in der Paulskirche ein Bundespräsident Heinemann saß – und nicht sein Vorgänger – mag ebensowenig primär mit Ihrer Tätigkeit und Wirkung zusammenhängen wie die sich abzeichnende SPD-FDP-Koalition; immerhin dürften Sie eine der Hauptkräfte in unserem Land sein, die derlei Veränderungen maßgeblich vorbereitet haben.«[50]

Forschungsstand und Fragen

Das Bild der öffentlichen Person Alexander Mitscherlich verblasste schon in den 1970er Jahren, als er krankheitsbedingt immer seltener öffentlich in Erscheinung trat. Einen vorläufigen Schlusspunkt setzte Mitscherlich selbst, als er 1980 seine Autobiographie[51] veröffentlichte, die er mit Hilfe seiner Frau und seines Freundes Herbert Wiegandt verfasst hatte. Das Buch stellt keine klassische Gelehrtenbiographie dar, sondern den Versuch, prägende Lebenserfahrungen psychologisch zu diskutieren. Sich auf einzelne biographische Stationen beziehend – und viele auslassend – zeichnete Mitscherlich ein *Leben für die Psychoanalyse*, das seinen inneren Zusammenhalt aus der Entdeckung, Aneignung und Verteidigung der Lehre Sigmund Freuds zu beziehen schien. Neue Informationen bot die Autobiographie lediglich zu Mitscherlichs Kindheit und Jugend und über die Zeit seines Studiums. Sein Bekenntnis, vorübergehend Ernst Niekisch und Ernst Jünger als Vaterfiguren verehrt zu haben, bot einen gewissen irritierenden Neuigkeitswert. Doch die Hinwendung zu solchen umstrittenen Figuren erschien in Mitscherlichs nachträglicher Darstellung lediglich als jugendliche Verirrung und als Vorgeschichte seiner

---

49 Süddeutsche Zeitung, 8./9.3.1969.
50 Scheidt an Mitscherlich, 11.10.1969, AMA I, 4689.1.
51 Mitscherlich, Leben.

WARUM MITSCHERLICH?

Wandlung zum demokratischen Antifaschisten. Hans-Martin Lohmann, der 1987 eine rororo-Biographie Mitscherlichs vorlegte, hegte ebenfalls keinen Zweifel daran, dass dieser der »Antifaschist in der Stunde Null«[52] war, als der er sich selbst darstellte. Auch die Würdigungen und Erinnerungen, die Freunde und Kollegen 1982 nach Mitscherlichs Tod in der *Psyche* publizierten[53], fügten dem Bild der Person keine grundsätzlich neuen Aspekte hinzu.

Erst zu Beginn der 1990er Jahre wurden einzelne Aspekte der Biographie Mitscherlichs neu thematisiert, wenn auch erkennbar aus einem nicht der Person geschuldeten Interesse heraus. Im Zuge der verstärkten Beschäftigung mit der Geschichte der NS-Medizin und ihrer strafrechtlichen, personellen und moralischen »Bewältigung« nach 1945 geriet in den frühen 1990er Jahren zuerst die Rolle Mitscherlichs als Beobachter des Nürnberger Ärzteprozesses[54] ins Blickfeld. Etwa zur gleichen Zeit tauchte im Zusammenhang mit der breiten Aufmerksamkeit, die die Nachkriegsgeschichte der Universität Heidelberg fand, Mitscherlich als Gründervater der Heidelberger psychosomatischen Klinik wieder auf.[55] Aus psychoanalytischer Perspektive wurde nur vereinzelt der Versuch gemacht, Mitscherlichs Wirken neu zu befragen.[56] Schließlich geriet 1996 die institutionalisierte Psychoanalyse in Frankfurt am Main in den Blick, aber auch der hier entstandene Sammelband[57] stellte die Person Mitscherlichs lediglich im Rahmen des Bekannten dar.[58]

Eine erste Korrektur des gleichsam konservierten Bildes nahm Karen Brecht 1995 vor. Im Nachgang zu der seit den 1980er Jahren betriebenen Erforschung der Geschichte der Psychoanalyse im Nationalsozialismus und der frühen Nachkriegszeit[59] zweifelte sie die bis dahin unbestrittene Zentralstellung Mitscherlichs als Gründervater der bundesdeutschen

---

52 Lohmann, Antifaschist.
53 Vgl.: Dahmer, Mitscherlich; Habermas, Mitscherlich; ders.: Bemerkungen; Parin, Mitscherlich; Rosenkötter, Mitscherlich; Thomä, Heidelberg; Wünschel, Mitscherlich.
54 Gerst, Ärzteprozeß; Peter, Ärzteprozeß.
55 Henkelmann, Klinikgründer.
56 Vgl. etwa: Roelcke, Zivilisationskritik.
57 Plänkers u. a., Psychoanalyse.
58 Argelander, Geschichte; Berger, Fauxpas; ders., Biographie; Krovoza/Schneider, Psychologie; Kutter, Stachel; Mitscherlich-Nielsen, Institut. Vgl. auch den lesenswerten Essay von Karola Brede: Brede, Mitscherlich; sowie: Müller/Ricken, Psychoanalyse.
59 Cocks, Psyche; ders.: Psychoanalyse; ders.: Psychotherapy; Brecht u. a., Psychoanalyse; Lockot, Reinigung.

Psychoanalyse an.[60] Eine Untersuchung der Rolle Mitscherlichs als öffentlicher Intellektueller der 1960er Jahre lag jedoch noch immer nicht vor, so dass die Mitscherlichs weiterhin recht unproblematisiert als »engagierte Demokraten« in einem Sammelband über die Aufarbeitung der NS-Zeit firmieren konnten[61], ohne dass es über sie und ihre Verortung in der bundesrepublikanischen Nachkriegsgeschichte nennenswerte Forschung gegeben hätte.[62]

Erst Martin Dehli hat mit seiner jüngst erschienenen – und etwa zeitgleich zu diesem Buch entstandenen – Arbeit einen neuen Anlauf unternommen, die Person Mitscherlichs historisch zu untersuchen. Dehli fragt in seiner »wissenschaftsgeschichtlichen Biographie«[63] dabei vor allem danach, »was *vor* Mitscherlichs Aufstieg zur Prominenz lag und was dann durch sein Bild in der Öffentlichkeit verdeckt wurde: seine Herkunft, seine politische Sozialisation und seine wissenschaftliche Ausbildung, die Umwälzungen, welche die Katastrophen der deutschen Geschichte in seinem Selbstverständnis ausgelöst hatten, die geistige und institutionelle Stabilisierung seiner Position in den ersten Jahrzehnten nach Kriegsende, schließlich die Sicherung seiner Identität durch die Verklärung seiner eigenen Vergangenheit.«

Tatsächlich ist es Dehli in überzeugender Weise gelungen, die Lebensgeschichte Mitscherlichs bis 1945 neu zu erzählen und dabei das Bild, das dieser selbst in seiner Autobiographie festgeschrieben hatte, kritisch und scharfsinnig zu hinterfragen. Es kommen die Prägungen und Wandlungsprozesse in den Blick, die Mitscherlich erfuhr und durchlebte; Dehli erzählt dessen Lebensgeschichte als unaufhörlichen »Lernprozess« und setzt Mitscherlichs Wirken immer wieder in Beziehung zu seinen prägenden Erfahrungen aus der Zeit vor 1945. Die Zeit der großen Popularität Mitscherlichs, in der er mit seinen Büchern über die »vaterlose Gesellschaft«, die »Unwirtlichkeit der Städte« und die »Unfähigkeit zu trauern« Stichworte für die Selbstdefinition einer sich rasant verändernden Gesellschaft gab, wird dagegen bei Dehli nur kursorisch behandelt. Um diese Zeit, um Alexander Mitscherlich und seine Beziehung zu seinem Publikum, soll es im Folgenden vor allem gehen.

Dazu müssen die Texte Mitscherlichs neu gelesen und auf ihre Entstehungsgeschichte, ihre zeitgenössische Attraktivität und ihren Erklärungswert hin befragt werden. Aber auch die öffentliche Präsenz Mitscherlichs

60 Brecht, Mitscherlich.
61 Ebrecht, Mitscherlich.
62 Ähnliches gilt für den Tagungsband: Drews, Gesellschaftskritik.
63 Dehli, Konflikt, S. 17; die folgenden Zit.: S. 274, 15.

in Presse, Rundfunk und Fernsehen soll betrachtet werden. Wann und wie wurde Mitscherlich zur öffentlichen Person? Wie entwickelte er seine Gesellschaftsdiagnosen, um welche Themen kreisten diese, und warum waren sie so außerordentlich anschlussfähig? Welche Rolle spielte dabei das Thema der NS-Vergangenheit, und wie sah und beschrieb Mitscherlich die kollektive Verfassung der (west)deutschen Gesellschaft nach Hitler? Dieser Fragenkatalog – der sich zweifellos noch erweitern und differenzieren ließe – verweist auf die Darstellungsform der Biographie, weil die Rolle Mitscherlichs in der Bundesrepublik sich nicht von der Gesamtheit seiner Lebensgeschichte getrennt beschreiben lässt.

Das Genre der historischen Biographie erlebt, nach einer seit den 1960er Jahren zu beobachtenden Legitimationskrise, seit geraumer Zeit eine neue Konjunktur.[64] Der Biographik war im Zuge der sozialwissenschaftlich inspirierten Modernisierung der Geschichtswissenschaft vorgeworfen worden, als »letzte Auffangstellung des Historismus«[65] in methodisch und theoretisch unzulänglicher Weise der Heroisierung ihrer Gegenstände Vorschub zu leisten und die ungleich bedeutenderen gesellschaftlichen Strukturen- und Klassenlagen sträflich zu missachten. Von dieser Kritik hat die moderne Biographik profitiert. Die Notwendigkeit der Kontextualisierung der Protagonisten in ihre gesellschaftlichen, sozialen und politischen Lebenszusammenhänge ist keine neue Erkenntnis, aber diese enge Verklammerung wurde seither eingehend methodisch reflektiert und bildete eine Voraussetzung dafür, dass sich aus der Kritik an einer »menschenleere[n] Strukturgeschichte« ein »neue[s] Interesse am historischen Subjekt«[66] entwickeln und historiographisch etablieren konnte.

So ist der ehemals für biographische Darstellungen charakteristische »Objektivitätsgestus« der Darstellung in neueren Biographien wenn nicht völlig verschwunden, so doch durch das Bewusstsein gebrochen, die Annahme einer geschlossenen und lediglich chronologisch nachzuerzählenden Kohärenz der Lebensgeschichte ad acta legen zu müssen: »Die Analyse historischer Argumentationsstrukturen und Handlungsweisen kann nicht mehr als das intuitive Verstehen eines schöpferischen Interpreten begriffen werden. Sie muß vielmehr als Interpretation symbolisch vermittelter Kommunikation verstanden werden. Damit macht sie die gesellschaftliche Konstituierung von ›Bedeutung‹ zum Gegenstand der Untersuchung.« Weil aber das Verständnis des Biographen dem der Zeit-

---

64 Berlepsch, Wiederkehr; Gradmann, Biographie; Rohlfs, Personengeschichte.
65 Oelkers, Biographik, S. 299.
66 Bödeker, Biographie, S. 15; die folgenden Zit.: S. 18, 33 f.

genossen nicht per se überlegen ist, muss es ihm um die Teilnahme am symbolischen Kommunikationsprozess gehen und damit um die Herstellung eines »gemeinsamen Sinnhorizontes« mit den handelnden Figuren. Dieser Sinnhorizont aber ist allenfalls annäherungsweise herzustellen, da jenseits der im nachträglichen Interpretationsprozess auftretenden Verfremdungen auch noch die seinerzeitigen Verfremdungen in der Selbstbeschreibung der Handelnden zu entschlüsseln sind. Diesem Problem begegnet die Geschichtsschreibung allerdings in jeder Darstellungsform, die nicht auf die nachträgliche Deutung und Interpretation gesellschafts- und mentalitätsgeschichtlicher Zusammenhänge per se verzichten will. Auch in der Biographik ist in diesem Sinne gegenwärtig zu halten, dass historische Interpretation immer ein »rhetorisches Konstrukt«[67] sein muss und weitere, differierende Interpretationen desselben Sachverhaltes keineswegs überflüssig machen kann. Deshalb ist Bödeker zuzustimmen, wenn er formuliert: »Theoretisch muß es zahlreiche unterschiedliche Biographien zu einer einzigen historischen Figur geben.«[68]

Wie wenig konsensual das Genre der Biographie aber auch nach aller methodischen Reflexion betrachtet wird, haben die Debatten um zwei jüngst erschienene Biographien erwiesen. In beiden Fällen handelt es sich um die Biographien von Wissenschaftlern, zum einen des Soziologen Max Weber, zum anderen des Historikers Hans Rothfels. Geradezu diametral sind die Autoren mit dem Problem umgegangen, wie und in welchen Anteilen und Verhältnissen Privatperson und öffentliche Figur in der Lebensbeschreibung eines Wissenschaftlers darzustellen sind. Joachim Radkau hat in seiner monumentalen Biographie Max Webers[69] den Versuch unternommen, Webers Werk aus der Interpretation der Person und ihrer höchst individuellen und privaten Verfasstheit zu erhellen. Er ist dafür dahingehend kritisiert worden, dass die allzu intime Beobachtung der Weber'schen Privatsphäre nicht nur ein schwer erklärliches Übergewicht über die Diskussion des wissenschaftlichen Œuvre erlangt hat, sondern auch in zweifelhafter Weise als ursächliche Erklärung des wissenschaftlichen Wirkens des Protagonisten gedeutet werde.

Jan Eckel hat in seiner »intellektuellen Biographie« des Historikers Hans Rothfels demgegenüber auf die Beschreibung der Lebensumstände seines Protagonisten überall dort verzichtet, wo sie ihm für das Verständnis der »wissenschaftlichen Verarbeitung der Gegenwart« durch Rothfels

---

67 Koller, Biographie.
68 Bödeker, Biographie, S. 53.
69 Radkau, Weber.

entbehrlich erschienen.[70] Eckel möchte am Beispiel Rothfels – im Sinne eines signifikanten Einzelfalls – untersuchen, wie die Erfahrungen des 20. Jahrhunderts sich im Werk des Historikers in immer neuen intellektuellen Aneignungsprozessen niederschlagen. Die Kritik an seiner Studie machte sich einerseits an einer »methodischen Überspanntheit« (Hans Mommsen) fest, die aus Eckels Anspruch resultiere, über die Beschreibung eines Lebenslaufs hinaus zu Aussagen über intellektuelle Aneignungsprozesse der Geschichte des 20. Jahrhunderts vorzudringen. Andererseits, so ist beklagt worden, bleibe die Person Rothfels hinter ihrem wissenschaftlichen Werk unangemessen blass und unscharf.

Eine Biographie Alexander Mitscherlichs muss sich in dem hier beispielhaft aufgerissenen Spektrum zwischen Erhellung der persönlichen Lebensumstände eines Wissenschaftlers und Analyse seines wissenschaftlichen Tuns verorten. Die privaten Lebensumstände Mitscherlichs haben für sich gesehen zweifellos keine große Relevanz für die Erforschung der Geschichte des 20. Jahrhunderts. Andererseits lässt sich eine »intellektuelle Biographie«, wie sie Jan Eckel über Hans Rothfels in überzeugender Weise gelungen ist, über Mitscherlich nicht schreiben. Eine analytische Differenzierung zwischen dem politischen Menschen Mitscherlich und seinem wissenschaftlichen Tun würde Zusammengehöriges trennen. Auch hat Mitscherlich als Psychoanalytiker seine sozialpsychologischen Diagnosen direkt aus der Analyse höchst individueller Biographien – auch der eigenen – abgeleitet. Eine Trennung von privat Erfahrenem und wissenschaftlich Erarbeitetem wäre deshalb eine wenig zielführende Untersuchungsperspektive. Die Dialektik von Väterlichkeit und Vaterlosigkeit beispielsweise formte gleichermaßen Mitscherlichs persönliche Lebensgeschichte wie sein wissenschaftliches Werk. Schließlich verfehlte eine derart verstandene intellektuelle Biographie auch die zentrale Fragestellung, was Mitscherlich in den 1960er Jahren zum herausragenden »öffentlichen« Intellektuellen machte, denn es ist evident, dass es nicht seine Texte allein waren, die Mitscherlich in diese Rolle brachten. Lebenserfahrungen und Prägungen Mitscherlichs müssen deshalb als Voraussetzung seines Werkes und seines öffentlichen Wirkens verstanden und befragt werden, ohne deshalb die Schilderung privatester Lebensumstände als Selbstzweck zu begreifen.

Das Bestreben, die öffentliche Wirkung und Wirkungskraft von Individuen oder Gruppen auf ihr gesellschaftliches Umfeld zu bestimmen, hat sich vor einigen Jahren in dem Versuch niedergeschlagen, auch die Pers-

---

70 Eckel, Rothfels, S. 20.

pektive der Rezeptionsgeschichte zu nutzen.[71] Die als »Wirkungsgeschichte« bezeichnete Darstellung der »Frankfurter Schule« von Albrecht u. a.[72] hat in dieser Hinsicht erste Maßstäbe gesetzt. Deutlich wurde beispielsweise, dass die prägende Wirkung der Frankfurter Schule sich nicht allein mit dem inhaltlichen Gehalt der von ihr vertretenen »Kritischen Theorie« erklären lässt, weil die inhaltlichen Kernpunkte der Lehre immer mehr hinter die ikonographische Identifikationswirkung der Figuren Adorno und Horkheimer zurücktraten[73] – und möglicherweise, so ließe sich hinzufügen, schon zum Zeitpunkt ihrer Vermittlung nicht das entscheidende Moment der Faszination darstellten, die die Vertreter der Frankfurter Schule auf eine ganze Generation von Studierenden ausübten.

Deutlich wurde in der genannten Studie allerdings auch, wie außerordentlich schwierig es ist, diese – stets heterogene – »Wirkung« einer Person auf andere Individuen, Gruppen oder gar die ganze Gesellschaft zu beschreiben und tatsächlich historiographisch zu fassen. Annäherungsweise kann dies nur gelingen, wenn das »Wirken« der Protagonisten gezielt auf seine mögliche zeitspezifische Anschlussfähigkeit hin befragt wird und mit dem Echo in Beziehung gesetzt wird, das es beispielsweise in Gestalt von Pressestimmen oder Briefen gefunden hat. Der mögliche Einwand, dass hier die veröffentlichte mit der öffentlichen Meinung gleichgesetzt werde, ist letztlich nicht zu entkräften. Allerdings kann ihm mit dem Hinweis begegnet werden, dass der Einbezug der Pressereaktionen in die Analyse schon deshalb alternativlos ist, weil sie nicht nur eine der wenigen Quellen für eine Rezeptionsgeschichte darstellen, sondern ihrerseits das öffentliche Bild der Person entscheidend mitbestimmten.

Auch in anderer Hinsicht ist die historiographische Form der Biographie methodisch akzentuiert worden. In den Studien von Ulrich Herbert[74] und Michael Wildt[75] über Werner Best bzw. über das Führungskorps des Reichssicherheitshauptamtes ist die Analysekategorie der Generation fruchtbar gemacht worden, indem die Protagonisten als Angehörige einer »Generation der Sachlichkeit« bzw. einer »Generation des Unbedingten« analysiert worden sind. Die Überzeugungskraft des Arguments der gemeinsamen prägenden generationellen Erfahrungen hat sich hinsichtlich einer Gruppenbiographie klar erwiesen. Neben Helmut

---

71 Rohlfes, Personengeschichte, S. 314.
72 Albrecht, Gründung.
73 Albrecht, Erfindung, S. 34 f.
74 Herbert, Best.
75 Wildt, Generation.

Schelskys »skeptischer Generation«[76] und der seit längerem im vorwissenschaftlichen Raum diskutierten »Achtundsechziger-Generation« sind inzwischen auch mehrere Generationen fest im historiographischen Diskurs etabliert[77], zuletzt die Generation der »45er«[78].

Im Zuge der in den letzten Jahren stetig zunehmenden Beachtung, die die Analysekategorie der Generation gefunden hat – und die sich in einer kaum noch überschaubaren Menge an Literatur ausdrückt[79] –, ist deren heuristischer Wert allerdings auch immer differenzierter betrachtet worden.[80] Darüber, dass der Generationenbegriff keine Erklärungskraft aus sich selbst heraus besitzt und dass allenfalls für bestimmte Gruppen innerhalb einer Generation generationell prägende Erfahrungen identifikationsstiftende und möglicherweise handlungsleitende Funktion bilden können, dürfte inzwischen Konsens bestehen. Auch darüber, dass diese generationellen Erfahrungen in erster Linie durch einschneidende historische Ereignisse ausgelöst werden und sich damit die Erklärungskraft des Generationenbegriffs vor allem auf solche historischen Zeiträume bezieht, in denen solche existenziellen Erfahrungen gemacht wurden, scheint Einigkeit zu bestehen.

Für den Fall Alexander Mitscherlichs kann die Analysekategorie der Generation deshalb nur mittelbar fruchtbar gemacht werden. 1908 geboren, gehörte Mitscherlich der »Kriegsjugendgeneration« an, die Michael Wildt als »Generation des Unbedingten« gekennzeichnet hat. Mitscherlichs Biographie stellt allerdings verglichen mit der »Gruppenbiographie« der Angehörigen des Führungskorps des Reichssicherheitshauptamtes einen Sonderfall dar, wie es Wildt auch für Klaus Mann (1906) oder Sebastian Haffner (1907) angemerkt hat[81]: Nach 1945 stand Mitscherlich in vielen gesellschaftlichen Zusammenhängen als buchstäblich einzig politisch Unbelasteter seiner Generation da. Es wird aber dennoch zu fragen sein, welche prägende Wirkung die generationelle Erfahrung für Mitscherlich hatte. Wildt hat die aus der Erfahrung des Ersten Welt-

76 Schelsky, Generation. Vgl. auch: Kersting, Wirkungsgeschichte.
77 Herbert, Generationen; Leggewie, Generationsschichten.
78 Moses, 45er.
79 Vgl.: Corsten, Biographie; Reulecke, Generationalität; Schulz, Generation; Weisbrod, Generationalität; sowie das Beiheft der Historischen Zeitschrift: Generationswechsel und historischer Wandel (hrsg. von Andreas Schulz und Gundula Grebner), München 2003, darin vor allem: Schulz/Grebner, Generation.
80 Vgl. den jüngsten Sammelband: Wildt/Jureit, Generationen. Zum klassischen Text Karl Mannheims über das »Problem der Generationen« von 1928: Zinnecker, Generationen.
81 Wildt, Generation, S. 25.

kriegs und der Weimarer Republik resultierende Einstellung folgendermaßen charakterisiert: »Zukunft hieß für die Kriegsjugendgeneration, die bis dahin nur Instabilität, Diskontinuität und Zusammenbruch erlebt hatte, vor allem radikale Kritik am bürgerlichen Mummenschanz, an den hohlen Versprechungen liberaler Politiker, hieß Mißtrauen in die Steuerungsmedien bürgerlicher Gesellschaft, wie parlamentarische Demokratie, Gewaltenteilung und durch Gesetz verbürgtes Recht. Zukunft konnte in den Augen dieser Generation nur ein Gegenmodell zum Bestehenden, eine neue, radikal andere Ordnung sein, die ›wahre‹ Gemeinschaft stiftete und dem einzelnen einen verläßlichen Sinn gab.«[82]

---

82 Ebenda, S. 850.

1. Väter und Vorbilder

Alexander Mitscherlich hat seine Lebensgeschichte an keiner Stelle im Rahmen einer spezifischen Generationengeschichte beschrieben und gedeutet. In seiner Autobiographie erzählte er dennoch eine Lebensgeschichte mit einer inhärenten psychologisch deutbaren Logik und Zielgerichtetheit – eine zutiefst individuelle Geschichte, die nur hier und dort lose mit der Geschichte des 20. Jahrhunderts verknüpft ist.

Seine Biographie bis 1945 erscheint in Mitscherlichs Lebenserinnerungen als individualpsychologischer Reifungsprozess und als bloße Vorgeschichte eines »Lebens für die Psychoanalyse«, das erst durch die Begegnung mit der Lehre Sigmund Freuds seinen Anfang nimmt und seine Bestimmung findet. Aus einer »unglücklichen« Kindheit gelangt der Protagonist der Autobiographie über die Begegnungen mit verschiedenen »Mentorfiguren«, die mit vorübergehenden politischen Fehlorientierungen einhergehen, schließlich zur Erleuchtung durch Freud, die mit der Zeitenwende 1945 zusammenfiel. In diesem Sinne ist für Mitscherlich in seinen Erinnerungen nicht die politische Reifung zum Demokraten die entscheidende Dimension. Diese Entwicklung wird zwar implizit erzählt, sie scheint aber dem psychischen Emanzipationsprozess und vor allem der Ablösung von Vaterfiguren wie von selbst nachzufolgen. Dass Freud und seine Lehre für Mitscherlich in seinen späteren Lebensjahrzehnten seinerseits zur Vaterfigur beziehungsweise zur leitenden Ideologie wurde, bleibt bezeichnenderweise unerörtert.

Gleichzeitig hat Mitscherlich seine ersten Lebensjahrzehnte in hohem Maße zu der Geschichte eines entschiedenen Gegners des Nationalsozialismus stilisiert, die nach 1945 zur Voraussetzung seiner erfolgreichen Nachkriegskarriere wurde. Gewisse Umdeutungen der eigenen Biographie waren hier von höchstem pragmatischen Nutzen – sie gerannen in den Nachkriegsjahrzehnten zu einem Bild, das Mitscherlich selbst in seinen Lebenserinnerungen noch einmal festschrieb. Um die Frage beantworten zu können, mit welchem mentalen und biographischen »Gepäck« Mitscherlich seine wissenschaftliche und öffentliche Karriere in der Bundesrepublik anging, muss die von ihm selbst gegebene Erzählung seiner ersten Lebenshälfte rekapituliert und an einigen Stellen präzisiert und korrigiert werden.

Kindheit und Jugend

Alexander Josef Eilhard Mitscherlich wurde am 20. September 1908 in München geboren.[1] Die Familie gehörte seit Generationen zum deutschen Bildungsbürgertum, sie war geprägt durch eine Reihe von Naturwissenschaftlern[2]: Alexanders Urgroßvater Eilhard Mitscherlich (1794-1863) war einer der Begründer der modernen Chemie und vielfach geehrter, hochdekorierter Professor in Berlin gewesen. Der Großvater Alexander Mitscherlich (1836-1918) lehrte als Chemiker in München. Den Namen Alexander hatte er – und insofern auch sein Enkel – der Tatsache zu verdanken, dass Eilhard Mitscherlich eng mit Alexander von Humboldt befreundet war, der sich auch als Taufpate zur Verfügung stellte. Alexander Mitscherlichs Sohn Harbord (1883-1961) setzte zwar die Familientradition als Chemiker fort, brachte es aber statt zu einer Professur lediglich dazu, eine vom Vater ererbte Fabrik im bayerischen Hof zu führen. Nicht nur dieser soziale Abstieg, sondern auch die Tatsache, dass Harbord Mitscherlich mit Clara Heigenmoser (1885-1965), der Tochter des Direktors einer Münchner Lehrerinnen-Bildungsanstalt, unter seinem Stand geheiratet hatte und damit in den Augen seiner Familie eine »Mesalliance«[3] eingegangen war, prägten Alexander Mitscherlichs Elternhaus in besonderer Weise.[4]

Die Kluft zwischen dem professoralen Elitebewusstsein der väterlichen Familie und einem lediglich großbürgerlichen Leben in der bayerischen Provinz, wo die Familie eine Villa inmitten eines Arbeiterquartiers bewohnte, zeigte für Harbord Mitscherlich und seinen Sohn einen Prozess des sozialen Abstiegs der Familie an. Dem jungen Alexander begegnete diese Spannung buchstäblich vor der eigenen Haustür, wenn er von den umwohnenden Arbeiterkindern mühelos als Bürgersohn identifiziert und gleich am ersten Schultag als »Außenseiter« gebrandmarkt wurde.[5]

Aber auch die zerrüttete Ehe der Eltern prägte die »ziemlich unglückliche Kindheit« Mitscherlichs. Zu einer als bedrückend geschilderten Sprachlosigkeit innerhalb der Familie und einer strengen protestantisch-autoritären Erziehung kam die Erfahrung einer bis zur offenen Aggression reichenden Entfremdung der Eltern hinzu: »Ich erinnere mich sehr wohl der schrecklichen Angst, wenn die Eltern in ihrem Streit bis zu

---

1 Geburtsurkunde, Korrespondenz Mitscherlich/Standesamt München, AMA III.
2 Zum Folgenden ausführlicher: Dehli, Konflikt, S. 20-29.
3 Mitscherlich, Leben, S. 29.
4 Lohmann, Mitscherlich, S. 11.
5 Mitscherlich, Leben, S. 17 f.; das folgende Zit.: S. 9.

Handgreiflichkeiten gingen und meine Mutter wieder einmal ihre Koffer packte, um den Vater zu verlassen. [...] Die von der ungeheuren Wut meines Vaters bestimmten gewalttätigen Szenen stürzten mich in ratlose Angst: wem würde ich bei einer Trennung ›zugeschlagen‹? Wen müßte ich verlassen?«[6] Mitscherlich sah in dieser angstbelasteten Kindheitserfahrung den Grund dafür, dass er selbst später sich »in einer ähnlichen Situation der Entfremdung schließlich zu einer Trennung durchringen« konnte – eine sehr rationalisierende nachträgliche Deutung der in der Autobiographie an keiner Stelle explizierten Tatsache, dass Mitscherlich mehrmals seine Ehefrauen mitsamt der gemeinsamen Kinder für eine neue Liebe verließ.

Mitscherlichs Verhältnis zu seiner Mutter, die aus einem bayerisch-katholischen Haushalt mit »fast noch mittelalterlichen Bräuchen«[7] stammte und die von ihrem Sohn als gleichermaßen »liebevoll« wie »angeberisch«, »lebenszugewandt« und in einer »Phantasiewelt« lebend geschildert wird, war ambivalent. Seinen Vater empfand Mitscherlich als »brutal und erniedrigend« und als »große Angstquelle meiner Kindheit«. Sich von seinem Vater in mehrfacher Hinsicht unter Mühen emanzipiert zu haben, deutete Mitscherlich als Grunderfahrung seiner ersten Lebensjahrzehnte. In der weiteren Verwandtschaft fand er dabei wenig identifikationstiftende Anknüpfungspunkte: »Meine Kindheits- und späteren Erfahrungen haben mich mit soviel unfruchtbaren Animositäten zwischen meinen Onkeln und Tanten, ob sie nun Heigenmoser oder Mitscherlich hießen, in Berührung gebracht, daß ich später, mit Ausnahme zu dem Onkel Karl und Onkel Ernst Heigenmoser, eigentlich zu niemandem eine tiefere Beziehung gefunden habe.«[8] Die Familiengeschichte der Heigenmosers blieb für Alexander Mitscherlich dunkel. Zwar wucherte eine Familienlegende, doch Mitscherlich spürte, dass so manche unrühmliche Episode vor ihm verborgen wurde. Lediglich die Gestalt einer verschwenderischen und alkoholsüchtigen Großmutter zeigte an, dass hinter der Fassade bürgerlicher Wohlanständigkeit Abgründe lauern konnten. Bestimmend für das Leben im Hause Mitscherlich war aber ohnehin die Familientradition des Vaters. Es ging streng zu, Gefühlsäußerungen wurden missbilligt, die »leitende Dame des Hauses«[9] war die väterliche Großmutter, die Mitscherlich als kalt, ehrgeizig, intolerant

6 Ebenda, S. 32; dort auch das folgende Zit.
7 Ebenda, S. 29; die folgenden Zit.: S. 28; 11, 32 f.
8 Mitscherlich an Günther Heigenmoser, 22.4.1969, AMA III.
9 Mitscherlich, Leben, S. 27; die folgenden Zit.: S. 13 f., 13, 9, 13.

und herrschsüchtig erinnerte und die ihre Ablehnung der »Mesalliance« ihres Sohnes auch der Schwiegertochter nicht verheimlichte. Auch politisch verortete Mitscherlich den Ausgangspunkt seiner Emanzipationsbewegung in der Prägung des Vaters. Harbord Mitscherlich war ein klassischer Vertreter des wilhelminischen Bürgertums: unbelehrbar dem Kaiserreich nachtrauernd und die Weimarer Republik ablehnend, »ein Reaktionär, der im wesentlichen alles Neue negierte, ohne erkennen zu lassen, welche Lösungsvorschläge er für diese neue politische Wirklichkeit vorzuweisen hätte«. Dennoch übte der Vater anfangs eine »starke Anziehungskraft« auf den Sohn aus, der vorübergehend mit »Freikorps und anderen paramilitärischen Gruppen« sympathisierte und sich im Alter rückblickend eine »außerordentliche politische Unreife« attestierte. »Niemand hielt mich zu der Identifikation mit dieser neuen Republik an. Nicht nur Nichtidentifikation, sondern Haß und Dolchstoßphantasien verstellten die Einsicht in die faktische Realität. Als ob die junge Republik und nicht das Wilhelminische Reich den Krieg begonnen und vor allem verloren hätte. Ich konnte das authentisch, aus nächster Nähe, eben in meinem Elternhaus, beobachten.«

Die immense »Angstbarriere«[10], die Mitscherlich von seinem Vater trennte, verhinderte nach eigener Einschätzung, dass er sich in einem Prozess selbständiger politischer Urteilsbildung nach einer gewissen Trotzphase den Orientierungen des Vaters »in einer Folge von Kompromissen angepasst hätte, wie es – gestehen wir es uns ein – das Übliche war.« Statt dessen, so lautet Mitscherlichs Meistererzählung, habe er sich etwa zur Zeit des Abiturs 1928 »in eine politische Gegenposition zu meinem Vater« begeben, die aber nur ein Teil der sich weiter radikalisierenden Auseinandersetzung mit Harbord Mitscherlich war und den Sohn zu einer reflexartigen Ablehnung all dessen führte, was der Vater schätzte. Die politisch »rechtsextrem[e]«[11] Prägung durch das Elternhaus, so lassen sich Mitscherlichs Deutungen zusammenfassen, erfuhr mit seiner Abwendung von der Vaterautorität ebenfalls einen Bruch. Allerdings, so erinnerte sich Mitscherlich, war ein weiter Weg zurückzulegen von den »ersten politischen Gehversuchen« bis zur »endgültigen Fähigkeit, mich durch keine Phrasen darin täuschen zu lassen, daß es sich beim Nazitum um eine antihumane, antiaufklärerische, denkfeindliche ›Bewegung‹ handelte«[12].

10 Mitscherlich, Leben, S. 14; dort auch die folgenden Zit.
11 Manuskript der Sendung »Das Portrait. Alexander Mitscherlich« des Norddeutschen Rundfunks, Erstausstrahlung am 18.11.1975, AMA IX, 42.
12 Mitscherlich, Leben, S. 10 f.; die folgenden Zit.: S. 41, 11, 9, 58, 61.

Die schulischen Leistungen Mitscherlichs waren schlecht. Es blieb ihm die Rolle des Klassenclowns, die angesichts der Ablehnung durch die Klassenkameraden aber nur ambivalent sein konnte. Die als quälend erlebte soziale Isolation konnte Mitscherlich nicht durchbrechen, er blieb von »viele[n] unbefangene[n] Freuden ausgeschlossen«. Die Grunderfahrung eines »die Kindheit durchziehende[n] Unglücksgefühl[s]« habe seine »Charakterbildung« geprägt und sei dafür verantwortlich, dass sich später eine »auch politische Widerstandshaltung« in ihm entwickelt habe. Mitscherlich zeichnete von sich das Portrait eines Einzelgängers, der er schon als Kind geworden sei, ja geradezu ein »einsamer Neurotiker«. »Daß man die Seele heilen kann, hatte mir niemand gesagt, und so blieb ich ganz unbehandelt. Der Weg der Selbstheilung war jedenfalls sehr mühsam.« Mitscherlichs erster Biograph Lohmann machte sich diese Selbstinterpretation zu eigen und führte Mitscherlichs späteres Interesse an Themen der Väterlichkeit und Vaterlosigkeit explizit auf diese Kindheits- und Jugenderfahrungen zurück: »Das Bedeutende ist nicht selten der individuellen Neurose abgerungen.«[13]

Einen Weg aus der Isolation eröffnete Mitscherlich schließlich ein ihn selbst überraschender Ausbruch von Aggression. In seiner Autobiographie berichtete er dies als Schlüsselerlebnis: »Wieder einmal hatten mich auf dem Heimweg von der Schule eine Reihe Kameraden gestellt und begannen auf mich einzuschlagen. Ich weiß es, als ob es gestern gewesen wäre, daß mich plötzlich eine unbeschreibliche Wut packte, nachdem ich furchtbare Angst gelitten hatte; ich griff meinerseits einen dieser Verfolger an, schlug ihn mit meinen Fäusten rücksichtslos ins Gesicht, so daß er blutete und dann die Flucht ergriff. Ich verfolgte ihn bis in sein eigenes Haus hinein. Von nun an hatte ich von dieser Seite keine Verfolgungen mehr zu erleiden. Meine Brutalität war unmittelbar verstanden worden, ich war dadurch plötzlich akzeptiert, kein Außenseiter mehr.«[14]

Eine Übertragung dieser Erfahrung auf spätere Lebensphasen sucht der Leser in den Memoiren Mitscherlichs vergeblich, die Parallele musste dem Autobiographen wohl verborgen bleiben: Was Mitscherlich hier beschrieb, kehrte in verschiedenster Form immer wieder als handlungsleitende und das Selbstbild bestimmende Grunderfahrung zurück – der Außenseiter, der seine Isolation und die Feindschaft, von der er sich umgeben fühlt, durch aggressive und nicht selten weit über das Ziel hinausschießende Vorwärtsverteidigung durchbricht und der die Situation

---

13 Lohmann, Mitscherlich, S. 17.
14 Mitscherlich, Leben, S. 19.

nicht durch wägende Selbsterkenntnis und ruhige Argumente zu beeinflussen sucht, sondern geradezu reflexartig Bedrohungen antizipiert und sich durch Symbolhandlungen als ebenbürtig oder als der Stärkere zu erweisen sucht.

Studium und »konservative Revolution«

Nach dem Abitur begann Alexander Mitscherlich ein Geschichtsstudium in München – ein mit dem Vater ausgehandelter Kompromiss. Harbord Mitscherlich hätte es lieber gesehen, wenn sein Sohn als Chemiker die naturwissenschaftliche Tradition der Familie fortgesetzt hätte.[15] Der erlebte sein Studium zunächst allerdings nicht als befreiend, sondern als eine Zeit desorientierten Abwartens. Semesterlanges Nichtstun erschien ihm im Nachhinein als »eine Art meditativer Vorarbeit für ein künftiges Studium«[16]. Mitscherlich hatte keine Vorstellung, zu welchem Beruf ihn das Geschichtsstudium qualifizieren sollte, und sosehr ihn die Großstadt faszinierte, so sehr litt er darunter, dass sich niemand um ihn kümmerte: »Die großen Hörsäle und Vestibüle der Münchener Universität wirkten auf mich wie die achtlos am Individuum vorbeiarbeitenden Einrichtungen eines Moloch. Die ›Unwirtlichkeit‹ bestimmte bereits damals die von den Universitätsbauten ausgehende Atmosphäre.« Der Student Mitscherlich fühlte sich in München als »ungebetener Gast«, und die mangelnde Orientierungshilfe durch wissenschaftliche Autoritäten nahm er als erneute »Autoritäts-Enttäuschung« wahr.

Sein Studienfach, an dem er anfangs – zumindest sah es der alte Mitscherlich im Rückblick so – die Bemühung »um eine angemessene Einsicht«, also um eine psychologische Interpretation der Vergangenheit vermisste, begann ihn erst zu interessieren, als er bei dem Historiker Paul Joachimsen[17] eine Arbeit über Luther-Darstellungen des 19. Jahrhunderts verfasste. Mitscherlich erkannte, dass die zugrunde liegende Biographie durch die unbewusste Selbstdarstellung des Historikers überformt wird.[18] Diese Entdeckung, so erinnerte er sich später, erregte seine Lust zu kritischer Nachfrage, zu Opposition und Infragestellung offizieller Wahrheiten. In der Schule sei er über Platon und Shakespeare, nicht aber über »tabuisierte Geister wie Marx, Bakunin und Freud« unterrichtet

---

15 Mitscherlich, Leben, S. 60; vgl. zum Folgenden auch: Dehli, Konflikt, S. 29-33.
16 Mitscherlich, Leben, S. 59; die folgenden Zit.: S. 63, 64, 109 f., 61.
17 Vgl.: Hammerstein, Joachimsen.
18 Mitscherlich, Leben, S. 67, S. 303 f.; die folgenden Zit.: S. 68.

worden. »Das aber hätte uns zum Verständnis unserer Zeit und unserer Zeitgenossen sehr genutzt. Der Bewußtseinszustand unserer Lehrer am Vorabend der fast mühelosen Überwältigung der Weimarer Republik ließ die Möglichkeit einer derartig aufklärerischen Information nicht aufkommen.« Mitscherlich plante, das Thema zu einer Dissertation auszubauen. Als jedoch Joachimsen 1932 starb, wandte er sich an Karl-Alexander von Müller. Dieser war überzeugter Nationalsozialist, ab 1935 als Nachfolger Friedrich Meineckes Herausgeber der *Historischen Zeitschrift* und von 1936 bis 1944 Präsident der Bayerischen Akademie der Wissenschaften und Leiter der »Forschungsabteilung Judenfrage« am »Reichsinstitut für die Geschichte des Neuen Deutschlands« seines Schülers Walter Frank.[19] Müller lehnte die Betreuung der Dissertation Mitscherlichs unter Hinweis auf die jüdische Abstammung Joachimsens ab.[20] Mitscherlich gab das Geschichtsstudium in München auf und ging nach Berlin – der Nationalsozialismus oder gar »der Lauf der Weltgeschichte« hatten ihm eine Beendigung des Studiums verwehrt.[21]

So zumindest lautet die gleichsam offizielle Lesart der Ereignisse in Mitscherlichs Memoiren. Tatsächlich starb Joachimsen bereits 1930, und Mitscherlich hätte durchaus auch andere Historiker um eine weitere Betreuung bitten können als von Müller.[22] An anderer Stelle gab Mitscherlich als Erklärung des Weggangs aus München politische Weitsicht an: »Mir wurde klar, daß ich unter einer Diktatur nicht Historiker werden konnte. Ich hätte Wahrheiten, wenn sie nicht opportun waren, in Lügen umfälschen müssen.«[23] Wiederum an anderer Stelle gab er, nach seinem Weggang aus München befragt, als ausschlaggebendes Moment den Wunsch an, Medizin zu studieren: »Ich komme als Mediziner eigentlich in der ganzen Welt herum, ich kann überall praktizieren, ich kann mein Geld wenigstens verdienen und kann auf diese Weise zunächst einmal eine Zeit überbrücken, von der ich nicht geglaubt habe, daß sie endlos ist, daß sie ein tausendjähriges Reich ist.«[24] In seiner Autobiographie erweckte Mitscherlich dann auch konsequent den Eindruck, er habe mit seinem Wechsel nach Berlin unmittelbar den Studienfachwechsel vorge-

19 Lohmann, Mitscherlich, S. 23 f. Zu Müller siehe auch: Kinner, Müller.
20 Mitscherlich, Leben, S. 95, S. 69.
21 Ebenda, S. 60.
22 Vgl.: Dehli, Konflikt, S. 33.
23 Süddeutsche Zeitung, 20.9.1978.
24 Manuskript der Sendung »Das Portrait. Alexander Mitscherlich« des Norddeutschen Rundfunks, Erstausstrahlung am 18.11.1975, AMA IX, 42.

nommen. In Wahrheit studierte er bis zum Frühjahr 1933 auch dort weiterhin Geschichte.²⁵

Mitscherlichs erste Reise nach Berlin zum Jahresende 1930 hatte freilich einen ganz anderen Hintergrund, den er in seinen Memoiren zwar berichtete, aber völlig unkontextualisiert ließ: Weder das Medizinstudium noch der »Lauf der Weltgeschichte« in Gestalt des heraufziehenden Nationalsozialismus lockte ihn nach Berlin, sondern eine Einladung Ernst Jüngers. Mitscherlich lernte Jünger im Herbst 1930 kennen, als dieser eine Lesung in Hof durchführte und der Redakteur des *Hofer Anzeigers*, Ludwig Alwens²⁶, Mitscherlich mit Jünger bekannt machte. Jünger, so erinnerte sich Mitscherlich in seinen Memoiren, habe nach einem alkoholgeschwängerten gemeinsamen Abend den auf der Toilette eingeschlafenen Mitscherlich mit »Faustschlägen gegen die Tür und dem Ruf ›Ablösung nach vorne!‹« geweckt und eine Einladung nach Berlin ausgesprochen. Mitscherlich reiste umgehend zu Jünger nach Berlin – der sich allerdings an seine Einladung nicht mehr erinnern konnte.²⁷

Mitscherlich schrieb es seiner Verstrickung »in den geistigen Zusammenhang seiner Zeit« zu, dass er sich »für die autoritär strukturierten, neuromantischen Ideen Ernst Jüngers« erwärmen konnte.²⁸ Er wuchs in dessen Kreis hinein, zu dem auch der Schriftsteller Ernst von Salomon gehörte, der am Kapp-Putsch beteiligt gewesen und wegen Beihilfe an der Ermordung des Außenministers Walther Rathenau 1922 zu fünf Jahren Zuchthaus verurteilt worden war.²⁹ Mitscherlich interpretierte seine Verehrung Jüngers später als Bewunderung eines disziplinierten Schriftstellers, die »Welt des Militärischen« habe keine Rolle gespielt.³⁰ Es fällt schwer, zu glauben, dass der junge Mitscherlich an seinem neuen »Meister« nicht ebenso dessen Heroismus als unerschrockener Frontkämpfer und die Vision eines revolutionären Umsturzes bewunderte. Die Hinwendung zu Jünger war für Mitscherlich durchaus geeignet, Abstand von den kaiserzeitlichen Orientierungen des Vaters herzustellen und gleichwohl die ungeliebte Republik von Weimar zu verdammen, wie er es in seinem Elternhaus gelernt hatte.³¹ Daran, dass Mitscherlich damals die

---

25 Dehli, Konflikt, S. 34.
26 Zu Alwens, einem durchaus rechtsgerichteten Verehrer Jüngers siehe: Dehli, Konflikt, S. 40 mit Hinweisen auf weiterführende Literatur.
27 Mitscherlich, Leben, S. 81 f.
28 Ebrecht, Mitscherlich, S. 278.
29 Lohmann, Mitscherlich, S. 26 ff.
30 Mitscherlich, Leben, S. 82; das folgende Zit.: S. 81.
31 Vgl.: Lohmann, Mitscherlich, S. 29 f., Dehli, Konflikt, S. 38 f.

Weimarer Demokratie ablehnte und nicht zu ihren Verteidigern gehörte, kann kein Zweifel bestehen. Später war es ihm dann »schmerzlich, [...] auf der falschen Seite gestanden zu haben«, als einige aus dem Jünger-Kreis am 17. Oktober 1930 die berühmte »Deutsche Ansprache« Thomas Manns im Berliner Beethoven-Saal störten, in dem Mann nach dem Wahlerfolg der NSDAP im September 1930 zur Verteidigung der Weimarer Republik aufrief. Mitscherlich und seine Genossen fanden sich dabei unversehens in der Gesellschaft von ebenfalls pöbelnden SA-Leuten wieder.[32]

Einen Bruch erfuhr die Bewunderung Mitscherlichs für Ernst Jünger allerdings erst, als der sich in den Augen des jugendlichen Bewunderers als seines Heldenmythos unwürdig verhielt. Mitscherlich erinnerte eine weitere Schlüsselszene: »Es drängte mich auf die Straße, wo die Parteien ihre militanten Anhänger organisierten. Rotfront traf auf SA, auch das Reichsbanner Schwarz-Rot-Gold, nicht zuletzt der Stahlhelm, prallten aufeinander. An einem Nachmittag entwickelte sich in Berlin-Neukölln eine veritable Straßenschlacht. Panzerwagen der Polizei wurden eingesetzt und es wurde mit Maschinengewehren in die Luft gepulvert. Ich war mit Ernst Jünger und Friedrich-Georg Jünger zum Schauplatz gekommen und war drauf und dran, mich unter die Kämpfer zu mischen, als ich beim Nahen eines Panzerwagens sah, wie Ernst Jünger mit großer Behendigkeit von der Straße verschwand und in einem Hausflur Deckung suchte. Das passte nicht zum Pour le mérite. Ich begann Ernst Jünger zu verachten. Deckung vor der Polizei im Hausflur suchen, das konnte ich auch allein.«

Mitscherlich entfremdete sich von Jünger. Zwar finden sich vereinzelte Briefwechsel noch während der Kriegsjahre, doch zu diesem Zeitpunkt war Mitscherlich bereits von anderen Identifikationsfiguren geprägt.[33] Als er und Jünger 1974 noch einmal zufällig aufeinandertrafen, symbolisierten sie bereits zwei Antipoden der bundesrepublikanischen intellektuellen Kultur, wie sie unterschiedlicher nicht hätten sein können. Kaum erstaunlich, dass sie keinen Weg mehr zu einem Gespräch fanden – obwohl oder gerade weil sie eine gemeinsame Vergangenheit verband.[34]

32 Mitscherlich, Leben, S. 84; das folgende Zit.: S. 86 f.
33 Nach 1945 bemühte sich Mitscherlich in einem Briefwechsel, eine gewisse Distanz zwischen sich und Jünger zu bringen, indem er beklagte, dass dieser sich nicht ausreichend vom Nationalsozialismus abgegrenzt habe und damit vielen Menschen eine falsche Orientierung geboten habe (vgl.: Dehli, Konflikt, S. 78 ff.).
34 Jünger an Mitscherlich, 25.11.1974, AMA I, 2736.10.

STUDIUM UND »KONSERVATIVE REVOLUTION«

Mitscherlichs endgültige Übersiedlung von München nach Berlin erfolgte erst im Herbst 1931, und auch jetzt war sie nicht politischem Weitblick geschuldet. Mitscherlich hatte die angehende Ärztin Melitta Behr kennengelernt und verlebte mit ihr einen turbulenten Sommer in München. Im Herbst entschloss sich das Paar, nach Berlin zu gehen, wo im März 1932 im Kreis der Familie Jünger die Hochzeit stattfand.[35] Die gemeinsame Tochter Monika wurde im Juni 1932 geboren, im November 1933 die zweite Tochter, Barbara. In Berlin eröffnete Mitscherlich mit finanzieller Unterstützung seiner Frau eine Buchhandlung. »Bücher kannte ich, das war ein Gegenstand mit dem ich vertraut war, da habe ich gedacht, das werde ich schon hinkriegen.«[36] Mitscherlich erinnerte sich, er habe mit einem Kommissionsbuchhändler in Leipzig Verbindung aufgenommen, sei nach Berlin gefahren und habe mit 2000 Mark in bar jene Bücher erworben, die er selbst gerne gelesen hätte. Die »Buchhandlung Alexander Mitscherlich« habe glänzend floriert, er habe sie später mit Gewinn verkauft.[37]

Neben seinem Geschichtsstudium und seiner Tätigkeit als Buchhändler arbeitete Mitscherlich (vermutlich seit 1933) auch für den »Waldemar-Hoffmann-Verlag«, einen Verlag mit durchaus ambivalentem Profil. Er bildete das Dach des »Gegner-Verlags«, in dem die von Harro Schulze-Boysen geleitete Zeitschrift *Der Gegner* erschien – der aber auch nationalrevolutionäre und bevölkerungspolitische Schriften rechter Provenienz publizierte.[38] Nach dem Verkauf der Buchhandlung engagierte sich Mitscherlich 1934 – auch finanziell – noch stärker für den Verlag, musste aber bald feststellen, dass sein eigener weitgehender Gestaltungsanspruch mit den Interessen des Inhabers Waldemar Hoffmann kollidierte.[39] Zum Jahreswechsel 1934/1935 gab Mitscherlich den kurzzeitig gefassten Plan der Gründung eines eigenen Verlages auf, um schließlich, wie er Dolf Sternberger mitteilte, eine »Vereinigung« mit dem »Widerstandsverlag« Ernst Niekischs vorzunehmen.[40]

Sternberger, den Mitscherlich für den Waldemar-Hoffmann-Verlag als Autor gewonnen hatte und den er nun bat, fortan auch im Widerstands-

---

35 Dehli, Konflikt, S. 46 ff.; Vgl. auch: Mitscherlich, Leben, S. 283.
36 Transkript der Sendung »Das Portrait. Alexander Mitscherlich« des Norddeutschen Rundfunks, Erstausstrahlung am 18.11.1975, AMA IX, 42.
37 Larese, Mitscherlich, S. 3.
38 Dehli, Konflikt, S. 57 ff.
39 Mitscherlich an Sternberger, 15.8.1934, AMA II 1, 12.1.
40 Sternberger an Mitscherlich, 22.1.1935, AMA II 1, 12.8; vgl. auch: Dehli, Konflikt, S. 53.

verlag zu publizieren, lehnte mit dem Hinweis ab, er könne sich mit dessen politischer Linie nicht identifizieren.[41] Damit hatte Mitscherlich nicht gerechnet. Empört machte er für Niekischs Verlag eine angebliche Ideologiefreiheit geltend: Sternberger spreche von »Gesinnung« – sei es nicht vielmehr so, dass die verschiedenartigen Menschen, die sich bei der Zeitschrift *Widerstand* zusammenfänden, »die Prägnanz ihres Ausdrucks gerade aus dem ideologiefreien Raum des Geschehens, dessen Richtung sie zu erkennen versuchen, herleiten, nicht aus der Meinung, die dieses Geschehen immer verdecken, symbolisieren und schematisieren muß?«. Sei »dieser menschliche Rest, die täglich grausam überprüfte und neu errungene Überzeugung, die politisch gesehen bei allen diesen Menschen in einem Schlagwort ausgedrückt ›Ostorientierung‹ genannt werden könnte – [...] keines Einsatzes würdig?« Habe denn die *Neue Rundschau*, mit der Sternberger sich identifiziere, keine Gesinnung? Und sei der nicht bereit, »für verantwortliches Denken auch politisch die Verantwortung, das heißt das Risiko (welches noch dazu in dem im üblichen Sinne verhältnismäßig unpolitischen Buch recht gering ist), zu übernehmen?[42] Es ist bezeichnend, dass Sternberger die Mitarbeit im Widerstandsverlag ablehnte: Dessen Profil war offensichtlich klar genug zu erkennen.[43]

Die »Ostorientierung«, von der Mitscherlich seinen Frankfurter Korrespondenzpartner vergeblich überzeugen wollte, war der Nationalbolschewismus Ernst Niekischs[44], den Mitscherlich im Umfeld Jüngers kennengelernt hatte und der zu einer weiteren »Mentorfigur«[45] wurde. Mitscherlich unterstützte Niekisch, der die Zeitschrift *Der Widerstand* redigierte, und dessen »Widerstandsverlag«. Im November 1932 stellte er Niekischs Buch *Hitler. Ein deutsches Verhängnis*[46] im Schaufenster seiner Buchhandlung aus. In Mitscherlichs späterer Interpretation war es ein »Wachstumsprozeß«, der ihn »mit Nachdruck von der rechten auf die linke Seite des politischen Spektrums« schob: Der offen zutage tretende Terror von SA und SS einerseits und die Unfähigkeit des Bürgertums, »die Demokratie der Weimarer Republik am Leben zu erhalten«, andererseits hätten ihm die Kommunisten als neue »geistige Macht« erschei-

---

41 Sternberger an Mitscherlich, 22.1.1935, AMA II 1, 12.8.
42 Mitscherlich an Sternberger, 24.1.1935, AMA II 1, 12.9.
43 Vgl. auch: Dehli, Konflikt, S. 66 f.
44 Vgl.: Sauermann, Niekisch.
45 Mitscherlich, Leben, S. 88.
46 Niekisch, Hitler.

nen lassen, was freilich »die schwerste politische Fehldiagnose meines Lebens«[47] gewesen sei.

Die Figur Niekischs und damit seine eigene politische Orientierung hat Mitscherlich im Rückblick noch mehr verfremdet, als er dies mit Jünger tat: Er erklärte, »daß wir alle ziemlich weltferne Idealisten waren, freilich geeint durch die gemeinsame absolute Ablehnung von Nationalsozialismus und Faschismus«[48]. In seinen Memoiren fand er zwar kritische Worte für die »Konturlosigkeit, mit der Niekisch dem Begriff des Patriotismus anhing«, und bezeichnete ihn als »Spießbürger«[49], thematisierte aber mit keinem Wort, dass Niekischs »Widerstand« keineswegs als Widerstand gegen den Nationalsozialismus, sondern als Ablehnung der Weimarer Republik zu verstehen war. Ebenso wenig erfährt der Leser der Autobiographie, dass sich Niekisch keineswegs als Demokrat von Hitler abzugrenzen suchte, sondern diesem in dem von Mitscherlich beworbenen Buch *Hitler – ein deutsches Verhängnis* vielmehr vorwarf, dem notwendigen revolutionären Umsturz in Deutschland durch seine vorübergehende Eingliederung in das parlamentarische System entgegenzuwirken.[50]

In seiner nachträglichen Darstellung sparte Mitscherlich Niekischs dezidiert antidemokratischen Nationalbolschewismus aus und suggerierte mit dem Begriff »Widerstandsverlag«, es sei ihm und Niekisch um den Widerstand gegen den Nationalsozialismus gegangen. Seine eigene Abneigung gegenüber der NSDAP resultierte nach Mitscherlichs Erinnerung aus einem »Urgefühl von Abscheu« gegenüber der Person Hitlers, dem er einmal zufällig im Münchner Café Annast begegnet sei. Spontan habe sich bei ihm die sichere Überzeugung eingestellt, »es mit einem grauenhaften Menschen zu tun [zu haben]«[51]. Diese gleichsam intuitive Bekehrung zum Gegner des Nationalsozialismus habe dann zur Zeit der »Machtübernahme« ihre Bestätigung gefunden. Inmitten der rasanten Bekehrung seiner Kommilitonen zur nationalsozialistischen Ideologie sei er selbst immer mehr zum Ungläubigen geworden. Um ihn herum schwenkten die Universitäten bereits auf die Linie der neuen Machthaber ein, »als es noch gar nicht von ihnen verlangt war«.

Trotz seiner instinktiven Ablehnung Hitlers erkannte Mitscherlich die epochale Bedeutung des beginnenden Nationalsozialismus nicht, wie er

47 Mitscherlich, Leben, S. 85.
48 Mitscherlich an Holtkamp, 25.2.1976, AMA I, 2444.2.
49 Mitscherlich, Leben, S. 96 f.
50 Vgl.: Sauermann, Niekisch; Dehli, Konflikt, S. 60-65.
51 Mitscherlich, Leben, S. 92 f.; die folgenden Zit.: S. 112, 109, 110, 111.

freimütig einräumte: »Die Zeiten waren verwirrt«, und unter »Residuen der alten konservativ-nationalistischen Denkungsart« und »esoterischen heroisierenden Träume[n], wie sie durch Ernst Jünger und seinesgleichen vermittelt wurden«, und angesichts der Millionen Arbeitslosen ächzte die Weimarer Republik »als politisches Gebilde in allen Fugen«. Er selbst habe »bis heute nicht verstanden, wieso dies alles sich vollziehen konnte. Ich jedenfalls lief herum wie das Kind in Andersens Märchen von des Kaisers neuen Kleidern. Man konnte sehen, aber man sah nichts.« »Wenn ich überlege, so gab es zwar in den Monaten Februar und März 1933 die Schutzhaftlager, eine latente Drohung lag in der Luft. Entscheidend aber war der allgemeine Konsensus, ein allgemeines, ja beinahe rauschhaftes Einschwenken in eine Linie, die angeführt war von einer im Grunde vielen dieser Menschen verächtlichen Erscheinung, nämlich Adolf Hitler und seinen Leuten.«

Aus seiner Gegnerschaft zum NS-Regime und seiner Zugehörigkeit zu den »Widerstandskreisen« um Ernst Niekisch leitete Mitscherlich in seiner Lebensbeschreibung eine direkte Bedrohung für seine Person ab. Er gab an, schon im Frühjahr 1933 erstmals verhaftet worden zu sein.[52] Diese Behauptung kann nicht verifiziert werden. An anderer Stelle sprach Mitscherlich von der »Beschlagnahmung« seiner »Bibliothek« im Juni/Juli 1933.[53] Auf den April 1935 datierte er schließlich eine akute Bedrohung seiner Person durch SA-Männer, die sich vor seiner Buchhandlung postierten und die Kunden am Betreten des Geschäfts hinderten, nachdem er zu »Führers« Geburtstag nicht geflaggt hatte.[54] Wegen dieses »drohenden SA-Boykotts«[55] habe er die Buchhandlung verkaufen müssen und sei emigriert.

Der Verkauf der Buchhandlung ist tatsächlich auf das Frühjahr 1934 zu datieren.[56] Im November 1933 hatte Mitscherlich den Studienfachwechsel zur Medizin vollzogen, sein Studium aber während seiner Tätigkeit in Hoffmanns Verlag bald wieder abgebrochen. Als er nun 1935 daran dachte, das Studium wiederaufzunehmen, war in Berlin kein Studienplatz für ihn frei.[57] Aus diesem Grund ging Mitscherlich zum Wintersemester

---

52 Lebenslauf Mitscherlich (1965), AMA III 65.
53 Lebenslauf Mitscherlich (1946), AMA, MI 76.
54 Lebenslauf Mitscherlich (1965), AMA III 65; Mitscherlich, Leben, S. 99.
55 Lebenslauf Mitscherlich (1946), AMA, MI 76.
56 Vgl.: Dehli, Konflikt, S. 52.
57 Mitscherlich an Kerkovius, 14.4.1935, AMA II, 1/6.6.

1935/1936 nach Freiburg und studierte dort für drei Semester Medizin.⁵⁸ Seine Beziehung zu Melitta Behr hatte die Geburt der zweiten Tochter Barbara kaum überdauert. Inzwischen war Mitscherlich mit der Pianistin Georgia Wiedemann liiert, und bereits im Februar 1935 war die erste gemeinsame Tochter Meret geboren worden. Kurz vor der Geburt des zweiten gemeinsamen Kindes heirateten Mitscherlich und Georgia Wiedemann am 23.5.1936 in Freiburg⁵⁹, im Juni 1936 wurde der Sohn Oliver Malte geboren.

»Exil«

Am 22. März 1937 wurden Ernst Niekisch und sein Kreis verhaftet.⁶⁰ Niekisch wurde 1939 zu lebenslänglicher Zuchthausstrafe verurteilt und saß bis 1945 im Zuchthaus Brandenburg-Görden. Mitscherlich datierte in seinen Memoiren diese Verhaftungsaktion auf das Jahr 1935. Er selbst sei ihr nur deshalb entgangen, weil er zufällig nicht in Freiburg, sondern bereits in Zürich war, dem Ziel seiner Emigration.⁶¹ Mitscherlich unterschlug, dass Freiburg nicht die Zwischenstation einer politisch motivierten Flucht war, sondern dass er dort etwa anderthalb Jahre studierte und unterdessen weiter für Niekischs Verlag arbeitete. Erst anlässlich der Verhaftung Niekischs entschloss sich Mitscherlich, der zufällig in Zürich weilte, nicht nach Deutschland zurückzukehren und schrieb sich zum Sommersemester 1937 an der dortigen Universität ein.⁶² Mitscherlichs spätere Deutung, es habe sich um eine »Flucht« in die Schweiz aufgrund »steckbrieflicher Fahndung« wegen »Hoch- und Landesverrats« gehandelt⁶³, ist dramatisiert und durch Fehldatierung und -kontextualisierung

---

58 Vgl.: Lebenslauf Mitscherlich in: Korrespondenz Mitscherlich/Rockefeller Foundation, AMA III 5/51; ein Freiburger Kommilitone erinnerte Mitscherlich nach dem Krieg daran, dass er mit ihm vom Wintersemester 1935/36 bis zum Wintersemester 1936/37 studiert hatte (Sauer an Mitscherlich, 8.2.1946, AMA I 4640 1/1a).
59 Heiratsurkunde Alexander Joseph Eilhard Mitscherlich und Auguste Wiedemann, Korrespondenz Mitscherlich/Standesamt Freiburg, AMA I, 1663. Vgl. zu Georgia Wiedemann: Dehli, Konflikt, S. 48 f.
60 Lockot, Reinigung, S. 131.
61 Lohmann, Mitscherlich, S. 34 f.
62 Dehli, Konflikt, S. 68; abweichend datierte Mitscherlich nach dem Krieg die Übersiedlung nach Zürich auf das Jahr 1936 (Lebenslauf Mitscherlich in: Korrespondenz Mitscherlich/Rockefeller Foundation, AMA III 5/51).
63 Lebenslauf Mitscherlich (1946), AMA, MI 76.

in ein falsches Licht gerückt. Tatsächlich (so schrieb Mitscherlich in seiner Autobiographie selbst) erfuhr er das Emigrantenschicksal »auf eine sehr sanfte Weise«[64].

Wegweisend war der Wechsel in die Schweiz, weil Mitscherlich hier in Kontakt zu Emigrantenkreisen kam und dauerhafte Freundschaften knüpfte, unter anderem mit dem Neurologen Erich Katzenstein und dessen Frau Netty sowie mit dem Germanisten Erich von Kahler. Von unschätzbarem Wert war vor allem die Bekanntschaft mit dem Psychoanalytiker Gustav Bally[65], der Mitscherlich nicht nur erste Erfahrungen mit der Psychoanalyse, sondern auch den Kontakt zu seinem späteren Lehrer Viktor von Weizsäcker und zu seinem späteren väterlichen Freund und Kollegen Felix Schottlaender vermittelte. In der Wohnung des Verlegers Emil Oprecht traf Mitscherlich auch den Soziologen René König wieder, den er schon in Berlin kennengelernt hatte. Mitscherlich hatte Königs Buch *Vom Wesen der deutschen Universität*[66] in der »hektographierten Korrespondenz«, die Ernst Niekisch nach dem Verbot seiner Zeitschrift *Widerstand* herausgab, positiv rezensiert, noch bevor das Buch im Sommer 1935 verboten wurde.[67] Die scharfen Angriffe, die ihm sein Buch in Deutschland eingebracht hatte, hatten König bewogen, im Herbst 1937 von Berlin nach Zürich zu gehen.[68] Er habilitierte sich in der Schweiz und lehrte dort bis 1953. In Zürich wohnten König und Mitscherlich zeitweise in derselben »Pension Février« und veröffentlichten unter Pseudonym[69] in der von Emil Oprecht verlegten und von Thomas Mann herausgegebenen Exilzeitschrift *Mass und Wert*.[70]

Diese Publikationen bilden nicht den Beginn von Mitscherlichs literarischen Ambitionen. In seinem Nachlass finden sich eine Reihe früherer, nicht oder schwer datierbarer Notizen, Textfragmente und Gedichte[71], und bereits 1935 hatte er zuerst im Waldemar-Hoffmann-Verlag und 1936 im Widerstandsverlag das *Reiterbuch*[72] veröffentlicht: eine assoziative

64 Mitscherlich, Leben, S. 115.
65 Zur Person Ballys siehe: Götschi, Bally.
66 König, Universität.
67 König an Mitscherlich, 12.12.1958, AMA I, 3005.69.
68 König, Leben, S. 61.
69 Mitscherlich, Alexander [Pseudonym: Michael Dreher]: Ulysses Umfahr. In: Mass und Wert 1 (1938), S. 519-540 (GS VI, S. 11-30).
70 König an Mitscherlich, 12.12.1958, AMA I, 3005.69; Mitscherlich an König, 3.1.1959, AMA I, 3005.70a.
71 AMA VII.
72 Mitscherlich, Alexander: Das Reiterbuch. Gedanken und Gesänge. Berlin 1935 und 1936 (GS VII, S. 11-65).

»EXIL«

Reihung von Bildern und kommentierenden Texten zum Thema Reiten, die ihren Fluchtpunkt in einer die technisierte und anonymisierte Welt der Moderne verdammenden Schlussbetrachtung haben.[73] Diese kulturpessimistische Technikfeindlichkeit, zu der im *Reiterbuch* der »unbezwingbare Freiheitsdrang« des Pferdes den Kontrapunkt bildete, hatte Mitscherlich auch schon 1926 in einem Manuskript[74] zu einer romantisierenden Klage über die Veränderung der Lebenswelt durch die vorrückende Technik verarbeitet: »Allenthalben rauchen die starrenden Schlöte der Fabriken und jagen heulende Autos, fauchende Lokomotiven, dröhnen donnernd Schmiedehämmer und rattern Kräne.« Die Maschine habe den Menschen den Komfort geschenkt, aber sie sei gleichwohl, so hatte der Schüler Mitscherlich erkannt, »die größte Feindin der Seele des Menschen«, weil sie Spezialisten verlange, wogegen sich der Mensch, »von der Natur universell begabt«, sträube. Die Maschine machte den Bauern arbeitslos, und »unter ihrer grausamen Knute entstand bei jenen heimatlosen Leuten der Sozialismus. [...] Wohin unsere Zeit, die, paradox beinahe, größte Entwicklung und größten Niedergang in sich birgt, hinsteuert, wer kann das wissen?«

Als Mitscherlich jetzt in Zürich in der Zeitschrift *Mass und Wert* einen Text mit dem Titel *Deutsche Zweifel an Europa*[75] veröffentlichte, war sein Kulturpessimismus bereits mit der Erfahrung des beginnenden NS-Regimes verknüpft und merklich beeinflusst von dem Kontakt zu den kritischen Köpfen, mit denen er in Zürich verkehrte. Mitscherlich nahm in diesem Text die Position des kritischen oppositionellen Intellektuellen ein. Er beklagte die mangelnde demokratische Revolution in Deutschland gegen das NS-Regime ebenso wie die Bereitschaft der Deutschen, über die dunklen Seiten des Faschismus hinwegzusehen, nachdem sich ihre anfängliche Erwartung, Hitler werde sich nicht lange an der Macht halten können, als falsch erwiesen hatte. Die Hoffnungen des Exilanten Mitscherlich richteten sich nun auf Europa. Doch war von dort Hilfe zu erwarten?

Die Ursache der Affinität der Massen zum Faschismus identifizierte Mitscherlich in jener von der Moderne pervertierten Lebenswelt, in der

---

73 Siehe zum Reiterbuch auch: Dehli, Konflikt, S. 54 ff., der Hans-Martin Lohmanns Charakterisierung des Textes als »verschlüsselte Auseinandersetzung mit den Zeittendenzen« (Lohmann, Mitscherlich, S. 39 f.) zu Recht als »überzogen« kritisiert.
74 Mitscherlich, Alexander: Maschine, Typoskript 1926, AMA VII 37.
75 Mitscherlich, Alexander [anonym]: Deutsche Zweifel an Europa. In: Mass und Wert 1 (1938), S. 621-629 (GS VI, S. 31-40).

das Streben nach Komfort das Streben nach Erkenntnis ersetzt habe. Auf diese modernen Bedürfnisse sah er die neuen faschistischen Diktaturen besser vorbereitet als die Demokratie, die an der »Fiktion« festhalte, die sie stützenden Wert- und Normorientierungen der Bürger seien noch »lebendig«. Mitscherlich schwankte zwischen der Hoffnung, die europäischen Staaten würden Deutschland in nicht näher spezifizierter Weise zu Hilfe kommen, und der pessimistischen Einschätzung, dass die Staatsform der Demokratie ungeeignet sei, sich in der modernen Welt zu halten. In eigentümlicher Weise mischt sich in Mitscherlichs Text eine Analyse der Massenwirkung des Hitler-Regimes in dessen so genannten »guten Jahren« mit Rückständen von Ernst Niekischs nationalbolschewistischer »Ostorientierung«. Den »gefährlichere[n] Feind« der kulturellen und politischen Zukunft des europäischen Abendlandes machte Mitscherlich nicht im Osten, sondern in Amerika aus. Die USA stellten für ihn den Prototyp der wehrlosen Staatsform der Demokratie dar. So erklärte er schließlich, dem Faschismus den »Charakter geschichtlicher Notwendigkeit« attestieren zu müssen. In Deutschland sei für den kritischen Intellektuellen vorerst nicht mehr zu tun, als »das Feuer unter der Asche zu bewahren« – und wenn Europa weiterhin nicht zu Hilfe komme, werde Deutschland schließlich von der »Asche Europas« erstickt werden.[76]

Das Zürcher Exil blieb Episode. Als Mitscherlich im Dezember 1937 nach Deutschland reiste, wurde er noch an der Grenze von der Gestapo verhaftet und ins Untersuchungsgefängnis nach Nürnberg gebracht. Der von Mitscherlich festgeschriebenen Legende nach hatte er die Reise angetreten, um einen Anwalt für den verhafteten Niekisch zu organisieren. Tatsächlich aber bereitete er an jenem 19. Dezember 1937, in Fehleinschätzung der politischen Lage und seiner persönlichen Gefährdung, seine eigene Rückkehr nach Deutschland vor. Sein Weg hätte ihn nach Überlingen führen sollen, wo er sich eine Wohnung ansehen wollte.[77] Ebenso wenig korrekt ist Mitscherlichs wiederholte Angabe, er habe acht

---

76 Zur Deutung des Textes siehe auch: Brede, Mitscherlich, S. 70; sehr freundlich beurteilte Lohmann die »Zweifel an Europa« als hellsichtige Klage über die mangelnde Selbstbehauptung der Demokratien und Appell an ein Europa politischer Freiheit. Mitscherlich erwies sich für Lohmann in diesem Text deshalb als »Europäer der ersten Stunde« (Lohmann, Mitscherlich, S. 43). Sehr kritisch geht dagegen Dehli mit dem Text ins Gericht (Dehli, Konflikt, S. 82-86).
77 Dehli, Konflikt, S. 71.

Monate in der Gestapohaft verbracht.[78] Bereits am 13. März 1938 kam er unter der Auflage, seine Familie aus Zürich nach Deutschland zu holen und selbst in Deutschland zu bleiben, wieder frei.[79] Als Grund für seine Entlassung führte Mitscherlich später an, dass zum einen kein belastendes Material gegen ihn vorlag und dass zum anderen der Schweizer Hygienikprofessor Moser ihm zu Hilfe kam, indem er Mitscherlich in einem Schreiben an die Gestapo als einen Angestellten der chinesischen Zivilverwaltung darstellte, der nach seinem Studium seinen Dienst in China antreten werde. Wer Moser um diesen Dienst gebeten hatte, ist unklar. In einem Fernsehinterview erinnerte sich Mitscherlich 1975 an Interventionen seiner Familie, wenige Jahre später gab er in seiner Autobiographie an, Moser selbst um Hilfe gebeten zu haben.[80] Denkbar ist auch, dass Interventionen des Reichsstatthalters in Bayern, Franz von Epp, des Onkels Georgia Wiedemanns, und Harbord Mitscherlichs zu Alexander Mitscherlichs Freilassung führten.[81]

Das eindrücklichste Erlebnis der Haftzeit waren für Mitscherlich nicht die Verhöre durch die Gestapo, über die er niemals sprach, sondern eine tiefe menschliche Enttäuschung: Man legte ihm einen Brief Ernst Niekischs vor, in dem dieser sich »recht abfällig« über Mitscherlich äußerte. Der war schwer gekränkt: »Es war natürlich die größte Entmutigung, die man im Gefängnis erleiden kann, wenn die Menschen, für die man alles riskiert hat, sich spöttisch hinter dem Rücken über einen Zeichen geben«[82], schrieb er nach dem Krieg an Niekisch. Dieser beteuerte, er habe sich allenfalls in »gutmütig ironisierendem Tonfall« über Mitscherlich geäußert.[83] »Schwamm drüber – vergessen«[84], schloss Mitscherlich seinen Brief – wirklich vergessen hat er die Kränkung durch die Vaterfigur in Wahrheit wohl nie. Und ob er Niekisch glauben konnte,

---

78 Mitscherlich, Leben, S. 115. Bereits in einer Aufstellung Mitscherlichs in der Korrespondenz mit dem Heidelberger Hilfskomitee für die Opfer des Nationalsozialismus (1946, AMA I, 2203.3) ist die Haftzeit fälschlich mit August 1937 – Februar 1938 angegeben.
79 Mitscherlich, Leben, S. 118 f.
80 Transkript der Sendung »Das Portrait. Alexander Mitscherlich« des Norddeutschen Rundfunks, Erstausstrahlung am 18.11.1975, AMA IX, 42; Mitscherlich, Leben, S. 115.
81 In diesem Sinne: Dehli, Konflikt, S. 73, Fn. 174.
82 Mitscherlich an Niekisch, 28.3.1946, AMA, III.
83 Niekisch an Mitscherlich, 9.4.1946, AMA I, 3937.1.
84 Mitscherlich an Niekisch, 28.3.1946, AMA, III.

schien ihm ungewiss: »Es ist so nie geklärt worden, welche Meinung Ernst Niekisch tatsächlich von mir hatte.«[85]

In der Folgezeit kam es noch zu einigen brieflichen Kontakten zwischen Mitscherlich und Niekisch, die aber die Verbindung nicht mehr neu beleben konnten. Hinzu kam, dass beide nach 1945 auch politisch in ganz unterschiedliche Richtungen – buchstäblich nach Ost und West – auseinanderstrebten.[86] Niekisch, der von der Roten Armee aus dem Zuchthaus Brandenburg befreit worden war, trat der KPD bei und wurde 1948 Professor für Soziologie an der Humboldt-Universität in Berlin. Seine Publikationen in der Nachkriegszeit überzog Mitscherlich mit scharfer Kritik: »Niekisch enttäuscht mich sehr. Er leidet an einer schweren multiplen Sclerose, ist blind und an den Beinen fast gelähmt. Ich würde doch annehmen, daß die Krankheit mit ihrer verflachenden und euphorisierenden Wesensveränderung wesentlich an dem plakathaft groben Stil und der Entdifferenzierung im Geistigen Schuld ist. Die Aufsätze, die ich von ihm im Aufbau und im Manuskript las, sind nur noch ein Schatten seiner früheren Existenz.«[87]

Eine analytische Distanz zu Niekisch und eine klare Einschätzung von dessen politischer Couleur, der er auch selbst zeitweise so nahestand, gelang Mitscherlich nie. Auch wenn Niekisch »zu eingesperrt in seine nationalistischen Vorurteile« gewesen sei, um die Probleme »genügend durchdenken« zu können, und insofern eine »tragische Gestalt«[88], so sah Mitscherlich am Ende seines Lebens Niekisch doch noch immer als »aufrechten Patrioten«, der zu einem bedeutenden Politiker der Bundesrepublik hätte werden können. Kaum eine Äußerung Mitscherlichs in seinen Erinnerungen enthüllt mehr über sein Demokratieverständnis: Mitscherlichs Denken leitete sich nicht aus einem Vertrauen auf Systeme, Grundsätze, Werte oder Normen ab, sondern aus einem Vertrauen in die moralische Integrität einzelner Personen. In späteren Jahren prägte diese niemals hinterfragte Grundeinstellung auch sein Wirken in der Bundesrepublik. Wer auf der richtigen Seite stand – etwa hinsichtlich der Verteidigung der Psychoanalyse – und damit seine Integrität unter Beweis stellte, war für Mitscherlich Verbündeter; wer seine mangelnde persönliche Integrität durch Widerspruch erwies, wurde zum Gegner. Grauzonen des inhaltlich begründeten Widerspruchs konnte es in dieser Vorstellung einer Welt, die sich in Freund und Feind aufteilte, kaum geben. Ernst

---

85 Mitscherlich, Leben, S. 99.
86 Korrespondenz Mitscherlich/Niekisch, AMA, III.
87 Mitscherlich an Gürsching, 9.7.1946, AMA I, 2026.2.
88 Mitscherlich, Leben, S. 90; dort auch das folgende Zit.

Niekisch blieb für Mitscherlich zeitlebens auf der richtigen Seite – die Tauglichkeit eines möglichen demokratischen Politikers zunächst an dessen Demokratieverständnis zu messen kam ihm nicht in den Sinn.

Mitscherlich und die Heidelberger Widerstandskreise

Aus der Haft entlassen, musste Mitscherlich sich 1938 für eine deutsche Universität entscheiden, wenn er sein Medizinstudium beenden wollte. Von Gustav Bally mit einigen Büchern Viktor von Weizsäckers versorgt, reiste Mitscherlich nach Heidelberg und stellte sich von Weizsäcker vor. Dieser habe ihn, obwohl er soeben aus dem Gefängnis kam und des Hoch- und Landesverrats verdächtigt wurde, umstandslos angenommen, berichtete Mitscherlich in seinen Memoiren.[89] Seiner eigenen Darstellung zufolge musste er sich in der Folgezeit weiterhin täglich bei der Gestapo melden.[90] Einer Einberufung zur Wehrmacht entging Mitscherlich aufgrund eines (vorübergehenden) Knieschadens, bei späteren Einberufungswellen galt er bereits als »unabkömmlich«.[91]

Mit Viktor von Weizsäcker, bei dem er sein Medizinstudium abschloss, geriet Mitscherlich wiederum an eine Vaterfigur. Seine spätere Ehefrau Margarete Mitscherlich-Nielsen erinnerte sich, ihr Mann habe von Weizsäcker »geliebt«: »Von Weizsäcker führte damals ein Experiment über Dreh- und Kippschwindel usw. durch. Als er einmal aufstand – das hat Alexander oft und nicht ohne Rührung erzählt –, fiel er in Alexanders Arme. Und da, so sagte er, habe er wirklich gemerkt, wie er diesen Mann mochte.«[92] Im September 1939 erlangte Mitscherlich seine Approbation und arbeitete zunächst als Assistenzarzt am St.-Josephs-Krankenhaus und alsbald an der Ludwig-Krehl-Klinik. Er durchlief hier die Ausbildung zum Facharzt für Neurologie und Innere Medizin.[93] Es erschien ihm als »Geschenk des Himmels, daß ich, von der täglichen Meldepflicht bei der Gestapo und der Deportation in irgendein Strafbataillon bedroht, die intensivste medizinische Lernzeit absolvieren konnte«.

---

89 Mitscherlich, Leben, S. 119.
90 Transkript der Sendung »Das Portrait. Alexander Mitscherlich« des Norddeutschen Rundfunks, Erstausstrahlung am 18.11.1975, AMA IX, 42; Lebenslauf Mitscherlich (1946), AMA, MI 76.
91 Universitätsarchiv Heidelberg, PA 1078; Larese, Mitscherlich, S. 3f.
92 Mitscherlich-Nielsen, Gespräch, S. 392.
93 Mitscherlich, Leben, S. 167; das folgende Zit.: S. 104.

VÄTER UND VORBILDER

Auch die Werke Sigmund Freuds, die er nach eigener Erinnerung schon als Münchner Student einmal zufällig in die Hände bekommen hatte, studierte Mitscherlich in Heidelberg intensiv.[94] Von der Tatsache, dass indessen der Zweite Weltkrieg begann und sich der verbrecherische Charakter des NS-Regimes jeden Tag deutlicher erwies, sah er sich nicht sehr behelligt: »In der damaligen Ludolf-Krehl-Klinik hatte sich ein Kreis gebildeter Menschen gesammelt, die gewiß keine Aufstände, geschweige Revolutionen planten, sondern still ihre Arbeit von Tag zu Tag erledigten.« Nachdem die Geschichte der Universität Heidelberg inzwischen gut aufgearbeitet ist[95] und bekannt ist, wie erheblich nazifiziert diese gewesen ist, erscheint Mitscherlichs Beschreibung irritierend.

An der Heidelberger Universität, ehemals im Rufe einer liberalen deutschen Modelluniversität stehend[96], hatte sich schon zum Ende der Weimarer Republik der erstarkende Konservatismus und Nationalismus in eindrücklicher Form bemerkbar gemacht. Als Signal wirkte, dass der Statistiker Emil Gumbel[97] 1932 aufgrund seiner Außenseiterposition als Jude, Sozialist und Pazifist nach jahrelangen Streitigkeiten durch eine von konservativen Professoren, örtlichen rechtsgerichteten Agitatoren und radikalen Studenten getragene Kampagne verjagt wurde.[98] Die »Gleichschaltung« der Universität hatte sich nach 1933 schnell vollzogen.[99] Heidelberg verlor zwischen 1933 und 1938 28 % seiner Hochschullehrer, nur die Hochschulen von Frankfurt und Berlin verdrängten politisch unliebsame und jüdische Kollegen noch durchgreifender.[100] Die zurückbleibenden Professoren traten zu großen Teilen in die Partei ein, der Enthusiasmus für das neue Regime innerhalb des Lehrkörpers war unverkennbar.[101] Die Medizinische Fakultät, in der Mitscherlich und seine Kollegen »still« ihre Arbeit erledigten, verzeichnete den höchsten Anteil an Parteimitgliedern.[102]

Der Kollege mit der offensichtlichsten Nähe zur NS-Ideologie war dabei der Psychiater Carl Schneider, der aus den Heilanstalten Bethel

94 Ebenda, S. 102ff.; das folgende Zit.: S. 119.
95 Jansen, Professoren; Wolgast, Bauer; Buselmann/Harth/Jansen, Heidelberg.
96 Remy, Heidelberg, S. 9.
97 Zu Gumbel: Jansen, Gumbel; Brenner, Gumbel; Gumbel, Wahrheit.
98 Remy, Heidelberg, S. 10 f.
99 Zur Gleichschaltung der Universitäten: Heiber, Universität. Speziell zum Fall Heidelberg vgl.: Gumbel, Wahrheit; Jansen, Professoren.
100 Remy, Heidelberg, S. 16.
101 Einzelheiten bei Remy, Heidelberg, S. 22 ff.
102 Remy, Heidelberg, S. 43.

kommend dem 1933 entlassenen Karl Wilmanns nachfolgte. Schneider fungierte neben dem nach 1945 zu trauriger Berühmtheit gekommenen Werner Heyde als Obergutachter im Rahmen der »Aktion T4«[103] und baute seine Abteilung zu dem neben Brandenburg-Görden wichtigsten Forschungszentrum der NS-Euthanasie aus. Euthanasieärzte wie Friedrich Mennecke wurden bei Schneider ausgebildet.[104] Daneben übte Schneider auch großen Einfluss auf die Berufungspolitik der Fakultät aus und förderte die Berufungen des Gynäkologen Hans Runge, des Physiologen Johann Daniel Achelis und des Spezialisten für Tropenkrankheiten und Rassenhygiene Ernst Rodenwaldt.[105]

»Nur einzelne Dissidenten im Heidelberger Lehrkörper vertraten einen liberal-demokratischen Pragmatismus, wie er sich in Deutschland erst nach 1945 hinter dem Schutzschild der westlichen Siegermächte und nach dem Schock, den Nationalsozialismus, Holocaust, erneute und diesmal totale Niederlage und die Besetzung ganz Deutschlands ausgelöst hatten, durchsetzen konnte«[106], fasst Christian Jansen den Heidelberger Geist jener Jahre zusammen. »Den meisten Heidelberger Hochschullehrern mangelte es aus Angst vor sozialer Marginalisierung in erschreckendem Maße an Gelassenheit, Nüchternheit, Pragmatismus, Selbstrelativierung und Ironie.«

Zu den »wenigen Dissidenten«[107] gehörte bald auch Alexander Mitscherlich. Seine Ablehnung des Nationalsozialismus führte ihn in die Kreise des »anderen Heidelberg«. Diese Gesprächszirkel bildeten zumeist Angehörige der 1880er und 1890er Geburtsjahrgänge, die trotz aller mehr oder minder ausgeprägten Gegnerschaft zum Nationalsozialismus an ihrem politischen Konservatismus festhielten: »Politically, they sought a unified, neutral Germany governed by a social democratic government infused with Christian principles as an alternative to American-dominated capitalism and Soviet-dominated communism (also called ›Free Socialism‹).«[108] Zu den prominentesten Gestalten dieser Kreise gehörte der Soziologe Alfred Weber, den Mitscherlich allerdings erst nach Kriegsende kennenlernte.[109] Weber hatte seine Distanz zum NS-Regime offen

103 Ebenda, S. 43 und 72 f. Zu Schneider siehe auch: Teller, Schneider.
104 Remy, Heidelberg, S. 108.
105 Ebenda, S. 45.
106 Jansen, Professoren, S. 304; das folgende Zit.: S. 306.
107 Vgl.: Remy, Heidelberg, S. 110; van Laak, Gespräche, S. 42-55; Treiber, Salongeselligkeit.
108 Remy, Heidelberg, S. 220.
109 Demm, Weimarer Republik; ders.: Weber.

VÄTER UND VORBILDER

demonstriert, als er sich nach den Märzwahlen 1933 weigerte, die Hakenkreuzflagge zu hissen[110] – und damit erstaunliche Zivilcourage bewiesen, zumal er ohne jede Unterstützung von Senat oder Rektor blieb. Entgegen seinen Behauptungen nach 1945 wurde Weber aber nicht aus politischen Gründen entlassen, sondern verließ seinen Posten 1938 vier Monate vor Erreichung des Pensionsalters freiwillig[111] und lebte fortan mit seiner langjährigen Lebensgefährtin Else Jaffé, geborene von Richthofen, in einem bescheidenen Mehrfamilienhaus im Heidelberger Vorort Handschuhsheim.

Weber und die anderen kritischen Geister Heidelbergs hatten in Marianne Webers Salon, dem in der NS-Zeit etwa 70 Personen angehörten, eine Diskussionsmöglichkeit.[112] Regelmäßige Gäste waren Hochschullehrer, die nicht mehr lehren durften, wie Ernst Hoffmann, Hans von Eckardt, Otto Regenbogen oder Karl Jaspers, aber auch noch Lehrende wie der Theologe Gustav Hoelscher. Dass der Zirkel nicht aufgelöst wurde, führt Remy darauf zurück, dass außer Alfred Weber niemand irgendeine aktive Oppositionshaltung gegen das Regime erkennen ließ und generell – nicht nur bei Gustav Radbruch, der an einer Biographie des Kriminologen Anselm Feuerbach schrieb – die innere Emigration die vorherrschende Äußerungsform der NS-Gegnerschaft blieb.

Dies galt auch für Karl Jaspers[113], der nach seiner Entlassung aus dem Universitätsdienst 1937 zwar mit Publikationsverbot in Deutschland belegt, aber mit einer großzügigen Pension ausgestattet war. So konnte Jaspers, wenn er auch in stetiger Angst um seine jüdische Ehefrau lebte, in finanziell abgesicherter Lage privatisieren.[114] Auch Mitscherlich wurde von Jaspers empfangen und musste sich der Zeremonie unterziehen, die Nicolaus Sombart anschaulich beschrieben hat: »Der Ablauf war immer derselbe. Nachdem man von Frau Jaspers eingelassen worden war, die einem sofort den Eindruck vermittelte, daß man, obwohl man natürlich angemeldet war, ungelegen kam, und eine gebührliche Zeit in dem Raum gewartet hatte, der als Speisezimmer, aber auch als Vorzimmer diente, durfte man das Allerheiligste, den Arbeitsraum des Meisters, betreten.

110 Remy, Heidelberg, S. 21; Demm, Zivilcourage.
111 Remy, Heidelberg, S. 21.
112 Zu Marianne Webers Kreis: Weber, Conviviality. Noch 1952 erhielt Mitscherlich Einladungen zu Marianne Webers Gesprächskreis (Lydia Radbruch an Mitscherlich, März 1952, AMA I, 4292.1).
113 Zu Jaspers vgl.: Harth, Jaspers; Kadereit, Jaspers; Leonhard, Jaspers; Paprotny, Jaspers; Saner, Jaspers; Wisser/Ehrlich, Philosophie.
114 Remy, Heidelberg, S. 21 f.; S. 81.

Der saß, hoch aufgerichtet, eine Decke über den Knien, ostentativ kränklich, in einem großen Ohrenstuhl, im Dunkeln, in der strategisch günstigsten Ecke, während der Schüler, ich denke, jeder Besucher, auf einem mitten im Zimmer stehenden Hocker ihm gegenüber plaziert wurde, in größtmöglichem Abstand natürlich. Das perfekte *Setting*, das sofort und unzweideutig den Ton des Gespräches festlegte. Er konnte nur zeremoniös sein. Man fühlte sich ganz klein und fröstelte.«[115]

Mitscherlich fand in Jaspers eine weitere Gestalt, zu der er aufblickte. Und Jaspers war von dem jungen Arzt angetan. Mitscherlich wurde sogar in die Pläne einbezogen, Jaspers' Ehefrau vor der Verhaftung zu bewahren: Im Notfall sollte er Gertrud Jaspers in das Haus des Kreisauers Emil Henk bringen, wo sie vor der Gestapo versteckt werden sollte.[116] Auch über sein Studium der Werke Freuds besprach sich Mitscherlich mit Jaspers, musste allerdings feststellen, dass dieser die Psychoanalyse völlig ablehnte. Zwar konnte Mitscherlich Jaspers nach eigener Aussage davon überzeugen, anlässlich einer Neuauflage seiner »Psychopathologie« eine Reihe negativer Äußerungen über die Psychoanalyse zu streichen, musste aber zu seiner großen Verärgerung feststellen, dass, als das Buch nach dem Krieg schließlich erschien[117], der Text »zu meinem Schrecken wieder voll restauriert [war]. Diese Erfahrung hat mich sehr bedrückt.«[118]

Vom Krieg wurde Heidelberg und seine Universität nicht berührt, die Lehrveranstaltungen liefen ungestört bis 1945.[119] So blieb Mitscherlich auch dann noch unbehelligt vom Krieg, als dieser immer deutlicher zur »Heimatfront« zurückkam. 1939 wurde als Mitscherlichs fünftes Kind der Sohn René geboren, 1942 schließlich der Sohn Thomas. 1941 wurde Mitscherlich mit einer Arbeit *Zur Wesensbestimmung der synaesthetischen Wahrnehmung*[120] bei von Weizsäcker promoviert, kurz bevor dieser einen Ruf an die Universität Breslau annahm, von wo er erst 1944 wieder nach Heidelberg zurückkehrte. Mitscherlich konnte unterdessen bei von Weizsäckers Nachfolger Paul Vogel weiterarbeiten, zu dem er eine professio-

115 Sombart, Rendezvous, S. 230 f.
116 Saner, Jaspers, S. 48.
117 Jaspers, Psychopathologie.
118 Mitscherlich, Leben, S. 124.
119 Remy, Heidelberg, S. 86 f.
120 Mitscherlich, Alexander: Zur Wesensbestimmung der synaesthetischen Wahrnehmung. Inaugural-Dissertation zur Erlangung der Doktorwürde in der Medizin der Hohen Medizinischen Fakultät der Ruprecht-Karls-Universität zu Heidelberg. Referent Viktor von Weizsäcker. Promotion am 12.5.1941 (unveröffentlicht, AMA VII, 45.1).

nelle Arbeitsbeziehung, aber keine persönliche Bindung entwickelte.[121] In einem »Persilschein« attestierte Mitscherlich Vogel 1946 dessen politische Rechtschaffenheit. In der neurologischen Klinik, in der sich im Umgang mit den »Erbkranken« der »Charakter des Arztes« besonders erweise, sei kein einziger Fall ideologisch entschieden worden. Vogel habe sich niemals politisch geäußert und seine – Mitscherlichs – ablehnende Haltung gegenüber dem NS-Regime gekannt und stillschweigend geduldet.[122]

Ob Mitscherlich über seine – in jeden nach dem Krieg von ihm ausgestellten »Persilschein« eingeflochtene – »Ablehnung« des Nationalsozialismus hinaus irgendeine Aktivität entfaltete, die gegen das NS-Regime gerichtet war, lässt sich nicht erkennen. Es spricht alles dafür, dass er in kleinem Kreis mit Kritik am NS-Regime tatsächlich nicht sparte.[123] Vereinzelt erinnerte sich Mitscherlich später, er habe sich um Juden »gekümmert«[124]; worin dieses Kümmern bestanden haben könnte, ist unklar. An seiner Geisteshaltung bestand aber für niemand ein Zweifel. Eine ehemalige Studentin Mitscherlichs erinnerte sich: »Sie haben, bei der Übertragung von den lärmenden Festlichkeiten des Führergeburtstags ein Hundegekläff als die vox populi erklärt – und Sie haben Picasso verteidigt.«[125] Insgesamt dürfte Mitscherlichs Lebenslage in der Kriegszeit durch seine eigene spätere Schilderung zutreffend charakterisiert sein, man habe in einer Gruppe von NS-Gegnern – darunter auch Dolf Sternberger und seine Frau – in Heidelberg überwintert, britischen Rundfunk gehört und auf die Befreiung gewartet.[126] Gleichwohl publi-

---

121 Mitscherlich an von Weizsäcker, 28.12.1943, AMA VII 50.
122 Eidesstattliche Versicherung Mitscherlichs, 20.10.1946, Korrespondenz Mitscherlich/Vogel, AMA I, 5830.1.
123 Gegenüber der Alliierten Militärregierung gab Mitscherlich später an, er habe im Haus des Mannheimer Chirurgieprofessors Rudolf Zenker »während des ganzen Krieges so entschiedene Antifaschisten wie Eugen Gerstenmaier getroffen und politischen Diskussionen beigewohnt, die im Verratsfall unser aller Tod bedeutet hätten« (Mitscherlich an CIC Heidelberg, 23.9.1945, AMA III).
124 So beispielsweise um ein Fräulein Annie Kraus, wie er dem Verleger Lambert Schneider nach Kriegsende mitteilte (Mitscherlich an Schneider, 18.12.1945, AMA III)
125 Seiler an Mitscherlich, 18.8.1946, AMA I, 5030.1.
126 Börsenblatt, 19.9.1978.

zierte Mitscherlich Artikel[127] und hielt Vorträge[128]. Seine wissenschaftliche Laufbahn war keineswegs stillgestellt, nur die Wirren des Kriegsendes verhinderten die Durchführung seines Habilitationsverfahrens noch vor 1945.

127 Mitscherlich, Alexander: Überwindung der Angst. In: Kölnische Zeitung 4.3.1944 (GS VII, S. 125-130).
128 Mitscherlich, Alexander: Zur Symptomwahl in den Neurosen. Vortrag im Naturhistorisch-medizinischen Verein zu Heidelberg, 1.2.1944 (unveröffentlicht, AMA VIIb, 58).

2. Neubeginn 1945

Zwischenspiel als Politiker

Am 1. April 1945 nahmen amerikanische Truppen Heidelberg ein.[1] In seinen Memoiren erinnerte sich Mitscherlich an ein Gefühl der Befreiung: »Während sich die amerikanischen Truppen in der Osterwoche 1945 Heidelberg näherten, vernahmen wir zum ersten Mal während des Krieges Kanonendonner. In unseren Ohren waren das Salutschüsse im Eröffnungszeremoniell einer neuen Epoche. [...] Wir konnten vor Freude über das nahende Ende kaum unsere Fassung bewahren, taten aber gut daran, die Tarnhaltung beizubehalten. Jeder unvorsichtige Blick konnte uns noch immer ein Todesurteil bringen.«[2] Erst am Morgen des Karfreitags, als die Amerikaner in die Stadt vorrückten und Mitscherlich auf der Hauptstraße den ersten Panzer erblickte, habe er sicher sein können, dass die »schreckliche Zeit« tatsächlich beendet war: »In überschäumendem Glück ging ich auf den nächsten amerikanischen Soldaten zu und wollte ihn umarmen.«

Gleichsam über Nacht befand sich Mitscherlich nun in einer Schlüsselstellung in Heidelberg. Als Angehöriger der örtlichen »Widerstandskreise« gehörte er für die amerikanischen Besatzer zu den natürlichen Ansprechpartnern. Insofern war es nahezu zwangsläufig, dass Mitscherlich als einer der wenigen Unbelasteten seiner Generation und als einer »der geschliffensten, geistreichsten Debattierer«[3] in die praktische Verantwortung genommen wurde: »Immer wieder wurden in Heidelberg politische Forderungen an mich herangetragen. Aufgaben, von denen wir alle, die wir als die wenigen Nicht-Betroffenen uns in einer ähnlichen Lage befanden, nichts verstanden oder nur sehr wenig.«[4] Karl Jaspers hatte gegenüber den Amerikanern eine Reihe vertrauenswürdiger Personen benannt, die für eine Tätigkeit in einer neuen Zivilverwaltung in Frage kamen. Aus etwa 200 Personen wurden schließlich sieben ausgewählt, darunter Mitscherlich[5], der daraufhin für einige Wochen als jüngs-

---

1 Zur Geschichte der Stadt Heidelberg 1945: Reuter, Heidelberg; Pieper, Heidelberg.
2 Mitscherlich, Leben, S. 128; die nächsten Zit.: S. 129.
3 Schneider, Verlagsarbeit, S. 88.
4 Mitscherlich, Leben, S. 131.
5 Wünschel, Mitscherlich.

tes Mitglied einer »Provinzialregierung« Minister für Ernährung und Gesundheit und Leiter des Gesundheitsamtes in dem zunächst amerikanisch besetzten Gebiet »Mittelrhein/Saar« wurde.[6]

Mitscherlich erinnerte sich 1976, er habe es aus der Perspektive der Besatzer »ganz vernünftig [gefunden], nicht blindlings mit ihren eigenen Kräften den Regierungsversuch zu machen, sondern Leute aus dem Land, von denen sie wußten, daß sie unverdächtig sind, undemokratisch und faschistisch zu sein, regieren zu lassen und denen zu sagen: ›Kinder, macht Euren Staat wieder langsam selber. [...] Das ist doch eine große Sache. Es gibt einen neuen Anfang, eine neue Stimmung, man möchte es besser machen, man möchte verhindern, daß solche fürchterlichen Sachen wieder passieren. Soll man da mitmachen, soll man sich dafür zur Verfügung stellen? Ich wäre von mir aus in meinem Leben nicht auf die Idee gekommen, ein Regierungsmensch zu werden. Da wird einem dann die Chance geboten. Die Leute sagen: ›Mach's doch. Du bist einer, Dir vertrauen wir. Du wirst vielleicht etwas besseres erreichen, als wenn das irgendein amerikanischer Offizier macht, der kennt doch die Verhältnisse gar nicht.‹«[7]

Derart motiviert, ließ sich Mitscherlich von der Universität als Oberarzt beurlauben. Neben ihm wurde auch Dolf Sternberger in die improvisierte Regierungsmannschaft berufen, der eigentlich mit dem Gedanken schwanger ging, eine Zeitschrift zu gründen. Da aber sei Mitscherlich mit einem Jeep und einem amerikanischen Korporal vorbeigekommen und habe ihn mit großer Beredsamkeit überzeugt, in die Regierung einzutreten, erinnerte sich Sternberger. Mitscherlich sagte ihm: »Das mit der Zeitung hat noch gute Weile. Es gibt etwas Wichtigeres zu tun.«[8]

Aus Sicht der ersten Studentengeneration, die nach 1945 nach Heidelberg kam, waren Sternberger und Mitscherlich Vertreter einer fast ausgelöschten oder politisch verbrannten Generation »zwischen den alten Herren, den ›wilhelminischen Greisen‹, die, nachdem sie während der Nazizeit so gut wie völlig in Vergessenheit geraten waren, unverhofft wie-

---

6 Ebenda. Siehe auch: Sternberger, wir sollen eine Regierung bilden. Wie die erste deutsche Zivilverwaltung nach dem Kriege zustande kam. In: Frankfurter Allgemeine Zeitung, 10.5.1995. Der nicht mit einem späteren Bundesland identische Regierungsbezirk umfasste die linksrheinischen Provinzen Saar, Pfalz und Hessen südlich des Mains.
7 Anschütz, Susanne u. a.: Interviews für den Wettbewerb »Preis des Bundespräsidenten« 1977 zum Thema »Demokratischer Neubeginn 1945/46«. Transkript Tonbandinterview Alexander Mitscherlich. AMA I, 146.1.
8 Anschütz u. a., Transkript Tonbandinterview Dolf Sternberger. AMA I, 146.1.

der ins Rampenlicht traten, *posthum* gewissermaßen [...], und uns, den fast noch als Knaben aus dem Kriege zurückgekehrten«⁹. Sternberger kam als Beauftragter für die Presse als letzter der so genannten »Präsidialdirektoren« hinzu, zu denen neben ihm und Mitscherlich unter anderem der frühere sozialdemokratische Mannheimer Oberbürgermeister Hermann Heimerich als »Oberregierungspräsident«, Gerhard Anschütz (Justiz) und Emil Henk (Erziehung und Kirchen) zählten. Ihr Hauptquartier bezogen die Regierenden am 9. Mai 1945 im Gebäude der früheren Industrie- und Handelskammer in Neustadt. In den Büros fanden sie buchstäblich nichts vor: »Es war keine Schattenregierung, es war der Schatten einer Regierung. Wir besaßen keine Akten, wußten nichts von Verwaltungsaufgaben.« Mitscherlich dachte später »mit Heiterkeit« an diese Zeit, die voller Improvisation gewesen sei.¹⁰ Die Gehälter wurden von Heimerich ausbezahlt, ohne dass deren Herkunft bekannt gewesen wäre, man bekam Armee-Nahrung und einen alten BMW. Politische Ziele habe man nicht verfolgt: »Wir waren uns alle einig. Wir kannten uns.«¹¹

Die Hauptaufgaben des Regierungskollegiums waren der Wiederaufbau von Verwaltungsstrukturen, die Einsetzung und Vereidigung von Beamten, die Funktion als Ansprechpartner für die ratsuchend in die Amtsstuben strömende Bevölkerung und schließlich die Öffentlichkeitsarbeit, die sich nach Sternbergers Erinnerung allerdings auf zwei Informationsplakate beschränkte, da es bis zum Herbst 1945 gar keine Presselandschaft gab. Mitscherlich, der sich als eigenes Dienstfahrzeug ein mehr als aufschneiderisches Mercedes-Cabriolet gekauft hatte¹², war hauptsächlich in Sachen Lebensmittelbeschaffung und -verteilung unterwegs. Er fand Gefallen an seiner Aufgabe: »Nachdem man vor allem im Krieg über 2000 Verletzte in jedem Jahr alleine behandeln mußte und Krankengeschichten schreiben, und nachts noch raus mußte, da war das ja eine Erholung, 1945 im Sommer in der Pfalz zu sein.«

Als Frankreich schließlich eine eigene Besatzungszone erhielt und sich die amerikanischen Truppen aus dem Gebiet »Mittelrhein/Saar« zurückzogen, ging die kurze Amtszeit des Regierungspräsidiums zu Ende. Vom

9 Sombart, Rendezvous, S. 96 f.
10 Mitscherlich, Leben, S. 131 f.
11 Anschütz u. a., Transkript Sternberger, AMA I, 146.1.
12 »Das Auto war wunderschön, es war ein schwarzes Cabriolett mit so beigefarbigen Lederpolstern. Den Amerikanern sind die Augen aus dem Kopf gefallen, wenn die das Auto gesehen haben.« (Anschütz, Transkript Mitscherlich, AMA I, 146.1.); dort auch das folgende Zit.

Abzug der Amerikaner überrascht, entschlossen sich die sieben Regenten ebenfalls zum Rückzug. Mitscherlich ließ sich wie die anderen sein Gehalt ausbezahlen und kehrte am 10. Juli 1945 nach Heidelberg zurück[13]; eine formelle Entlassung gab es nicht.[14] Aus Mitscherlichs Begründung für den Entschluss, nicht unter der französischen Besatzungsmacht weiterzuarbeiten, spricht ein – noch 1980 bei der Abfassung der Memoiren unreflektiertes – Ressentiment[15] gegen den französischen »Erzfeind«. Man habe den Franzosen »nicht zu Diensten sein« wollen: »Wir wären nur in einer einzigen Art von den Franzosen behandelt worden, nämlich schlecht. [...] Diese nun, gemäß nationaler Tradition, hatten keinerlei konstruktive Ideen für das Weiterleben eines deutschen Staates, sondern waren vor allem daran interessiert, den verhaßten Nachbarn so weit zu schwächen wie irgend möglich. Ich konnte das zwar gut verstehen, aber nicht billigen.«[16]

Der kurze Ausflug Mitscherlichs in die Politik fand nie eine Fortsetzung, obwohl sein großes politisches Talent erkennbar war. Der Jurist und spätere Direktor des Max-Planck-Instituts für Bildungsforschung Hellmut Becker lernte Mitscherlich im Herbst 1945 kennen. Ihm erschien es zu diesem Zeitpunkt »unklar, ob die offensichtliche Leidenschaft dieses Lebens ihre Ausprägung in Theorie oder Praxis, in künstlerischer oder denkerischer Tätigkeit finden würde«[17]. Tatsächlich erhielt Mitscherlich ein weiteres Angebot, politisch zu arbeiten: Im Herbst 1945 sollte er Kultusminister in Großhessen werden.[18] Aber viele Menschen seiner Umgebung rieten ab. Der befreundete Stuttgarter Psychoanalytiker Felix Schottlaender, den er über Gustav Bally kennengelernt hatte und mit dem er über die Kriegszeit in Kontakt gestanden hatte, schrieb Mitscherlich, er sei kein Minister, sondern »der geborene geistige Anreger«. Er müsse sich »die Hände freihalten, ohne bürokratische Bindungen, in denen Sie – politisch und gesundheitlich – sehr rasch verbraucht sein würden«. Mitscherlich solle daher seine Laufbahn in der Universität voranbringen, was nur aussichtsreich sei, wenn er nicht Minister oder »übermorgen Oberpostdirektor in Berlin« werde.[19]

13 Ebenda.
14 Anschütz, Transkript Anschütz, AMA I, 146.1.
15 Vgl.: Lohmann, Mitscherlich, S. 56.
16 Mitscherlich, Leben, S. 132.
17 Becker, Mitscherlich, S. 923 f.
18 Bally an schweizerischen Konsul in Baden-Baden, 14.12.1945, AMA III.
19 Schottlaender an Mitscherlich, 2.10.1945, AMA III.

Die Wiedereröffnung der Universität Heidelberg

Neben seiner kurzen politischen Indienstnahme war Mitscherlich auch innerhalb der Heidelberger Universität ein für die Besatzer wichtiger Ansprechpartner geworden. Sein Engagement für die Wiedereröffnung der medizinischen Fakultät, die zum 15. August 1945 nach nur dreimonatiger Unterbrechung ihre Arbeit wiederaufnahm, war ein wesentlicher Grund dafür, dass Mitscherlich seinen Weg in die Politik nicht weiterverfolgte. Sehr schnell nach der Einnahme Heidelbergs hatten CIC-Vetreter den als NS-Gegner bekannten Kreisauer Emil Henk aufgespürt, der die Besatzer von der Notwendigkeit eines schnellen Wiederbeginns überzeugen konnte. Sodann wurde ein Treffen bei Henk einberufen, an dem Karl Jaspers, Gustav Radbruch[20], der Altphilologe Otto Regenbogen und Alexander Mitscherlich teilnahmen.[21] Aus diesem Kreis wurde mit dem Hinzutreten weiterer Mitglieder[22] der legendäre »Dreizehnerausschuss«[23], der als Planungskommission die Wiedereröffnung der Universität[24] vorbereitete. Mitscherlich notierte in seinem Tagebuch am 11.4.1945: »Jaspers. Gespräch über die Tatsache, daß die Amerikaner von uns Vorschläge über die Gestaltung unserer Zukunft zu erwarten scheinen.« Trotz der völlig unklaren Lage wolle man »versuchen, Entwürfe zu machen«[25]. Der Dreizehnerausschuss wurde zur zentralen Instanz bei der Vorbereitung der Wiedereröffnung der Hochschule. Es wurden die Fakultäten neu geordnet, eine neue »Verfassung« entworfen sowie ein erster Senat und Rektor eingesetzt[26]: Der emeritierte Anglist Johannes Hoops, der das Amt des Rektors im Alter von 80 Jahren provisorisch von dem letzten nationalsozialistischen Rektor Paul Schmitthenner übernommen hatte, wurde im

20 Zu Radbruch siehe: Radbruch, Weg; Küper, Radbruch; Laufs, Radbruch.
21 Remy, Heidelberg, S. 118, sowie: Karl Jaspers an Karl Heinrich Bauer, 23.8.1964. In: de Rosa, Briefwechsel, S. 75 f.
22 Hinzu kamen: Karl Heinrich Bauer, Martin Dibelius, Ernst Engelking, Fritz Ernst, Wolfgang Gentner, Renatus Hupfeld, Walter Jellinek, Curt Oehme und Alfred Weber. Vgl. auch die etwas abweichende Teilnehmerliste in AMA IIa, 1.34. Hier werden zusätzlich genannt: Der Jurist Karl Engisch, der Philologe Karl Freudenberg, Johannes Hoops als geschäftsführender Leiter der Universität und »Schäfer«, nicht genannt werden Ernst und Jellinek.
23 Der Name des Gremiums blieb unabhängig von seiner schwankenden Teilnehmerzahl bestehen.
24 Zur Wiedereröffnung der Heidelberger Universität jetzt maßgeblich: Remy, Heidelberg.
25 Tagebucheintrag Mitscherlich, 11.4.1945, AMA VII 54.
26 Remy, Heidelberg, S. 118.

August von dem Chirurgen Karl Heinrich Bauer[27] abgelöst; Dibelius, Radbruch und Regenbogen wurden die ersten Dekane ihrer jeweiligen Fakultäten.

Der Dreizehnerausschuss bestand größtenteils aus älteren Honoratioren (nur Mitscherlich, Ernst und Gentner gehörten zur jüngeren Generation), die als langjährige Kollegen die »exclusive aristokratische akademische Kultur« Heidelbergs repräsentierten.[28] Eine Übereinstimmung mit den von den Amerikanern importierten neuen Werten bedeutete dies nicht zwangsläufig. Es war zwar keines der Ausschussmitglieder Parteimitglied gewesen, doch lediglich Weber, Jaspers und Radbruch konnten als dezidierte NS-Gegner gelten. Die übrigen Teilnehmer hatten ihre Lehr- und Forschungstätigkeit mit mehr oder minder ausgeprägter Bereitschaft zum Kompromiss mit dem NS-Regime fortgeführt.[29]

Die drei jüngeren Ausschussmitglieder hatten bei der Hauptaufgabe des Dreizehnerausschusses in den ersten Wochen – der Ausarbeitung der neuen Universitätssatzung – keine großen Gestaltungsmöglichkeiten. Zwar wurde über den Entwurf diskutiert[30], doch letztlich trug er die Handschrift seiner Verfasser Jaspers und Radbruch.[31] Die Handschrift einer Generation also, die den NS-Staat als Einbruch des Bösen in eine ansonsten intakte politisch-kulturelle Sphäre erlebt hatte und die nun bestrebt war, einen Anknüpfungspunkt in der Zeit vor 1933 zu finden. Wenn auch nicht der Staat der Weimarer Republik, der 1945 vielen als missglücktes Experiment galt, so erschien doch die Universität restaurierungsfähig. Denn sie war in der Sicht der im Dreizehnerausschuss Tonangebenden als prinzipiell intakte Institution gleichsam zum Opfer der NSDAP und der von ihr politisierten Studenten geworden, und daher war es folgerichtig, die Macht künftig in verantwortlichen Händen zu konzentrieren: bei den Ordinarien. Zum entscheidenden Gremium in der neuen Universität sollte der – sich ausschließlich aus Professoren rekrutierende – kleine Senat werden, wohingegen die Gestaltungsmöglichkeiten der anderen Gruppen und Organe sehr eingeschränkt wurden. Eine Beschränkung der Studierendenzahlen und deren Rekrutierung vor

27 Zu Bauer siehe die allerdings sehr affirmative Darstellung Wolgasts: Wolgast, Bauer.
28 Remy, Heidelberg, S. 119.
29 Remy, Heidelberg, S. 120.
30 Jellinek an Mitscherlich, 6.6.1945 (Einladungsschreiben zum 14.6.1945), AMA IIa, 1.92.
31 Gerhard nennt als Verfasser Jaspers, Engisch und Jellinek (Gerhard, Militäroffiziere, S. 44).

allem aus den humanistischen Gymnasien sollte zudem den Zustrom jenes politisierten »Universitätsproletariats« begrenzen, das den Nationalsozialismus bestärkt habe. Insbesondere Jaspers lehnte jede Politisierung der Universität strikt ab; politische Aktivität von Studierenden wie von Lehrenden war ihm zuwider.[32] Insgesamt spricht aus der erarbeiteten Universitätsverfassung eine tiefe Angst vor dem revolutionären Potential einer politisierten Masse und die konservativ-humanistische Vorstellung einer »geistesaristokratischen Ordnung«, die, weil der Verfassungsentwurf die Zustimmung der badischen Regierung und der amerikanischen Besatzungsmacht fand, die Grundlage des universitären Lebens der nächsten Jahrzehnte wurde.[33]

Mitscherlich konnte in jenen Sommermonaten 1945 aufgrund seiner »ministeriellen« Verpflichtung in Neustadt ohnehin nicht intensiv an den Beratungen des Dreizehnerausschusses teilnehmen. Hätte er größeren Einfluss gehabt, hätte er sich womöglich gegen diese implizit zugrunde gelegte These der Älteren gewandt, der Nationalsozialismus sei als Betriebsunfall der Geschichte anzusehen und es gelte daher, durch ausdrücklichen Rückbezug auf verlorene humanistische Bildungsideale ähnliche Bedrohungen zukünftig zu vermeiden. Mitscherlich war im Gegenteil von der Notwendigkeit eines völligen Neuanfangs überzeugt. Dazu gehörte für ihn gerade nicht, die nachwachsenden Studentengenerationen zu entpolitisieren. Für ihn kam es nun darauf an, die Jugend in richtiger Weise zu lenken und verantwortlich zu erziehen – so weit ging er konform mit den konservativen Universitätsreformern um Karl Jaspers –, allerdings sah er politische Entmündigung und Unterordnung der Jugend unter eine sich autokratisch reorganisierende Universität als das falsche Rezept an.

Doch die Zeichen standen im Sommer 1945 nicht günstig für eine Universitätsreform. Angesichts einer befürchteten dramatischen Krise in der Gesundheitsversorgung wurden dringend Ärzte benötigt. Nachdem im Juli 1945 der erst 33-jährige US-Universitätsoffizier Edward Hartshorne[34], der für die Wiedereröffnung der sieben Universitäten in der amerikanischen Zone verantwortlich war, Heidelberg besucht hatte und die dortigen medizinischen Einrichtungen weitgehend intakt vorgefunden hatte[35], wurden deshalb die Weichen in Richtung einer raschen Eröffnung der medizinischen Fakultät gestellt. Karl Heinrich Bauer als trei-

32 Vgl.: Beyme, Jaspers.
33 Remy, Heidelberg, S. 120.
34 Zu Hartshorne siehe: Tent, Hartshorne; sowie Parsons, Hartshorne.
35 Gerhard, Militäroffiziere, S. 44 f.

bende Kraft innerhalb der Fakultät hatte bereits einen Plan ausgearbeitet[36] und wuchs schnell in eine zentrale Stellung innerhalb der Universität hinein, was mehrere Gründe hatte: Bauer erfreute sich der uneingeschränkten Bewunderung und Unterstützung der Autoritätsfigur Karl Jaspers[37], auf amerikanischer Seite war über seine Vergangenheit, insbesondere seine Veröffentlichungen zur »Rassenhygiene«, nichts bekannt, und seine unbändige Energie imponierte den Amerikanern. Zudem konnte sich Bauer jenseits seiner eigentlichen nationalkonservativen – und den Amerikanern gegenüber höchst ambivalenten – Einstellung den Anschein eines unerschrockenen Kämpfers für den demokratischen Neuanfang geben. Dass Bauer noch am 30. Januar 1945 über die Lautsprecher seiner Klinik Propagandareden für das Deutsche Reich gehalten hatte, wussten die Besatzer augenscheinlich nicht.[38]

Eine wesentliche Vorbedingung der von Bauer vorangetriebenen Wiedereröffnung war naturgemäß die Entnazifizierung des Lehrkörpers der Fakultät. Hartshorne und ein von ihm eingesetztes Team überprüften die Fragebögen der Angehörigen der medizinischen Fakultät und zogen zum Vergleich auch die Personalakten der Universität heran.[39] Die Recherchen führten dazu, dass zum Zeitpunkt der Wiedereröffnung der Fakultät im August 1945 nur acht Lehrende als unbelastet wiedereingestellt werden konnten (darunter Karl Heinrich Bauer, Ernst Engelking und Mitscherlich). Neun Personen fielen als nur nominell durch Mitgliedschaft in einer NS-Organisation belastet in die Kategorie »Conditional Acceptance« (darunter die Internisten Curt Oehme und Richard Siebeck, Paul Vogel und Viktor von Weizsäcker); 43 Fakultätsangehörige dagegen wurden als belastet entlassen.[40]

Die medizinische Fakultät begann ihre Arbeit am 15. August 1945. Anlässlich der feierlichen Eröffnungsfeier ergriff neben dem neuen Rektor Karl Heinrich Bauer auch Karl Jaspers das Wort. Um ein Haar wäre es Mitscherlich gewesen, der diese Rede hielt, denn der chronisch kränkliche Jaspers hatte ihn als seinen Vertreter bei der Feierstunde benannt.[41]

36 Remy, Heidelberg, S. 128 ff.
37 Wolgast, Bauer, S. 107.
38 Remy, Heidelberg, S. 114, 123.
39 Gerhard, Militäroffiziere, S. 45.
40 307th Counter Intelligence Corps Detachment Headquarters Seventh Army APO 758 U.S. Army, 14.8.1945, Memorandum for the Officer in Charge, Subject: Heidelberg University, Re: Screening of Faculty Members. Abgedruckt als Dok. 3 in: Heß u. a., Heidelberg, S. 405-417.
41 Bauer an Mitscherlich, 13.8.1945, AMA IIa, 1.96.

Jaspers sprach am Ende doch selbst, auf einem hohen Stuhl sitzend – und zur großen Zufriedenheit Hartshornes.[42] Er gab einerseits seiner Überzeugung Ausdruck, die Institution der Universität sei im Kern intakt geblieben, andererseits suchte er auch die NS-Zeit zu erklären und den Anfangspunkt der unheilvollen Entwicklung historisch zu verorten. Diesen Anfangspunkt sah Jaspers in der Ausdifferenzierung der Wissenschaft seit dem 19. Jahrhundert, die deren Einheit zerstört und das Einsickern fragwürdiger Pseudowissenschaften ermöglicht habe. So habe die universitäre Wissenschaft die Herausforderungen der technischen Moderne geistig nicht integrieren können.[43] In Jaspers' Erklärung standen der Versuch, den Schrecken der unmittelbaren Vergangenheit in ein konservativ-humanistisch geprägtes Weltbild zu integrieren, ohne dabei in Apologien zu verfallen, und die durch das Erlebnis des Schreckens des Nationalsozialismus potenzierte Angst vor der Moderne nebeneinander.

Mitscherlich wirkte als wichtiger informeller Ansprechpartner der Amerikaner. Schnell konnte er feststellen, dass sich zwischen der Besatzungsmacht und den maßgeblichen Kräften der Universität Spannungen mehrten, die sich hauptsächlich am Unwillen der Hochschule entzündeten, eine durchgreifende politische Säuberung des Lehrkörpers hinzunehmen oder gar zu fördern. Als im Oktober der neue Hochschuloffizier für Heidelberg, Earl L. Crum[44], seinen Dienst antrat, sah er sich mit den Versuchen Karl Heinrich Bauers konfrontiert, die Entnazifizierung des Lehrkörpers als beendet zu erklären und die radikale Säuberung der Fakultät, die der Wiedereröffnung vorangegangen war, als nicht endgültig anzuerkennen.[45] Bereits im Sommer hatte sich eine Gruppe von Medizinern um Bauer[46] mehrfach für Belastete eingesetzt, so im Juni 1945 für Karl Schmidhuber und im Juli 1945 für Johann Daniel Achelis. Bauer selbst verwandte sich noch für acht weitere Lehrende, die alle Mitglied in NSDAP und SA gewesen und der ersten Entnazifizierungswelle zum Opfer gefallen waren, und wahrscheinlich für mindestens neun weitere, darunter auch von Weizsäcker.[47] Im Betriebsrat der Medizinischen

---

42 Gerhard, Militäroffiziere, S. 46.
43 Vgl.: Remy, Heidelberg, S. 302, Fn 106.
44 Vgl.: Gerhard, Militäroffiziere, S. 35.
45 Ausführlich: Gerhard, Militäroffiziere, S. 47, und Tent, Hartshorne, S. 28 ff.
46 Dazu zählten: Engelking, Curt Oehme, Walter Schönfeld und Alfred Seiffert.
47 Remy, Heidelberg, S. 156 ff.

Klinik erhob sich schließlich Protest gegen die restaurative Personalpolitik Bauers. Man forderte seine Absetzung als Rektor.[48] Mitscherlich informierte im September 1945 Hartshorne über diesen Vorgang, er unterstützte aber keineswegs den Vorstoß des Betriebsrates, sondern setzte sich bei Hartshorne für das Verbleiben Bauers im Amt ein. Mitscherlich bestätigte allerdings dessen autokratisches Regiment und bewirkte damit, dass Bauer zwar in seinem Amt verblieb, sein Wirken aber fortan genau beobachtet wurde.[49] Wirklich beeinflussen konnte er die Entnazifizierung des Lehrkörpers jetzt nicht mehr. Mehrfach erhielt er Listen mit Namen der zu entlassenden Lehrenden von Major Crum und führte diese Anweisungen auch durch.[50]

Die Reserve aber blieb: Besonders deutlich wurde das Widerstreben der Universität gegenüber der politischen Säuberung, als sich im Frühjahr 1946 der CIC-Offizier Daniel F. Penham infolge intensiver eigener Nachforschungen über die Vergangenheit der Lehrenden sehr kritisch zur bisherigen Praxis der personellen Säuberung äußerte. Er war im Gegensatz zu der Heidelberger Professorenschaft – von Bauer bis Jaspers – der Überzeugung, dass die Universität total nazifiziert sei[51], und forderte eine durchgreifende personelle Säuberung, auch wenn darüber die Universität, die inzwischen zum 15.1.1946 wieder ihren Betrieb aufgenommen hatte[52], erneut geschlossen werden müsse. Damit traf er auf harten Widerstand aus der Universität, auch aus dem Dreizehnerausschuss.[53] Als Penham den Fall Bauer zur Sprache brachte und diesem selbst in dessen Büro mit der Schließung der Universität drohte, lieferte Prorektor Ernst ein Gutachten an den Senat, das Penham als klinischen Fall darstellte.[54] Auch Karl Jaspers, mit dessen ausdrücklicher Zustimmung Ernst vorgegangen war, verweigerte demonstrativ die Zusammenarbeit mit Penham.[55] Diesem war, trotz eines Memorandums, das am 23.2.1946 insgesamt 23 Fälle auflistete, die klar bewiesen, dass die wieder-

---

48 Betriebsrat der klinischen Univ. Anstalten an Max Bock, 1.10.1945, 17.12.1945. Universitätsarchiv Heidelberg, Rep. 10/21, zit. nach: Remy, Heidelberg, S. 156.
49 Tagebuch Edward Hartshorne, 12.9.1945, abgedruckt in: Tent, Hartshorne.
50 Gerhard, Militäroffiziere, S. 48.
51 Vgl. die Schilderung bei Remy, Heidelberg, S. 146 ff. und S. 160-172.
52 Ernst, Wiedereröffnung.
53 Remy, Heidelberg, S. 168.
54 Gerhard, Militäroffiziere, S. 49 f. Siehe auch die ausführliche Schilderung bei: de Rosa, Akzente.
55 Remy, Heidelberg, S. 169 f.

eröffnete Universität alles andere als durchgreifend entnazifiziert war[56], insgesamt kaum Erfolg beschieden.[57] Über Jahrzehnte wurde in Heidelberg als gesicherte Erkenntnis verbreitet, Penham sei psychisch krank gewesen. Immerhin verloren im Frühjahr 1946 weitere 17 Dozenten ihre Stellung infolge von Penhams Untersuchungen.[58] Bezüglich Bauer, dem er seine rassenhygienischen Schriften zur Last gelegt hatte, erreichte Penham nichts. Bauer blieb Rektor und für Jahrzehnte unangefochten eine der wichtigsten Figuren in Heidelberg.[59]

Es kam Bauer in dieser Lage durchaus zupass, dass der US-Universitätsoffizier Crum, mit dem er persönlich bekannt war und der eine weitaus weichere Linie in der Entnazifizierung befürwortete[60], ein Entnazifizierungskomitee ins Leben rief, mit dem die Verantwortung für die Entnazifizierung völlig auf die Universität übergehen sollte.[61] So erhielt Mitscherlich die Mitteilung, dass er vom Senat »einem Wunsche der Militärregierung folgend« in einen zu gründenden Entnazifizierungsausschuss berufen sei.[62]

Wie verhielt sich Mitscherlich zur Entnazifizierung? Aus den Quellen ergibt sich ein widersprüchliches Bild: Einerseits stand er in Kontakt zu Hartshorne, der ihn als Informanten sehr ernst nahm, und auch zu Penham – andererseits zeigt sich eine irritierende Bereitschaft Mitscherlichs, über offensichtliche politische Belastungen hinwegzusehen. Im April 1945 fand er sich beispielsweise in einem Gespräch mit dem Dekan Achelis bereit, dessen Verbleiben im Amt zu unterstützen (»Verabredet, daß er als Dekan bleibt, aber Oehme bzw. Engelking die Geschäfte leitet«[63]), und stellte Achelis, über dessen politische Belastung kein Zweifel beste-

---

56 307th Counter Intelligence Corps Detachment, Headquarters Seventh United States Army, 23.2.1946, Memorandum for the Officer in Charge, Subject: Screening of Heidelberg University, Re: Report in Progress. Abgedruckt als Dok. 4 in: Heß u. a., Heidelberg, S. 418.
57 Es setzte eine »regelrechte Hetzjagd« gegen Penham ein (Gerhard, Militäroffiziere, S. 52), bis Penham schließlich zum 30.4.1946 aus Heidelberg abberufen wurde.
58 Remy, Heidelberg, S. 171.
59 Roelcke, Zähmung, S. 136; Remy, Heidelberg, S. 174. Erst 1968 kam seine NS-Vergangenheit zur Sprache, als Studenten sein Büro besetzten und Aufklärung forderten. Bauer reagierte uneinsichtig und hatte auch immer noch die volle Unterstützung seiner Fakultät. Der Anführer der Studenten wurde der Universität verwiesen. Siehe: Laufs, Umgang.
60 Vgl.: Tent, Hartshorne, S. 71.
61 Vgl.: Roelcke, Zähmung, S. 137.
62 Bauer an Mitscherlich, 29.3.1946, AMA IIa, 1.1.
63 Tagebucheintrag Mitscherlich, 11.4.1945, AMA VII 54.

hen konnte[64], einen »Persilschein« aus.[65] Generell betätigte Mitscherlich sich extensiv als Lieferant von Entlastungszeugnissen[66] und lehnte nur wenige Ansinnen wegen zu offensichtlicher politischer Belastung ab.[67] Als sich Ludwig Alwens aus der Kriegsgefangenschaft meldete, der ihn seinerzeit mit Ernst Jünger bekannt gemacht hatte, erklärte ihm Mitscherlich zwar unmissverständlich, er habe Alwens' Weg während des Dritten Reiches »mit äußerster Skepsis und Reserve verfolgt«, er schöpfe aber aus »gemeinsamen Jugenderinnerungen« doch die Zuversicht, dass es sich lohne, an den 15 Jahre abgerissenen Gesprächsfaden wieder anzuknüpfen.[68] Später konkretisierte Mitscherlich die Normen seiner persönlichen Vergangenheitspolitik: »Die Tatsache, daß wir verschiedene Konsequenzen gezogen haben, ist doch kein Grund dafür, 1. Freundschaft aufzukündigen und 2. wertend Stellung zu nehmen. Vielmehr müssen wir jetzt anfangen, miteinander zu sprechen.«[69] Zu einem dauerhaft erneuerten Kontakt kam es zwar nicht, aber Mitscherlich fand 1956 nichts dabei, beim Kulturbund in Hof, für den Alwens inzwischen tätig war, einen Vortrag zum Thema »Die Dauerkrise in der industriellen Massengesellschaft und einige ihrer Gründe« zu halten.[70]

64 Achelis war Parteimitglied seit dem 1. Mai 1933, Preußischer Ministerialrat 1933-1934 und verantwortlich für die Vertreibung jüdischer Hochschullehrer. Der CIC nahm Achelis als »Very pronounced Nazi« in automatischen Arrest (307th Counter Intelligence Corps Detachment Headquarters Seventh Army APO 758 U.S. Army, 14.8.1945, Memorandum for the Officer in Charge, Subject: Heidelberg University, Re: Screening of Faculty Members. Abgedruckt als Dok, 3 in: Heß u. a., Heidelberg, S. 405-417).
65 Mitscherlich an Achelis, 1945 (undatiert), AMA III.
66 Mitscherlich entschuldigte die SA-Mitgliedschaft seines Berliner Bekannten Johannes Gürsching als »politische Konzession« an dessen Anstellung in der Klinik Ferdinand Sauerbruchs an der Charité, die »fast unausweichlich« gewesen sei (Entlastungszeugnis Mitscherlich, Korrespondenz Mitscherlich/Gürsching, AMA I, 2026a), in ähnlicher Weise rechtfertigte er die SA-Mitgliedschaft seines ehemaligen Vorgesetzten Paul Christian (Mitscherlich an Christian, 4.6.1946, AMA I, 892.1), des Pflegers Adolf Herion (Mitscherlich an Herion, 8.9.1946, AMA I 2282.3) und seines Kollegen Ernst Schneider (Korrespondenz Mitscherlich/Schneider, AMA III)
67 So folgte Mitscherlich der Bitte des Heidelberger Finanzbeamten Günther Otto nicht und machte geltend, Otto sei doch seinerzeit der Partei aus Überzeugung beigetreten und sei sehr überrascht gewesen, als er – Mitscherlich – ihm darin nicht folgen konnte (Mitscherlich an Otto, 27.12.1945, AMA III).
68 Mitscherlich an Alwens, 1.7.1946, AMA I, 92.1.
69 Mitscherlich an Alwens, 19.7.1946, AMA I, 92.3.
70 Korrespondenz Mitscherlich/Alwens, AMA I, 92.

Mitscherlich vertrat nach 1945 allerdings keine apologetischen Positionen. Im privaten Gespräch mit Achelis nahm er zur Verantwortung der Universitäten eine klare Haltung ein: »Ich: Wären von jeder deutschen Universität 1933 nur 10 oder 20 Professoren offiziell ausgezogen, so hätte sich das Unheil vielleicht gewandt, jedenfalls stünde die Universität heute in einem ganz anderen Lichte dar«, notierte Mitscherlich.[71] Achelis wandte ein, ein Protest der Hochschullehrer hätte lediglich zu ihrer Entlassung und Ersetzung durch gefügigeres Personal geführt, insofern habe man jetzt faktisch durch »Ausharren« wenigstens die »Tradition« gerettet und solle aufhören, Geschichtsphilosophie zu betreiben und nach der Schuld zu fragen. Mitscherlich entgegnete unmissverständlich, die Schuldfrage stelle sich von selbst: »dann nämlich, wenn entschieden werden soll: wer hat alles um uns herum kaputt gemacht.« Sie stelle sich zwar weniger hinsichtlich der Zeit, in der Widerstand nicht mehr möglich war, sehr wohl aber hinsichtlich der Zeit vor 1935, in der man bereits den Charakter des Regimes habe erkennen können. Insofern sei die Universität »den Weg der kleineren Übel gegangen – sie hätte den Weg des größeren Einsatzes gehen sollen«.

Mitscherlich sah also die Verantwortung Einzelner für das Erstarken des Nationalsozialismus klar, unterstützte gleichwohl, wen er persönlich für integer hielt. Die bürokratische und formale Entnazifizierung war ihm zuwider. Nicht die rechtsstaatliche Aufarbeitung des Nationalsozialismus konnte einen Neubeginn begründen, sondern einzig ein Neuanfang unter Einschluss aller Vertrauenswürdigen. Die treibende Kraft des Neuanfangs konnte nur die jugendliche Generation sein – die Älteren hatten ihren Kredit verspielt. Mitscherlich ging so weit, gegenüber den Amerikanern die Meinung zu vertreten, man müsse neben der politischen Belastung das Alter der Lehrenden zu einem wesentlichen Faktor bei der Entnazifizierung machen. Die Älteren seien unabhängig von ihrer jeweiligen politischen Vergangenheit nicht von großem Nutzen für die Zukunft, weil sie den Kontakt zum Geist der Jugend verloren hätten.[72]

Als er nun von Rektor Karl Heinrich Bauer aufgefordert wurde, dem universitären Entnazifizierungsausschuss beizutreten, lehnte Mitscherlich – als einziger der Berufenen[73] – eine Mitwirkung nicht nur ab, son-

---

71 Notizen Mitscherlich, undatiert, AMA VII 54.
72 OSS Field Intelligence Study 41, »The Liberal Universities of Baden II. Heidelberg«, 13.11.1945. Hoover Institution, Stanford University, West European Collections. Zit. nach: Remy, Heidelberg, S. 152.
73 Universitätsarchiv Heidelberg, Senatsprotokoll 9.4.1946, B-1266/4.

dern verurteilte die gesamte Entnazifizierung in Bausch und Bogen, nicht ohne dabei seine eigene Vergangenheit zu verklären:

»Wenn heute, ein Jahr nach dem Zusammenbruch des Nationalsozialismus, immer noch mit seinen Trägern und Mitträgern abgerechnet wird, dann bedeutet dies für mein politisches Empfinden, daß sich der ganze Prozeß in grundsätzlich falscher Richtung entwickelt haben muß. Für mich hat die Epoche des Nationalsozialismus eine ununterbrochene Kette von Demütigungen, menschlichen, beruflichen, wirtschaftlichen Opfern bedeutet. Sie hat mir alle meine Freunde ermordet, die ich im Jahre 1933 besaß. Magnifizenz werden deshalb verstehen, daß es mir niemand zumuten kann, diese Epoche durch ein quasi bürokratisches Befinden über Nationalsozialisten, durch einen Kompromiß also, abzuschließen. Meine Auseinandersetzung mit dem Nationalsozialismus hätte nur eine revolutionäre sein können. Die militärische Besetzung Deutschlands hat das verhindert. Ich habe deshalb nicht die geringste Neigung, mich noch in irgendeiner Weise mit dem Nationalsozialismus und seinen Repräsentanten zu befassen. ›Entnazifizierung‹, um diese verräterisch hybride Wortschöpfung zu gebrauchen, heißt für mich Überwindung des Nationalsozialismus in konstruktiver Arbeit.«[74]

Aber Bauer gab nicht nach. Mitscherlich sei, so schrieb er ihm, aufgrund seiner Vergangenheit als NS-Opfer wie nur wenige andere geeignet, in diesem Komitee mitzuwirken. Die Entnazifizierung sei im Übrigen von der Militärregierung schon »weitgehend abgeschlossen«[75]. Schließlich gab Mitscherlich dem Drängen nach. Während er sich der Bitte um die Mitarbeit in einer öffentlichen Spruchkammer verweigerte[76], trat er dem universitären Entnazifizierungsausschuss bei[77], »nachdem Herr Rektor Bauer mit mir gesprochen hat wie Zeus mit einem attischen Bauern«[78]. Allerdings nahm Mitscherlich nicht sehr oft an den Ausschusssitzungen

74 Mitscherlich an Bauer, 3.4.1946, AMA IIa, 1.5.
75 Bauer an Mitscherlich, 9.4.1946, Universitätsarchiv Heidelberg, PA 5032.
76 Mitscherlich an Wysocki, 29.3.1946, AMA III. Er selbst erhielt am 25.1.1947 die Mitteilung, dass er »von dem Gesetz zur Befreiung von Nationalsozialismus und Militarismus vom 5. März 1946 nicht betroffen« sei (AMA III, in den Unterlagen zur Ernennung zum apl. Prof. 1951).
77 Roelcke hält es für unklar, ob Mitscherlich teilnahm (Roelcke, Zähmung, S. 143, Fn. 41), während Henkelmann und Krovoza/Schneider angeben, Mitscherlich sei dem Komitee beigetreten (Henkelmann, Klinikgründer, S. 178; Krovoza/Schneider, Vorgeschichte, S. 250).
78 Mitscherlich an Jaspers, 1946, undatiert, AMA IIa, 1.26.

teil, so dass der Dekan ihn zu regelmäßigem Erscheinen mahnen musste.[79]

Die personelle Säuberung innerhalb der Universität war im ersten Nachkriegsjahr ungeachtet aller Querelen durchaus spürbar vollzogen worden: Bis Juli 1946 hatten 138 von 330 Dozenten (einschließlich Assistenten) ihren Posten räumen müssen, und im nichtwissenschaftlichen Bereich waren 46 von 216 Personen entlassen worden. Von 56 ordentlichen Professoren des Wintersemesters 1944/45 hatten 37 ihre Stellung verloren, allein die medizinische Fakultät hatte neun von 16 Ordinarien verloren.[80] Die öffentlichen Spruchkammern, die im Sommer 1946 ihre Tätigkeit aufnahmen und an die die entlassenen Lehrenden, die um ihre Rückkehr kämpften, verwiesen wurden, urteilten dagegen weitaus weniger hart: Lediglich acht Professoren wurden zunächst in die Kategorie »Hauptschuldiger« eingestuft. Drei von ihnen starben vorzeitig (darunter Carl Schneider), ein Verfahren wurde eingestellt, die restlichen vier wurden letztlich als Mitläufer eingestuft. Von insgesamt 37 Professoren, deren Fall vor einer Spruchkammer verhandelt wurde, wurde kein einziger höher eingestuft als in die Kategorie »Mitläufer«.[81]

So konnten viele der belasteten Hochschullehrer wieder in ihre Positionen zurückkehren. Von den 37 in Heidelberg Entlassenen kehrten 10 wieder auf ihren Lehrstuhl zurück, von den restlichen 27 Professoren erhielten 9 an anderen Universitäten eine Stellung. Achtzehn der entlassenen Lehrenden lehrten an keiner Universität mehr.[82] Von den im NS-Staat von ihren Posten verdrängten Professoren kehrten – neben den fünf Mitgliedern des Dreizehnerausschusses Jaspers (der zum Wahlmitglied des Senates gewählt wurde), Radbruch, Jellinek, Weber und Regenbogen – nur drei weitere auf ihre Lehrstühle zurück, darunter aber keiner der während des Nationalsozialismus emigrierten Ordinarien.[83]

---

79 Schneider an Mitscherlich, 3.5.1947, AMA I, 5663.17.
80 Diese und weitere Zahlen bei: Sellin, Universität.
81 Remy, Heidelberg, S. 180.
82 Siehe: Sellin, Heidelberg, S. 102 f. Genaue Angaben auch bei: Weisert, Verfassung, S. 54 ff.
83 Sellin, Heidelberg, S. 103 ff.

Der Neuanfang und die Jugend

Mitscherlichs Missbehagen am Prozedere der Entnazifizierung konnte weder durch die zunächst durchgreifende Säuberung beschwichtigt werden noch durch die sich 1946 andeutende Gegentendenz der allmählichen Liquidation der Entnazifizierung. Beides war für ihn kein Beitrag zum Neuanfang, dessen eigentliche Substanz in einer Neuorientierung bestehen musste. Genau an diesem Punkt setzte er an, als er im Juni 1946 beim »Marburger Hochschulgespräch« auf Einladung des dortigen Rektors Ebbinghaus und Hartshornes zum Thema »Zukunft der Hochschulen« über *Politik in der Wissenschaft*[84] vortrug. Mitscherlich verstand seinen Beitrag als Reflexion »über die Nöte der Studenten« und berichtete anschließend, sein Vortrag sei »wie eine Bombe geplatzt«.[85]

Tatsächlich ging die *Neue Zeitung* in ihrem Bericht über die Veranstaltungsreihe an prominenter Stelle auf den Beitrag Mitscherlichs ein, ohne den der Öffentlichkeit noch unbekannten jungen Dozenten allerdings beim Namen zu nennen[86]: In Marburg sei von 50 deutschen und ausländischen Teilnehmern die Lage der Universitäten – zumeist mit besonderer Betonung der Bedeutung humanistischer Bildung – diskutiert und in akademischen Vorträgen beleuchtet worden, beispielsweise zum Thema »Hochschule, Antike und Christentum«. Mit kaum verhohlener Sympathie ging die Zeitung dann auf die Kritiker ein, die darauf hingewiesen hatten, es werde zu sehr versucht, an die Vorkriegszeit anzuknüpfen. Ein Teilnehmer habe die zeitgenössische Jugend mit einem Fürsorgezögling verglichen, der aufgrund seiner Sozialisation in einem schlechten Milieu um seine Freiheit gebracht werde. Tatsächlich hatte Mitscherlich in seinem Beitrag die Gegenwart konsequent aus dem Blickwinkel der jungen Generation analysiert und dabei weit über die Sphäre der Universitäten hinausgeblickt.

Für Aufsehen im Marburger Auditorium dürfte schon seine – in hohem Maße autobiographisch fundierte – einleitende Bemerkung gesorgt haben, die Jugend habe in der Vergangenheit das getan, was man sie gelehrt habe. Man müsse also nicht sie, sondern die Väter für die Katastrophe verantwortlich machen. Nach diesem deutlichen Hinweis auf die Verantwortung einer Gesellschaft für die an die Jugend vermittelten Normen und Werte kam Mitscherlich auf die Gegenwart zu sprechen: Die

---

84 Mitscherlich, Alexander: Politik in der Wissenschaft. Vortragsmanuskript, 13.6.1946, AMA IIIa, 1.42.
85 Mitscherlich an Rupp, 17.6.1946, AMA I, 4601.1.
86 Neue Zeitung, 21.6.1946.

Jugend sei nach dem verlorenen Krieg in der Situation eines Fürsorgezöglings und »herrenlos« geworden. Ihre Flucht in »entpersönlichtes, sachliches Wissen« sei die Reaktion »auf das Zwielicht, in welchem für die Studenten ihre oft nur mühsam ›entbräunten‹ Lehrer stehen«. Mitscherlich diagnostizierte eine tiefe Vertrauens- und Identifikationskrise einer – später von Helmut Schelsky so genannten – skeptischen Generation, die auch durch eine »Generalamnestie« nicht gelöst werden könne.

Das Wort von der »vaterlosen« Generation bzw. der vaterlosen Gesellschaft wurde in Marburg nicht ausgesprochen, aber der Grundgedanke des Bestsellers der 1960er Jahre war in Mitscherlichs Worten bereits angelegt. Anspielend auf das Verlangen nach einer Entpolitisierung der Universitäten betonte er: Nichts wäre schlimmer, als der Jugend die politische Meinungsäußerung zu verbieten. Im Gegenteil gelte es, die Urteilsfähigkeit der Jugend zu fördern, sie zu lehren, »Rede und Gegenrede zu verstehen, ein Problem in der Diskussion festzuhalten«. Natürlich werde man in einem solchen intergenerationellen Dialog von den Jüngeren auch Dinge zu hören bekommen, die nicht zum Fahrplan der Demokratisierung passten, etwa Versatzstücke nationalsozialistischer Ideologie. Man könne schließlich nicht annehmen, »daß die Erziehungsideale, für die sich die junge Generation buchstäblich in Stücke hauen ließ, mit einem Mal aus ihrem Bewußtsein verschwunden sind«. Eine »Verblendung zu erhellen« sei sehr schwer, denn es gehe um das Einsehen von Irrtümern, die beispielsweise durch den Begriff der Ehre »gegen bloß logische Argumente unangreifbar gemacht werden«. Die Studenten, so Mitscherlich, müssten über die Gegenwart – etwa über die Nürnberger Prozesse – unterrichtet werden. Einsicht in die wirklichen Zusammenhänge müsse bewirkt werden, ohne dabei umgekehrt eine Unterwerfung unter neue Orientierungen zu erwarten.

Dieser Vortrag enthielt nicht nur eine entschiedene Wendung gegen Versuche, unter dem Signet der humanistischen Bildungstradition die Universität vor einem kritischen Blick auf ihre eigene jüngste Geschichte zu bewahren, er vertrat daneben in größtmöglicher Deutlichkeit auch ein Gegenprogramm zur Demokratisierungspolitik der amerikanischen Besatzer. Ausgehend von der Verantwortung des Erziehungs- und Bildungssystems für die Fanatisierung einer Generation von Studenten hatte Mitscherlich die Tragödie der »Entbräunung« ebenso unmissverständlich beim Namen genannt wie die daraus resultierende Vertrauenskrise einer skeptischen jungen Generation. Dass sein Plädoyer letztlich auf Elementen konservativer Kulturkritik, elementarem Misstrauen gegenüber dem

Staat und kaum auf gefestigten demokratischen Überzeugungen beruhte und sich von Vorstellungen nationalkonservativer Provenienz (wie etwa der von einer »Geistesaristokratie«, die Rektor Bauer als Lehre aus der Vergangenheit herauszubilden trachtete[87]) nur im Hinblick auf eine schonungslosere Analyse der Vergangenheit und das Plädoyer für die Erziehung zu politischer Mündigkeit unterschied, sei gleichwohl noch einmal betont.

Angesichts dieses wichtigen Unterschiedes ist es kaum erstaunlich, dass Mitscherlich in Marburg für erhebliche Unruhe sorgte. Er berichtete anschließend: »Bis dahin hatte sich in mir ein derartiger Ingrimm aufgespeichert, daß ich alle Förmlichkeiten fahren ließ und die Versammlung so anredete, wie sie angeredet zu werden verdiente.« Die oberen Ränge seien auf seiner Seite gewesen. »In einer unter atemloser Stille mit Ebbinghaus durchgekämpften Diskussion blieb dieser nach einminütiger Gegenrede meinerseits auf der Strecke. [...] Kurz, es war eine große Gaudi.«[88]

Zu dieser »Gaudi« beigetragen hatte gewiss auch Mitscherlichs Talent, eine Versammlung zu begeistern, indem er einen ohnehin schon pointiert formulierten Vortragstext spontan bis ins Polemische zuspitzte und damit nicht nur inhaltlich, sondern auch habituell an Tabus rührte. Gegenüber der gravitätischen Behäbigkeit eines Karl Jaspers[89] wirkte Mitscherlich wie ein jugendlicher Rebell – und er genoss die Irritation, die er insbesondere bei arrivierten Fachvertretern erregte. Als er im Anschluss an die Marburger Veranstaltung eine Einladung erhielt, seine Thesen im Forum Academicum Frankfurt vorzutragen, schrieb er zurück, die Frankfurter würden sich mit seiner Einladung gewiss nicht die Zuneigung von Rektor Ebbinghaus einhandeln, dessen »sehr abfällige Bemerkungen« über »die Heidelberger Pseudogelehrten« er aber nicht öffentlich zur Kenntnis zu nehmen gedenke.[90] Es ist leicht vorstellbar, wie Mitscherlich in jenen Jahren bereits zu einer Vorbild- und Identifikationsfigur insbesondere für die Studenten werden konnte, die ihn in Heidelberg erlebten[91] – und wie er sich umgekehrt die Antipathien einiger arrivier-

---

87 Wolgast, Bauer, S. 116.
88 Mitscherlich an Rupp, 17.6.1946, AMA I, 4601.1.
89 Vgl.: von Beyme, Jaspers, S 134f.
90 Mitscherlich an Hartner, 18.6.1946, AMA I, 1620.3.
91 Vgl. zur Vorbildfunktion, die in den unmittelbaren Nachkriegsjahren vor allem die Lehrenden für die Jugend erfüllten: König/Müller, Nachkriegs-Semester. In einer Befragung von 735 deutschen Studenten gab niemand eine politische Figur als Vorbild an, die übergroße Mehrheit der männlichen Befragten nannte dagegen einen Universitätslehrer (S. 67 ff.).

ter Lehrender zuzog, lange bevor er mit seinem Bericht über den Nürnberger Ärzteprozess Furore machte. Mitscherlich hatte einer politischen Laufbahn eine Absage erteilt. Er hatte Grund anzunehmen, unter den neuen Bedingungen an der Universität Karriere machen zu können. Er war politisch unbelastet, hatte beste Beziehungen zu den Amerikanern, und seine Habilitationsschrift stand kurz vor dem Abschluss. Mitscherlich meldete sich mit einem langen Schreiben an Paul Vogel offiziell zurück, betonte »am Ende meines politischen Urlaubes«[92] allerdings den Primat, den für ihn die Humanität über die Politik habe: »Ich hoffe, daß ich mich schon früher dahingehend verständlich machen konnte, daß ich keinen primär politischen Auftrag in mir verspüre. Politik kann ich nur im Ganzen der Aufgabe Humanität sehen.« Humanität müsse sich nicht im »staatlichen Zusammenleben« organisiert entwickeln, sondern dadurch, dass wir »die Gemeinschaften, insbesondere die männlichen, aus einer primitiven egoistischen Zentrierung zu einer Offenheit für den Anderen […] entwickeln«. Nur an diesem Punkt ließen sich, so Mitscherlich, die »Motive des Scheiterns der deutschen Politik« verstehen. Er selbst nahm für sich in Anspruch, den »Zusammenhang von Politik und Humanität« schon früh durchschaut zu haben. »Das hat mich davor bewahrt, dem Entwicklungszug, der sich im Nationalsozialismus ausdrückte, zu unterliegen, oder nur durch ihn unsicher zu werden.« Natürlich habe er unter den Benachteiligungen gelitten, die er erfahren habe. Dennoch sei die Zeit ohne Anerkennung und Aufstiegsmöglichkeiten in Heidelberg keine verlorene Zeit gewesen, denn er habe »in den Naturwissenschaften eine Dimension hinzugewonnen, zu der ich in anderen Zeitläufen vielleicht zu meinem Schaden nicht gekommen wäre.« Er verspüre jetzt gegenüber Universität und Politik gleichermaßen Verpflichtungen. Der Politik gegenüber deshalb, »weil die Gefahr, die durch den Nationalsozialismus geschaffen wurde, noch nicht überwunden ist, sowohl im Ideellen wie im Praktischen«. Deshalb könne er sich einer beratenden Tätigkeit nicht entziehen und bitte daher um Verständnis, dass er in der nächsten Zeit neben der Klinik solchen Beratertätigkeiten nachgehe.

Die »Beratertätigkeiten« machten Mitscherlich im Laufe der Jahre 1945 und 1946 zu einer wichtigen Gestalt innerhalb der lokalen Öffentlichkeit. Sein Tatendrang schien grenzenlos: Im Oktober 1945 polemisierte er in der *Rhein-Neckar-Zeitung* gegen ein geplantes »Arbeitspflichtgesetz«[93],

92 Mitscherlich an Vogel, 31.8.1945, AMA IIa, 1.89.
93 Mitscherlich, Alexander: Maß und Ziel. In: Rhein-Neckar-Zeitung, 29.9.1945 (GS VI, S. 41-43).

im gleichen Monat sprach er einleitende Worte bei einer Lesung von Texten emigrierter Autoren in Heidelberg.[94] Mitscherlich engagierte sich zusammen mit Gustav F. Hartlaub als prominenter Fürsprecher beim Kultusministerium Baden für die Heidelberger Kammerspiele, die mit »Radio Stuttgart« um Räumlichkeiten konkurrierten[95], und im Dezember 1945 protestierte er gemeinsam mit Karl Jaspers brieflich beim Oberbürgermeister gegen die verminderte Brennstoffabgabe an Haushalte, deren Familienvorstände in der NSDAP waren. Hier werde eine Zweiklassengesellschaft eingeführt »in der gleichen Weise, wie bisher zwischen Juden und Ariern unterschieden wurde«[96]. Schließlich stellte Mitscherlich für die Stadt Heidelberg den Kontakt zur Hilfsorganisation »Schweizer Hilfe« her, die deutsche Städte mit Buchspenden versorgte.[97] Als er erfuhr, dass zunächst nur bombengeschädigte Städte bedacht werden sollten, wurde er persönlich bei zehn Schweizer Verlegern vorstellig[98] und konnte der Heidelberger Stadtbibliothek danach über 600 Bücher schenken, die mit einem Lastwagen der U.S. Army nach Heidelberg geholt wurden. Nicht ohne Sinn für Öffentlichkeitswirksamkeit organisierte Mitscherlich aus Anlass dieser Schenkung neben einer Feierstunde mit dem Oberbürgermeister auch eine Ausstellung »Das Schweizer Buch«, die am 15. Oktober 1946 eröffnet wurde.[99]

Ein weiteres Projekt, das Mitscherlich über Jahre betrieb, reichte seinem Anspruch nach bereits deutlich über Heidelberg hinaus: Wenige Tage vor seinem Auftritt in Marburg hatte er in der *Neuen Zeitung,* zu der er über Hildegard Brücher gute Kontakte geknüpft hatte[100], unter dem Titel *Niemandskinder* über die Notsituation elternloser Kinder im Chaos der Nachkriegszeit geschrieben. Wie Mitscherlich eine aktive Erziehung der Studierenden forderte, so sorgte er sich auch hinsichtlich der Kinder um die gesellschaftlichen Folgewirkungen einer in Verwahrlosung aufwachsenden Generation: »Es gibt Millionen Kinder, die mit ihren Eltern, aus der gewohnten Umwelt vertrieben, seit Monaten oder Jahren zwischen Landstraßen und Notquartieren auf der Wanderschaft sind. Was soll jetzt aus den Kindern werden, die niemand liebt, für die nie-

---

94 Unterlagen zur Lesung »Wiedergewonnene Dichtung«, 29.10.1945, AMA VIIb, 69.
95 Korrespondenz Mitscherlich/Heidelberger Kammerspiele, AMA I, 2205.
96 Mitscherlich an Walz, 20.12.1945, AMA III.
97 Mitscherlich an Walz, 18.9.1945, AMA III.
98 Mitscherlich an Walz, 14.12.1945, AMA III.
99 Rhein-Neckar-Zeitung, 15.10.1946.
100 Korrespondenz Mitscherlich/Brücher, AMA I, 2111.

mand zu sorgen bereit ist?« Die Sorge um diese Kinder sei eine der wichtigsten Aufgaben »der Besten unseres Volkes«, denn: »Können wir es uns leisten, nach all unseren Verlusten auf die sorgsamste Pflege auch nur eines Kindes unseres Volkes zu verzichten? Wir können es nicht, und wo wir es tun, setzen wir unsere Selbstvernichtung fort!« Aus den herkömmlichen Waisenhäusern kämen, so Mitscherlich, weit weniger »erfolgreiche Menschen«. Als Konsequenz forderte er die Einrichtung von »Kinderdörfern« nach dem Vorbild einer Schweizer Initiative, die ihm bekannt geworden sei. Es handele sich um eine »dorfartige Siedlung [...], in welcher sie mit geschultem Pflegepersonal zusammen wohnen können«[101].

Kaum war der Artikel erschienen, erhielt Mitscherlich eine Fülle von interessierten Anfragen und Angeboten, bei der Verwirklichung des Planes mitzuhelfen[102]: »Von überallher kommen die Leute angereist um sich zu informieren, Anregungen zu bringen und zu holen, Briefe über Briefe mit Angeboten von Ärzten, Studenten, Schwestern, Lehrern.«[103] Binnen weniger Tage wurde Mitscherlich auch in dieser Hinsicht von der Politik eingebunden: Am 13. Mai 1946 nahm er an einer Konferenz über Jugendfragen im Länderrat der US-Zone teil. Parallel versuchte er, Walter Robert Corti, den Herausgeber der Schweizer Monatsschrift *Du* und Pionier der Pestalozzi-Kinderdörfer in der Schweiz, dessen Bemühungen Mitscherlich zu dem Artikel über die »Niemandskinder« angeregt hatte[104], in eine konkrete Kooperation hinsichtlich einer privaten Gründungsinitiative von Kinderdörfern einzubeziehen.[105] Gegenüber Fritz Eberhard vom Staatsministerium Stuttgart hatte Mitscherlich schon im April 1946 sein »Aktionsprogramm« umrissen[106]: Zunächst wolle er feststellen, wie viele Kriegswaisenkinder, Kriegsversehrte unter 18 Jahren, uneheliche Kinder in gefährdeter sozialer Umgebung und »sozial bedrohte Flüchtlingskinder« ohne ausreichende Betreuung in der US-Zone lebten. Alsdann müsse ein Überblick über die vorhandenen Hilfsorganisationen gewonnen werden, die Entwicklung der Jugendkriminalität in den Großstädten müsse untersucht werden. Schließlich sollten die Regierungsstellen zum

101 Mitscherlich, Alexander: Niemandskinder. In: Neue Zeitung, 3.5.1946 (GS VI, S. 601-606), hier S. 604.
102 Vgl. beispielsweise: Framm-von Wussow an Mitscherlich, 9.5.1946, AMA I, 1624.1.
103 Mitscherlich an von Schenk, 27.5.1946, AMA III.
104 Damit bezog sich Mitscherlich auf die Bemühungen des Pioniers des Pestalozzi-Kinderdörfer, Walter Robert Corti (vgl.: Frankfurter Rundschau, 11.10.1969).
105 Mitscherlich an Corti, 7.5.1946, AMA I, 953.1.
106 Mitscherlich an Eberhard, 25.4.1946, AMA I, 1278.1.

Bau von Kinderdörfern angeregt werden. »Dieses Programm ist zwar sehr klar, aber ich sehe noch keinerlei Möglichkeit, es zu realisieren.« Tatsächlich aber hatte Mitscherlich bereits im Herbst 1946 in Gesprächen mit dem Hessischen Ministerpräsidenten Geiler[107] eine »Arbeitsgemeinschaft Jugendstadt Stuttgart« zusammengebracht, die mit dem Kontrollrat in Berlin und internationalen Hilfsorganisationen verhandeln sollte[108] und sich parallel um Grundstücke bemühte.[109] Schließlich tagte am 30. Mai 1947 das »Kuratorium Jugendsiedlung« im Jugend- und Fürsorgeamt Frankfurt.[110] Anwesend waren vor allem Psychologen und Pädagogen. Mitscherlich selbst wollte jetzt nur noch »das psychologische und pädagogische Patronat« übernehmen[111], wenn er das Projekt auch nach wie vor als »meine Jugendsiedlung« bezeichnete.[112] Auch publizistisch versuchte er seine Pläne weiter voranzutreiben. 1947 veröffentlichte er unter dem Titel *Aktuelles zum Problem der Jugendverwahrlosung* seine Sorgen um die Jugend in der ersten Ausgabe der von ihm herausgegebenen Zeitschrift *Psyche*[113] und etwa gleichzeitig unter der Überschrift *Jugend ohne Bilder* einen kürzeren Text in Cortis Schweizer Monatsschrift *Du*.[114]

Auf der praktischen Ebene erwies sich der Plan eines Kinderdorfes trotz aller Bemühungen als »nicht realisierbar«[115]. Woran das Projekt scheiterte, ist aus den Quellen nicht zu rekonstruieren; eine große Rolle hat dabei sicher die Überlastung Mitscherlichs gespielt, der sich in den Jahren 1945 bis 1947 an den verschiedensten Fronten förmlich aufrieb und wenig Gespür für die realistischen Grenzen seiner vielfältigen Initiativen erkennen ließ.

---

107 Mitscherlich an Drexel, 22.10.1946, AMA I, 1244.2. Unterlagen über die Beratungen, an denen auch Mitscherlichs Ehefrau Georgia teilnahm, in: AMA VII, 71.
108 Mitscherlich an Wirtschaftsamt Heidelberg, 3.10.1946, AMA I, 2198.1.
109 Mitscherlich an Noack, 5.10.1946, AMA I, 3957.1.
110 Mitscherlich an Eberhard, 14.3.1947, AMA I, 1278.14.
111 Mitscherlich an Eberhard, 14.2.1947, AMA I, 1278.11.
112 Mitscherlich an Bally, 9.5.1946, AMA I, 316.17.
113 Mitscherlich, Alexander: Aktuelles zum Problem der Verwahrlosung. In: Psyche 1 (1947/48), S. 103-114; gekürzter Vorabdruck »Verwahrlosung der Jugend« in: Tagesspiegel, 29.11.1947; (GS VI, S. 612-630).
114 Mitscherlich, Alexander: Jugend ohne Bilder. In: Du 7 (1947), Heft 4, S. 39 f.; wiederveröffentlicht in: Die Umschau 3 (1948), S. 102-105; (GS VI, S. 607-611).
115 Mitscherlich an Wohlfahrtsschule, 21.10.1948, AMA I, unsortiert.

3. Nachdenken über Deutschland

Freier Sozialismus

Mitscherlichs Überlegungen zur Zukunft der Hochschule, die gleichzeitig auch Überlegungen zur Zukunft der Jugend schlechthin waren, ließen die Grundlinien seiner Vorstellung eines Neuanfangs bereits erkennen. Ein regelrechtes Programm für Deutschlands Zukunft waren diese Überlegungen hingegen noch nicht. Eine im engeren Sinne politische Vision entwickelte Mitscherlich erst im Gespräch mit Alfred Weber, den er im Frühjahr 1946 kennenlernte. Mitscherlich schloss Weber sofort ins Herz. Trotz seines hohen Alters war dieser, wie sich Nicolaus Sombart erinnerte, neben Jaspers »die dominierende Figur der Heidelberger Universität«. Jugendlich wirkend und sich unaffektiert natürlich gebend, seinen Schülern warmherzig zugeneigt, obgleich selbst »Stimmungen unterworfen, launisch, kapriziös« und »in seinen Reaktionen unberechenbar«[1], strahlte Weber eine große Faszination auf die sich jetzt wieder um ihn scharenden Jüngeren aus. »Er konnte nicht reden (und man wird vielleicht auch sagen müssen: nicht schreiben). Seine Vorlesungen waren katastrophal: Er brachte keinen Satz zu Ende, verhedderte sich, verlor den Faden.« Und doch: »Aus dem Gestammel trat mit großer Klarheit der grandiose Gedankengang hervor, um den er rang.«

Auch der Verleger Lambert Schneider erinnerte sich an das ansteckende und mitreißende Temperament Webers: »Im politischen Leben Heidelbergs war Alfred Weber der führende Kopf, ein zorniger junger Mann mit seinen damals 78 Jahren, der vor keinem Tabu zurückscheute und dessen Engagement einfach mitreißend war. Auf seine Initiative hin hatte sich in Heidelberg eine Gruppe von Menschen zusammengeschlossen, die aus den verschiedensten politischen Lagern kamen, denen aber am Herzen lag, daß die Dinge richtig angepackt wurden. In großen, über Tage hinausreichenden Diskussionen wurden aktuelle Themen der Politik ganz konkret erörtert, und weither kamen die Teilnehmer und unterzogen sich den Strapazen damaligen Reisens. Zu unseren Referenten zählten u. a. Adolf Arndt, Heinrich von Brentano, K. H. Knappstein und Carlo Schmid. Aber auch die geistig führenden Männer der amerikani-

---

[1] Sombart, Rendezvous, S. 166; das folgende Zit.: S. 167.

schen Besatzungsmacht saßen dabei und wurden in der Diskussion schonungslos zerzaust.«[2]

In dem regelmäßig mittwochs abends in Alfred Webers Wohnung stattfindenden Privatissimum, an dem auch Mitscherlich bisweilen teilnahm, stand in der unmittelbaren Nachkriegszeit das Thema »Sozialismus und Demokratie« auf der Tagesordnung: Nicolaus Sombart erinnert sich: »Es ging darin nicht, wie man hätte vermuten können, um eine Gegenüberstellung der Sowjetunion und der USA, um die politische Verfassung der beiden Welt- und Supermächte, um Reeducation, um die Grundlagen des Arbeiter- und Bauernstaates, es sollten keine Sozialismus- oder Demokratiemodelle entwickelt werden, es ging nicht um die Erarbeitung von Idealtypen. Die beiden Leitideen der Moderne sollten von ihrer ideen- und sozialgeschichtlichen Herkunft her im Kontext der weltgeschichtlichen Gegenwartslage auf ihre Verwirklichungsansätze und -chancen hin überprüft werden.«[3] Diese Diskussionen fanden wertfrei, wissenschaftlich und ohne politisierende Untertöne statt, obwohl jedem Teilnehmer klar war, dass Weber als Sozialdemokrat für Deutschland gerade dies – Sozialismus und Demokratie – wollte. »An der intensiven Spannung, die in der Dachstube herrschte, war zu spüren, wie sehr ihn das Thema innerlich erregte, viel mehr als uns, die es als selbstverständlich hinnahmen. Es in aller Freiheit behandeln zu können, war für den fast Achtzigjährigen das überwältigende Erlebnis der Befreiung Deutschlands von den Zwängen staatlicher Gewalt.« Seit Bismarck, so erklärte sich Sombart Webers Enthusiasmus, war Sozialismus »der Inbegriff dessen, worüber ein deutscher Professor nicht sprechen durfte, wollte er sich nicht als Reichsfeind disqualifizieren«. Weber war 1945 weder bereit, die politische Ordnung der Weimarer Republik umstandslos zu reaktivieren noch die Gesellschaftsordnung der Besatzer, denen er nach der Erinnerung Robert Wolfes durchaus mit »latent hostility«[4] gegenüberstand, für Deutschland zu übernehmen.[5] Seine Vorstellungen einer zukünftigen gesellschaftlichen und politischen Ordnung für Deutschland richteten sich auf einen autoritativen Sozialismus.

Mitscherlich übernahm diese Auffassungen Webers. Auch seine Einstellung zu den neuen Machthabern war ambivalent. Für ihn war Deutschland ein geschlagenes, den Besatzungsmächten vorerst hilflos

---

2 Schneider, Verlagsarbeit, S. 87.
3 Sombart, Rendezvous, S. 168 f.; die folgenden Zit.: S. 169, 170.
4 Wolfe, Culture, S. 23.
5 Vgl. Wolfe, Occupation, S. 22.

ausgeliefertes Land. Vom »Kadaver-Deutschland« sprach er im Januar 1946 in einem Artikel in der *Rhein-Neckar-Zeitung,* den er aus Rücksicht auf seine »Stellung in dieser Stadt«[6] unter dem Pseudonym Frank Joseph veröffentlichte[7]: Es hänge von der »Spannkraft« der Deutschen selbst ab, ob sie sich wieder aufrichten können, schrieb Mitscherlich. Keinesfalls werde dies durch eine Rückbesinnung auf die Identität als Land der Dichter und Denker gelingen. Wenn er auch ausdrücklich vor Partikularismus warnte und eine europäische Zusammenarbeit forderte, so waren doch die kritischen Töne gegenüber den Amerikanern und ihrer Besatzungsherrschaft nicht zu überlesen.

Ohnehin war Mitscherlich von einer politischen und kulturellen Westorientierung, wie er sie sich später aneignete, zu diesem Zeitpunkt weit entfernt. Deutschland stand für ihn zwischen den Blöcken, und zunächst erschien ihm der Osten durchaus als der zukunftsträchtigere Kulturraum. Die dort zu beobachtende Diktatur stehe dem freilich auf absehbare Zeit entgegen: »Trotzdem und obwohl ich die Russen für die Kulturnation der Zukunft halte, jedenfalls im Osten, habe ich für mein Leben genug von der Diktatur, ich könnte sie nicht ein zweites Mal ertragen. Daß es bei den Russen in zwei- dreihundert Jahren lebenswert sein wird, bleibt doch nur ein theoretischer Trost, wenn man sich nicht mit Haut und Haaren ihrer Ideologie verschreibt. Hier im Westen zu leben bedeutet allerdings den Verzicht auf Wirkung in einem historisch irgendwie bedeutungsvollen Raum.«[8]

Insofern waren sich Weber und Mitscherlich in der Überzeugung einig, dass es in erster Linie Sache der Deutschen selbst sei, den Zusammenbruch zu bewältigen – und sie gingen daran, ihre Vorstellungen über Deutschlands Zukunft im Sinne der Diskussionen in der Weber'schen Dachstube auszuarbeiten. Bezeichnenderweise tauften sie das Ergebnis ihrer Überlegungen nicht etwa »demokratischer Sozialismus«, sondern »freier Sozialismus«. Unter diesem Titel veröffentlichten sie im Frühjahr 1946 eine Broschüre[9], mit der sich durchaus politische Absichten verbanden. Die Schrift, schrieb Mitscherlich in seinen Memoiren, »war auch als Gegenschrift gegen Kurt Schumachers kuriosen Nationalismus gedacht und gegen das Unheil, daß nun plötzlich auch die Sozialdemokraten ihr

---

6 Mitscherlich an Rhein-Neckar-Zeitung, 29.12.1945, AMA III.
7 Mitscherlich, Alexander: Kadaver-Deutschland. In: Rhein-Neckar-Zeitung, 12.1.1946 (GS VI, S. 44-48).
8 Mitscherlich an Gürsching, 21.3.1947, AMA I 2036.10.
9 Mitscherlich, Alexander/Weber, Alfred: Freier Sozialismus, Heidelberg 1946.

Heil im Nationalismus sehen sollten«[10]. In der Tat standen die Thesen
Webers und Mitscherlichs konträr zur damaligen Parteilinie der SPD,
allerdings nicht nur in Bezug auf den Nationalismus.

Weber und Mitscherlich taten alles, damit ihr Text rechtzeitig zum
Parteitag der SPD am 8. Mai 1946 in Hannover vorlag.[11] Dort wurde die
Broschüre an alle Delegierten verteilt. Die Autoren erfuhren ein durchaus
positives Echo, doch politisch Zählbares kam dabei nicht heraus.[12]
Die Verkaufszahlen allerdings waren bemerkenswert. Die Broschüre erschien
in einer Auflage von 15000 Exemplaren.[13] Schon im Juni 1946 war
eine Neuauflage notwendig, und am 1. Juli 1946 waren bereits 20000
Exemplare in den Westzonen ausgeliefert. Mitscherlich handelte mit dem
Ostberliner Verlag Lothar Blanvalet auch eine Lizenzausgabe für die SBZ
aus – der Verlag trat dann aber, nachdem in verschiedenen Zeitungen der
Sowjetzone scharf gegen das Buch polemisiert worden war, vom bereits
geschlossenen Vertrag zurück.[14]

Weber und Mitscherlich ordneten ihre Utopie schon in der gemeinsamen
Vorbemerkung in eine europäische Friedensperspektive ein. Es ging
ihnen um »die Frage, ob und in welcher Art, die der Menschheit, vor allem
Frankreich und Rußland Sicherheit gibt, diese Einheit [Deutschlands]
vielleicht durch eine europäische Föderation oder eine sonstige
internationale Kombination zu retten wäre«[15]. Diese eher defensive Argumentation
verdeckt, dass es den Autoren letztlich um nicht weniger
ging als die Überwindung des Nationalstaates. Dies war eine der wichtigsten
– und dauerhaftesten – Lehren, die Mitscherlich und Weber aus
den zwölf Jahren des Dritten Reiches gezogen hatten und die zumindest
in Mitscherlichs Fall aufbauten auf einer tiefen Skepsis gegenüber dem
Parteienstaat schlechthin. Die prinzipielle Abwendung vom Nationalstaatsgedanken
als Reaktion auf den Nationalsozialismus verband Mitscherlich
und Weber mit vielen Intellektuellen in der unmittelbaren
Nachkriegszeit – auch Karl Jaspers reagierte ähnlich[16] – und blieb als
latente Skepsis gegenüber der Demokratie in Mitscherlichs Fall lebens-

---

10 Mitscherlich, Leben, S. 134.
11 Weber an Mitscherlich, 6.4.1946, AMA I, unsortiert.
12 Mitscherlich berichtete Eugen Claassen, viele Teilnehmer hätten »den hier angedeuteten Versuch einer sachlichen und ideologischen Neufundierung sehr begrüßt«: Mitscherlich an H. Goverts Verlag, 15.5.1946, AMA I, 2335.1.
13 Mitscherlich an Schottlaender, 24.4.1946, AMA I, 4866.5.
14 Korrespondenz Mitscherlich/Verlag Lothar Blanvalet, AMA I, 3457.
15 Mitscherlich/Weber, Sozialismus, S. 49.
16 Von Beyme, Jaspers, S. 130.

lang bestehen. Die Abwendung vom Staat als politischem Ordnungsprinzip ging über eine pazifistisch konnotierte und rational begründete Lehre aus dem Weltkrieg hinaus und bildete als elementares Misstrauen die Grundlage aller Zukunftsplanungen: »Wir sind tief mißtrauisch gegen den Staat. Er sollte die Form unseres besten öffentlichen Zusammenlebens sein. Wir können uns nicht mehr daran erinnern, seit wann in unserer Geschichte er dies nicht ist. Wir haben den Kontakt mit ihm verloren, denn er hat uns nicht vertreten noch gefördert.«[17]

Mitscherlich und Weber betonten, die Deutschen hätten »versagt [...] als politisches Volk« und so ihren »politischen Untergang herbeigeführt«. Man stehe jetzt vor der Alternative »totalitäre Bürokratie oder sozial gefüllte Freiheit«. Es ging ihnen nur mittelbar um die politische und moralische Katastrophe des Nationalsozialismus, angesprochen war vielmehr die diesem zugrunde liegende Schwäche einer demokratischen Massengesellschaft, die den Einbruch des Bösen nicht habe verhindern können, weil sie die Freiheit des Einzelnen zerstörte. Mitscherlich konnte mit diesen Gedanken, die eine klare Benennung der Verantwortung der Deutschen für den Nationalsozialismus mit einer kulturpessimistischen Kritik an der Moderne verbanden, bruchlos an seine noch im Dritten Reich formulierten »Zweifel an Europa« anknüpfen. Noch immer sah er den Anfangspunkt der unheilvollen Entwicklung in der »reißende[n] Gewalt der technischen Entwicklung« seit dem 19. Jahrhundert. Mit der Industrialisierung habe der Materialismus die alten Gesellschaftsstrukturen zerstört, ohne eine neue Ordnung zu etablieren. Die Marx'sche Analyse weitertreibend, sah Mitscherlich nicht mehr nur die Produktionsmittel in den Händen weniger konzentriert, sondern auch das Militär. Totalitarismus und Staatsmonopolismus des 20. Jahrhunderts hatten aus seiner Sicht den Klassenkampf des 19. Jahrhunderts abgelöst, Wirtschaftskriege und Rüstungswahn bedrohten die Welt. So regiere der Egoismus, und »die Maschinerien von Staat und Wirtschaft schieben den Menschen in völliger Achtlosigkeit seiner persönlichen Freiheit umher«.

Ein Zurück hinter die Industrialisierung allerdings war für Mitscherlich kein Ausweg: Ihm ging es um die Humanisierung der Technik, um die »Ergänzung der Rationalität durch Menschlichkeit«. Der freie Sozialismus musste deshalb mehr sein als eine Wirtschaftsordnung. Gefragt war eine neue Gesellschaftsordnung, die aber keinesfalls eine Diktatur (des Proletariats) sein dürfe. Was also sollte nach Mitscherlichs Vorstellung den Menschen vom Totalitarismus der Technik befreien? »Die sozi-

17 Mitscherlich/Weber, Sozialismus, S. 51; die folgenden Zit.: S. 49, 55, 53, 67, 71.

ale Grundaufgabe, an der die Lösung aller politischen und wirtschaftlichen Fragen der Gegenwart hängt, ist deshalb *die Auflösung der Massen.*« Die Masse – dieser klassische Begriff konservativer und elitärer Kulturkritik – wurde für Mitscherlich zum Dreh- und Angelpunkt seiner sozialpsychologischen Deutung der Gesellschaft. Jetzt, in der unmittelbaren Nachkriegszeit, blickte er noch von dem Standpunkt des konservativen Bildungsbürgers auf eine vermeintlich bedrohliche »Masse«: »Die Masse ist egoistisch und unverantwortlich, weil sie keinen inneren Auftrag mehr besitzt. Deshalb ist sie grenzenlos – beeinflußbar.« Die Vorstellung einer Atomisierung dieser amorphen Masse im Sinne der Entschärfung des in ihr liegenden Gefahrenpotentials musste aus dieser Perspektive die Grundvoraussetzung sein zur Verwirklichung des freien Sozialismus als Gemeinschaftsform freier Individuen.

So kam Mitscherlich gleichsam von der konservativen Seite zu einem Begriff von Individualisierung, der sich in späteren Jahrzehnten relativ bruchlos mit radikaldemokratischen Vorstellungen amalgamieren ließ, weil er in der Tat bereits abzielte auf eine Erziehung zur politischen Mündigkeit. Zunächst einmal war diese Vorstellung innerhalb des »freien Sozialismus« aber aus Bedrohungsszenarien abgeleitet und nicht aus Emanzipationsbestrebungen. Was eigentlich sozialistisch war an diesem Konzept, das doch so klar auf einen bürgerlichen Freiheitsbegriff zielte und das in seiner konservativen ständestaatlichen Ausrichtung sehr an die innerhalb des konservativen Widerstandes diskutierten Zukunftsentwürfe erinnert[18], musste notwendigerweise eher unklar bleiben. Mitscherlich setzte das politische Modell des Sozialismus recht nonchalant in sein Modell der Freiheit hinein: »Sozialismus bedeutet eine gerechte Ordnung der Verhältnisse der Menschen untereinander! Und zwar soll diese Ordnung nicht auf der Macht des Stärkeren beruhen, sondern – entsprechend der Vielfalt, zu welcher der Mensch in seinen Leistungen fähig ist – auf einer anerkennenden Wertung dieser Leistungen in der Gemeinschaft.«[19] Eine sozialistische Ordnung sollte aus einer Vergemeinschaftung freier Individuen entstehen, also müsse, so folgerte Mitscherlich, einerseits eine Staatsform gefunden werden, die dem Einzelnen seine Freiheit lässt, andererseits müsse sich das Individuum vom Egoismus befreien.

---

18 In diesem Sinne auch Christian Jansen und Dehli (Dehli, Konflikt, S. 142).
19 Mitscherlich/Weber, Sozialismus, S. 54; die folgenden Zit.: S. 74, 76, 74, 76.

Die Folgerungen aus dieser Utopie waren wenig konkret und zielten auf eine Dezentralisierung von Wirtschafts- und Politikstrukturen. Als Gegenmodell einer arbeitsteiligen Gesellschaft, die das Individuum vereinzele und unbefriedigt lasse, postulierte man »genossenschaftsähnliche Gruppierungen«, etwa landwirtschaftliche Produktivgenossenschaften. Alle Unternehmen mit Ausnahme des »öffentlichen Verkehrs- und Nachrichtenwesens« sollten »in derartige neue Genossenschaftsformen, in denen die bisherigen Unternehmer und Arbeitnehmer beteiligt sind, verwandelt werden«. Aus diesen Wirtschaftsformen, so Mitscherlichs Vorstellung, würde sich dann alsbald eine politische Sphäre wieder aufbauen, die sich durch »Anschaulichkeit« für den Einzelnen auszeichne. Dieser »politische Provinzialismus« sei wiederum mittels seiner »Bundesidee« in der Lage, die Basis einer europäischen Gemeinschaft zu bilden. Mit dieser Doppelung von politisch-wirtschaftlicher Kleinstruktur und europäischer Vergemeinschaftung klammerte man den Nationalismus als strukturierenden Faktor menschlichen Zusammenlebens gewissermaßen kategorisch aus.

In späteren Jahren ging Mitscherlich der Frage nach den Möglichkeiten der »Auflösung der Masse« intensiv nach, die Psychologie – genauer: die Psychoanalyse – hielt in dieses Nachdenken als Instrument Einzug, und folgerichtig arbeitete Mitscherlich bald an einer »Massenpsychologie«. Schon in dem ersten Ansatz des »freien Sozialismus« traten aber Kernelemente der Mitscherlich'schen Sozialpsychologie hervor: Ein sich aus traditioneller Kulturkritik und Technikkritik ableitender Individualisierungsbegriff und die elitäre Zielperspektive der Erziehung der Masse zur (politischen) Mündigkeit – beides allerdings vorerst weitgehend unabhängig von demokratischen Idealen und in fundamentaler Skepsis gegenüber staatlichen Ordnungsansprüchen.

Nennenswerte politische Resonanz konnte die Schrift *Freier Sozialismus* nicht entfalten. Sehr wohl aber verzeichnete Mitscherlich große Zustimmung in privaten Gesprächen und Briefen. Er konnte zufrieden resümieren, die Broschüre sei in Deutschland ein »großer Erfolg geworden«[20]. Die Rezensionen in deutschen und Schweizer Zeitschriften waren allesamt freundlich und lobend.[21] Der Berliner *Tagesspiegel* brachte Mitscherlichs Aufsatz in voller Länge.[22] Seinem Hamburger Verleger

---

20 Mitscherlich an Frisch, 23.7.1946, AMA I, 1712.2.
21 Main-Post, 24.7.1946; Fuldaer Volkszeitung, 3.10.1946; Die Tat, 17.8.1948.
22 Mitscherlich, Alexander: Entwicklungsgrundlagen eines freien Sozialismus. In: Der Tagesspiegel, 7.7.1946.

Eugen Claassen[23] teilte Mitscherlich mit, dass immer mehr Menschen ihn und Alfred Weber aufforderten, eine Zeitschrift herauszugeben, die den Gedanken des »freien Sozialismus« weitertrage, unter anderem der Heidelberger Verleger Lambert Schneider, der schon die Broschüre herausgebracht hatte.[24] Mitscherlich war diesem Gedanken nicht abgeneigt: »Obgleich als Ausweg Arzt geworden, nunmehr sehr mit diesem Beruf verwachsen, fühle ich mich verpflichtet, das Wort für eine zahlenmäßig sehr klein gewordene Schar von Altersgenossen zu führen und das Meine dazu beizutragen, daß in diesem vielfach (sic!) und auch mit Blindheit geschlagenen Lande durch unsere Anstrengung angeregt aus Unsinn Sinn mutiert.«[25]

Publizistische Pläne

Die Idee einer sozialistischen Zeitschrift traf zusammen mit dem Plan einer kulturpolitischen Zeitschrift, den Mitscherlich bereits seit dem Sommer 1945 verfolgte. Eugen Claassen hatte er seit September 1945 dazu zu drängen versucht, über alle Zonengrenzen und Nachkriegswirrnisse hinweg das Wagnis einer Zeitschriftengründung einzugehen, eine Lizenzierung werde kein Problem sein.[26] Claassen aber scheute das Risiko, eine Gründung einer Verlagsdependance in der US-Zone – die Voraussetzung einer Lizenzierung – schien ihm unmöglich.[27] Mitscherlich trieb die Sache unverdrossen voran und bemühte sich um Mitarbeit und Hilfe bei verschiedenen Persönlichkeiten wie beispielsweise dem Basler Zoologen Adolf Portmann.[28] Er knüpfte auch Kontakte nach England[29] und in die Schweiz[30]. Es komme darauf an, die Zeitschrift so volkstümlich wie möglich zu machen: »Die Wissenderen müssen die Unwissenden teilnehmen lassen – und das ist einigermaßen schwer, weil es eine Stabilität des Stand-

---

23 Vgl.: Claassen, Denken.
24 Mitscherlich an H. Goverts Verlag, 15.5.1946, AMA I, 2335.2.
25 Mitscherlich an Stern, undatiert, AMA III.
26 Mitscherlich an H. Goverts Verlag, 18.9.1945, AMA III; Mitscherlich an Claassen, 19.10.1945, AMA III.
27 Claassen an Mitscherlich, 30.10.1945, AMA III.
28 Mitscherlich an Portmann, undatiert, 1945, AMA III.
29 Korrespondenz Mitscherlich/Hiller (Freiheitsbund deutscher Sozialisten, London), AMA III.
30 Mitscherlich an Oprecht, 24.10.1945, AMA III; Mitscherlich an Bondy, 24.10.1945, AMA III. Bondy war als Verfasser einer wöchentlichen »weltpolitische[n] Chronik« vorgesehen.

ortes der Wissenden voraussetzt, der aber der Natur unserer Lage nach gar nicht gegeben sein kann. Es muß also das Kunststück vollbracht werden, die eigene Unfertigkeit ethisch so zu wappnen, daß die Leser bereit sind, unserer Bewegung zur Klarheit mit Interesse zu folgen.«[31] Ein bemerkenswerter Satz insofern, als die Einsicht um die Unwissenheit der vermeintlich Wissenden einerseits geeignet war, viel von dem gravitätischen Ernst der ambitionierten Kulturzeitschriften der Nachkriegszeit in Frage zu stellen, andererseits doch auch das unreflektiert elitäre Sendungsbewusstsein der Kulturschaffenden jener Jahre selbst bezeugt – auch in einer Generation, die wie Mitscherlich nicht einmal das 40. Lebensjahr erreicht hatte. Im März 1946 trat Mitscherlich mit Goverts, von Schenk und Gustav Ballys Sohn Hans Jürgen Bally in konkrete Gespräche ein und plante eine erste Ausgabe der Zeitschrift für den 1.7.1946. Er selbst wollte mit von Schenk als Herausgeber fungieren.[32]

Dolf Sternberger hatte unterdessen im November 1945 die erste Ausgabe seiner Zeitschrift *Wandlung* herausgebracht. Mitscherlich äußerte sich »enttäuscht« über den mangelnden politischen Gehalt des Heftes. Man könne doch, mahnte er seinen alten Bekannten, nicht mehr Reiseliteratur schreiben wie 1932. »Ich meine, wir alle müßten versuchen, in einer neuen Technik und in einem neuen Stil das Phantasmagorische, das außerordentlich Gefährdete unserer Situation aufleuchten zu lassen.«[33] Felix Schottlaender gegenüber kritisierte er, die *Wandlung* mache einen »hochgestochenen Eindruck«[34]. In diesem Punkt war sich Mitscherlich mit Karl Jaspers einig, der trotz seines eigenen Engagements an ihrem Zustandekommen die »Literarisierung der Politik« beklagte, die Sternberger mit der *Wandlung* vollführe.[35] Letztlich erwies sich die *Wandlung*, die bis 1949 erschien und Essays, Berichte, literarische Texte, aber auch Originaltexte aus der jüngsten Vergangenheit (Dokumente über die Vernichtung des Warschauer Ghettos, Protokolle der Nürnberger Prozesse) brachte, als eine wichtige Qualitätszeitschrift[36] der Besatzungszeit. Mitscherlichs Zeitschrift – wäre sie denn je erschienen – wäre zweifellos politisch sehr viel akzentuierter gewesen als die auf die Herstellung eines

31 Mitscherlich an Goverts, 27.12.1945, AMA III.
32 Mitscherlich an Schottlaender, 22.3.1946, AMA III.
33 Mitscherlich an Sternberger, 7.1.1946, AMA III.
34 Mitscherlich an Schottlaender, 22.3.1946, AMA III.
35 von Beyme, Jaspers, S. 137.
36 Vgl.: Baerns, Zeitschrift; Haacke/Pötter, Zeitschrift; Volmert, Nachkriegszeitungen; Laurien/Vielberg, Zeitschriften; Pross, Literatur; von der Brelie-Lewien, Zeitschriften.

bürgerlich-liberalen Staatsbewusstseins zielende *Wandlung*[37]. Dass Mitscherlich die Zeitschrift Sternbergers anfangs kritisierte, hinderte ihn allerdings keineswegs, später selbst dort zu veröffentlichen.

Der Erfolg der Broschüre über den »freien Sozialismus« gab der Zeitschriftenidee vorübergehend neuen Schwung und eine inhaltliche Orientierung. Mitscherlich vereinte seinen Plan einer kulturpolitischen Zeitschrift, der er den Namen *VOX* zugedacht hatte, mit einer Zeitschrift über »freien Sozialismus«. Eugen Claassen trat mit Felix Schottlaender, den Mitscherlich zur Mitarbeit hatte gewinnen können, in konkrete Planungen ein.[38] Mitscherlich aktivierte erneut seine Auslandskontakte. Dem Zürcher Nationalrat Emil Oprecht teilte er mit, man wolle eine Zeitschrift als Diskussionsforum schaffen, die außenpolitisch »dem Gedanken eines föderierten Europa, ideologisch der Verbreitung sozialistischer Ideen dienen will«. Er halte es für einen »schiefen Beginn«, wenn man nicht von Anfang an mit der Labour-Party und den schweizer und schwedischen Sozialdemokraten kooperiere.[39] Die Zeitschrift *Freier Sozialismus* sollte über wirtschaftliche und politische Entwicklungen im In- und Ausland berichten, der Aufbau eines Korrespondentennetzes war ebenso geplant wie eine parallel erscheinende Schweizer Ausgabe: »Insgesamt schwebt uns ein neuer Typus von Zeitschrift vor, der zu einer Einstellung erziehen soll, die wir hier nötiger als irgend etwas anderes haben, nämlich zu politischem Realismus.«[40]

Diese die Deutschen erziehende Zeitschrift ist nie erschienen. Der Plan eines internationalen Nachrichtenmagazins mit politischem Bildungsauftrag, das zugleich in seiner gesellschaftspolitischen Vision der zeitgenössischen Sozialdemokratie einen konservativ-ständischen Gegenentwurf entgegengesetzt hätte, wäre ohne Zweifel ein interessantes und ambitioniertes Projekt gewesen. Doch die Lizenz wurde erst Anfang 1947 erteilt, Mitscherlichs Kräfte waren seit Sommer 1946 absorbiert von seinem Kampf um die Gründung einer eigenen Klinik in Heidelberg, seit Herbst 1946 von seiner Aufgabe als Abgesandter der Ärztekammern beim Nürnberger Ärzteprozess und schließlich von den Bemühungen um die Gründung der Zeitschrift *Psyche*.

Das Thema des freien Sozialismus traf gleichwohl in Heidelberg auf großes Interesse. Mitscherlich erhielt eine Reihe zustimmender Zuschrif-

---

37 Vgl. zur zeitgenössischen Wahrnehmung der »Wandlung« auch: Sombart, Rendezvous, S. 100-105.
38 H. Goverts Verlag an Mitscherlich, 8.5.1946, AMA I, 2335.1.
39 Mitscherlich an Oprecht, 26.5.1946, AMA I 4033.1.
40 Mitscherlich an Schütz, undatiert, 1946, AMA I, 4907.2.

ten, in denen insbesondere gewürdigt wurde, dass der »freie Sozialismus« eine Perspektive menschlichen Zusammenlebens biete, aber den dogmatischen Marxismus dabei hinter sich lasse.[41] Der Kulturbund Heidelberg veranstaltete am 18. Juli 1946 einen »Ausspracheabend« unter dem Motto »Mit oder ohne Marx?«, bei dem neben Weber und Mitscherlich der katholische Pfarrer Richard Hause und der Chefredakteur der *Rhein-Neckar-Zeitung* und bekennde Kommunist Rudolf Agricola[42] auftraten. Über 1000 Menschen fanden sich im größten noch intakten Saal Heidelbergs zusammen.[43] Mitscherlich vertrat in seinem Hauptreferat sein Konzept des freien Sozialismus in gewohnt kämpferischer Weise und scheute auch nicht vor Signalvokabeln wie »Genossinnen und Genossen« zurück.[44]

Noch deutlicher als in der Sozialismusbroschüre stellte Mitscherlich nicht nur die Zentrierung des »freien Sozialismus« um den Begriff der Freiheit des Individuums heraus, sondern auch die sich daraus ergebende Abgrenzung vom sich herausbildenden Staatssozialismus östlicher Prägung: Es gehe um »die Gefährdung der politischen Freiheit durch die Entwicklung zum Staatssozialismus und die drohende Vernichtung der persönlichen Vorstellung von Freiheit in der technischen Arbeit, wie sie heute überall verlangt wird«. Deutlicher als in der gedruckten Fassung wurden an diesem Abend auch die politischen Konsequenzen benannt. Zum einen machte Mitscherlich unmissverständlich klar, dass ein freier Sozialismus notwendig einhergehe mit einem neutralen Deutschland, das sich keinem der beiden Gesellschaftssysteme anschlösse – zum anderen präzisierte er seine Ablehnung des herkömmlichen Staatsverständnisses: Der Staat nämlich sei nur ein »notwendiges Übel – die Gesellschaft ist es, die das Leben lebenswert macht«. Es gehe um die Ablösung des Staates durch eine neue Gesellschaftsform. Notwendig sei »lebendige Mitarbeit in Kommunen und Genossenschaften«. Sozialismus »als Streben nach sozialer Gerechtigkeit« bedeute nicht Gleichheit der Menschen, sondern »Ungleichheit der menschlichen Qualitäten, aber gleiches Recht für alle, die sich entfalten wollen«. Wenn dies nicht

---

41 Vgl.: Huber an Mitscherlich, 26.5.1946, AMA I, 2476.1; Loessl an Mitscherlich, 7.11.1946, AMA I, 3428.1.
42 Zu Agricola, der zusammen mit Theodor Heuss und dem Sozialdemokraten Hermann Knorr Lizenzträger der Rhein-Neckar-Zeitung war, siehe: Wolfe, Occupation, S. 18.
43 Mitscherlich an Frisch, 23.7.1946, AMA I, 1712.2.
44 Mitscherlich, Alexander: Unbetiteltes Vortragsmanuskript, 18.7.1946, AMA VIIb, 52/53.

gelinge, entstehe »wieder eine politische Masse«, die verführbar sei, deshalb gelte es, der »Massierung und Vermassung des Menschen in psychologischer Hinsicht« entgegenzuwirken.

Die Veranstaltung des Kulturbundes wurde zum lokalen Skandal, weil Rudolf Agricola und mit ihm eine Gruppe von Gesinnungsgenossen im Publikum die Gelegenheit zu kommunistischer Agitation nutzten. Daraufhin applaudierte die Mehrheit des Auditoriums demonstrativ Agricolas Gegenpart, dem katholischen Pfarrer Richard Hause, so dass, klagte Mitscherlich anschließend, »eigentlich der Abend ein Erfolg für die CDU wurde«[45]. In einer Gegendarstellung zu einem Artikel in der *Frankfurter Rundschau*[46], der die Ereignisse als Ausbruch politischer Agitation von kommunistischen und konservativen Studentengruppen darstellte und behauptete, Mitscherlich habe abschließend das »undemokratische Verhalten« der anwesenden Studenten bedauert, betonte dieser, dass der beliebte Prügelknabe, die Studenten, in diesem Fall völlig unschuldig gewesen seien. Die Unruhe im Publikum sei harmlos gewesen und er habe mitnichten undemokratisches Verhalten kritisiert, sondern »Staatsgesinnung« statt »Parteigesinnung« gefordert. Ganz im Sinne seiner Äußerungen bei den Marburger Hochschulgesprächen gab er zu bedenken, man könne nicht jede Reaktion einer Zuhörerschaft ersticken. »Es lernt sich nämlich nicht gut, wenn der Lehrer fortwährend mit dem Stocke droht.«[47] In seinem Begleitschreiben erläuterte er: »Da wir die Ausspracheabende, wie mir der große Erfolg meines Schlußwortes beweist, mit Zustimmung aller Beteiligter fortsetzen wollen, kommt es mir natürlich darauf an, daß gerade auch die Studenten, die in einer Universitätsstadt ein wichtiger Teil des Publikums sind, nicht verängstigt und desinteressiert werden.«[48]

Tatächlich fanden diese Diskussionsveranstaltungen ihre Fortsetzung: Mitscherlich, Weber und Sternberger gründeten die »Aktionsgruppe Heidelberg zur Demokratie und zum freien Sozialismus«[49], die fortan bis

45 Mitscherlich an Frisch, 23.7.1946, AMA I, 1712.2.
46 Frankfurter Rundschau, 21.7.1946.
47 Gegendarstellung Mitscherlichs, Mitscherlich an Gerold, 24.7.1946, AMA I, 1803.1. Der Abdruck der Gegendarstellung war in der Redaktionskonferenz der Frankfurter Rundschau nicht durchsetzbar (Gerold an Mitscherlich, 8.8.1946, AMA I, 1803.2).
48 Mitscherlich an Gerold, 24.7.1946, AMA I, 1803.1.
49 Siehe auch: Remy, Heidelberg, S. 220f.; Demm, Weg, S. 315 ff.; Dehli, Konflikt, S. 137f. Politisch ging das Aktionskomitee mit den von Weber und Mitscherlich vorgezeichneten Linien durchaus konform. Als eines der wichtigsten Projekte der öffentlichen Arbeit sah das Komitee unter ausdrücklichem Bezug auf die

1949 mehrere Veranstaltungen jährlich durchführte und die zu einem Fixpunkt der lokalen intellektuellen Diskussionskultur Heidelbergs wurde. Mitscherlich nahm allerdings an den Veranstaltungen der Aktionsgruppe immer seltener teil. Sein Interesse am freien Sozialismus erlosch zeitlich parallel zu den erlahmenden Bemühungen um eine entsprechende Zeitschrift im Herbst 1946. Ein Artikel mit dem Titel *Der Sozialismus und die Freiheit*[50] war 1947 der letzte Vorstoß Mitscherlichs als Reformsozialist. Eine Einladung Wilhelm Piecks und Otto Grotewohls zum »Volkskongreß für Einheit und gerechten Frieden« im Dezember 1947, mit dem die SED deutschlandpolitische Handlungsfähigkeit beweisen wollte und der eine Verfassung für Gesamtdeutschland ausarbeiten sollte, ließ er unbeantwortet.[51]

Mitscherlichs Blick auf Deutschland verlor seit dem Herbst 1946 seine hoffnungsvoll-utopischen Züge und wich einer zunehmenden Verbitterung über die Verhältnisse, die zuweilen fast depressive Züge annahm. Im Herbst 1945 hatte er Gustav Bally noch seine feste Überzeugung mitgeteilt, in Deutschland eine Aufgabe erfüllen zu müssen: »Es ist mir seltsam klar geworden, ich dieses Volk nicht verlassen darf.«[52] Schon im Februar 1946 klagte er gegenüber Curt Bondy, es wachse der Nationalismus, man müsse sich eingestehen, »daß die erste Schlacht verloren ist«[53]. Wenig später ließ Mitscherlich Walter Robert Corti wissen: »Die Horizonte verdüstern sich immer mehr. [...] Jedenfalls ist soviel sicher, daß auf diesem deutschen Boden vorerst keine Saat gedeihen will. Gestern sagte mir ein alter Antifaschist: Die 12 Jahre waren schrecklich, aber die Enttäuschung

---

Erfahrung der Weimarer Republik den Kampf gegen das Verhältniswahlrecht und für das Mehrheitswahlrecht nach angelsächsischem Vorbild an. Man stritt in öffentlichen Verlautbarungen und Veranstaltungen für die Neutralität eines bundesstaatlich organisierten Deutschlands, das sich schnell aus der alliierten Vorherrschaft befreien müsse und die Verantwortung für die als misslungen interpretierte Entnazifizierung selbst übernehmen müsse, aber immer auch für eine neue Einbettung Deutschlands in eine europäische und internationale Staatengemeinschaft. Vgl. die Resolutionen und Denkschriften des Komitees: AMA I, »Aktionsgruppe Heidelberg«.
50 Mitscherlich, Alexander: Der Sozialismus und die Freiheit. In: Der Phönix. Ein Almanach für junge Menschen, Berlin 1947, S. 152-171 (GS VI S. 95-104). Eine Entwurfsfassung findet sich in AMA VII, 53.
51 Pieck und Grotewohl an Mitscherlich (Telegramm), 1947 (undatiert), AMA I, 4173.1.
52 Mitscherlich an Bally, 24.10.1945, AMA III.
53 Mitscherlich an Bondy, 14.2.1946, AMA III.

ist eigentlich das Schrecklichste. [...] Es gibt keine Perspektive, keinen Durchblick. Fortwährend stürzen Aufliegende unbeachtet ins Meer.«⁵⁴ Mitscherlichs Desillusionierung resultierte aus der Erkenntnis, dass ein völliger politischer Neuanfang nicht zu erwarten stand. Die staatlich-politische Zukunft Deutschlands war ohnehin unklar, doch Mitscherlich meinte auch an der inneren Einstellung seiner Landsleute mangelnden Elan zur kritischen Selbstbefragung zu erkennen. Die Einsicht, dass es die Deutschen selbst waren, die den Zusammenbruch Deutschlands verschuldet hatten, schien ihm massenhaft verfehlt zu werden. In genau diese Kerbe schlug dann im Winter 1945/46 Mitscherlichs Mutter Clara Heigenmoser, die es an der Zeit fand, in einem Brief an ihren Sohn die Kriegsschuld der Alliierten zu reflektieren. Es sei nur angemessen, schrieb sie unter anderem, auch die Alliierten auf die Anklagebank zu setzen, weil diese den Krieg nicht früher beendet hätten.⁵⁵ Sein Antwortschreiben geriet Mitscherlich zu einer Generalabrechnung: »Du bist eine großartige Frau – nur ein wenig ungeordnet im Kopf«, hob er an:

»Dein Brief hat mir ausgezeichnet gefallen. Bis auf den Passus über Nürnberg. [...] Wir Deutschen müssen uns unter allen Umständen hüten, schon wieder damit anzufangen, mit dem Finger auf andere Leute zu deuten, die ebenso schuld seien wie wir. Mit einer solchen Behauptung kommt man nämlich logisch sehr rasch zu Rande. Dadurch, daß jeder Engländer etc. uns wird sagen können: Ihr habt ja den Nazismus im Lande entwickelt, Ihr habt ihn erfunden, geduldet. Ihr habt Euch sodann seiner nicht zu erwehren verstanden. Jemand wie ich stand ja schon 1932 allein auf weiter Flur, nicht erst 1939 oder sonst wann. Wenn wir jetzt uns drücken, liebste Mutter, dann ist alles verloren. Und ich verfolge es mit der äußersten Bestürzung, daß selbst so klare Menschen wie Du es zu tun versuchen. Erst sagst Du den famosen Satz, daß sich jeder einzelne bessern müsse, wenn sich das Ganze humanisieren solle und dann schimpfst Du 3 Zeilen weiter unten schon wieder auf die Amerikaner. Jede Besatzung ist unbequem. Glaube mir, ich wäre lieber Dozent der Universität Columbia wie der von Heidelberg. Wahrscheinlich würde ich dort auch besser hinpassen. Das nützt aber alles nichts. Wir, Du und ich und unseresgleichen müssen jetzt mit der Demokratie ernst machen. Natürlich fallen die Freiheiten für uns, nach dem was in unseres Volkes Namen und – seien wir uns doch klar darüber – tatsächlich von unserem Volke und nicht

54 Mitscherlich an Corti, 15.3.1946, AMA III.
55 Clara Heigenmoser an Mitscherlich, 16.1.1946, AMA III.

von Gespenstern der Welt angetan worden ist, nicht vom Himmel. Sie müssen erstritten werden. Durch Einsicht und wahre Menschlichkeit. So rasche Temperamente, wie Du eines bist, müssen jetzt Geduld haben und sich genau überlegen, was sie sagen. Jedes Wort, was gerade Du, die Du als Nazigegnerin bekannt bist, vorschnell aussprichst, nützt dem Geist des Nazismus, der wie ein Schwefelgestank noch im Gebälk sitzt. Nürnberg mag in vieler Hinsicht für uns unbefriedigend sein, insbesondere weil keine deutschen Richter zugelassen sind, es stellt nämlich den Versuch einer völlig neuen Rechtsprechung dar, nämlich für die Leute, wie ich dies unlängst in einem Aufsatz schrieb, die oberhalb der Lawine stehen, die sie abgetreten haben. Es ist ein Schritt zum Menschheitsbewußtsein, zur Verantwortung vor der Menschheit, der hier angestrebt wird. Gerade Du mußt die Leute darüber aufklären. Seltsam, wenn Militarismus und Diktatur nicht klappen in Deutschland, dann finden es alle immer noch herrlich, wenn aber die Demokratie auf einem von selbigen Stiefeln verursachten Scherbenhaufen nicht binnen 3 Wochen jedem gratis die Butter nachliefert, die Göring in Kanonen verwandelt hat, dann ist der Teufel los. Komisches Volk.«[56]

Auch seinem in den USA lebenden Onkel gegenüber stellte Mitscherlich die Unwilligkeit der Deutschen, ihre historische Verantwortung zu reflektieren, deutlich dar. Stattdessen, so berichtete er, werde die Schuld an den chaotischen und entbehrungsreichen Verhältnissen den Besatzungsmächten zugeschoben:

»Daß alles Elend, das hier herrscht, jede Ungerechtigkeit und Härte, die sich die Besatzungsmächte zuschulden kommen lassen, auf das demokratische Konto gebucht werden. Daß wir alle in dieser Falle sitzen dank der unüberbietbaren politischen Verblendung, die beileibe nicht auf Adolf Hitler allein abgewälzt werden kann, sondern im ganzen Volk verbreitet war – dies ist vergessen. [...] Weil aber tatsächlich – wie nicht anders zu erwarten – die Regentschaft der Alliierten nicht gerade durch ökonomische und politische Intelligenz sich auszeichnet, sondern oft recht plump moralische Lehrhaftigkeit hervorkehrt, statt neue Wege zu zeigen, so wird es uns alten Antifaschisten sehr schwer gemacht, politischen Einfluß auf das Volk zu gewinnen.«[57]

---

56 Mitscherlich an Clara Heigenmoser, 19.1.1946, AMA III.
57 Mitscherlich an Karl Heigenmoser, 19.6.1946, AMA, unsortiert (MI 76).

Der Aufsatz, den Mitscherlich im Brief an seine Mutter erwähnt hatte, war der Text *Nürnberger Trichter*, der wenige Tage später in der *Rhein-Neckar-Zeitung* erschien. Mitscherlich versuchte hier, offenbar angeregt von einem Zeitungsbericht über Intelligenztests, die an den Angeklagten des Nürnberger Hauptkriegsverbrecherprozesses durchgeführt wurden, der Frage nachzugehen, wie die offenkundige Intelligenz der Angeklagten mit der Unmenschlichkeit ihrer Taten in Zusammenhang zu bringen sei. Er schloss mit der Einsicht: »Wir wollen hinter die Maske sehen. Solange wir dies nicht können, klafft da eine ›Lücke im Prozeß‹. Sie wäre nur mit einer tieferen Psychologie zu schließen, wenigstens leidlich.«[58] In einem längeren Aufsatz breitete Mitscherlich diesen Gedanken auch in der Münchner Zeitschrift *Die Fähre* aus: »Nun sitzen wir düster vor den Trümmern nach einem Ausbruch, den keiner von uns versteht«, räsonierte er. Die Fakten seien aufzuarbeiten, die Erhellung der Motive aber sei nur psychologisch möglich. Späteren Generationen werde es unverständlich sein, warum in Nürnberg diese Erkenntnismethode nicht angewandt wurde. Selbst die Angeklagten, vermutete Mitscherlich, könnten nach einem psychoanalytischen Erkenntnisprozess ihre Strafen besser akzeptieren. »Sie wüßten dann, daß es nicht der Glaube an den Führer, die Liebe zu Volk und Vaterland war, die sie zu Mördern werden ließ, zu technisierten Mördern, sondern ganz andere Impulse, die wir nur vermuten, aber nicht wissen können. Eine derartige innere Freiheit dem eigenen Leben gegenüber wäre auch eine Freiheit der Geschichte gegenüber. Erinnerung ohne Selbstprotektion würde aus den Angeklagten historische Zeugen von außergewöhnlichem Gewichte machen.«[59]

Mitscherlich beließ es nicht bei diesen publizistischen Vorstößen, sondern verfasste eine Denkschrift mit dem Titel *Die Kriegsverbrechen müssen psychologisch untersucht werden*[60]. Diese sandte er an den Psychoanalytiker Carl Gustav Jung, der in Zürich – nachdem er während des Nationalsozialismus als Präsident der »Allgemeinen Ärztlichen Gesellschaft für Psychotherapie« selbst antisemitische Vorträge und Artikel pro-

---

58 Mitscherlich, Alexander: Nürnberger Trichter. In: Rhein-Neckar-Zeitung, 25.1.1946 (GS VII, S. 131-135), hier S. 134 f.
59 Mitscherlich, Alexander: Geschichtsschreibung und Psychoanalyse. Gedanken zum Nürnberger Prozeß. In: Schweizer Annalen Nr. 11, S. 604-613; sowie in: Die Fähre 1 (1946), S. 29-30; und posthum in: Psyche 36 (1982), S. 1082-1093 (GS VII S. 66-77), hier S. 76.
60 Mitscherlich, Alexander: Die Kriegsverbrecher müssen psychologisch untersucht werden. Unveröffentlichte Denkschrift 1945. AMA VIIb, 42.

duziert hatte[61] – jetzt die Kollektivschuldthese vertrat.[62] Offenbar erhoffte sich Mitscherlich von dem »verehrten Professor«, den er kurz zuvor persönlich aufgesucht hatte, Unterstützung für sein Vorhaben der psychoanalytischen Investigation in Nürnberg. Dass Jung Mitscherlich nicht zur Seite stand, war auf einen Aufsatz[63] zurückzuführen, den dieser als Reaktion auf ein Interview Jungs verfasst hatte, in dem Jung die Deutschen als kollektiv schuldig bezeichnet hatte.[64] Die Deutschen zur Anerkennung ihrer offenkundigen kollektiven Schuld zu bringen war für Jung der erste Schritt zu ihrer psychischen Gesundung. Mitscherlichs Erwiderung war ein gescheiterter Versuch der Differenzierung der These Jungs, der im Ergebnis als blanke Apologie der Deutschen verstanden werden konnte.[65] Wie wolle denn, fragte sich – der zweifellos persönlich betroffene – Mitscherlich, Jung den typischen Deutschen definieren? Etwa dadurch, »daß er in Deutschland in den Jahren 1933-1945 gelebt hat?«[66] Der »fundamentalste Irrtum« Jungs liege darin, dass er die Gesamtheit der Deutschen mit der Partei der Nationalsozialisten identifiziere, ohne die vorausgehende Frage nach dem »Bezug des Individuums zum autoritären Staat« beantwortet zu haben. Man könne einen »Wahn« wie den Nationalsozialismus nicht mit einer kollektiven Schuldzuweisung erklären: »Das eigentliche Problem also, das es jetzt zu untersuchen gilt und das wir den Thesen Jungs entgegenzustellen wünschen, ist die Erforschung der Gründe der Abnahme persönlicher Freiheit und des Anwachsens der sich anonymisierenden Befehlsgewalt des Staates.« Mitscherlich hatte seine Erwiderung zunächst den *Süddeutschen Mitteilungen* angeboten[67], die einen Abdruck aber ablehnten. Schließlich erschien der Text in der *Berliner Allgemeinen Zeitung*, wovon Mitscherlich aber erst nach seinem Besuch bei Jung erfuhr. So erkläre sich wohl, vermutete er, dass die Audienz in recht frostiger Stimmung verlief.[68]

---

61 Zu Jung siehe: Von der Tann, Jung.
62 Mitscherlich an Jung, 14.11.1945, AMA VIIb, 42.
63 Mitscherlich, Alexander: Schuld und Seele. Zu einem Aufsatz von C. G. Jung. In: Allgemeine Zeitung Berlin, 11.11.1945 (GS VII, S. 136-140).
64 Interview Jung. In: Süddeutsche Mitteilungen, 30.6.1945.
65 Wittmack an Mitscherlich, 26.6.1946, AMA I, unsortiert.
66 Mitscherlich, Schuld, S. 138 f.; die folgenden Zit.: S. 139, 140.
67 Mitscherlich an Süddeutsche Mitteilungen, 3.7.1945, AMA, unsortiert.
68 Mitscherlich an Hoffmann, 7.1.1946, AMA III.

PUBLIZISTISCHE PLÄNE

Mitscherlich drang mit seinen Vorstößen[69] hinsichtlich der Untersuchung der Nürnberger Angeklagten nicht durch. Er habe seine »sehr robuste Denkschrift [...] über die verschiedensten Kanäle weiterzuleiten versucht, ohne nur das geringste Echo darauf erhalten zu haben«[70], klagte er im Frühjahr 1946. Im Herbst desselben Jahres kam dann allerdings eine Aufgabe auf ihn zu, die ihn doch noch nach Nürnberg brachte.

Zwischen der Verantwortung der Deutschen für die Katastrophe des Nationalsozialismus, die Mitscherlich gegenüber seiner Mutter so betont hatte, und seiner ebenso scharfen Ablehnung einer Kollektivschuld, die er gegenüber Jung geltend machte, lag semantisch wie analytisch ein schmaler Korridor, der sich entlang der Begriffe »Verantwortung« und »Schuld« bemaß. Die Verantwortung für die Entwicklungen in der jüngsten Vergangenheit sprach Mitscherlich den Deutschen zu, vor einer (Kollektiv-)Schuld nahm er sie in Schutz – jedenfalls eine imaginierte Gruppe von NS-Gegnern, zu der er sich selbst zählte. Die wahre Ursache aber für das Abgleiten Deutschlands in die Katastrophe sah Mitscherlich als Konsequenz aus einer »tragische[n] Verdichtung eines allgemeinen Zustandes der abendländischen Menschheit«, der sich durch das Verschwinden der Freiheit des Einzelnen angesichts der Technisierung und Industrialisierung der Welt auszeichne. Den NS-Staat als Auswuchs einer verderblichen Entwicklung, ja gleichsam als Folge der vorrückenden kapitalistischen Moderne zu interpretieren war im Nachkriegsdeutschland nichts Ungewöhnliches. Viele Wege der individuellen und kollektiven Selbstberuhigung führten auf solch kulturkritische Bahnen – doch Mitscherlich suchte das Heil nicht wie viele seiner Zeitgenossen in Rückbesinnung auf die abendländische Kultur oder im Christentum. Seinen Überlegungen wohnte von Beginn an ein genuin psychologisches Moment inne. In einer Broschüre mit dem Titel *Endlose Diktatur*[71] sprach er von einer »dämonische[n] Veränderung des Charakters«, die zur »seelische[n] Schutzlosigkeit gegen die Verführung« geführt habe. Das der Moderne innewohnende »Rationalitätsprinzip« habe die nicht rationalen Seiten des menschlichen Wesens verkümmern lassen. Aus welcher politischen und kulturellen Sphäre diese Bedrohung nach Deutschland herübergedrungen war, war ebenfalls klar – sie kam aus dem Westen: »Daß die

---

69 Mitscherlich wandte sich auch an offizielle Stellen: Mitscherlich an Harrison (British War Crimes Exekutive), 8.1.1946, AMA III.
70 Mitscherlich an Eberhard, 25.4.1946, AMA I, 1278.1.
71 Mitscherlich, Alexander: Endlose Diktatur?, Heidelberg 1947 (GS VI, S. 105-131). Der Verkauf der Broschüre gestaltete sich allerdings sehr schleppend (Korrespondenz Mitscherlich/Artemis Verlag, AMA I 229).

Freiheit als übernationales Element des europäischen Daseins an den menschlichen Schwächen in einem bestimmten historischen Augenblick etwa an der unersättlichen Besitzgier der imperial-kapitalistischen Länder zugrunde zu gehen droht, ist eine historisch schon fast besiegelte Tatsache. Aber daß damit eine Entwicklung zur Freiheit des Einzelmenschen – also eine der tiefsten und belebendsten Entwicklungslinien in der Geschichte der Menschheit – ihr Ende finden soll, das ist mehr als ein bloßes historisches Faktum, das ist, das Wort sei verziehen, ein Wendepunkt von epochaler Bedeutsamkeit.«

4. Medizin ohne Menschlichkeit

Beobachter beim Nürnberger Ärzteprozess

Im Herbst 1946 nahm ein Vertreter der Arbeitsgemeinschaft der westdeutschen Ärztekammern Kontakt zu Alexander Mitscherlich auf und informierte ihn über den Beschluss der Kammern der drei Westzonen, eine Beobachterkommission zu dem bevorstehenden Nürnberger Ärzteprozess zu entsenden.[1] Als Leiter dieser Kommission, so erfuhr Mitscherlich, sei er selbst vorgesehen. Als weitere Teilnehmer notierte er die Namen der drei Weizsäcker-Schüler Wolfgang Benstz, Wolfgang Spamer und Alice von Platen, des Frankfurter Arztes Friedrich Jensen sowie des Heidelberger Studenten Fred Mielke.[2] Der Heidelberger Fakultät gegenüber erklärte Mitscherlich, er sei von den Ärztekammern aufgefordert worden, »eine Kommission zusammenzustellen, die deutscherseits die Anklage gegen die in Nürnberg angeklagten Ärzte nachprüft«.[3]

In späteren Jahren behauptete Mitscherlich stets, er habe schon bei Annahme des Auftrags, für den sich kein renommierter älterer Kollege gefunden habe, gewusst, dass diese Mission das Ende seiner akademischen Karriere sein würde: »Ich fühlte ein heftiges Widerstreben und wußte sogleich, daß man mir ein Unterfangen gegen ärztliche Kollegen zuschob, Professoren – Kapazitäten. Ich holte buchstäblich für die Ärztekammer die Kastanien aus dem Feuer.«[4] Tatsächlich sah er zu Recht voraus, dass die Beobachtung des Prozesses und eine Berichterstattung darüber ihm in der Ärzteschaft nicht nur Freunde machen und für seine Karriere folgenreich sein würde.

Als Absicherung seiner Position verstand Mitscherlich eine Anfrage an alle medizinischen Fakultäten, die er um eine förmliche Zustimmung zu seiner Entsendung bat.[5] Tatsächlich gingen diese Bestätigungen bald ein, allerdings verband sich mit der Zustimmung der Fakultäten die zu-

---

1 Ausführlich zur Entsendung Mitscherlichs: Peter, Ärzteprozeß, S. 29-50; Gerst, Ärzteprozeß; Weindling, Ärzteprozeß; sowie: Dehli, Konflikt, S. 145 ff.
2 Notiz Mitscherlich, 1946 (undatiert), AMA IIa, 1.53.
3 Mitscherlich an Schneider (Dekan), 7.11.1946, Universitätsarchiv Heidelberg, PA 1078.
4 Mitscherlich, Leben, S. 157; vgl. auch S. 144.
5 Mitscherlich an Oelemann, 7.11.1946, AMA II/2, 112.1; vgl. ausführlich: Peter, Ärzteprozeß, S. 32 f.

meist kaum verklausulierte Erwartung, dass Mitscherlichs Prozessberichterstattung beweisen werde,»daß durch den bevorstehenden Prozeß in Nürnberg gegen deutsche Ärzte geklärt wird, daß nur eine verschwindend kleine Zahl von Ärzten, die in eigener Verantwortung handelten, sich schuldig gemacht hat und dementsprechend bestraft werden muß, daß aber die deutsche Ärzteschaft als solche entsprechend ihrer Tradition und ihrer inneren Überzeugung frei von Schuld und nicht mit Vorwürfen zu belasten ist«.[6] Die Freiburger Fakultät präzisierte:»Es muß eben ganz energisch klargelegt werden, daß doch nur eine äußerst beschränkte nat. soz. Clique sich hier die Finger verbrannt hat und dass vielmehr der deutsche Arzt im allgemeinen ebenso wie der deutsche Wissenschaftler nicht das allergeringste mit diesen Scheußlichkeiten zu tun hat.«[7]

Die Frage, wie die Ärzteschaft durch die Mitscherlich-Kommission über den Prozessverlauf unterrichtet werden sollte, war zunächst offensichtlich ungeklärt geblieben. Und als die Kommissionsmitglieder im Dezember 1946 in Nürnberg eintrafen, war auch ihr Status zunächst unklar. Obwohl Oelemann und Mitscherlich im Namen aller deutschen medizinischen Fakultäten die Erlaubnis zur Prozessteilnahme erbeten hatten[8], war zunächst nicht einmal dies gewährleistet, obwohl vom US-Pressebüro bereits Klage geführt wurde, dass in der deutschen medizinischen Fachpresse noch keine Berichte über den Prozess erschienen seien.[9] Schließlich wurde der Zugang zur Verhandlung für die Kommissionsmitglieder über die Akkreditierung als Pressevertreter gesichert.[10]

Die Arbeitsbedingungen der Beobachterkommission waren außerordentlich schwierig. Mitscherlich berichtete Gustav Bally:»In Nürnberg haben wir bei barbarischer Kälte in ungeheizten Zimmern gesessen, höchstens 3 Stunden Strom am Tag, die Wasserleitungen eingefroren, und dann das Trümmermeer.«[11] In seinen Memoiren erinnerte er sich:»Allenthalben lagen riesige Schuttberge, im notdürftig reparierten Hotel, in dem wir untergebracht waren, blickte man durch die Zimmerdecke in

---

6 Deuticke an Oelemann, 19.11.1946, AMA II/2, 112.13.
7 Freiburger Medizinische Fakultät (Paul Hoffmann, Dekan) an Oelemann, 22.11.1946, AMA II/2, 112.16.
8 Oelemann an Military Tribunal Nürnberg, 27.11.1946, sowie Mitscherlich an Military Tribunal Nürnberg, 9.12.1946, AMA II/2, 106.1 und 106.2; ausführlich zitiert bei Peter, Ärzteprozeß, S. 37 f.
9 Koch an Oelemann, 9.1.1947, AMA II/2, 112.22.
10 Mitscherlich an Military Tribunal Nürnberg (»Kurzer Zwischenbericht aus Nürnberg«), 27.1.1947, AMA II/2, 106.5.
11 Mitscherlich an Bally, 18.2.1947, AMA I, 316.12.

den Himmel. Wir saßen in alles, was irgendwie Wärme zu spenden versprach, gehüllt und widmeten uns dem Studium der Aktenunterlagen, die uns jetzt täglich, zunächst von der Staatsanwaltschaft und dann auch von den Verteidigern zugestellt wurden.«[12] Während Mitscherlich sich aufgrund seiner Heidelberger Lehrverpflichtungen nur bis Ende Dezember 1946 und vom 15. Januar bis zum 7. Februar 1946 sowie ab April 1947 in Nürnberg aufhielt, blieben Fred Mielke und Alice von Platen als ständige Beobachter vor Ort.[13] Wolfgang Benstz, den es aus Nürnberg wegzog, weil er in Heidelberg eine bibliographisch-dokumentarische Arbeit über den »Humanversuch in der medizinischen Weltliteratur der letzten 40 Jahre« verfassen wollte, wurde von Mitscherlich zum 15. Februar 1947 aus der Kommission entlassen.[14] Bereits im Januar hatte sich auch Friedrich Jensen aus der Kommission zurückgezogen und dies damit begründet, dass die »Reiseschwierigkeiten ins Groteske angewachsen« seien.[15] Wolfgang Spamer schließlich wurde von Mitscherlich vorgeworfen, die Kommissionsarbeit seinem persönlichen Ehrgeiz unterzuordnen und zu vernachlässigen, was dazu führte, dass Mitscherlich auch ihn aus der Kommission ausschloss.[16]

Der Ärzteprozess, der erste der so genannten Nürnberger Nachfolgeprozesse, in denen die USA ausgewählte Vertreter einzelner Funktionseliten des NS-Regimes zur Verantwortung zogen, begann formal mit der Entgegennahme der Anklageschrift durch den Militärgerichtshof am 25. Oktober 1946. Am 9. Dezember 1946 wurde das Verfahren eröffnet.[17] Gegenstand des Prozesses gegen 20 Ärzte und drei hohe NS-Funktionäre waren neben der NS-»Euthanasie«, die eine aus heutiger Sicht vergleichsweise geringe Rolle spielte und für die sich nur der Hauptangeklagte Karl Brandt verantworten musste, die Menschenversuche, die in den Konzen-

12 Mitscherlich, Leben, S. 147.
13 Mitscherlich an Military Tribunal Nürnberg (»Kurzer Zwischenbericht aus Nürnberg«), 6.2.1947, AMA II/2, 106.5.
14 Mitscherlich an Oelemann, 6.2.1947, AMA/II 2, 112.24; Mitscherlich an Benstz, 28.1.1947, AMA II/2, 13.2. An der von Benstz angefertigten Studie über den Humanversuch zeigte Mitscherlich kein Interesse (Benstz an Mitscherlich, 7.4.1947 und 14.6.1947, AMA II, 13.3. und 13.4).
15 Jensen an Mitscherlich, 11.1.1947, AMA II/2, 79.1.
16 Spamer an Mitscherlich, 1.2.1947, AMA I, 5184.3; Mitscherlich an Spamer, 4.2.1947, AMA I, 5184.4; vgl. auch: Peter, Ärzteprozeß, S. 43f.
17 Der Ärzteprozess ist inzwischen historiographisch breit aufgearbeitet, vor allem durch die Veröffentlichungen von Angelika Ebbinghaus und Klaus Dörner: Ebbinghaus/Dörner, Vernichten; dies./Linne, Ärzteprozeß. Siehe auch: Caplan, Medicine; Grodin, Nazi Doctors; Mausbach, Ärzteprozeß; Weindling, Ärzte.

trationslagern Dachau, Buchenwald, Natzweiler, Sachsenhausen, Ravensbrück und Auschwitz stattgefunden hatten.[18] Für Mitscherlich war die Beobachtung des Prozesses ein Schlüsselerlebnis. Er sah sich konfrontiert mit Details der NS-Medizinverbrechen, die ihm bislang unbekannt gewesen waren. Sein Auftrag der Prozessbeobachtung bekam nun eine dezidiert moralische Komponente. Mitscherlich strebte angesichts der im Gerichtssaal verhandelten NS-Medizinverbrechen an, die Ärzteschaft durch die »Vermittlung zeitgenössischer Geschichte«[19] zur Auseinandersetzung mit den ethischen Grundlagen ihres Berufes zu befähigen. Das hieß für ihn, über die sachliche Prozessberichterstattung hinaus zu Erklärungen vorzudringen, wie und unter welchen Umständen die angeklagten Ärzte hatten zu Verbrechern werden können. Dieser Erklärung suchte er mit einer »Exploration« der Angeklagten näherzukommen, wie er sie schon anlässlich des Nürnberger Hauptkriegsverbrecherprozesses so vehement eingefordert hatte. Tatsächlich wurde Mitscherlich gestattet, mit einzelnen Angeklagten Gespräche zu führen; es finden sich allerdings keinerlei Belege dafür, dass diese Gespräche auch tatsächlich statt fanden.[20]

Die Interpretation der Medizinverbrechen – die seitens der Ärztekammern von der Kommission weder verlangt noch erwartet wurde – stand jedoch für Mitscherlich ohnehin fest. Bereits vor Weihnachten 1946 brachte er in der *Neuen Zeitung* einige »erste Bemerkungen zum Nürnberger Ärzteprozeß« unter[21] und lenkte den Blick von den angeklagten

18 Zu den Humanversuchen siehe: Baader, Opfer; ders., Humanexperiment; Peter, Ärzteprozeß, S. 7-11.
19 Mitscherlich, Alexander: Vorwort. In: ders./Mielke, Fred: Das Diktat der Menschenverachtung. Der Nürnberger Ärzteprozeß und seine Quellen, Heidelberg 1947, S. 11-13, hier S. 12.
20 Mitscherlich an Oelemann, 21.2.1947, AMA II/2, 112.25; Peter, Ärzteprozeß, S. 46.
21 Mitscherlich, Alexander: Der Arzt und die Humanität. Erste Bemerkungen zum Nürnberger Ärzteprozeß. In: Neue Zeitung, 20.12.1946 (GS VI S. 142-145). Auch die anderen Mitglieder der Kommission veröffentlichten Berichte über den Prozess: Koch, Friedrich: Zum Nürnberger Ärzteprozeß. In: Südwestdeutsches Ärzteblatt 2 (1947), S. 10f.; Mielke, Fred: Der Nürnberger Prozeß und der deutsche Arzt. In: Bayerisches Ärzteblatt 2 (1947), S. 1f.; Platen, Alice von: Ärzteprozeß Nürnberg. I. Anklage. In: Hippokrates 18 (1947), S. 29-31; dies.: Ärzteprozeß Nürnberg. II. Verteidigung. In: Hippokrates 18 (1947), S. 199-202; dies.: Mitscherlich, Alexander/Mielke, Fred: Das Diktat der Menschenverachtung. Der Nürnberger Ärzteprozeß und seine Quellen, Heidelberg 1947. In: Hippokrates 18 (1947), S. 82; dies.: Ärzteprozeß Nürnberg. III. Urteil. In: Hippokrates 18 (1947), S. 48f.

Ärzten umgehend auf eine tiefergehende Krise der Medizin. Nicht »wissenschaftlich bedeutungslose Ärzte, die nur ihr böser Geist ins Spiel gebracht hat«, stünden in Nürnberg vor Gericht, sondern »Fachvertreter von höchstem Ruf«. Es gehe deshalb nicht um die Aburteilung einer Minderheit verbrecherischer Einzeltäter, sondern um die Erhellung einer tiefgehenden Entstellung des hippokratischen Eides, deren Motivation er in der ursprünglich »edel gemeinten und optimistisch übernommene[n]« Denkfigur identifizierte, der Arzt sei Helfer der gesamten Menschheit statt des einzelnen Patienten. In seiner späteren Prozessdokumentation *Das Diktat der Menschenverachtung* spitzte Mitscherlich dies zu: Die in Nürnberg verhandelten Verbrechen zeigten »die Katastrophe einer Wissenschaft, die sich von einer politischen Ideologie scheinbar in Richtung ihrer eigenen Ziele forttreiben läßt und plötzlich bei der Organisation des Mordes steht«[22].

Mitscherlich sah recht klar, dass ein Wandel in der Grundorientierung der medizinischen Wissenschaft deren Nähe zum nationalsozialistischen rassischen Biologismus vorausgegangen war. Der »Volkskörper« hatte sich als Bezugsgröße wissenschaftlichen Handelns vor den einzelnen Patienten geschoben, längst bevor diese Ausrichtung der Medizin für das NS-Regime anschlussfähig geworden war. So wie Mitscherlich das Aufkommen des Nationalsozialismus mit einer durch die Technisierung der Moderne vorangetriebenen Kulturkrise erklärte, so sah er auch in der NS-Medizin den Ungeist des Rationalitätsprinzips verwirklicht. Diese den Verbrechen zugrunde liegende Entwicklung wollte er kommunizieren und trat damit dem in der medizinischen Zunft weit verbreiteten Bestreben, die Verantwortung für die Medizinverbrechen wenigen Einzeltätern anzulasten, gewissermaßen prophylaktisch entgegen. Andererseits überformte diese Interpretation Mitscherlichs Berichterstattung über den Prozess. Er nahm zwar mit seiner Deutung ein Interpretationsmuster vorweg, das die medizinhistorische Forschung Jahrzehnte später in ähnlicher Form wiederaufgriff – zeitgenössisch musste dies allerdings umso mehr Befremden bei den Vertretern der »Organmedizin« auslösen, als diese sich in Mitscherlichs unerbetener Erklärung unversehens als geistige Wegbereiter der NS-Medizinverbrechen diffamiert sahen.

Oberflächlich betrachtet, lieferte Mitscherlichs Interpretation gleichzeitig Raum für Apologie. Dies wurde bezeichnenderweise von den Verteidigern der Nürnberger Angeklagten auch erkannt, die sich gegenüber

---

22 Mitscherlich/Mielke, Diktat, S. 163.

Alice von Platen wohlwollend über Mitscherlichs Artikel äußerten.[23] Auch andere Ärzte lobten Mitscherlich ausdrücklich dafür, »bei den Angeklagten nicht von vornherein verbrecherische Absichten« zu unterstellen.[24] Parallel zu seinem Artikel in der *Neuen Zeitung* versuchte Mitscherlich, auch in der medizinischen Fachpresse Gehör zu finden, und bot der *Deutschen Medizinischen Wochenschrift* eine thematisch geordnete Berichterstattung über den Prozess an. Es gehe um nicht weniger als um die ethische Frage der Bewahrung des Arzttums als freien Beruf, argumentierte er. Eine öffentliche Diskussion darüber sei auch deshalb notwendig, damit nicht der Prozess »in der deutschen Ärzteschaft als eine Angelegenheit der Alliierten und möglicherweise einiger ins Kriminelle entgleister Kollegen aufgefaßt würde«[25]. Erst vier Wochen später erhielt Mitscherlich die Antwort, dass die *Deutsche Medizinische Wochenschrift* ihre Aufgabe darin sehe, »dem praktischen Arzt die klinischen Forschungsergebnisse zu vermitteln«, und daher allenfalls »die in Nürnberg zur Erörterung kommenden Untersuchungsmethoden« für publikationswürdig halte.[26] Auch auf erneutes Drängen Mitscherlichs beharrte die Zeitschrift auf ihrer Ablehnung.[27]

Angesichts dieser moralischen Unempfindlichkeit reagierte der Chronist mit Verbitterung. Von den Ärztekammern fühlte er sich mangelhaft unterstützt[28], Oelemann betrachtete in Mitscherlichs Augen die Arbeit der Kommission als »quantité négligeable«[29] [sic]. Unmissverständlich machte Mitscherlich seinen Auftraggeber auf die moralische Pflicht der Fachpresse aufmerksam: »Ich fände es doch sehr blamabel, wenn wir die Herren von den Amerikanern zwingen lassen müßten, diese ihnen offenbar sehr unangenehmen Akten zu veröffentlichen. [...] Was ich anbiete, ist wirklich das Minimum dessen, was man von Zeitgeschichte zur Kenntnis zu nehmen hat. Im Grunde ist es haarsträubend, mit welcher Leichtfertigkeit all diese ehrenwerten Herren den Tod von Hunderttau-

---

23 So berichtete Alice von Platen: Platen an Mitscherlich, 10.1.1947, AMA II/2, 115.1.
24 Steding an Neue Zeitung, 27.12.1946, AMA II/2, 146.1.
25 Mitscherlich an Deutsche Medizinische Wochenschrift, Dezember 1946 (undatiert), AMA II/2, 35.1.
26 Köbcke an Spamer, 17.1.1947, AMA II/2, 87.1.
27 Mitscherlich an Köbcke, 17.2.1947, AMA II/2, 87.2; Peter, Ärzteprozeß, S. 49.
28 Mitscherlich an Oelemann, 21.2.1947, AMA II/2, 112.25 (»erwartungsgemäß ohne Nachricht von Ihnen bleibend«).
29 Mitscherlich an Koch, 21.2.1947, AMA II/2, 21.2.1947.

senden verdrängen.«³⁰ Als Oelemann nicht reagierte, witterte Mitscherlich bereits jene Ablehnung seiner Mission durch die Ärzteschaft, die später stets den Interpretationsrahmen für seine Beobachtertätigkeit in Nürnberg abgeben sollte. In seinem Zwischenbericht erklärte er: »Dabei ist es so, dass die Belastung durch Duldung für die deutsche Ärzteschaft – von ihren unbedeutendsten bis zu ihren bedeutendsten Vertretern so groß ist, dass sich die Kommissionsmitglieder im Lauf dieser Wochen mehr als einmal die Frage gestellt haben, ob sie nicht ihre übernommene Aufgabe zurückgeben sollten, da zu erwarten steht, dass sie allein durch die Vermittlung dokumentarischen Materials sich außerordentlich unpopulär machen wird. Sie hat sich vorerst zur Fortführung ihrer Tätigkeit entschieden und wird sine ira et studio Chronistenpflicht erfüllen und hofft trotz affektiver Widerstände, die sich gewiß regen werden, auf das Einverständnis der Ärzteschaft, bei dem Bemühen sich Rechenschaft über die jüngste Vergangenheit zu geben.«³¹

Nicht nur Mitscherlich verspürte die Ablehnung der medizinischen Zunft gegenüber Bestrebungen, die NS-Vergangenheit zu dokumentieren und zu diskutieren. Der Mediziner Johannes Gürsching teilte ihm seine Verwunderung darüber mit, dass in der Fachpresse bislang keine Berichterstattung aus Nürnberg stattfinde. Als die ersten medizinischen Zeitschriften wieder erschienen, habe er auf der ersten Seite eine Stellungnahme ebenso erwartet wie die Reservierung einer ständigen Spalte für das Thema. Geschehen sei nichts. »Du müßtest ein Buch schreiben über diese Verbrechen und Verbrecher. […] Ich glaube, dass durch eine nackte Darstellung dieser grauenvollsten Seite menschlichen Seins der Menschheit ein großer Dienst erwiesen werden könnte.«³² Tatsächlich musste Mitscherlich das ostentative Desinteresse der Fachkollegen immer unverzeihlicher erscheinen, da sich der Gerichtshof von pauschalen Schuldzuweisungen frei hielt und stets bemüht war, dem – in der Ärzteschaft antizipierten – Vorwurf der Siegerjustiz keinerlei Nahrung zu geben. Mitscherlich berichtete Oelemann, in Nürnberg laufe »alles furchtbar langsam in einer rühmenswerten Objektivität ab«³³, und räumte in der ersten Dokumentenpublikation *Diktat der Menschenverachtung* einer

---

30 Mitscherlich an Oelemann, 28.2.1947, AMA II/2, 112.27.
31 Mitscherlich an Military Tribunal Nürnberg (»Kurzer Zwischenbericht aus Nürnberg«), 27.1.1947, AMA II/2, 106.5.
32 Gürsching an Mitscherlich, 9.1.1947, AMA I, 2026.3.
33 Mitscherlich an Oelemann, 21.2.1947, AMA II/2, 112.25.

MEDIZIN OHNE MENSCHLICHKEIT

ausgreifenden Schilderung dieser Objektivität des Verfahrens nicht weniger als zehn Seiten ein.[34] Doch nicht nur die medizinische Fachpresse zeigte wenig Neigung, sich des Themas anzunehmen; auch im Gerichtssaal selbst bemerkte Mitscherlich zunehmendes Desinteresse. Die Zuschauerbänke, so berichtete er empört, seien von städtischen Angestellten besetzt, die sich einen amtsfreien Tag machen. »Die Hunderttausende, die insgeheim ermordet wurden, sind nun vergessen. Es ist erschütternd, aber wahr.«[35] Die Phantasie des Durchschnittsmenschen sei offenbar überfordert von den zutage tretenden Grausamkeiten – »übrigens der gleiche Durchschnittsmensch, der dann derartige Grausamkeiten verübt. Ich habe den Kommandanten von Auschwitz gesprochen, auf dessen Konto die Tötung von 2 ½ Millionen Menschen kommt, er ist nicht mehr und nicht weniger auffällig als der Bäcker, der bei Ihnen um die Ecke wohnt. Weltberühmte Professoren hatten sich daran gewöhnt, in Konzentrationslagern wie in Tierzuchtanstalten ihr ›Material zu bestellen‹«. Vor solchen Wahrheiten hätten die Menschen, so vermutete Mitscherlich, »entsetzliche Angst« und versuchten sie deshalb zu verdrängen.

Auch bei der ihm bislang stets offenstehenden *Neuen Zeitung* stieß Mitscherlich auf Zurückhaltung, als er nach den ersten Plädoyers der Verteidiger eine Bilanz des bisherigen Prozessverlaufes unter dem Titel *Schuld und Entschuldigung* einreichte. Die Redaktion veröffentlichte den Text, stellte ihm aber die gewundene Vorbemerkung voran: »Wir geben hier dem Leiter der am Nürnberger Ärzteprozeß beobachtend teilnehmenden deutschen Ärztekommission abermals das Wort, ohne uns durchaus mit seinen wohl ernsthaft um Objektivität bemühten, in manchem jedoch stark subjektiven Beobachtungen zu identifizieren.«[36] In der Tat war Mitscherlichs Beurteilung der Verteidigungsstrategie polemisch. Anders als von ihm erhofft, hatte sich die Verteidigung zunächst nicht um eine Auseinandersetzung mit der ethischen Dimension der verhandelten Verbrechen bemüht, sondern sich auf die Beibringung von Alibis und Entlastung ihrer Mandanten beschränkt.

»Es hat ein allgemeiner Rückzug vom Tatort eingesetzt, wie er für die ganze Denazifizierung charakteristisch ist. Er stellt die letzte koordinierte Bewegung des Nazitums dar«, referierte Mitscherlich mit beißender Ironie. Keiner der Angeklagten wolle für die in seinem Zuständigkeitsbe-

---

34 Mitscherlich, Alexander/Mielke, Fred: Nachwort. In: dies., Diktat, S. 163-173.
35 Mitscherlich an Frisch, 1.3.1947, AMA I, 1712.6.
36 Mitscherlich, Alexander: Schuld und Entschuldigung. In: Neue Zeitung, 7.2.1947 (GS VI, S. 145-151).

reich verübten Verbrechen verantwortlich sein: So habe der Hauptangeklagte Karl Brandt nichts mit der »Euthanasie« zu tun gehabt, »die ihm und dem geflüchteten Chef der Reichskanzlei, Bouhler, durch ›Führererlaß‹ zur Aufgabe gemacht worden war, [...] Handloser, der ehemalige Chef des Heeressanitätswesens, war der Verwaltungsbeamte, der nach Lage der Dinge keine Ahnung davon haben konnte, wenn irgendwo verbrecherische Versuche durchgeführt wurden, [...] das Wirken von Wolfram Sievers schließlich, des Reichsgeschäftsführers der Stiftung ›Ahnenerbe‹ [...] muß nicht nur als ein rein administratives, ohne Kompetenz, verstanden werden, es beginnt sich vielmehr darüber hinaus zu enthüllen, dass er ein aktiver Antinationalsozialist war. [...] Sie waren nicht dabei, und wenn sie es waren, dann war es gut und opfervoll von ihnen, daß sie mildernd in die Praxis des Tötens eingriffen und sie nicht allein jenen Teufelsknechten überließen, von denen sich die Welt wie die Angeklagten mit Abscheu abwenden.«

Mitscherlich zweifelte aber nicht daran, dass die Distanzierungsbestrebungen der Angeklagten mehr waren als nachträgliche Schutzbehauptungen. Tatsächlich müsse man wohl »diese Atmosphäre von Unwissenheit, Unzuständigkeit und suggestiver Unfreiheit in der Befehlsausübung als *eine*, die der Wirklichkeit nahe kam«, annehmen. In diesem Sinne erweise sich in Nürnberg, wie sehr die »Sozialordnung der Diktatur« den Einzelnen zum Funktionär degradiere: »Wo aber niemand mehr verantwortlich ist, drohen alle verantwortungslos zu werden! [...] Von einer ›Kollektivschuld‹ aller Deutschen, und nur der Deutschen, zu sprechen, steht wohl nicht in der Machtvollkommenheit eines heute lebenden Menschen. Aber es bliebe doch eine beschämende Ausflucht, wenn wir uns verhehlen wollten, dass wir alle betroffen sind durch jene Taten, die im Namen des Nationalsozialismus Geschichte geworden sind. Wenn wir hier selbstbetrügerisch den formal-juristisch erlaubten Weg der Verteidigung einschlügen und uns abgewandten Gesichts vom Tatort zu entfernen suchten – ja, dann hätten wir wenig Hoffnung, auf die Ebene jener weltgültigen Menschlichkeit zu gelangen, die uns einzeln verpflichtet, unseren Nächsten zu lieben wie uns selbst.«

Die Skepsis der Redaktion der *Neuen Zeitung* diesem Text gegenüber, der eine bereits erwiesene Schuld der Angeklagten nahelegte und damit deren Verteidigung und der Urteilsfindung des Gerichts vorausgriff, ist nachvollziehbar. Für Mitscherlich war die distanzierende redaktionelle Vorbemerkung aber ein neues Indiz für die Unwilligkeit der Deutschen zur Auseinandersetzung mit der jüngsten Vergangenheit. Er ergriff daraufhin die Initiative zu einer Veröffentlichung des Berichts in Buchform, ohne dies mit seinen Auftraggebern, den Ärztekammern, abzustimmen. Nachdem sich Eugen Claassen mit Verweis auf die katastrophale Papierversorgung zurückhaltend geäußert hatte[37], war es der Heidelberger Verleger Lambert Schneider[38], der den Zwischenbericht Mitscherlichs unter dem Titel *Das Diktat der Menschenverachtung* im März 1947 in einer Auflage von 25 000 Exemplaren herausbrachte. Nach Ostern 1947 kamen diese in den Buchhandel, und wie Martin Dehli treffend festgestellt hat, löste Mitscherlich »damit die Debatte aus, die zu begrenzen er nach Nürnberg geschickt worden war«[39].

Das Diktat der Menschenverachtung

Das Herzstück der Dokumentation bildeten ausgewählte Prozessdokumente, anhand deren die in Nürnberg verhandelten Komplexe verschiedenartiger Menschenversuche sowie die NS-»Euthanasie«, die Massensterilisationen und die »Jüdische Skelettsammlung« des Anatomischen Instituts der Reichsuniversität Straßburg dokumentiert wurden. Die kurzen erläuternden Zwischenbemerkungen Mitscherlichs waren im Vergleich etwa zu seiner bitteren Verurteilung der Verteidigungsstrategie in der *Neuen Zeitung* außerordentlich nüchtern und um Sachlichkeit bemüht; gleichwohl konnte durch die Art und Weise der Präsentation beim Leser durchaus der Eindruck entstehen, es handele sich bei dem Dargestellten um die im Ärzteprozess zutage getretenen Sachverhalte – ausdrückliche Hinweise auf die Tatsache, dass es sich um eine Zwischenpublikation handelte, die lediglich die Dokumente der Anklage berücksichtigen konnte, fehlten.

Auch hielten sich die Kommentatoren Mitscherlich und Mielke nicht immer an den Grundsatz der strikten Unparteilichkeit, die man im Gerichtssaal so positiv erfuhr. Die Reihung der Dokumente und die verbindenden Einschübe suggerierten mehr Gewissheit über die tatsächlichen historischen Ereignisse, als dies – nach der formalen Logik eines Gerichtsverfahrens – zu diesem Zeitpunkt tatsächlich der Fall sein konnte. Dass Mitscherlich dem Buch eine kurze Einleitung voranstellte, in der er seine Interpretation entfaltete, wie derartige Medizinverbrechen hat-

---

37 Claassen an Mitscherlich, 28.2.1947, AMA I, 903.10.
38 Zu Schneider, der bis 1938 in Berlin den jüdischen Schocken Verlag geleitet hatte und nach Kriegsende als einer der ersten Lizenzträger in Heidelberg aktiv wurde, siehe: Schneider, Almanach.
39 Dehli, Konflikt, S. 152.

ten möglich werden können, verstärkte diesen Eindruck. Mitscherlich schrieb: »Der Arzt konnte aber erst in der Kreuzung zweier Entwicklungen zum konzessionierten Mörder und zum öffentlich bestellten Folterknecht werden: dort, wo sich die Aggressivität seiner Wahrheitssuche mit der Ideologie der Diktatur traf. Es ist fast dasselbe, ob man den Menschen als ›Fall‹ sieht, oder als Nummer, die man ihm auf den Arm tätowiert – doppelte Antlitzlosigkeit einer unbarmherzigen Epoche. Nur die geheime Übereinstimmung der Praxis von Wissenschaft und Politik kann erklären, wieso in diesem Prozeß unablässig die Namen von Männern hohen wissenschaftlichen Ranges fallen, die vielleicht unmittelbar keine Straftat begingen, aber doch objektives Interesse genug an all dem nahmen, was wehrlosen Menschen als grausames Geschick zustieß.«[40]

Mitscherlich und Mielke sorgten dafür, dass ihre Publikation an alle deutschen Universitäten sowie an einzelne Professoren und andere Personen des öffentlichen Lebens gesandt wurde. Fred Mielke überbrachte sie persönlich verschiedenen Heidelberger Medizinern und berichtete Mitscherlich anschließend, man könne über die verschiedenen Reaktionen eine psychologische Studie anfertigen.[41] Tatsächlich war das Echo auf Mitscherlichs Bericht in der Heidelberger Fakultät geteilt. Die wenigen schriftlichen Reaktionen seiner Kollegen waren überwiegend positiv[42], allerdings drückte sich im demonstrativen Beschweigen des Berichts durch die Mehrheit durchaus die Ablehnung aus, die Mitscherlich erwartet hatte. Jahrzehnte später bestätigte der Physiologe Hans Schneider Mitscherlich, dass auch er die damalige Ablehnung der Dokumentation in Fakultätskreisen als befremdlich wahrgenommen hatte: Er erinnere sich »mit einem nicht unbeträchtlichen Mißvergnügen der Rolle, die Sie hier in unserer Fakultät haben spielen müssen. [...] Wie sehr erinnere ich mich auch an die Kritik, die man an Ihnen geübt hat, als ich hier in Heidelberg erschien, voller Begeisterung Ihr Buch über die Verbrechen wider die Menschlichkeit gelesen hatte, über das ich in Berlin in meiner Haupt-

---

40 Mitscherlich/Mielke, Diktat, S. 12.
41 Mielke an Mitscherlich, 6.4.1947, AMA II/2, 105.2.
42 Gustav Radbruch lobte die Broschüre als verdienstvoll »und um so anerkennenswerter, je mehr heimliche oder öffentliche Gegner Sie sich mit dieser Veröffentlichung vielleicht machen werden« (Radbruch an Mitscherlich, 14.4.1947, AMA II/2, 117.1). Ernst Engelking glaubte, »daß Ihr Buch notwendig ist« (Engelking an Mitscherlich, 5.4.1947, AMA II/2, 46.1), und der Rektor von Campenhausen bekannte, er lese »mit Grauen und Erschütterung« in der Dokumentation, freue sich aber daran, wie Mitscherlich in Vor- und Nachwort »diese Erschütterung in eine heil- und sinnvolle Richtung zu lenken« suche (von Campenhausen an Mitscherlich, 8.4.1947, AMA II/2, 30.1).

vorlesung im Sommersemester 1949 anläßlich einer Gastprofessur ausführlich referierte. Alles dies galt hier in Heidelberg nichts.«[43] 1947 erfuhr Mitscherlich zunächst nur über Dritte, wie die Kollegen über seine Publikation dachten: »Dein Buch ›Diktat der Menschenverachtung‹ stößt vielfach auf schroffe Ablehnung«, teilte Johannes Gürsching mit und referierte als die wesentlichen Einwände der Kollegen: Eingriff in ein schwebendes Verfahren, Parteinahme gegen die Angeklagten.»Unterstreichung der abzulehnenden Kollektivschuld«. Die namentliche Nennung von Personen, die nicht als Angeklagte vor Gericht standen, wirke zudem denunziatorisch.[44]

Hinter solchen Einwänden gegen den Bericht stand die Angst der Mediziner um den Ruf der eigenen Zunft. Ein Facharzt aus Heidelberg klagte brieflich, aus Angst, es könnten Menschenversuche unternommen werden, hätten schon Mütter abgelehnt, ihre Kinder in die Klinik zu bringen: »Ihr Buch wird vom Volke ohne Verständnis wie ein sensationslüsterner Kriminalroman gelesen« und es werde gegen die Ärzteschaft verwendet werden. Der Bericht gehöre nur in ärztliche Hände. »Ich lese Ihr Buch mit Scham und einem innerlichen Schaudern, ich weiß es zu verwerten. Was tut aber der Laie, er verallgemeinert und sieht in jedem Doctor einen Experimentator und fürchtet ihn letzten Endes.« Auch ein Hinweis auf die notwendige Solidarität im darniederliegenden Vaterland fehlte nicht: »Und ganz am Rande überlege ich mir manchmal, ob wohl ein Engländer in ähnlich hoffnungsloser Situation, in der wir heute stehen, obendrein noch Veröffentlichungen auf so breiter Basis über Engländer herausbringen würde.«[45]

Das Diktat der Menschenverachtung fand, anders als im Kreis der Mediziner, in der Öffentlichkeit eine positive Aufnahme.[46] In der Heidelberger *Rhein-Neckar-Zeitung* schrieb ein Emil Belzner – offenkundig von Mitscherlich genau informiert – über das »Inferno unter dem Aeskulap-Stab«[47]. Mitscherlichs Buch sei die »furchtbarste Anklage gegen eine Wissenschaft, die sich denken läßt. [...] Welche Verrohung hat sich im ›Dritten Reich‹ eines verhältnismäßig großen Teils der deutschen Ärzteschaft bemächtigt!«, fragte sich Belzner. Die Angeklagten hätten »in solchen Dimensionen gewütet, dass es fast unmöglich ist, sie überhaupt noch für Menschen zu halten. [...] Die Schmerzen und Leiden der ihnen

43 Schneider an Mitscherlich, 10.3.1969, AMA I, 4662.18.
44 Gürsching an Mitscherlich, 12.7.1947, AMA I, 2026.15.
45 Thieme an Mitscherlich, 3.5.1947, AMA II/2, 150.1.
46 Vgl.: Peter, Ärzteprozeß, S. 52 f.
47 Rhein-Neckar-Zeitung, 12.4.1947.

ausgelieferten Mitmenschen haben sie nicht geachtet, aber vor Himmler und Hitler sind sie auf dem Bauch gekrochen.« Überregionale deutsche Zeitungen brachten ebenfalls durchweg positive Meldungen zum *Diktat der Menschenverachtung*.[48] Der *Tagesspiegel* stellte fest: »Wen es, wenn er diese Dokumente liest, nicht abwechselnd vor Zorn und Scham heiß und kalt überläuft, wer von der Tatsache, daß dies in Deutschland möglich war, nicht so erschüttert wird, daß er auf lange Zeit hinaus nicht mehr von ›nationaler Würde‹ zu sprechen wagt, der macht sich erneut schuldig und rechtfertigt den Gedanken, daß Deutschland ein noch härteres Schicksal verdiene. Es ist zu hoffen, daß, wie von Kogons ›SS-Staat‹, auch vom ›Diktat der Menschenverachtung‹ bald eine Massenauflage hergestellt wird.«[49] Ebenso positiv wie missverständlich äußerte sich Karl Gerold in der *Frankfurter Rundschau*. Es sei wichtig, dass dieses Buch, das nicht der Propaganda, sondern der Aufklärung verpflichtet sei, von deutscher Seite geschrieben wurde, »damit das deutsche Volk als sozialverantwortliches Kollektiv die Belastung dieser Vorgänge hinter sich bringt«[50].

Auch im Ausland wurde der Bericht Mitscherlichs rezipiert. Die *Neue Zürcher Zeitung* stellte fest: »Es blieb unserem Jahrhundert vorbehalten, den Annalen der Medizin das entehrendste Blatt hinzuzufügen, das sie bisher aufzuweisen hat.« In der Beurteilung der Verbrechen folgte die Zeitung weitgehend der Interpretation Mitscherlichs. Es reiche nicht aus, sich voller Abscheu abzuwenden, man dürfe die Verbrechen nicht »der Vergangenheit überantworten«, denn es handele sich eben nicht um »singuläre Kriminalität, zufällige Entgleisung, gelegentliche Übertreibungen, entschuldbaren Übereifer. [...] Eine bestimmte Denkart« habe diese Verirrungen möglich gemacht, die zum einen auf der wissenschaftlichen Neugier beruhe und zum anderen auf der Lehre von den hoch- oder tiefstehenden Rassen, in der »die primitivste Achtung von Gesundheit und Leben der Fremdvölker, gar der Feindvölker, erloschen zu sein« scheine. Man wolle nicht verschweigen, dass alle führend Beteiligten »unter Druck, vielleicht selbst unter Todesgefahr« gestanden hätten. Dennoch dürfe man über diese »gewisse Begreiflichkeit [...] die Hauptsache nicht vergessen«. Die Angeklagten hätten »vor zwei Kollektiven kapituliert«, dem der Wissenschaft und dem des Staates. »Die Kultur

---

48 Die Wochenpost 18.5.1947; Nürnberger Nachrichten 4.6.1947.
49 Tagesspiegel, 1.5.1947.
50 Frankfurter Rundschau, 3.5.1947.

steht und fällt aber mit dem Begriff der selbstverantwortlichen Persönlichkeit.«[51] Jenseits der freundlichen Aufnahme in der Öffentlichkeit und des überragenden Verkaufserfolgs der Publikation – 25000 Exemplare waren schon im Sommer des Jahres vergriffen – musste Mitscherlich aber immer klarer werden, dass die Haltung vieler Mediziner zu seiner mit den Ärztekammern nicht abgestimmten Dokumentation eindeutig ablehnend war. So erfuhr er, dass der Medizinalreferent der Landesregierung Baden, Jupp Hamacher, sich auf einer Ärztekammertagung gegen die Publikation ausgesprochen hatte und eine Entschließung gegen Mitscherlichs Publikation herbeigeführt hatte.[52] Als Mitscherlich Hamacher barsch zur Rede stellte[53], begründete dieser seine Ablehnung mit dem Verweis auf das fragile Vertrauen der Patienten in die Ärzteschaft: »Dem Sinne nach brachte ich aber meine Befürchtungen zum Ausdruck, daß Ihr Buch nicht geeignet sein dürfte, den Wiederaufbau des durch die Ihnen bekannten Vorgänge erschütterten Vertrauens Arzt-Patient zu fördern. Ich wußte zwar, daß ich mit meiner Stellungnahme die Meinung vieler Kollegen vertrat, die ich hierüber zu sprechen Gelegenheit nahm, ich war allerdings selbst überrascht, wie sich auf der Ärztekammersitzung selbst die zurückhaltendsten Ärzte meinen Ausführungen mit allem Nachdruck anschlossen.«[54] Mitscherlich war empört und kündigte an, den Brief Hamachers zu verlesen, wenn er am 14. Juni 1947 auf einer Tagung der westdeutschen Ärztekammern zu referieren habe.[55] Hamacher blieb trotz dieser Drohung bei seinem Standpunkt. Die Darstellungsweise der Publikation sei geeignet, »daß der Rest des Vertrauens des Patienten zum Arzt noch vollends untergraben wird«. Bei »der breiten Masse« erwecke das Buch den Eindruck, »derartige Dinge« seien »in Ärztekreisen nichts Ungewöhnliches«. Mitscherlich habe versäumt zu betonen, dass es sich bei den Tätern um Einzelpersonen handelte, »die in politischer Verblendung ihr ärztliches Gewissen schweigen ließen«[56].

Tatsächlich verlas Mitscherlich auf der erwähnten Arbeitstagung der Ärztekammern in Bad Nauheim, wo er über den Nürnberger Prozess

51 Neue Zürcher Zeitung, 4.5.1947; vgl.: Peter, Ärzteprozeß, S. 131 ff.
52 Vgl.: Peter, Ärzteprozeß, S. 56 f.
53 Mitscherlich an Hamacher, 24.5.1947, Universitätsarchiv Heidelberg, PA 1078, sowie AMA II/2, 63.1.
54 Hamacher an Mitscherlich, 30.5.1947, AMA II/2, 63.2.
55 Mitscherlich an Hamacher, 5.6.1947, AMA II/2, 63.3.
56 Hamacher an Mitscherlich, 13.6.1947, AMA II/2, 63.4.

berichtete[57], die Briefe Hamachers und stellte anschließend die Vertrauensfrage: Sollte er die Beobachtung des Prozesses weiterführen? Anders als er es womöglich erwartet hatte, entzogen ihm die Funktionäre nicht das Vertrauen. Bei lediglich einer Stimmenthaltung wurde sein Auftrag der Prozessbeobachtung verlängert.[58] Wohl wissend, dass damit die verbreitete Ablehnung seiner Arbeit nicht hinfällig geworden war, nahm Mitscherlich dies doch als positives Signal. Hamacher gegenüber gab er sich kämpferisch: Er glaube fest daran, dass die Dokumentation der Verbrechen die Entwicklung, die die Medizin nehme, beeinflussen werde. Die Ärzte über Gebühr in Schutz zu nehmen schien ihm nicht angebracht: »denn vergessen Sie nicht, gestorben sind ja bei jenen Experimenten die Anderen, nicht die beteiligten Ärzte!« Angesichts der Zustimmung, die er in Bad Nauheim erfahren habe, so belehrte Mitscherlich sein Gegenüber, müsse Hamacher sich klar sein, auf welcher Seite er stehe. Er selbst werde »die Methode der Vertuschung« nicht akzeptieren und immer »den Standpunkt der vollen Wahrheit gegen den der halben [zu] verteidigen. U.a. also auch gegen Sie.«[59]

Mitscherlichs kämpferische Rhetorik erklärt sich auch daraus, dass er sich zu diesem Zeitpunkt bereits mit weiteren Gegnern konfrontiert sah, die gegen seine Dokumentation zu Felde zogen. Bald sah er sich von Gegnern umstellt. Zunächst bewirkte der Freiburger Pathologe Franz Büchner eine einstweilige Verfügung des Landgerichtes Freiburg, die den Vertrieb des Buches *Das Diktat der Menschenverachtung* bis auf weiteres untersagte.[60] Büchner, der als Leiter des Instituts für luftfahrtmedizinische Pathologie des Reichsluftfahrtministeriums 1942 an einer Tagung über »Ärztliche Fragen bei Seenot und Winternot« teilgenommen hatte, auf der die Mediziner Rascher und Holzlöhner über von ihnen durchgeführte Menschenversuche berichtet hatten, wehrte sich gegen die Darstellung, dass »keiner der 95 Teilnehmer der Tagung, unter ihnen namhafte Vertreter der Wissenschaft, [...] über die Versuchsanordnung weitere

57 Landesärztekammer Württemberg-Süd: Einladung zur Arbeitstagung der westdeutschen Ärztekammern in Bad Nauheim 14./15.6.47, AMA II/2, 3.1a.
58 Mitscherlich an Hamacher, 20.6.1947, Universitätsarchiv Heidelberg, PA 1078, sowie AMA II/2, 63.5; Mitscherlich an Schottlaender, 17.6.1947, AMA 4866.54; vgl. auch: Gerst, Ärzteprozeß, S. 1040; Peter, Ärzteprozeß, S. 57 f.; ders.: Reaktionen, S. 460.
59 Mitscherlich an Hamacher, 20.6.1947, AMA II/2, 63.5.
60 Der ausführliche Antrag Büchners vom 24.4.1947 und die einstweilige Verfügung des Gerichts vom 26.4.1947 finden sich in: AMA II/2, 26.1 bzw. 26.2. Vgl. auch die sehr ausführliche Darstellung der Auseinandersetzung Mitscherlichs mit Büchner bei Peter, Ärzteprozeß, S. 166-198, sowie bei: ders.: Reaktionen.

Aufklärung verlangt oder gegen sie Protest erhoben« habe.[61] Büchner behauptete, er habe sehr wohl gegenüber Professor Weltz seine Bestürzung geäußert und »noch während der Tagung« auch Holzlöhner und den Sanitätsinspekteur der Luftwaffe, Becker-Freysing, zur Rede gestellt. Zudem wehrte sich Büchner auch dagegen, er habe etwas von den Menschenversuchen Professor Haagens im Zusammenhang mit Forschungen zur Übertragbarkeit von Hepatitis gewusst, wie es in der Dokumentenpublikation angedeutet werde.[62] Er fühle sich in seiner »persönlichen Ehre« gekränkt.

Mitscherlich sah seine akademische Laufbahn bedroht, als er feststellte, dass Büchner nicht nur juristisch gegen ihn vorging, sondern auch hinter den Kulissen tätig wurde. Büchner hatte die Freiburger Fakultät gegen Mitscherlich in Position gebracht, und der dortige Dekan Janssen hatte bereits Kontakt mit seinem Heidelberger Kollegen aufgenommen. An Hubert Bloch schrieb Mitscherlich: »Jedenfalls entfaltet der ›schwarze Büchner‹, wie er seit der Assistentenzeit heißt, eine wahre Treibjagd auf mich.« Er sei aber nicht gewillt, nachzugeben: »Wenn ich gezwungen würde, die Dokumentation zu ändern, würde dies die Beweiskraft der Schrift im öffentlichen Bewußtsein m.E. vernichten. Und wer wartet darauf nicht alles! [...] Die Ärzteschaft in vielen ihrer Vertreter hält es für eine Schmach, dass ein Deutscher diese Dinge ›an die Öffentlichkeit gezerrt habe‹ – nicht daß sie geschehen sind!«[63] Sehr viel resignativer äußerte er sich gegenüber Felix Schottlaender: Ein deutsches Gericht verbiete ein Buch, ohne den Autor zu hören, ein deutscher Professor zeige ihn an, ohne mit ihm gesprochen zu haben. »Unser Volk ist sehr krank – und es taucht doch letztlich die Frage auf – unsere Fachfrage – ob man durch irgendeine Psychotherapie eine Psychose heilen kann. Die Schocktherapie hat sich jedenfalls inzwischen als ungenügend erwiesen.«[64]

Von seiner Freiburger Anwältin erhielt Mitscherlich wenig ermutigende Nachrichten. In Freiburg herrsche »helle Empörung«, da Büchner dort einen ausgezeichneten Ruf genieße.[65] Anders als Mitscherlichs Heidelberger Anwalt Zutt verfolgte Maria Plum die Strategie, die Integrität Büchners ausdrücklich anzuerkennen und lediglich den beleidigenden Charakter der Kommentare Mitscherlichs zu bestreiten – anders sei an-

---

61 Mitscherlich/Mielke, Diktat, S. 42.
62 Vgl.: Ebenda, S. 71.
63 Mitscherlich an Bloch, 6.5.1947, AMA I, 562.6.
64 Mitscherlich an Schottlaender, 7.5.1947, AMA I, 4866.47.
65 Plum an Zutt, 9.5.1947, AMA II, 26.13.

gesichts der Stimmung in Freiburg kein Erfolg zu erzielen.⁶⁶ Mit gewisser Berechtigung konnte sich Büchner tatsächlich darauf berufen, dass er 1941 in einem öffentlichen Vortrag deutlich Stellung gegen die »Euthanasie« bezogen hatte. Sein Vortrag ist eine der wenigen belegbaren öffentlichen Einsprüche prominenter Mediziner gegen die NS-Medizinverbrechen.⁶⁷

Dem Freiburger Landgericht gegenüber beharrte Mitscherlich darauf, Büchner habe seinerzeit möglicherweise unter vier Augen protestiert, jedenfalls aber nicht in der »Öffentlichkeit der Tagung«. Bezüglich der Menschenversuche Professor Haagens bestritt er, dass aus der Formulierung in der Dokumentation ein direkter Zusammenhang zu Büchner herauszulesen sei⁶⁸, eine Behauptung, die allerdings – wie auch Mitscherlichs Freiburger Anwältin zu bedenken gab⁶⁹ – kaum haltbar war. Daneben bat Mitscherlich Karl Jaspers, Alfred Weber und Viktor von Weizsäcker um unterstützende Stellungnahmen. Die Gutachter bemühten sich, Büchners – nicht abwegigem – Ansinnen entgegenzukommen und, so vor allem von Weizsäcker, dessen moralische Lauterkeit zu betonen.⁷⁰ Andererseits sprachen sich Weber, Jaspers und von Weizsäcker einmütig gegen ein Verbot des Dokumentenbandes aus. Dieser, machte Weber geltend, sei »eine mutige, patriotische Tat«. Wolle man vom Ausland »wieder verstanden werden«, sei eine Verarbeitung der Vergangenheit unerlässlich und keinesfalls dürfe der Eindruck entstehen, die in der ganzen Welt bekannten Dinge sollten den Deutschen vorenthalten werden.⁷¹

Unmittelbar vor dem entscheidenden Gerichtstermin am 3. Juni 1947 kam es zu einem von Mitscherlichs Anwalt Zutt sehr kurzfristig arrangierten Gespräch zwischen Büchner und Mitscherlich, bei dem ein Vergleich ausgehandelt wurde. Dieser⁷² sah vor, dass in einer Neuauflage (und in einer Einlage in der Erstauflage) der Publikation der umstrittene Satz über die Tagung 1942 geändert werde in: »Keiner der 95 Teilnehmer

66 Plum an Zutt, 19.5.1947, AMA II, 26.29.
67 Vgl. den Vortragstext: Büchner, Eid.
68 Mitscherlich an Landgericht Freiburg, 5.5.1947, AMA II, 26.7.
69 Plum an Zutt, 9.5.1947, AMA II, 26.13.
70 Stellungnahme Viktor von Weizsäcker, 7.5.1947, AMA II, 26.14.
71 Die »Erklärung« Alfred Webers findet sich im Universitätsarchiv Heidelberg, PA 1078; Abschrift der Stellungnahme Jaspers vom 9.5.1947: Universitätsarchiv Heidelberg, PA 5032.33.
72 Plum an Bapperl, 3.6.1947, AMA II, 26.39; siehe auch: Universitätsarchiv Heidelberg, PA 5032.29.

der Tagung, unter ihnen namhafteste Vertreter der Wissenschaft, hat *in* der Tagung ...«. Zudem solle erklärt werden, dass Büchner sich *nach* der Tagung mehrfach gegen die Menschenversuche ausgesprochen habe. Weiterhin solle eine Fußnote darauf hinweisen, dass Büchner an den »im Brief Prof. Haagens an Prof. Gutzeit vom 27.6.1944 in Aussicht genommenen Humanversuchen in keiner Weise beteiligt war«. Im Gegenzug erkannte Büchner ausdrücklich die »lautere Absicht« Mitscherlichs an, übernahm die Gerichtskosten und zog seinen Antrag beim Landgericht Freiburg zurück.[73] Damit war das Verfahren abgewendet, Büchner hatte seinen Standpunkt weitgehend durchgesetzt. Eine Kommission, die in Heidelberg eigens eingesetzt worden war, um festzustellen, ob »eine Verletzung kollegialer Pflichten und akademischer Sitten festgestellt werden kann«[74], wurde durch den Vergleich obsolet gemacht. Es ist fraglich, zu welchem Urteil sie gekommen wäre.

Zeitlich parallel wurde Mitscherlich in eine Auseinandersetzung mit dem Berliner Pharmakologen Wolfgang Heubner gezwungen.[75] Auch hier ging es um die Frage, ob Ärzte, denen auf Fachtagungen über die Menschenversuche berichtet wurde, dies als Anlass zum Protest genommen hatten oder nicht. Heubner bestritt den Wahrheitsgehalt dreier in Mitscherlichs Dokumentation wiedergegebener Zeugenaussagen, die seine Person berührten – in einem Fall war auch der legendäre Chirurg Ferdinand Sauerbruch[76] mitbetroffen. In Mitscherlichs Report war eine Aussage des Angeklagten Schröder abgedruckt, die eine Beteiligung Heubners an Humanversuchen zur Trinkbarmachung von Meerwasser suggerierte: »Sowohl Professor Eppinger, als auch Professor Heubner bestanden darauf, daß die Berka-Methode bis zur Anwendungs-Möglichkeit entwickelt werden soll«[77], im gleichen Sinne hatte sich auch der an den Versuchen beteiligte Arzt Konrad Schäfer geäußert. Heubner behauptete nun, nicht er, sondern Eppinger hätte sich im bezeichneten Sinne geäußert, er selbst habe die »Berka-Methode« für unbrauchbar gehalten, sich der Meinung Eppingers schließlich angeschlossen, dabei aber nicht gewusst, dass die Versuche an Häftlingen durchgeführt wurden.[78]

73 Erklärung Büchners, AMA II, 26.40.
74 Weber an Rektor, 2.8.1947, Universitätsarchiv Heidelberg, PA 5032.65.
75 Vgl. die ausführliche Darstellung bei: Peter, Ärzteprozeß, S. 190-212.
76 Zu Sauerbruch siehe: Kudlien, Friedrich/Andree, Christian: Sauerbruch und der Nationalsozialismus. In: Medizinhistorisches Journal 15 (1980), S. 201-222.
77 Mitscherlich/Mielke, Diktat, S. 53.
78 Heubner an Mitscherlich, 17.4.1947, AMA II/2, 71.1.

Des Weiteren ging es Heubner um die von Mitscherlich wiedergegebene Aussage des Angeklagten Fritz Fischer über einen Vortrag seines damaligen Vorgesetzten Karl Gebhardt. Gebhardt hatte auf der »3. Arbeitstagung Ost der beratenden Fachärzte« am 24.-26. Mai 1943 in Berlin über Sulfonamidversuche referiert, von denen deutlich geworden sei, so Fischer, dass sie an Konzentrationslagerhäftlingen durchgeführt wurden. Niemand aus dem Zuhörerkreis habe Kritik an den Ausführungen Gebhardts geäußert: »Dem Vortrag folgte eine Diskussion, woran sich Dr. Frey, Prof. Dr. Sauerbruch und Prof. Heubner beteiligten, doch wurde auch ihrerseits keine Kritik laut.«[79] Heubner bestritt nun, gewusst zu haben, dass die Experimente an Häftlingen vorgenommen wurden. Gebhardt habe von zum Tode Verurteilten gesprochen und er selbst habe es durchaus für statthaft gehalten, diesen durch die Teilnahme an einem medizinischen Versuch die Möglichkeit zu geben, der Todesstrafe zu entgehen. Bei der sich an den Vortrag anschließenden Diskussion habe er sich zwar beteiligt, aber es sei um alle Vorträge gegangen und er habe (wie auch Sauerbruch) sich nicht auf Gebhardt bezogen. Er habe trotz »sehr peinlicher Empfindungen über den Vortrag von Gebhardt« keinen Protest erhoben, weil er der einzige Zivilist unter Militärärzten gewesen sei und sich als Gast gefühlt habe.[80]

Mitscherlich argumentierte gegenüber Heubner, es handele sich bei den beanstandeten Stellen um Gerichtsurkunden, die er als Chronist nicht verändern könne.[81] Doch es gelang Heubner, beim Landgericht Berlin ein Verbot der weiteren Verbreitung der Mitscherlich-Publikation zu erwirken.[82] Lambert Schneider zog sich auf das Argument zurück, die Erstauflage sei ohnehin vergriffen[83]; wenn eine abschließende Dokumentation erscheine, werde diese stark verändert sein. Er hielt aber ausdrücklich die Möglichkeit offen, dass man gegen die Verfügung des Gerichts vorgehen werde, falls Mitscherlich die fraglichen Dokumente erneut abdrucken wolle.[84] Über den gesamten Herbst 1947 hinweg entspann sich zwischen Mitscherlich und dem Anwalt Achelis, der Heubner und Sauerbruch vertrat, ein zäher Streit über die Zulässigkeit eines erneuten Abdrucks. Während Mitscherlich sich zu keiner Zusicherung bewegen ließ und stets betonte, er könne die Gerichtsakten nicht verän-

79 Mitscherlich/Mielke, Diktat, S. 84.
80 Heubner an Mitscherlich, 17.4.1947, AMA II/2, 71.1.
81 Mitscherlich an Heubner, 20.6.1947, AMA II/2, 71.8.
82 Abschrift des Beschlusses des Berliner Landgerichts in: AMA II/2, 71.15.
83 Schneider an Achelis, 21.7.1947, AMA II/2, 71.12.
84 Schneider an Achelis, 20.8.1947, AMA II/2, 71.16.

dern oder die Richtigkeit der Zeugenaussagen überprüfen[85], sah Achelis die Überprüfung der publizierten Dokumente auf ihren Wahrheitsgehalt hin als Aufgabe Mitscherlichs und drohte ultimativ mit der Einschaltung der Presse und einer Verleumdungsklage.[86] Mitscherlich war der Auffassung, das Material in jedem Fall veröffentlichen zu müssen, auch »wenn dabei dieser oder jener Zaungast an Episoden seines Lebens erinnert wird, die er gern aus seiner offiziellen Erinnerung gestrichen sähe«[87]. Er drohte seinerseits mit Publikation von Auszügen aus Achelis' Briefen, dessen ultimative Forderungen er als »Erpressung« bezeichnete.[88]

Während die Auseinandersetzungen zwischen Mitscherlich, Büchner, Heubner und Sauerbruch noch weitgehend im privaten bzw. innerwissenschaftlichen Raum ausgetragen wurden, trug der Göttinger Physiologe Friedrich Hermann Rein den Disput in eine breitere Öffentlichkeit, als er am 20. Juni 1947 mit einem Artikel in der *Göttinger Universitäts-Zeitung*[89] gegen Mitscherlich polemisierte. Rein warf Mitscherlich in scharfem Ton Vorverurteilungen vor und den Willen, die Wissenschaft insgesamt zu belasten. Deshalb wende er sich dagegen, die Publikation einer »breite[n] Laienöffentlichkeit« zugänglich zu machen, die das Buch »mit Wollust als Nachtlektüre [...] verschlingen«[90] werde. Rein sprach als persönlich Betroffener, denn auch er war Teilnehmer jener Konferenz über »Seenot und Winternot« gewesen, um die Büchner mit Mitscherlich stritt. Und auch Rein behauptete, er selbst und zwei weitere Teilnehmer hätten sich damals gegen die Ausführungen Raschers ausgesprochen. Ohnehin seien sich alle Anwesenden insgeheim einig gewesen, dass Rascher ein Sadist gewesen sei. Dann fasste Rein die Generalthese der »wenigen Einzeltäter« prägnant zusammen: »Wer aber an hilflosen Gefangenen experimentiert haben sollte, ob mit wissenschaftlichen Methoden und Fragestellungen oder nicht, der hat sich selbst außerhalb der Wissenschaft gestellt und darf auf keine Entlastung von Ihrer Seite rech-

---

85 Mitscherlich an Achelis, 1.19.1947 und 25.11.1947, AMA II/2, 71.17 und 71.20.
86 Achelis an Mitscherlich, 28.10.1947 und 23.2.1948, AMA II/2, 71.19. und 71.21.
87 Mitscherlich an Taubmann, 29.11.1947, AMA II/2, 149.2.
88 Mitscherlich an Achelis, 25.11.1947, AMA II/2, 71.20.
89 Rein, Hermann Friedrich: Wissenschaft und Unmenschlichkeit, Bemerkungen zu drei charakteristischen Veröffentlichungen. In: Göttinger Universitäts-Zeitung 2 (1947), Heft 14, S. 3-5. Vgl. zu der im Folgenden angesprochenen Auseinandersetzung Mitscherlichs mit Rein sowie mit Wolfgang Heubner und Ferdinand Sauerbruch auch die ausführliche Darstellung bei: Peter, Ärzteprozeß, S. 222-244.
90 Rein, Unmenschlichkeit, S. 4; dort auch das folgende Zit.

DAS DIKTAT DER MENSCHENVERACHTUNG

nen.« Im Kern berief sich Rein also darauf, dass derjenige, der Verbrechen begangen hatte, kein Wissenschaftler gewesen sein konnte – und wer Wissenschaftler war, konnte keine Verbrechen begangen haben. Dieser eigentümliche Zirkelschluss bildete ein Grundmuster des sich nach 1945 etablierenden Umgangs von Medizinern mit der NS-Vergangenheit. Die Wissenschaft galt dabei als von NS-Medizinverbrechen grundsätzlich separierte Sphäre, und das Bild des sadistischen Einzeltäters schob sich zwischen Ärzteschaft und Verbrechen.

In einer Entgegnung hob Mitscherlich vor allem hervor, dass er zwar die Bedeutung individueller Verantwortung nicht leugne, die Medizinverbrechen aber auch nicht ausschließlich auf das Konto Einzelner schieben wolle, sondern die Ursache in einer langfristigen Entwicklung der Medizin sehe, die den Patienten zunehmend zum Objekt degradiert habe.[91] Rein dagegen sah die Ursache der »Krise der Medizin« nicht in einer solchen Perspektivenverschiebung der Medizin, sondern in der »Kollektivierung« der Ärzteschaft, der »Verbeamtung des Arzttums«, der »Vermassung der Behandlung« und der »Tyrannis des Kassenwesens«[92], wie er in einem weiteren Artikel darlegte. Dass diese klassische Kritik der Ärzte über die »Vermassung« ihrer Tätigkeit innerhalb des modernen Sozialstaates wesentlich dazu beigetragen hatte, die Medizin in bedenkliche Nähe zu der sozialdarwinistischen Ausrichtung der nationalsozialistischen Medizinpolitik zu bringen, reflektierte Rein nicht.

Eine neuerliche Entgegnung musste Mitscherlich zunächst bei der Schriftleitung der *Göttinger Universitäts-Zeitung* durchsetzen, die ihn überzeugen wollte, er solle über die »Anrempelei« Reins hinweggehen.[93] Aber Mitscherlich gab nicht nach und beharrte darauf, Rein erneut zu antworten, denn »der ganze reaktionäre Universitätskreis« mache sich gerade dessen Argumente zu eigen.[94] Zu Mitscherlichs Überraschung erschien neben seiner eigenen Stellungnahme – in der er betonte, die in Rede stehenden Protestäußerungen auf den medizinischen Fachtagungen seien eben von den Zuhörern gerade nicht als Protest aufgefasst wor-

---

91 Der Dokumentenstreit, Mitscherlich antwortet, Unmenschliche Wissenschaft. In: Göttinger Universitäts-Zeitung 2 (1947), Heft 17/18, S. 7f. (GS VI, S. 164-160).
92 Rein, Hermann Friedrich: Vorbeigeredet. In: Göttinger Universitäts-Zeitung 2 (1947) Heft 17/18, S. 7-8.
93 Bollnow an Mitscherlich, 16.11.1947, AMA II/2, 60.4.
94 Mitscherlich an Bollnow, 29.11.1947, AMA II/2, 60.5.

den[95] – im selben Heft der *Göttinger Universitäts-Zeitung* ein Artikel von Wolfgang Heubner und Ferdinand Sauerbruch. Diese empfanden offensichtlich die Rein-Mitscherlich-Kontroverse als passenden Rahmen dafür, auch ihren eigenen Disput mit Mitscherlich, den dieser über den Herbst 1947 hinweg mit einer gewissen Nonchalance verschleppt hatte, öffentlich zu machen. Heubner und Sauerbruch stellten den Verlauf dieses Disputs ausführlich dar und gaben kund, dass Mitscherlich, der mit falschen Angaben in einer »verleumderischen Form« das Ansehen der Verfasser beschädige, kein »Ehrenmann alten Schlages« sei.[96]

Auch gegen diesen Anwurf setzte sich Mitscherlich zur Wehr – und knüpfte dabei an das Bild des »Ehrenmannes alten Schlages« an. Er selbst habe tatsächlich weder die »Ehre gehabt, wie Professor Sauerbruch zu den Staatsräten Hitlers zu zählen oder wie Professor Heubner zu Sitzungen eingeladen zu werden, bei denen unter anderem ein höchster SS-Arzt über seine Versuche an 75 ›rechtskräftig zum Tode verurteilten Menschen‹ (im Jahre 1943!) referierte«[97]. Dass er und Fred Mielke mit der Prozessdokumentation

»das Mißvergnügen mancher nun ohnmächtig gewordener Mitträger der Macht des Dritten Reiches erregen würden, war uns klar. Dass aber namhafte Vertreter deutscher Medizin in dieser Zeitschrift zur Rettung ihrer formalen Ehre eine Phalanx bilden würden, ohne auch nur mit einem Wort die Einsicht zu verraten, dass sie es bedauerten und mit Schrecken jetzt zur Kenntnis nehmen, in welch nahen funktionellen Zusammenhang sie mit den Ereignissen geraten waren, die die Ehre der ganzen deutschen Ärzteschaft in den Augen der Welt – und immerhin in ihren eigenen auch – aufs traurigste belasten, das übersteigt allerdings unsere Voraussicht und vernichtet in mancher Hinsicht unsere Hoffnung, durch eine historische Rekonstruktion der nur um wenige Jahre zurückliegenden Ereignisse könne die Voraussetzung geschaffen werden, sich durch Geschichte und Geschehenes eines Besseren belehren zu lassen. Wer Professor Heubners Verteidigung liest, muß den Eindruck gewinnen, die Veröffentlichung ›scheinbar so

---

95 Mitscherlich, Alexander: Absicht und Erfolg. In: Göttinger Universitäts-Zeitung 3 (1948), Heft 3, S. 4f.
96 Heubner, Wolfgang/Sauerbruch, Ferdinand: Protest von Heubner und Sauerbruch. In: Göttinger Universitäts-Zeitung 3 (1948), Heft 3, S. 6f.
97 Mitscherlich, Alexander: Protest oder Einsicht? Antwort Mitscherlichs an die Professoren Heubner und Sauerbruch. In: Göttinger Universitäts-Zeitung 3 (1948), 23.4.1948, Heft 10, S. 6-8 (GS VI, S. 164-171), hier S. 164; das folgende Zit.: S. 165.

DAS DIKTAT DER MENSCHENVERACHTUNG

unantastbarer Dokumente‹ sei die eigentlich ehrenrührige Tat, nicht die Verübung dessen, was diese Dokumente widerspiegeln.«

Am Ende gab Mitscherlich, von dem Heidelberger Internisten Curt Oehme gedrängt, den Korrekturforderungen Heubners und Sauerbruchs nach. Später bedauerte er den Verzicht auf eine weitere juristische Auseinandersetzung, auch weil sein Ruf des mangelnden Standesbewusstseins »eifrig unterhalten wurde, um in akademischen Entscheidungen späterer Zeit, z. B. bei Berufungen, als Vorurteil immer weiter gegen mich zu wirken«[98]. Tatsächlich ist leicht vorstellbar, wie sich zu dieser Zeit bei ihm der Eindruck eines »Kesseltreiben[s] der ›Prominenz‹« einstellen konnte, zumal ihm mehrfach berichtet wurde, dass sich viele Hochschullehrer mit Rein und Büchner solidarisierten.[99] Diese Solidarisierung sah er zudem in Heidelberg durch die Verzögerung der Gründung der von ihm angestrebten psychosomatischen Klinik bestätigt.[100] Insgesamt sei ihm klar, so schrieb er an die Schriftleitung der *Göttinger Universitäts-Zeitung*, dass seine Universitätskarriere in Deutschland nun beendet sei, aber »Gott-sei-Dank ist die Welt weit!«[101] In seinen Memoiren steigerte Mitscherlich das Bedrohungsszenario bis hin zu einem erzwungenen Ausschluss aus dem deutschen Bürgertum: Die Prozessbeobachtung und -dokumentation trug »dazu bei, mich endgültig vom typisch deutschen Bildungsbürgertum zu lösen, das mir dies mit entsprechender Aggressivität entgalt«[102].

Die Ablehnung, die Mitscherlich fortan aus medizinischen Kreisen entgegenschlug, war massiv. Er schien in seinen Dokumentationen Unschuldige zu Unrecht in die Nähe von Verbrechen gerückt zu haben und diese Verbrechen zudem in unscharfer Weise einer modernen »Organmedizin« angelastet zu haben, ohne diesen Zusammenhang im Einzelnen aufzeigen zu können. Mitscherlichs Bestreben, über den jeweiligen Einzelfall zu allgemeineren Aussagen über die NS-Medizinverbrechen vorzudringen, wurde zwar Jahrzehnte später von Historikern wiederaufgegriffen[103] und war insofern zukunftsweisend – in der unmittelbaren

---

98 Mitscherlich, Leben, S. 145 f.
99 Mitscherlich an Landsberg, 10.12.1947, AMA I, 3266.2.
100 Vgl. auch Dehli, Konflikt, S. 164, der geltend macht, dass Mitscherlich mit der Nennung der Namen von Medizinern wie Büchner, Heubner und Sauerbruch, die an den in Nürnberg verhandelten Verbrechen nicht direkt beteiligt waren, die Grenze zwischen Schuld und Mitverantwortung tatsächlich verwischt habe.
101 Mitscherlich an Landsberg, 10.12.1947, AMA I, 3266.2.
102 Mitscherlich, Leben, S. 317.
103 Vgl. auch die Ausführungen Dehlis: Dehli, Konflikt, S. 164 f.

Nachkriegszeit aber erwies sich sein moralisch gespeister umfassender Aufklärungswille als nicht kommunizierbar. In den Augen seiner Fachkollegen war Mitscherlich ein Nestbeschmutzer.

Die Zustimmung, die ihn erreichte, war vor allem privater Natur[104], und die publizistische Unterstützung, die er erfuhr, stammte zumeist ebenfalls von Freunden und Bekannten. Die stets aus erster Hand informierte *Rhein-Neckar-Zeitung* machte sich zum Sprachrohr für Mitscherlichs Empörung – und zielte damit faktisch insbesondere auf den Leserkreis in der Heidelberger Universität: »Man hat sich nicht aufgeregt über die Vivisektion hilfloser Menschen, aber man regt sich jetzt über die Dokumenten-Veröffentlichung aus dem Nürnberger Ärzteprozeß auf. […] Man ist plötzlich von einem Zartgefühl und von einer Ehrenempfindlichkeit, die in den vergangenen Jahren sinnvoller und besser am Platz gewesen wäre.« Die Reaktion, nicht in Zusammenhang mit den Verbrechen genannt werden zu wollen, sei zwar verständlich, und man glaube wohl, es darauf ankommen lassen zu können, »etwas gekränkt von Anstand und Ehre zu sprechen, weil die Toten nun eben doch schweigen. […] Heute, im Zeichen des allgemeinen Vergessens und Gedächtnisschwundes, will das nicht besonders herrenhaft und mutig erscheinen. […] Damals hätten die Herren protestieren müssen. Aber damals wußten sie ja weiter von nichts.«[105]

In der Schweiz berichtete die *Neue Zürcher Zeitung* erneut ausführlich über den Ärzteprozess, sich dabei auf das Mitscherlich-Buch stützend – der Autor war der mit Mitscherlich gut bekannte Jacques Berna.[106] In der *Deutschen Rundschau* verteidigte der zeitweise in Heidelberg lehrende Schweizer Edgar Salin Mitscherlich gegen den Vorwurf, er habe »seinen Standesgenossen geschadet«[107]. Salin betonte, wer die Publikation Mitscherlichs anfechte, wolle augenscheinlich die Vergangenheit »verdecken« – wem dies nutzen solle, bleibe unklar, wenn man nicht der billigen Ausrede Vorschub leisten wolle, man habe nichts gewusst, wie es ja jetzt viele

104 Vgl. etwa: Bloch an Mitscherlich, 30.5.1947, AMA II/2, 18.1; Matschat an Mitscherlich, 21.7.1947, AMA I 3593.1; Rüthnick an Mitscherlich, 7.7.1947, AMA II/2, 127.1.
105 Rhein-Neckar-Zeitung, 11.3.1948. Bereits im Vorjahr hatte die Zeitung unter dem Titel »Wer untergräbt das Vertrauen?« auch über den Ausgang der Auseinandersetzung mit Büchner und über die kritischen Stellungnahmen Hamachers berichtet: Rhein-Neckar-Zeitung, 14.6.1947.
106 Berna, Jacques: Zum Ärzteprozeß. In: Neue Zürcher Zeitung, 4.7.1948.
107 Salin, Edgar: Irrgang der Wissenschaft. In: Deutsche Rundschau 70 (1947), Heft 12, S. 187-193; vgl.: Peter, Ärzteprozeß, S. 133-137.

Deutsche behaupteten. »Aber dies Nichtwissen«, mahnte Salin, »das früher nur Zeichen der Feigheit und Charakterschwäche gewesen ist, muß heute von jedem Deutschen durchbrochen werden, der an irgendeiner Stelle am geistigen Aufbau mitarbeiten und gegen eine Wiederholung der unsagbaren Greuel einen Damm errichten will«. An der Hamburger Universität machte sich der mit Mitscherlich gut bekannte Psychotherapeut Arthur Jores in einem Vortrag ebenfalls Mitscherlichs Sicht der Dinge zu eigen und benannte die Aufgabe, sich Klarheit über die Vergangenheit zu verschaffen, als Grundvoraussetzung eines neuen Aufbruchs in Deutschland. Mitscherlichs Buch lobend, machte auch Jores als »geistigen Boden« der korrumpierten Wissenschaft den Materialismus aus und fügte durchaus selbstkritisch hinzu, es seien sehr viele Mediziner mit der nationalsozialistischen Rassenlehre infiziert gewesen: »Hätten wir nicht alle geschwiegen? Dieses Schweigen zeigt an, wie weit unser aller Geist, unser aller Ethos verdorben war.«[108]

Die Kehrseite der Ablehnung, die Mitscherlich erfuhr, war die Solidarisierung, die ihm dies von anderer Seite einbrachte. Insbesondere in den Augen der Jüngeren trat Mitscherlich mit seiner demonstrativ kompromisslosen und die Auseinandersetzung suchenden Einstellung als Identifikationsfigur hervor. Aus Göttingen, wo die Kontroverse mit Rein die Gemüter besonders erregt hatte, erfuhr er begeisterten Zuspruch, wie ihm ein Student versicherte: »Wir Jungen hätten Grund, verzagt und verdrossen zu werden, wenn das Spreizen und Sich-winden der Alten Sie beeindrucken könnte, was es ja auch nicht tut.« Mitscherlich gelte in der Göttinger Studierendenschaft nicht nur als »›bête noire‹, wie Sie sich im Hinblick auf Marburg nannten, sondern wirklich als Vertreter einer anderen Wissenschafts-, Lehr- und nicht zuletzt Lebensauffassung«.[109] Ähnlich äußerte sich auch ein amerikanischer Student, der Mitscherlich seinen Respekt aussprach für den »mutigen Beitrag zur Wiederherstellung deutscher Sittlichkeit« und betonte: »Es sind Menschen Ihrer Qualität, deren Vorbild und Führung sich Deutschland anvertrauen sollte.«[110] Langfristig war die Bedeutung solcher Zuschreibungen für die öffentliche Wahrnehmung – und Selbstwahrnehmung – Mitscherlichs kaum zu unterschätzen; kurzfristig änderten sie wenig an dessen Isolierung und Ernüchterung. In geradezu verzweifeltem Ton berichtete er in die

108 Jores, Arthur: Gedanken zum Nürnberger Ärzteprozeß. In: Hamburger Akademische Rundschau 2 (1947/48), Heft 1/2, S. 29 ff.; vgl.: Peter, Ärzteprozeß, S. 137f.
109 Hennis an Mitscherlich, 7.9.1947, AMA I, 2266.1.
110 Charig an Mitscherlich, 28.11.1947, AMA I, 878.1.

Schweiz, »in welcher Weise wir auch heute noch, und trotz allem was sich ereignet hat, als kleine Minderheit in der Opposition leben. Es ist bereits so, daß wir sagen müssen, ohne den Schutz der Besatzungsmächte wäre unser Bleiben wohl unmöglich, und das ist für uns naturgemäß eine beschämende und erschreckende Erkenntnis. Ich bin wirklich verzweifelt, weil ich doch eben meine Heimat liebe.«[111]

Die Ärztekammern waren an den Auseinandersetzungen zwischen Mitscherlich und seinen Widersachern unbeteiligt. Zwar war ihr Interesse zweifellos noch immer die Ehrenrettung des Berufsstandes, dies setzte aber im Blick auf das Ausland eben auch ein deutliches Signal der kritischen Selbstüberprüfung voraus. Insofern schritt man nicht ein, als Mitscherlich mit der Prozessberichterstattung gleich auch seine Interpretation der Ursachen der Verbrechen verknüpfte. In einer »Entschließung der westdeutschen Ärztekammern zum Nürnberger Ärzteprozeß«, die am 18. und 19.10.1947 in Bad Nauheim gefasst wurde, bemühten sich die Kammern um eine Reaktion auf die Medizinverbrechen, die den nationalen und internationalen Erwartungen entsprach. Die Ärzteschaft habe »entsetzt« Kenntnis von den in Nürnberg verhandelten Verbrechen genommenv und trauere darüber, dass diese von Ärzten begangen wurden. Gleichwohl sei es, »gemessen an der Zahl der in Deutschland tätigen Ärzte, eine verschwindend kleine Zahl, welche verbrecherisch entgleiste«[112]. Ferner formulierte man einige Lehren, etwa hinsichtlich der für Humanversuche notwendigen Legitimation durch ein Gremium von Fachleuten und hinsichtlich der Stärkung der ärztlichen Unabhängigkeit von Bürokratie und politischen Institutionen. Mitscherlich selbst hatte diese Erklärung mitverfasst[113], sie war die Kompromissformel zwischen der grundsätzlichen Wissenschaftskritik Mitscherlichs und der doppelten Interessenlage seiner Auftraggeber.

Besondere Empörung hat in späteren Jahrzehnten die Tatsache hervorgerufen, dass der Mitscherlich-Report von der deutschen Ärzteschaft einerseits bekämpft, andererseits von deren institutioneller Spitze aber instrumentalisiert worden sei, um die Aufnahme der deutschen Medizin in die 1946 gegründete World Medical Association zu ermöglichen.[114]

111 Mitscherlich an Giese, 7.7.1947, AMA I, 1861.5.
112 Entschließung der westdeutschen Ärztekammern zum Nürnberger Ärzteprozeß. In: Mitscherlich/Mielke, Diktat, S. VII-VIII.
113 Entschließung der westdeutschen Ärztekammern zum Nürnberger Ärzteprozeß. Entwurf mit Korrekturen Mitscherlichs (AMA II 2, 28.1). Vgl. auch: Peter, Ärzteprozeß, S. 245 ff.
114 Der Spiegel 50 (1996), Heft 24, S. 66-72.

DAS DIKTAT DER MENSCHENVERACHTUNG

Auch Mitscherlich selbst erinnerte in Zusammenhang mit dem vermeintlichen Verschwinden seines Abschlussberichts *Wissenschaft ohne Menschlichkeit* [115] später bitter: »Faktisch wissen wir nur vom Verbleib eines einzigen Exemplars Authentisches, nämlich daß es der Welt-Ärzteorganisation vorgelegt wurde und daß diese, wesentlich gestützt auf diese Publikation, der Wiederaufnahme Deutschlands in den Weltärztebund zugestimmt hat.«[116] Tatsächlich gab auch die abschließende Prozessdokumentation Mitscherlichs von 1949 den Ausschlag dafür, dass der Weltärzteverband den Deutschen die Aufnahme in den internationalen Verband ermöglichte.[117] Allerdings erinnerte sich Mitscherlich später nicht mehr daran, dass er selbst und Fred Mielke dieser Entlastungsfunktion, die die Prozessdokumentation schließlich entfaltete, nicht etwa entgegengesteuert, sondern den Ärztekammern zugearbeitet hatten.

Nachdem nämlich die World Medical Association die Aufnahme der deutschen Ärzteschaft von einem Schuldbekenntnis[118] abhängig gemacht hatte, verfasste Mielke – gewiss nicht unabhängig von Mitscherlich – eine »Stellungnahme« zum ausschließlich inneren Gebrauch.[119] Als Mielke den in der Schweiz weilenden Mitscherlich am 16. Oktober 1948 auf dem 51. Deutschen Ärztetag in Stuttgart als Berichterstatter über den Ärzteprozess vertrat, hob er einem Zeitungsbericht zufolge die Entlastungsfunktion, die die Arbeit der Kommission für die Ärzteschaft zur Folge habe, ausdrücklich hervor: »Die genaue Kenntnis der verbrecherischen Vorgänge machte es der Kommission möglich, Beschuldigungen des Weltärzteverbandes gegen die gesamte deutsche Ärzteschaft gutachterlich exakt zu widerlegen. Sie stellte fest, daß die deutsche Ärzteschaft als solche mit den Geschehnissen nichts gemeinsam gehabt hätte. Die Anzahl der an Medizinverbrechen Beteiligten sei gegenüber etwa 90000

115 Mitscherlich/Mielke, Wissenschaft.
116 Mitscherlich an Stauder (Medizinische Klinik), 9.5.1960, AMA I, 3635.95.
117 Vgl: Gerst, Ärzteprozeß.
118 Für das Schuldbekenntnis lag bereits ein Textvorschlag vor: »Wir als die Bevollmächtigten der deutschen Ärzteschaft gestehen hiermit ein, daß sich gewisse deutsche Ärzte sowohl einzeln wie auch zu mehreren an zahlreichen Akten der Grausamkeit und Unterdrückung und an der Vorbereitung und Ausübung brutaler Experimente an Menschen ohne deren Einwilligung beteiligt haben.« (Vgl.: Der Spiegel 50 (1996), Heft 24, S. 66-72.) Vgl. auch: Peter, Ärzteprozeß, S. 247-251.
119 Mielke, Fred: Stellungnahme zu einem – im folgenden im einzelnen wiedergebenen – Auszug aus dem Beschlußprotokoll der I. Generalversammlung des Weltärzteverbandes vom 18.-20. September 1947 in Paris, 7.8.1948, AMA II 2, 105.17.

während der Kriegszeit in Deutschland tätigen Ärzten verschwindend klein (Mielke schätzte sie etwa optimal auf 300-400). Die verbrecherischen Experimente seien nur durch die Sonderstellung möglich gewesen, die die SS in den Konzentrationslagern innegehabt habe.«[120] In diesem Sinne versuchte Mielke auch in seiner Stellungnahme zu der Forderung nach einem Schuldbekenntnis durch die World Medical Association, die deutsche Ärzteschaft in einem freundlichen Licht dastehen zu lassen. Insbesondere war er bestrebt, die Zunft von dem Verdacht freizuhalten, in Zusammenhang mit dem Mord an den europäischen Juden Schuld auf sich geladen zu haben. Damit, so Mielke, sei »die Ärzteschaft überhaupt nicht in Verbindung zu bringen«, und »das an der Tötung der Juden beteiligte Euthanasiepersonal setzte sich fast ausschließlich aus ehemaligen SS-Leuten zusammen«. Ärzte seien mit dieser »seitens der Partei durchgeführten Aufgabe nicht betraut« gewesen, behauptete Mielke. Die Zahl der Täter unter den Medizinern sei kaum bestimmbar, fest stehe aber, dass es sich um SS-Leute handelte. Und gemessen an den zu Kriegszeiten in Deutschland tätigen 90 000 Ärzten könne man »die Zahl der verbrecherischen Ärzte in diesem Verhältnis dann mit gutem Gewissen als verschwindend gering bezeichnen«.

Schwer tat sich Mielke mit der den Deutschen von der World Medical Association nahegelegten – und vorformulierten – Aussage: »Wir bedauern, daß die organisierte Ärzteschaft keinen Protest gegen diese Akte erlassen und sich damit begnügt hat, sie zu ignorieren, trotzdem sie von ihnen wissen mußte.« Mielke unterschied zwischen Euthanasie und Humanversuchen. »Die deutsche Ärzteschaft selbst hatte mit der Euthanasieaktion als solcher überhaupt nichts zu tun.« Hinsichtlich der Humanversuche räumte er ein, »dass unter der Pflicht der Geheimhaltung und unter der Drohung, selbst in ein Konzentrationslager zu kommen, jener Teil von Wissenschaftlern, der tatsächlich über das Vorkommen von höchst zweifelhaften Humanversuchen informiert war, keinen Protest erhoben hat. Um die organisierte Ärzteschaft handelt es sich dabei zweifellos nicht, sondern nur um eine geringe Anzahl von Wissenschaftlern in ihrer Eigenschaft als beratende Fachärzte der Wehrmachtsteile. Die Frage, ob die ›organisierte Ärzteschaft‹ von diesen Verbrechen – der Euthanasie und den vorgekommenen Humanversuchen – wissen ›mußte‹, kann nach Kenntnis der in Deutschland herrschenden Staatsform, des Ablaufens der Versuche innerhalb der Sonderstellung der SS und der damals strengst geübten Geheimhaltung nur verneint werden.« So konnte

---

120 Neue Zeitung, Oktober 1948 (Ausschnitt), AMA X, 70.37.8.

Mielke schließlich zu der Schlussfolgerung gelangen, dass der Formulierung »Wir halten darauf, diese Verbrechen ausdrücklich zu verurteilen, die Täter aus unserer Organisation auszustoßen und all unseren Mitgliedern die schuldige Achtung nicht nur vor dem Leben, sondern auch vor der menschlichen Persönlichkeit, Würde und Freiheit in Erinnerung zu rufen«, nicht zuzustimmen sei, denn aus der gesamten Stellungnahme gehe hervor, dass die Notwendigkeit, *alle* Ärzte darauf hinzuweisen, nicht bestehe.

Wissenschaft ohne Menschlichkeit

Seit der Urteilsverkündung am 20. August 1947, der Mitscherlich nicht beigewohnt hatte[121], arbeiteten er und Fred Mielke an der abschließenden Dokumentation des Prozesses, für die sie nun auf die gesamten Prozessunterlagen zurückgreifen konnten und nicht mehr nur auf die Dokumente der Anklage, wie dies bei der Zusammenstellung des *Diktats der Menschenverachtung* der Fall gewesen war. Den offiziellen Auftrag, die Abschlusspublikation vorzubereiten, hatte der 51. Ärztetag im Oktober 1948 erteilt. Da Alice von Platen als letztes noch verbliebenes Kommissionsmitglied sich inzwischen ebenfalls den Ärger Mitscherlichs zugezogen hatte, weil sie den Plan einer eigenen Publikation verfolgte[122], musste der Großteil der Arbeit von Fred Mielke bewältigt werden. Mielke verzweifelte schier über seiner Aufgabe und fühlte sich von Mitscherlich allein gelassen.[123] Der konnte die Frustration seines Studenten nachvollziehen, berief sich aber auf den historischen Auftrag, den er zu erfüllen habe. Er habe in letzter Zeit überall zugleich sein müssen,»wenn dieser kleine (aber lustige) humane Wimpel, den wir nun einmal aufgezogen haben, nicht ganz untergehen sollte. [...] Ich weiß, daß die Strategie manchmal wie eine Privatkampagne meines Ehrgeizes aussehen mochte. Wenn Sie am Ende meines Lebens überblicken werden, zu wie wenig ich es gebracht habe, werden Sie verstehen, daß der Verbrauch an Energie, mit dem ich nicht gespart habe, nicht nach diesem Gesichtspunkt stattgefunden haben kann.« Er bekenne, »daß das große Erlebnis in meinem Leben die Leidenschaft des Erkennens war. Und wer einmal davon ge-

---

121 Mitscherlich an Koch, 28.7.1947, AMA II 2, 86.4.
122 Platen-Hallermund, Tötung. Vgl. auch: Peter, Ärzteprozeß, S. 90-95.
123 Mielke an Mitscherlich, 6.5.1947, AMA II 2, 105.5; sowie 8.9.1947, AMA II 2, 105.11 und 7.10.1947, AMA II 2, 105.13.

trunken hat, der bleibt sein ganzes Leben lang ein fahrender Geselle, nur noch dieser Passion im doppelten Wortsinn ergeben.«[124] Ende Mai 1948 erhielt Mitscherlich von Mielke das Vorwort *Von der Absicht dieser Chronik*, eine Einleitung und ein Nachwort.[125] Aber erst im folgenden Jahr konnte der Abschlussbericht, in den eine Auswahl aus etwa 15000 Seiten Prozessunterlagen eingeflossen war, unter dem Titel *Wissenschaft ohne Menschlichkeit* erscheinen.[126] Die Arbeitsgemeinschaft der westdeutschen Ärztekammern hatte dem Buch ein Vorwort vorangestellt, in dem einerseits die schonungslose Offenlegung der NS-Medizinverbrechen als Voraussetzung dafür genannt wurde, dass das deutsche Volk die notwendigen Schlussfolgerungen für die Zukunft ziehen könne, andererseits die These wiederholt wurde, »daß nur ein verschwindend geringer Teil der Standesangehörigen die Gebote der Menschlichkeit und der ärztlichen Sitte verletzt hat. Diese wenigen Personen waren entweder SS-Ärzte und hohe Staatsbeamte oder Sanitätsoffiziere.« Diese Interpretation war nicht, wie später oft behauptet, eine von den Kammern gegen den kritischen Chronisten Mitscherlich durchgesetzte Umdeutung, sondern basierte in ihrem Kern offenkundig auf dem Papier Mielkes vom Sommer 1948. Auch dessen Schätzung der Zahl der verbrecherischen Ärzte fand sich wieder: »Von etwa 90 000 in Deutschland tätigen Ärzten haben etwa 350 Medizinverbrechen begangen [...] Die Masse der deutschen Ärzte hat unter der Diktatur des Nationalsozialismus ihre Pflichten getreu den Forderungen des Hippokratischen Eides erfüllt, von den Vorgängen nichts gewußt und mit ihnen nicht im Zusammenhang gestanden. Der Prozeßverlauf hat ferner einwandfrei bewiesen, dass die ärztlichen Berufskörperschaften völlig unbeteiligt waren.«[127]

Mitscherlich und Mielke thematisierten in ihrer eigenen Vorbemerkung die Tatsache, dass die Bereitschaft der Deutschen, sich kritisch mit der NS-Vergangenheit auseinanderzusetzen, in den wenigen Jahren seit Kriegsende signifikant gesunken war: »Jene, die Einbildungskraft über-

---

124 Mitscherlich an Mielke, 20.1.1949, AMA II 2, 105.120.
125 Mielke an Mitscherlich, 30.5.1948, AMA II 2, 105.15.
126 Eine amerikanische Ausgabe erschien – zunächst ohne Wissen Mitscherlichs – 1949 nahezu zeitgleich zur deutschen Ausgabe unter dem Titel »Doctors of infamy. The story of the Nazi medical crimes«. Vgl. Mielke an Mitscherlich, undatiert (Februar 1949), AMA II 2, 105.24. und Mitscherlich an Phillips, 21.5.1949, AMA I, 4162.1.
127 Vorwort der Arbeitsgemeinschaft der westdeutschen Ärztekammern. In: Mitscherlich/Mielke, Wissenschaft, S. 5-7, hier S. 5.

steigenden historischen Ereignisse, die eben noch die Szene tödlich beherrschten, sinken ungeprüft, gleichsam ohne Echo in den ebenso unersättlichen Abgrund der Vergangenheit.« Man sei sich deshalb bewusst, dass die Ergebnisse der Dokumentation »kaum noch vom Bedürfnis einer großen auf Rechenschaft drängenden Öffentlichkeit erwartet werden«. Dennoch sei sie vielleicht zukünftigen Historikern als »Teilstück einer Zeitchronik« von Nutzen. Mitscherlich und Mielke bezogen jetzt auch Stellung in der Frage der Zahlenverhältnisse zwischen Medizinern und »Schuldigen« und unterstrichen mit einer wesentlichen Akzentverschiebung, dass es nicht um wenige Schuldige, sondern um wenige Verurteilte gehe: »Im Verhältnis zu einer runden Zahl von 90 000 während der Kriegsjahre in Deutschland tätigen Ärzten, [ist] die Zahl der in diesem Prozeß und in ähnlichen Verfahren als schuldig Befundenen verschwindend gering.«[128]

Mitscherlich ließ es sich auch nicht nehmen, auf die Auseinandersetzungen um *Das Diktat der Menschenverachtung* zurückzukommen: Er druckte die Artikel Reins, Heubners und Sauerbruchs aus der *Göttinger Universitäts-Zeitung* sowie seine eigenen Entgegnungen in voller Länge ab und resümierte in einem Nachwort, es habe sich bei der Mehrzahl der Angeklagten nicht um »Männer von abnormem, verwerfliche[m], asoziale[m] Charakter« gehandelt, sondern um Menschen, die »bis zu den Notständen der Diktatur und des Krieges unbescholtene Bürger waren, erfolgreich als Ärzte oder Forscher«, die in einer »Personalunion von Arzt, Forscher und Soldat« den »Zumutungen, die an sie herangetragen wurden, nicht widerstanden«[129].

Der Hauptteil der Dokumentation bestand aus Prozessdokumenten, die durch erläuternde Zwischenbemerkungen verknüpft waren. Diese waren gegenüber der Erstfassung *Das Diktat der Menschenverachtung* größtenteils erweitert oder neu formuliert. Zusätzlich hatten Mitscherlich und Mielke jetzt längere Passagen aus den Vernehmungen der Angeklagten aufgenommen. Schließlich war ein die Formalia des Verfahrens sowie das Urteil dokumentierender Abschnitt hinzugekommen. Ein Problem hatte sich daraus ergeben, dass die Verteidiger, anders als von Mitscherlich seinerzeit in der *Neuen Zeitung* beklagt, sich keineswegs darauf beschränkt hatten, die individuelle Schuld ihrer Mandanten mit dem Verweis auf deren jeweilige Nichtzuständigkeit und Ahnungslosigkeit zu

128 Mitscherlich, Alexander/Mielke, Fred: Von der Absicht dieser Chronik. In: dies., Wissenschaft, S. 5-7 (GS VI, S. 171-173), hier S. 172.
129 Mitscherlich, Alexander/Mielke, Fred: Nachwort. In: dies., Wissenschaft, S. 299-307, hier S. 299.

widerlegen, sondern vielmehr die Humanversuche mit Verweisen auf internationale Vergleichsfälle zu relativieren suchten – zur zunächst nicht geringen Irritation des Gerichtshofes, der sich dadurch gezwungen sah, die moralischen, juristischen und medizinischen Grundlagen der Zulässigkeit von Humanversuchen durch die Konsultation von Gutachtern erst einmal zu fixieren. Damit unterlief man die Anklagestrategie, die auf den Nachweis einer kriminellen Verschwörung hinzielte und die NS-Medizin als Bestandteil der rassistischen Kriegsführung unter besonderer Verantwortung der SS interpretierte.[130] Auch Mitscherlichs lediglich die inkriminierten Fakten nachzeichnender erster Prozessbericht, der die Interpretation der Menschenversuche als verabscheuungswürdig letztlich bereits voraussetzte, sah sich in diesem Punkt unterlaufen.

Mitscherlich und Mielke reagierten, indem sie in der Abschlussdokumentation einen weiteren neuen Abschnitt einfügten, der unter dem Titel *Allgemeines Beweismaterial über Humanversuche und ärztliche Ethik*[131] die wesentlichen Argumente der Verteidigung exemplarisch nachzeichnete und diskutierte. Anschluss an die grundsätzliche Wertediskussion um Humanversuche innerhalb der Medizin, die sich in den Auseinandersetzungen um den so genannten »Nürnberger Kodex«[132] und um den Begriff des »informed consent«[133] manifestierte, gewann *Wissenschaft ohne Menschlichkeit* durch diesen etwas zusammenhanglos eingefügten Abschnitt jedoch nicht.

Um die Geschichte des Mitscherlich-Reports *Wissenschaft ohne Menschlichkeit* ranken sich seit Jahrzehnten Gerüchte, die eine Verschwörung der ärztlichen Spitzenverbände gegen Mitscherlich suggerieren.[134] 1960 erinnerte sich Mitscherlich: »Im Gegensatz zum Diktat der Menschenverachtung blieb jetzt die Wirkung völlig aus. Nahezu nirgends wurde das Buch bekannt, keine Rezensionen, keine Zuschriften aus dem Leserkreis; unter den Menschen, mit denen wir in den nächsten zehn Jahren zusammentrafen, keiner, der das Buch kannte. Es war und blieb ein Rätsel – als ob das Buch nie erschienen wäre.«[135] Später vermutete Mitscherlich, die Gesamtauflage sei von der Verbandsspitze »in toto aufgekauft« worden, damit »das Buch nicht in die Hände unerwünschter Leser

---

130 Vgl.: Weindling, Opfer, v.a. S. 49.
131 Mitscherlich/Mielke, Wissenschaft, S. 243-268.
132 Überblicksartig: Wunder, Kodex; sowie: Weindling, Opfer, S. 42-53.
133 Siehe: Winau, Menschenversuch.
134 Siehe: Peter, Ärzteprozeß, S. 65, Fn. 1.
135 Mitscherlich/Mielke, Absicht, S. 15.

geriet«[136]. Diese Vermutung fand Eingang in die Literatur und krönte jahrzehntelang die Legende der Feindschaft, die sich Mitscherlich mit seiner unerschrockenen Dokumentation auf Seiten der Medizin zugezogen hatte, mit einem handfesten vergangenheitspolitischen Skandal. In der neueren Forschung ist dagegen bestritten worden, dass die Ärztekammern das Buch haben verschwinden lassen. Tatsächlich wurde zwar ein Großteil der Auflage des Buches von den Ärztekammern aufgekauft – allerdings nicht in einer zweifelhaften oder anrüchigen Geheimaktion, sondern ganz verabredungsgemäß: Fred Mielke hatte diese Transaktion, die dem Verlag Lambert Schneider finanzielle Sicherheit garantierte, im März oder April 1949 mit dem Geschäftsführer der Arbeitsgemeinschaft der westdeutschen Ärztekammern Carl Haedenkamp ausgehandelt.[137] Vereinbart wurde auch, dass die Verteilung des Buches an die Ärzte durch »Nauheim« erfolgen solle. Mielke stellte dies als Verhandlungserfolg dar.[138] Auch Mitscherlich hatte es »als ein sehr gutes Zeichen empfunden, daß die westdeutsche Ärzteorganisation zur Verteilung an ihre Mitglieder 10000 Exemplare vorbestellt hat«[139], wie er dem Zürcher Verleger Eugen Rentsch erklärte. Fest steht auch, dass die Ärztekammern in Hamburg, in Westfalen und in Rheinland-Pfalz ihren Mitgliedern das Buch zum Kauf anboten.[140] Mitscherlich machte allerdings anschließend die Erfahrung, dass tatsächlich niemand das Buch zu kennen schien und dass es auch in kaum einer Bibliothek vorhanden war[141], was nicht nur ihn selbst zu der Vermutung anregte, »daß eine geschäftige Hand die Exemplare in den Bibliotheken hat verschwinden lassen«[142]. Fred Mielke bemühte sich ohne Erfolg, den Verbleib der Bücher aufzuklären.[143] Die wenigen – stets

136 So berichtet Lifton über eine persönliche Mitteilung Mitscherlichs: Lifton, Mitscherlich, S. 532.
137 In diesem Sinne auch: Gerst, Ärzteprozeß, S. 1044; Peter, Ärzteprozeß, S. 65; Dehli, Konflikt, S. 155.
138 Mielke an Mitscherlich, undatiert (März/April 1949), AMA II/2, 105.29.
139 Mitscherlich an Rentsch, 19.1.1949, AMA III.
140 Vgl.: Peter, Reaktionen, S. 461.
141 Auch in die DDR war das Buch nicht gelangt. Der Oberarzt der Chirurgischen Universitätsklinik Jena, Gerhard Hartmann, berichtete Mitscherlich, er habe ergebnislos versucht, das Buch in Bibliotheken zu finden. Mitscherlich schickte ihm daraufhin eines seiner letzten Exemplare (Mitscherlich an Hartmann, 15.9.1959, AMA I, 2146.5).
142 Diese Einschätzung äußerte Rudolf Nissen, Leiter der Chirurgischen Universitätsklinik Basel, 1960 gegenüber Mitscherlich (Nissen an Mitscherlich, 5.5.1960, AMA II, 2.109).
143 Mitscherlich an Stauder, 9.5.1960, AMA I, 3635.61.

sehr lobenden – Reaktionen, die Mitscherlich erreichten, stammten allesamt von Lesern, denen er das Buch persönlich oder über den Verlag zugänglich gemacht hatte.[144] Auch in der Tagespresse fand sich keine Zeile über *Wissenschaft ohne Menschlichkeit*, die wenigen Rezensionen entstammten alle der medizinischen Fachpresse.[145] Als Mitscherlich 1956 über einen Redakteur der *Medizinischen Klinik* versuchte, von der westdeutschen Ärztekammer eventuelle Restexemplare zu erhalten, teilte diese mit, man besitze nur noch wenige Exemplare, das Buch sei seinerzeit ordnungsgemäß über die Kammern an die Ärzteschaft und über den Buchhandel in den freien Verkauf gelangt.[146] Auch die Bayerische Ärztekammer gab an, nur noch über ein Exemplar zu verfügen.[147] Mitscherlichs daraufhin geäußerte Vermutung, die Ärztekammern hätten die bei ihnen lagernden Exemplare irgendwann einstampfen lassen[148], ist wahrscheinlich zutreffend. Zu Recht ist verschiedentlich darauf aufmerksam gemacht worden, dass das Interesse der Ärzte an dem Buch gering gewesen sein dürfte, denn bei dessen Erscheinen lag das Urteil im Ärzteprozess bereits fast drei Jahre zurück.[149] Bezieht man das gesellschaftspolitische Klima in diese Überlegungen mit ein, in dem 1949 die Abwendung von der NS-Vergangenheit und der allgemeine Wunsch nach einem »Schlussstrich« bestimmend geworden war[150], kann es als sehr wahrscheinlich gelten, dass die Ärztekammern ihren Mitgliedern das Buch zwar anboten, schließlich aber darauf sitzenblieben und die Restbestände nach einigen Jahren vernichteten.

144 So argumentierte beispielsweise der Psychiater Kranz (Kranz an Mitscherlich, 20.7.1949, AMA III), aber auch der Mediziner Schwiegk, der bekannte, 1947 »Einwände« gehabt zu haben, das sei nun anders: »In diesem zweiten Buch werden auch die sicher zunächst vielfach mißverstandenen Motive klar, die Sie überhaupt zur Durchführung Ihrer Aufgabe bewogen haben, Motive, die die Mehrzahl der Ärzte verstehen und teilen wird« (Schwiegk an Mitscherlich, 30.7.1949, AMA I, 5005.5). Vgl. weiterhin: Grumbach an Mitscherlich, 19.11.1949, AMA III; Gumbel an Mitscherlich, 7.3.1950, AMA III; Niekisch an Mitscherlich, 24.12.1949, AMA III; Stern an Mitscherlich, 22.2.1950, AMA III.
145 Vgl.: Ärztliche Mitteilungen 35 (1950), Heft 6, S. 108 f.; Therapeutische Umschau und medizinische Biographie, VI, 12.3.1950; Der Tuberkulosearzt 4 (1950), 7.7.1950.
146 Stockhausen an Stauder, 29.11.1956, AMA I, 3635.40a.
147 Wessniak an Mitscherlich, 18.11.1958, AMA I.
148 Korrespondenz Mitscherlich/Stauder, 1956, AMA I, 3536.
149 In diesem Sinne zuerst: Gerst, Ärzteprozeß; vgl. auch: Dehli, Konflikt, S. 156.
150 Frei, Vergangenheitspolitik.

WISSENSCHAFT OHNE MENSCHLICHKEIT

Für das geringe Interesse der Leser spricht weiterhin, dass auch die für den Buchhandel bestimmten Exemplare nur schleppenden Absatz fanden. Lambert Schneider hatte insgesamt 11500 Exemplare produziert[151], über die 10000 von den Kammern abgenommenen Bücher hinaus waren also 1500 für den freien Verkauf vorgesehen. Von diesen hatte der Verlag im Frühjahr 1952 noch etwa 500 vorrätig. Da vom Buchhandel 1950 nur 115, 1951 nur noch 69 und 1952 gar nur noch fünf Exemplare bestellt worden waren, gab Schneider die 500 Restexemplare an ein Antiquariat ab.[152] Dieses Antiquariat hatte 1954 noch etwa 250 Exemplare vorrätig.[153]

Mitscherlich hat sich nach der Veröffentlichung von *Wissenschaft ohne Menschlichkeit* für lange Zeit von der Auseinandersetzung mit der NS-Vergangenheit zurückgezogen. Auch er folgte dem gesamtgesellschaftlichen Trend der 1950er Jahre, über die Vergangenheit zu schweigen. Noch 1948 hatte er bei einem Vortrag das Problem der NS-Vergangenheit außerordentlich klar beim Namen genannt. René König, der anwesend war, erinnerte sich:

»Ich war dann allerdings recht perplex, als Mitscherlich mit den Worten begann: ›Wir Deutsche haben schreckliche Dinge getan ...‹ – denn ich fragte mich, warum er sich selbst darin einschloß und seinen Schuldgefühlen so offen Ausdruck gab. Ich muß gestehen, [...] daß ich recht betroffen war, denn ich wußte einfach, daß er nicht dazugehörte. Ich sagte mir gelegentlich geradezu: Mitscherlich, warum lügst du? Du bist ja nicht mitschuldig. Ist das nicht eine falsche Schuldpose, die dem, der immer im Widerstand war, nur schlecht ansteht? Später erst ging mir die ganze fürchterliche Wahrheit seiner Reaktion auf. Da sich im Deutschland von damals offensichtlich kaum einer schuldig fühlte, mußte er sich stellvertretend schuldig bekennen, um das Geschehene zu erklären, das ja wirklich geschehen war. [...] Aus Mitscherlichs Haltung sprach auch eine berechtigte Sorge vor jener eilfertigen Vergessensbereitschaft der Deutschen, die ja dann auch tatsächlich bald wieder dominant werden sollte, nicht ohne Zutun der höchsten Regierungsstellen, die das Aussprechen der Wahrheit gern als ›Nestbeschmutzung‹ bezeichneten. Heute, nach mehr als 25 Jahren Erfahrung in diesem Lande, muß ich sagen: Mitscherlich hatte Recht gehabt und

---

151 Notiz Mitscherlich (»Auskunft Lambert Schneider«), undatiert (1959/1960), Korrespondenz Mitscherlich/Fischer-Bücherei, AMA I, 1584.23a.
152 Schneider an Mitscherlich, AMA III, 6.5.1952.
153 Korrespondenz Mitscherlich/Antiquariat Löwith, 1954, AMA III.

das Kommende klarer gesehen als ich, wofür ich ihm nachträglich danken möchte.«[154]

Der Vortrag, an den sich René König erinnerte, hatte allerdings in der Schweiz stattgefunden, und in diesem Sinne muss das König so irritierende Schuldbekenntnis Mitscherlichs relativiert werden. Was in der Schweiz von einem Deutschen, der sich selbst als Gegner Hitlers und ehemaliger Exilant verstand, erwartet wurde, war etwas anderes als die Erwartungshaltung, die Mitscherlich in Deutschland vorfand. In der Heimat blieb stets deutlicher, dass Mitscherlich auch Jahre nach Kriegsende mitnichten daran dachte, seine Erfahrung aus Nürnberg, dass nur eine schonungslose Aufklärung der Vergangenheit die Grundlage eines Neuanfangs sein könne, auf die Gesamtgesellschaft zu übertragen. Hier war für ihn nach wie vor die Integration der Belasteten das Gebot der Stunde, sofern sie seiner persönlichen Ansicht nach moralisch integer waren.

Diese Forderung verband sich mit der Ablehnung der Entnazifizierung. Umziehung und Demokratisierung konnte für Mitscherlich nur auf individueller Ebene – und dann auch nur innerhalb einer gesellschaftlichen Elite – funktionieren. Wem zu vertrauen war und wem nicht, wer für einen Neuanfang tauglich war und wer nicht, das konnte nach seiner Überzeugung kein bürokratisches normatives Verfahren politischer Säuberung klären, sondern nur die individuelle Anschauung der Person. Inzwischen hatte er zudem den Eindruck gewonnen, dass die breite Masse nur schwerlich fähig zur politischen Läuterung sein würde. Folgerichtig erhob er 1949 in seinem vorerst letzten Text, der sich mit der NS-Vergangenheit befasste, mit Blick auf diese breite Masse die Forderung nach *Amnestie statt Umerziehung*. Mitscherlich erwies sich damit als dem vergangenheitspolitischen Zeitgeist in einem Maße kompatibel, das die späteren Leser der *Unfähigkeit zu trauern* ihm wohl nicht zugetraut hätten. Der angesprochene Text erschien in den *Frankfurter Heften*, in denen der Herausgeber Eugen Kogon schon zwei Jahre zuvor das *Recht auf den politischen Irrtum* geltend gemacht hatte.[155]

Ausgehend von der These, dass »die meisten Menschen unfähig sind, ihre politischen Anschauungen zu ändern«, bestätigte Mitscherlich in seinem Text die weit verbreitete Auffassung, dass sich die Entnazifizierung als »moralisch erfreulicher, aber politisch wirkungsloser Wunschtraum« erwiesen habe. Die »neue Lebensform« der Demokratie könne aber nur

---

154 König, Leben, S. 118 f.
155 Kogon, Irrtum.

»durch Anteilnahme aller« erreicht werden. »Wir müssen also durch eine Amnestierung (die sich selbstverständlich nicht auf Verbrechen gegen die Menschlichkeit beziehen wird) den ehemaligen Nazis mit der Konsolidierung der deutschen Verhältnisse die Möglichkeit geben, in einem politischen fair play mitzumachen.« Die eigentliche Gefahr für die neue »Lebensform« sah Mitscherlich dabei nicht in den untergetauchten prominenten Nationalsozialisten, sondern in jenem »Bürger, der sich – während ich diese Zeilen schreibe – am Nebentisch beim fünften Bier zu seinem Nachbarn hinüberbeugt und ihm etwas ins Ohr flüstert, was er für eine politische Neuigkeit hält, was aber nur eine Mischung aus ältestem Ressentiment, politischer Einsichtslosigkeit und Geschäftserwartungen ist. Es wird relativ leichter sein, eine intelligente Führungsschicht zu gewinnen oder wenigstens zu interessieren als die breiten ehemaligen Mittelschichten des deutschen Volkes, das Neu-Proletariat, das ebensowenig wie seine einstigen Führer vergessen kann.«[156]

Es sollte von nun an mehr als ein Jahrzehnt vergehen, bis Mitscherlich erneut das Thema der NS-Vergangenheit aufgriff, und fast zwei Jahrzehnte, bis er in seiner Analyse einer breiten Masse, die unfähig sei zu trauern, ihre ausgebliebene Beschäftigung mit der eigenen Vergangenheit vorwarf.

---

156 Mitscherlich, Alexander: Amnestie statt Umerziehung. In: Frankfurter Hefte 4 (1949), S. 508-509 (GS VI, S. 138-139).

5. Kampf um die Klinik

Bemühungen um ein Institut für Psychotherapie

Zu den wirkungsmächtigsten Elementen des etablierten Bildes von Alexander Mitscherlich gehört sein Kampf um die Einrichtung einer psychosomatischen Klinik an der Universität Heidelberg. In einem mehrjährigen zähen Streit habe er sich gegen die dortigen unwilligen Ordinarien durchsetzen müssen und nur durch die großzügige Hilfe der Rockefeller Foundation sei es gelungen, die für die psychosomatische Medizin so wichtige Modellinstitution tatsächlich zu gründen. Nicht nur prinzipielles Misstrauen gegenüber Mitscherlichs »biographischer Medizin« von Seiten der traditionellen »Organmedizin« habe sich im hinhaltenden Widerstand der Gegner ausgedrückt, sondern auch ressentimentgeladene Ablehnung seiner Person, insbesondere infolge der Berichterstattung über den Nürnberger Ärzteprozess.

Mitscherlich selbst erinnerte sich in seinen Memoiren, auch nach der letztlich 1950 erfolgten Gründung »gegen die Absichten der tonangebenden Leiter der großen Kliniken« habe er sich in Heidelberg in einer Außenseiterposition befunden: »Es wäre eine grobe Übertreibung zu sagen, daß die Universität auf das Auftauchen dieses neuen klinischen und theoretischen Forschungsbereiches stolz gewesen wäre. Man hielt uns auf kleiner Flamme, soweit es nur irgend ging. Ich bin heute noch bereit, mich darüber zu entrüsten, daß die Universität Heidelberg mit ihrer liberal-humanistischen Tradition unfähig war, den Humanismus Freuds aufzunehmen.«[1] Auch Hans Martin Lohmann machte sich diese Interpretation zu eigen. Erst 1958 habe die Medizinische Fakultät Heidelberg Mitscherlich zum Extraordinarius berufen und noch 1984 habe sie sich geweigert, die Klinik nach ihrem Begründer zu benennen. Ein Zusammenhang zu Mitscherlichs »Nürnberger Mission« sei »nicht völlig von der Hand zu weisen«[2]. Seither ist die Gründungsgeschichte der Heidelberger Klinik schon verschiedentlich beschrieben worden, wobei gegen das Bild eines gegen übermächtige Kräfte der Rückständigkeit kämpfenden Einzelgängers auch geltend gemacht wurde, dass die Gründung der

1 Mitscherlich, Leben, S. 188.
2 Lohmann, Mitscherlich, S. 69.

psychosomatischen Klinik letztlich eher als Erfolgsgeschichte zu interpretieren sei.[3]

Noch vor Weihnachten 1945 hatte Mitscherlich seine Habilitationsschrift über *Freiheit und Unfreiheit in der Krankheit*[4] eingereicht und anschließend über die Weihnachtszeit große Pläne geschmiedet. Stolz ließ er seine Mutter wissen, in fünf Jahren werde er Professor sein. Das sei wirklich »kolossal«[5]. Seine Zuversicht gründete sich auf die freundliche Aufnahme seiner Habilitationsschrift in der Fakultät. Es sei ihm ausdrücklich versichert worden, berichtete er Gustav Bally, dass sich in der Annahme der Habilitationsschrift ohne Gegenstimme auch eine Anerkennung der Psychotherapie ausdrücke. Somit sei er nun »der erste Psychotherapeut auf einer deutschen Hochschule, zudem der erste Privatdozent der neuen Ära in Heidelberg. Das ist eigentlich sehr nett.«[6] Er sei über die Freundlichkeit erstaunt gewesen und hoffe nun auf ein »Institut für biographische Medizin«, das ihm persönlich unterstellt werden und nur in loser Verbindung zum Lehrstuhl von Weizsäckers arbeiten werde. Zwar seien die finanziellen Mittel vorerst begrenzt, dennoch solle im neuen Jahr ein Entwurf diskutiert werden. Auch seinem Verleger Goverts schrieb Mitscherlich hoffnungsvoll über die bevorstehende Institutsgründung. Es werde sich um ein Institut handeln, das »in etwa die Funktionen des Berliner Instituts – hoffentlich auf höherer Ebene [–] fortsetzt«[7].

Dass Mitscherlich als Vergleichsgröße ausgerechnet das Berliner Institut bemühte, irritiert auf den ersten Blick angesichts der NS-Belastung des Göring-Instituts und aufgrund der dort während des Nationalsozialismus praktizierten Amalgamierung der psychotherapeutischen Schulen, die Mitscherlich später scharf kritisierte.[8] Doch zu diesem Zeitpunkt war er selbst noch kein orthodoxer Freudianer, so dass er folgerichtig die »Funktionen« des Berliner Instituts zukünftig von seinem eigenen übernommen sehen wollte. Letztlich hat sich diese Hoffnung in den 1960er

3 Roelcke, Zähmung, S. 125-143; Henkelmann, Klinikgründer, S. 175-186; Müller/Ricken, Psychoanalyse; eine knappe Zusammenfassung bietet auch Dehli, Konflikt, S. 217-226.
4 Mitscherlich, Alexander: Freiheit und Unfreiheit in der Krankheit. Das Bild des Menschen in der Psychotherapie, Hamburg 1946 (GS I, S. 13-140).
5 Mitscherlich an Clara Heigenmoser, AMA III, 19.1.1946.
6 Mitscherlich an Bally, 22.12.1945, AMA III.
7 Mitscherlich an Goverts, 27.12.1945, AMA III.
8 Vgl. zu diesem irritierenden Bezug auf das Berliner Institut auch: Henkelmann, Klinikgründer, S. 179.

Jahren auch tatsächlich erfüllt, blickt man auf die öffentliche Präsenz, die die »Heidelberger Gruppe« im Vergleich zu den in Berlin tätigen Psychoanalytikern erreichte, und auf die Zentralstellung des späteren Sigmund-Freud-Instituts hinsichtlich der Ausbildung von Psychoanalytikern. 1945/46 war dies gleichwohl ein ambitionierter Plan.

Bereits im Herbst 1945 hatte Mitscherlich eine *Denkschrift über die Errichtung eines Instituts für Psychotherapie*[9] erarbeitet, die er am 6. März 1946 in der Fakultät verbreitete. Ein prinzipieller Unterschied zur späteren Konzeption des Frankfurter Sigmund-Freud-Instituts bestand darin, dass er für die Heidelberger Klinik eine enge Anbindung an die Universität anstrebte. Es waren die aus seiner Sicht allzu negativen Erfahrungen mit dieser Universitätsanbindung in Heidelberg, die ihn später dazu bewogen, für das Frankfurter Institut größtmögliche Unabhängigkeit anzustreben. Nicht anders als im Fall des Frankfurter Instituts jedoch plante er bereits in diesem frühen Heidelberger Entwurf eine Kooperation der psychosomatischen Medizin und der Psychoanalyse mit der philosophischen und der sozialwissenschaftlichen Fakultät – und deutete damit bereits an, dass es ihm keineswegs nur um die Etablierung einer zusätzlichen medizinischen Disziplin ging.[10]

Wie aber verfiel Mitscherlich auf den Gedanken, als eben habilitierter Privatdozent sogleich ein eigenes Institut anzustreben? Dem Direktor der Medizinischen Universitäts-Poliklinik Curt Oehme gegenüber, zu dem er ein vertrauensvolles Verhältnis pflegte, begründete er seinen Vorstoß: Er habe von Viktor von Weizsäcker gehört, »daß man von mir Aktivität erwartet. Sie fällt mir aus verschiedenen Gründen schwer, einfach weil ich an einem Scheideweg in meinem Leben stehe. Wenn ich ein solches Institut bekäme, würde ich es, soviel ich mich kenne, gut und nachdrücklich und mit dem notwendigen Fingerspitzengefühl den Organikern gegenüber betreiben. Ich bin mir klar, daß von der Erfüllung dieses Wunsches mein Verbleiben in der Medizin überhaupt abhängt.«[11] Zutreffend war an dieser Einschätzung, dass Mitscherlich auf eine institutionelle Anbindung an die Fakultät angewiesen war.

Seinem Mentor von Weizsäcker waren nach seiner Rückkehr aus Breslau in Heidelberg zwei Stationen zur Verfügung gestellt worden, doch von Weizsäcker blieb ein Außenseiter. Dabei richtete er seine Hoffnung, die »biographische Medizin« werde doch noch eine Zukunft haben, ob-

9 Denkschrift über die Errichtung eines Instituts für Psychotherapie. AMA IIa, 1.68, undatiert.
10 Vgl. auch: Krovoza/Schneider, Vorgeschichte, S. 251 ff.
11 Mitscherlich an Oehme, 6.3.1946, AMA III.

wohl er selbst und Freud (»der doch so recht hat«) daran gescheitert seien, in erster Linie auf Mitscherlich. Am Tag nach dessen Antrittsvorlesung schrieb ihm von Weizsäcker, die Gewissheit, dass in seinem Sinne weitergewirkt werde, befriedige ihn.[12] Doch Mitscherlich sah, dass er sich mit einer zu engen Anbindung an Weizsäcker in eine berufliche Sackgasse manövrieren würde. Er müsse »höllisch aufpassen«, so schrieb er Oehme, nicht am Ende als Oberarzt Weizsäckers dazustehen, »wozu ich bei aller echten und großen Liebe nicht die mindeste Lust verspüre«[13]. Auch Felix Schottlaender riet Mitscherlich von einer zu engen Bindung ab: »Lassen Sie sich nur nicht von Ihrem alten Meister in ein gar zu enges Schüler-Verhältnis hineinmanövrieren.«[14]

Mitscherlich versuchte daher, aus dem Stand ein wissenschaftliches Zentrum für Psychotherapie aus dem Boden zu stampfen – der Abschluss seines Habilitationsverfahrens traf aufs glücklichste mit der politischen Schlüsselposition zusammen, die er jetzt in Heidelberg einnahm. Dass nach dem Willen der Besatzer den Jüngeren, den Unbelasteten, die politische und wissenschaftliche Zukunft gehören würde, erfuhr Mitscherlich am eigenen Leibe. Doch sein Optimismus wurde bald gedämpft. Die Reaktionen aus der Fakultät auf sein Exposé aus der Fakultät waren freundlich, aber skeptisch: Selbst von Weizsäcker riet zu einer Strategie des langsamen »Einschleichens«. Mitscherlichs Antrag laufe letztlich auf die Errichtung einer kompletten Poliklinik hinaus; er solle sich zunächst mit weniger zufriedengeben.[15] Mitscherlich nahm diese Warnung nicht ernst. Felix Schottlaender gegenüber gab er sich überzeugt, die Klinik durchsetzen zu können. Schottlaender werde den ersten Lehrauftrag bekommen.[16]

Nach der ersten Beratung des Antrags in der Fakultät am 21. März 1946 erhielt Mitscherlich tatsächlich die erfreuliche Nachricht, man habe zwar noch nicht endgültig beschließen können, weil der neue Psychiater noch nicht anwesend war, die »Stimmenverhältnisse« lägen aber »günstig«[17]. Wenige Tage später allerdings war aus München der Nachfolger des politisch schwer belasteten Psychiaters Carl Schneider eingetroffen: Der 58-jährige Kurt Schneider[18] sollte zu Mitscherlichs hartnäckigstem Wi-

12 Weizsäcker an Mitscherlich, 5.3.1946, AMA III.
13 Mitscherlich an Oehme, 6.3.1946, AMA III.
14 Schottlaender an Mitscherlich, 12.3.1946, AMA III.
15 Von Weizsäcker an Mitscherlich, 13.3.1946, AMA III.
16 Mitscherlich an Schottlaender, 12. und 14.3.1946, AMA III.
17 Von Weizsäcker an Mitscherlich, 21.3.1946, AMA IIa 1, 30.
18 Zu Schneider siehe: Janzarik, Klinik, S. 134.

dersacher in Heidelberg werden. Erschreckt meldete Mitscherlich nach Stuttgart, Schneider habe sich sofort gegen eine Ambulanz für Neurosen ausgesprochen (die Mitscherlich als Teil seiner Klinik plante) – und überhaupt dürfe an Schneiders Klinik das Wort Neurose nicht erwähnt werden. Zudem habe dieser einen eigenen Assistenten mit einem Kolleg über Psychotherapie beauftragt.[19] Mitscherlich ging auf Konfrontationskurs zu Schneider. Dass dessen Bestrebungen, sein Arbeitsgebiet nicht von einem jungen Privatdozenten okkupieren zu lassen, einer gewissen wissenschaftspolitischen Logik folgten, war für Mitscherlich kein Grund, einen Kompromiss anzustreben.

Als eines seiner wichtigsten Argumente stellte er einmal mehr seinen Status als NS-Opfer heraus und die Tatsache, dass er angeblich aus diesem Grund einen neuen Beruf habe erlernen müssen, den des Arztes. Er frage sich, so schrieb er Schottlaender, ob es klug sei, den Geltungsanspruch der Psychotherapie auf das Gesamtgebiet der Medizin wie bislang offensiv zu vertreten, oder ob es ratsam sei, die praktische Ausgestaltung des Verhältnisses zur Psychiatrie der künftigen Alltagspraxis zu überlassen, was die zwangsläufig bevorstehende Auseinandersetzung nur verzögere. Er neige zu Ersterem und habe nicht übel Lust, mit Schneider ein »kategorisches Gespräch zu führen. Vielleicht ist dazu jetzt die letzte Gelegenheit, bevor es ganz in Vergessenheit geraten ist, daß ich 12 Jahre lang von der Pike auf einen neuen Beruf habe anfangen müssen und einen sehr berechtigten Anspruch darauf habe, jetzt nicht überspielt zu werden.«

Kurt Schneider hatte unterdessen klargestellt, dass er die Psychotherapie als Teil der Psychiatrie definierte und einem psychotherapeutischen Lehrstuhl »äußersten Widerstand entgegensetzen« werde.[20] Da die Hoffnungen Mitscherlichs sich über das Institut hinaus auf ein Ordinariat richteten, bedeutete diese vorbeugende Verweigerung Schneiders für ihn eine »Generalkrise«[21]. Es komme von Weizsäcker, Oehme und Siebeck zu, seinen Antrag vor der Fakultät zu verteidigen, Schneider werde dann womöglich mit seiner Ablehnung allein dastehen. In der Tat konnte für Mitscherlich ein Abschied von der Universität in diesem Moment nicht undenkbar erscheinen, plante er doch zeitgleich die kulturpolitische Zeitschrift *VOX*. Schottlaender meinte zu erkennen: »Ich spüre deutlich und wundere mich nicht darüber, daß Dir eine Tätigkeit als freier For-

---

19 Mitscherlich an Schottlaender, 27.3.1946, AMA III; dort auch das folgende Zit.
20 Mitscherlich an Schottlaender, 24.4.1946, AMA I, 4866, 5. Ähnlich äußerte sich Mitscherlich gegenüber Bally: Mitscherlich an Bally, 25.4.1946, AMA I, 316, 2.
21 Mitscherlich an Schottlaender, 24.4.1946, AMA I, 4866, 5.

scher, Schriftsteller, Herausgeber und Redakteur viel verlockender erscheint als ein Dozentendasein, das ständig mit Talaren zusammenstoßen würde.«[22]

Am 3. Mai 1946 sagte Mitscherlich nach längerem Zögern seine Mitwirkung im Entnazifizierungsausschuss der Universität gegenüber Bauer zu. Bei gleicher Gelegenheit übergab er diesem seine *Denkschrift über die Errichtung eines Instituts für Psychotherapie*.[23] Damit war – bewusst oder unbewusst – angedeutet, dass Mitscherlich zwischen seiner Bereitschaft, sein Ansehen bei den Besatzern für die Universität nutzbar zu machen, und seinem Wunsch nach einem eigenen Institut einen Zusammenhang herstellte. In seiner Denkschrift belehrte er die Fachkollegen zunächst in wenig konziliantem Ton über das Verhältnis der Universität zur Psychotherapie. Seit Freud seien in der »Psychologie des Unbewußten« 50 Jahre Forschung betrieben worden, zum Teil gegen den Widerstand der Universitäten. Dabei seien nicht mehr Irrtümer geschehen als in jedem anderen Forschungszweig, vielmehr habe die neue Wissenschaft »unzähligen Menschen Befreiung von ihren Leiden gebracht« und sei »zu einem bedeutenden Hilfsfaktor der Heilkunde geworden«. Immer deutlicher erweise sich die »Bedeutung unbewußter psychischer Determinationen für viele Krankheiten«, und die »herkömmlichen Vorstellungen über Leib und Seele wurden derart immer mehr erschüttert. [...] Die Psychotherapie ist in diesem Sinn auf dem Wege zu einer ihr gemäßen Anthropologie und speziellen Anthropotherapie.« Die Grenzen der Reichweite dieser Therapie seien noch längst nicht absehbar. Die universitäre Psychiatrie aber sei an dieser neuen Entwicklung »entweder vorbeigegangen« oder habe sie »offen bekämpft«. Dabei gebe es zwischen der »Psychologie des Unbewußten« und der Psychiatrie keine Konkurrenz, Letztere könne nur profitieren. Mitscherlich schloss sein leidenschaftliches, aber wenig diplomatisches Plädoyer mit einem deutlichen Hinweis auf die Ausschaltung der Psychoanalyse im NS-Staat: Nach dem Ende »rassistischer und ideologischer Bedenken gegen die Psychologie des Unbewußten« müsse nun die Trennung von der Universität überwunden werden.

Wenig verwundert konnte Mitscherlich sein, dass Kurt Schneider diesen Antrag als Kampfansage auffasste und eine nicht minder klare Gegenposition bezog.[24] Er könne, so Schneider, einem weiteren Abbau seines

---

22 Schottlaender an Mitscherlich, 26.4.1946, AMA I, 4866, 6.
23 Mitscherlich an Engelking, 3.5.1946, AMA IIa, 1, 13; Universitätsarchiv Heidelberg, PA 1078; vgl. Henkelmann, Klinikgründer, S. 178 und 185; sowie: Dehli, Konflikt, S. 134.
24 Schneider an Mitscherlich, 6.5.1946, AMA IIa, 1.31; sowie IIa, 1.9.

Zuständigkeitsbereichs nicht zustimmen. Es wäre untragbar, wenn »auf irgendeinem Weg meiner Klinik und Poliklinik die psychogenen Zustände und Psychopathien noch weiter entzogen würden, als das durch das Bestehen einer eigenen Nervenabteilung und -poliklinik (auch bei dem gern anerkannten besten Willen der Beteiligten) schon jetzt der Fall ist«. Es sei bereits für Lehre und Forschung »mißlich«, dass seine Klinik fast nur noch von Geisteskranken belegt sei, das Mitscherlich-Institut »müßte sie vollends zu einer reinen Irrenklinik herabdrücken«. Er könne nur zustimmen, wenn sich das Institut auf die »Beratung und Behandlung nicht-psychiatrischer Zustände beschränken und keinesfalls psychogene Zustände (mißverständlicherweise vielfach ›Neurosen‹ genannt) annehmen würde«. Die Silbe »psych« dürfe es nicht im Namen führen. Besonderes Missfallen löste bei Schneider die von Mitscherlich avisierte Ausbildung von Laienanalytikern aus: Wenn Nicht-Ärzte ausgebildet würden, so Schneider kategorisch, müsste er diesen seine Vorlesung verschließen, denn zu deren Besuch sei die ärztliche Vorprüfung Voraussetzung.[25]

Mitscherlich erwartete die entscheidende Fakultätssitzung am 14. Mai 1946 trotz der klaren Verweigerung Schneiders hoffnungsvoll und spöttelte gegenüber Oehme, er bemitleide Schneider zwar, dass er nur mit Irren zu tun habe, aber das sei doch wohl Ergebnis seiner Berufswahl.[26] Tatsächlich wurde Mitscherlichs Antrag bei der Fakultätssitzung allgemein befürwortet, Schneider sah sich isoliert. Sein Versuch, Mitscherlich eine Vorlesung über Psychotherapie zu verbieten, wurde zurückgewiesen. Allerdings konnte sich die Fakultät auch nicht entschließen, einen offenen Konflikt mit dem gerade berufenen Psychiater zu riskieren, und beschloss daher die Einsetzung einer Kommission (bestehend aus von Weizsäcker, Vogel und Schneider), die einen Kompromiss erarbeiten sollte. Resümierend berichtete Mitscherlich Schottlaender, die Fakultät sei ihm nach wie vor wohlgesonnen, einzig Schneider sei das Problem: »Weizsäcker meinte, er [Schneider, T.F.] habe die Vorstellung, die ganze Psychotherapie hinge am Penis, und das sei ihm unangenehm, wahrscheinlich infolge eigener Impotenz.«[27]

Von Weizsäcker unterstützte Mitscherlich mit einer zehnseitigen Stellungnahme, in der er vehement für eine Integration der Psychoanalyse in die Universität eintrat. Es handele sich um eine Entscheidung »von historischem Gewicht«, schrieb er an den Dekan, denn die scharfe Trennung zwischen der Psychoanalyse und der Universität sei nie aufgehoben

25 Vgl.: Henkelmann, Klinikgründer, S. 179.
26 Mitscherlich an Oehme, 8.5.1946, IIa, 1.28.
27 Mitscherlich an Schottlaender, 15.5.1946, AMA I, 4866.9.

worden, obwohl es inzwischen eine Anerkennung der Lehre Freuds gebe, die sich etwa im Beruf des Behandelnden Psychologen zeige, aber auch – wenn auch in »wenig faßbarer Weise« – in Wirkungen auf die Medizin und andere Wissenschaften. Da aber die Medizin die Psychotherapie ablehne und die Psychotherapeuten sich eine immer strengere Ausbildung auferlegten, »um den wild wuchernden Nebenerscheinungen und Mißbräuchen ein Ende zu machen«, drohe eine dauerhafte Spaltung. Die Universität müsse nach kritischer Prüfung »die frei gewachsenen Geistestaten ihrem Bestande einzufügen«, und die Entscheidung zugunsten der Psychotherapie sei »überfällig«. Auch von Weizsäcker versäumte nicht, einen Zusammenhang zur jüngsten Vergangenheit herzustellen: Es bestehe »nach der jüngsten Verfolgung vieler Vertreter der Psychoanalyse [...] sogar eine Pflicht der Wiedergutmachung«. Entscheidend sei aber das Wohl des Patienten – und die Medizin habe inzwischen verstanden, »daß Krankheit eine Äußerung des Menschlichen im Menschen ist, nicht nur eine zufällige Störung seines materiellen Apparates«.[28]

Mitscherlich dankte von Weizsäcker untertänigst (»Wer nach diesen Ausführungen nicht begreift, worum es geht, dem wird wohl kaum zu helfen sein«[29]). Bestärkt wurde er auch von Curt Oehmes Gutachten[30], der sich zwar nicht zu einer positiven Stellungnahme zur Psychoanalyse durchrang, aber doch für eine Beschäftigung der Medizin mit dem »Leib-Seele-Problem« eintrat. Für Oehme war es »offensichtlich«, dass die Medizin »das gesamte Wesen des Menschen zum mindesten ins Blickfeld nehmen muß und nicht allein bei seiner materiellen Hälfte verharren darf«, der »seelisch-geistige Anteil« dürfe nicht allein der Psychiatrie überlassen werden. Auch die Internisten seien »einfach nicht in der Lage für viele unserer Kranken bei der zeitgenössischen Psychiatrie das zu finden, was wir im Gebiet des Seelisch-Geistigen ihnen – mindestens versuchsweise – schulden«. Die Universität, so Oehme abschließend, solle sich diese Chance nicht entgehen lassen.

Kurt Schneider blieb bei seiner Auffassung: »Ich anerkenne die Verdienste der Freudschen Psychoanalyse vor allem um die Sexualpsychopathologie. Ich halte aber ihre Lehre, aus einer Sexualtrieb-Lehre alles Geistige abzuleiten, für eine Verirrung. Und ich kann der Fakultät nicht

---

28 Von Weizsäcker an Engelking, 25.5.1946, AMA Ia, 8.
29 Mitscherlich an von Weizsäcker, 29.5.1946, AMA I, unverzeichnet.
30 Gutachten Oehme, 8.6.1946, Universitätsarchiv Heidelberg, PA 1078; AMA IIa, 1.10. Auch Paul Vogel riet in seiner Stellungnahme der Institutsgründung zu (Stellungnahme Vogel, Universitätsarchiv Heidelberg, PA 1078).

empfehlen, einer solchen Welt-Anschauung ein Institut einzurichten.«[31] Er schlug vor, den Senat der Universität mit der strittigen Frage zu betrauen. Ein zweifellos »glänzender Schachzug«[32], denn der Senat holte den Rat des großen alten Mannes der Universität ein: Karl Jaspers empfahl[33], zwischen seiner Zuneigung zu Mitscherlich und einer entschiedenen Ablehnung der Psychoanalyse[34] schwankend, einerseits einen »Wirkungsraum« für Mitscherlich zu schaffen, denn dieser sei »eine Persönlichkeit vom geistigen Rang, umfassender Bildung und ärztlicher Leidenschaft«, lehnte aber eine Institutsgründung entschieden ab. Die Fakultät, so Jaspers, habe ihre »Unbefangenheit und Weitherzigkeit« bereits unter Beweis gestellt, als sie Mitscherlich ohne »naturwissenschaftlich medizinische« Arbeit habilitierte, nun müsse eine Abteilung für ihn geschaffen werden, um ihm weitere Bewährung zu ermöglichen, dafür sei die psychiatrische Abteilung »sicherlich angemessen«.

Die Psychoanalyse, argumentierte Jaspers, habe ihren Platz innerhalb der Psychiatrie, soweit sie überhaupt einer wissenschaftlichen Überprüfung standhalte. Das Beispiel des Berliner Psychoanalytischen Instituts, an dem viel Streit zwischen den dort vereinigten Schulen, aber wenig greifbare Forschungsergebnisse zu verzeichnen gewesen seien, sei wenig ermutigend. Die Psychoanalyse habe keinen eindeutigen Wissensbestand und keine unumstrittene Therapie und deshalb sei es »offenbar falsch«, »jenes psychologische Wissen mit anderem medizinischen Wissen auf gleiche Ebene zu bringen«. Eine derart unter Ideologieverdacht stehende Psychoanalyse erschien Jaspers sogar als Gefahr für die Jugend: »Das Phänomen an sich bringt Gefahren, die, wenn sie einmal wirklich geworden sind, schwer zu bändigen sind, weil alles Bodenlose, Zauberhafte, Kritiklose heute bei dem Tiefstand des Denkenkönnens zahlreicher junger Menschen nach zwölfjähriger Erziehungsversäumnis eine große Chance hat.« Eine Institutsgründung wäre aus dieser Perspektive »ein Verhängnis für die Reinheit und Kraft des wissenschaftlichen Geistes des Universität«. Freud, so schloss Jaspers, sei ohnehin »weder wissenschaftlich noch sittlich eine Erscheinung, die ein Fach oder einen Institutstypus tragen könnte«.

31 Stellungnahme Schneider, 13.6.1946, Universitätsarchiv Heidelberg, PA 1078.
32 Henkelmann, Klinikgründer, S. 179.
33 Gutachten Jaspers »Über die Errichtung eines Instituts für Psychotherapie«, 14.7.1946, Universitätsarchiv Heidelberg, PA 1078; AMA IIa, 1.14.
34 Bormuth, Jaspers; Warsitz, Selbstmißverständnis.

Mitscherlich wusste um die Ablehnung der Psychoanalyse durch Jaspers, dennoch erlebte er dessen Stellungnahme als »Verrat«[35]. Er war nicht imstande, zwischen dem wissenschaftlichen Disput und der persönlichen Beziehung zu Jaspers, der ihm sehr zugetan war, zu differenzieren. Die Beziehung blieb von nun an dauerhaft belastet. Um das Gewicht des Gutachtens Jaspers' wissend, trat von Weizsäcker dessen Vorschlag entgegen, Mitscherlichs »Wirkungsraum« der Psychiatrie zuzuordnen.[36] Da der Psychiater selbst eine solche Kooperation ausgeschlossen habe, schlug von Weizsäcker vor, Mitscherlichs Abteilung »ohne besondere Benennung« seinem eigenen Lehrstuhl anzugliedern. Der Senat folgte zwar Jaspers' Vorschlag »rückhaltlos«[37], innerhalb der Fakultät wurde dieser aber insoweit modifiziert, als statt von einer Institutsgründung nun von einer »Stelle« für Mitscherlich gesprochen wurde und diese – dem Vorschlag von Weizsäckers folgend – an dessen Lehrstuhl angegliedert werden sollte.[38] Im Oktober 1946 stellte die Fakultät daraufhin den entsprechenden Antrag bei der Landesverwaltung Bayern. Mitscherlich berichtete Bally, die Lage sei nicht ungünstig, Schneider habe den Kompromiss nicht nur akzeptiert, sondern ihn sehr unterstützt, weil ihm die von Jaspers vorgeschlagene Ansiedlung Mitscherlichs in der Psychiatrie genauso unlieb war wie ihm, Mitscherlich, selbst.[39]

Bis zu diesem Zeitpunkt kann von einer systematischen Benachteiligung Mitscherlichs in Heidelberg keine Rede sein. Ein Jahr nach der Abfassung einer ersten Denkschrift hatte er als junger Privatdozent eine eigene Abteilung genehmigt bekommen (in einer für die Universität keineswegs komfortablen finanziellen Lage[40]) und war zugleich in Verhandlungen mit der Universität Hamburg, die seine Berufung an ein zu gründendes psychotherapeutisches Institut erwog.[41] Schon bald zeigte

35 Mitscherlich, Leben, S. 125.
36 Von Weizsäcker, Viktor: Bemerkungen zu dem Gutachten von Herrn Jaspers über den Antrag Mitscherlichs. Faksimiliert in: Henkelmann, Klinikgründer, S. 166-171.
37 Bauer an Engelking, 2.8.1946, Universitätsarchiv Heidelberg, PA 1078.
38 Aktennotiz über eine Besprechung am 25.9.1946 (Engelking, Oehme, Siebeck, Vogel), Universitätsarchiv Heidelberg, PA 1078.
39 Mitscherlich an Bally, 4.10.1946, AMA I, 316.9.
40 »Die gesamte Universität leistet sich außer dieser opulenten Psychosomatik nur eine Neugründung (das ökumenische Institut) und die Medizinische Klinik kämpfte in ihrem Etatantrag um Ersatz für ein schon museales EKG- und Röntgengengerät.« (Henkelmann, Klinikgründer, S. 183).
41 Mitscherlich an Bally, 4.10.1946, AMA I, 316.9, sowie: Briefwechsel Mitscherlich/Jores, AMA I, 2724. Von Weizsäcker nahm das Hamburger Angebot an

sich Mitscherlich aber irritiert darüber, dass auf den im Herbst gestellten Antrag keine Reaktion erfolgte. Als er den zuständigen Ministerialrat deshalb mahnte, berief er sich in nicht wenig theatralischer Diktion wiederum auf seine Lebensgeschichte: »In einem Land, in dem ich vor 14 Jahren eine eben begonnene Universitätslaufbahn abbrechen mußte, aus dem ich aus Gewissensgründen auswandern und von dem ich mich einkerkern lassen mußte, das mir alle Freunde durch Mord nahm, kann ich nicht mehr bitten. Befürchten Sie nicht, daß ich fordere. Ich warte und ziehe nach einiger Zeit unter Umständen die Konsequenz, zum zweiten Male zu gehen.«[42] Der Bezug auf die nationalsozialistische Vergangenheit war eine scharfe Waffe: Kaum zwei Monate später war der Etat genehmigt.[43]

Auswanderungspläne

Als Problem erwies sich nun, dass sich die notwendigen Umbauarbeiten in der Universität immer weiter verschleppten. Im Sommer 1947 musste Mitscherlich erkennen, dass mit der Räumung der ihm zugesagten Räume einer Augenklinik vorerst kaum zu rechnen war.[44] In der Tat ist es auffällig, dass die Verzögerung der Klinikgründung genau in dem Moment einsetzte, als die Broschüre *Das Diktat der Menschenverachtung* im Frühjahr 1947 erschien. Dass inzwischen Kurt Schneider zum Dekan der Medizinischen Fakultät gewählt worden war, ist in diesem Zusammenhang ebenfalls bemerkenswert. Zwei Jahre lang passierte von Seiten der Universität nichts, und mehr als einmal beklagte sich Mitscherlich gegenüber Freunden über die »uninteressiert bis unfreundliche Behandlung, die ich hier erfahre«[45]. Die Angriffe, die ihm sein Nürnberg-Report einbrachte, und die Verschleppung der Institutsgründung sah er in en-

Mitscherlich sehr ernst und beschwor ihn, Heidelberg nicht zu verlassen (von Weizsäcker an Mitscherlich, 6.7.1946, AMA IIa, 1.17). Das Hamburger Institut nahm schließlich zu Jahresbeginn 1947 in weitaus kleinerem Rahmen seine Arbeit auf, als es die ersten Pläne vorgesehen hatten. Jores übernahm selbst die Leitung und konnte Mitscherlich nur noch eine Stelle als Psychotherapeut anbieten, ohne ihm Hoffnung auf ein Extraordinariat machen zu können (Jores an Mitscherlich, 25.2.1947, AMA I, 2724.8). Mitscherlich lehnte daraufhin ab (Mitscherlich an Jores, 10.3.1947, AMA I, 2724.9).
42 Mitscherlich an Thoma, 19.3.1947, AMA I, 5520.1.
43 Mitscherlich an Bally, 14.5.1947, AMA I, 316.18.
44 Mitscherlich an Thoma, 1.7.1947, AMA I, 5520.7.
45 Mitscherlich an Jores, 10.11.1947, AMA I, 2724.17.

gem Zusammenhang. Weil er als Privatdozent zudem ohne regelmäßiges Einkommen war, wurde die Verzögerung der Institutsgründung für ihn auch finanziell zum existenziellen Problem.[46] Gegen Ende des Jahres 1947 sah sich Mitscherlich in eine regelrechte »Depression«[47] gestürzt.

Als ihn zu Jahresbeginn 1948 das Angebot aus der Schweiz erreichte, dass er in Zürich (mit von Gustav Bally abgewiesenen Patienten versorgt) als freier Psychotherapeut arbeiten könne[48], war Mitscherlich »erschüttert« und »beglückt«[49]. Er nutzte seinen Weggang in die Schweiz gegenüber der Heidelberger Universität als Druckmittel und teilte dem Dekan in seinem Beurlaubungsantrag unumwunden mit: Da sich die »Bemühungen, mich in den Arbeitsbereich der Kliniken einzugliedern, nun schon seit mehr als zwei Jahren ohne praktische Fortschritte« hinziehen, könne er das Schweizer Angebot nicht ablehnen.[50] Der Dekan billigte dies und versicherte Mitscherlich: »Aber es bleibt dabei: Laut Fakultätsbeschluß steht Ihnen die Schönfeld'sche Ambulanz zu, und ich glaube bestimmt, daß, wenn Sie zurückkehren, das Gebäude frei ist. Herr Schönfeld ist froh, wenn er dort ausziehen kann. Aber die Handwerker arbeiten entsetzlich langsam; nur daran liegt die ganze Geschichte.«[51] Doch auch das Jahr 1948 verstrich, ohne dass sich eine Lösung in der Frage der Räumlichkeiten auftat. Etatprobleme kamen hinzu, weil durch die Währungsreform neue Verhandlungen notwendig wurden. Zum Wintersemester 1948/49 beantragte Mitscherlich erneut erfolgreich eine Beurlaubung: Er hatte nun eine Einladung des Basler Professors Rossier, an der dortigen medizinischen Universitäts-Poliklinik psychosomatische Forschung zu betreiben.[52]

Im Herbst 1948 wandte sich Mitscherlich schließlich aus der Schweiz direkt an den Rektor der Universität, drohte mit dem Weggang aus Heidelberg und erhob offen die Forderung nach einer Professur, die ihm die Verhandlungen mit eventuellen Geldgebern hinsichtlich der Komplementärfinanzierung der Klinik sehr erleichtern würde.[53] Der Hinter-

46 Dehli, Konflikt, S. 222.
47 Mitscherlich an Jores, 10.11.1947, AMA I, 2724.17.
48 Weissert an Mitscherlich, 12.1.1948, AMA I, unsortiert.
49 Mitscherlich an Weissert, 17.1.1948, AMA I, unsortiert.
50 Mitscherlich an Hoepke, 5.2.1948, AMA I, 5663.23.
51 Hoepke an Mitscherlich, 13.2.1948, Universitätsarchiv Heidelberg, PA 5032; AMA I, 5663.30.
52 Mitscherlich an Hoepke, 16.6.1948, Universitätsarchiv Heidelberg, PA 1078; AMA I, 5663.32.
53 Mitscherlich an Geiler, 22.10.1948, Universitätsarchiv Heidelberg, Akten Bauer, Nr. 89.

grund war, dass er in Verhandlungen mit der Rockefeller Foundation stand, die seit Herbst 1947 in Deutschland aktiv die Möglichkeiten der Forschungsförderung sondierte. Über die Vermittlung von Weizsäckers war Mitscherlich in Kontakt zum Direktor der Medizinischen Abteilung der Stiftung, Alan Gregg, gekommen, der bereits vor dem Krieg mit von Weizsäcker zu tun gehabt hatte[54] und der ein großes inhaltliches Interesse an den Institutsplanungen ebenso erkennen ließ wie eine persönliche Sympathie für Mitscherlich. Auch dem Rektor gegenüber brachte Mitscherlich in seinem Schreiben das Argument seiner angeblichen Benachteiligung während der NS-Zeit vor: »Ich bitte aber noch zu bedenken, dass ich erstens 1933 eine begonnene wissenschaftliche Laufbahn als Historiker abzubrechen gezwungen wurde und mich zweitens während des Dritten Reiches nicht habilitieren konnte, also nicht wenige Jahre der akademischen Wartezeit – wenn ich mich so sarkastisch ausdrücken darf – verloren habe. Meine seit 1945 erschienenen wissenschaftlichen Publikationen, die Gründung der ›Psyche‹ und meine gegenwärtige Arbeit zeigen zudem wohl zur genüge, daß ich wissenschaftlich tätig gewesen bin.«

Tatsächlich erwies sich inzwischen nicht mehr die Raumfrage, in der sich im November 1948 eine Lösung abzeichnete[55], sondern die Finanzierung der Klinik als das größte Problem. Zwar hatte Gregg für die Rockefeller-Stiftung Unterstützung zugesagt, nötig war aber, dass von deutscher Seite eine ebensolche Summe als Komplementärfinanzierung aufgebracht wurde. Die Entscheidung darüber innerhalb der Universität zog sich hin. Gegen Jahresende gab Mitscherlich schließlich alle Hoffnung auf, in Heidelberg noch zu einem Erfolg zu kommen, und teilte Schottlaender mit: »Wahrscheinlich ist die Universität ein keiner (sic!) Weise regenerationsfähiges Institut. Schade darum, war ein großer Ort des Abendlandes.«[56] An Hubert Bloch schrieb er zu Jahresbeginn, er habe »das Heidelberger Projekt aufgegeben«[57].

Schon seit 1946 hatte Mitscherlich immer wieder Möglichkeiten sondiert, dauerhaft oder zumindest befristet eine Stellung im Ausland zu finden. Seinen in den USA lebenden Onkel Karl Heigenmoser bewegte

---

54 Vgl.: Henkelmann, Klinikgründer, S. 181, Lockot, Erinnern, S. 203; Lohmann, Mitscherlich, S. 69.
55 Vgl. Korrespondenz Mitscherlich/Bauer, November 1948, Universitätsarchiv Heidelberg, PA 1078.
56 Mitscherlich an Schottlaender, 22.12.1948, AMA I, 4866.202.
57 Mitscherlich an Bloch, AMA III, 4.1.1949.

AUSWANDERUNGSPLÄNE

er dazu, ein Besuchsvisum für ihn zu beantragen[58], und parallel dazu versuchte er, eine Einladung einer amerikanischen Universität zu erwirken.[59] Auch die aus Mitscherlichs Sicht restaurativen Tendenzen innerhalb der Heidelberger Universität verstärkten sein Unbehagen. Karl Jaspers kehrte 1948 der Universität und Deutschland den Rücken und ging – demonstrativ resigniert – nach Basel.[60] Der Schweizer Ökonom Edgar Salin, der in Heidelberg einen Lehrauftrag angenommen hatte, begegnete so vielen praktischen Schwierigkeiten und persönlichen Unfreundlichkeiten, dass er seine Lehrtätigkeit vorzeitig abbrach.[61]

Der Journalist Delbert Clark, der später höchst kritisch über seine Reisen im besetzten Deutschland berichtete[62], publizierte im Dezember 1947 einen Artikel in der *New York Times* über die restaurativen Tendenzen an der Heidelberger Universität.[63] Er ging dabei auch auf Mitscherlich ein, der nach seinem Nürnberg-Bericht von einer »großen Zahl« der Fakultätskollegen als »unpatriotisch« angegriffen worden sei. Der Artikel Clarks verursachte großen Wirbel in Heidelberg. Der Rektor versammelte den gesamten Lehrkörper und stritt in einem Brief an das Kultusministerium die Vorwürfe ab, Gleiches tat Karl Heinrich Bauer, dessen Entgegnung von der *New York Times* am 19. April 1948 veröffentlicht wurde. Der Verdacht, Mitscherlich habe Clark mit Informationen versorgt, lag nahe und ließ sich, obwohl von diesem beharrlich bestritten, nie wieder ausräumen.

Mitscherlich verfasste eine eigene Stellungnahme[64] für die *New York Times*, die er zunächst auf Bitten Jaspers' zurückhielt[65], dann aber doch abschickte, nachdem ihm bei einer Sitzung des Dreizehnerausschusses dazu geraten worden war.[66] Darin bestätigte Mitscherlich die Existenz zweier Gruppen innerhalb der Universität, »a progressive and a conservative«, wobei zu bedenken sei, dass dies auf alle Universitäten und öffent-

---

58 Korrespondenz Mitscherlich/Karl Heigenmoser, AMA III sowie AMA, unsortiert (MI 76).
59 Mitscherlich an Emmy Rado, 27.4.1946, AMA III.
60 Vgl. Jaspers, Schriften, S. 25, sowie die Erinnerungen Sombarts (Sombart, Rendezvous, S. 228f. und S. 234).
61 Salin an Mitscherlich, 13.5.1947, AMA I, 4621.1, sowie Salin an Rektorat, 31.5.1947, AMA I, 4621.2 und Mitscherlich an Weber, 10.6.1947, AMA I, unsortiert.
62 Clark, Goose Step.
63 Clark, Delbert: Heidelberg Held Failure in Policy: Reactionary Elements have taken over Old University, some critics declare. In: New York Times, 16.12.1947.
64 Mitscherlich an New York Times, undatiert, AMA IIa, 62.
65 Mitscherlich an Bloch, 2.1.1948, AMA III.
66 Mitscherlich an Kunkel, 23.1.1948, AMA I, 5657.8.

lichen Institutionen zutreffe. Zwar bilde die konservative Gruppe »with their carefully suppressed nationalistic sentiments« eine einflussreiche Kraft, aber auch die Progressiven seien nicht nur »puppets«. Mitscherlich führte mehrere Gründe dafür an, dass die führenden Figuren der Universität, denen er »truly democratic ideas« ausdrücklich zubilligte, sich nicht immer durchsetzen könnten: Den Fakultäten drohe die »Versteinerung«, weil ältere Lehrende reaktiviert würden, die zwar formal unbelastet seien, womöglich aber in jüngeren Jahren dem Nationalsozialismus auch nicht widerstanden hätten. Viele Jüngere seien aufgrund einer nominellen Belastung ausgeschlossen durch die »schematic method of denazification«, was deren Ressentiments mehre und sie dadurch für die Zukunft nicht »nützlicher« mache. Der wichtigste Punkt sei allerdings die auf Krieg und Emigration zurückzuführende Knappheit an jüngeren und zugleich gut ausgebildeten Lehrenden. Mitscherlich forderte, die wenigen jüngeren Kräfte zu stärken – ohne dabei (anders war er nicht zu verstehen) allzu sehr auf formale Kriterien politischer Belastung zu sehen: »to open the doors to remove the dust – even if at the beginning much of the dust would fly around.«

Dieses Plädoyer, das sich gegen die Entnazifizierung richtete und eine vermeintlich identifizierbare Gruppe von »Progressiven« als Hoffnungsträger für die Zukunft ausmachte, war zweifellos erneut geeignet, Mitscherlich innerhalb der Universität nicht beliebter zu machen. Mitscherlich ahnte, dass er sich damit den »Ärger hiesiger Herren« zuzog[67], wie er an den in den USA lebenden Schweizer Mediziner Hubert Bloch schrieb, den er nach Heidelberg bringen wollte.[68] Auch diese Personalie ging nicht recht voran, und Mitscherlich wollte den Fall Bloch zum »Test-Case« für sein eigenes Verbleiben machen.[69] Wenige Wochen später erschien Mitscherlich die Lage bereits so hoffnungslos, dass er Bloch abriet, nach Heidelberg zu kommen.[70] Das Verhältnis zwischen Mitscherlich und der Medizinischen Fakultät war zur Jahreswende 1948/49 schwer belastet. Zu Mitscherlichs zuweilen cholerischer und verletzender Art, seiner Ungeduld hinsichtlich der Institutsgründung und seinen Berichten aus Nürnberg war nun mit der Affäre um den *New York Times*-Artikel noch der Verdacht der Illoyalität hinzugekommen.

Gleichzeitig ergab sich plötzlich die Möglichkeit einer Auswanderung: Mitscherlich erfuhr, dass die Bemühungen seines Onkels in den USA

67 Mitscherlich an Bloch, 2.1.1948, AMA III.
68 Korrespondenz Mitscherlich/Bloch, AMA III.
69 Mitscherlich an Bloch, 2.1.1948, AMA III.
70 Mitscherlich an Bloch, 11.2.1948, AMA III.

AUSWANDERUNGSPLÄNE

Erfolg gehabt hatten. Nachdem er seine Unterlagen beim »International Rescue & Relief Committee« eingereicht hatte und als NS-Verfolgter eingestuft worden war[71], stand ein Einreisevisum zur Verfügung.[72] Zudem hatte Mitscherlich in der Schweiz Margarete Nielsen wiedergetroffen, die während der Kriegsjahre in Heidelberg Medizin studiert hatte. Jetzt erwartete Margarete Nielsen ein Kind von ihm.[73] Mitscherlich musste sich in mehrfacher Hinsicht entscheiden.

In diesem Augenblick machte eine Intervention Carlo Schmids, seinerzeit Staatsminister im württembergischen Kultusministerium, in Heidelberg den Weg für die Klinikgründung frei. Schmid hatte, nachdem er von Mitscherlich über die Verschleppung informiert worden war, einen scharfen Brief an den Heidelberger Rektor verfasst und unmissverständlich betont: »Ich möchte nicht verfehlen, darauf hinzuweisen, daß Herr Dr. Mitscherlich einer der wenigen Dozenten ist, denen ihre Haltung im Dritten Reich Gefängnisstrafen eingebracht hat.«[74] Karl Heinrich Bauer, der Dekan der Medizinischen Fakultät, den der Rektor daraufhin zur Rede stellte, wies den impliziten Verdacht, die Fakultät habe Mitscherlich gezielt benachteiligt, zurück. Vielmehr habe man für ihn »alles getan, was er nur irgendwie billigerweise erwarten kann«. Zwar habe es zunächst eine »ziemlich heftige und kritische Stimmung« gegenüber Mitscherlich gegeben und es habe gar die Spaltung der Fakultät gedroht, doch dann habe man Mitscherlich eine Chance eingeräumt und ihm Räumlichkeiten zur Verfügung gestellt. Mitscherlich habe es seinerseits der Fakultät nicht leichtgemacht und immer wieder »krasse« Formulierungen gefunden zu seiner Rolle in der Fakultät. Zudem machte Bauer geltend, Mitscherlich erfreue sich zwar »großen literarischen und schriftstellerischen Ansehens«, sei aber »rein wissenschaftlich […] auf das heftigste umstritten. […] Seine Habilitationsarbeit z. B. befand sich an der äußersten Grenze dessen, was noch als ›Wissenschaft‹ vertreten werden kann.«[75]

Carlo Schmids Intervention bewirkte, dass binnen weniger Monate die zuvor unüberwindlich scheinenden Hindernisse beseitigt wurden. Plötzlich standen Gelder und Räume zur Verfügung, zum Sommersemester 1949 konnte Mitscherlich seine Lehrtätigkeit aufnehmen und

---

71 Korrespondenz Mitscherlich/International Rescue & Relief Committee, AMA III.
72 Heigenmoser an Mitscherlich, 12.1.1949, AMA III.
73 Mathias Mitscherlich kam im Januar 1949 zur Welt. Zu Margarete Mitscherlich-Nielsen vgl.: Schönborn, Mitscherlich.
74 Schmid an Geiler, 28.12.1948, Universitätsarchiv Heidelberg, PA 1078.
75 Bauer an Geiler, 6.1.1949, Universitätsarchiv Heidelberg, PA 5032.

wurde als Oberarzt am Lehrstuhl für allgemeine Medizin von Viktor von Weizsäcker ins Beamtenverhältnis übernommen. Im April 1950 begann die »Abteilung für allgemeine Therapie der klinischen Universitätsanstalten Heidelberg« ihre Arbeit.

Einen letzten Stolperstein hatte Mitscherlich im Frühjahr 1950 noch zu überwinden: Die Notgemeinschaft Deutscher Wissenschaftler, bei der er einen Antrag zur Komplementärfinanzierung gestellt hatte, lehnte eine Förderung mit dem Hinweis ab, man halte Mitscherlich als Person für »ungeeignet«: Die wahren Gründe der Ablehnung waren für diesen offensichtlich: »Endlich, endlich eine Möglichkeit, der Herren sich für Diktat der Menschenverachtung, Wissenschaft ohne Menschlichkeit zu rächen. Alle meine lieben Freunde Rein, Martini, Heubner, Sauerbruch, sitzen natürlich im Vorstand. Das nennt sich wahrscheinlich akademische Politik. Und dieser Entschluß in diesem Augenblick nach der Geste der R. F. [Rockefeller Foundation, T.F.]! Kaum zu glauben.«[76] Doch die Irritation konnte durch eine erneute Intervention von Weizsäckers ausgeräumt werden (was ihren symbolischen Gehalt für Mitscherlich nicht minderte). Ende März 1950 konnte er Jaspers mitteilen, die Notgemeinschaft gebe nun eine Sachbeihilfe von 15 300 DM.[77] Doch nicht nur die Notgemeinschaft trug zur Komplementärfinanzierung bei, sondern auch die westdeutsche Ärztekammer. Dies wird aus einem weiteren Antrag Mitscherlichs an das Kultusministerium deutlich, in dem er die Förderung durch die Rockefeller-Stiftung, die Notgemeinschaft und die Kammern zum Argument dafür machte, es müsse nun ein weiterer Ausbau seiner Abteilung ins Auge gefasst werden.[78] Dass dieses weitgehende Ansinnen von der Fakultät abgelehnt wurde[79], ist in der Tat weniger erstaunlich als die Tatsache, dass die Notgemeinschaft und die Ärztekammern

---

76 Mitscherlich an Schottlaender, 19.2.1950, zit. nach: Lockot, Reinigung, S. 267.
77 Mitscherlich an Jaspers, 31.3.1950, AMA III.
78 Antrag Mitscherlich an das Kultusministerium, 2.5.1950, Universitätsarchiv Heidelberg, PA 1078. Als Forschungsfelder gab Mitscherlich solche Gebiete an, die eine enge Zusammenarbeit mit den »traditionellen« Kliniken erforderten und versprachen: Psychosomatische Zusammenhänge von Lungentuberkulose, Herz-/Kreislauferkrankungen, Allergien (v.a. Asthma bronchiale), Frauenheilkunde, Erkrankungen des blutbildenden Systems. Die eigentliche psychoanalytische Forschung wurde nur in einem Punkt, »Forschung auf dem Gesamtgebiet der Psychoneurosen«, erwähnt.
79 Schreiben des Dekans Schönfeld, 15.11.1950, Universitätsarchiv Heidelberg, PA 1078; vgl. auch: Henkelmann, Klinikgründer, S. 182.

AUSWANDERUNGSPLÄNE

das Projekt unterstützten.[80] In der Selbstdarstellung Mitscherlichs spielte dies in den folgenden Jahren keine Rolle.

Die Interpretation Mitscherlichs, an der er bis an sein Lebensende festhielt, das Institut sei gegen eine feindliche Fakultät durchzusetzen gewesen, ist zu differenzieren.[81] Das Missfallen, das Mitscherlich in der Fakultät mit seinem Nürnberg-Buch erregte, trug gewiss zu einer Reserve gegenüber den Institutsplanungen bei. Diese waren jedoch so ungewöhnlich weitgehend – und dazu einer Wissenschaftsrichtung verpflichtet, die in den Augen vieler ihre Bewährungsprobe noch nicht bestanden hatte –, dass gewisse Widerstände nicht erstaunen können. Der Kampf um die Klinik endete 1950 mit zwei wesentlichen Ergebnissen: Die Heidelberger Klinik wurde zur Keimzelle der psychosomatischen Medizin und der Psychoanalyse in der Bundesrepublik – und für Mitscherlich waren trotz dieses Erfolges die Fronten endgültig verhärtet. In seiner Sicht teilte sich die Welt nun noch klarer als zuvor in Freunde und Feinde und in progressive und rückständige Zeitgenossen.

---

80 Die Notgemeinschaft Deutscher Wissenschaftler stellte etwa 15 000 DM zur Verfügung, die Ärztekammern 20 000 DM als zinsloses Darlehen (Antrag Mitscherlich an das Kultusministerium, 2.5.1950, Universitätsarchiv Heidelberg, PA 1078).
81 So auch: Henkelmann, Klinikgründer, S. 183.

6. Biographische Medizin

Freiheit und Unfreiheit in der Krankheit

Als die psychosomatische Abteilung in Heidelberg 1950 mit ihrer Arbeit beginnen konnte, war für Alexander Mitscherlich sein zunächst wichtigstes Ziel erreicht. Im Rückblick scheint es, als habe er mit der Klinikgründung, bruchlos an seine wissenschaftliche Biographie anknüpfend, die Keimzelle einer modernen psychosomatischen Medizin in der Bundesrepublik gelegt. Sein späterer Mitarbeiter Hermann Argelander sprach sogar davon, Mitscherlich habe »eine neue medizinische Epoche in Deutschland«[1] eingeleitet. Mitscherlich selbst stand 1950 allerdings noch in der wissenschaftlichen Tradition seines Mentors Viktor von Weizsäcker – die Loslösung von dessen Ideen einer »neuen Heilkunde«[2] war die Vorbedingung für einen erfolgreichen Neuanfang.

Nicht nur für Viktor von Weizsäcker war in der Weimarer Republik die Einbindung der Medizin in den modernen Sozialstaat eine Krisenerfahrung gewesen. Diese Krise manifestierte sich vermeintlich im Zustrom von Kassenpatienten und in einer als Bürokratisierung empfundenen administrativen Einbindung des zuvor autonomen Arzt-Patient-Verhältnisses in ein kassenfinanziertes Sozialsystem. Diese Bedrohung der Medizin und der Freiheit des Arztberufes war für von Weizsäcker der Ausgangspunkt seiner Bemühungen, der klassischen eine »neue Heilkunde« entgegenzustellen, die sich allein am Bedürftigkeitsprinzip und den objektiven Erfordernissen der Sozialpolitik orientieren sollte, anstatt die Gesundheit zum »Sachgut« zu machen, woraus zwangsläufig »Sozialneurosen« entstünden.

Von Weizsäcker hatte die Hoffnung, diese Vision könne vom NS-Staat umgesetzt werden.[3] 1934 schrieb er: »In der konkreten Entscheidung erst zeigt sich, daß eine Sozialpolitik, die nur Erhaltungspolitik treiben will, sich einer Illusion ausliefert. Sie übernimmt vom Arzt eine Haltung, die nicht einmal dieser selber durchzuhalten vermag: die des Erhaltens um jeden Preis. Auch als Ärzte sind wir beteiligt an der Aufopferung des

---

1 Argelander, Weg, S. 295.
2 Zu Viktor von Weizsäcker: Weizsäcker, Begegnungen; Dehli, Konflikt, S. 90-100, Dressler, Weizsäcker; Henkelmann, Weizsäcker; Hahn/Jacob, Weizsäcker.
3 Vgl. auch: Dehli, Konflikt, S. 96.

Individuums für die Gesamtheit. Es wäre illusionär, ja es wäre nicht einmal fair, wenn der deutsche Arzt seinen verantwortlichen Anteil an der notgeborenen Vernichtungspolitik glaubte nicht beitragen zu müssen. An der Vernichtung unwerten Lebens oder unwerter Zeugungsfähigkeit, an der Ausschaltung des Unwerten durch Internierung, an der staatspolitischen Vernichtungspolitik war er auch früher beteiligt.«[4] Bereits 1926 hatte von Weizsäcker der Politik explizit den Primat der sozial- und gesundheitspolitischen Weichenstellungen zugeschrieben: »Ein erbbiologisch entstandener Minderwert ist erst dann ein Minderwert im Volke, wenn er der Idee dieses Volkes widerspricht. Ob dies der Fall ist, kann aber nicht der medizinische Biologe entscheiden, sondern der führende Vertreter dieser Idee.«[5] Politisch sah sich von Weizsäcker in der Spätphase der Weimarer Republik als »konservativen Revolutionär«, der sich dem politischen Kampf gegen die neuen sozialen Errungenschaften verschrieben hatte. Seine Vorstellung einer neuen Heilkunde kulminierte in der Überzeugung: »Das Volksganze ist Patient geworden und meldet seine Rechte gegen die des Einzelnen an« – eine Auffassung, die er auch 1949 noch vertrat.[6]

Mit diesen Gedanken stand Weizsäcker der sich an der Bezugsgröße des Volkskörpers orientierenden nationalsozialistischen Gesundheitspolitik nahe. Allerdings waren seine Ideen einer politisch aufgeladenen Funktion des Arztes nicht an den rassistischen Paradigmen orientiert, die die Medizin im Nationalsozialismus bestimmen und radikalisieren sollten. Von Weizsäcker kam allerdings durchaus persönlich in Kontakt mit der nationalsozialistischen Vernichtungsmedizin. An dem von ihm geleiteten Neurologischen Institut in Breslau untersuchte ein Mitarbeiter Gehirne und Rückenmark von Kindern, die im Rahmen der »Euthanasie« getötet worden waren. Von Weizsäckers persönliches Verhältnis zu diesen Versuchen konnte bislang nicht geklärt werden.[7]

Alexander Mitscherlich hat von Weizsäckers Lehren nie unkritisch adaptiert, war aber von dessen Anschauung beeinflusst, die die Medizin Kategorien übergeordneter Sinnhaftigkeit verpflichtete. Auch er strebte mit seinen ersten wissenschaftlichen Gehversuchen eine neue Anthropologie an. Seine Dissertation *Zur Wesensbestimmung der synästhetischen Wahrnehmung* war 1941 abgeschlossen, wurde aber niemals publiziert. Anschließend arbeitete Mitscherlich an zwei Untersuchungen: *Freiheit*

---

4 Von Weizsäcker, Fragen, S. 69.
5 Von Weizsäcker, Seelenbehandlung, S. 68.
6 Von Weizsäcker, Begegnungen, S. 41.
7 Vgl.: Roth, Weizsäcker.

und Unfreiheit in der Krankheit und dem nach Kriegsende als Habilitationsschrift eingereichten Manuskript *Vom Ursprung der Sucht.*

In seiner Dissertationsschrift bemühte sich Mitscherlich, das Phänomen der »synästhetischen Wahrnehmung«, der Wahrnehmung verschiedener Sinneseindrücke bei der Reizung nur eines Sinnesorgans, als Beleg für die Unzulänglichkeit einer rein naturwissenschaftlich ausgerichteten Medizin auszudeuten.[8] Die Synästhesie galt Mitscherlich als Beleg für die über eine naturwissenschaftlich erklärbare Verschaltung von Reiz und Wahrnehmung weit hinausgehende Einheit von Körper und Seele. In ihr offenbare sich einerseits eine den Betroffenen eigene »Freiheit zur Welt [...], die wir als das Pathos der Welterkenntnis bezeichnen möchten«[9], und andererseits nicht weniger als das Scheitern des Rationalitätsprinzips der herkömmlichen Medizin insgesamt. Der Bezug zu Mitscherlichs Kritik am Rationalitätsprinzip der Moderne, die sich in seinen frühen gesellschaftskritischen Schriften zeigt, ist unübersehbar. Auch in seiner Untersuchung über *Freiheit und Unfreiheit in der Krankheit* ging es ihm um den Entwurf einer Krankheitslehre, die die herkömmlichen naturwissenschaftlichen Kausalitätskategorien hinter sich lässt. Den Ausgangspunkt dieses Krankheitsverständnisses bildete die Sonderstellung des Menschen gegenüber allen anderen Lebensformen, die Mitscherlich konsequenterweise auch zur Ablehnung der Darwin'schen Evolutionstheorie führen musste. An die Psychoanalyse knüpfte Mitscherlich dabei nicht an, sondern an anthropologisches Gedankengut von Arnold Gehlen, Max Scheler und Martin Heidegger – ein zweifellos »abenteuerliches Gemisch« von Theoremen.[10]

Krankheit entstand für Mitscherlich, indem der Kranke einen seelischen Konflikt in die Sphäre des Körperlichen verschiebt. Der Konflikt werde dann nicht in einem Prozess der Entscheidungsfreiheit ausgetragen, sondern im Kampf gegen die körperlichen Schmerzen. In diesem Sinne war für Mitscherlich die Neurose »der Weg von der Freiheit in die Unfreiheit« der Krankheit[11]. Dehli hat zu Recht darauf hingewiesen, dass dieser »Niveauverlust«, den der Kranke in den Augen Mitscherlichs vollzieht, eine moralische Dimension hatte: Der Weg in die Neurose war für Mitscherlich eine Flucht, eine Preisgabe der Freiheit. Sinn und Erfüllung, freiheitliche Selbstbestimmung und Zielgerichtetheit des Lebens

8 Vgl. ausführlicher: Dehli, Konflikt, S. 100-106.
9 Mitscherlich, Wesensbestimmung, S. 10.
10 Krovoza/Schneider, Psychologie, S. 644, Fn. 3. Vgl. auch: Henkelmann, Klinikgründer, S. 177; Dehli, Konflikt, S. 105.
11 Dehli, Konflikt, S. 116 f.

waren dabei undeutlich mit Gesundheit verknüpft, Verirrungen auf dem Lebensweg und die Flucht in organisches Leiden waren der Weg in die Krankheit. Die Aufgabe des Therapeuten war es aus dieser Sicht, den Betroffenen zur Umkehr zu zwingen und zurück zur Freiheit zu führen.

Für die Generation seiner akademischen Lehrer war dieser Versuch Mitscherlichs, eine philosophische Interpretation von Krankheit zum Ausgangspunkt eines neuen Verständnisses der menschlichen Existenz zu machen, durchaus überzeugend. Karl Jaspers äußerte sich ebenso angetan[12] wie Viktor von Weizsäcker[13]. Auch Mitscherlichs Verleger Claassen zeigte sich begeistert von dem Werk, das zu diesem Zeitpunkt noch den Titel *Der homo sapiens und die Krankheiten* trug. Es stelle die Heilkunde in eine neue Anthropologie und werde zweifellos »Epoche machen«[14]. Der Autor selbst war nach der Fertigstellung des Manuskripts im Januar 1944 überzeugt, sein Ansatz werde für die Ärzte »Erleuchtung« sein.[15] Leise Kritik äußerte allein Richard Siebeck, der sich vor allem an der »Sinndeutung des Lebens« stieß, die Mitscherlich betreibe und die ihm – der er auf dem Boden der Religion stehe – befremdlich erscheine.[16]

Als das Buch 1946 erschien, fand es in der Fachpresse eine freundliche Aufnahme. Das Lob bezog sich dabei einhellig auf das Bemühen des Autors, eine rein biologistische »Organmedizin« zu überwinden. Die *Rheinische Zeitung* war mit Mitscherlich überzeugt: Die Neurose ist kein »sinnloser Einbruch einer Krankheit in die Integrität der Persönlichkeit«, sondern sie ist »schuldhaft erworben«[17], insofern sei es geradezu die Aufgabe der Psychotherapie, ein neues gültiges Bild vom Menschen zu geben. Auch in der *Ärztlichen Wochenschrift* wurde Mitscherlich für seine über die Medizin weit hinausreichende Perspektive gelobt: »Es bleibt keines der großen Probleme unberührt.«[18] Der *Süddeutsche Rundfunk* würdigte das Buch als Ausdruck des »Ringens um Erkenntnis« auf dem Gebiet des Einflusses der Seele auf den Körper[19], und selbst das *Philosophische*

---

12 Jaspers an Mitscherlich, 20.12.1943, AMA VII, 50.
13 Korrespondenz Mitscherlich/von Weizsäcker, AMA VII, 50.
14 Claassen an Mitscherlich, 11.2.1944, AMA VII, 50.
15 Mitscherlich an Claassen, 8.1.1944, AMA VII, 50.
16 Siebeck an Mitscherlich, 20.2.1947, AMA I, 5068.1.
17 Rheinische Zeitung, 15.2.1947.
18 Ärztliche Wochenschrift 1/2 (1947), Heft 41/42.
19 Manuskript der Sendung »Bücherschau« des Süddeutschen Rundfunks vom 1.9.1948, AMA X, 70.31.

Jahrbuch vermerkte in seiner Ankündigung[20], hier leite ein Arzt aus »jedem schmerzgeprägten Gesicht« die Frage ab: Was ist der Mensch? Auch die nichtmedizinische Presse gestand Mitscherlich zu, auf diese Fragen erste Antworten gegeben zu haben[21], lediglich die psychiatrische Fachpresse reagierte allenfalls höflich. Ernst Kretschmer, einer der bedeutendsten Psychiater der Nachkriegszeit, konnte sich nur zu der knappen Bemerkung verstehen lassen, es werde ein »weitgespannter Überblick« über die Menschenkunde aus ärztlicher Sicht gegeben und der Verfasser zeige »eindringlich«, dass sich die Medizin auf die Individualität des Menschen konzentrieren müsse.[22]

Bereits ein Jahr nach *Freiheit und Unfreiheit in der Krankheit* wurde Mitscherlichs Habilitationsschrift *Vom Ursprung der Sucht. Eine pathogenetische Untersuchung des Vieltrinkens*[23] veröffentlicht. Das Buch sollte die zuvor umrissene existenzialistische Anthropologie klinisch untermauern. Mitscherlich berichtete im Kern über die psychotherapeutische Behandlung dreier Patienten, die er während der Kriegsjahre durchgeführt hatte. Die Patienten litten an dem unstillbaren Zwang, Wasser zu trinken. Mitscherlich wandte sich in seiner Interpretation dieses Leidens noch gegen die Freud'sche Lehre, indem er sowohl dessen Thesen zur frühkindlichen Sexualität als auch das Theorem des Ödipus-Komplexes zurückzuweisen suchte, und stattdessen eine gleichsam biographische Ursituation – in allen Fällen die Bevorzugung eines Geschwisters durch die Mutter – als ursächlich für die Neurosenbildung ansah.[24] Als mögliche Bezeichnung jener »das Subjekt ergreifenden Forschungsrichtung«[25] nannte Mitscherlich in seiner »tastende[n] Neuorientierung«[26] neben Psychotherapie und Tiefenpsychologie auch den Begriff der »biographischen Medizin«.

Die Reaktionen auf diesen Versuch, der »biographischen Medizin« einen wenn nicht empirischen, so doch zumindest kasuistischen Unterbau zu geben, waren mehrheitlich kritisch. Nicht nur die *Medizinische Klinik* beklagte die schwer verständliche, der Philosophie entlehnte sprachliche Form, die Mitscherlich von Viktor von Weizsäcker übernommen habe.[27]

20 Philosophisches Jahrbuch 57 (1947), S. 511.
21 Die Zeit, 21.8.1947.
22 Medizinische Klinik 42 (1947), Heft 14.
23 Mitscherlich, Alexander: Vom Ursprung der Sucht. Eine pathogenetische Untersuchung des Vieltrinkens, Stuttgart 1947.
24 Vgl.: Dehli, Konflikt, S. 112.
25 Mitscherlich, Sucht, S. 29.
26 Argelander, Weg, S. 294.
27 Medizinische Klinik 44 (1949), Heft 2.

FREIHEIT UND UNFREIHEIT IN DER KRANKHEIT

Die *Medizinische Rundschau* vermisste eine klare Darlegung der Methode der biographischen Medizin[28], und *Der Nervenarzt* gestand Mitscherlich zwar zu, immer wieder überzeugende Hinweise auf mögliche versteckte Zusammenhänge geliefert zu haben, monierte aber: »Eine besondere Begabung (und Gefahr) des Verf. ist es, Wichtiges mehr anklingen zu lassen, als es im einzelnen auszuführen.«[29] Der Psychoanalytiker Harald Schultz-Hencke legte das Buch Laien ausdrücklich ans Herz, der Fachmann dagegen werde es als zu wenig substantiell empfinden. Mitscherlich habe, so vermutete Schultz-Hencke süffisant, eine Abneigung gegen eine »wie er wohl meinen wird, vorschnelle Systematisierung«[30].

Kritik entzündete sich vereinzelt auch an der Tatsache, dass Mitscherlich seine Untersuchung nicht auf das Fundament der Freud'schen Psychoanalyse gestellt hatte. Die »eklektizistisch zu kennzeichnende Betrachtungsweise« unter Verwendung der Psychoanalyse, wie sie für nicht schulengebundene Analytiker heute kennzeichnend sei, empfand *Der Nervenarzt* als Manko. Und der Schweizer Psychoanalytiker Paul Parin beklagte: »Wer nicht mit den Werken der existenzialistischen Philosophie vertraut ist, vermisst aufs Schmerzlichste die Klarheit der einfachen Darstellung beobachteter psychischer Vorgänge, wie sie vor allem S. Freud zu Gebote stand.«[31]

Vom Ursprung der Sucht verkaufte sich außerordentlich schlecht. Die letzten Exemplare waren noch 1966 beim Verlag vorrätig, eine Neuauflage wurde nie ins Auge gefasst.[32] *Freiheit und Unfreiheit in der Krankheit* brachte es 1948 immerhin zu einer zweiten Auflage.[33] Auch das verdeutlichte, dass für die Heidelberger Klinik eine Neuorientierung anstand, und Mitscherlichs persönliche Neuorientierung musste ihr vorangehen. Der sah das im Rückblick durchaus selbst. Nach dem Krieg habe man sich »erst Kenntnis von den Ergebnissen der explosiven Entwicklung der psychoanalytischen Forschung während anderthalb Jahrzehnten verschaffen«[34] müssen, die man während der NS-Herrschaft nicht habe

28 Medizinische Rundschau 2 (1948), Heft 5.
29 Der Nervenarzt 19 (1949), Heft 9.
30 Tagesspiegel, 6.11.1949.
31 Schweizer Archiv für Neurologie und Psychiatrie 63 (1949).
32 Korrespondenz Mitscherlich/Klett Verlag, AMA III und I, 1409.110.
33 Korrespondenz Mitscherlich/Claassen, AMA I, 903.
34 Mitscherlich, Alexander: Vorwort. In: de Boor, Clemens/Künzler, Erhard: Die psychosomatische Klinik und ihre Patienten. Erfahrungsbericht der psychosomatischen Universitätsklinik Heidelberg/Stuttgart 1963, S. 11-14, hier S. 12; dort auch das folgende Zit.

wahrnehmen können. Es war schließlich die Psychoanalyse, die der Heidelberger Psychosomatik »Grundorientierung in Forschung und Praxis« gab.

Die ersten Berührungen Mitscherlichs mit der Psychoanalyse waren die praktischen Erfahrungen bei Gustav Bally während des Schweizer »Exils« gewesen. In Heidelberg las er dann während des Krieges die Werke Freuds intensiver und freundete sich mit Felix Schottlaender an, der in Stuttgart Psychotherapie praktizierte. Bally und Schottlaender waren ausgebildete Psychoanalytiker, aber beide wichen in ihrer persönlichen Praxis von der reinen Lehre Freuds ab und verbanden sie mit der »Daseinsanalyse«, wie sie vor allem von Ludwig Binswanger vertreten wurde.[35] Auch Viktor von Weizsäcker sah zwar die Psychoanalyse als eine zu Unrecht unerprobte Methode, deren sich die Medizin bedienen müsse[36], war aber nicht bereit, die sinnstiftende Instanz der Religion der Kulturkritik der Psychoanalyse zu opfern, und stand der Lehre Freuds deshalb ambivalent gegenüber.[37] Insofern ist wenig erstaunlich, dass auch Mitscherlich zum Zeitpunkt der Institutsgründung 1950 jene Amalgamierung der psychotherapeutischen Schulen vertrat, die auch am Berliner »Göring-Institut« während des Nationalsozialismus betrieben wurde.[38]

Die psychosomatische Medizin, die sein Lehrer von Weizsäcker vertrat, bot für Mitscherlich langfristig keine Anknüpfungspunkte mehr. Auch wenn sich klare Kritik an von Weizsäckers Lehren bei Mitscherlich nicht findet: Dass sich sein Lehrer den sozialdarwinistischen Prinzipien der NS-Medizin angenähert hatte und seine Anschauungen damit keine politisch und moralisch unbefleckte Alternative zur Schulmedizin darstellten, musste Mitscherlich deutlich sein. Viktor von Weizsäcker sah dies auch nach 1945 nicht und scheute sich nicht, zu den im Nürnberger Ärzteprozess aufgeworfenen medizinethischen Fragen Stellung zu nehmen.[39] Er offenbarte dabei, wie wenig ihn die in Rede stehenden Medizinverbrechen von seiner Vorstellung einer Ethik der ärztlichen »Vernichtungsordnung« abgebracht hatten. Auf seiner Suche nach ethischen Normen, die ärztliches Handeln auch dort bestimmen können, wo Entscheidungen über Leben und Tod gefällt werden müssen, sah er die Medizin – anders als vor dem Nationalsozialismus – jetzt selbst in der Pflicht.

35 Vgl.: Hoffmann, Einfluss.
36 Von Weizsäcker, Medizin.
37 Dehli, Konflikt, S. 93 ff.
38 Vgl. Dehli, Konflikt, S. 108.
39 Von Weizsäcker, Euthanasie.

Die Aufgabe aber, eine ärztliche »Vernichtungsordnung« auszuarbeiten, blieb für ihn aktuell. Lediglich manch allzu provokative Vokabel wie die des »politischen Arztes« blieb nun ungesagt.⁴⁰ Mitscherlich begann, sich von seinem Lehrer zu emanzipieren und zu distanzieren. Von dessen Vorstellung einer ärztlichen »Vernichtungsordnung« zog er sich Schritt für Schritt zurück. Das an von Weizsäcker angelehnte sozialdarwinistische Vokabular, das sich auch in seinen eigenen Texten nach 1945 noch fand, verschwand gleichsam mit dem Misserfolg der Bücher aus dem Blick. Als in den 1970er Jahren Mitscherlichs frühe psychosomatische Schriften wiederaufgelegt wurden, kürzte der Autor sorgfältig.⁴¹ Vorerst bildete ein gemeinsamer Auftritt mit von Weizsäcker auf dem Internistenkongress in Wiesbaden 1949⁴² den Höhepunkt des gemeinsamen Wirkens, doch die Trennung deutete sich an.⁴³ Mitscherlich sah den großen Erfolg, den es bedeutete, dass in Wiesbaden erstmals die Psychosomatik zu einem eigenständigen Kongressthema wurde, bereits mehr als seinen eigenen strategischen Erfolg, als dass er dort als Schüler von Weizsäckers aufgetreten wäre.⁴⁴ Fortan vermied er die Auseinandersetzung mit dessen Lehren – wohl nicht zuletzt aufgrund der Tatsache, dass die psychosomatische Medizin unter kritischen Fragen nach ihrer durch von Weizsäcker verkörperten Tradition hätte Schaden nehmen können.⁴⁵

Nach einer stillen Übereinkunft arbeitete das Mitscherlich-Institut trotz seiner formalen Anbindung an den Weizsäcker-Lehrstuhl ohnehin von Beginn an völlig autonom, und von Weizsäckers Einfluss schwand schnell. Aus Breslau völlig mittellos zurückgekehrt, war er in der Folge über den Tod dreier Kinder seelisch zerbrochen. Zuletzt hatte sich seine Tochter Ulrike im September 1948 das Leben genommen.⁴⁶ Als von Weizsäcker schließlich durch eine rasch fortschreitende Parkinson-Erkrankung zusätzlich beeinträchtigt wurde, bat er zu Jahresbeginn 1952 um seine Emeritierung und schlug als seinen Nachfolger Paul Christian

---

40 Vgl.: Dehli, Konflikt, S. 168-175.
41 Vgl.: Ebenda, S. 122, siehe auch Fn. 146.
42 Mitscherlich, Alexander: Schlußwort zur 55. Tagung der Deutschen Gesellschaft für Innere Medizin in Wiesbaden 1949. In: Psyche 3 (1949), S. 391-398.
43 Henkelmann, Klinikgründer, S. 178, Dehli, Konflikt, S. 177 ff.
44 Ihn zur Teilnahme aufzufordern sei »bei der überall spürbaren Ablehnung meiner Person und der Sache wirklich eine tapfere Tat des alten Oehme, des diesjährigen Präsidenten«, gewesen (Mitscherlich an Bloch, 4.1.1949, AMA III).
45 In diesem Sinne auch: Dehli, Konflikt, S. 175.
46 Henkelmann, Klinikgründer, S. 183.

vor. Um Mitscherlich, so vermerkte von Weizsäcker, müsse man sich keine Sorgen machen, eine Unterstellung unter den Nachfolger werde nicht nötig sein.[47] Dies mag Mitscherlich wiederum als Kränkung verstanden haben und seine Hoffnung zerstört haben, selbst Nachfolger von Weizsäckers zu werden. Mitscherlichs Mitarbeiter Ulrich Ehebald zeigte sich jedenfalls befremdet, »in welcher Härte sich Mitscherlich Ende 1953, Anfang 1954 von Weizsäcker absetzte«[48]. Von Psychosomatik in der Tradition von Weizsäckers war im Umfeld Mitscherlichs in Heidelberg fortan nicht mehr viel zu hören. Es fand ein Generationenwechsel statt, der mit einem wissenschaftlichen Paradigmenwechsel einherging. Dass Mitscherlich die Person war, die diesen Wandel überdauerte, blieb seinen neuen jungen Mitarbeitern verborgen, obwohl – oder gerade weil – der Bruch zwischen der raunenden Philosophie des Existenzialismus, die auch Mitscherlich soeben noch vertreten hatte, und der nüchternen medizinischen Arbeit, die jetzt in Angriff genommen wurde, drastischer kaum hätte sein können. Zu Beginn allerdings war nicht sicher, wie sich diese Arbeit gestalten würde. Mitscherlichs damaliger Mitarbeiter Ehebald erinnert sich: »Sicherlich war ihm anfangs der Kurs, den er mit seiner Klinik steuern wollte, noch unklar.«

Re-Import der Psychoanalyse

Die entscheidende Wendung nahm Mitscherlichs Verständnis von Krankheit und den Möglichkeiten und Grenzen einer modernen Psychosomatik, als er im Frühjahr 1951 dank einer Finanzierung durch die Rockefeller Foundation Amerika bereisen konnte.[49] Er kam in ein Land, in dem die Psychoanalyse über den Status einer argwöhnisch betrachteten Geheimlehre weit hinausgewachsen war und eine psychoanalytisch beeinflusste psychosomatische Medizin in voller Blüte stand. Mitscherlich lernte deren bedeutendsten Vertreter persönlich kennen: Franz Alexander[50] war nach seiner psychoanalytischen Ausbildung in Berlin in die

---

47 Von Weizsäcker an den Dekan 15.2.1951, faksimiliert bei Henkelmann, Klinikgründer, S. 174.
48 Ehebald, Fahrt, S. 92; dort auch das folgende Zit.
49 Auch René König erlebte eine Amerikareise in den frühen 1950er Jahren als eine ihn und seine zukünftige wissenschaftliche Arbeit prägendes Erlebnis (König, Leben, S. 198 ff.).
50 Vgl. die Autobiographie: Alexander, Mind.

RE-IMPORT DER PSYCHOANALYSE

USA gegangen und hatte 1929 in Chicago eine psychosomatische Klinik eröffnet.

Alexander hatte im Schnittpunkt zwischen psychosomatischer Medizin und Psychoanalyse versucht spezifische Konfliktlagen im Leben seiner Patienten spezifischen Krankheitsbildern zuzuordnen und dabei sieben Krankheitsbilder (»die heiligen Sieben«) postuliert.[51] Er hatte aber auch die zuweilen zu enthusiastischen Interpretationen hinsichtlich psychischer Ursachen organischer Krankheiten korrigiert und auf deren grundsätzlich multikausale Bedingtheit hingewiesen.[52] Anders als Mitscherlich fragte Franz Alexander nicht nach dem Wesen des Menschen, sondern nach identifizierbaren Funktionsstörungen im menschlichen Organismus. Für ihn entstanden psychosomatische Krankheitsbilder, wenn eine auf ein Objekt gerichtete Handlung unterlassen wird und sich die dahinterliegende emotionale Spannung in eine chronische vegetative Veränderung verwandelt. So komme es zu organischen Schäden, so genannten »Organ-Neurosen«[53]. In diesem Sinne tendierte Alexander dazu, die Kategorien der Umweltfaktoren sowie der Individualität und der Biographie des Patienten als weniger ausschlaggebend anzusehen.[54] Diese recht pragmatische Interpretation des psychosomatischen Krankheitsgeschehens hatte der Psychoanalyse in der etablierten Medizin der USA einen großen Aufschwung verschafft. Als unmittelbar anwendbares Instrument zur Heilung spezifischer Krankheiten verstanden, war sie in die amerikanischen Krankenhäuser vorgedrungen und allgemein akzeptiert. Mehr als 50 % der Patienten erhielten in den USA in den 1950er Jahren von ihren Ärzten Diagnosen, die ein psychosomatisches Krankheitsbild beinhalteten.[55]

Der Preis für den großen Erfolg, den diese Integration für die Psychoanalyse bedeutete, war ihre weitgehende Entpolitisierung. Sie habe sich, so kritisierte Paul Parin, zur »Dienstmagd der Psychiatrie«[56] gemacht und viel zu leicht nicht nur Freuds Kulturkritik, sondern auch wesentliche Teile seiner Lehre selbst geopfert, indem sie seelische Konflikte zunehmend zu wertfrei zu betrachtenden »Störfällen« umgedeutet habe. Diese

---

51 Eich, Medizin, S. 540.
52 Thomä, Heidelberg, S. 328.
53 Zepf, Psychosomatik, S. 187.
54 Detailliert zu den Konzepten Alexanders: Indefrey, Alexander.
55 Kurzweil, Freudianer, S. 176 f.
56 Parin, Beschädigung. Vgl. auch: Jacoby, Verdrängung.

Kritik wurde neben Paul Parin vor allem von Russell Jacoby[57] formuliert. Ihr ist zu Recht entgegengehalten worden, dass die Entwicklung der Psychoanalyse historisch kontextualisiert werden muss. Die europäischen Psychoanalytiker, die nach 1933 in die USA flohen, stießen dort auf eine Lebenswelt, in der der von Parin und Jacoby angesprochene kulturelle Hintergrund der europäischen Psychoanalyse – des Marxismus, des Pazifismus und einer politisch links zu verortenden Kulturkritik – keinerlei Rolle spielte. Der prägende Einfluss der amerikanischen Kultur auf die Exilanten und deren Bemühen, sich wissenschaftlich, persönlich und kulturell zu integrieren, beeinflussten auch die Psychoanalyse.[58]

Neben dem Wirken Franz Alexanders hat auch die Arbeit Max Schurs die Allianz von Schulmedizin und Psychoanalyse sehr befördert.[59] Auch Schur bemühte sich um eine Nutzbarmachung der Psychoanalyse für die Schul- und Alltagsmedizin – und auch er beraubte damit die Psychoanalyse weitgehend ihrer gesellschafts- und kulturkritischen Dimension. Schur bezog sich wesentlich auf die »Ich-Psychologie« Heinz Hartmanns, die um die Frage kreiste, in welcher Weise eine idealiter »konfliktfreie Ich-Sphäre« des Menschen in Beziehung zu seiner Umwelt gestört werden kann. Hartmann hatte mit seinen Forschungen über die adaptive Anpassung des Ichs an die Umwelt, die bis in die frühen 1960er Jahre den Diskurs in den USA weitgehend bestimmten[60], einen Brückenschlag zwischen Psychologie und Psychoanalyse versucht.[61] Diese Umdeutung der Psychoanalyse zu einer Naturwissenschaft des Seelischen beinhaltete einerseits den Verzicht auf die Freud'sche Grundannahme, dass das Unbewusste analysierbar ist, und andererseits den Verzicht auf die differenzierte Analyse der gesellschaftlichen Situation des Kranken.[62]

Max Schur war in diesem Sinne bestrebt, das Verhältnis zwischen Ich und Umwelt anhand möglichst differenzierter Faktoren genau zu analysieren, um eine Gesamtkonstellation (»total condition«) des Patienten bestimmen zu können. Dabei unterschied er zwischen einer somatischen und einer psychischen Disposition des Kranken.[63] In einer komplizierten Wechselwirkung innerer und äußerer Faktoren entstehe ein psycho-

---

57 Jacoby, Verdrängung. Vgl. auch die in dieselbe Richtung zielende Argumentation des Mitscherlich-Schülers Klaus Horn: Horn, Tendenzen.
58 Müller, Löwenfeld, S. 15.
59 Hartkamp, Kritik, S. 27.
60 Müller, Psychoanalyse, S. 208 f.
61 Hartmann, Ich-Psychologie, S. 84.
62 Hartkamp, Kritik, S. 33.
63 Ebenda, S. 29.

somatisches Krankheitsbild letztlich – wie in der Ich-Psychologie angenommen – aus einer Fehlanpassung des Ichs an die Umwelt.[64] Sowohl Hartmann als auch Schur gingen dabei von einem nicht nur unkritischen und unpolitischen, sondern im Sinne des Behaviourismus auch statischen Gesellschaftsbild aus, an die sich das Individuum anzupassen habe – ein Gedanke, der zur etwa gleichen Zeit in der Soziologie bei Talcott Parsons zur Grundlage einer ganzen Gesellschaftstheorie wurde.[65] Das »Ich« der Ich-Psychologie wurde zum »Anpassungsapparat«[66] des Menschen an eine als gleichbleibend verstandene Umwelt.

Die Allianz zwischen Schulmedizin und Psychoanalyse, auf die Mitscherlich 1951 in den USA traf, löste sich in den folgenden Jahren und Jahrzehnten wieder mehr und mehr auf. Die breit eingesetzte psychoanalytische Krankenbehandlung erwies sich als zu teuer und konnte die optimistischen Hoffnungen hinsichtlich der Behandlungserfolge nicht erfüllen.[67] Zunehmend orientierten sich Analytiker und Psychiater in Richtung alternativer und vor allem kürzerer Behandlungsmethoden.[68] Die amerikanische Psychoanalyse verlor dadurch innerhalb der Allgemeinmedizin an Bedeutung, blieb aber als kulturelle Praxis in hohem Maße etabliert und gesellschaftlich akzeptiert.

Der Amerikabesucher Mitscherlich zeigte sich beeindruckt von dem Grad der Kooperation zwischen Allgemeinmedizin, Psychiatrie und Psychoanalyse. In Heidelberg sah er sich von einer solchen Akzeptanz seiner Arbeit weit entfernt, was er auf irrationale Ablehnung der Psychoanalyse von Seiten der Mediziner zurückführte und auf deren blanke Unkenntnis psychoanalytischer Grundbegriffe. Immer wieder erzählte Mitscherlich die Episode, dass kurz nach dem Krieg in einer Fakultätssitzung ein Kollege in schallendes Gelächter ausgebrochen sei, als Mitscherlich den Terminus »Über-Ich« erwähnte, weil er dies für eine spontane lustige Wortbildung hielt.[69]

Die Lehre aus seinem USA-Besuch konnte für Mitscherlich nur lauten: Es galt die Arbeit in Heidelberg zu professionalisieren und die Psy-

---

64 Ausführlicher zu Schurs Konzept: Hartkamp, Kritik; sowie dessen eigenen wichtigsten Beitrag: Schur, Comments.
65 Gerhard, Parsons.
66 Parin, Beschädigung, S. 57.
67 Kurzweil, Freudianer, S. 205.
68 Ebenda, S. 176 f.
69 Fetscher, Iring: Die psychoanalytische Dimension unserer Kultur. Ein Gespräch mit Alexander Mitscherlich aus Anlaß seines siebzigsten Geburtstags. In: Frankfurter Allgemeine Zeitung, 16.9.1978.

chosomatik ganz konkret in den Dienst der Krankenbehandlung zu stellen. Um das erreichen zu können, musste Mitscherlich sich einerseits von seinen eigenen wissenschaftlichen Erstlingswerken und der ihnen innewohnenden Existenzialphilosophie abwenden und andererseits dafür sorgen, dass er und seine Heidelberger Mitarbeiter Anschluss an den internationalen Forschungsstand der Psychosomatik gewannen. Er bemühte sich deshalb sehr um internationale Kontakte und offenbarte damit eine in der frühen Bundesrepublik durchaus nicht selbstverständliche Freiheit von ängstlichem wissenschaftlichen Provinzialismus. Tatsächlich gelang es Mitscherlich, regelmäßig führende Kollegen aus dem Ausland wie Gustav Bally, Paul Parin, Erik Erikson und René A. Spitz zu Vorträgen und Diskussionen nach Heidelberg zu bringen.[70]

Eine weitere Lehre, die Mitscherlich aus Amerika mitbrachte, war die Konzentration der psychosomatischen Arbeit auf das Instrument der Psychoanalyse. Erst jetzt begann Freuds Lehre ins Zentrum seines Denkens zu rücken. Indem Mitscherlich die Konzepte Franz Alexanders rezipierte und damit zunächst die Heidelberger und schließlich große Teile der bundesdeutschen Psychosomatik anschlussfähig an den internationalen Diskurs machte, nahm er Abschied vom Existenzialismus seiner ersten Schriften, von der »neuen Heilkunde« von Weizsäckers – und damit von einer ganzen Wissenschaftskultur. Diesen Abschied nicht nur als Person vollzogen zu haben, sondern die deutsche Psychosomatik und Psychoanalyse als Ganzes internationalisiert und damit modernisiert zu haben ist Mitscherlichs wissenschaftlich sicher bedeutendste Leistung. Dennoch dauerte es noch einige Jahre, bis er selbst zu einem vergleichsweise orthodoxen Freudianer wurde. Vorerst strebte Mitscherlich danach, die Psychoanalyse nutzbar zu machen für die Erhellung der Zusammenhänge zwischen Krankheit und Lebenssituation der Kranken, das Ziel war eine »biographische Anamnese«[71].

Deshalb entwickelte er nach seiner Rückkehr 1951 eine so genannte »systematische Krankengeschichte« – ein Dokumentationsschema, innerhalb dessen vorgegebener Systematik die »lebensgeschichtliche Situation« des Patienten durch Befragung erhellt und beschrieben werden sollte.[72] Der »furor classificatorus«[73], den seine Mitarbeiter jetzt an Mitscherlich wahrnahmen, war Ausdruck des Bemühens, die spekulativen

---

70 Ehebald, Fahrt, S. 92. Vgl. auch: Schröter, Internationalisierung.
71 Ruffler, Gerhard: Zur Bedeutung der Anamnese für die psychosomatische Fragestellung – dargestellt an einer Anfallskranken. In: Psyche 11 (1957), S. 416-458.
72 Thomä, Anamnese, S. 254.
73 Thomä, Krankengeschichte, S. 255.

Anteile der Krankheitsdiagnose durch eine im Schur'schen Sinne multifaktorielle Bestandsaufnahme der Lebenssituation des Kranken zurückzudrängen. So ungern Mitscherlich sich selbst irgendeiner Systematik unterwarf, so sehr trieb er seine Mitarbeiter dazu an, von der Hypothese »zur Klassifikation und Typologie fortzuschreiten«[74]. Nach jeweils 100 Stunden psychoanalytischer Behandlung eines Kranken verlangte er von jedem Mitarbeiter dessen schriftliche Dokumentation, »beinahe eine kleine Doktorarbeit«[75]. Die Schwächen dieser ersten Objektivierungsversuche der biographischen Medizin offenbarten sich schnell. Die jungen Ärzte zeigten sich mit »der Begründung für die klassifikatorische Abstraktion und Begriffsbildung überfordert«[76], die ihnen Mitscherlich abverlangte. Die Systematisierung, die dessen erstem Schema zugrunde lag, war – so erinnert sich sein Mitarbeiter Helmut Thomä – »wohl auch zu naiv«. Nur wenige der Krankengeschichten wurden tatsächlich ausgefüllt.

So vollzog sich die alltägliche Arbeit in Heidelberg zunächst mühsam tastend und probierend. Die Beziehung zwischen Arzt und Patient – psychoanalytisch gesprochen: die Übertragung und Gegenübertragung – wurde zunächst wenig beachtet. Helmut Thomä erinnert sich: »Damals waren wir mit Deutungen sehr zurückhaltend und warteten mit großer Geduld – in hohem Maß ›patientenzentriert‹ und ›non-directive‹ – die Einsicht des Patienten ab. Diese ›Passivität‹ entsprang zweifellos – zumindest bei mir – der Unsicherheit, wenn diese auch verborgen wurde. Denn die These, daß freundliche Einfühlung sich therapeutisch auswirke, ließ sich ja leicht an Hand der Erfahrung begründen und notfalls auch mit Freud-Zitaten belegen.«[77]

In diesem Sinne war die Freud'sche Lehre in diesen Jahren willkommene Orientierung auf unsicherem Terrain, und der Kurs der Klinik wurde immer deutlicher psychoanalytisch. Die Patienten, die zu 80 % von den Heidelberger Universitätskliniken oder anderen Ärzten überwiesen wurden und nur zu etwa 20 % aus eigener Initiative kamen, wurden mit einer psychoanalytischen Langzeittherapie behandelt. Der chronische Mangel an entsprechend ausgebildetem Personal führte später auch zur Einführung psychoanalytischer Kurztherapien. Von allen Patienten wurde ein »persönliches Opfer« verlangt, eine psychoanalytische Sitzung kos-

---

74 Thomä, Heidelberg, S. 330.
75 Ehebald, Fahrt, S. 93.
76 Thomä, Krankengeschichte, S. 256; dort auch das folgende Zit.
77 Ebenda, S. 258.

tete zwischen 1 DM (für Studenten) und 15 DM.[78] Tendenziell waren die Patienten der Heidelberger Klinik jünger als der Bevölkerungsdurchschnitt und gehörten oberen sozialen Schichten an.[79] Die Klinik nahm etwa 30 % der Hilfesuchenden als Patienten an, und etwa zwei Drittel der Behandelten konnten geheilt werden oder verzeichneten eine Verbesserung ihrer gesundheitlichen Situation, etwa ein Drittel der Behandlungen verlief erfolglos.[80]

1963 legte die Heidelberger Psychosomatische Klinik in einer Publikation Rechenschaft über ihre Tätigkeit ab, aus der auch diese Zahlen entnommen sind. Der detaillierte Bericht wertete umfangreiches Datenmaterial über die Patienten und deren Behandlung aus und vermittelte das Bild einer modernen Universitätsklinik, die sich um die objektive Validierung ihrer wissenschaftlichen Tätigkeit bemüht. Mitscherlich konnte in seinem Vorwort sein Unwohlsein angesichts des Versuchs, psychosomatische Behandlungsformen mit statistischen Mitteln zu überprüfen, kaum unterdrücken, denn – so schrieb er – die »ganze Tätigkeit« der psychosomatischen Medizin laufe »der Verallgemeinerung entgegen«[81]. Doch in den frühen 1960er Jahren ging an einer empirischen Überprüfung der Behandlungserfolge kein Weg mehr vorbei. Deshalb bemühte man sich um ein »Wissen um die multifaktorielle Interdependenz der zu kontrollierenden Phänomene«: Der Gegensatz zu Mitscherlichs frühen psychosomatischen Schriften könnte – bis hin zur sprachlichen Form – kaum größer sein.

In der zweiten Hälfte der 1950er Jahre schien in Heidelberg der Rückstand gegenüber dem Ausland weitgehend aufgeholt zu sein. In der Bundesrepublik selbst hingegen fand man noch immer wenig Gesprächspartner – der Exitus der Psychoanalytiker im Nationalsozialismus wirkte nach.[82] Dass der Aufholprozess gelingen konnte, lag zu wesentlichen Teilen an Mitscherlich selbst. Er war aufgrund seiner untadeligen Biographie in der Lage, mit ausländischen Wissenschaftlern in Kontakt zu treten und sie nach Heidelberg zu holen – und er schuf ein Arbeitsklima, in dem die Mitarbeiter zu einer verschworenen Gemeinschaft zusammenwuchsen.

78 Ehebald, Fahrt, S. 93.
79 De Boor/Künzler, Klinik, S. 68.
80 Ebenda, S. 104; S. 163.
81 Mitscherlich, Alexander: Vorwort. In: de Boor/Künzler, Klinik, S. 11-14, hier S. 11.
82 Thomä an Mitscherlich, 15.1.1956, AMA I, 5523.16; Mitscherlich an Thomä, 20.1.1956, AMA I, 5523.17.

Dabei war Mitscherlich »gewiß kein einfacher Chef. Er war lebhaft, ständig voller Pläne, manchmal sprunghaft und impulsiv«[83]. Mitarbeiter berichteten von seinem »stürmische[n] Temperament«, das ihn »zuweilen zu einem zu stark forcierten Aktionismus in Bezug auf sein Wirken in der Öffentlichkeit und auch in Bezug auf seinen Umgang mit der Öffentlichkeit«[84] verführte, was wiederum zu Polyphonie und zu Verwirrungen geführt habe. Mitscherlich ließ auch keinen Zweifel aufkommen, wer in seiner Klinik das Sagen hatte. Beschwerte sich beispielsweise ein Patient über seinen behandelnden Arzt, fand Mitscherlich nichts dabei, diesen mitsamt dem Patienten zum Rapport in sein Büro zu bestellen und vor den Augen des Patienten zur Rechenschaft zu ziehen.[85]

Jenseits solcher autoritären Züge etablierte Mitscherlich aber auch ein außergewöhnlich offenes Diskussions- und Arbeitsklima. Ein Mitarbeiter erinnert sich: »Die wöchentlichen Seminare am Mittwochvormittag habe ich in beeindruckender Erinnerung. Während wir um den Tisch herumsaßen, ging Mitscherlich jeweils großen Schrittes auf und ab; es gab heftige und fruchtbare Diskussionen.« Auf den wöchentlich stattfindenden internen Konferenzen fehlte Mitscherlich nie und diskutierte stets »hemdsärmelig« mit. Immer habe er auch den Mut gehabt, ihm spontan in den Sinn Kommendes zu äußern.[86]

Dem harten, aber offenen Klima nach innen entsprach die stets kämpferisch nach außen gerichtete Grundhaltung Mitscherlichs. Seine damaligen Mitarbeiter empfanden im Rückblick deutlich, dass die konfrontative Grundeinstellung ihres Chefs ein wichtiges Element ihrer Identifikation mit der gemeinsamen Sache ausmachte: »Ich denke, daß alle früheren Mitarbeiter Mitscherlichs in diesen Jahren sich voll mit seiner Kämpferposition identifizierten. […] Ich hatte das Gefühl, zu einer Art ›verschworenen Elite‹ zu gehören«.[87] Und es war »das Geheimnis seiner Persönlichkeit, daß wir alle diese Zeit als eine große Zeit erlebten, in der viel bewegt wurde«[88].

Ein geschlossenes oder auch nur in sich kohärentes System einer psychosomatischen Medizin hat Alexander Mitscherlich nicht hervorgebracht. Seine Leistung bestand in der organisatorischen Verbreitung und öffentlichen Verteidigung der Psychosomatik. Inhaltlich blieb er bei

---

83 Ehebald, Fahrt, S. 92.
84 Loch, Mitscherlich, S. 343.
85 Ehebald, Fahrt, S. 93; dort auch das folgende Zit.
86 Loch, Mitscherlich, S. 338.
87 Ehebald, Fahrt, S. 97.
88 Argelander, Geschichte, S. 300.

der Formulierung von Fragen und Anregungen stehen.[89] Als einziger wissenschaftlicher Beitrag wird ihm das Konzept der »zweiphasigen Verdrängung« zugeschrieben.[90] Die Chronifizierung psychosomatischen Geschehens, die Mitscherlich mit seinem Konzept zu beschreiben suchte, beruhte für ihn stets auf einer neurotischen Erkrankung, deren Ursachen in der Kindheitsentwicklung zu suchen seien. Deren Verfestigung zu Zwangsgedanken oder Ängsten stellten dann einen ersten Schritt der Verdrängung dar, an den sich – ausgelöst durch eine Lebenskrise – in einem zweiten Schritt eine Verschiebung in ein physisches Krankheitssymptom anschließen könne. Die solchermaßen zum körperlichen Symptom erstarrte Neurose werde nun nicht (wie Mitscherlich es für einmalig auftretende Krankheiten annahm) mit dem Ausbruch bzw. der Überwindung der Krankheit zur Chance, den zugrunde liegenden Konflikt zu lösen, sondern sie könne als chronifizierte organische Schädigung bestehen bleiben, da die auslösende Lebenskrise nicht die wahre Ursache der Krankheit war.[91]

Daneben bezogen sich Mitscherlichs Überlegungen immer mehr auf den Einfluss, den die Umwelt auf das Individuum hat, und auf die Frage nach den Bedingungen, »unter denen in der gegenwärtigen Gesellschaft die soziale Einpassung, die Entwicklung des individuellen Charakters wie des Verhaltens erfolgt«[92]. Wie für Schur und Hartmann stand für ihn der misslungene Anpassungsprozess des Individuums an die Umwelt im Zentrum seiner Überlegungen, allerdings nicht in deren Sinne einer – positiv konnotierten – statisch gegebenen Umwelt, der sich das Individuum anzupassen habe, sondern im Sinne einer das Individuum tendenziell einschränkenden Umwelt – einer Gesellschaft, die das Individuum krank macht. Die individuellen Triebwünsche des Menschen scheiterten aus Mitscherlichs Sicht an gesellschaftlichen Ge- und Verboten. Insofern war es konsequent, davon auszugehen, dass jede Gesellschaft spezifische Krankheiten hervorbringt. Letzten Endes konnte Mitscherlich die Regression in die körperliche Krankheit aber nur auf eine biologische Ursache zurückführen; und im psychosomatisch Erkrankten konnte er mit

---

89 Vgl. auch das diesbezügliche Eingeständnis Mitscherlichs, in der Psychosomatik im Fragmentarischen steckengeblieben zu sein: de Boor, Clemens/Mitscherlich, Alexander: Verstehende Psychosomatik. Ein Stiefkind der Medizin. In: Psyche 27 (1973), S. 1-19.
90 Kruse, Mitscherlich; Wittmer, Konzepte, S. 29.
91 Vgl. Thomä, Heidelberg; Wittmer, Konzepte, S. 115, sowie jüngst: Borens, Psychosomatik, S. 114 ff.
92 Mitscherlich, Alexander: Auf dem Weg zur vaterlosen Gesellschaft. Ideen zur Sozialpsychologie, München 1963 (GS III, S. 7-369), S. 369.

seiner Theorie der zweiphasigen Verdrängung letztlich immer nur einen Neurotiker erkennen. Worin die der Chronifizierung zugrunde liegende Ich-Störung bestehe, konnte Mitscherlich nicht sagen, das Verhältnis der Einflussfaktoren von Genetik und Sozialisation blieb unklar.[93] Mitscherlichs Sache war die systematische Beschäftigung mit seinem Gegenstand nicht. Er blieb zeit seines Lebens auch in seinem liebsten Arbeitsfeld, der psychosomatischen Medizin, Fragender und Suchender – und nach außen ihr Vorkämpfer und Verteidiger. Seine Gegner in diesem Kampf fand Mitscherlich überall, ein ums andere Mal auch in der Heidelberger Universität, in der er sich seit den Vorgängen um die Klinikgründung ohnehin von Gegnern umstellt sah.

Es genügte beispielsweise bereits ein falsch adressierter Brief, um Mitscherlich aus der Fassung zu bringen: Erregt beklagte er sich bei Kurt Schneider, dessen Oberarzt habe einen Brief mit »Institut für pseudosomatische Medizin« adressiert und dann den Fehler so korrigiert, dass die Fehlleistung lesbar blieb.[94] Auch der Hinweis des betroffenen Oberarztes, dieser Vorwurf sei »lächerlich«, es handele sich doch offensichtlich um einen Fehler der Schreibhilfe[95], vermochte den erbosten Mitscherlich nicht zu beruhigen. Er antwortete: »Sie haben in Ihrem Brief vom 30. Juli einer sachlichen Rechtfertigung den Schritt einer eindeutigen Beleidigung vorgezogen, und zwar auf einer Ebene, auf der ich mir, selbst wenn ich affektiv reagieren könnte, in keinem Fall begegnen möchte. Deshalb vermag ich Ihnen nicht zu antworten, weil ich nicht annehmen kann, dass Sie einen anderen als Ihren eigenen Ton verstehen. Verantworten Sie also Ihr Verhalten vor sich selbst.«[96] Erst der Dekan der Fakultät konnte in mühsamen Verhandlungen den Streit schlichten.

Als erfolgversprechender als das universitätsinterne Ringen um Akzeptanz musste Mitscherlich das Werben für die psychosomatische Medizin in der Öffentlichkeit erscheinen. Bereits die Eröffnung der Klinik hatte ein überaus freundliches Presseecho erfahren.[97] Insbesondere die *Süd-*

---

93 In diesem Sinne auch: Kruse, Abwehr.
94 Mitscherlich an Schneider, 20.7.1950, Universitätsarchiv Heidelberg, PA 1078.
95 Rauch an Mitscherlich, Abschrift, undatiert, Universitätsarchiv Heidelberg, PA 1078.
96 Mitscherlich an Rauch, 3.8.1950, Universitätsarchiv Heidelberg, PA 1078.
97 Mitscherlich hatte zu einer Pressekonferenz geladen und im Vorfeld bereits erklärt: »Das Institut ist dazu bestimmt, den Erfahrungsschatz, den die Psychoanalyse im Zeitraum von mehr als einem halben Jahrhundert angesammelt hat, nun mit der gesamten Medizin in Beziehung zu bringen.« (Mitscherlich an Benzel, 21.4.1950, AMA IIa, 2).

deutsche Zeitung berichtete ganz in Mitscherlichs Sinn über die neue Institution und schilderte zunächst die bestehenden Heidelberger Kliniken als ausgesprochen unbehaglichen Ort: »Unfreundlichen Kasernen ähnlich reihen sich die Gebäulichkeiten aneinander, mitunter huscht eine Krankenschwester über die kaum begangenen Verbindungswege und an offenen Fenstern tauchen blasse Krankengesichter, chromblinkende Apparate oder Operationslampen auf. Eine bedrückende Stille.«[98] Das neue »Institut des Seelendoktors« (so auch der Titel des Artikels) dagegen erscheine als »eine heitere, helle Oase«. Die Klinik biete jedem behandelnden Arzt einen freundlich eingerichteten Behandlungsraum mit einer bequemen Liege für den Patienten. Nun werde der Leser »drängend fragen, wer denn dieser viel zitierte Dr. Alexander Mitscherlich ist«, ohne den es nicht zur Gründung dieser Klinik gekommen wäre. »Er ist ein gebildeter, liebenswürdiger, praktisch veranlagter, etwa vierzigjähriger Mann. Er war Historiker und Verleger, ehe er Arzt wurde.«

Wie die *Süddeutsche Zeitung*, so mussten alle über die Neugründung berichtenden Zeitungen ihren Lesern zunächst erklären, um was es sich bei der psychosomatischen Medizin handelte und dass es körperliche Krankheiten geben könne, denen seelische Ursachen zugrunde liegen[99], die nun »mit den Kräften des Seelischen«[100] geheilt werden sollten. Insofern könne jeder Kranke dort um Hilfe suchen – lediglich Unfallschäden oder Krebserkrankungen seien im Mitscherlich-Institut nicht behandelbar.[101] Besonders beeindruckt zeigten sich die Berichterstatter über die Räumlichkeiten und die Atmosphäre in der Klinik. Da der Patient und seine Biographie im Mittelpunkt der Behandlung stehe, sei es nur verständlich, dass dieser sich geborgen und aufgehoben fühlen müsse. Die Umgebung sei dazu auch wahrhaft angetan: »formschöne Möbel aus hellem Holz, verchromte Betten, gepolsterte Stahlrohrsessel, hübsche Bauernstühle und handgewebte Teppiche«.[102]

Mitscherlich konnte zufrieden sein mit der Einführung seines Instituts.[103] Er hatte sein Möglichstes getan, um die Zeitungsvertreter für sein Projekt einzunehmen – und bei diesen eine große Bereitschaft gefunden, sich dem neuen wissenschaftlichen Feld vorbehaltlos und neugierig zu nähern. Als vier Jahre später die *Weltwoche* für die Reihe »Besuch in der

98 Süddeutsche Zeitung, 13./14.5.1950.
99 Heidelberger Tageblatt, 29.4.1950.
100 Nürnberger Nachrichten, 20.5.1950.
101 Ebenda.
102 Die Weltwoche, 2.6.1950.
103 Vgl. auch: Rhein-Neckar-Zeitung, 29.4.1950; Mannheimer Morgen, 3.3.1950.

RE-IMPORT DER PSYCHOANALYSE

Werkstatt des Wissens« erneut einen Reporter nach Heidelberg sandte, konnte auch dieser sich der Faszination Mitscherlichs und seiner Ideen so wenig entziehen, dass er den Lesern seine Eindrücke ganz unmittelbar zugänglich machte: Im Büro Mitscherlichs falle zunächst ein »gelb, grün, blau und rot prangender Picasso an der Wand« ins Auge. Mitscherlich selbst wandere durch den Raum, leicht nach vorn gebeugt, »von Zeit zu Zeit mit seiner Brille Hieroglyphen in die Luft schreibend«[104]. Mitscherlich erklärte gegenüber den Medien die psychosomatische Medizin stets in Abgrenzung zur Allgemeinmedizin – und sprach dabei negative Erfahrungen und Assoziationen seines Gegenübers mit dieser »Organmedizin« an. Dem *Weltwoche*-Reporter empfahl er, einmal in eine der anderen Heidelberger Kliniken zu gehen und die dort auf ihre Einweisung wartenden Patienten zu betrachten. »Allen ist die Angst vor der Heilorganisation, die sie verschlucken wird, ins Gesicht geschrieben. Wer sich heute ins Spital begibt, darf seine Persönlichkeit nicht mitnehmen, fast so wenig, wie wenn er in die Kaserne einrückt oder ins Gefängnis verbracht wird.«

Die Ursache dafür, dass der Arzt seine Patienten zunehmend zum Objekt degradiere, liege nicht zuletzt darin, dass seine beschränkten Möglichkeiten, dem Patienten zu helfen, in Widerspruch zu dessen Hoffnung stünden, »ein angenehmes Orakel zu erhalten«. Hinzu komme, so erklärte Mitscherlich dem Reporter, dass der Arzt immer mehr Konkurrenz erhalte und sich in einem medizinischen Massenbetrieb behaupten müsse. Die Folge sei, dass der Patient sich über seine subjektiven Beschwerden kaum noch äußern müsse. Er werde stattdessen in ein medizinisches »Großkombinat eingeschleust und einer Reihe von Kreuz- und Queruntersuchungen unterworfen« und am Ende komme ein scheinbar objektives Ergebnis heraus. Der Patient habe sich nun »zu einer handvoll von technischen Daten und medizinischen Chiffren« verflüchtigt.

Zudem, dozierte Mitscherlich, könne der Arzt seinen Patienten sogar krank machen, wenn er beispielsweise eine Tuberkulose diagnostiziere, von der der Patient zuvor nichts wusste, denn unter Umständen störe der Arzt mit seiner Offenbarung das Gleichgewicht seines Patienten und beeinflusse dessen Krankheitsverlauf negativ. Die Organmedizin komme eben nicht auf den Gedanken, dass Krankheit ein integraler Bestandteil des Lebens sein könnte. Stattdessen kämpfe man gegen die Krankheit als »grausame[n] Bote[n] des Todes« und die Wartezimmer füllten sich mit Patienten ohne bestimmtes Krankheitsbild, für die der eine dies, der an-

104 Die Weltwoche, 28.5.1954.

dere das verantwortlich mache.»Ohne Übertreibung gesagt: diese extrem naturwissenschaftliche Konzeption der Medizin ist gescheitert.«

Das Scheitern der Schulmedizin stand für Mitscherlich in engem Zusammenhang mit der Entwicklung der Gesellschaft insgesamt:»Es liegt im Zuge unserer Zivilisation, daß sie alle gewohnten, tragfähigen Vertrauensbeziehungen von Mensch zu Mensch und von Mensch zu Gott auflöst, so daß schließlich die moderne Massengesellschaft eine Herde von Einsamen ist.« Der Arzt müsse sich also interessieren für die Krankheit als Vorgang im Organismus. Man denke an die Kriegszitterer des Ersten und die Magenkranken des Zweiten Weltkrieges. Beide Krankheitsbilder seien doch offensichtlich »kollektive Rückzugswege aus einer Situation, der man sich nicht gewachsen fühlt. Eine Erklärung und damit eine wahre Heilung dieser Kranken kann deshalb nur erfolgen, wenn man ihre Erlebnis- und Motivwelt genau kennt.«

Mitscherlichs Plädoyers für die psychosomatische Medizin kamen ohne solche Polemik gegen die »Organmedizin« nicht aus. Erst in der Konfrontation mit einem Gegner entfaltete seine Leidenschaft ihre Überzeugungskraft. Nur folgerichtig war es deshalb, dass neben relativ wenigen im engeren Sinne kasuistisch und wissenschaftlich angelegten Beiträgen[105], von denen einige erst posthum erschienen, weil Mitscherlich mit ihnen nicht zufrieden war[106], Mitscherlichs Vorträge[107] und Publikatio-

---

105 Mitscherlich, Alexander: Die Symptomwahl in den Neurosen. In: Deutsche Medizinische Wochenschrift 71 (1946), Nr. 13/17, S. 147-150 (GS II, S. 52-62); ders.: Über die Bedeutung der Enuresis. In: Medizinische Klinik 42 (1947), S. 1-8 (GS II, S. 301-308); ders.: Das Phantomglied – seine Deutung und Bedeutung. Über das Problem der Stumpfschmerzen nach Amputation. In: Schweizerische Medizinische Wochenschrift 77 (1947), S. 423-431 (GS II, S. 309-318); ders.: Ejaculatio praecox. In: Medizinische Klinik 42 (1947), S. 571.
106 Mitscherlich, Alexander: Aus der Analyse eines Gummi-Fetischisten. Eine Krankengeschichte; ders: Aus der Analyse einer Migräne-Patientin. Beide Texte entstanden um 1955 (GS II, S. 379-422 bzw. S. 362-378).
107 Mitscherlich, Alexander: Psychosomatisches Denken und Handeln in der Medizin. Vortrag im Naturhistorisch-Medizinischen Verein in Heidelberg, 19.11.1949.; ders.: Gegenwärtige Probleme der Tiefenpsychologie. Vortrag im Rahmen des Dies academicus in der Universität Heidelberg, 23.5.1950, ders.: Psychotherapie in der psychosomatischen Medizin. Vortrag auf dem internationalen Kongress der Psychiatrischen Klinik der Universität Leiden, 5.-8.9.1951; ders.: Das Leib-Seele-Problem im Wandel der modernen Medizin. Vortrag an der Handelshochschule St. Gallen, 30.1.1951. Veröffentlicht in: Merkur 5 (1951), S. 741-751, sowie unter dem Titel »Die psychosomatische und die konventionelle Medizin«. In: Krankheit als Konflikt I, 1966; (GS II VII, S. 164-183); ders.: Die Psychosomatik in der Allergie. Vortrag auf dem 1. Allergiekongreß in Zü-

nen in den 1950er Jahren in aller Regel dem Argumentationsmuster der kämpferischen Verteidigung und der Legitimation der psychosomatischen Medizin verpflichtet waren.[108]
Dabei schrieb Mitscherlich gezielt auch in nichtmedizinischen Publikationsorganen wie dem *Wiesbadener Kurier*[109], der *Welt*[110] und den *Gewerkschaftlichen Monatsheften*[111] – zumal sich manche medizinische Zeitschrift wie die *Deutsche Medizinische Wochenschrift* wie schon anlässlich der Prozessberichterstattung aus Nürnberg mit seinen Arbeiten zur psychosomatischen Medizin schwertat: Als Mitscherlich die Ansprache, die

108 rich, 26.9.1951. Veröffentlicht in: Erster Allergiekongreß, Zürich/Basel/New York 1952, S. 817-826 (GS II, S. 348-361); ders.: Lust- und Realitätsprinzip in ihrer Beziehung zur Phantasie. Vortrag vor der Deutschen Gesellschaft für Psychotherapie und Tiefenpsychologie in Stuttgart, 8.9.1952. Veröffentlicht in: Psyche 6 (1953), S. 401-424 (GS VIII, S. 69-96), ders.: Leib und Seele, die sozialen Auswirkungen der Anschauung eines Problems. Vortrag innerhalb der Vortragsreihe »Das Weltbild unserer Zeit« der Arbeitsgemeinschaft sozialdemokratischer Akademiker. Veröffentlicht in: Die Südpost, 11.5.54 sowie in: Gewerkschaftliche Monatshefte 5 (1954), S. 395-403 (GS VII, S. 220-242).
108 Mitscherlich, Alexander: Was ist Psychotherapie? Ein Streit um ihre formale und faktische Inhaltsbestimmung. In: Psyche 1 (1947), S. 456-460; ders.: Die Medizin sucht einen neuen Umgang mit dem Menschen. Zum Anliegen in der psycho-somatischen Medizin. In: Die Umschau der Wissenschaft und Technik 50 (1950), S. 27-29; ders./Oehme, Curt: Bemerkungen zum klinisch-ärztlichen Allergieproblem. In: Hippokrates 21 (1950), S. 429-435 (GS II, S. 338-347); ders.: Psychosomatische Aspekte der Allergie. In: International Archives of Allergy and Applied Immunology 1 (1950), Separatum Suppl. ad. Vol. 1, p. 76-96 (GS II, S. 319-337); ders.: Über die Reichweite psychosomatischen Denkens in der Medizin. In: Psyche 3 (1949), S. 342-358, wiederveröffentlicht in: Verhandlungen der Deutschen Gesellschaft für innere Medizin, München 1950, S. 24-40; (GS II, S 32-51); ders.: Zur psychoanalytischen Auffassung psychosomatischer Krankheitsentstehung. In: Psyche 7 (1954), S. 561-578 (GS II, S. 154-175); ders./Ruffler, Gerhard: Der Schmerz als Symbol. In: Medizinische Klinik 51 (1956), S. 909-913 (GS II, S. 63-75); ders.: Die Krankheiten der Gesellschaft und die psychosomatische Medizin. In: Krankheit im Wandel der Welt, Bad Homburg 1957, S. 37-54 (GS II, S. 425-444); ders.: Über die Vielschichtigkeit sozialer Einflüsse auf Entstehung und Behandlung von Psychosen und Neurosen. In: Medizinische Klinik 52 (1957), S. 125-129 und 161-164 (GS II, S. 92-111).
109 Mitscherlich, Alexander: Die Lüge des naturwissenschaftlichen Zeitalters. In: Wiesbadener Kurier, 27.4.1946 (GS VI, S. 356-359).
110 Mitscherlich, Alexander: Planlose Suche nach dem Heil. Warum fesseln ›Wundertäter‹ die Massen? In: Die Welt, 21.9.1949 (GS VI, S. 353-355).
111 Mitscherlich, Alexander: Leib und Seele. In: Gewerkschaftliche Monatshefte 5 (1954), S. 395-403; auch in: Das Weltbild unserer Zeit, Nürnberg 1954, S. 35-64; (GS VII, S. 220-242).

er anlässlich der Eröffnung des Heidelberger Instituts gehalten hatte, einschickte, lehnte die Zeitschrift einen Abdruck mit dem Hinweis ab, der Inhalt der Arbeit sei für den Leserkreis, der in erster Linie aus »Praktikern« bestehe, »zu speziell«.[112] Dieses ostentative Desinteresse der Schulmedizin stand in deutlichem Gegensatz zu dem Zuspruch, den Mitscherlichs Gedanken zur psychosomatischen Medizin sowohl in den Publikumszeitschriften als auch bei Vorträgen fanden. Ein Vortrag beispielsweise, den er vor der Arbeitsgemeinschaft sozialdemokratischer Akademiker über das Thema *Leib und Seele, die sozialen Auswirkungen der Anschauung eines Problems* hielt, musste aufgrund des großen Andrangs in den größten Hörsaal der Münchner Technischen Hochschule verlegt werden.[113] Auch bei seinen Studierenden in Heidelberg stieß Mitscherlich auf großes Interesse für die psychosomatische Medizin. Auch ihnen gegenüber war freilich deren Gegenstandsbereich zunächst in Abgrenzung zur Schulmedizin zu bestimmen. Nicht ein Spezialfach der Medizin sei es, das er vermitteln wolle, sondern eine andere Konzeption von Krankheit, Körpergeschehen und menschlichem Verhalten, erklärte Mitscherlich in seiner Vorlesung 1957. Es gehe um »eine andere Anthropologie [...], als die, welche der naturwissenschaftlichen Auffassung vom Menschen entspricht«.[114] Krankheiten seien als Versuch des Patienten aufzufassen, sich verständlich zu machen. Es sei Aufgabe des Arztes, diese Zeichen zu verstehen.

Das bedeute praktisch, die der Krankheit zugrunde liegenden seelischen Konflikte aufzudecken, obwohl sie vom Patienten nicht erzählt werden können. Der Arzt müsse sich »zu den Urkonflikten vorarbeiten, die die Charakterstruktur selbst hervorgerufen haben«. Erfolge in der Behandlung der Schizophrenie beispielsweise seien dann zu verzeichnen, wenn gezielt nach den lebensgeschichtlichen Motiven der Krankheit gefragt werde, wenn die Behandlungsziele auf die Persönlichkeit des Kranken abgestimmt seien und wenn der Therapeut aktiv sei und eine Vertrauensbeziehung zum Patienten aufbaue. Diese Arzt-Patient-Beziehung sei dann eine andere als die »ältere, archaischere, frühere, heute noch allgemein gehandhabte, nämlich die, daß der Arzt der Gruppenführer ist und der Patient der Geführte in der Gruppe«.

---

112 Deutsche Medizinische Wochenschrift an Mitscherlich, 8.11.50, AMA I, 1065.5.
113 Münchner Abendzeitung, 8.5.1954.
114 Mitscherlich, Alexander: Grundkonzepte der psychosomatischen Medizin. Vorlesung im Sommersemester 1957 (GS IX, S. 362-412), hier S. 364; die folgenden Zit.: S. 410, 379, 398, 387.

Möglichen Einwänden, die auf die wissenschaftliche Überprüfbarkeit der biographischen Medizin zielten, kam Mitscherlich mit dem Hinweis zuvor, auch die Diagnosen der herkömmlichen Medizin seien nicht objektiv. Auch sie seien nur erschlossen und »vermutet« und trügen »den Charakter mehr oder weniger der Beruhigung für den Arzt und für den Kranken«. Die Rolle des Arztes und seine Person sei, so Mitscherlichs Zusammenfassung, deshalb zukünftig mit ganz anderen Augen zu sehen, nämlich als ein wesentlicher Bestandteil des komplexen Krankheits- und Gesundungsgeschehens: Die »Droge Arzt gehört zu den unbekanntesten, allerdings auch wirkungsvollsten Drogen, die wir medizinisch anwenden«. Diese völlig neue Sicht auf die Krankheit konnte beeindruckend wirken. Eine damalige Studentin erinnert sich: »Es waren neue, mich faszinierende Ideen über abgewehrte, unbewußt wirksame Vorgänge, die am Krankheitsgeschehen teilnehmen. In den jeweils vorgestellten Krankengeschichten wurde das überzeugend erörtert.«[115] Und nicht nur seine Mitarbeiter fühlten sich durch Mitscherlichs energische Gefechte für Psychosomatik und Psychoanalyse in eine verschworene Gemeinschaft integriert: Auch seine Studenten zog er auf seine Seite, indem er sie teilhaben ließ an dem Kampf, den er gegen eine uneinsichtige und ignorante Schulmedizin führe. Als er im Sommersemester 1950 über das Thema *Sigmund Freud: Umrisse seiner Lehre und ihre Bedeutung für unsere Zeit* las, machte er kein Geheimnis daraus, dass er »von meinen lieben Kollegen« höre, dass Psychoanalytiker »ja eigentlich Quatschköpfe sind. [...] Die Geschichte der Verbrennungen von Ketzern beginnt ja irgendwo in der akademischen Welt.«[116] In einer späteren Vorlesung erzählte Mitscherlich die Episode, der Direktor eines Heidelberger Universitätsinstituts habe erfahren, dass einer seiner Mitarbeiter in psychoanalytischer Behandlung sei, und habe diesem eine Szene gemacht. »Ich erzähle Ihnen das nicht, weil ich mich darüber geärgert hätte. Ich habe mir abgewöhnt, mich darüber zu ärgern. [...] Es ist das Problem, daß man es sich nicht erlauben darf, sich selbst zu begegnen. Das ist offenbar das außerordentlich Diffamierte, hier lauert der Widerstand des Kollektivs.«

Sosehr Mitscherlich aber damit auch seine Studenten faszinieren und interessieren konnte – auf Dauer konnte dies und das Interesse der Öffentlichkeit die aus seiner Sicht irrationale Ablehnung der Psychosomatik

---

115 Moersch Arbeiterkind, S. 246.
116 Mitscherlich, Alexander: Sigmund Freud: Umrisse seiner Lehre und ihre Bedeutung für unsere Zeit. Vorlesung im Sommersemester 1950 (GS IX, S. 190).

und der Psychoanalyse von Seiten der etablierten Medizin nicht aufwiegen. Es galt, die institutionelle Basis seiner Arbeit über die kleine Heidelberger Klinik hinaus zu erweitern.

7. Kampf für die Psychoanalyse

Gründung der *Psyche*

Bereits im Frühjahr 1946 war aus der Idee, eine kulturpolitische Zeitschrift herauszubringen, bei Alexander Mitscherlich der Plan entstanden, eine Zeitschrift über sein eigenes Arbeitsgebiet, die biographische Medizin, zu gründen. Er hatte erkannt, dass ein zentrales Publikationsorgan für die innerwissenschaftliche Kommunikation unabdingbar sein würde. Als Partner für dieses Unternehmen gewann er den Stuttgarter Psychoanalytiker Felix Schottlaender. Schon im September 1945 schickte er diesem ein erstes Exposé. Schottlaender war von der Idee sofort angetan und glaubte, man werde sich gut ergänzen, nicht nur »durch produktive Kräche«[1]. Die Realisierungschancen des Projekts schätzte Mitscherlich noch skeptisch ein: »Ich muß immer an Ihr schönes Bonmot denken, daß ich wie ein Wechselfälscher fortwährend Wechsel ausgebe, die ich dann nicht einlösen kann.«[2]

Fahrt nahm das Projekt erst auf, als sich Mitscherlich im Frühjahr 1946 in Heidelberg ersten Schwierigkeiten bei der Gründung seines Instituts gegenübersah. »Die Entwicklung in der Fakultät zwingt mich jetzt jedoch dazu, alle Machtmittel zu benutzen«, teilte er Schottlaender mit, daher bekomme eine »Vierteljahreszeitschrift für biographische Medizin« jetzt eine neue Bedeutung, man benötige eine »Plattform«[3]. Mitscherlich plante, zunächst Literaturberichte über die Entwicklungen der letzten 12 Jahre aus dem Ausland zu publizieren und längerfristig eine »zentralblattähnliche Bibliographie« zu etablieren. Gleichzeitig bemühte er sich, den Verleger Ernst Klett von der Idee der Zeitschrift zu überzeugen, der er den Titel *Psyche* zugedacht hatte und für deren Herausgeberkreis er neben sich selbst und Schottlaender auch Viktor von Weizsäcker avisierte[4], dessen Teilnahme später an seiner Gebundenheit an den Enke-Verlag scheiterte.[5]

---

1 Schottlaender an Mitscherlich, 2.10.1945, AMA III.
2 Mitscherlich an Schottlaender, 29.9.1945, AMA III.
3 Mitscherlich an Schottlaender, 27.3.1946, AMA III.
4 Mitscherlich an Klett, 9.4.1946, AMA I, 1409.1.
5 Mitscherlich an Klett, 25.4.1946, AMA I, 1409.3.

Als Untertitel der Zeitschrift, der die thematische Ausrichtung anzeigen musste, favorisierte Mitscherlich im April 1946 *Zeitschrift für Psychologie des Unbewußten in Heilkunde, Pädagogik und Soziologie*[6], wenige Wochen später *Internationale Zeitschrift für Psychologie des Unbewußten und Anthropologie*[7]. Schottlaender plädierte für *Zeitschrift für die Wissenschaft vom Menschen*[8], und der als dritter Herausgeber gewonnene Schweizer Philosophieprofessor Hans Kunz präferierte *Zeitschrift für Tiefenpsychologie und philosophische Anthropologie*.[9] Das Ringen um den Untertitel zeigt, wie ungewiss die wissenschaftliche Ausrichtung der *Psyche* zu diesem Zeitpunkt noch war.[10] Schließlich erschien die Zeitschrift ab 1947 mit dem Untertitel *Eine Zeitschrift für Tiefenpsychologie und Menschenkunde in Forschung und Praxis*.

Wie Mitscherlich waren auch seine beiden Mitstreiter zu diesem Zeitpunkt keineswegs Freudianer, sondern durch die »synoptische Psychotherapie« geprägt, wie sie am Berliner Göring-Institut betrieben worden war. Hans Kunz tendierte noch stärker als Schottlaender zu einer philosophischen Anthropologie.[11] Schottlaender hatte sich ebenfalls niemals auf die freudianische Theorie festlegen lassen und verstand sich als Daseinsanalytiker[12], für den in den menschlichen Organismus ein geistiges Ich »eingelassen und eingewurzelt ist, das berufen ist, das Sein im Ganzen, die Gesamtwirklichkeit zu verstehen und das eigene Dasein zu erhellen und zu führen«[13]. Für ihn war die Neurose ein Vorgang der Auflehnung des Menschen gegen die Beschränkungen seines Daseins, wie dessen Endlichkeit, Leid oder Begabungsgrenzen. Der Mensch ertrage diese Begrenzungen nicht und reibe sich daran wund.[14] Insofern lieferten »Ganzheitspsychologie, romantische Naturphilosophie und philosophische Anthropologie« Schottlaenders zweifellos spezifisch deutscher, idealistischer und frommer Denktradition die Bezugspunkte.[15] Als die ersten Ausgaben der *Psyche* schließlich erschienen, spielte der Bezug auf Freud konsequenterweise zunächst keine große Rolle, selbst sein Vorname war

6   Mitscherlich an Klett, 9.4.1946, AMA I, 1409.1.
7   Mitscherlich an Schottlaender, 29.5.1946, AMA I, 4866.12.
8   Schottlaender an Mitscherlich, 2.6.1946, AMA I, 4866.13.
9   Mitscherlich an Schottlaender, 1.7.1946, AMA I, 4866.17.
10 In diesem Sinne auch: Lockot, Reinigung, S. 154 f.
11 Krovoza/Schneider, Vorgeschichte, S. 256.
12 Görres, Personenverständnis, S. 8 f.
13 Görres, Schottlaender, S. 10.
14 Ebenda, S. 12 f.
15 Bohleber, Stuttgart, S. 394.

im Namensverzeichnis des ersten Jahrgangs falsch buchstabiert.[16] Auf längere Sicht war aber hier bereits der Konflikt zwischen Schottlaender und Mitscherlich angelegt, da sich Letzterer immer mehr von dieser »diffusen humanistischen Anthropologie« entfernte.

Auch die Aufgabenverteilung zwischen den Herausgebern sorgte für Spannungen. Hans Kunz hielt sich im Hintergrund[17], Mitscherlich zog die wesentlichen Entscheidungen über die Auswahl der Beiträge an sich und zeigte an der alltäglichen Redaktionsarbeit wenig Interesse. Schottlaender beklagte sein »nur kometenhaftes Auftauchen«[18] und eine Redaktionsmitarbeiterin klagte, von Mitscherlich mit der Arbeit allein gelassen zu werden. Sie bat darum, sich zukünftig an Schottlaender wenden zu dürfen, »damit ich die wertvolle Zeit von Herrn Dr. Mitscherlich, die er doch benötigt um die Welt zu bewegen, nicht allzu oft beanspruchen muß.«[19]

Nach einem ersten tiefen Zerwürfnis 1949[20] kam es nach Mitscherlichs USA-Reise zu dem – letztlich wohl unvermeidlichen Bruch – zwischen Mitscherlich und Schottlaender. Letzterer hatte sich 1950 noch überreden lassen, in Heidelberg als Lehranalytiker mitzuarbeiten. Als Mitscherlich aber aus Amerika zurückkehrte, kündigte er Schottlaender, dessen daseinsanalytische Prägung nun nicht mehr in sein neues wissenschaftliches Programm passte, völlig ohne Vorwarnung die Stelle, was das endgültige Zerwürfnis bedeutete. Ein Angebot Gustav Ballys, einen Vermittlungsversuch zu unternehmen, griff Mitscherlich nicht mehr auf.[21] Er hatte sich von einem weiteren Mentor losgesagt. Schottlaender erkrankte bald darauf schwer und litt unter den Folgen einer verunglückten Operation[22], er starb 1958.

Für Mitscherlich war nun der Weg frei, die *Psyche* inhaltlich immer mehr auf die Psychoanalyse zu fokussieren. Das galt umso mehr, nachdem auch Hans Kunz seine Mitarbeit beendete und Mitscherlich die Zeitschrift mit Wolfgang Hochheimer herausgab. 1956 wurde der Untertitel geändert in: *Zeitschrift für psychologische und medizinische Menschenkunde* und 1966 erneut in den die freudianische Ausrichtung eindeutig anzeigenden Zusatz *Zeitschrift für Psychoanalyse und ihre Anwendungen*.

16 Lohmann, Psyche, S. 753; das folgende Zit.: S. 17.
17 Schottlaender an Mitscherlich, 3.9.1947, AMA I, 4866.70.
18 Schottlaender an Mitscherlich, 1.6.1948, AMA I, 4866.53.
19 Kern an Schottlaender, 22.3.1948, AMA I, 4866.25.
20 Ausführlich dazu: Dehli, Konflikt, S. 189 ff.
21 Bally an Mitscherlich, 31.3.1952, AMA III.
22 Brocher, Begegnungen, S. 29.

Nach 1968 gab Mitscherlich die *Psyche* schließlich allein heraus. Zu diesem Zeitpunkt war sie bereits das unumstrittene Zentralorgan der bundesrepublikanischen Psychoanalyse, nicht zuletzt, weil Mitscherlich es vermochte, die Größen der internationalen Psychoanalyse wie Michael Balint, Paula Heimann, Jeanne Lampl-de Groot, Erik H. Erikson, und René A. Spitz zu Veröffentlichungen in der *Psyche* zu bewegen.[23]

Für die Heidelberger Klinik bedeutete die *Psyche* und die internationale Anerkennung, die sie fand, eine immense Aufwertung gegenüber allen anderen psychotherapeutischen Gruppen und Schulen in der Bundesrepublik. Gleichwohl war Mitscherlich gezwungen, sich mit diesen Konkurrenten auseinanderzusetzen, denn das Zentrum der Psychotherapie lag in der allgemeinen Wahrnehmung nach 1945 nicht in der kleinen Heidelberger Klinik, sondern in Berlin. Dort und in Frankfurt am Main waren vor 1933 die Zentren der deutschen Psychoanalyse gewesen.

Psychoanalyse und NS-Vergangenheit

In Frankfurt hatte die Psychoanalyse 1929 mit dem Frankfurter Psychoanalytischen Institut (FPI), das als Gastinstitut in den Räumen des Instituts für Sozialforschung untergebracht war, ein wichtiges institutionelles Zentrum gefunden, in dem erstmals auch eine Anbindung an eine Universität gewährleistet war. Hier hatte Anna Freud 1930 den Goethe-Preis für ihren Vater entgegengenommen.[24] Das Frankfurter Institut wurde nach der Machtübernahme der Nationalsozialisten geschlossen, und seine Mitglieder (u. a. Heinrich Meng, Frieda Fromm-Reichmann, Erich Fromm und Karl Landauer) emigrierten.[25] Auch die in Berlin tätigen Analytiker emigrierten zum großen Teil nach 1933. 1934 hatten von 36 ordentlichen Mitgliedern des Berliner Instituts bereits 24 das Land verlassen.[26] Die ohnehin vorhandenen wissenschaftlichen Differenzen zwischen den führenden Köpfen der Psychoanalyse verstärkten sich in den folgenden Jahren – nicht zuletzt durch die räumliche Trennung und die ganz unterschiedlichen Prägungen, die sie im Exil erfuhren. Schließlich

---

23 Vgl.: Krovoza, Einleitung. In: ders., Arbeitsfeld, S. 9-21, hier S. 10.
24 Brecht u. a., Psychoanalyse, S. 42 ff.
25 Ebenda, S. 55 ff.
26 Junker, Exodus.

standen Analytiker wie Melanie Klein, Karen Horney, Franz Alexander und Wilhelm Reich für jeweils ganz eigene Schulen.[27] In Deutschland verblieben waren vor allem Felix Boehm und Carl Müller-Braunschweig, die mit viel vorauseilendem Gehorsam den Vorstand der Deutschen Psychoanalytischen Gesellschaft (DPG) »arisierten« und bemüht waren, das Bestehen der Gesellschaft durch weitgehende Anpassung an den NS-Staat zu sichern.[28] 1935 wurde das Berliner »Deutsche Institut für psychologische Forschung und Psychotherapie« unter Leitung von Mathias Heinrich Göring gegründet, einem Vetter von Hermann Göring. Jüdische DPG-Mitglieder wurden zum Austritt aufgefordert, weil Boehm und auch der Vorsitzende der Internationalen Psychoanalytischen Vereinigung (IPV) Ernest Jones glaubten, auf diesem Wege eine Auflösung der DPG vermeiden zu können.[29] Im Jahr darauf erklärte sich die DPG bereit, mit Vertretern anderer psychotherapeutischer Schulen am Göring-Institut zusammenzuarbeiten, dessen Inventar allen Richtungen zur Verfügung stehen sollte. Faktisch bedeutete dies die Kontrollübernahme durch das Göring-Institut und die schrittweise Marginalisierung der Psychoanalyse. Das Göring-Institut wuchs in den folgenden Jahren zu einer Organisation heran, die von der DAF, den Privatkassen und schließlich auch vom Reichsforschungsrat finanziert und als kriegswichtig eingestuft wurde. Um das zu rechtfertigen, sprach Göring beispielsweise 1944 über den »Beitrag der Psychotherapie zur totalen Kriegführung« und unterrichtete Militärs in Menschenführung und Kurzzeittherapie.[30] Gelder wurden unter anderem von der Luftwaffe, der HJ, dem BDM, der Reichskriminalpolizei und der SS eingeworben.[31]

Doch aller vorauseilende Gehorsam sicherte der DPG nicht allzu lange ihre Existenz. 1936 wurde die Gesellschaft zum Austritt aus der IPV gezwungen und musste sich schließlich 1938 ganz auflösen. Fortan wurde sie als »Arbeitsgruppe A« im 1936 gegründeten »Deutschen Institut für psychologische Forschung und Psychotherapie« geführt.[32] Die Ausbildung von Psychoanalytikern lief aber weiter, immerhin 12 der 34 Analy-

27 Lockot, Reinigung, S. 28.
28 Zur Geschichte der Psychoanalyse im Nationalsozialismus: Cocks, Psychotherapy; Brecht u. a., Psychoanalyse; Lockot, Reinigung.
29 Zum Folgenden: Lockot, Reinigung, S. 42-57; Brecht u. a., Psychoanalyse, S. 128 ff.
30 Brecht u. a., Psychoanalyse, S. 136 f.
31 Kurzweil, Legitimationsprobleme, S. 170 f.
32 Lockot, Reinigung, S. 55.

tiker, die nach Kriegsende Mitglied der DPG waren, hatten ihre Ausbildung nach 1936 absolviert.[33] 1938 stellte sich das Göring-Institut auf der zweiten Tagung der »Deutschen Allgemeinen Ärztlichen Gesellschaft für Psychotherapie« (DAÄGP) öffentlich vor und proklamierte eine »Neue Deutsche Seelenheilkunde«. Wichtige Vertreter des NS-Staats waren eingeladen, Felix Boehm ließ über seinen Korpsbruder Alfred Rosenberg ein Ergebenheitstelegramm an Hitler übermitteln, der für das »Treuegelöbnis« dankte.[34]

Die Situation der Psychotherapie war 1945 vor diesem Hintergrund unübersichtlich. Die Beteiligten wussten sehr genau, dass eine Offenlegung ihrer Vergangenheit ihnen die Weiterarbeit vorerst unmöglich gemacht hätte. Aber genau darauf warteten 1945 über 200 Psychotherapeuten, denn der NS-Staat hatte »sowohl die institutionelle als auch die professionelle Entwicklung der Psychotherapie unterstützt«[35]. Diese Tatsache steht der lange nachwirkenden Legende diametral entgegen, der zufolge die gesamte Psychoanalyse nach 1933 aus Deutschland vertrieben worden sei und lediglich in Berlin einige wenige Freudianer hatten »im Geheimen existier[en]« können.

Am 16. Oktober 1945 gründete sich unter dem Vorsitz von Felix Boehm und Carl Müller-Braunschweig eine »Berliner Psychoanalytische Gemeinschaft«, die sich 1946 als DPG konstituierte. Die offizielle Lesart der Vergangenheit lautete jetzt, im Göring-Institut sei »die therapeutische und wissenschaftliche Arbeit unbeeinflusst von den politischen Bestrebungen der damaligen Zeit weiter gefördert« worden.[36]

Daneben gründeten Harald Schultz-Hencke und Werner Kemper 1946 ein neues »Institut für Psychopathologie und Psychotherapie«, das bald von der Versicherungsanstalt Berlin übernommen und damit öffentlich finanziert wurde.[37] Schultz-Hencke wuchs, nachdem Kemper 1948 Deutschland verlassen hatte, zu einem weiteren wichtigen Vertreter der Zunft heran.[38] 1947 wurde in Berlin als gemeinsames Institut aller Psychotherapeuten das Institut für Psychotherapie e.V. Berlin gegründet – im Ergebnis eine »genaue Nachbildung der Einrichtung Görings«[39] – und als gemeinsame Interessenvertretung aller Vertreter der Psychothera-

33 Brecht u.a., Psychoanalyse, S. 166.
34 Ebenda, S. 136.
35 Kurzweil, Legitimationsprobleme, S. 165; das folgende Zit.: S. 169.
36 Schwidder, Berlin, S. 382.
37 Kurzweil, Freudianer, S. 352.
38 Brecht u.a., Psychoanalyse, S. 174.
39 Kurzweil, Freudianer, S. 352.

pie die Deutsche Gesellschaft für Psychotherapie und Tiefenpsychologie (DGPT).[40] Somit existierte in Berlin ein verwirrendes Geflecht konkurrierender Schulen und Einzelpersönlichkeiten, denen alle eins gemeinsam war: Mit dem Göring-Institut wollte niemand etwas zu tun gehabt haben.

Außerhalb Berlins gab es nur in Stuttgart mit dem – wesentlich von Schottlaender betriebenen – »Institut für Psychotherapie und Tiefenpsychologie e.V. Stuttgart« unter Vorsitz von Wilhelm Bitter eine nennenswerte psychotherapeutische Institution, mit der Mitscherlichs Heidelberger Gruppe in regem Kontakt stand.[41] Auch das Stuttgarter Institut orientierte sich hinsichtlich der Ausbildung, der öffentlichen Finanzierung und auch der Amalgamierung aller psychotherapeutischen Schulen deutlich am ehemaligen Berliner Göring-Institut.[42]

Eine enorme Aufwertung der eigenen Position – und nicht zuletzt eine gleichsam kollektiv zu erlangende moralische Entlastung – versprach in dieser Situation eine Aufnahme in die International Psychoanalytical Association (IPA). Deren erster internationaler Kongress seit 1938 fand im August 1949 in Zürich statt und war die Nagelprobe der internationalen Anschlussfähigkeit der deutschen Psychotherapie. Unter den Kongressteilnehmern fanden sich nur 11 Deutsche, mehrheitlich aus Berlin. Mitscherlich und Wilhelm Bitter waren als Gäste zugelassen.[43] Mitscherlich war in seiner Eigenschaft als Herausgeber der *Psyche* auch international schon manchem ein Begriff, der Klett-Verlag präsentierte die Zeitschrift stolz auf seinem Büchertisch im noblen Kongresshaus am Zürcher See. Persönlich trafen die Größen der internationalen Psychoanalyse aber zum ersten Mal auf Mitscherlich – und waren angetan. Jeanne Lampl-de Groot erinnert sich: »Nach meinem Vortrag ist ein junger Mann – er hatte so kurze Hosen an – auf mich zugegangen, um mir zu sagen, wie wunderbar er den Vortrag gefunden hat. Das war sehr nett.«[44]

Als Sprecher der deutschen Gruppe tat sich Harald Schultz-Hencke hervor, der ohnehin zu recht pompöser Selbstinszenierung neigte, und der die Kongressteilnehmer mit seinem Konzept der »Neo-Analyse« vertraut machen wollte.[45] Schultz-Hencke war von der Wirkung seiner Per-

---

40 Dührssen, Bewegung, S. 204.
41 Brocher, Einfluß, S. 322.
42 Bohleber, Stuttgart, S. 399.
43 Lockot, Reinigung, S. 210 ff.
44 Funke, Emigrantenansichten, S. 312.
45 Vgl. die kritische Analyse, die Mitscherlichs Mitarbeiter Helmut Thomä in den frühen 1960er Jahren verfasste: Thomä, Neopsychoanalyse.

sönlichkeit überzeugt und konnte auf Außenstehende tatsächlich faszinierend wirken, wie sich Horst Eberhard Richter, damals in Berlin in psychoanalytischer Ausbildung, erinnert: Er »liebte es, uns in ›Traum‹-Seminaren mit der Demonstration hellseherischer Deutungskunst zu verblüffen. Er ließ sich ohne nähere Angaben einen Patiententraum erzählen, wußte vom Träumer meist nur Alter und Geschlecht. Dann entwickelte er im Gespräch mit uns Kandidaten aus dem Trauminhalt ein Geflecht von kunstvollen Interpretationen zu den vermuteten Konflikten und zur Struktur der Person. Was er da an Einfällen über mögliche psychologische Zusammenhänge hervorzauberte, war oft bestechend. Und am Ende solcher Seminare erhielt Schultz-Hencke zumeist von dem Kandidaten, der den Träumer kannte, Belege dafür, daß das Deutungsgemälde im Großen und Ganzen zutreffend gewesen sei. Die Stimmung solcher Seminare ließ auch kaum etwas anderes als einen solchen Ausklang in Anerkennung und Bewunderung zu.«[46]

Als Schultz-Hencke nun aber in Zürich auftrat, gereichte ihm sein überbordendes Selbstbewusstsein nicht zum Vorteil. Wichtiger war noch, dass er mit seiner »Neo-Analyse« die auf Seiten der internationalen Analytiker ohnehin vorherrschende Sorge verstärkte, die Deutschen hätten über die Kooperation mit anderen Schulen im Göring-Institut die reine Lehre Freuds aus dem Auge verloren.[47] Carl Müller-Braunschweig fühlte sich daraufhin verpflichtet, seinerseits ein Referat zu halten, obwohl er, wie er einleitend sagte, es eigentlich vorgezogen hätte, dass die Deutschen Zuhörer blieben. Er könne aber nicht zulassen, dass der Eindruck entstehe, Schultz-Hencke spreche für die DPG. Müller-Braunschweig fand für seinen Vortrag, in dem er Schultz-Hencke scharf angriff, großen Beifall, während jener hart kritisiert wurde.[48]

Vor dem Hintergrund dieser Auseinandersetzung musste nun über die Aufnahme der DPG in die internationale Vereinigung abgestimmt werden: 15 Teilnehmer stimmten dafür, 11 dagegen, und die übergroße Mehrheit von 59 Teilnehmern votierte für die Beibehaltung eines provisorischen Status. Somit war die Rückkehr der Deutschen in die internationale Gemeinschaft vorerst gescheitert. Es wurde ihnen aber signalisiert, dass ein erneuter Antrag in zwei Jahren durchaus gute Chancen habe[49] – die unausgesprochene Voraussetzung war allerdings der Ausschluss Schultz-Henckes, um den sich Müller-Braunschweig in der Folgezeit

46 Richter, Erinnerungen, S. 71.
47 Cocks, Psychoanalyse, S. 1077; Lockot, Reinigung, S. 187 f.
48 Lockot, Reinigung, S. 215f, 223-227
49 Brecht u. a., Psychoanalyse, S. 200.

ebenso eifrig wie erfolglos bemühte.⁵⁰ Schließlich gründete Müller-Braunschweig 1950 mit einigen wenigen Mitstreitern die »Deutsche Psychoanalytische Vereinigung« (DPV) als Konkurrenzunternehmen zur DPG, und es gelang dieser kleineren Gruppierung 1951, Aufnahme in die internationale Vereinigung zu finden. Die provisorische Mitgliedschaft der DPG wurde hingegen gelöscht.⁵¹

Die gescheiterte Aufnahme der DPG und die anschließende Gründung der DPV haben die Legende entstehen lassen, die institutionelle Spaltung sei als direkte Folge der politischen Belastung der DPG anzusehen, die auch der Grund für die verweigerte Aufnahme in die Internationale Gesellschaft sei. In Wahrheit war die Kritik an Schultz-Hencke und die Zweifel an der Treue zur reinen Lehre Freuds das Motiv der IPV, die DPG nicht aufzunehmen. Insbesondere über Carl Müller-Braunschweigs Kurs der DPG-Selbstgleichschaltung während des Nationalsozialismus konnte schließlich ebenso wenig Zweifel bestehen wie darüber, dass Schultz-Hencke sich nicht in gleicher Weise an das NS-Regime angebiedert hatte.⁵²

Die DPG stellte in den nächsten Jahrzehnten nie wieder einen Aufnahmeantrag in die IPV, die institutionelle Spaltung hatte die Fronten scheinbar geklärt und befestigt. Fortan umgab die Neugründung DPV die Aura der politischen Unbescholtenheit, und für die jüngere Generation von Psychoanalytikern verlief die Trennungslinie zwischen DPG und DPV recht eindeutig entlang den Kriterien der NS-Belastung. Der junge Horst Eberhard Richter trat der DPV bei – und profitierte in seiner Wahrnehmung vor allem »von dem liberalen, offenen Geist der ›Dissidenten‹, die uns in Wahrheit die echte Psychoanalyse zugänglich machten, wie sie bis zur Vertreibung der jüdischen Mitglieder der Deutschen Psychoanalytischen Gesellschaft am alten Institut floriert hatte«⁵³. Die DPG dagegen wurde mit der NS-Vergangenheit des Berliner Göring-Instituts assoziiert. Der Bruch zwischen ihren Mitgliedern und der IPV blieb noch für Jahrzehnte spürbar.⁵⁴

Nach innen war man in der DPV bemüht, die komplizierte Vergangenheit der Zunft den Ausbildungskandidaten gegenüber einzuordnen. »Wir spürten, daß es unseren Ausbildern sehr darum zu tun war, uns alles genau zu schildern – wie Carl Müller-Braunschweig zu Freud nach Wien

50 Dührssen, Bewegung, S. 186.
51 Lockot, Reinigung, S. 24.
52 Vgl. etwa: Lockot, Missbrauch.
53 Richter, Erinnerungen, S. 72.
54 Lockot, Reinigung, S. 23.

gefahren war, warum man dessen Auskunft als Zustimmung zu den Kompromissen ausgelegt hatte, unter denen die Berliner Gruppe sich zur Weiterarbeit an dem ›Deutschen Institut für psychologische Forschung und PST‹ [...] entschlossen hatte. Wir empfanden sehr stark, daß Unbehagen und Zweifel verblieben waren.«[55] Nach außen hin jedoch wurde die Problematik der NS-Vergangenheit in den 1950er Jahren beschwiegen. Dieses Beschweigen ging einher mit dem Bemühen, durch Ausbildung psychoanalytischen Nachwuchses die personellen Lücken zu schließen. Die DPV und die Berliner Analytiker benahmen sich dabei wie »eine Berufsgenossenschaft, die durch einen unerklärlichen Schicksalsschlag einen großen Teil ihrer besten Mitglieder verloren hatte und sich nun gezwungen sah, die entstandene Lücke qualitativ und quantitativ zu schließen«.[56]

Die DPV stand zunächst für Jahre im Vergleich zur etablierten DPG auf äußerst schwachen Beinen.[57] Auch die Konzentration auf die Psychoanalyse Freuds, zu der sich die DPV mit ihrem Eintritt in die IPV gleichsam symbolisch verpflichtet hatte, stimmte zunächst mit der Realität kaum überein. Allerorten ging es zu diesem Zeitpunkt noch um eine Synthese der psychotherapeutischen Schulen – auch in Heidelberg und im neuen Zentralorgan *Psyche*.[58] Umso wichtiger war es für die DPV in mehrfacher Hinsicht, Alexander Mitscherlich als Mitglied zu gewinnen. Er war Herausgeber des wichtigsten Publikationsorgans, verfügte über internationale Kontakte und bildete mit seiner Heidelberger Klinik (die zudem an eine Universität angebunden war) ein Gegengewicht zu der in Berlin übermächtigen DPG. Mindestens ebenso wichtig war es auch, dass Mitscherlich politisch unbelastet war, und mehr noch: Die Neugründung der Heidelberger Klinik hatte die Erinnerung an die nicht ganz unproblematische Tradition der Psychosomatik Viktor von Weizsäckers verblassen lassen, und die von Mitscherlich vertretene Psychosomatik erschien als Wissenschaft des Neuanfangs.[59] Die Symbolfigur Mitscherlich war die vergangenheitspolitische Idealbesetzung für eine sich neu verortende Psychoanalyse.

Mitscherlich aber hatte sich ersten Versuchen Carl Müller-Braunschweigs, ihn in die DPG aufzunehmen[60], 1947 noch entzogen. Die

---

55 Richter, Erinnerungen, S. 73.
56 Krovoza/Schneider, Vorgeschichte, S. 245.
57 Lockot, Reinigung, S. 253.
58 Brecht u. a., Psychoanalyse, S. 206.
59 Vgl. auch: Dehli, Konflikt, S. 175.
60 Lockot, Reinigung, S. 276.

Mitgliedschaft in einer psychoanalytischen Vereinigung war für ihn damals noch nicht sehr naheliegend, und so hatte er sich über die Kritik, die ihm im Oktober 1947 bei einer Vorstellung seiner Habilitationsschrift in Berlin entgegengebracht wurde, beleidigt gezeigt. Gegenüber Felix Boehm klagte er: »Ich arbeite jetzt seit 8 Jahren fast ausschließlich als Analytiker, aber ich lasse mir von älteren Kollegen ohne jedes innere Verschließen sagen, daß meine Technik noch anfängerhaft ist. Es genügt mir bloß auf keinen Fall, wenn mir diese Auskunft wie eine Zensur mitgeteilt wird, ich möchte korrigiert werden, möchte etwas lernen, möchte hören, welche ›für den erfahrenen Analytiker offenkundigen Zusammenhänge‹ ich übersehen habe.«[61]

Erst 1952 – nach seiner Amerikareise – war Mitscherlich willens, sich der DPV anzuschließen. Diese war nach ihrer Aufnahme in die IPA nunmehr auch der gangbare Weg, persönlich Anschluss an die institutionalisierte internationale Psychoanalyse zu finden, der Mitscherlich sich immer mehr annäherte. Allerdings stand diesem Schritt seine fehlende Lehranalyse im Wege. Müller-Braunschweig suchte dem Dilemma mit dem Hinweis zu entkommen, man könne laut DPV-Satzung Ausnahmen gestatten, »wenn besondere Verdienste der Aufzunehmenden um die Psychoanalyse vorliegen«[62]. In seinem Aufnahmeantrag verwies Mitscherlich daraufhin auf die psychoanalytische Erfahrung, die er bei Bally und Schottlaender gesammelt habe. Außerdem betonte er seine untadelige Vergangenheit und setzte Müller-Braunschweig vieldeutig unter Druck, indem er auf das Berliner Institut und dessen Vergangenheit zu sprechen kam: »Ich war einmal im Jahre 1942 in Berlin, weil die Hoffnung bestand, daß ich zu Herrn Siebeck hätte kommen können, solange er noch in Berlin war. Damals hatte ich eine mir unvergeßliche Unterredung mit J. H. Schultz, bei dem ich mich nach Möglichkeiten einer Lehranalyse am damaligen Berliner Institut erkundigte. Im Laufe des Gespräches sagte mir J. H. Schultz, der im vollen Prunk seiner Uniform stand, meine Auflehnung gegen den Nationalsozialismus sei doch wohl als Ausdruck meiner latenten Homosexualität zu bewerten. Nun, ich will nicht über Überdeterminiertheit meines Verhaltens streiten. Daß aber in der damaligen Zeit, in der meine besten Freunde bereits von den Nationalsozialisten getötet waren, das Argument von Herrn J. H. Schulz nicht

---

61 Mitscherlich an Boehm, zit. nach: Lockot, Reinigung, S. 81 f.
62 Müller-Braunschweig an Mitscherlich, 17.10.1952, Privatarchiv Margarete Mitscherlich, zit. nach Berger, Institution, S. 350 f.

gerade menschlich war und mich nicht ermutigte, weiter in dieser Richtung nachzuforschen, werden Sie verstehen.«[63]

Doch auch wenn Müller-Braunschweig persönlich großes Interesse hatte, die DPV mit Mitscherlich aufzuwerten: Er konnte diesen nicht ohne Lehranalyse aufnehmen. Er drängte Mitscherlich, das »Manko« auszugleichen.[64] Mitscherlich stellte das auch in Aussicht. Er wolle während eines USA-Aufenthaltes bei Erik Erikson in Analyse gehen, teilte er Müller-Braunschweig mit. »Bei der Schwierigkeit und Isolierung meiner hiesigen Position ist eine andere Lösung ja vorläufig gar nicht zu realisieren.«[65]

Innerhalb der deutschen psychotherapeutischen Zunft wurde über Mitscherlichs fehlende Analyse hinter vorgehaltener Hand gesprochen. Für seine Gegner ließ sich das Wissen um diese offene Flanke durchaus als Bedrohungspotential nutzen. 1956, als Mitscherlich bereits zum Geschäftsführenden Vorsitzenden der »Deutschen Gesellschaft für Psychotherapie und Tiefenpsychologie« (DGPT) aufgestiegen war, konnte der Berliner Analytiker Franz Baumeyer Mitscherlich mit dem Hinweis unter Druck setzen, es werde von verschiedener Seite behauptet, der Geschäftsführende Vorsitzende könne »keine rite durchgeführte Lehranalyse nachweisen«.[66] Dieser Zustand war erst beendet, als die DPV Mitscherlich schließlich zähneknirschend aufnahm, nachdem er im Dezember 1955 in Berlin den vorgeschriebenen Vortrag zum Ausweis seiner Kenntnisse gehalten hatte. Es wurde ihm die Auflage erteilt, baldmöglichst seine Lehranalyse nachzuholen[67], was er schließlich auch tat: Im Sommer 1958 ging Mitscherlich für ein Jahr nach London und durchlief eine Lehranalyse bei Paula Heimann.

In der Erinnerung Horst Eberhard Richters empfand man in der DPV nicht Mitscherlichs psychoanalytische Kompetenz als »hinreichendes Qualifikationskriterium«, sondern den Nutzen, den seine Person der Gesellschaft brachte. »Intern wahrte die Zunft ihre Vorbehalte gegenüber ihrem kreativsten Mitglied, aber als Botschafter, der ihre eigene politische Sprachlosigkeit kompensierte, war ihr Mitscherlich natürlich recht.«[68]

63 Müller-Braunschweig an Mitscherlich, 27.10.1952, Privatarchiv Margarete Mitscherlich, zit. nach Berger, Institution, S. 351f.
64 Müller-Braunschweig an Mitscherlich, 23.11.1952, AMA III.
65 Mitscherlich an Müller-Braunschweig, 10.12.1952, AMA III.
66 Baumeyer an Mitscherlich, 17.5.1956, AMA III.
67 Korrespondenz DPV/Mitscherlich, AMA I, 3809. Ausführlich zur Aufnahme Mitscherlichs auch: Dehli, Konflikt, S. 205-210.
68 Richter, Erinnerungen, S. 108. Vgl. auch: Berger, Institution, S. 352.

Langfristig ging die Hoffnung des DPV-Gründers Müller-Braunschweig, seine Vereinigung durch Mitscherlich international zu etablieren und vergangenheitspolitisch zu entlasten, durchaus auf. Mitscherlich, das Sigmund-Freud-Institut und die mit diesem eng verbundene DPV wurden als Einheit wahrgenommen und symbolisierten den vermeintlichen Neuanfang einer politisch unbelasteten Psychoanalyse in der Bundesrepublik. Die komplizierte Vorgeschichte, in der sich die Frontlinien gleich mehrfach verkehrt hatten und in der das spätere Aushängeschild Mitscherlich zunächst kaum eine Rolle gespielt hatte, war vergessen.[69]

»One man army«

Mitscherlichs Verhältnis zur DPV blieb distanziert, sein Elan, sich in institutionellen Zusammenhängen mehr als nötig zu engagieren, hielt sich auch hier in Grenzen. Seine große Wirksamkeit im Kampf für die berufsständischen Interessen der Psychotherapie entfaltete Mitscherlich dann auch nicht aus der DPV heraus, sondern aus der Deutschen Gesellschaft für Psychotherapie und Tiefenpsychologie (DGPT). Diese war 1949 als Interessenvertretung aller Psychotherapeuten und als Gegengewicht zur 1948 unter der Ägide des Tübinger Psychiaters Ernst Kretschmer wiederbelebten »Allgemeinen Ärztlichen Gesellschaft für Psychotherapie« (AÄGP) gegründet worden. Erster Präsident der DGPT wurde Viktor von Weizsäcker. Wilhelm Bitter wurde sein Stellvertreter und übernahm nach von Weizsäckers Rückzug 1953 den Vorsitz. Mitscherlich rückte in Bitters bisherige Funktion als Geschäftsführer auf. Die Hauptaufgabe der DGPT war die Durchsetzung einheitlicher Ausbildungsbedingungen für Psychotherapie, ihre Etablierung in der Hochschulmedizin und der Kampf um die Übernahme psychotherapeutischer Behandlung durch die Krankenkassen.[70] Mitscherlich wirkte in diesen Auseinandersetzungen, wie Erik Erikson bewundernd feststellte, als »one man army«[71].

Die Interessenvertretung der Psychotherapie in der Bundesrepublik hatte bereits 1947 begonnen, als auf der Interzonentagung der westdeutschen Ärztekammern am 14. und 15. Juni – auf der Mitscherlich auch über seine Beobachtung des Ärzteprozesses berichtete – das Thema der

---

69 Vgl. auch: Dehli, Konflikt, S. 211-216.
70 Lockot, Reinigung, S. 282.
71 Fritz Redlich teilte Mitscherlich diese Charakterisierung seiner Person mit (Redlich an Mitscherlich, 25.5.1958, AMA III).

zukünftigen Stellung der Psychotherapie auf der Tagesordnung stand.[72] Bereits im Vorfeld hatte Ernst Kretschmer mit Einspruch gegen alle Beschlüsse gedroht, die auf dieser Tagung fallen könnten, da er selbst nicht dabei sein könne. Überhaupt bedürfe es der Konsultation einer erst wieder zu etablierenden psychiatrisch-neurologischen Gesellschaft, denn »die Psychotherapie ist u. a. ein integrierender Bestandteil der psychiatrisch-neurologischen Wissenschaft«[73]. Kretschmers Einspruch hatte Erfolg, die Befassung mit dem geplanten Tagesordnungspunkt wurde auf die nächste Tagung im Herbst 1947 verschoben. Der Konflikt zwischen den Psychiatern, die die Psychotherapie als Disziplin der Psychiatrie unterstellen wollten, und den (psychoanalytisch orientierten) Psychotherapeuten, die genau dies nicht wollten, zeichnete sich ab.

Der sachliche Kern der Auseinandersetzung war die Ausgestaltung einer Ausbildungs- und Berufsordnung für die noch ungeordnet nebeneinander existierenden psychotherapeutischen Berufsbilder von ärztlichen und nichtärztlichen Psychotherapeuten. Wer sollte sich wie bezeichnen, wen in welcher Form behandeln dürfen, und wie sollte die Vergütung durch die Krankenkassen geregelt sein? Aus Sicht der Psychotherapie bedurfte es hier in erster Linie eines offiziellen Zusatztitels für Ärzte, denen psychotherapeutische Behandlungen erlaubt seien.[74] Der Streit mit der Psychiatrie entzündete sich, so hielt Mitscherlich in einer von ihm federführend verfassten »Heidelberger Denkschrift« fest, an der Frage, ob die psychoanalytische Lehranalyse Teil der Ausbildung von Psychotherapeuten sein solle und ob weiterhin die Ausbildung nichtärztlicher »behandelnder Psychologen« gefördert werden solle. Die Psychiater wollten die Ausbildung aller Psychotherapeuten in den Händen der Psychiatrie wissen und lehnten die Lehranalyse als Teil der Ausbildung ab. Auch der Tätigkeit nichtärztlicher Psychotherapeuten standen die Vertreter der klassischen Psychiatrie ablehnend gegenüber.[75]

Als Kretschmer und Mitscherlich auf der nächsten Tagung der Ärztekammern am 18. und 19. Oktober 1947 erstmals aneinandergerieten, eskalierte der Konflikt. Vehement lehnte Kretschmer ein Monopol der Psychoanalyse innerhalb der Psychotherapie ab und stellte die bei ihm in Tübingen erfolgende Ausbildung als vorbildlich heraus: »Wir schreiben

72 Steger an Mitscherlich, 23.5.1947, AMA I, 5260.1.
73 Kretschmer an Ärztekammer Württemberg-Süd, 24.5.1947 (Abschrift), AMA VII, 65.
74 Korrespondenz Mitscherlich/Steger, AMA VII, 65.
75 Mitscherlich, Alexander: Was ist Psychotherapie? Ein Streit um ihre formale und faktische Inhaltsbestimmung. In: Psyche 1 (1947), S. 456-460.

nicht so sehr viel, und nicht so viel dünnflüssiges. Aber die Ausbildung bei mir ist eine international anerkannte.«[76] Mitscherlich bestritt genau das: »Das Gewicht Ihrer Autorität schreckt mich nicht. Es würde sich darum handeln, Fälle vorzustellen. *Nichts* wurde vorgestellt bislang. Die große Psychotherapie will endlich zur Geltung kommen, sie hat ein halbes Jahrhundert lang Kasuistik vorgestellt.« Kretschmer dagegen sah Freud als überwundene Lehre, die existierenden Laienpsychologen könnten allenfalls »ausgesiebt« und die Stellung der wenigen Tauglichen könnte legalisiert werden. Für die Zukunft sei jedoch eine ärztliche Ausbildung aller Psychotherapeuten vonnöten, denn mit Geisteswissenschaftlern komme unweigerlich »Kurpfuschertum« hinein.

Kretschmer trug mit seinen Ausführungen zu Mitscherlichs unversöhnlicher Abneigung gegen die Psychiatrie bei, die durch die zeitgleich in Heidelberg ablaufenden Kämpfe mit dem Psychiater Kurt Schneider um die Klinikgründung noch verschärft wurden und die in der Folgezeit beinahe reflexhaft abgerufen werden konnte. Kam Mitscherlich beispielsweise zu Ohren, dass sich der Psychiater Werner Villinger negativ über seine Publikationen in der *Psyche* ausgesprochen hatte, betonte er bereits 1948 mit dem Gestus der Resignation, er habe es sich »in Deutschland längst abgewöhnt mit Vertretern der Psychiatrie in einen Meinungsstreit einzutreten, da es aussichtslos erscheint gewisse Vorurteile noch einmal bei diesen Leuten zur Revision zu bringen«.[77]

In Mitscherlichs Augen war es eine Mischung aus Unwissenheit und Ignoranz, die die Psychiatrie der Psychoanalyse entgegenbrachte. In Heidelberg konnte er sich immer wieder darüber erregen, dass Kurt Schneider die Existenz von Neurosen bestritt und diese »endogenen Psychosen« als »Geheimnis« bezeichnete, das von der Psychiatrie noch nicht gelöst sei.[78] Die Psychoanalyse erkannte Schneider als Instrument nicht an, insbesondere die Überbewertung der Kindheitskonflikte erschien ihm als »Kinderei«. Wie viele Kinder, die ohne liebevolle Zuwendung aufwuchsen, werden nicht psychotisch, so fragte Schneider 1954 in einem Artikel – und wie viele Psychotiker hätten nie einen Konflikt in der Kindheit erlebt? Man müsse doch wohl hier »etwas Vorgegebenes, etwas Mitgegebenes annehmen – eben die heute so viel und so überheblich belächelte Anlage, die man sich aber weder erblich zu denken braucht, noch immer

[76] Hauptversammlung der Arbeitsgemeinschaft der westdeutschen. Ärztekammern in Bad Nauheim 18./19.10.1947. Protokoll, AMA VII, 65, S. 1; dort auch das folgende Zit.
[77] Mitscherlich an Clausnitzer, 8.3.1948, AMA I, 906.2.
[78] Schneider, Psychotherapie.

als unentrinnbares Schicksal.« Kein deutschsprachiger Kliniker, da zeigte Schneider sich überzeugt, werde sich der »totalen Psychologisierung« der Medizin anschließen. Schneider und Kretschmer waren keine Einzelfälle. Aus München hörte Mitscherlich von dem Medizinhistoriker Werner Leibbrand über dessen Auseinandersetzungen mit der Psychiatrie, »die die Euthanasie nur mit anderen Mitteln fortsetze«, der dortige Psychiatrieordinarius habe seinen Assistenten gar den Besuch einer Sigmund Freud-Gedächtnisveranstaltung verboten.[79] Der Psychiater Werner Catel – wie sein Kollege Werner Villinger während der NS-Zeit als »T4«-Obergutachter in die »Euthanasie« verstrickt[80] – wütete in der *Münchner Medizinischen Wochenschrift* gegen die Psychoanalyse, es handele sich um »Phantasmagorien, in durchaus willkürlicher Weise am Schreibtisch ersonnen«, er selbst habe in 30 Jahren weder ein Mädchen mit Penisneid gesehen noch einen Jungen, der seinen Vater vernichten wollte.[81]

Für Mitscherlich waren diese Erfahrungen immer neue Belege dafür, es mit mächtigen Gegnern zu tun zu haben, die nicht bereit waren, auch nur ansatzweise die Erkenntnisse der Psychoanalyse zu rezipieren. Tatsächlich zeigte die Elite der Nachkriegspsychiatrie um Hans Bürger-Prinz, Kurt Schneider, Werner Villinger und Ernst Kretschmer keine Neigung, sich von der Anschauung zu lösen, Geisteskrankheiten seien als rein organisch zu interpretierende und zu behandelnde »Gehirnkrankheiten« zu verstehen.[82] In dem die ersten Nachkriegsjahre dominierenden Lehrbuch Kurt Schneiders, der 1939 erstmals erschienenen *Klinischen Psychopathologie*, war das Ziel festgeschrieben, »zu immer weiteren eindeutigen körperlichen Befunden zu kommen«[83]. Die Entwicklung der amerikanischen Psychiatrie, die sich unterdessen durch die Rezeption psychotherapeutischer und psychoanalytischer Methoden modernisiert hatte, wurde in Deutschland kaum zur Kenntnis genommen.[84]

Wissenschaftlicher Fortschritt in der Psychiatrie hatte in Deutschland seit den 1930er Jahren eher zu einer Brutalisierung der Methoden als zu einer Aufweichung der biologistischen Grundüberzeugungen geführt.[85]

79 Leibbrand an Mitscherlich, 3.4.1957, AMA I, 3313.2.
80 Zu Villinger siehe: Holtkamp, Villinger; Schäfer, Villinger. Zu Catel siehe: Grundmann, Berufungspraxis.
81 Catel, Gegenwartssituation.
82 Richter, Erinnerungen, S. 132. Siehe auch: Kulenkampff, Erinnerungen, S. 128.
83 Schneider, Psychopathologie, S. 101.
84 Kulenkampff, Erkenntnisinteresse, S. 133 ff.
85 Zum Folgenden: Lockot, Reinigung, S. 290-294.

Der 1938 als »krampferzeugende Heilmethode« nutzbar gemachte Starkstromschlag war seit 1942 auch in Deutschland – nicht zuletzt im Krieg – populär geworden und hatte nach 1945 weithin Einzug in die Krankenhäuser gehalten. Auch die 1936 entwickelte so genannte Psychochirurgie erlebte nach 1945 eine gewisse Blüte. Um akute Psychosen zu heilen, wurden einzelne Hirnregionen des Patienten operiert. Im Ergebnis verloren die Kranken zumeist wesentliche Persönlichkeitsmerkmale, konnten aber einfache Arbeiten ausführen. Der Nutzen dieser Methode konnte niemals zweifelsfrei erwiesen werden, die gesundheitlichen Schäden der Patienten waren irreparabel.

Die Anstaltspatienten in der westdeutschen Psychiatrie litten zudem nach 1945 unter einer katastrophalen Überbelegung der Anstalten, Personalnotstand und Ernährungsengpässen.[86] Nach wie vor ließ man, wie Klaus Dörner es formulierte, die Kranken im »letzten Gnadenwaggon unseres Gesellschaftssystems mitfahren [...], den man in schweren Zeiten abkoppeln kann«[87]. Der junge Psychiater Heinz Häfner, der 1949 als Doktorand an die Münchner psychiatrische Universitätsklinik kam, erlebte seine erste Begegnung mit seinem Arbeitsfeld als Schock. Er sah zunächst nichts als »Männer zwischen Kot und Aggression« und Psychiater, die den Mangel verwalteten: »Der unruhigen Männerstation zugeteilt, ließ mich schon der erste Besuch auf der Station an meinem Berufsziel zweifeln: Männer jeglichen Alters lagen oder saßen mangels ausreichender Sitzgelegenheiten auf den engen, nebeneinanderstehenden Betten, einige schrien laut, rüttelten an der Tür und bedrängten den mich begleitenden Stationsarzt mit Entlassungswünschen. Die Stimmung auf der Station schwankte zwischen Resignation und Aggression. Zeitweise wagten die Pfleger die Station nur mit einer vorgehaltenen Matratze zu betreten.«[88]

Die Zustände in der Psychiatrie besserten sich in den 1950er Jahren nur sehr langsam. Von einem therapeutischen Selbstverständnis waren die Psychiater in Kliniken und Anstalten noch weit entfernt.[89] Zwar traten die ersten Psychopharmaka und erste Ansätze psychotherapeutischer Methoden neben die Schock- und Aufbewahrungstherapie, es bedurfte aber »offenbar noch eines Mentalitätswandels der Gesellschaft, der Psychiatrie

---

86 Siehe: Faulstich, Anstaltspsychiatrie; sowie ausführlich: Faulstich, Psychiatrie.
87 Dörner, Klaus: Wiedervereinigung mit den Schwachen. Haben wir genug aus der Medizin des »Dritten Reiches« gelernt? In: Frankfurter Allgemeine Zeitung, 14.7.1999.
88 Häfner, Psychiatrie-Enquete, S. 127.
89 Schmul, Einführung, S. 17.

und des gesamten therapeutischen Personals vom patriarchalischen Überwachungssystem zu einer therapeutischen Partnerschaft, einer Aufnahmebereitschaft der Gesellschaft und einem hoffnungsvolleren Interesse der Kranken an psychiatrischer Behandlung, um diesen Wandel wirksam werden zu lassen. Es sollte von der Einführung der Psychopharmaka an noch fast zwanzig Jahre dauern, bis diese Wende auch in den Köpfen und in den Institutionen Fuß zu fassen begann.«[90]

Heinz Häfner – in den 1960er und 1970er Jahren einer der wichtigsten Vertreter der Psychiatriereform – erinnert neben dem Unwillen, von den Grundfesten der eigenen Wissenschaft abzurücken, bei der in den 1950er Jahren bestimmenden Psychiatergeneration auch eine tiefgehende Verunsicherung, die er in Zusammenhang sieht mit der beschwiegenen NS-Vergangenheit der eigenen Zunft.[91] Als Indiz für diese Verunsicherung wertet Häfner, dass einige Psychiatrieordinarien versuchten, sich über Psychotherapie und Psychoanalyse zu informieren. Hans Bürger-Prinz begab sich sogar selbst in eine Analyse. Niemals aber habe dieser Annäherungsversuch der Psychiater ihre schroffe Ablehnung der Psychotherapie tatsächlich durchbrechen können.[92]

Die jüngeren Psychiater mussten ihr Interesse für die Psychoanalyse deshalb vor ihren akademischen Lehrern verbergen. Angehörige von Ernst Kretschmers Tübinger Klinik – unter ihnen Kretschmers Sohn Wolfgang – fuhren heimlich nach Stuttgart, um dort Lehranalysen zu machen.[93] Als Kretschmer davon erfuhr, ließ er »ein Strafgericht hereinbrechen«[94] und degradierte seinen Sohn von der Leitung der offenen Frauenstation auf eine Arztstelle in der geschlossenen Abteilung. Andererseits fühlte sich Kretschmer durch den »Einbruch psychoanalytischen Denkens in seine Klinik« und den Skandal um seinen Sohn veranlasst, »unter Zeitdruck seine ›psychotherapeutischen Studien‹ zu verfassen«. Und er gestattete dem jungen Ulrich Ehebald, seinen Facharzt für Psychiatrie bei ihm zu machen, während Ehebald gleichzeitig seine psychoanalytische Ausbildung fortsetzen und in einem Zimmer unter dem Dach der Klinik seine Patienten psychoanalytisch behandeln durfte. In seinem Hörsaal allerdings duldete Kretschmer kein psychoanalytisches Vokabular. Ehebald entwickelte in seiner psychoanalytischen Dachstube ähnlich wie Mitscherlich ein gewisses Gefühl der Überlegenheit: »Ich

90 Häfner, Psychiatrie-Enquete, S. 125.
91 Ebenda, S. 123.
92 Ehebald, Fahrt, S. 101.
93 Brocher, Begegnungen, S. 31.
94 Ehebald, Fahrt, S. 90; die folgenden Zit.: S. 91, 90.

glaubte mich im Besitz der Wahrheit und unter mir [in der Klinik Kretschmers, T.F.] das Unwissen brodeln zu sehen.« In diesem Sinne war Mitscherlichs Wahrnehmung in den 1950er Jahren nicht falsch. Er stand einer psychiatrischen Zunft gegenüber, deren bestimmende Vertreter der Psychoanalyse freiwillig keinen Meter Boden einräumen würden – und die Einmischungen in aus ihrer Sicht psychiatrische Fragen überhaupt nicht schätzten: Eine solche Einmischung stellte beispielsweise ein Artikel dar, den Mitscherlich 1957 *Über die Vielschichtigkeit sozialer Einflüsse auf Entstehung und Behandlung von Psychosen und Neurosen* in der *Medizinischen Klinik*[95] veröffentlichte. Die Zeitschrift erhielt daraufhin mehrere Zuschriften psychiatrischer Ordinarien, die mit der Kündigung ihrer Abonnements drohten.[96] Mitscherlich stellte fest, dass das Echo auf seinen Artikel »zu einem dumpfen Grollen an[schwillt]!«[97], wie er dem zuständigen Redakteur mitteilte. Er habe mit den Psychiatern Zutt, Villinger, Mauz und dem Heidelberger Kollegen von Baeyer gesprochen, »bei denen ich mich mehr oder weniger rasch davon überzeugen konnte, daß sie ganz einfach nicht in der Lage sind, zu lesen, was da steht«[98]. Im Sommer desselben Jahres berichtete Mitscherlich halb erschrocken, halb triumphierend: »Inzwischen hat mich Herr Zutt auf dem Südwestdeutschen Psychiaterkongreß in Baden-Baden im Foyer in Gegenwart von fünf anderen Ordinarien der Psychiatrie nach einer wegwerfenden Bemerkung, als er meiner ansichtig wurde, angeschrieen, ich solle es doch bleiben lassen, über Psychiatrie zu schreiben. Einen besseren Dienst hätte er mir und unserer Sache kaum erweisen können.«[99]

Mitscherlich zog jetzt auch erstmals eine Verbindung von der ablehnenden Haltung der Psychiater gegenüber der Psychoanalyse zu ihrer NS-Vergangenheit: »Nach den Erfahrungen, die ich mit meinem Aufsatz (der doch von den Psychiatern als eine nicht unwichtige Hilfestellung hätte benützt werden können) gemacht habe, bin ich noch mehr als früher der Meinung, daß die Tötung der Geisteskranken im Dritten Reich nicht allein ihm in die Schuhe geschoben werden kann, sondern tief in

---

95 Mitscherlich, Alexander: Über die Vielschichtigkeit sozialer Einflüsse auf Entstehung und Behandlung von Psychosen und Neurosen. In: Medizinische Klinik 52 (1957), S. 125-129 und 161-164 (GS II, S. 92-111).
96 Medizinische Klinik (Stauder) an Mitscherlich, 8.3.1957, AMA I, 3635.49.
97 Mitscherlich an Medizinische Klinik (Stauder), 14.3.1957, AMA I, 3635.50.
98 Mitscherlich an Medizinische Klinik (Stauder), 15.3.1957, AMA I, 3635.51.
99 Mitscherlich an Medizinische Klinik (Stauder), 26.7.1957, AMA I, 3635.57; dort auch das folgende Zit.

der deutschen Sozialstruktur verankert war, insbesondere der der Universitäten. Das war auch das Anliegen, das mich seinerzeit bei dem Bericht über den Ärzteprozeß so beschäftigt und zermürbt hat. Es ist schon arg, daß man sich in unserem Lande durchschämen muß!« Fortan begann Mitscherlich, das Argument der NS-Vergangenheit zu instrumentalisieren – und zwar nicht mehr nur im Sinne des Hervorkehrens der eigenen »sauberen« Biographie, sondern auch durch gezielte Hinweise auf die weniger saubere Weste anderer.

Eine Bitte der *Frankfurter Allgemeinen Zeitung* um eine Würdigung von Hans Bürger-Prinz zu dessen 60. Geburtstag lehnte Mitscherlich ab. Zu dessen Person wolle er sich »lediglich schweigend verhalten. Damit ist zum Ausdruck gebracht, daß ich mich weder seiner wissenschaftlichen Arbeit verpflichtet fühle, noch auch mich in irgendeiner Weise insbesondere im Hinblick auf die dunklen Jahre unserer Vergangenheit persönlich zu ihm hingezogen fühle.«[100] Seine Gesprächspartner in den Medien – in diesem Fall Karl Korn – wussten solche Signale durchaus zu interpretieren. Korn dankte für den Hinweis. Er wisse nun, wie er sich Bürger-Prinz gegenüber zu verhalten habe.[101]

In seiner Eigenschaft als Geschäftsführer der DGPT musste Mitscherlich seinen Zorn gegenüber der Psychiatrie allerdings nach außen hin zügeln und so viel Diplomatie an den Tag legen, wie es ihm irgend möglich war. Noch immer ging es um die zukünftige Stellung der Psychotherapie innerhalb der Medizin. Mitscherlich hatte 1953 in der *Medizinischen Klinik*[102] die Haltung der DGPT dargestellt und vertrat diese Forderungen auch gegenüber der Politik. So nahm er beispielsweise 1953 in einem Sachverständigenausschuss des Bundestages Stellung zur Frage des Verhältnisses von psychosomatischer Medizin und Krankenkassen. Er trat dabei für eine Trennung der Psychoanalyse von anderen psychotherapeutischen Verfahren ein sowie für die Kostenübernahme für eine Voruntersuchung, eine bis zu 25-stündige Probeuntersuchung und eine bis zu 150-stündige Behandlung durch die Krankenkassen.[103] Erfolg hatte dies zunächst nicht. Der Ausschuss hielt sich nicht für kompetent zu ent-

---

100 Mitscherlich an Frankfurter Allgemeine Zeitung (Korn), 16.10.1957, AMA I, 1643.33.
101 Frankfurter Allgemeine Zeitung (Korn) an Mitscherlich, 24.10.1957, AMA I, 1643.34.
102 Mitscherlich, Alexander: Psychotherapeutische Fachausbildung für Ärzte. In: Medizinische Klinik 48 (1953), S. 761.
103 Mitscherlich, Alexander: Tiefenpsychologie und soziale Krankenversicherung. In: Sozialer Fortschritt 2 (1953), S. 265-268.

scheiden, ob Psychotherapie eine notwendige medizinische Leistung sei. Diese Entscheidung sowie diejenige, ob ein Facharzttitel für Psychotherapie eingeführt werden solle, müsse die Ärztekammer treffen.

Auf diese Entscheidungen trieb die Auseinandersetzung in der Mitte der 1950er Jahre zu. Die Bundesärztekammer erbat eine gemeinsame Stellungnahme von Psychiatrie und Psychotherapie als Grundlage einer möglichen Regelung. Mitscherlich und die DGPT gingen zu diesem Zweck auf Ernst Kretschmer in dessen Doppelfunktion als Vorsitzender der »Deutschen Gesellschaft für Psychiatrie und Neurologie« und der übergeordneten »Allgemeinen Ärztlichen Gesellschaft für Psychotherapie« (AÄGP) zu. Nachdem in einer ersten Verhandlungsrunde zwei Berliner DGPT-Vertreter um ein Haar die völlige Marginalisierung der eigenen Organisation zugelassen hatten, indem sie dem Anschluss der DGPT an die AÄGP zustimmten und die Forderung preisgaben, die Lehranalyse zum Pflichtbestandteil der psychotherapeutischen Ausbildung zu machen[104], zog Mitscherlich die Verhandlungen an sich.

In persönlichen Verhandlungen mit Ernst Kretschmer in Tübingen handelte er einen Kompromiss aus, der eine Ausbildungsordnung für Psychotherapeuten umriss und damit Grundlage der gemeinsamen Beantragung eines Zusatztitels »Psychotherapie« bei der Bundesärztekammer sein konnte.[105] Die Führung dieses Zusatztitels auch für die nichtärztlichen Psychotherapeuten war zwar mit Kretschmer nicht zu erreichen[106], aber es gelang Mitscherlich, den Rahmen einer dreijährigen Ausbildung für die zukünftigen Psychotherapeuten festzuschreiben. Kretschmer akzeptierte, dass auch klar psychoanalytisch orientierte Ausbildungsinstitute wie das Heidelberger und das Berliner Institut ausbilden dürften. Damit war ein wesentlicher Schritt in Richtung Integration der Psychoanalyse in die Medizin getan. Im Gegenzug gab Mitscherlich sich damit zufrieden, dass die Ausbildung auch ohne Lehranalyse – und damit nach dem von Kretschmer praktizierten psychiatrischen Muster – möglich sein sollte.

Innerhalb der DGPT wurde Mitscherlichs Verhandlungsführung sowohl aufgrund des wenig transparenten Charakters der halbprivaten Gespräche mit Kretschmer als auch hinsichtlich der Ergebnisse heftig kritisiert. Mitscherlich schien mit seinem Verzicht auf eine verpflichtende Lehranalyse als Bestandteil der psychotherapeutischen Ausbildung die

---

104 Thomä an Hochheimer, 2.3.1955, AMA IIa, 30.
105 Besprechungsprotokoll Kretschmer, Mitscherlich, Thomä und Winkler, 4.2.1955 in Tübingen, AMA IIa, 30.
106 Thomä an Hochheimer, 2.3.1955, AMA IIa, 30.

Psychoanalyse schlechthin verraten zu haben. Insbesondere in Berlin regte sich erheblicher Unmut.[107] Mitscherlich gelang es dennoch, sich seine Linie von der DGPT bestätigen zu lassen und anschließend den gemeinsamen Antrag mit den Psychiatern auszuhandeln.[108] In dem Antrag wurde die Notwendigkeit des Zusatztitels »Psychotherapie« mit dem Ziel begründet, die Psychotherapie vor Missbrauch durch Laien zu schützen. Im Einzelnen war vorgesehen: In der mindestens dreijährigen Ausbildung sollten von den angehenden ärztlichen Psychotherapeuten mindestens zehn Patienten mit insgesamt mindestens 600 Stunden behandelt werden, und es sollten auch Kenntnisse verschiedenster psychotherapeutischer Behandlungsformen (»z. B. autogenes Training, Althypnose und gestufte Aktivhypnose«) vermittelt werden. Die Ausbildung solle an einem Institut der DGPT oder an einer Klinik erfolgen können, die ihre Ausbildungsfunktion zunächst von den Ärztekammern genehmigen lassen werde. Jedes Ausbildungsinstitut und jede Klinik solle selbst entscheiden können, ob eine Lehranalyse Bestandteil der Ausbildung ist, für Mitglieder der DGPT solle diese aber obligatorisch sein.

Im Ergebnis erreichte Mitscherlich einen pragmatischen Kompromiss, der die Integration der Psychoanalyse in die Medizin versprach und verhinderte, dass die Psychoanalytiker von einer psychiatrisch definierten Psychotherapie ausgegrenzt und zu freien Heilpraktikern degradiert wurden. Erkauft war dies durch Zugeständnisse hinsichtlich der nichtärztlichen Analytiker, die von der Regelung nicht betroffen waren, sowie durch einen nach außen hin gemeinsamen Titel mit psychiatrischen Psychotherapeuten. Die Psychiater hatten damit die Möglichkeit, die Ausbildung in ihrem Sinne vorzunehmen, Gleiches galt aber auch für die Psychoanalytiker. Mitscherlichs zielführender Pragmatismus in diesen Verhandlungen ist angesichts seiner heftigen Ablehnung der Psychiatrie und seines oftmals ungezügelten Temperaments bemerkenswert. Er sorgte sogar dafür, dass Ernst Kretschmer im Herbst 1955 in das Ehrenpräsidium der DGPT gewählt wurde[109], obwohl ihm der persönliche Umgang mit Kretschmer unangenehm blieb: »Es fällt einem natürlich immer schwer, mit einem Menschen derart infantiler Eitelkeit chinesische Umgangsformen zu pflegen.«[110]

107 Hochheimer an Mitscherlich, 5.3.1955, AMA IIa, 30.
108 Protokoll der DGPT-Vorstandssitzung am 25.3.1955 in Frankfurt am Main und Entwürfe des gemeinsamen Antrags: AMA IIa, 30. Vgl. auch die Erinnerungen Hellmut Beckers (Becker, Mitscherlich, S. 934).
109 Mitscherlich an Kretschmer, 18.10.1955, AMA IIa, 30.
110 Mitscherlich an Brocher, 21.12.1954, AMA I, 699.12.

»ONE MAN ARMY«

Im November 1955 wurde der Antrag beim Facharztanerkennungsausschuss der Bundesärztekammer eingereicht.[111] Der jedoch lehnte den Zusatztitel »Psychotherapie« mit der Begründung ab, hier werde eine unnötige Spezialisierung betrieben. Während der Ausschuss auf dem bevorstehenden Ärztetag deshalb die Ablehnung des Antrags empfehlen würde, war der Vorstand der Bundesärztekammer – und namentlich der Präsident Neuffer[112] – geschlossen für dessen Annahme. Mitscherlich plante im Verein mit Neuffer das Vorgehen auf dem Ärztetag: Die Taktik bestand darin, den Antrag im Vorfeld hinter den Kulissen in Einzelgesprächen zu bewerben und die Stimmung unter den Delegierten zu beeinflussen, um eine Mehrheit zu organisieren. Da sich erfahrungsgemäß viele Delegierte gegenüber Partikularinteressen einzelner Disziplinen ablehnend verhielten, sollten die Argumente für den Antrag von einigen Delegierten vorgetragen werden, die nicht als Vertreter der Psychotherapie bekannt waren. Über Honorarfragen solle geschwiegen und den Delegierten suggeriert werden, die Psychotherapeuten seien lediglich als »Erfüllungsgehilfen« der Ärzte zu betrachten.[113]

Der Plan ging auf. Zwar erregte der Antrag auf dem 59. Ärztetag in Münster am 21. und 22. September 1956 Diskussionen, und es wurden eine Reihe von Gegenanträgen gestellt, doch die diskrete Vorarbeit zahlte sich aus. Alle Gegenanträge wurden dank einer temperamentvollen Rede des Präsidenten Neuffer abgelehnt, und der »Zusatztitel ›Psychotherapie‹ bei Nachweis einer entsprechenden Weiterbildung« wurde in die neue ärztliche Berufsordnung aufgenommen. Die Ausarbeitung der Ausführungsbestimmungen wurde weiterverwiesen an die ständige Konferenz der Facharztausschussvorsitzenden der Landesärztekammern, die dies in Kontakt mit den psychotherapeutischen Gesellschaften erledigen sollten.[114] Zufrieden konnte Mitscherlich vermelden, die »Schlacht« sei gewonnen, wenn auch die genaueren Bestimmungen noch in einigen »Nachhutgefechte[n]« zu regeln sein würden.[115]

---

111 Mitscherlich an Bundesärztekammer, 3.11.1955, AMA IIa, 30.
112 Mitscherlich an Seitz, 22.5.1955, AMA IIa, 30.
113 Mitscherlich an Bitter und Kühnel, 14.9.1956, AMA IIa, 30.
114 Mitscherlich an Vorstand der DGPT, 25.9.1956, AMA IIa, 30.
115 Mitscherlich an Gerster (Weltwoche Zürich), 24.9.1956, AMA I, unsortiert.

Die unbekannte Psychoanalyse

Neben der Heidelberger Klinikgründung, der Etablierung des zentralen psychotherapeutischen Publikationsorgans *Psyche* und dem aus der DGPT heraus geführten Kampf für die berufsständischen Interessen kämpfte Mitscherlich noch an einer anderen Front für Freud und die Psychoanalyse: in der Öffentlichkeit. Der NS-Staat hatte die psychoanalytische Tradition in Deutschland zwar institutionell nicht völlig abgeschnitten, gleichwohl war die Psychoanalyse in ihrer freudianischen Form in Deutschland nach 1945 quasi nicht mehr wahrnehmbar. Insbesondere der jüngeren Generation waren Freud und seine Lehre völlig fremd.[116]

Bereits in seinen ersten Heidelberger Lehrveranstaltungen nach dem Krieg hatte Mitscherlich über zwei Semester eine *Einführung in die Psychoanalyse* gelesen[117] und im darauf folgenden Sommersemester 1947 über *Grundbegriffe der Psychoanalyse*. Es ging ihm zunächst darum, seinen Zuhörern die Notwendigkeit und Plausibilität einer Beschäftigung mit der Psychoanalyse zu vermitteln. Mitscherlich betonte, sich bei »allen Überlegungen« auf Freud zu stützen, aber auch die »historisch bedingte[n] Grenzen Freuds nicht verschweigen« zu wollen.[118] Er baute seine Vorlesung – die er stolz mit »Erstes systematisches Kolleg an einer deutschen Hochschule über Psychoanalyse« überschrieben hatte – als Überzeugungsarbeit auf. Er entwickelte Beispiele aus dem Alltagsleben, an denen er zu belegen suchte, dass es eine Dimension des Unbewussten im menschlichen Dasein überhaupt gebe. Er berichtete über vergessene Namen, über im Sinne einer Fehlleistung falsch benutzte Begriffe und über andere Alltäglichkeiten, um diese dann psychoanalytisch zu deuten: »Bemerken Sie im übrigen die außerordentliche Zartheit des Indizes. Es mußte schon ein so genialer, hellsichtiger Mann, wie es Freud war, kommen, um den Vorgang dieses Vergessens in den einzelnen Phasen der Zusammenhänge zu entziffern.«

Auch die Strategie, mit der man sich dem Unbewussten nähern könne, präsentierte Mitscherlich seinen Hörern – im vollen Bewusstsein, wie wenig er voraussetzen konnte – in leicht verständlicher Form: Des Unbewussten habhaft werde man, so erklärte er, nur im Zustand einer »freien Assoziationsfähigkeit«. »Ist man nur absichtslos und locker genug, auch

---

116 Vgl.: Ohlmeier, Psychoanalyse.
117 Mitscherlich, Alexander: Einführung in die Psychoanalyse I. Vorlesung Sommersemester 1946 (GS IX, S. 7-82); ders.: Einführung in die Psychoanalyse II. Vorlesung Wintersemester 1946/1947 (GS IX, S. 83-164).
118 Mitscherlich, Psychoanalyse I, S. 9f.; die folgenden Zit.: S. 25, 49, 115ff.

geduldig genug, um die anfängliche Leere abzuwarten, so erweisen sich die Gedankenfetzen, Erinnerungsbruchstücke, oft sehr wohl durch einen inneren Zusammenhang aneinander gebunden.« Erst spät im Verlauf des Semesters kam Mitscherlich auf Schlüsselbegriffe der Psychoanalyse wie Trieb und Verdrängung zu sprechen. Erst im zweiten Semester seines Freud-Zyklus behelligte Mitscherlich seine Hörer mit Fragen zu Traum und Traumanalyse und kam schließlich ganz am Ende des zweiten Semesters auf die Bedeutung von Kindheitskonflikten und auf das brisante Thema der Sexualität zu sprechen.

Auch in der nichtuniversitären Öffentlichkeit ging Mitscherlich bis in die frühen 1950er Jahre noch defensiv mit dem Thema Psychoanalyse um. Ein Text über *Sigmund Freuds Beitrag zur modernen Psychologie*, den der *Merkur* 1947 erbeten hatte, wurde von der Zeitschrift am Ende abgelehnt mit dem Hinweis, er sei zu wenig kritisch und vernachlässige die historischen und philosophischen Bezüge, in denen sich Freud bewegt habe.[119] So blieben eine Arbeit über *Widerstand und Einsicht. Zu Sigmund Freuds Anliegen in der Psychoanalyse*[120] sowie ein Zeitungsartikel von 1954[121] im ersten Nachkriegsjahrzehnt Mitscherlichs einzige Publikationen über Freud, die einer breiteren Öffentlichkeit zu Gesicht kommen konnten. Erst in der zweiten Hälfte der 1950er Jahre begann er, auch öffentlich in verstärktem Maße für Freud einzutreten. Er verteidigte die Psychoanalyse mehrfach gegen ihren Kritiker Hans Jürgen Eysenck[122], er gab bei Klett einen ersten Sammelband mit Freud-Texten heraus[123], und er pub-

119 Merkur an Mitscherlich, 26.3.1948, AMA I, 3671.14. Mitscherlich brachte den Text daraufhin in einer Festschrift für Alfred Weber unter: Mitscherlich, Alexander: Sigmund Freuds Beitrag zur modernen Psychologie. In: Synopsis. Festgabe für Alfred Weber zum 80. Geburtstag, Heidelberg 1948, S. 283-309.
120 Mitscherlich, Alexander: Widerstand und Einsicht. Zu Sigmund Freuds Anliegen in der Psychoanalyse. In: Studium Generale 3 (1950), S. 358-368 (GS VIII, S. 32-54).
121 Mitscherlich, Alexander: Was von der Psychoanalyse geblieben ist. In: Deutsche Zeitung und Wirtschaftszeitung, 9.1.1954 (unter dem Titel: »Die Wandlungen der Psychoanalyse. Aus den Umwälzungen des Daseins in zwei Kriegen sind andere Aufgaben erwachsen« am 16.1.1954 auch im Wiesbadener Kurier und im Höchster Kreisblatt) (GS VII, S. 211-219).
122 Mitscherlich, Alexander: Erwiderung 38 oder Die unbotmäßige Psychoanalyse. In: Der Monat 8 (1956), Nr. 89, S. 56-60 (GS VII, S. 243-253). Siehe zum Streit mit Eysenck auch: Mitscherlich, Alexander/Rosenkötter, Lutz: Hans Jürgen Eysenck oder die Fiktion der reinen Wissenschaft. In: Mannheimer Forum 1974/75, S. 45-67; sowie in Psyche 36 (1982), S. 1144-63.
123 Mitscherlich, Alexander (Hrsg.): Entfaltung der Psychoanalyse. Das Wirken Sigmund Freuds in die Gegenwart, Stuttgart 1956.

lizierte einen Artikel in der *Frankfurter Allgemeinen Zeitung*[124] aus Anlass des 100. Geburtstags Sigmund Freuds am 6. Mai 1956. Dies geschah auf Anregung Mitscherlichs. Von sich aus wäre die Redaktion – so teilte Karl Korn mit – nicht auf den Gedanken gekommen, an den Jahrestag zu erinnern.[125] Zum selben Anlass bereitete Mitscherlich seit 1955 in enger Kooperation mit dem Frankfurter Institut für Sozialforschung auch eine Vortragsreihe vor, die zu »eine[r] Oase in der intellektuellen Nachkriegswüste Deutschlands«[126] wurde. Während in der psychoanalytischen Szene Berlins nur im kleinen Rahmen an den 100. Geburtstag Freuds erinnert wurde[127] und sich in Wien gar nur 12 Menschen an der Freud-Büste im Hof der Universität versammelten – unter ihnen kein offizieller Vertreter der Universität oder der Politik[128] –, planten Mitscherlich und Max Horkheimer im großen Maßstab. Es gelang ihnen, für die Vortragsreihe in Frankfurt und Heidelberg insgesamt etwa 75000 DM einzuwerben. Davon gab die Universität Heidelberg 19000 DM, die Frankfurter Universität 25000 DM und die Rockefeller Foundation 7500 Dollar.[129] Die Vortragenden kamen sämtlich aus dem Ausland. Es versammelten sich die Spitzenvertreter der internationalen Psychoanalyse, darunter Erik Erikson, René A. Spitz, Frederik Wyatt und Franz Alexander aus den USA, Erwin Stengel und Michael Balint aus England sowie Ludwig Binswanger, Eduardo Krapf, Hans Zullinger und Gustav Bally aus der Schweiz.[130] Alle Eingeladenen hielten sowohl in Frankfurt als auch in Heidelberg Vorträge zu verschiedensten Aspekten der Psychoanalyse und ihrer Anwendung. Auch der von Horkheimer eingeladene Herbert Marcuse hielt zwei Vorträge über »Trieblehre und Freiheit« sowie über »Die

---

124 Mitscherlich, Alexander: Die störenden Illusionen. Zum 100. Geburtstag Sigmund Freuds am 6. Mai. In: Frankfurter Allgemeine Zeitung, 5.5.1956 (GS VII, S. 369-379).
125 Mitscherlich an Frankfurter Allgemeine Zeitung, 8.2.1956 (AMA I, 1643.17) und Frankfurter Allgemeine Zeitung (Korn) an Mitscherlich, 10.2.1956, AMA I, 1643.18.
126 Mündliche Mitteilung Habermas an Falk Berger. Zit. nach: Berger, Fauxpas, S. 337. Vgl. auch: Dehli, Konflikt, S. 235 ff.
127 Vgl.: Maetze, Berlin, S. 68.
128 Mitscherlich an Müller-Braunschweig, 9.5.1956, AMA I, 3809.24.
129 AMA IIb 67; siehe auch: Berger, Fauxpas, S. 337.
130 Akten zu den Sigmund Freud-Vorlesungen in Frankfurt am Main und in Heidelberg im Sommersemester 1956, AMA IIb, 77.

Idee des Fortschritts im Lichte der Psychoanalyse« und machte damit erstmals in der Bundesrepublik von sich reden.¹³¹ Die Gäste aus dem Ausland nach Frankfurt und Heidelberg zu holen war nicht immer einfach gewesen. Neben dem erklärten Willen Horkheimers und Mitscherlichs, die Psychoanalyse einer neuen Generation von Deutschen zugänglich zu machen, war gewiss die Entlohnung der Vortragenden mit 1500 DM pro Person hilfreich, die Horkheimer und Mitscherlich ermöglichen konnten. Diese Summe war so außergewöhnlich hoch, dass René A. Spitz zunächst annahm, es handele sich um das Honorar für alle Vortragenden zusammen. Spitz war es auch, der die Frage ansprach, ob die Exilanten sich dazu bewegen lassen würden, ihren Fuß wieder auf deutschen Boden zu setzen. Auch er persönlich stelle sich diese Frage.¹³² Immerhin sieben der elf Vortragenden waren nach 1933 ins Exil gegangen und zum Teil seither niemals wieder zurückgekehrt.¹³³

Mitscherlich zeigte Verständnis für Spitz' Zögern: »Nicht nur, daß Sie mich mit Ihren Worten keinesfalls gekränkt haben, sondern ich verstehe sie und finde sie die natürlichste Reaktion von der Welt. Ich glaube, daß Sie sich kaum vorstellen können, wie schwer es für viele von uns in mancher Hinsicht ist, unter Deutschen leben zu müssen […]. Ich habe in den letzten 10 Jahren mir immer wieder die schwer zu formulierende Frage vorgelegt, wie man sich nach allem Vorgefallenen in Deutschland aufs neue beheimaten könnte und bin dabei zu keinem Schluß gekommen. Man lebt mehr oder weniger entfremdet neben einer großen Zahl von Menschen her, hat gänzlich andere Verdrängungsproblematiken als diese, also auch eine ganz andere Wertwelt. Unverzeihliches kann man nicht verzeihen, und ich finde, daß man auch nicht einfach verjähren lassen kann.« Es gehe aber um die wichtige »Aufgabe«, die Erinnerung an die schreckliche Geschichte wachzuhalten, aber auch für eine jüngere Generation da zu sein.¹³⁴ Am Ende ließ sich Spitz von Mitscherlich überzeugen, und teilte mit, er empfinde es als »Verpflichtung, […] Ihnen in Ihrem Kampfe zu helfen«.¹³⁵

Auch Erik Erikson hatte zunächst gezögert, nach Deutschland zu reisen: »Also habe ich an die Universität in Frankfurt und Heidelberg geschrieben: Ich werde kommen, wenn Sie mir versprechen, daß die halbe Zuhörerschaft junge Leute sein werden, die den Freud verstehen werden

---

131 Müller-Doohm, Adorno, S. 588 f.
132 Spitz an Mitscherlich, 31.10.1955, zit. nach: Berger, Fauxpas, S. 337.
133 Dehli, Konflikt, S. 236.
134 Mitscherlich an Spitz, 21.11.1955, zit. nach: Berger, Fauxpas, S. 337.
135 Spitz an Mitscherlich, 3.1.1956, zit. nach: Berger, Fauxpas, S. 340 f.

als etwas, das in die Zukunft weist und zur Zukunft gehört. Und sie haben das getan. Als ich hinkam, war das Auditorium voll von jungen Leuten. […] Nur durch Mitscherlich war ich in der Lage, nach Deutschland zurückzukommen; sehen Sie, er war wirklich bekannt und anerkannt. Ich kannte *nach* dem Krieg kaum einen anderen Psychoanalytiker. Und er war ein tapferer Mann. […] er ist vor keinem Problem weggelaufen.«[136]

Zur feierlichen Eröffnung der Vorlesungsreihe am 6. Mai 1956 in Frankfurt hielt Erikson dann in Anwesenheit des Bundespräsidenten Theodor Heuss den Festvortrag. Zuvor hatten der Rektor der Universität und der hessische Ministerpräsident Zinn einleitende Ansprachen gehalten. Horkheimer und Mitscherlich[137] sprachen die Schlussworte. Die Vorträge der gesamten Vorlesungsreihe wurden anschließend in der Reihe der *Frankfurter Beiträge zur Soziologie* veröffentlicht.[138]

Die Vorlesungsreihe war ein »Durchbruch«[139] für die Psychoanalyse in der Bundesrepublik und fand ein breites Echo in der Presse. Jürgen Habermas erinnerte sich später, ihm sei bei dieser Gelegenheit schlagartig klargeworden, dass hinter dem Namen Freud eine seriöse Wissenschaft stehe. Ein »ganzer Kontinent von Wissenschaft war den deutschen Studenten bislang nicht zur Kenntnis gebracht worden!«[140] Mitscherlich konnte an Anna Freud, die sich nicht hatte entschließen können, nach Deutschland zu kommen, nach London vermelden, welch großer Erfolg die Veranstaltung gewesen sei. Die gesamte hessische Landesregierung, die Lehrkörper der Universitäten Heidelberg und Frankfurt, fünf Rektoren anderer Universitäten und nicht zuletzt der Bundespräsident seien unter den Teilnehmern gewesen, berichtete er nicht ohne Stolz. Überraschend habe dann der Ministerpräsident eine kurze vorzügliche Rede gehalten, »in der er die Bedeutung der Psychoanalyse für die Politik hervorhob«[141]. Das für ihn persönlich bedeutendste Detail teilte Mit-

136 Funke, Emigrantenansichten, S. 314.
137 Mitscherlich, Alexander: Ansprache im Namen der Medizinischen Fakultät der Universität Heidelberg anläßlich der 100. Wiederkehr des Geburtstages von Sigmund Freud in der Johann-Wolfgang-Goethe-Universität zu Frankfurt am Main (GS VII, S. 364-368).
138 Freud in der Gegenwart. Ein Vortragszyklus der Universitäten Frankfurt und Heidelberg zum 100. Geburtstag (Frankfurter Beiträge zur Soziologie, Band 6), Frankfurt am Main 1957.
139 Mitscherlich, Leben, S. 189.
140 Habermas, Arzt. Habermas schrieb auch 1956 in der Frankfurter Allgemeinen Zeitung über die Vorlesungsreihe: Habermas, Freud.
141 Mitscherlich an Freud, 18.7.1956, AMA I, 1679.2.

scherlich Anna Freud nicht mit: Ministerpräsident Zinn hatte der Universität Frankfurt einen Lehrstuhl für Psychoanalyse geschenkt[142] – und es war sehr deutlich, wer ihn besetzen sollte: Alexander Mitscherlich.

142 Lohmann, Mitscherlich, S. 85f.; Mitscherlich, Leben, S. 190.

8. Zwischen Heidelberg und Frankfurt

Das Angebot aus Frankfurt

Der Auslobung des Frankfurter Lehrstuhls durch den hessischen Ministerpräsidenten Zinn 1956 waren sechs Jahre vorangegangen, in denen Mitscherlich versucht hatte, in Heidelberg eine Vergrößerung seines Wirkungskreises zu erreichen. Immer wieder aber gewann er den Eindruck, dass er dort von einer undurchdringlichen Phalanx von Gegnern umstellt war. Die Situation eskalierte 1951, als Mitscherlich den Dekan der Medizinischen Fakultät ultimativ aufforderte, seiner Klinik mehr Räumlichkeiten zur Verfügung zu stellen. Man habe in neun Monaten bereits rund 800 Patienten behandelt, verfüge aber über nur fünf Räume für 14 Mitarbeiter. Bekäme er nicht weitere zehn Räume, müsse er der Rockefeller-Stiftung die zur Verfügung gestellten Gelder zurückgeben, da er nicht für deren sachgemäße Verwendung bürgen könne.[1] Die Universität sah sich außerstande, dieser Forderung nachzukommen[2], was Mitscherlich sehr erzürnte. Auch dass die Universität ihm im selben Jahr gegen die Bedenken des Psychiaters Kurt Schneider[3] die nebenamtliche Leitung einer Beratungsstelle für Kinder und Jugendliche genehmigte, die Mitscherlich in Mannheim gegründet hatte, und außerdem den Antrag von Weizsäckers gegenüber der Landesregierung befürwortete, Mitscherlich fünf Jahre nach seiner Habilitation zum außerplanmäßigen Professor zu ernennen[4] – was im Januar 1952 auch geschah[5] –, konnte ihn nicht gnädig stimmen.

Im Sommer 1952 unternahm Mitscherlich einen weiteren Anlauf. Seine Forderungen nach Sitz und Stimme in der Fakultät sowie nach mehr Räumlichkeiten, Geld und Mitarbeiterstellen wurden in zwei turbulenten Fakultätssitzungen im Juli 1952 erneut abgelehnt. An von Weizsäcker berichtete Mitscherlich, es hätten ihm zwar einige Fakultätsmitglieder nach der Sitzung ihre Solidarität versichert, offen Partei für ihn habe aber

---

1 Mitscherlich an Randerath, 15.3.1951, Universitätsarchiv Heidelberg, PA 1078.
2 Randerath an Mitscherlich, 21.4.1951, Universitätsarchiv Heidelberg, PA 1078.
3 Schneider an Vogel, 5.11.1951, Universitätsarchiv Heidelberg, PA 1078.
4 Von Weizsäcker an Randerath, 1.5.1951 sowie undatierter Vermerk Randerath (Juni 1951), Universitätsarchiv Heidelberg, PA 1078.
5 Ernennung zum apl. Prof., 30.1.1952 (Abschrift), Universitätsarchiv Heidelberg, PA 5032, 177.

niemand ergriffen.⁶ Er habe jetzt die Rockefeller-Stiftung um Geld für noch ein Jahr gebeten, um einige Arbeiten abschließen zu können;»Und dann: adieu. [...] Ich habe 13 Jahre dieses Spiel betrieben, jetzt ist es mir genug mit der Empirie. Ich will in meinem Leben nie mehr etwas mit einer deutschen Universität zu tun haben.« Er werde eine Privatpraxis aufmachen oder in die USA gehen.⁷

Karl Heinrich Bauer, den Mitscherlich persönlich beschuldigte, ihn diffamiert zu haben und seine Zukunft in Heidelberg zu torpedieren, verfasste eine schriftliche Stellungnahme, in der er sein Wohlwollen Mitscherlich gegenüber betonte, dem er stets geholfen habe.⁸ Mitscherlich habe ihn allerdings enttäuscht durch sein Verhalten in der Affäre um den Artikel in der *New York Times*, in dem berichtet worden sei, »Herr M. sei von seinen Kollegen in der ›denazifizierten‹ Medizinischen Fakultät durch ein Scherbengericht als Verräter verurteilt worden«, was »in jeder Hinsicht objektiv unwahr« sei. Es wäre Mitscherlichs »unbedingte Pflicht« gewesen, schrieb Bauer, die Dinge richtigzustellen und der Fakultät gegenüber Stellung zu nehmen. Mitscherlich entgegnete, es handele sich bei dem inkriminierten Artikel um eine Rezension seines Nürnberg-Buches, die er selbst nie zu Gesicht bekommen habe. »Wie sehr ich bereit gewesen bin, jederzeit für die Interessen dieser Universität einzutreten, mag erstens einmal daraus hervorgehen, daß es Herrn Prof. Alfred Weber und mir im wesentlichen zu verdanken ist, daß die Universität nach 1945 so rasch wieder eröffnet werden konnte. Herr Prof. Bauer wird sich gewiß an seine mehrfachen Besuche bei mir in der damaligen Zeit erinnern, in der ich das in meinen Kräften Stehende getan habe, um auch seine Wünsche zu befriedigen.«⁹

Im gleichen Jahr ließ sich Viktor von Weizsäcker emeritieren. Sein Wunsch, dass Paul Christian sein Nachfolger werden solle, erfüllte sich nicht.¹⁰ Stattdessen erhielt der Pädiater Herbert Plügge einen Lehrstuhl, was Mitscherlich als »Kuhhandel« und erneute Marginalisierung der psy-

---

6 Tatsächlich gaben der Leiter der Heidelberger Frauenklinik Hans Runge und Curt Oehme im Nachgang der Sitzung dem Dekan gegenüber zu Protokoll, sie hätten zwar den Beschluss mitgetragen, Mitscherlichs Forderungen abzulehnen, im Anschluss aber erkannt, dass hier auch persönliche Antipathien im Spiel seien (Oehme und Runge an Dekan, 30.7.1952, Universitätsarchiv Heidelberg, PA 1079).
7 Mitscherlich an von Weizsäcker, 7.10.1952, AMA III.
8 Bauer an Vogel, 20.7.1952, Universitätsarchiv Heidelberg, PA 1079.
9 Mitscherlich an Vogel, 1.8.1952, Universitätsarchiv Heidelberg, PA 1079.
10 Henkelmann, Klinikgründer, S. 173.

chosomatischen Medizin wahrnahm. Man habe seinen Lehrstuhl »auf die schamloseste Weise verhökert«, teilte er von Weizsäcker mit. Mitscherlich hatte versucht, entweder selbst auf den frei werdenden Weizsäcker-Lehrstuhl berufen zu werden[11], was von der Fakultät abgelehnt wurde[12], oder aber den befreundeten Psychosomatiker Thure von Uexküll nach Heidelberg zu bringen. Beides scheiterte. Mitscherlich klagte: »Manchmal komme ich mir doch wie ein Don Quichotte vor.«[13] Er meinte auch zu wissen, warum seine Karriere derart behindert wurde: »Hinter aller furiosen Ablehnung der Psychoanalyse steht mir gegenüber noch die unverwindbare Beleidigung, daß ich kein Nazi war und dann noch den Nürnberger Ärzteprozeß in einem Dokumentenwerk bearbeitet habe.«[14]

Im Herbst 1952 zog Mitscherlich aus der Ablehnung seiner Forderungen die Konsequenzen. Er drohte dem Dekan erneut die Rückgabe der Rockefeller-Mittel an, kündigte seine Stelle zum Ende des Jahres 1953 und entließ alle über die Stiftungsmittel bezahlten Mitarbeiter. Zudem drohte er unverhohlen damit, an die Öffentlichkeit zu gehen. Mitscherlich wähnte einen Zusammenhang ausgemacht zu haben zwischen den Interessen Karl Heinrich Bauers und denen seines Widersachers in der Auseinandersetzung um die Prozeßberichterstattung aus Nürnberg, Friedrich Hermann Rein:

»Ich habe zur Kenntnis genommen, daß der Angriff von Herrn Prof. Bauer zeitlich mit der Übernahme der Physiologischen Abteilung des Max-Planck-Instituts durch Herrn Prof. Rein zusammenfällt. Wenn es, wie ein verbreitetes on dit besagt, die Absicht von Herrn Prof. Bauer war, mich aus der Fakultät zu verdrängen, ehe sein Landsmann Prof. Rein nach Heidelberg kommt […], so kann ich nur feststellen, daß ihm dies gelungen ist. […] Es ist eine der Ironien des Schicksals, daß genau das, was seinerzeit in der New York Times angezeigt wurde, meine Isolierung in der Fakultät, nun durch Prof. Bauer selbst so erfolgreich zum Abschluß gebracht wird.«[15]

Mitscherlich erreichte mit seinen unbeherrschten Ausbrüchen und zweifelhaften Verdächtigungen, wie Henkelmann treffend bemerkt, genau

11 Mitscherlich an Moellenhoff, 12.11.1952, AMA III.
12 Offiziell sollte der Lehrstuhl mit einem Internisten wiederbesetzt werden, was aber nie geschah. Vgl.: Henkelmann, Klinikgründer, S. 182.
13 Mitscherlich an Bloch, 31.5.1952, AMA I, 562.28.
14 Mitscherlich an Moellenhoff, 12.11.1952, AMA III.
15 Mitscherlich an Habs, 23.10.1952, Universitätsarchiv Heidelberg, PA 1079.

das, was er zuvor beklagt hatte: seine Isolierung in der Fakultät und eine offizielle Beschwerde beim Rektor der Universität.[16] Die Fakultät beschloss einstimmig, dass der Vorwurf Mitscherlichs, er sei den diffamierenden Angriffen Bauers ausgesetzt, jeder Grundlage entbehre[17], und Bauer drohte mit einer offiziellen Beschwerde, wenn Mitscherlich seine Vorwürfe nicht zurücknehme[18], was dieser nach einigem Hin und Her im Januar 1953 auch tat. Der Dekan wappnete sich indessen vorsorglich für eventuelle Nachfragen des Rektors, indem er alle Sitzungsprotokolle sammeln ließ, die Mitscherlich betrafen. Die Stimmung in der Heidelberger Fakultät gegenüber Mitscherlich hatte sich rapide verschlechtert.

Wenig später kam ihm zu Ohren, dass der Direktor der Freiburger Universitätsklinik Heilmeyer verbreitet habe, in Mitscherlichs Klinik sei ein krebskranker Patient so lange psychotherapeutisch behandelt worden, bis die Karzinome schließlich inoperabel waren. Mitscherlich stellte Heilmeyer mehrfach brieflich zur Rede[19], bis der schließlich zugab, sich tatsächlich über Mitscherlich geäußert zu haben. Ein Kollege habe sich in einer Berufungsangelegenheit vertraulich nach Mitscherlich erkundigt. Daraufhin habe er von dem bewussten Beispiel eines fehlbehandelten Patienten berichtet, von dem er über einen Kollegen von einem Angehörigen der Heidelberger Medizinischen Fakultät erfahren habe.[20] Seinen Gewährsmann wollte Heilmeyer, der ausdrücklich darauf hinwies, dass er mit Mitscherlichs Nürnberg-Report nicht einverstanden war, allerdings nicht preisgeben. Dies tat er erst, als Mitscherlich einen Rechtsanwalt einschaltete und die Heidelberger Fakultät über den Vorgang informierte.[21]

Es stellte sich heraus, dass der Gewährsmann – Prof. Kimming vom Hamburger Krankenhaus Eppendorf – Heilmeyer tatsächlich im beschriebenen Sinne von einem Fall berichtet hatte, in dem eine adäquate Behandlung unterblieben war. Dieser Patient war allerdings, wie Kimming reumütig zugab, an einer anderen Klinik als der Heidelberger behandelt worden.[22] Dieser Fall bildete die Grundlage für Mitscherlichs später geäußerte Behauptung, dass sein Ruf des mangelnden Standesbe-

16 Henkelmann, Klinikgründer, S. 183.
17 Dekan an Bauer, 10.11.1952, Universitätsarchiv Heidelberg, PA 1079.
18 Bauer an Dekan, 13.11.1952, Universitätsarchiv Heidelberg, PA 1079.
19 Mitscherlich an Heilmeyer, 18.5.1953 und 1.6.1953, Universitätsarchiv Heidelberg, PA 1079.
20 Heilmeyer an Mitscherlich, 15.6.1953, Universitätsarchiv Heidelberg, PA 1079.
21 Zutt an Heilmeyer, 20.6.1953, sowie Mitscherlich an Habs, 16.7.1953, Universitätsarchiv Heidelberg, PA 1079.
22 Kimming an Mitscherlich, 3.11.1953, Universitätsarchiv Heidelberg, PA 1079.

wusstseins« eifrig unterhalten wurde, um in akademischen Entscheidungen späterer Zeit, z. B. bei Berufungen, als Vorurteil immer weiter gegen mich zu wirken«[23]. Tatsächlich musste er von nun an glauben, dass hinter seinem Rücken mögliche Berufungsverfahren, die auf seine Person zulaufen könnten, wie in diesem zufällig ans Licht gekommenen Fall schon im Vorfeld durch üble Nachrede torpediert wurden. Während der Auseinandersetzungen in der Fakultät 1952 hatte Mitscherlich mehrfach lanciert, er habe konkrete Angebote aus den USA. Mal ging es um die Klinik von Friedrich Hacker in Los Angeles[24], mal um die Menninger-Clinic in Topeka, Kansas, eines der führenden psychiatrischen Institute in den USA.[25] Ob ihm diese konkreten Angebote tatsächlich vorlagen, ist ungewiss. In Mitscherlichs Nachlass finden sich dafür keine Belege. In jedem Fall erwies sich die transatlantische Perspektive gegen Jahresende aber ohnehin als wenig zukunftsträchtig, da Fritz Moellnhoff, Mitscherlichs Kontaktmann an der Klinik Franz Alexanders, signalisierte, dass für eine gedeihliche Arbeit in den USA und innerhalb der IPV eine Lehranalyse unabdingbar sein würde.[26] Auch deshalb war zu diesem Zeitpunkt eine andere berufliche Perspektive für Mitscherlich naheliegender als die transatlantische Option.

Durch *Wissenschaft ohne Menschlichkeit* war 1949 der Direktor des Frankfurter Instituts für Sozialforschung Max Horkheimer auf Mitscherlich aufmerksam geworden[27] und hatte ihn im Januar 1951 zu einer Konferenz nach Frankfurt eingeladen.[28] Auf dieser Tagung, auf der es um die Perspektiven sozialpsychologischer Forschung in der Bundesrepublik ging, lernte Mitscherlich Horkheimer und Theodor W. Adorno persönlich kennen. Horkheimer deutete an, Mitscherlich könne zwecks gemeinsamer sozialpsychologischer Forschung an das Institut für Sozialforschung wechseln. Dieser war sehr angetan und schrieb Horkheimer: »Je länger ich Ihre Initiative für diese mögliche künftige Zusammenarbeit bedenke, desto beglückter bin ich rein persönlich über die vielleicht sich ergebende Möglichkeit, in Ihrer Nähe und mit ihnen zusammen nachdenken zu dürfen. Wie dankbar ich für Ihre Teilnahme an der Konferenz und für die Stunden, in denen ich mit Ihnen, Herrn Adorno und Herrn

23 Mitscherlich, Leben, S. 145 f.
24 Mitscherlich an Moellenhoff, 12.11.1952, AMA III.
25 Gregg an Oehme, 8.7.1952, Universitätsarchiv Heidelberg, PA 1079.
26 Korrespondenz Mitscherlich/Moellenhoff, November 1952, AMA III; vgl. auch: Dehli, Konflikt, S. 232.
27 Jäger, Adorno, S. 208; Albrecht, Institutspolitik, S. 160.
28 Mitscherlich an Adorno, 29.1.1952, AMA I, 19.2.

Plessner zusammen sein durfte, bin, können Sie wohl kaum ermessen. Man müßte dazu die Trostlosigkeit einer medizinischen Alltagsumgebung besser kennen. Ich möchte jetzt die optimistische amerikanische Wendung ›looking forward‹ gebrauchen.«[29] Horkheimer ging nun daran, die Möglichkeiten für eine »Förderung der Psychosomatie an unserer Universität« zu sondieren.[30] Kurz bevor Mitscherlich im Juli 1952 seine Forderungen an die Heidelberger Fakultät stellte, hatte er erneut Kontakt zu Horkheimer aufgenommen[31] und seine isolierte Position in Heidelberg in den schwärzesten Farben geschildert. Viele Kollegen dort redeten von ihm, so teilte er Horkheimer mit, als »Schwein, das man schon noch kriegen werde«[32]. Berger und Dehli nehmen an, dass Mitscherlich die Ablehnung seiner Forderungen in Heidelberg geradezu provoziert habe, um gegenüber der Rockefeller-Stiftung seinen Wechsel nach Frankfurt besser begründen zu können.[33] Sicher ist, dass Mitscherlich mit gesteigertem Selbstbewusstsein in die entscheidenden Fakultätssitzungen am 14. und 21.7.1952 gehen konnte, denn eine Woche zuvor hatte Horkheimer telegraphisch mitgeteilt: »Bezugnehmend unserer Unterredung bestätige Angebot leitende Stellung Institut für Sozialforschung, Jahresgehalt 15.000,-. Beginn spätestens 1. Juni 1952, jedoch Vorlesungstätigkeit Wintersemester 1952/53 dringend erwünscht. Vorschlage Festlegung endgültiger Bedingung vor Semesterende. Horkheimer.«[34]

Wiggershaus hat angegeben, Horkheimer sei in der Folge vor seinem eigenen Entschluss wieder zurückgeschreckt.[35] Doch auch Mitscherlich schwankte im Herbst 1952, ob er tatsächlich nach Frankfurt gehen solle. Was ihm an einer Stelle am IfS vor allem missfallen musste, war die Zurücklassung seiner klinischen Arbeit und der Abschied von der psychosomatischen Medizin.[36] Gewunden teilte er im Herbst 1952 deshalb Horkheimer mit:

29 Mitscherlich an Horkheimer, 21.1.1952, AMA I, 2457.2.
30 Horkheimer an Mitscherlich, 9.2.1952, AMA I, 2457.4.
31 Mitscherlich an Horkheimer, 5.6.1952, AMA III.
32 Mitscherlich an Horkheimer, 24.6.1952, Max-Horkheimer-Archiv, zit. nach Berger, Institution, S. 353.
33 Berger, Institution, S. 353.
34 Horkheimer an Mitscherlich, 9.7.1952 (Telegramm), Privatarchiv Margarete Mitscherlich, zit. nach Berger, Institution, S. 353. Vgl. auch: Albrecht, Institutspolitik, S. 160.
35 Wiggershaus, Frankfurter Schule, S. 514.
36 In diesem Sinne auch Berger, Institution, S. 353; sowie: Mitscherlich-Nielsen, Gespräch, S. 392.

»Seit unserem letzten Gespräch sind mir doch noch einmal ganz große Bedenken gekommen, ob es richtig ist, allein zu Ihnen nach Frankfurt zu kommen. Ich glaube, daß wir gemeinsam zu einer Wissenschaftskritik angesetzt haben, die von verschiedenen Standpunkten her auf das gleiche Zentrum zielt. Ich weiß nicht, ob es eine wirkliche Stärkung dieses Versuchs darstellen dürfte, wenn ich, die hiesige Position aufgebend und damit alle meine Erfahrungen, die nun einmal medizinisch bleiben, opfernd, mich ganz auf die Soziologie hinüber bewegen würde. Nicht daß ich glaube, mich nicht in dieses Gebiet so weit einarbeiten zu können, daß ich Ihnen nicht eine verläßliche Hilfe werden könnte. Ich glaube ganz einfach, daß es besser ist, von zwei Seiten her dasselbe zu tun als von einer. Ich bin deshalb nun zu folgendem Entschluß gekommen. Entweder es gelingt, das ganze Institut in einer der hiesigen vergleichbaren Lage nach Frankfurt zu überführen und vom Hessischen Kultusministerium zu erreichen, daß neue Stellen geschaffen werden, die eine Fortsetzung der Arbeit auch dann ermöglichen, wenn die Rockefeller Foundation ihre Unterstützung einmal einstellt, oder aber sofort nach den USA, und, wenn dies sich als realisierbar erweist, nach Los Angeles zu gehen.«[37]

Zum Jahresende 1952 stellte die DFG völlig überraschend ihre Unterstützung der Heidelberger Klinik ein. Mitscherlich vermutete, »daß möglicherweise auch dort gegen mich gehetzt worden ist«[38]. Zwar gelang es ihm, die Verlängerung der Beihilfe zu bewirken, indem er Hellmut Becker, Curt Oehme und Max Horkheimer für sich bei der DFG werben ließ[39], dennoch wurde ihm klar, an welch seidenem Faden sein Heidelberger Institut hing. Mitscherlich und Horkheimer begannen nun ernsthafte Verhandlungen mit der Universität, der Stadt Frankfurt und mit der Rockefeller-Stiftung, mit dem Ziel, ein Institut und eine Klinik für psychosomatische Medizin in Hessen zu gründen.[40]

Mitscherlich strebte zu diesem Zeitpunkt keine Abteilungsleiterstelle im Institut für Sozialforschung mehr an. Damit war auch letztlich unerheblich geworden, dass Horkheimer inzwischen an der fachlichen Eig-

---

37 Mitscherlich an Horkheimer, 12.9.1952, Max-Horkheimer-Archiv, zit. nach: Albrecht, Institutspolitik, S. 160f.
38 Mitscherlich an Becker, 19.12.1952, AMA III.
39 Mitscherlich an Becker, 14.1.1953, AMA III.
40 Mitscherlich an von Uexküll, 21.1.1953, AMA III, Korrespondenz Mitscherlich/Prestel, Februar 1953, AMA III, Mitscherlich an Pollock, 18.2.1953, AMA III; Mitscherlich an Gans, 26.2.1953, AMA III.

nung Mitscherlichs zweifelte und sich fragte, ob man ihn an das IfS holen solle. Adorno gegenüber erklärte er:

»Mitscherlich, den man überall in den Fakultäten wie selbst in der Forschungsgemeinschaft als den neuen Gumbel behandelt, ist ganz herunter. Er hat nun offiziell das Institut gebeten, daß er von diesem Sommer an bei uns arbeiten darf. Aus den erwähnten budgetären Gründen ist es für uns nicht leicht, ja zu sagen und dazu kommt noch der Umstand, daß seine Aufnahme im Institut wahrscheinlich die offene Attacke auslösen wird, der wir bis jetzt entgangen sind. Die Rachsucht der Völkischen ist wahrhaft alttestamentarisch, bis ins dritte und vierte Glied. Noch weiter kompliziert wird das Ganze dadurch, daß es mir noch immer nicht geglückt ist, mir eine klare Ansicht von Mitscherlichs theoretischen Fähigkeiten zu bilden. Er hat vor einiger Zeit im Institut einen Vortrag gehalten über Massenpsychologie, der eine recht gelehrige analytische Explikation unserer fünften Antisemitismusthese war. Etwa Eigenes habe ich von ihm noch nicht gehört, und ich zweifle fast daran, ob die Analyse wirklich sehr gut bei ihm aufgehoben ist. Trotz aller zum Teil recht großen Risiken meine ich, daß wir ihn nicht im Stich lassen dürfen.«[41]

Horkheimers Skepsis wurde auch von den Verantwortlichen in der Frankfurter Universität und Verwaltung geteilt. Tatsächlich hatte Mitscherlich bis dato nichts Einschlägiges im Themenbereich der Sozialpsychologie veröffentlicht – und auch nur wenige Anregungen zu einer modernen klinischen psychosomatischen Medizin. Vom Ausweis dieser Kompetenzen aber hing die Einrichtung eines Lehrstuhls oder zumindest eines Lehrauftrags in Frankfurt ab, sei es innerhalb der medizinischen oder der philosophischen Fakultät.[42] Zugleich wurden in Heidelberg Mitscherlichs Forderungen nach Aufstockung seines Mitarbeiterstabs überraschend bewilligt. Mitscherlich schrieb an Horkheimer: »Ein überraschender Erfolg – der aber zur Kehrseite hat, daß ich nun in einem weitaus besser etatisierten Institut als bisher in dieser verdammten Stadt Heidelberg festgehalten bin und nicht nach Frankfurt kommen werde, also nicht die mir einzig wichtige Tätigkeit in der Zukunft, nämlich mit Ihnen gemeinsam in der Richtung der Sozialpsychologie zu forschen, ausüben kann.«[43] Mitscherlich verlor

---

41 Horkheimer an Adorno, 16.2.1953, Max-Horkheimer-Archiv, zit. nach Berger, Institution, S. 354, Anm. 2.
42 Rau an Mitscherlich, 1.2.1954 und 18.3.1954, AMA III.
43 Mitscherlich an Horkheimer, 22.3.1953, Max-Horkheimer-Archiv, zit. nach Berger, Institution, S. 356 f.

zwar die Frankfurter Perspektive nicht ganz aus den Augen[44], aber ihre Realisierung war in weitere Ferne gerückt. Horkheimer musste zum Ende seiner Rektoratszeit einräumen, für die Sache Mitscherlichs und der psychosomatischen Medizin nichts erreicht zu haben. Das habe wohl zum Teil an der »hiesigen Situation«, zum Teil »an der Schwierigkeit der Kommunikation« und »wohl nur zuletzt an der Unfähigkeit des letzten Rektors« gelegen.[45]

Für kurze Zeit – die Rockefeller-Stiftung hatte wieder einmal die Finanzierung der Heidelberger Klinik um ein Jahr verlängert[46] – arrangierte Mitscherlich sich mit der stabilisierten Situation in Heidelberg und versuchte, seine dortige Position zu verbessern. Eine Chance dazu sah er darin, als Nachfolger des verhassten Psychiaters Kurt Schneider den Psychologen und Mediziner Fritz Redlich zu lancieren, den er auf seiner Amerikareise 1951 kennengelernt hatte. Der gebürtige Wiener war 1938 in die USA emigriert und lehrte 1955 in Yale. Als Mitscherlich ihn darüber informierte, ihn ohne vorherige Rücksprache in Heidelberg als Nachfolger Schneiders ins Spiel gebracht zu haben, zeigte sich Redlich »überrascht und einigermaßen aufgewühlt«. Die Aufgabe reize ihn, aber dennoch sei er entschlossen, nicht nach Deutschland zu gehen. Zwar sei er in den USA noch immer ein Fremder, aber das sei immer noch leichter, als ein Fremder in der eigenen Heimat zu sein.[47]

Auch innerhalb Deutschlands bemühte sich Mitscherlich, einen Psychiater zu finden, der seiner eigenen Arbeit wohlwollender gegenüberstehen würde als Kurt Schneider. Dabei war die persönliche Wertschätzung und Sympathie für Mitscherlich wie stets das ausschlaggebende Kriterium. Er schreckte nicht einmal davor zurück, den Münchner Max Mikorey in Heidelberg zu protegieren, obwohl dieser ausgewiesener Schüler Oswald Bumkes war und – neben aller Begeisterung über die mögliche Berufung in Heidelberg – auch gar nicht zu verhehlen versuchte, dass zwischen seinen und Mitscherlichs wissenschaftlichen Grundüberzeugungen Welten lagen: »Es gibt ja vielleicht gar nichts Paradoxeres als so einen Janus-Kopf: Freud und Bumke. Wir müssen uns darüber klar sein, dass wir irgend so etwas vorhaben. Die Idee berauscht mich.«[48] Mitscher-

---

44 Mitscherlich an Bally, 24.6.1953, AMA III, sowie Mitscherlich an von Uexküll, 1.10.1953, AMA III.
45 Horkheimer an Mitscherlich, 29.4.1954, AMA III.
46 Mitscherlich an Müller-Braunschweig (in: Korrespondenz Mitscherlich/Adorno, AMA I, 19.)
47 Redlich an Mitscherlich, 21.1.1955, AMA I, 4352.21.
48 Mikorey an Mitscherlich, 27.12.1954, AMA I, 3706.4.

DAS ANGEBOT AUS FRANKFURT

lich vermutete: »Sollte es gelingen, so sehe ich blutige Kämpfe zwischen Ihnen und mir am Horizont erscheinen, aber doch eben Kämpfe und nicht diese grauenvolle katatone Erloschenheit, der ich jetzt begegne, wenn ich von meinem Fenster in der Richtung der Psychiatrischen Klinik blicke.«[49] Hintergrund des Einsatzes Mitscherlichs für Mikorey war nichts weiter als ein zufälliges Zusammentreffen der beiden in einem Ulmer Hotel, das offenbar in einem munteren Abend ausklang. Mikorey hatte Mitscherlich dabei auch davon zu überzeugen versucht, dass auch Ernst Kretschmer durchaus ein »verstecktes Faible« für ihn habe und er eine »Annäherung« zwischen ihnen beiden für durchaus möglich halte. Immerhin habe er, Mikorey, mit Kretschmer in einer Weinkneipe gezecht und dabei sei von diesem »die Maske der Autorität« abgefallen und er habe sich als »erstaunlich konziliant, munter und großzügig« erwiesen.[50]

Mitscherlich gelang es am Ende nicht, Mikorey in Heidelberg durchzusetzen. Auf den Lehrstuhl Schneiders wurde Walter Ritter von Baeyer berufen, den Mitscherlich in völliger Fehleinschätzung im Vorfeld als »ein[en] feinsinnige[n], intelligente[n] und gebildete[n] Mann« charakterisiert hatte, »zu ehrgeizig und opportunistisch, um wirklich etwas neues zu riskieren«.[51] Tatsächlich erwiesen sich von Baeyer und seine Schüler als die entscheidenden Vertreter der Modernisierung der bundesrepublikanischen Psychiatrie in den 1960er und 1970er Jahren.[52]

Vorerst war für Mitscherlich aber einmal mehr erwiesen, dass eine Modernisierung der Psychiatrie in seinem Sinne in Heidelberg keine Chance haben werde. Erneut betrieb er das Projekt einer psychosomatischen Klinik in Hessen, diesmal in Kooperation mit dem Psychosomatiker Thure von Uexküll, der im Begriff war, aus München an die neu gegründete »Reformuniversität« Gießen berufen zu werden.[53] Mitscherlich stellte zu diesem Zweck einen Finanzierungsantrag bei der Ford Foundation und trat in erneute Verhandlungen mit der hessischen Landesregierung über eine Komplementärfinanzierung ein. Die Landesregierung erklärte sich einverstanden mit der Gründung eines psychoanalytischen Instituts, das sowohl mit von Uexkülls Gießener psychosomatischer Klinik als auch mit einem Ambulatorium an der Frankfurter Universität hätte kooperieren sollen.[54] Im Zuge seiner Verhandlungen kam Mitscherlich in Kontakt

---

49 Mitscherlich an Mikorey, 7.12.1954, AMA I, 3706.2.
50 Mikorey an Mitscherlich, 29.11.1954, AMA I, 3706.1.
51 Mitscherlich an Redlich, 12.1.1955, AMA I, 4352.20.
52 Janzarik, Klinik, S. 134.
53 Zu von Uexküll siehe: Otte, Uexküll.
54 Ausführlicher: Berger, Institution, S. 357.

zu der hessischen Ministerialdirigentin Helene von Bila, über deren Bekanntschaft auch Max Horkheimer »zu einer Art inoffiziellem Gutachter in Berufungsfragen« in Hessen geworden war.[55] Von Bila machte Mitscherlichs Projekt bald zu ihrem eigenen und nutzte ihren Einfluss auf den Ministerpräsidenten.[56]

Die Gründung des Sigmund-Freud-Instituts

Dies war der Hintergrund der Ankündigung des Ministerpräsidenten, anlässlich der Freud-Vorlesungen im Sommer 1956, der Frankfurter Universität einen Lehrstuhl für Psychoanalyse zu stiften. Doch der Erfolg, der plötzlich greifbar nahe schien, war im Herbst desselben Jahres schon wieder unendlich fern: Die Frankfurter Fakultät lehnte den angebotenen Lehrstuhl ab und bat um eine Umwandlung in einen Lehrstuhl für Erbgenetik.[57] Der symbolische Gehalt, den diese Forderung hatte, bildete alsbald einen wesentlichen Bestandteil des Selbst- und Fremdbildes Alexander Mitscherlichs – was konnte die Rückständigkeit der deutschen Universitätslandschaft deutlicher unterstreichen als die Bevorzugung der Erbgenetik gegenüber der Psychoanalyse?[58] Martin Dehli hat zu Recht darauf hingewiesen, dass bei der Entscheidung der Frankfurter Fakultät neben der Ablehnung der Person Mitscherlichs und der Psychoanalyse auch die lokale wissenschaftliche Tradition eine Rolle spielte. Nach 1945 hatte die Frankfurter Fakultät versucht, den NS-Rassehygieniker Otmar Freiherr von Verschuer (nunmehr als »Humangenetiker«) wieder zu berufen, der in der NS-Zeit mit seinem Assistenten Josef Mengele an dem Frankfurter »Institut für Erbbiologie und Rassenhygiene« gewirkt hatte. Dies war nicht gelungen, auch weil die Rolle Josef Mengeles öffentlich kritisch diskutiert wurde.[59] Dennoch sah man in Frankfurt offenbar auch 1956 noch keine Veranlassung, auf eine institutionelle Fortführung des ehemaligen erbbiologischen Instituts zu verzichten.

Angesichts der Pläne Mitscherlichs für eine Kooperation mit dem in Gießen berufenen Thure von Uexküll war es folgerichtig, dass der von Zinn avisierte Lehrstuhl nun der dortigen Universität angetragen wur-

---

55 Albrecht, Institutspolitik, S. 142 f.
56 Von Bila an Mitscherlich, 14.11.1956, AMA III.
57 Lohmann, Mitscherlich, S. 85 f.
58 Vgl. Mitscherlichs bittere Einschätzung: Mitscherlich, Leben, S. 190.
59 Dehli, Konflikt, S. 238, zu von Verschuer: Kröner, Rassenhygiene, zusammenfassend auch: Freimüller, Mediziner.

de[60], doch auch aus dieser Lösung wurde nichts: Die Ford Foundation lehnte den Finanzierungsantrag Mitscherlichs ab, und die hessische Landesregierung sah sich nicht in der Lage, die Kosten allein zu tragen. Mitscherlich fühlte sich daraufhin »fast am Nullpunkt der Verzweiflung. Am Niveau, wenn man davon überhaupt sprechen kann, der deutschen Medizin wird sich wohl zu meinen Lebzeiten nichts ändern. Man kommt sich schlechterdings fehl am Platze vor.«[61] René König fand wenig Trost: »Natürlich sind wir alle fehl am Platz. Das ist mir schon lange vollkommen klar. Denken Sie sich eigentlich, daß es mir Spaß macht, in einem solchen Narrenhaus wie der Deutschen Gesellschaft für Soziologie herumzuschwirren und noch dazu ihr Vizepräsident zu sein?« Mitscherlich solle sich darüber klar sein, »daß wir die eigentlichen Genugtuungen unseres Lebens nur ganz selten mit unseren deutschen Kollegen, sondern vielmehr ganz anderswo, nämlich in der Welt erfahren. Das muß uns als Ausgleich genügen.«[62]

Mitscherlich konnte dieser Ausgleich kaum genügen, denn anders als König hatte er bislang – mit Ausnahme seiner Amerikareise – wenig Gelegenheit gehabt, im Ausland Genugtuungen zu erfahren. Er war nach wie vor an Heidelberg gefesselt. Zwar war ihm dort inzwischen eine größere Klinik versprochen worden, die im Rahmen eines Neubauprogramms errichtet werden sollte[63], und bereits im Sommer 1956 war für ihn auch die beamtete Stelle eines Extraordinarius beantragt worden[64], die Stimmung innerhalb der Medizinischen Fakultät ihm gegenüber hatte sich seit den scharfen Auseinandersetzungen von 1952 aber nicht wesentlich gebessert. Mitscherlichs Besucher zeigten sich regelmäßig überrascht von der offenen Ablehnung, die dieser in Heidelberg erfuhr.[65] René A. Spitz beispielsweise bedauerte Mitscherlich, der ja »mitten in einer feindlichen Atmosphäre in dauerndem Kampfe« stehe. »Sie sehen, das Diskussions Seminar mit den Herren Heidelberger Ordinariussen ist unvergessen.«[66]

Immer drängender wurde die Einrichtung eines psychoanalytischen Instituts aus Mitscherlichs Sicht auch infolge der auf dem Ärztetag von 1956 beschlossenen Einführung des Zusatztitels »Psychotherapie«: Wäh-

---

60 Berger, Institution, S. 362 f.
61 Mitscherlich an König, 7.11.1956, AMA I, 3005.25.
62 König an Mitscherlich, 9.11.1956, AMA I, 3005.29.
63 Mitscherlich an Bloch, 1.12.1956, AMA III.
64 Mitscherlich an von Uexküll, 14.8.1956, AMA I, 5596.24.
65 Jores an Mitscherlich, 30.1.1957, AMA I, 2724.43.
66 Spitz an Mitscherlich, 9.9.1958, AMA I, 52020.15.

rend von Seiten der Psychiatrie mit einigem Pragmatismus darangegangen wurde, die neuen Strukturen zu füllen, und sich bereits zehn Universitätskliniken als Ausbildungsstätten angeboten hatten[67] (Mitscherlich beäugte diese Entwicklung misstrauisch: »Gott möge uns vor diesen Produkten schützen!«[68]), war die Psychoanalyse dazu vorerst nicht in der Lage. Es fehlten in dramatischem Ausmaß Ausbildungsmöglichkeiten und Lehranalytiker. Mitscherlich plante auch deshalb, Lehranalytiker aus dem Ausland heranzuziehen und sie an »Schwerpunkt-Instituten« in Deutschland mit DFG-Mitteln zu finanzieren.

In stetem Kontakt mit Helene von Bila und Hellmut Becker sondierte er die Möglichkeiten einer Institutsgründung.[69] Dabei erwies sich, dass die Landesregierung weiterhin fest auf seiner Seite stand. Alle Beteiligten waren sich darin einig, so teilte von Uexküll im Februar 1957 freudig mit, man solle jetzt »das große Programm einer gemeinsamen Klinik für Sie und mich ›durchziehen‹«[70]. Entscheidende Bedeutung kam dabei einer Sitzung des Forschungsrates des Landes Hessen am 27. Juni 1957 zu. Stimmte der Forschungsrat den Plänen zu, so würde der Weg frei sein, einen entsprechenden Regierungsbeschluss herbeizuführen. Der Forschungsrat war aber mit so unterschiedlichen Persönlichkeiten wie Max Horkheimer und Werner Villinger besetzt – ein Erfolg war nicht sicher.

Mitscherlich trug dem Forschungsrat ein Referat über *Die Krankheiten der Gesellschaft und die psychosomatische Medizin*[71] vor und stellte die psychosomatische Medizin als zwingendes politisches Projekt einer modernen Industriegesellschaft vor. Thure von Uexküll[72] unterstützte das Argument mit Zahlen, unter anderem mit der Angabe, 30-60 % der Menschen, die einen Arzt aufsuchten, seien nicht organisch erkrankt. Ministerpräsident Zinn, der die Sitzung leitete, tat das seine, um den dramatischen Mangel an entsprechenden Ausbildungs- und Behandlungskapazitäten in Hessen deutlich vor die Augen der Versammlung zu

67 Aktennotiz (DGPT) über eine Besprechung vor der Psychiatrischen Ordinarien-Konferenz über Weiterbildung in der Psychotherapie in Frankfurt am Main, 28.2.1957 (Teilnehmer: Mitscherlich, Mauz, Zutt, Villinger, von Baeyer), AMA IIa, 30.
68 Mitscherlich an König, 17.7.1957, AMA I, 3005.40.
69 Becker an Mitscherlich, 11.12.1956 (AMA III), 13.2.1957 (AMA IIa, 6), sowie Mitscherlich an Becker, 6.3.1957, AMA IIa, 6.
70 Von Uexküll an Mitscherlich, 15.2.1957, AMA IIa, 6.
71 Mitscherlich, Alexander: Die Krankheiten der Gesellschaft und die psychosomatische Medizin. In: Krankheit im Wandel der Welt, Bad Homburg 1957, S. 37-54 (GS II, S. 425-444).
72 Forschungsrat, Krankheit.

rücken, indem er in inszenierter Unwissenheit fragte: »Werden unsere Ärzte mit der Praxis der psychosomatischen Medizin vertraut gemacht? Als Laie darf ich annehmen, daß das in entsprechendem Umfang geschieht.« Als von Uexküll daraufhin sorgenvoll verneinte (»Damit sieht es noch trauriger aus.«), konnte Zinn die Gründung eines Lehrstuhls und eines Instituts unwidersprochen als »Aufgabe« des Landes formulieren.[73]

Mitscherlich und von Bila gingen anschließend daran, die nunmehr öffentlich formulierte prinzipielle Zustimmung des Ministerpräsidenten in konkrete Finanzierungsmodelle umzusetzen. Im Herbst 1957 formulierten Mitscherlich, von Uexküll, Walter Seitz und Arthur Jores einen gemeinsamen Appell an den Ministerpräsidenten[74] und betonten, es bedürfe einer »weitsichtigen Regierung«, um ein Ausbildungsinstitut »in einer westdeutschen Großstadt« zu gründen.[75] Frankfurt eigne sich sicherlich besonders gut. Gleichzeitig bemühte sich Mitscherlich über den in Amerika weilenden René König um eine Komplementärfinanzierung der Ford- und der Rockefeller-Stiftung und stellte auch einen entsprechenden Antrag bei der DFG.[76]

Bei der entscheidenden Sitzung der DFG im Mai 1958 gelang es erneut, ein Gremium von der Notwendigkeit der geplanten Institutsgründung zu überzeugen.[77] Mitscherlich berichtete von Bila anschließend, der DFG-Präsident Gerhard Hess habe mit »superber Eleganz« erst alle Anwesenden drei Stunden debattieren lassen und nach dem Mittagessen habe DFG-Generalsekretär Kurt Zierold »in die behagliche Stimmung« hineingefragt, ob die psychosomatische Medizin Eingang in die Universitäten finden soll. »Begeistertes massenhaftes ›Jaa‹«. Auch die Frage, ob dies innerhalb der Universitäten geschehen solle, sei bejaht worden. »Ich vermag Ihnen nicht die genussvolle Bewegung zu schildern, mit der sich Hess in seinem Präsidentenstuhl zurücklehnte: ›Sie haben aber Mut!‹«. Nach wenigen Minuten sei aber deutlich geworden, dass eine Integration in die Universitäten an deren Interessen scheitern werde. Darauf habe Hess mit der notwendigen Zurückhaltung gesagt: »›Da habe ich vor kurzem einen Brief von Frau v. Bila bekommen ... die hessische Regierung bereit ... Körperschaft öffentlichen Rechts ...‹ Aufatmen, Jubel, Endlich eine fortschrittliche Regierung, ein Mäzen ... Frankfurt – natürlich

---

73 Argelander, Geschichte (in: Plänkers), S. 375; vgl. auch: Dehli, Konflikt, S. 239f.
74 Jores, Mitscherlich, Seitz und Uexküll an Zinn, 30.10.1957, AMA IIa, 6.
75 Vgl. auch: Berger, Institution, S. 362f.
76 König an Mitscherlich, 29.9.1957, AMA I, 3005.42; Jores, Mitscherlich, Seitz und von Uexküll an Neuffer, 5.11.1957, AMA IIa, 6.
77 Berger, Institution, S. 363f.

Frankfurt, eine Großstadt, 5 Universitäten in der Nachbarschaft ... niemand kann hineinreden (mit dem halblauten Hintergedanken: bis auf uns hier) ... herrlich, einfach *die* Lösung«. In diesem Moment habe Hess die Sitzung beendet. Als er mit von Uexküll dann »glücksversonnen am Porsche« gestanden habe, sei Walter Seitz, der wohl auch für sein eigenes Münchner Institut greifbare Ergebnisse mit nach Hause hatte nehmen wollen, »schmollend zu uns [gekommen]: ›Das muß ich ja sagen, Ihr zwei beiden seid ja ganz raffinierte Burschen‹. Soviel steht fest – im Bild der Fußballweltmeisterschaften zu sprechen, die allermeisten Teilnehmer hatten während der gesamten Spieldauer keine Ahnung wo der Ball war und guckten dementsprechend immer in die falsche Richtung.« Man habe, fasste Mitscherlich zusammen, alle wesentlichen Forderungen bestätigt bekommen: Bei der Psychotherapie solle die Therapie nicht von der Forschung getrennt werden, die Ausbildungskapazität solle erhöht werden, die Lehranalyse solle fester Bestandteil der Ausbildung sein und eine Monopolisierung durch die Psychiatrie solle verhindert werden. Zudem sei deutlich geworden, dass der beste Standpunkt für ein solches Institut Frankfurt sei.[78]

Die Rückendeckung durch diesen Beschluss und das ungebrochene Wohlwollen des Ministerpräsidenten befähigten Mitscherlich, auch eine ablehnende Stellungnahme des hessischen Finanzministers[79] mit Verweis auf eine von der DFG in Aussicht gestellte Finanzierung[80] zu zerstreuen.[81] Doch – Mitscherlich wird es nicht anders erwartet haben – im letzten Moment formierte sich noch der Widerstand der Medizin, namentlich der Psychiatrie, gegen das geplante Ausbildungsinstitut.[82] Die Universität Gießen verweigerte die weitere Finanzierung des nun ihr zufallenden von Zinn gestifteten Lehrstuhls und sprach sich gegen eine Besetzung mit Mitscherlich aus.[83] Gleichzeitig wurde der Frankfurter Psychiater Jürg Zutt bei Helene von Bila vorstellig und intervenierte gegen das geplante Ausbildungsinstitut.[84] Zutt plädierte für eine Eingliederung der Psychotherapie – für die er schon seit langem ein Extraordi-

---

78 Mitscherlich an von Bila, 16.6.1958, AMA IIa, 6.
79 Von Bila an Mitscherlich, 18.7.1958, AMA IIa, 2.
80 Von Bila an Mitscherlich, 7.10.1958, AMA IIa, 2.
81 Mitscherlich an von Bila, 20.7.1958, AMA IIa, 2. Vgl. auch: Berger, Institution, S. 364 f.
82 Vgl. zum Folgenden auch: Berger, Institution, S. 366 ff.
83 Berger, Institution, S. 278 ff.; Dehli, Konflikt, S. 237 f.
84 Von Bila an Mitscherlich, 28.4.1959, AMA IIa, 7.

nariat beantragt habe – in die Psychiatrie und sprach sich ebenfalls gegen Mitscherlich aus.

Die Karten waren jetzt am Ende der 1950er Jahre allerdings anders verteilt, nicht mehr die etablierte Medizin hatte naturnotwendig den besseren Zugang und den weiter reichenden Einfluss auf die Politik, sondern vielmehr Mitscherlich, der sich der Solidarität der Landesregierung sicher sein konnte. Auch eine erneute Intervention Zutts bei Ministerpräsident Zinn lief ins Leere. Hier hatte Zutt Mitscherlich als unversöhnlichen Choleriker charakterisiert. Er sei »einer von denjenigen, die in der alten Polemik am meisten verhaftet geblieben sind. Vielleicht ist er von allen am meisten polemisch eingestellt.«[85] Dass Zutt gegenüber von Bila mit kaum verhohlenem Ressentiment andeutete, es gehe bei der geplanten Institutsgründung darum, amerikanischen Professoren Europaaufenthalte auf Kosten des deutschen Steuerzahlers zu finanzieren, und anmerkte, er höre förmlich Max Horkheimer aus diesen Plänen sprechen[86], bezeugt seine völlige Fehleinschätzung des Verhältnisses zwischen Horkheimer, Mitscherlich und von Bila. Diese merkte Mitscherlich gegenüber an, Zutt habe bei ihr »sachlich wie persönlich einen denkbar schlechten Eindruck« hinterlassen.[87] Am Ende hatte Zutt eher eine noch stärkere Solidarisierung des Ministerpräsidenten mit Mitscherlich erreicht.[88]

Dennoch rechneten Mitscherlich und von Uexküll noch immer mit weiteren Störmanövern. Der Internist Paul Martini beispielsweise äußerte sich von Uexküll gegenüber kritisch über ein Referat Mitscherlichs bei einem Hamburger Kongress für Psychotherapie und führte dessen Ausführungen über eine angebliche Spontanheilung nach einer psychoanalytischen Behandlung als Beleg für eine »krasse medizinische Unwissenheit« Mitscherlichs an. Von Uexküll erkannte sofort, dass Martini sachlich im Recht war, und sah sich diesem gegenüber deshalb zu einem argumentativen »Eiertanz« gezwungen, wie er Mitscherlich vorwurfsvoll mitteilte. Von Uexküll mahnte, dererlei »Husarenritte« angesichts seiner gefährdeten und exponierten Situation zu unterlassen. Ansonsten sei zu befürchten, dass sich »eine Phalanx deutscher Ordinarien« der Martini-Argumente bediene und gegen die gemeinsamen Pläne in Hessen Sturm

---

85 Zutt an Zinn, 19.6.1959, AMA IIa, 7.
86 Aktenvermerk von Bila, Akten des Hessischen Ministeriums für Wissenschaft und Kunst zum Sigmund-Freud-Institut, zit. nach: Berger, Institution, S. 367.
87 Von Bila an Mitscherlich, 28.4.1959, AMA IIa, 7.
88 Mitscherlich an Bally, 22.7.1959, AMA III.

laufe. Er bezweifele, dass Helene von Bila dem »Ansturm der Gutachten der führenden deutschen Internisten« standhalten könne.[89] Von Uexkülls Sorgen sollten sich nicht bewahrheiten. Am 27. April 1960 konnte Alexander Mitscherlich in einer feierlichen Zeremonie das »Institut und Ausbildungszentrum für Psychoanalyse und Psychosomatische Medizin« in Frankfurt eröffnen. Das Institut hatte die Rechtsform einer Landesbehörde, die dem Hessischen Ministerium für Wissenschaft und Kunst nachgeordnet war. Mehr als neun Jahre nach seinem ersten Kontakt zu Horkheimer hatte Mitscherlich den Wechsel nach Frankfurt vollzogen. Ein klar psychoanalytisch orientiertes Ausbildungs- und Forschungsinstitut war entstanden. Den von Mitscherlich und Zinn angestrebten Lehrstuhl für Mitscherlich dagegen hatte der hinhaltende Widerstand der Fakultäten in Frankfurt und Gießen verhindert. Die Folge war eine Doppelfunktion Mitscherlichs als Klinikleiter in Heidelberg und Institutsleiter in Frankfurt.

Mehrfach versuchte Mitscherlich, einen geeigneten Kandidaten für die Leitung des Frankfurter Instituts zu gewinnen. Er nahm Kontakt zu Hans Zullinger in Bern[90] und zu Béla Grunberger in Paris[91] auf sowie zu Edith Weigert in London[92] und zu Henry Löwenfeld in New York.[93] Doch es gelang nicht, einen Analytiker aus dem Ausland nach Frankfurt zu holen. An Helene von Bila schrieb Mitscherlich resigniert: »Wie gerne würde ich Ihnen Herrn Balint oder sonst jemanden, den wir herausgeschmissen haben, als Direktor nennen. Aber sie kommen nicht, obgleich ich mit Engelszungen rede.«[94]

Auch die Suche nach Lehranalytikern gestaltete sich schwierig. Gegenüber René A. Spitz beklagte Mitscherlich, er müsse nun »– wie die Jungfrau zum Kinde kommend – die Suppe des Herrn Hitler auslöffeln«[95]. Unter anderem wollte er den Berliner Analytiker Gerhart Scheunert – ungeachtet dessen Vergangenheit als NSDAP-Mitglied – nach Frankfurt holen.[96] Weil Scheunert aber eine Festanstellung und eine »Duumviratslösung« in der Institutsleitung anstrebte, sagte Mitscherlich wieder ab. Auch Horst Eberhard Richter lehnte das Angebot ab, nach Frankfurt zu

89 Von Uexküll an Mitscherlich, 26.5.1959, AMA IIa, 9.
90 Mitscherlich an Zullinger, 30.3.1959, AMA IIa, 9.
91 Mitscherlich an Grunberger, 21.5.1959, AMA I, 2010.2.
92 Mitscherlich an Redlich, 17.9.1959, AMA III.
93 Vgl.: Müller, Psychoanalyse.
94 Mitscherlich an von Bila, 7.4.1959, AMA IIa, 9.
95 Mitscherlich an Spitz, 7.4.1959, AMA IIa, 9.
96 Mitscherlich an Scheunert, 30.3.1959, AMA IIa, 9.

kommen. Er wurde auf den für Mitscherlich geschaffenen Gießener Lehrstuhl berufen.[97] Während einer Konferenz, zu der Mitscherlich zum Zwecke der Vorstellung des neuen Instituts im November 1959 eine Reihe ausländischer Analytiker geladen hatte, fragte er auch in dieser Runde, ob jemand als Lehranalytiker nach Frankfurt kommen würde.[98] Alle Anwesenden erklärten sich bereit, das Institut von Zeit zu Zeit in der Lehre zu unterstützen, einen dauerhaften Wechsel nach Frankfurt zog aber niemand in Betracht.[99] Mitscherlich blieb nichts anderes übrig, als zunächst sein Heidelberger Extraordinariat, das indessen genehmigt worden war[100], und die Funktion des Frankfurter Institutsdirektors in Personalunion zu bekleiden. Sein »weltweites Beziehungsimperium«[101] hatte ihm zwar viel Sympathie und Aufmerksamkeit der internationalen Psychoanalyse, aber keinen Lehranalytiker und keinen Institutsdirektor eingebracht.

Untergebracht war das Institut zunächst in Räumlichkeiten an der Frankfurter Friedrich-Ebert-Anlage. Dort wurde im April 1960 auch die feierliche Eröffnungsfeier begangen. Ministerpräsident Zinn betonte den freiheitlichen Anspruch und die demokratisierende Wirkung der Psychoanalyse: »Ein Staat, in dem die Erkenntnisse und das Verfahren der Tiefenpsychologie nicht nur bis tief in die Kliniken und ärztlichen Praxisräume, sondern auch in die Strafgesetze, in den Strafvollzug, in die Schulzimmer und in die sozialen Berufe eindringen können, ist wahrscheinlich irgendwie immun gegen Diktatoren«[102], vermutete er. Mitscherlich selbst postulierte nicht weniger als die Erforschung der Grundbedingungen der menschlichen Existenz als Aufgabe des Instituts und unterstrich Zinns Hoffnung auf eine demokratisierende Funktion der Psychoanalyse. Es gelte die Freiheit zu verteidigen, und zwar durch »mehr und rücksichtslosere Wahrheit als zuvor«.

Max Horkheimer fiel es zu, an die lokale psychoanalytische Tradition anzuknüpfen. Er erinnerte an das alte Frankfurter Institut und versicher-

97 Richter an Mitscherlich, 8.1.1960, AMA IIa, 12.
98 Protokoll der Konferenz in AMA IIa, 6.
99 Vgl.: Kurzweil, Legitimationsprobleme, S. 315.
100 Personalakte Mitscherlich, Universitätsarchiv Heidelberg, PA 5032. Karl Heinrich Bauer hatte es sich in seinem Glückwunschschreiben nicht nehmen lassen, mehrdeutig von einer »organischen Entwicklung« zu sprechen, die zur Ernennung Mitscherlichs geführt habe (Bauer an Mitscherlich, 31.5.1958, AMA I, 343.3).
101 Argelander, Geschichte (in: Plänkers), S. 377.
102 Akten zur Eröffnungsfeier des Instituts und Ausbildungszentrums für Psychoanalyse und Psychosomatische Medizin in Frankfurt am 27.4.1960, AMA IIa, 11.

te der Neugründung die »herzliche Nachbarschaft« des IfS. Die internationale Einbindung des neuen Instituts wurde symbolisiert durch Grußadressen der Vorsitzenden der englischen (Hoffer), Schweizer (Bally), niederländischen (van der Sterren) und österreichischen (Solms) psychoanalytischen Vereinigungen. Für die DPV sprach Gerhart Scheunert. Mitscherlich machte keinen Hehl aus der eindeutig auf die Freud'sche Psychoanalyse ausgerichteten und damit vergleichsweise orthodoxen Linie des Instituts. Jeanne Lampl-de Groot musste es sich von Mitscherlich regelrecht genehmigen lassen, in ihrer kurzen Ansprache auch etwas zu Sandor Rado, Karen Horney und anderen Psychoanalytikern sagen zu dürfen, die unterdessen für eigene wissenschaftliche Schulen standen. Großmütig gestand Mitscherlich ihr das zu, denn Rado und Horney hätten schließlich zu ihrer Zeit »Gutes geleistet« und sich erst später »aus dem Kreis der eigentlichen Analytiker entfernt«.[103]

Gleichwohl blieb die Erinnerung an das alte Frankfurter Psychoanalytische Institut bei den Einweihungszeremonien merkwürdig blass. Keiner der drei noch erreichbaren damaligen Dozenten (Siegmund Heinz Fuchs/Foulkes, Erich Fromm und Heinrich Meng) war eingeladen worden, und in der Einladung war in offenkundiger Unkenntnis der Geschichte gar Max Horkheimer als seinerzeitiger Direktor bezeichnet worden.[104] Diese eigenartige Geschichtslosigkeit der Neugründung korrespondierte mit dem die Handelnden beherrschenden Gefühl, einen völligen Neuanfang der Psychoanalyse in der Bundesrepublik zu betreiben. Nicht reflektiert fand sich in den Ansprachen – und auch in der Presseberichterstattung – eine Tatsache, die die Ausnahmestellung des Instituts in der Bundesrepublik besonders deutlich macht: Sowohl bei der Vorbereitungskonferenz 1959 als auch bei der Eröffnungsfeier 1960 dominierten Exilanten – zumeist Juden – den Teilnehmerkreis. Der Neuanfang war insofern eine Rückkehr der Psychoanalyse und ihrer Vertreter in das Land der Täter. Das Frankfurter Institut bot ihnen fortan den Anlaufpunkt für häufige Besuche in der Bundesrepublik, wenn auch niemand von ihnen sich zu einer Übersiedlung nach Deutschland entschließen konnte. Die Psychoanalyse als Wissenschaft kehrte dagegen dauerhaft zurück. Ausgehend von ihrem institutionellen Kern in Frankfurt sollte sie in den folgenden zehn Jahren ungeahnte Wirkungsmacht in der bundesdeutschen Gesellschaft entfalten.

103 Mitscherlich an Heimann, 24.3.1964, AMA IIa, 14.
104 Laier, Institut, S. 65f.

DIE GRÜNDUNG DES SIGMUND-FREUD-INSTITUTS

Mitscherlich strukturierte das Institut in eine klinische (unter Hermann Argelander), eine psychologische (unter Horst Vogel) und eine sozialpsychologische Abteilung unter Tobias Brocher.[105] Die ersten Jahre waren gekennzeichnet durch tastende wissenschaftliche Neuorientierung und zugleich durch mehrere erzwungene Ortswechsel. Zunächst musste das Institut aufgrund eines auslaufenden Mietvertrages der Räume an der Friedrich-Ebert-Anlage in ein zum Abriss bestimmtes Haus in der Biebergasse ausweichen, »mit abenteuerlicher Hinterhofromantik, die als Rahmen für einen Kriminalfilm geeignet gewesen wäre«[106], und später in die Myliusstraße, wo aber alsbald deutlich wurde, dass aufgrund baulicher Mängel ein Neubau unabdingbar war. Nach einem erneuten Ausweichquartier in der Feldbergstraße konnte das Institut schließlich am 14. Oktober 1964 einen Neubau in der Myliusstraße beziehen. Damit verbunden war die Umbenennung in »Sigmund-Freud-Institut«.[107]

Mitscherlich pendelte in diesen Jahren zwischen Heidelberg und Frankfurt hin und her. Mittwochs etablierte er in Frankfurt eine Konferenz aller Mitarbeiter, den so genannten »Markt«, freitags trafen sich die Frankfurter und Heidelberger Mitarbeiter in Heidelberg.[108] Die Aktivitäten des Frankfurter Instituts unterschieden sich deutlich von denen der Heidelberger Klinik: Schon die fehlende Anbindung an eine Klinik und die nicht vorhandenen eigenen Betten sorgten dafür, dass in Frankfurt die psychosomatische Medizin sowohl hinsichtlich der Patientenstruktur als auch hinsichtlich der Forschung kaum eine Rolle spielte. Stattdessen ermutigte Mitscherlich seine Mitarbeiter, die Psychoanalyse in gesellschaftlichen Zusammenhängen anzuwenden und Berufsgruppen wie praktizierenden Ärzten, Lehrern und Juristen psychoanalytische Erkenntnisse zu vermitteln.[109] In gewissem Kontrast zu dieser Interpretation der eigenen Aufgaben sah sich Mitscherlich aber auch weiterhin als Arzt, was er stets durch das Tragen eines weißen Kittels demonstrierte.[110]

Ohne dass man viel Werbung hätte machen müssen, fand die psychoanalytische Ausbildung von Beginn reges Interesse. Anfang 1964 verzeichnete man aufgrund des fortbestehenden Mangels an Lehranalytikern

---

105 Mitscherlich-Nielsen, Gespräch, S. 396.
106 Argelander, Geschichte (in: Plänkers), S. 379.
107 Die Idee zur Umbenennung stammte nicht von Mitscherlich, sondern von seinem Mitarbeiter Tobias Brocher (Mitscherlich an Heimann, 10.7.1964, AMA IIa, 14).
108 Argelander, Geschichte (in: Plänkers), S. 378f.
109 Vgl. auch: Dehli, Konflikt, S. 244.
110 Unseld, Versuch.

trotzdem lediglich acht Ausbildungskandidaten und 13 angenommene Bewerber, weitaus weniger, als es Bewerber gab.[111] Auch die Patienten, die im Institut vorstellig wurden – zu etwa gleichen Teilen infolge einer Überweisung und aus eigener Initiative –, konnten aufgrund des Personalmangels nur zu einem kleinen Teil tatsächlich behandelt werden.[112] Etwa 20% der Patienten kamen unverzüglich in Behandlung, davon etwa die Hälfte im Sigmund-Freud-Institut selbst. So erfuhren dort zwischen 1960 und 1980 3370 Personen eine eingehende Behandlung. Die übrigen erhielten nach einem Erstinterview in der Ambulanzabteilung[113] lediglich einen Behandlungsvorschlag. Bei den 3370 eingehender behandelten Patienten handelte es sich ausweislich einer repräsentativen Stichprobe an 646 Personen um überdurchschnittlich junge (nur rund 1% der Patienten war älter als 56 Jahre) Menschen mit relativ hohem Bildungsstand. Allein 25% waren Studierende, eine große Gruppe bildeten Angehörige sozialer Berufe und Lehrer. Nur etwa 1% der behandelten Patienten waren Arbeiter. Das Verhältnis zwischen Männern und Frauen kehrte sich von anfänglich 60:40 schnell ins Gegenteil um.

Die Patienten kamen aufgrund psychosomatischer funktionaler Störungen (im Untersuchungszeitraum 1960 bis 1980 sinkend von etwa 33% auf 21%), Beziehungsproblemen (steigend von 13% auf 18,7%), Depressionen (steigend von 11% auf 16,3%) und sexuellen Problemen (schwankend zwischen 9% und 14%). Nur etwa 1% der Patienten (zuletzt 2,8%) begab sich wegen Suchtproblemen in Behandlung. Die Diagnosen lauteten in den meisten Fällen auf »Hysterie«, in den frühen 1970er Jahren – ausgelöst durch einschlägige Arbeiten Heinz Kohuts – vorübergehend zu fast 9% auf »Narzißtischer Charakter«. Die Behandlungsvorschläge lauteten in rund 7% der Fälle, es sei keine Therapie angezeigt, in 6,3% der Fälle wurden andere Verfahren empfohlen (Nervenarzt, Hausarzt, Nervenklinik etc.), bei allen anderen Patienten wurden psychotherapeutische Verfahren empfohlen – zu etwa 16% eine analytische Psychotherapie und zu 35% eine große Psychoanalyse.

Wie bei der Vorbereitungstagung 1959 versprochen, hielten auswärtige Gäste des Öfteren Lehrveranstaltungen in Frankfurt ab. In den ersten Jahren waren dies vor allem Piet Kuiper aus den Niederlanden und Otto von Mehring aus Pittsburgh, der 1962 ein von der DFG finanziertes sab-

---

111 AMA IIa, 14.
112 Diese und die folgenden Angaben entstammen der Studie: Goldschmidt, Patienten, S. 347 f.
113 Zum Verfahren: Argelander, Erstinterview; Vogel, Testuntersuchung. Goldschmidt, Entwicklung.

batical year in Frankfurt verbrachte.[114] Allein im Sommersemester 1961 konnte Mitscherlich unter anderem Jeanne Lampl-de Groot, Willi Hoffer und Michael Balint zu Veranstaltungen nach Frankfurt bringen.[115] Der akute Mangel an Psychoanalytikern in der Bundesrepublik führte dazu, dass von den 52 eingeladenen Gästen des Instituts zwischen Sommer 1960 und Sommer 1963 41 aus dem Ausland kamen.[116] Die anfängliche Reserve der Exilanten wich einer freundschaftlichen Verbundenheit mit dem Sigmund-Freud-Institut und mit dem Ehepaar Mitscherlich, die ein ums andere Mal mit Lob und Dank für ihre vortrefflichen Gastgeberqualitäten überschüttet wurden. Paula Heimann zeigte sich bald überzeugt, Mitscherlich (»Großer Alexander«[117]) habe die Renaissance der Psychoanalyse tatsächlich in Gang gebracht. Sie betonte sehr oft,»wie schön es für uns ist, daß wir im Alter einer blühenden jungen Gruppe noch etwas helfen können, und Willi [Hoffer] denkt wie ich, daß Eure Leute sich außerordentlich entwickelt haben – und eine ungeheure Verantwortung, möchte ich hinzufügen, für die Zukunft der Analyse haben«[118].

Das Frankfurter Institut wurde auch für die im Frankfurter Raum frei praktizierenden Analytiker zu einem neuen Zentrum, wo sie an Diskussionen teilnehmen konnten oder an Hermann Argelanders Ambulanzkonferenz, in der sie auch ihre Privatpatienten vorstellen durften.[119] Der Preis, der für die Ausdifferenzierung der Aktivitäten des Instituts zu zahlen war, war allerdings eine schleichende Entfremdung zwischen den einzelnen Bereichen und den sie vertretenden Mitarbeitern innerhalb des Instituts. Margarete Mitscherlich-Nielsen erinnert sich: »Argelander hat relativ schnell in seiner Fallkonferenz, der Ambulanzkonferenz, an der Mitscherlich nie teilnahm – bei uns in Heidelberg war er immer dabei –, sein Projekt über szenisches Verstehen in den Mittelpunkt gerückt. Er hat über Gruppen gearbeitet, während wir in Heidelberg zwar auch Gruppentherapie anboten, aber mehr am Einzelfall interessiert waren. De Boor und einige andere hatten noch etwas Psychosomatik, viel Klinik und Ausbildung im Sinn. Die Soziologen, Lorenzer und Alexander hielten den Kontakt mit der Denkrichtung von Adorno und Horkheimer. Es

---

114 Korrespondenz Mitscherlich/Hessisches Ministerium für Erziehung und Volksbildung, AMA IIa, 12.
115 Veranstaltungsübersichten des Instituts in AMA IIa, 12.
116 Tätigkeitsbericht des Instituts in AMA IIa, 14.
117 Heimann an Mitscherlich, 24.2.1965, AMA I, 2221.10.
118 Heimann an Mitscherlich, 25.4.1965, AMA I, 2221.13.
119 Fischer/Fischer/Otto, Chronologie, S. 450f.

gab Seminare gemeinsam mit Habermas.«[120] Hermann Argelander schätzte im Rückblick gerade den Aufbau der sozialpsychologischen Abteilung als besonders mühsam ein. Während die psychologische und die Ambulanzabteilung sich unmittelbar in die Arbeit mit den Patienten begeben konnten, blieb die Aufgabe der Sozialpsychologen zunächst unscharf umrissen.[121]

Ein großer Erfolg waren von Beginn an die »Balintgruppen« für praktizierende Ärzte[122], die sich mit der zeitgleich aufkommenden Hinwendung der Psychoanalyse zur Gruppentherapie verbanden. Mitscherlich hatte diese Anregung während seines London-Aufenthaltes 1958/59 erhalten und übernahm eine von zwei solcher Gruppen. Michael Balint war häufig selbst zu Gast, »so daß wir unmittelbar vom Meister lernen konnten«[123].

Mitscherlichs ungeduldiges, zuweilen cholerisches Temperament führte nicht selten auch zu persönlichen Komplikationen zwischen ihm und seinen Mitarbeitern. Über die Jahre gesehen, fällt es schwer, jemanden zu benennen, der sich niemals im Konflikt mit Mitscherlich befand. Ulrich Ehebald, einer seiner ersten Mitarbeiter noch zu Heidelberger Zeiten, litt unter einem gespannten Klima, »dem wechselnden Bevorzugen von Lieblingssöhnen«[124] und ging schon Mitte der 1950er Jahre nach Hamburg. Als er dort selbst ein Institut geschaffen hatte und Mitscherlichs Mitarbeiter Gerhard Ruffler einen 1958 in Hamburg gehaltenen Vortrag veröffentlichen wollte, gab Mitscherlich ihn nicht frei – das Verhältnis zwischen Mitscherlich und Ehebald zerbrach.[125] Auch andere Kollegen fühlten sich allein gelassen und klagten, dass »manches in der Klinik besser gehen würde, wenn Sie und alle nicht nur in Konferenzen säßen«, sondern Zeit für die Mitarbeiter da wäre.[126] Erhard Künzler regte 1965 eine Sprechstunde Mitscherlichs für seine Mitarbeiter an, um den Zustand zu beenden, dass man, »die schwer überwindbare Barriere, die zwischen Ihrem Dienstzimmer und der Außenwelt lagert«, brieflich bewältigen müsse. Er merkte an: »Der Direktor der Klinik ist mit der Arbeitsleistung seiner Assistenten häufig unzufrieden, fühlt sich im Stich gelassen, jedenfalls viel zu wenig unterstützt. Die Assistenten hingegen

120 Mitscherlich-Nielsen, Gespräch, S. 395.
121 Argelander, Geschichte, S. 380.
122 Mitscherlich an Winnik, 28.6.1960, AMA I, unsortiert.
123 Argelander, Geschichte, S. 381.
124 Ehebald, Fahrt, S. 98.
125 Ebenda, S. 110.
126 Niederhöffer an Mitscherlich, 13.10.1958, AMA III.

fühlen sich überfordert.«[127] Solcherlei Bedrohungen des Betriebsklimas registrierte auch der Geschäftsführende Direktor Brocher, der Mitscherlich vor bedrohlichen »break-downs« in der Motivation der Mitarbeiter und dem daraus möglicherweise resultierenden Verlust qualifizierter Leute warnte.[128]

Auch Margarete Mitscherlich-Nielsen konzedierte ihrem Mann ein zuweilen die Arbeitsatmosphäre belastendes Temperament: »Alexander war nicht einfach. Manchmal wollte er zu vieles auf einmal, gelegentlich war er auch cholerisch und autoritär.«[129] Lutz Rosenkötter, ein weiterer Mitarbeiter Mitscherlichs, war schon vor seinem Wechsel nach Frankfurt vor Mitscherlich gewarnt worden: »Ein schwieriger Mensch! Sehr anspruchsvoll!«[130] Gleichwohl war Mitscherlich nach Rosenkötters Empfinden »kein Machtmensch« und kein »Manager der Macht, der es verstand, seine Leute für sich arbeiten zu lassen. Viel zu sehr in seine eigenen Interessen verstrickt, ließ er die Zügel sehr locker.« Mitscherlich war in dieser Hinsicht nachgiebig, aber nicht gutmütig: »Er war ein schöpferischer Mensch, ein Gründer; die Verwaltung der Macht lag ihm nicht.«

So schwierig es auch war, mit Mitscherlich zu arbeiten – die Faszination, die seine jungen Mitarbeiter und die Frankfurter Studierenden für ihn empfanden, wurde dadurch nicht getrübt. Eine Mitarbeiterin erinnert sich, wie sehr die Psychoanalyse als eine Geheimlehre aus vergangener Zeit empfunden wurde:

»Das ›Institut und Ausbildungszentrum für Psychoanalyse und psychosomatische Medizin‹, wie es damals hieß, war von Männern gegründet, die den Faschismus bewußt erlebt und aus ihm gelernt hatten, die entschlossen waren, Bausteine für eine neue Republik zu setzen, und tatkräftig genug, ihre Absichten zu verwirklichen. Die leitenden Mitarbeiter waren Leute mit langer, umwegreicher und vielschichtiger Bildung und Erfahrung, berühmte Gäste aus dem Ausland verkehrten auf vertrautem Fuß. Wem kam dies alles mehr zugute als uns, dem wissenschaftlichen Nachwuchs des Hauses? Kinder aus der Zeit des Faschismus und des Krieges, herangewachsen und ausgebildet im deutschen Wirtschaftswunder, hatten wir Studien ergriffen, von

---

127 Künzler an Mitscherlich, 3.7.1965, AMA I, 3168.2.
128 Brocher an Mitscherlich, 19.10.1964, AMA I, 699.26.
129 Mitscherlich-Nielsen, Gespräch, S. 400.
130 Rosenkötter, Mitscherlich, S. 346; dort auch die folgenden Zit.

denen unsere Eltern nichts wußten und wir selbst nur eine dunkle Ahnung in unserer Seele trugen«.[131]

So stieß es auch auf Zustimmung und nicht auf Befremden, wenn sich Mitscherlich offensiv zur gesellschaftlichen Bedeutung der Psychoanalyse und ihrem demokratiepolitischen Auftrag bekannte. Auf dem Richtfest des Neubaus in der Myliusstraße rief der Direktor nicht wenig pathetisch aus: »Ein Stück geschichtlicher Entwicklung vollzieht sich hier« und fügte begründend hinzu: »Wenn irgendetwas von politischer Bedeutung für die Entwicklung unserer Demokratie ist, dann doch alles das, was den Bürgern des Landes hilft, reifer, persönlich freier, selbstbewußter zu werden.«[132]

Mitscherlich dominierte in den ersten Jahren die Arbeit des Instituts – insbesondere in seiner Außenwirkung. Von den 329 Veröffentlichungen von Mitarbeitern des Instituts zwischen 1960 und 1970 stammten 174 aus seiner Feder. In den ersten fünf Jahren kamen gar 76 von 110 Veröffentlichungen von Mitscherlich selbst.[133] Innerhalb der psychoanalytischen Landschaft erlangte das Institut schnell eine hervorgehobene Position. Das Zentrum der Zunft lag jetzt endgültig nicht mehr in Berlin, sondern im Rhein-Main-Gebiet, die DPV als Institution verblasste zunehmend, und Mitscherlich war die graue Eminenz innerhalb der westdeutschen Psychoanalyse geworden.

Dieser Erfolg war mit Händen zu greifen, als Mitscherlich 1964 anlässlich der Einweihung des Neubaus in der Myliusstraße und der Umbenennung des Instituts in »Sigmund-Freud-Institut« zu einem »1. Frankfurter psychoanalytischen Kongreß« einlud. Auf der Teilnehmerliste fanden sich die bedeutendsten Psychoanalytiker aus aller Welt, aber auch Ministerpräsident Zinn in Begleitung von Kultus- und Finanzminister und mehreren Staatssekretären, Oberbürgermeister Brundert, mehrere Bundestagsabgeordnete, die Dekane der medizinischen und der philosophischen Fakultät der Universität Frankfurt und der Präsident der Landesärztekammer.[134] Auch Freunde und Förderer wie Thure von Uexküll, Max Horkheimer und Theodor W. Adorno waren anwesend, und nicht zuletzt Vertreter des Suhrkamp- und des Klett-Verlages sowie aller überregionalen Zeitungen und beider Fernsehanstalten. Das Sigmund-Freud-Institut, die Psychoanalyse und Alexander Mitscherlich waren in der bundesrepublikanischen Gesellschaft nicht nur angekommen, sondern auch weithin geschätzt.

131 Jappe, Horn, S. 302.
132 Ansprache Mitscherlichs zum Richtfest des Neubaus am 10.10.1963, AMA IIa, 14.
133 Bareuther, Bibliographie.
134 Teilnehmerliste des »1. Frankfurter psychoanalytischen Kongreß«, 14.-16.10. 1964, AMA VII, 35.

Dennoch betonte Mitscherlich in seiner Ansprache vor allem die Außenseiterstellung, die die Psychoanalyse in seinen Augen noch immer hatte. Nach wie vor genüge es, Freud nahezustehen, um nicht berufen zu werden, klagte er.[135] Nur jeder tausendste Patient mit einer Neurose könne in der Bundesrepublik angemessen behandelt werden und kein einziger der westdeutschen Ordinarien für Psychiatrie habe eine psychoanalytische Ausbildung. Das zeige, wie »schier überwältigend« die Aufgaben seien, denen sich das Institut zugewandt habe. Er hoffe insbesondere auf eine fruchtbare Kooperation mit der Frankfurter Universität, und zwar ausdrücklich auch mit den nichtmedizinischen Bereichen. Gleichwohl betonte Mitscherlich: »Das Herzstück dieses Institutes ist die Medizin, und sie muß es bleiben.« Obwohl die Krankenbehandlung schon bislang eine eher untergeordnete Rolle im Institut gespielt hatte, beharrte Mitscherlich darauf, es hieße die Psychoanalyse »zum Absterben zu verurteilen, wollte man sie ihrer primären Erfahrungsquelle aus der Krankenbehandlung berauben«.

Das neue Gebäude nahm Mitscherlich zum Ausgangspunkt einer erstaunlichen Parallelisierung: »So nobel, weitläufig und auf weite Sicht geplant hat die Psychoanalyse in unseren deutschen Landen noch nie gewohnt«, hob er an. Es sei dem Ministerpräsidenten zu danken, dass das Land Hessen der lange verfemten Wissenschaft »Asyl gewährt« habe. »Um zu verstehen, wie uns zumute ist, muß man sich in die Lage der immer wieder des Landes verwiesenen Juden einfühlen und in ihre Dankbarkeit, wenn ihnen ein aufgeklärter oder wenigstens ein toleranter Staat eine Bleibe bot.« Vor pathetischen Übertreibungen und fragwürdigen Gleichsetzungen schreckte Mitscherlich selten zurück; diese moralisierende Legitimierung der Psychoanalyse aus ihrem Verfolgtenstatus jedoch ist besonders bezeichnend. Der Wiederaufstieg der Psychoanalyse war gelungen – er war aber aus Mitscherlichs Perspektive nicht mit Personal und Institutionen der Bundesrepublik erstritten worden, sondern gegen sie.

In der Presseberichterstattung fand dieser Opfergestus Mitscherlichs keine Kritik oder Problematisierung. Vielmehr übernahmen die Presseorgane einhellig seine Deutungen über die Außenseiterstellung der Psychoanalyse. Schon die Berichterstattung über die Eröffnung des Instituts 1960 war in diesem Sinne anteilnehmend positiv gewesen, und in allen Berichten war ein erwartungsvolles Zutrauen in die Psychoanalyse deutlich spürbar. Über die Nutzbarmachung der Psychoanalyse in Gestalt der

---

135 Mitscherlich, Alexander: Eröffnungsansprache zum »1. Frankfurter psychoanalytischen Kongreß«, 14.10.1964, AMA VII, 35.

psychosomatischen Medizin – immerhin trug das Institut 1960 diese noch im Namen – informierte hingegen kein Blatt seine Leser. Stattdessen wurde Mitscherlichs Anspruch weithin rezipiert, die »geistige Gesundheit« der Zukunft in den Mittelpunkt der Arbeit zu stellen, da in einer technisierten Moderne die alten »moralischen Sicherungen und die gesunden Hemmschuhe einer Tradition« als Ordnungskräfte menschlichen Zusammenlebens nicht mehr ausreichend seien.[136]

In ihrer ganzen Breite konnte Mitscherlich seine Zukunftspläne in der *Weltwoche* ausführen, der er ein langes Interview gab. Wie stets bei solchen Gelegenheiten verstand er es, den Reporter für sich und die Sache der Psychoanalyse spontan einzunehmen, so dass dieser seinen Lesern die zukünftige Arbeit des Instituts in erster Linie über die Person Mitscherlichs zu vermitteln suchte. Mitscherlich, »dieser großgewachsene Mann mit dem ausdrucksstarken Gesicht und einer aggressiv hervorspringenden Nase«, verstehe es mit »fast heiter anmutende[r] Gelassenheit« zu plaudern, pflege eine »unprofessorale Ausdrucksweise« und offenbare dabei eine große »Schärfe des Verstandes, ein ausgeprägtes Selbstbewußtsein ohne jede Spur von Arroganz, ein[en] Humor, dem die beigegebene Ironie sowie die Freude am Aperçu zu unverwechselbarer Treffsicherheit verhelfen, dazu ein in philosophischer Logik geschultes Denken, das zusammen mit der phänomenologisch wie erkenntnistheoretisch und exakt-naturwissenschaftlich fundierten Synopsis den ›Freudianer‹ Mitscherlich besonders auszeichnet«. Die Person und das Institut seien »eine Funktionseinheit«.

Freud, so erklärte die *Weltwoche* ihren Lesern, sei weder Scharlatan noch »Sexualfanatiker«, sondern gehörte zur »großen Garnitur der nobelpreisreifen Gelehrten«, und die Einpassung seiner Theorien in die Gegenwart solle die Arbeit des neuen Instituts sein. Das verbreitete Unbehagen gegenüber der Psychoanalyse, so hatte Mitscherlich in den Block des Reporters diktiert, resultiere aus dem Unwillen der Schulmedizin, zur Kenntnis zu nehmen, dass gewisse Verhaltensweisen der Menschen »übertheoretisch« seien und mithin der medizinischen Theoriebildung vorausgingen. In Deutschland sei die Psychoanalyse ganz anders rezipiert worden als in den USA. In der dortigen Neugier und Offenheit gegenüber der Analyse drücke sich die Verfasstheit der Gesellschaft als »Welt der Brüder« aus – in Deutschland dagegen, wo noch nie eine Revolution Erfolg gehabt habe, lebe man nach wie vor in der »Welt der Väter«[137].

136 Neue Presse 28.10.1960. In diesem Sinne auch: Frankfurter Rundschau, 28.10. 1960 und 29.4.1960; Frankfurter Allgemeine Zeitung, 27.10.1960. Zurückhaltender: Die Welt, 28.10.1960.
137 Weltwoche, 19.8.1960.

9. Auf dem Weg zur vaterlosen Gesellschaft

Massenpsychologie

Die *Vaterlose Gesellschaft* ist neben der *Unfähigkeit zu trauern* Alexander Mitscherlichs bekannteste Veröffentlichung. Beide Buchtitel brachten – in den Augen der Zeitgenossen, aber auch für spätere Generationen – zentrale Bereiche der gesellschaftlichen Realität und der Bewusstseinslage der Bundesrepublik der 1950er und 1960er Jahre auf den sozialpsychologischen Begriff. Mit der Diagnose einer »vaterlosen Gesellschaft« trat Mitscherlich in den frühen 1960er Jahren auch erstmals in das Blickfeld einer größeren Öffentlichkeit. Der Beginn seiner Beschäftigung mit sozialpsychologischen Themen lag allerdings schon in der frühen Nachkriegszeit, als Mitscherlich versuchte, in seiner »biographischen Medizin« den Ausgangspunkt für eine neue Anthropologie zu finden. Dieser Ausgangspunkt schien der Begriff der »Masse« zu sein.

In der Gesellschaft der Nachkriegszeit und der frühen Bundesrepublik war das Räsonieren über die Masse und über die Bedrohung, die von dieser im Hinblick auf kulturelle und demographische Verwerfungen auszugehen schien, fester Bestandteil elitärer Selbstverständigung. Der damit verbundene Rückgriff auf konservative kulturpessimistische Argumente der Vorkriegszeit hatte auch bei Mitscherlich anfänglich einen elitären Beigeschmack; die »Masse« war auch für ihn zunächst ein Negativbegriff.[1]

Mitscherlich aktualisierte den Begriff der Masse nach Kriegsende erstmals im Februar 1946, als er in Zürich einen Vortrag hielt zum Thema *Individuum, Gesellschaft, Masse. Ein psychologischer Abriß*.[2] Wenige Monate später diagnostizierte er in einem Artikel zum 90. Geburtstag Sigmund Freuds eine »Krise des Bewußtseins« des Menschen in der modernen Massengesellschaft[3] und leitete daraus ein Plädoyer für die Psychoanalyse und für die Beschäftigung mit den Trieben und Affekten des

---

1 Vgl.: Dehli, Konflikt, S. 252-257, der Mitscherlichs elitäre Ressentiments gegen die Masse stark herausstellt.
2 Mitscherlich, Alexander: Individuum, Gesellschaft, Masse. Ein psychologischer Abriß. Vortrag in Zürich am 1.2.1946 (Typoskript), AMA VII, 58.
3 Mitscherlich, Alexander: Die Krise des Bewußtseins. Zum 90. Geburtstag Sigmund Freuds. In: Neue Zeitung, 6.5.1946 (GS VII, S. 359-363), das folgende Zit.: S. 361, vgl. auch: Brede, Mitscherlich, S. 72.

Menschen ab, die zwar in der modernen Gesellschaft rationalisiert und sozialer Kontrolle unterworfen seien, gleichwohl existent blieben. Mitscherlichs sozialpsychologische Diagnose stand in ihrem Kern bereits 1946 fest: Wo sich in der industriellen Gesellschaft die traditionellen Bindungen der Gemeinschaft auflösen, wo alte Verhaltensnormen und -muster ihre Verbindlichkeit verlieren, verstärke sich im Individuum eine Urangst der Vereinsamung. Die Flucht vor den ängstigenden, nicht mehr durch Traditionen gebundenen Trieben und Affekten lasse den Menschen zum von sich selbst und seinen Mitmenschen entfremdeten »Massenmenschen« werden. In der *Neuen Zeitung* formulierte Mitscherlich diesen Vorgang im Tonfall der Apokalypse: »Löst sich der Mensch [...] von seinen tieferen Schichten, indem er den Strom Lethe unüberwindlich breit zu machen versucht, damit die Nachtwelt die des Tages nicht mehr berühren kann, so verliert er dann auf immer weiterer Flucht nicht nur den Kern, sondern auch die Schale, nicht nur sein Selbst, sondern auch sein Ich: Er wird zum Massenmenschen, zur antlitzlosen, geschichtslosen Molluske.«

Bereits Freud hatte 1921 in seiner Schrift *Massenpsychologie und Ich-Analyse*[4] die Frage nach der Bedeutung gesellschaftlicher Bedingungen für die Struktur des Individuums aufgeworfen. Da sich logisch kein psychoanalytischer Gedanke ohne den Einbezug der Umwelteinflüsse auf den Menschen fassen lässt, war es nur konsequent, Gesellschafts- und Kulturanalyse in die Überlegungen einzubeziehen – auch wenn dies bei Freud zunächst eher kursorisch und ohne nähere Begründung erfolgte.[5] Während Emile Durkheim 1895 in seinen *Regeln der soziologischen Methode*[6] Psychologie und Soziologie scharf getrennt hatte, da die sozialen Prozesse, die eine Gesellschaft ausmachen, nicht erklärbar seien aus der Addition vieler individueller Vorgänge, versuchte Freud mit *Massenpsychologie und Ich-Analyse* die Grenze zwischen Individual- und Kollektivpsychologie zu überschreiten und die Gesellschaft psychoanalytisch in den Blick zu nehmen.[7] Dieser Versuch ist in der Folge auch von Teilen der Soziologie und der Psychologie (etwa bei Talcott Parsons und in Heinz Hartmanns »Ich-Psychologie«) übernommen worden, andererseits aber auch von einer immer stärker empirisch ausgerichteten Soziologie heftig kritisiert worden.[8] Umgekehrt entledigte sich die Psychoanalyse –

4 Freud, Massenpsychologie.
5 Vgl.: König, Sozialpsychologie, S. 221 f.
6 Durkheim, Regeln.
7 Bruns, Einleitung, S. 10.
8 Vgl.: Spiegel, Beziehungen.

insbesondere in ihrer im amerikanischen Exil »gezähmten« Form – gewisser Teile der freudianischen Theorie, um auf diesem Wege einer Psychologie der Gesellschaft näherzukommen.[9]

Die Aktualität der Frage nach dem Wesen und den Entstehungsbedingungen von »Massen« war nach 1945 evident – auch für Mitscherlich, der aus der Beschäftigung mit der »Masse« gleichermaßen eine Antwort auf die im Raum stehende Frage nach der Faszinationskraft des Nationalsozialismus wie einen integralen Bestandteil seiner »biographischen Medizin« erhoffen musste. Er kündigte seinen Verlegern Claassen und Klett schon 1946 ein Buch über Massenpsychologie an[10] und vertiefte sich in die Thematik so eingehend, wie er es niemals zuvor – und auch später nie wieder – mit einem Gegenstand tat. Hunderte Seiten handschriftlicher Exzerpte und tausende Seiten gesammeltes Material zeugen von einer jahrelangen intensiven Beschäftigung Mitscherlichs mit diesem Thema.[11]

In verschiedenen Entwürfen für eine Einleitung des geplanten Buches umriss Mitscherlich sein Vorhaben. Die Massengesellschaften der säkularisierten Moderne, so schrieb er, hätten die Religion als Illusion erkannt und überwunden (»verschlungen und verdaut«); sie und andere Ordnungsprinzipien könnten keine Orientierung mehr geben. Als vorläufig einziges Strukturprinzip der modernen Gesellschaft blieb für Mitscherlich die Masse selbst. Wer also Geschichte schreibe, beschreibe notwendig »in dieser Geschichte das Funktionsgeschehen der menschlichen Massen«. Das Individuum aber entfremde sich in der Massengesellschaft von alten Sicherheiten und von sich selbst: »Der Mensch der Masse ist der entzweite Mensch, wieso, wodurch, das ist zu fragen und zu beantworten.«[12] Mitscherlich schrieb hier aus einem anthropologisch begründeten Pessimismus heraus; in seinen Überlegungen drückt sich die Angst vor der Schreckensvision einer autoritär beherrschten Masse aus, in die sich auch antibürgerliche Reflexe der konservativen Revolution der Vorkriegszeit mischten. Er bezweifelte im Kern, wie schon 1938 in seinem Text über *Deutsche Zweifel an Europa*, dass die gesellschaftliche Integrationskraft der Eliten des demokratischen Staates in dem geschichtlichen Moment noch ausreichend sei, in dem traditionelle Ordnungs-

---

9 Parin/Parin-Matthèy, Widerspruch, S. 413.
10 Klett an Mitscherlich, 14.10.1946, AMA I, 1409.30; Mitscherlich an Claassen, 26.4.1947, AMA I, 903.14.
11 AMA VII, 59-62, sowie eine Sammlung von Sonderdrucken und Zeitungsausschnitten: AMA X, 47 und 48.
12 Mitscherlich, Alexander: Einleitung (undatiert), AMA VII, 59.

und Orientierungsmuster in einer säkularisierten Industriegesellschaft entwertet sind.

Als Mitscherlich im Sommer 1948, von der Verschleppung seiner Heidelberger Institutspläne zermürbt, nach Basel ging, leitete er dort gemeinsam mit seinem Gastgeber, dem Staatswissenschaftler Edgar Salin, ein Seminar über Massenpsychologie. Erneut rang er in dem Entwurf eines Vorworts für sein geplantes Buch um die Verortung des Themas. Klarer als zuvor formulierte er jetzt seinen eigenen Standpunkt. Mitscherlich betrachtete das Phänomen der Massenbildung nicht als Betroffener, sondern als Beobachter. Die Evidenz des Problems erwies sich für ihn aus der geschichtlichen Erfahrung des Scheiterns der Weimarer Republik und des Nationalsozialismus:

»Manchem mag der Autor für die Behandlung seines Themas kaum geeignet erscheinen. Denn ich habe nie einer der ›hochorganisierten, dauerhaften, künstlichen Massen‹ (Freud, Mass, XIII, 101) angehört: der Kirche und dem Heer; und bin auch mit den sich rasch zusammenballenden Massen der politischen Ekstase und Katastrophe nur gelegentlich zusammengestoßen. Ich habe sie jedenfalls bewußt nicht gesucht und kaum ein latentes Bedürfnis gespürt, mich der Masse in irgendeinem Sinn einzugliedern. Bleibt als Voraussetzung meines Unternehmens eigentlich nur das zeitgenössische Bedürfnis mit den Rätseln und Gefährdungen unseres Lebens, die durch die Massenbildung – ja ›Vermassung‹ uns aufgegeben sind, zurecht zu kommen. Außerdem noch eine relative Unbefangenheit den Phänomenen gegenüber; denn die Massen haben mich weder in sich aufgesogen, noch es mir allzu [unleserlich] gemacht mich ihrem Magnetfeld fernzuhalten. Ich liebe sie nicht, aber ich habe auch keinen Grund sie zu verachten. Ich sehe sie, und bemühe mich, sie so genau wie möglich zu beobachten – beziehungsweise ihre Mitglieder. Denn über die ›Massenseele‹ wird man authentisches doch wohl nur in Erfahrung bringen können, wenn man ›das Massenhafte‹, Meta- oder Intraindividuelle am Individuum zu erkennen versucht, also die spezifische Deformation, die es durch seine Zugehörigkeit zu einer Masse, erfährt. Arbeitstitel Untergang und Steigerung. Ansätze zum Verständnis der Massenbildung.«[13]

Zurück in Heidelberg, nutzte Mitscherlich im Frühjahr 1950 einen Vortrag über »Gegenwärtige Probleme der Tiefenpsychologie« im Rahmen des dies academicus, um die Notwendigkeit der Tiefenpsychologie aus

---

13 Mitscherlich, Alexander: Vorwort (Entwurf, Manuskript), AMA, unsortiert.

den Nöten des Individuums zu begründen. Analog zu Freuds »Ödipus-Komplex« führte er den Begriff »Kaspar-Hauser-Komplex« ein und erklärte, die Vermassung der Gesellschaft habe ihren Ausgangspunkt in der Tatsache, dass der Mensch »nicht mehr das organische Glied einer Gemeinschaft« sei und als »ein geschichtsloses, dem Augenblick hingegebenes Triebwesen« existiere. Die »soziale Koordination« bleibe aber dennoch notwendig, und diesem Bedürfnis der Individuen nach Halt und Orientierung folgend, vollziehe sich die Vermassung der Gesellschaft. Mit dieser Entdeckung gehe die Psychotherapie über die Neurosenlehre hinaus und werde zur »Kulturanalyse«.[14] In einer für den *Monat* ausformulierten Fassung erklärte Mitscherlich: »Ich möchte sagen, dass der Mensch unserer Zeit in hohem Maße ein Lebensschicksal erleidet, das mit dem Kaspar Hausers sich deckt. [...] Es ist mit anderen Worten der Komplex des modernen Massenmenschen gemeint, der jeder Vergesellschaftung, jeder Reizung, Verführung, Treulosigkeit gegen sich selbst, jeder Angstreaktion fähig geworden ist, der sich nicht mehr als geschichtliches Wesen kennt, sondern als punktuelles, augenblicksbezogenes Triebwesen.«[15] Als Therapie bot Mitscherlich die Tiefenpsychologie an: Diese sei »keine Entlarvungstechnik [...], sondern eine Methode der Selbstvergewisserung in therapeutischer Absicht.«

Im Anschluss an den Heidelberger Vortrag bescheinigte der Publizist Hans von Eckardt[16] Mitscherlich zwar, er habe wie kein anderer Redner die Zuhörer »aufgewühlt und brennend interessiert«, er machte aber Einwände gegen dessen Therapievorschlag der Selbsterkenntnis durch die Tiefenpsychologie geltend. Für Eckardt musste der Weg der individuellen Selbsterkenntnis nur umso tiefer in die Legitimationskrise der traditionellen Sozialstrukturen führen: »Sollen gar zu viele Menschen oder etwa gar die allzuvielen zur Bewußtwerdung aufgefordert werden? Es entstünde damit die Gefahr der Bewußtseinsschärfung auf Kosten des inneren Zusammenhaltes der Familie. Ich finde als Soziologe, wir müssen unter allen Umständen den Sinn der Familie verfestigen und wahren.«[17] Tatsächlich zielte von Eckardt damit auf den entscheidenden Punkt der Argumentation Mitscherlichs. Die Nöte des modernen Individuums angesichts einer zerfallenden traditionellen Welt konnten für von

---

14 Neue Zeitung, 28.6.1950.
15 Mitscherlich, Alexander: Ödipus und Kaspar Hauser. Tiefenpsychologische Probleme in der Gegenwart. In: Der Monat 3 (1950), S. 11-18 (GS VII, S. 151-163); hier S. 160; das folgende Zit.: S. 163.
16 Zur Person Eckardts vgl.: Jansen, Professoren, S. 175.
17 Eckardt an Mitscherlich, 27.5.1950, AMA I, 1288.7.

Eckardt nur in der Rettung derselben bestehen – für Mitscherlich war dies bereits keine Option mehr. Der Massenmensch ohne Halt in der Tradition und in der Autorität der Älteren war für ihn bereits Realität. Den modernen Kaspar Hauser davor zu bewahren, sich im Sinne kindlichen Schutzsuchens zweifelhaften Führern unterzuordnen[18], konnte nur durch dessen ureigene Bewusstseinsschärfung gelingen.

Als Mitscherlich 1951 durch Amerika reiste, traf er in New Haven unter anderem – kurz vor dessen Tod – auch den Kulturphilosophen und Schriftsteller Hermann Broch[19], der seinerseits an dem Thema der Massenpsychologie arbeitete.[20] Mitscherlich und Broch stellten bei sich, wie Mitscherlich später erinnerte, bei einem Gedankenaustausch in einem Chinarestaurant eine erstaunliche »Parallelität der Ideen«[21] fest, und Broch war nach diesem Treffen zuversichtlich, Mitscherlich werde seine Arbeit zu Ende bringen.[22] Nach seiner Rückkehr entwickelte Mitscherlich den Gedanken der Kulturbefähigung des Individuums durch Selbsterkenntnis weiter. Die elitäre Sicht des Unbeteiligten, der die unbewussten Steuerungsmechanismen der Masse tiefenpsychologisch erhellen wollte, verschob sich jetzt. In den Blick geriet zusehends das Individuum *in* der Masse und die Frage, welche Verhaltensmuster in massentherapeutischer Absicht zu stärken und welche abzumildern seien. Als Schlüsselbegriff formulierte Mitscherlich jetzt den Begriff der Toleranz – und als dessen Widerpart den Begriff des Vorurteils.

In der *Psyche* näherte er sich dem Begriffspaar[23] und beschrieb die Toleranz als wichtigstes Kennzeichen einer modernen Gesellschaft. Toleranz war für Mitscherlich gerade nicht »Zubehör lässiger Zeitalter«, wie es scheinen könne. Toleranz sei keine unabänderliche Begabung, sondern müsse erworben werden. Sie finde ihr Ziel in der Hinnahme von etwas Fremdem, was wiederum Einsicht in die Begrenztheit der eigenen Macht und Erkenntnisfähigkeit voraussetze. Das Vorurteil dagegen gründe sich auf die Angst vor Fremdem, stehe in engem Zusammenhang mit der

18 Diese Gefahr benannte Mitscherlich explizit in einem weiteren Text, in dem er das Thema der Massenpsychologie zu bestimmen suchte: Mitscherlich, Alexander: Person und Kollektiv aus psychologischer Sicht. In: von Wiese, Leopold (Hrsg.): Synthetische Anthropologie, Bonn 1950, S. 31-38 (GS V, S. 111-119), hier S. 118.
19 Zu Broch vgl.: Lützeler, Broch.
20 Posthum: Broch, Massenwahntheorie.
21 Mitscherlich an Klotz, 13.10.1976, AMA I, 2955.2.
22 Lohmann, Mitscherlich, S. 81.
23 Mitscherlich, Alexander: »Wie ich mir – so ich dir«. Zur Psychologie der Toleranz. In: Psyche 5 (1951), S. 1-15 (GS V, S. 410-428); die folgenden Zit.: S. 419, 414, 420, 423, 420, 427.

Aggression und sei deshalb auch die Grundlage der »unausrottbaren Kriege« der Menschheitsgeschichte. Insofern gelte: »Toleranz und Vorurteil schließen sich wechselseitig aus.«

Am Beispiel der Religion explizierte Mitscherlich das Verhältnis zwischen Vorurteil und Toleranz: Der Glaube biete dem Sterblichen, der seine Verlorenheit in der Welt als große Angstquelle erlebe, Gewissheiten – die wiederum letztlich Vorurteile seien. »Es ist also nicht erstaunlich, daß in Glaubensdingen zumeist keine Toleranz herrscht.« Diese frühere Funktion der »Bilderwelten der Religion« sei in der Gegenwart allerdings bereits verloren. Ihr Platz werde zunehmend von der Ideologie eingenommen, die ebenfalls mit Vorurteilen Gewissheiten in einer angstbesetzten Situation verspreche, »was am Faktum der aggressiven Intoleranz nichts ändert«. Die Toleranz wurde in dieser Argumentation zum Inbegriff selbstbestimmten Handelns und damit zum ersten Ansatzpunkt eines Auswegs aus der verlorenen Situation des Menschen in der modernen Massengesellschaft. Die tolerante Selbsterkenntnis, so erklärte Mitscherlich, dürfe dabei nicht vor Vorurteilen, traditionellen Normen und Werten kapitulieren, sie werde selbst zur politischen Forderung. »Toleranz heißt also nicht Schwäche, Defaitismus, Pazifismus. Sie kennt unbedingte Entschlossenheit, aber sie verwendet sie nie aggressiv, immer nur verteidigend.« Der politische Leitbegriff der Toleranz sei in Deutschland bislang nie hoch angesehen gewesen, jetzt aber, »auf den Trümmern des Bisherigen«, müsse man sie als Handlungsmaxime erwägen und sie im Kleinsten einüben.

Mit diesen Begriffsbestimmungen hatte Mitscherlich Grundlinien seiner Sozialpsychologie gezogen: Das Vorurteil und die Intoleranz waren der Gesellschaftsordnung der Vergangenheit zugewiesen und Selbsterkenntnis und Toleranz waren als Handlungsmaximen der Zukunft definiert. Die Gefahr des haltlosen, entfremdeten Menschen lag gleichsam zwischen Vorurteil und Toleranz, die Krise der modernen Welt war sowohl politisch als auch (massen)psychologisch auf den Zerfall der alten Werte und Normen bei gleichzeitig noch ungenügender Ausbildung der Zukunftswerte der Toleranz und Selbsterkenntnis zurückführbar.

In seiner Vorlesung im Sommersemester 1952 machte Mitscherlich explizit deutlich, dass er sich mit seiner Kategorienbildung an dem Soziologen David Riesman orientierte, der sich in seinem Bestseller *The Lonely Crowd. A Study of the Changing American Character*[24] von 1950 mit der Vereinsamung des Individuums in der modernen Massengesellschaft be-

---

24 Riesman/Denney/Glazer, Crowd.

schäftigt hatte und dabei die Charakterformen der »traditionsgeleiteten«, »innengeleiteten« und »außengeleiteten« Menschen unterschied.[25] Der letztere Typus, erklärte Mitscherlich, entspreche dem modernen Massenmenschen, der nicht durch Traditionen bestimmt sei, sondern durch »aktuelle Mobilität«. Hier stelle sich in neuer Weise die Frage nach der Toleranzgrenze des Individuums. Wo seien »die Grenzen dessen, was der Mensch an ›kultureller Vergewaltigung‹ aushalten kann?«. Das Erschrecken in Europa »vor dem Phänomen der Massen« provoziere die Frage, was noch »tolerabel« sei und was »Kulturverfall« und »wirklicher Untergang des Abendlandes«. Antworten auf diese Fragen könnten nur die Soziologie und die Psychoanalyse geben.

Die Entsprechung der von Riesman unterschiedenen Charaktertypen auf der Ebene der Kollektive fand Mitscherlich in den Begriffen von »Gemeinschaft«, »Gesellschaft« und »Masse«. Die traditionsgeleitete »Gemeinschaft« werde durch gemeinsame Orientierungen – oder psychoanalytisch gewendet: durch das Über-Ich – integriert, die innengeleitete »Gesellschaft« stelle eine Mischform dar, und die außengeleitete »Masse« verfüge über keinerlei Traditionen als Orientierungsrahmen mehr. Mitscherlich ließ keinen Zweifel daran, dass er diese Abfolge von Gemeinschaft, Gesellschaft und Masse als unumkehrbares geschichtliches Prinzip verstand. Die Gefahr der Moderne bestand für ihn folgerichtig im Kontrollverlust des »Über-Ich[s]« und der Traditionen über die Gesellschaft und die Triebbedürfnisse der Menschen, die, sobald die Gesellschaft zur Masse geworden ist, manipuliert und propagandistisch ausgenutzt werden können.[26]

Unklar blieb in dieser frühen Diagnose, zu welchen Teilen der bedrohliche »Kulturverfall« in der Massengesellschaft einem unausweichlichen geschichtlichen Prinzip zuzuschreiben sei, das notwendig in die dekadente Massengesellschaft amerikanischen Typs führe, und zu welchen Teilen eine überzeitliche anthropologische Konstante anzunehmen sei: Für letztere Sichtweise fand Mitscherlich in Freuds Interpretation des zwischen Trieb und dessen Beherrschung durch das Über-Ich schwankenden Individuums eine Argumentationshilfe.[27] Psychoanalytisch betrachtet wäre

25 Mitscherlich, Alexander: Massenpsychologie. Einleitungs-Vorlesung in die Kollegs »Einführung in die Psychoanalyse« und »Massenpsychologie«. Vorlesung im Sommersemester 1952 (GS IX, S. 236-287), hier S. 247 ff.; die folgenden Zit.: S. 249, 250 f.,
26 Ebenda, S. 280 ff.
27 Vgl. auch die Ausführungen Dehlis, der Mitscherlichs Rezeption von Freuds »Das Unbehagen in der Kultur« für die entscheidende Weichenstellung in Mit-

die moderne Massengesellschaft nicht mehr naturnotwendiger Endpunkt geschichtlichen Verfalls, sondern eine neue Bewährungsprobe für das Individuum, seine kulturgefährdenden Triebe auch innerhalb einer »massierenden und vermassenden Zeitströmung, mit ihren Schleusen und Reusen vom Vorortszug bis zur abendlichen Auslieferung an Radio und Television«[28] zu bezähmen. Mitscherlich schwankte zwischen diesen Polen.[29] Eine Rettung war freilich nur innerhalb des letztgenannten Modells vorstellbar. Es schloss eine Kulturkritik an der entfremdeten westlichen Massengesellschaft nicht aus, hielt aber den Trost bereit, durch individuelle Bewusstseinsbildung auch unter den Bedingungen der Moderne dem »Untergang des Abendlandes« entgehen zu können.

Im Dezember 1953, als er im Frankfurter Institut für Sozialforschung über »Probleme der Massenpsychologie« sprach[30], bestritt Mitscherlich bereits entschieden, dass mit dem Hervortreten des modernen Massenmenschen, wie Gustave Le Bon in seiner Studie *Psychologie der Massen*[31] noch annahm, ein »Schwund der bewußten Persönlichkeit« des Einzelnen und damit ein kollektiver »Abstieg auf der Leiter der Zivilisation« verbunden sei. Diese herkömmlich elitäre Kulturkritik verkenne, dass die Entwicklung von der Gemeinschaft zur Masse kein zivilisatorischer Rückschritt sei, sondern ein unausweichlicher Prozess der Moderne. Der Mensch sei in früheren Zeiten nicht konformistischer gewesen als in der Gegenwart, allerdings bestehe die aktuelle Gefahr des Konformismus in

scherlichs Bemühungen um eine konsistente »Massenpsychologie« hält: Dehli, Konflikt, S. 258 f.
28 Mitscherlich, Alexander: Zur Analyse der Massen. In: Du. Schweizerische Monatsschrift 12 (1952), Nr. 3, S. 19-21 und 52 (GS V, S. 120-134), hier S. 120; ders.: Die Masse fängt in der Familie an. In: Frankfurter Allgemeine Zeitung, 23.12.1953 (GS VI, S. 369-374).
29 Vgl. diverse Radiovorträge zum Thema: Mitscherlich, Alexander: Das Schicksal der Massen ist das des Einzelnen. Gespräch mit Carl Linfert und Edeltrud Seeger im WDR-Hörfunk, 2.9.1952 (Korrespondenz Mitscherlich/NWDR, 1952, AMA I, 3973; ders.: Kollektive Ersatzbefriedigungen in der heutigen Kultur. Vortrag im RIAS Berlin, 16.11.1954 (unter dem Titel »Scheinfütterung. Kollektive Ersatzbefriedigungen in der heutigen Kultur« auch in: Deutsche Studentenzeitung, 5 (1955), Nr. 6/7), (GS VI, S. 401-410); ders.: Die Masse, das sind wir alle. Vortrag und Diskussion mit Friedrich Sieburg und Rudolf Krämer-Bridon in der Reihe »Umstrittene Sachen« im WDR, 21.6.1955 (Korrespondenz Mitscherlich/NWDR, AMA I, 3973; ders.: Die großen und die kleinen Vorurteile. Vortrag im Österreichischen Rundfunk, 21.10.1955 (Worschitz an Mitscherlich, 19.10.1955, AMA I, 4010.3.).
30 Hirsch an Mitscherlich, 2.12.1952, AMA I, 5056.1.
31 Le Bon, Psychologie.

der mangelnden Möglichkeit des Individuums, kompensatorische Erfüllung zu finden.[32] So könne die Masse verführbar werden, indem ein Einzelner oder eine Ideologie ihre verdrängten Triebwünsche anspreche. Mitscherlich schloss seine Ausführungen verhalten pessimistisch: »Dies alles klingt sehr negativ. Aber man muß die Tatsachen hinnehmen, so wie sie sind, um nicht am falschen Ort einen Änderungsversuch anzusetzen. Also etwa scheint es sehr unzulänglich, wenn man glaubt, durch Planung, durch rationale Vorausschau allein den Bedürfnissen des an Zahl so ungeheuer angewachsenen Menschengeschlechts gerecht zu werden. Diese rationale Planung ist die Krankheit unserer internationalen Organisationen.«

Auf große Begeisterung stießen Mitscherlichs Gedanken in Frankfurt nicht. Nicht nur Horkheimer äußerte sich skeptisch über Mitscherlichs »recht gelehrige analytische Explikation unserer fünften Antisemitismusthese«, auch zwischen Adornos Position und den Gedanken Mitscherlichs gab es Differenzen. Diese traten zutage, als beide im September 1953 als Redner zum Thema »Individuum und Organisation« im Rahmen des »Darmstädter Gesprächs« auftraten. Adorno thematisierte in seinem Eröffnungsreferat[33] die Angst des Menschen vor einer verwalteten Welt und vor den ihn verwaltenden Massenorganisationen. Die Organisationen seien aber kein mythisches Schicksal, sondern von Menschen bewusst geschaffene und gesteuerte Zweckverbände, ihrem Wesen nach zunächst weder gut noch böse. Gefahren bargen sie aus Adornos Sicht allerdings angesichts ihrer dem Individuum nicht unmittelbar einsichtigen Zwecke. Auch wenn der historisch gewordene Begriff des Individuums angesichts seiner Ohnmacht gegenüber der antlitzlosen Organisation tatsächlich an eine Grenze gerate, dürfe man nicht ängstlich vor den Gegebenheiten stehenbleiben: Der mündige Mensch habe immerhin die Chance, nach der Vernünftigkeit der Ziele von Organisationen zu fragen.

Mitscherlich meldete an der Hoffnung Adornos auf den rationalen kritischen Bürger Zweifel an. Tatsächlich seien menschliche Entwicklung und auch die verwaltenden Massenorganisationen nicht dem Prinzip von Rationalität verpflichtet, sondern ebenso den menschlichen Affekten

---

32 Mitscherlich, Alexander: Massenpsychologie ohne Ressentiment. In: Neue Rundschau 1953, Heft 64, S. 1-24 (GS V, S. 135-158), hier S. 150; das folgende Zit.: S. 157.
33 Adorno, Individuum.

und Trieben.³⁴ Bewusst sei in diesem Sinne nicht das gleiche wie rational. Zwar regiere das »Prinzip der rationalen Intelligenz« die moderne Welt, es genüge aber nicht, um alle Bedürfnisse des Menschen zu befriedigen. »Der Triumph der bürgerlichen Devise: Jedermann sein eigener Individualist, zeigt nur den untergründigen Verfall echter kollektiver Bindungen an.« Organisationen seien also, so Mitscherlich, »Ausdruck der konsequenten rationalen Zuwendung zur Welt«, sie versuchten das zu ordnen, »wovon sie im Ansatz abgeschnitten sind, nämlich die außerrationalen Bedürfnisse des Menschen«. Der Mensch, erklärte er, laviere stets zwischen Trieb (Es) und kulturellen Normen (Über-Ich). Dies aber geschehe in der Moderne unter den Bedingungen rasenden Wandels, der die zuvor existenten Wertorientierungen zurückdränge, die in früheren Zeiten »das menschliche Zusammenleben möglich und erträglich machte[n]«. Da der Mensch im Vergleich zum Tier weniger instinktreguliert, seine Lebensäußerungen weniger starr vorgeprägt seien, erfahre er das »Defizit an angeborener Zugeordnetheit zur Welt« als seine individuelle Freiheit. Die sich atomisierende Gesellschaft der Moderne und der Schwund der »kollektiven Gebote« erschwerten nun aber die Stabilisierung des Ichs. Der Mensch werde zunehmend durch die Ordnung der Rationalität und der Konsumgüter geprägt, seine Selbstidentität sei gefährdet. Diese Entwicklung schaffe »Unbehagen in der Kultur« und es sei die geschichtliche Aufgabe der Gegenwart, dies zu durchschauen. Das wiederum sei nur mittels einer möglichst vollständigen Bewusstwerdung des Individuums möglich.

Obwohl Mitscherlichs Überlegungen zur Massenpsychologie inzwischen recht weit gediehen waren: Das geplante Buch, über das er seit längerer Zeit einen Vertrag mit dem Goverts-Verlag abgeschlossen hatte, wurde nicht fertig. Von Halbjahr zu Halbjahr vertröstete der Autor seinen ungeduldigen Verleger. Schließlich löste er nach dem Tod Eugen Claassens im Sommer 1955 den Vertrag mit dem Argument auf, er müsse zuerst ein Lehrbuch der psychosomatischen Medizin schreiben.³⁵ Zum einen drängte ihn die mögliche Berufung nach Frankfurt dazu, seine Kompetenz durch ein solches Lehrbuch zu beweisen, zum anderen hatte er mit dem Rowohlt-Verlag kurz zuvor erstmals die Idee einer Sammelpublikation älterer sozialpsychologischer Aufsätze ventiliert und war darüber zur Überzeugung gekommen, die »Massenpsychologie« nunmehr

---

34 Mitscherlich, Alexander: Diagnose der Organisierten. Referat im Darmstädter Gespräch »Individuum und Organisation«, 27.9.1953 (GS VI, S. 375-393); die folgenden Zit.: S. 387 f., 384, 391. Vgl. auch: Brede, Mitscherlich, S. 73 f.
35 Mitscherlich an Brenner, 20.7.1955, AMA III.

bei Rowohlt zu veröffentlichen. Als Mitscherlich ein erstes Manuskript einschickte, lehnte der Herausgeber Ernesto Grassi dieses aber als unzulänglich ab.³⁶ Wieder vergingen Jahre, in denen Mitscherlich nicht zu einer weiteren Bearbeitung kam.

Im gleichen Jahr kam zu den schon entwickelten massenpsychologischen Gedanken Mitscherlichs noch ein wesentlicher Baustein hinzu: Schon 1947 und 1948 hatte er im Zuge seiner Überlegungen, eine Jugendsiedlung zu gründen, in der *Psyche* und in der Schweizer Monatsschrift *Du* zwei Artikel mit den Titeln *Aktuelles zum Problem der Jugendverwahrlosung* und *Jugend ohne Bilder* veröffentlicht. Die »Bilder«, die die Jugend in Mitscherlichs Augen verloren hatte, waren Vorbilder und Leitfiguren, normative und moralische Leit- und Wertvorstellungen: »Nichts ist dieser Jugend zwischen den geflickten Ruinen verdächtiger als Ideen.«³⁷ In der *Psyche* hatte Mitscherlich die zu beobachtende Verwahrlosung der Jugend als Generationenproblem interpretiert, das allerdings nicht der Generation der Jugend selbst zuzuschreiben sei, sondern vielmehr diese Generation jetzt erreiche, nachdem die gesamte Gesellschaft schon längst Zeichen der Verwahrlosung offenbare: »Mancher dieser 12-, 14- oder 16-jährigen Vagabunden, Gelegenheitsdiebe oder kindlichen Prostituierten hat kaum noch eine Ahnung, was ihm das Leben an Vorbildlichkeit, Ordnung, Güte, Geduld schuldig geblieben ist.«³⁸ Die Jugend finde keinen »Halt« mehr in den Familien, in denen die Autorität des Vaters stetig schwinde. Diese neue Art von Vaterlosigkeit hatte Mitscherlich auch 1947 schon in doppelter Weise gesehen: Neben einer realen Abwesenheit des Vaters konnte für die Jugend auch der allumfassende physische wie psychische Zusammenbruch der alten Wert- und Weltordnungen der älteren Generationen Anlass sein für die »historische Entmündigung ihrer Väter«.

Der verschwundene Vater

Im Februar 1955 war Mitscherlich Gast in Köln am Institut seines Freundes René König und griff das Bild der Vaterlosigkeit wieder auf. Sein Vortrag mit dem Titel *Der verschwundene Vater*³⁹ fand unter den Kölner

---

36 Korrespondenz Mitscherlich/Grassi 1954/55, AMA III.
37 Mitscherlich, Jugend, S. 610.
38 Mitscherlich, Verwahrlosung, S. 612; das folgende Zit.: S. 618.
39 Korrespondenz Mitscherlich/König, AMA I, 3005.

Studenten ein begeistertes Echo[40] und erschien anschließend in der renommierten *Kölner Zeitschrift für Soziologie*. René König hatte deren Redaktion kurz zuvor übernommen und dem Titel der Zeitschrift den Zusatz »*und Sozialpsychologie*« hinzugefügt.[41] Mit seiner Konzentration auf den Begriff der Vaterlosigkeit griff Mitscherlich auf Freuds Begriff der vaterlosen Gesellschaft zurück, mit dem der Psychoanalytiker Paul Federn 1919 ebenfalls versucht hatte, die kollektive psychische Verfassung der modernen Gesellschaft zu beschreiben.[42] Während Federn den gesellschaftlichen Zusammenhang in der Zukunft aber durch eine »Brudersolidarität« hergestellt sah, die die väterliche Autorität historisch ablöse, konnte Mitscherlich diesen Optimismus nicht teilen. Er benutzte den Begriff der Vaterlosigkeit zunächst lediglich als doppelte Metapher für den in einem anonymisierten Arbeitsprozess für die Kinder unsichtbaren (und damit entfremdeten) Vater einerseits – und für den Prozess des Bedeutungsverlusts traditioneller autoritativer Ordnungs- und Orientierungsmuster in der modernen Gesellschaft andererseits.[43] Die »Vaterlosigkeit« wurde dann zusehends zu dem Begriff, in dem Alexander Mitscherlichs sozialpsychologische Diagnosen ihr Gravitationszentrum fanden.

Ganz zweifellos hatte der Begriff dabei für Mitscherlich auch persönlich eine erhebliche Evidenz und Erklärungskraft. Im Vorfeld des Kölner Vortrags hatte er René König halb scherzhaft angekündigt: »Inzwischen sammle ich schon eifrig Material für den unsichtbaren Vater. Im Grunde brauche ich nur einen autobiographischen Aufriß zu geben.«[44] Tatsächlich boten Mitscherlichs eigene Kindheit und Jugend und das außerordentlich schwierige Verhältnis zu seinem Vater mehr als genug Anschauungsmaterial für die prägende Wirkung, die väterliche Autorität auf Kinder hat.[45] Seine eigene Kindheit erschien Mitscherlich in genau der mehrfachen Bedeutung »vaterlos«, in der er den Begriff fortan verwandte. Rückblickend sah sich Mitscherlich der aus der Zeit gefallenen, über-

---

40 König an Mitscherlich, 15.2.1955, AMA I, 3005.14.
41 Mitscherlich, Alexander: Der unsichtbare Vater. Ein Problem für Psychoanalyse und Soziologie. In: Kölner Zeitschrift für Soziologie und Sozialpsychologie 7 (1955), S. 188-201 (auch unter dem Titel »Die unsichtbare Gestalt des Vaters. Ein Phänomen der modernen Zivilisation – neue Sozialordnungen formen das neue Menschenbild« in: Die Zeit, 29.9.1955).
42 Federn, Gesellschaft.
43 Vgl. auch: Heim, Vatermord; sowie Berndt, Unruhe.
44 Mitscherlich an König, 18.11.1954, AMA I, 3005.9.
45 Vgl. auch: Dehli, Konflikt, S. 271 f.

kommenen väterlichen Autorität gleichzeitig ausgeliefert und ihrer verlustig gehend. Die unglückliche Kindheit war Bedrohung und Verlusterlebnis gewesen, der Ausweg konnte nur – individuell zu leistende – Emanzipation sein. Dass diese schmerzvoll sein musste, womöglich nie ganz gelingen konnte, hatte Mitscherlich ebenfalls erfahren. Auch nach 1945 war sein Verhältnis zu den Eltern spannungsreich geblieben. Diese lebten bis zu ihrem Tod (Harbord Mitscherlich starb 1961, Clara Heigenmoser 1965) weiterhin in Hof und versuchten dort die gewohnten großbürgerlichen Lebensformen unter immer größeren finanziellen Schwierigkeiten aufrechtzuerhalten. Der Sohn half aus Heidelberg bei der zwangsweisen Veräußerung der väterlichen Fabrik und sandte sporadisch Ermahnungen, Geld und alkoholische Gaben für den Vater, blieb dem Elternhaus aber bis zuletzt tief entfremdet.

Dass Mitscherlich sich gleichwohl niemals brüsk von seinem Vater abwandte, sondern vielmehr eine schmerzhafte Ambivalenz zwischen Abneigung und Verbundenheit zu Harbord Mitscherlich spürte, wird aus den späten Briefen, die er nach Hof sandte, sehr deutlich. Womöglich war ihm auch die Ähnlichkeit irritierend und schmerzhaft bewusst, die ihn nach wie vor mit seinem Vater verband: Wie sehr die im Elternhaus erlernten großbürgerlichen Umgangsformen ihm halfen, sich in Politik und Wissenschaft der Bundesrepublik weltgewandt zu bewegen, darauf hat Martin Dehli ebenso hingewiesen wie auf die Tatsache, dass Mitscherlich seinem Vater bis hin zur Vorliebe für »repräsentative Automobile« folgte.[46] Und selbst in diesem Detail – so lässt sich hinzufügen – vollzog Mitscherlich in den 1960er Jahren eine habituelle Abkehr vom Vater: Leistete er sich als »Minister« in der Nachkriegszeit noch einen Mercedes, so chauffierte er Kollegen und Mitarbeiter jetzt nicht weniger stolz in einem Citroën DS – einem Automobil gewordenen Bekenntnis zur Avantgardekultur der 1960er Jahre.

Es ist hier nicht der Ort, um über das Verhältnis Mitscherlichs zu seinen eigenen Kindern zu spekulieren. Äußerlich jedenfalls erfüllte auch er nicht die Funktion des haltgebenden, fürsorglichen Vaters. Relativ schnell nach Kriegsende entfremdete er sich von seiner zweiten Frau Georgia, und es finden sich mehrere Hinweise, dass Mitscherlich nicht übertrieb, als er später feststellte: »Würde ich mein eigenes Leben nach Zeichen sexueller Untaten durchforschen, so käme ich ganz gewiß nicht mit jener Qualifikation davon, die nach dem zweiten Weltkrieg Anwendung fand,

---

46 Dehli, Konflikt, S. 28.

nämlich ›nicht betroffen‹.«[47] Die »sexuelle Liebe« habe »eine vielfach mein Leben bestimmende Bedeutung« gehabt. Seit 1948 lebte er in einer Beziehung mit Margarete Nielsen. Der gemeinsame Sohn Mathias war im Januar 1949 geboren worden.[48] Gleichzeitig hatte Mitscherlich ein Haus bei Scheidegg im Allgäu gebaut, in das nach seiner Fertigstellung 1953 allerdings nur Georgia mit den Kindern René und Thomas einzog. Mitscherlich blieb in Heidelberg und legalisierte seine Beziehung zu Margarete Nielsen durch Heirat. Wie er seine erste Ehefrau Melitta mit den Töchtern Monika und Barbara verlassen hatte, trennte er sich jetzt von Georgia und den gemeinsamen Söhnen, die in ein Internat eingeschult wurden. Seine Vaterrolle füllte Mitscherlich ungenügend aus, sein eigener Vater hatte dies in seinen Augen noch viel weniger getan.[49]

Mitscherlichs Beschäftigung mit dem Thema der Massenpsychologie ging weiter.[50] Er erweiterte das bestehende Begriffsrepertoire um den Begriff »Convoyreflex«, mit dem er das Konformitätsstreben des modernen Menschen in der Konsumgesellschaft fassen wollte[51], und akzentuierte schließlich 1956 auch das Interpretament der anonymen Arbeitswelt, die gleichermaßen dem Individuum keine Möglichkeit mehr biete, ein selbst erschaffenes Werk als eigene Leistung und als Identifikationsobjekt zu erleben, und daneben auch verhindere, dass die Kinder die Arbeit ihres – nunmehr unsichtbaren – Vaters alltäglich wahrnehmen und erfahren können.[52]

Im Herbst 1956 trug Mitscherlich seine massenpsychologischen Überlegungen auf dem Deutschen Hochschultag in Frankfurt vor. Der mit

---

47 Mitscherlich, Leben, S. 284; das folgende Zit.: S. 273.
48 Schönborn, Mitscherlich, S. 85, S. 95).
49 Vgl.: Dehli, Konflikt, S. 271.
50 Mitscherlich, Alexander. Jugend in der technischen Welt. Versuche über eine Metamorphose. In: Kontinente 8 (1955), S. 1-5, sowie in: Neue Deutsche Hefte 37 (1955), S. 396-405 (GS VI, S. 646-664).
51 Mitscherlich, Alexander: Befehlsdruck und Convoyreflex. In: Frankfurter Allgemeine Zeitung, Weihnachtsausgabe 1955 (GS VI, S. 411-451).
52 Mitscherlich, Alexander: Der Einzelne in seiner Angst. Ein Wort zu den Massenreaktionen unserer Zeit. In: Deutsche Zeitung und Wirtschaftszeitung, 6.10.1956 (GS VI, S. 416-425). Das Argument der automatisierten und damit entfremdenden Arbeitswelt entfaltete Mitscherlich besonders ausführlich in einer Hörfunksendung des WDR: Mitscherlich, Alexander: Automation – ein Pyrrhussieg? Vortrag im WDR (Sendung am 7.5.1957) in der Reihe »Umstrittene Sachen« (Typoskript in AMA 76).

Meditationen zu einer Lebenslehre der modernen Massen[53] überschriebene Text ordnete die bisherigen Gedanken und verknüpfte sie erstmals explizit mit dem Projekt der gesellschaftlichen Aufklärung und Demokratisierung. Der Verfall der tradierten Rollen, Rituale und Autoritäten nämlich gehe »auf Kosten der Aufklärung«, wie man es im Dritten Reich an den sich zur Raserei steigernden primitiven Massenaktionen habe anschaulich erleben können. Die Voraussetzung der Erlangung einer sicheren »Ich-Identität«, erklärte Mitscherlich, sei die Triebbeherrschung. Da aber die Triebverzichte nicht mehr tradiert vorgegeben und die Triebgewährungen nicht mehr ritualisiert seien, ergebe sich ein Orientierungsdefizit des Individuums: der »größte psychosoziale Verlust, den die Massengesellschaft bisher zu tragen hat«. Auffallend ist hier Mitscherlichs Abschied von dem raunenden existentialistischen Vokabular früherer Jahre. Statt zwischen Über-Ich und Es lavierend erschien ihm das moderne Individuum jetzt als »frei bewegliches Molekül in einem sozialen Raum«, das von den gesellschaftlichen Großgruppen nicht mehr ohne weiteres integriert werde.

Er nahm auch den in der zeitgenössischen Soziologie bestimmenden Begriff der »Rolle« auf, die er als Erwartungshaltung der modernen Gesellschaft an das Individuum in sein Gedankengebäude integrierte. Die Problematik, die sich zwischen Rollenerwartung und Individuum auftat, interpretierte Mitscherlich aber nicht, wie dies die »Ich-Psychologie« Heinz Hartmanns und das soziologische Modell Talcott Parsons' annahmen, als mangelhafte Anpassung des Individuums, sondern umgekehrt als »so gründlich rational organisierte Gesellschaft«, die den Menschen unter ihren »Leistungszumutungen« deformiere. Die Ohnmacht des Menschen gegenüber der modernen Gesellschaft resultierte aus seinem anthropologischen Schicksal als »Mängelwesen« (Arnold Gehlen), sie konnte aber nach Mitscherlichs Überzeugung nicht durch Anpassung, sondern nur durch kritische Befragung des Individuums selbst überwunden werden. Er machte damit von einem dezidiert anthropologischen Standpunkt aus gleichsam die Rechte des Menschen gegen die Anforderungen der modernen Massengesellschaft geltend.

Komfort und Massenkonsum in der Moderne interpretierte Mitscherlich als gesellschaftlich bereitgestellte Ersatzbefriedigung für verloren gegangene traditionelle Sinnhorizonte. Zwischen Massenkonsum und

---

53 Mitscherlich, Alexander: Meditationen zu einer Lebenslehre der modernen Massen. Vortrag auf dem Deutschen Hochschultag in Frankfurt am Main, 11.10.1956, veröffentlicht in: Merkur 11 (1957), S. 201-231 und 335-350 (GS V, S. 135-158); die folgenden Zit.: S. 182, 209, 195, 207, 208, 212.

Massengesellschaft stellte er deshalb einen »Zirkelschluss« fest. Für die Zukunft zog Mitscherlich aus dieser Realitätsbeschreibung den Schluss, es gehe keinesfalls um eine Rückkehr in eine romantisierte vorindustrielle Form des Zusammenlebens, sondern vielmehr um die Frage,

»wie man zu diesem Massendasein zugeordnete Positionen der Individualisierung entwickeln kann. [...] Wenn nach diesem Entwurf die beiden Mittel, welche das Leben in der Massengesellschaft ermöglichen können, rationale Klarheit und Gefühlsbeherrschung sind, dann geht daraus weiterhin hervor, daß das Ziel dieser Anstrengung nur in einer gesteigerten Selbstkontrolle liegen kann. Damit ist aber nichts Geringeres als das gefordert, was man mit Freuds Begriff eines hohen Grades von ›Kultureignung‹ beschreiben kann, einem Attribut, das bisher nur den privilegierten, tonangebenden Schichten der Gesellschaft abverlangt wurde. Wenn diese Forderung nun als eine generelle, gleichsam als eine Grundverpflichtung des Menschen der Massengesellschaft aufgestellt wird, so ist damit der von Karl Mannheim beschriebene Vorgang der ›Fundamentaldemokratisierung‹ nicht mehr allein von der Seite der Rechte, sondern ebenso von der Seite der Pflichten her definiert.«

Die Grundverpflichtung des Menschen in der modernen Gesellschaft war also für Mitscherlich dessen individuelle Stärkung durch Selbsterkenntnis: »Das Mühen um ein angstfreieres Ertragenkönnen einer unvollendeten und unsicheren Wirklichkeit wird damit zum obersten Merkmal eines einzelnen, der die auf ihn zukommenden Forderungen mit dem nötigen Vorbehalt und nicht blindlings, nicht idealistisch, nicht unterwürfig und nicht traditionsabhängig zu treffen vermag.« Damit hatte er seine anthropologisch basierte und psychoanalytisch gewendete »Massenpsychologie« mit einem politischen Projekt – der Demokratisierung der Masse – verknüpft.

Ein weiteres Kapitel fügte Mitscherlich seiner Sozialpsychologie mit einem Text über *Pubertät und Tradition* schließlich 1957 hinzu. Helmut Schelsky, der kurz vor der Fertigstellung seines Buches über die »skeptische Generation«[54] stand, zeigte sich sehr angetan von diesem Aufsatz.[55] Mitscherlich hatte – in Bezugnahme auf die »Halbstarkenkrawalle« der 1950er Jahre – die Pubertät als »Krise der Individuierung« betrachtet, die angesichts der sich radikal verändernden modernen Ge-

---

54 Schelsky, Generation.
55 Schelsky an Mitscherlich, 12.9.1957, AMA I, 4697.3.

sellschaft nicht länger als vorübergehende »Adjustierungsunruhe« zu interpretieren sei, die nur eine Zwischenstation auf dem Weg des Menschen in eine geglückte Anpassung an die herrschenden Verhältnisse bilde.[56] Vielmehr sei umgekehrt zu fragen, ob nicht die Jugendlichen aus ihrer Krise heraus »Wertgehalte an die Gesellschaft zu vermitteln haben«, handele es sich bei der pubertären Krise doch letztlich um eine »permanente Vorurteilsüberprüfung«. In Mitscherlichs Perspektive war die Pubertät ein Beispiel für eine Art der menschlichen Selbstfindung, die voraussetzt, »eine eigentümliche Selbständigkeit, Unabhängigkeit vom konformistischen Druck der Gesellschaft zu erlangen«. Als Charakteristikum der Identitätssuche der Pubertierenden – und man konnte kaum umhin, die Übertragung auf die Gesellschaft der Bundesrepublik bereits mitzudenken – machte Mitscherlich den »Konflikt zwischen den bejahenden und den verneinenden Einstellungen« aus. Der innere Rollenwechsel vollziehe sich in der Pubertät »in jäher Folge« und werde zusätzlich dadurch erschwert, dass die Jugendlichen ein besonders »unabgestumpftes Auge für die Unaufrichtigkeiten der Erwachsenenwelt« haben. »Dies alles macht ihm [dem Jugendlichen, T.F.] die Werthaltungen überhaupt fraglich, drängt ihn in seine alte Phantasiewelt zurück, erschüttert seinen Gehorsam, macht ihn andererseits kritisch übersichtig.«

Mitscherlichs Text, der wiederum mit dem Hinweis endete, es gehe in Zukunft um ein jeweils individuell zu leistendes Ringen um Identitätsfindung und »Fundamentaldemokratisierung«, liest sich über weite Strecken wie eine vorweggenommene psychoanalytische Begründung der Generationenkonflikte der 1960er Jahre. Die Argumente entstammen den seit 1945 gesammelten Gedanken zur »Massenpsychologie«: »Daß die Reste einer kindlichen Religiosität und in ihrer Säkularisierung einer infantilen Partei- oder Vater-Staat-Gläubigkeit noch nicht zersetzt sind, darf uns aber nicht darüber hinwegtäuschen, daß dieser Auflösungs- und Ablösungsvorgang von aller bisherigen Geschichte bevorsteht. Wer sich, mit Alfred Weber zu sprechen, diesen ›Abschied‹ verschleiert, ist Romantiker; wer hier restaurieren will, dessen Unternehmungen wird der Strom der Geschichte als Treibgut hinwegspülen.«

Im Sommer 1958 lernte Mitscherlich einen Lektor des Piper-Verlages kennen und befand sich schnell in Sondierungsgesprächen über eine Veröffentlichung einer Sammlung älterer Texte.[57] Mitscherlichs neuere Texte

---

56 Mitscherlich, Alexander: Pubertät und Tradition. In: Verhandlungen des 13. Deutschen Soziologentages in Bad Meinberg, Köln/Opladen 1957, S. 65-86 (GS V, S. 475-499), hier S. 476; die folgenden Zit.: S. 477, 478, 482, 496.
57 Mitscherlich an Piper, 30.10.1958, AMA I, 4287.6.

waren nicht mehr bloße Versuche, von einer biographischen Medizin zu einer Anthropologie vorzustoßen, sie waren zu sozialpsychologischen Reflexionen geworden, die man als Zeitdiagnosen, als Kommentare zu gegenwärtigen Problemen auffassen konnte. Es war deshalb nur konsequent, dass sich die Medien in immer größerem Maße für diese Texte interessierten. Zum Jahresende 1960 begann der Bayerische Rundfunk mit der Ausstrahlung der Mitscherlich'schen Sozialpsychologie unter dem Titel *Von der menschlichen Unsicherheit*. Dieser hatte – parallel zu seiner im Wintersemester 1960/61 laufenden Vorlesung »Sozialpsychologie« – zehn 25-minütige Folgen selbst auf Band gesprochen.[58] Das positive Hörerecho ermutigte Mitscherlich, die Gelegenheit beim Schopf zu ergreifen und den seit 1946 gehegten Plan einer zusammenfassenden Darstellung seiner massenpsychologischen Gedanken in Angriff zu nehmen.[59] Nachdem der Beck-Verlag, den Mitscherlich präferierte, abgelehnt hatte, einigte er sich mit dem Piper-Verlag über eine erweiterte Fassung der Hörfunkreihe unter dem Arbeitstitel »Psychoanalyse als Sozialpsychologie«.[60]

Das ganze Jahr 1961 über arbeitete Mitscherlich an diesem Projekt, nicht ohne unterdessen fertige Textteile in der gesamten Bundesrepublik vorzutragen[61] und die überarbeitete Fassung wiederum im Hörfunk zu verbreiten: Diesmal lief die Reihe im Hessischen Rundfunk, der Sprecher war Will Quadflieg.[62] Der Erfolg war erneut so groß (bereits in den ersten zwei Monaten gingen 117 Zuschriften beim Hessischen Rundfunk ein), dass der Sender die Reihe auf zehn statt der geplanten sechs Folgen verlängerte und gleich anschließend als Wiederholung wieder von vorn zu senden begann.[63] Die »fesselnde Argumentation« und »die Brillanz Ihrer Formulierungen« brachten den verantwortlichen Redakteur Adolf Frisé auch auf den Gedanken, Mitscherlich als gelegentlichen Gastkommentator der repräsentativsten Reihe »Vom Geist der Zeit« einzusetzen, in der üblicherweise Benno Reifenberg, Ralf Dahrendorf und Joachim

---

58 Korrespondenz Mitscherlich/Bayerischer Rundfunk, 1960, AMA I, 389.
59 Mitscherlich an Müller, 15.12.1969, AMA III.
60 Korrespondenz Mitscherlich/Piper, 1961, AMA I, 4287.
61 Mitscherlich, Alexander: Vorurteile und öffentliche Meinung. Vortrag zur Eröffnung des »Akademischen Winters« in der Kunsthalle Mannheim, 8.10.1962; ders.: Massenwahn braucht keine Gründe. Diskussion mit Max Horkheimer und Alphons Silbermann im WDR-Hörfunk, 2.11.1961; ders.: Psychoanalytische Betrachtungen über die Kultureignung des Menschen. Vortrag an der Volkshochschule Bremen, 2.11.1961.
62 Frisé an Mitscherlich, 24.12.1961, AMA I, 1713.15.
63 Frisé an Mitscherlich, 30.11.1962, AMA I, 1713.30.

Kaiser sprachen.[64] Auch in der Tagespresse tauchte erstmals der Begriff des »Zeitkritikers« in Verbindung mit Mitscherlich auf.[65] Auf besonders großes Interesse stießen die Vorträge, in denen Mitscherlich seinen Begriff des Vorurteils akzentuierte und dessen Überwindung als »Reifungsziel« der modernen Gesellschaft kennzeichnete.[66] Der Grundgedanke über das Vorurteil als Gegenbild zur aufgeklärten Toleranz war unverändert. Immer mehr gelang es Mitscherlich aber, seine Texte zuzuspitzen, klarer und prägnanter zu formulieren, sie mit lebensnahen Beispielen an aktuelle Ereignisse oder Alltagsbeobachtungen rückzubinden und damit auch für ein breites Publikum anschaulich zu machen. Man geht gewiss nicht fehl, hinter dieser Entwicklung den Einfluss Margarete Mitscherlichs zu vermuten, die in der von Mitscherlich oft als »Denkgemeinschaft« bezeichneten Ehe eine kritische Leserin und Korrektorin seiner Texte geworden war. Sprach Mitscherlich jetzt über das Vorurteil, so stimmte er seine Hörer beispielsweise mit dem Beispiel einer Putzfrau ein, die angeblich die hohen Mietpreise in Frankfurt dem Einfluss der Juden zuschrieb. Mitscherlich kommentierte dann: »Ein ganzes Verfolgungswahnbild schimmerte kurz auf. [...] Nichts hatte diese Frau in ihren Vorurteilen erreichen können. [...] Was in Warschau und in Auschwitz geschehen war, hatte nie jenen Grad von Wirklichkeit erreicht, den ihre Phantasie für sie als Kind gewann, als sie noch im Religionsunterricht von den Juden hörte, die unsren Heiland verrieten und auf de-

64 Frisé an Mitscherlich, 19.10.1962, AMA I, 1713.38.
65 Der Weser Kurier berichtete am 3.11.1962 über den Vortrag »Psychoanalytische Betrachtungen über die Kulturreignung des Menschen«, Mitscherlich sei nicht nur ein »ehrenwerter Mann«, sondern auch eine »Koryphäe auf seinem Gebiet und einer der wachsten und mutigsten Zeitkritiker«. Seine Betrachtungen waren »wichtige, weil beunruhigende« und führten zu einem »intellektuellen Humanismus«.
66 Mitscherlich, Alexander: Revision der Vorurteile als Bildungsziele. Vortrag auf dem Deutschen Volkshochschultag in Frankfurt am Main, 23.11.1961; ders.: Die Rolle der Vorurteile in der Gesellschaft, dargestellt am Rassenvorurteil. Vortrag an der Volkshochschule Bochum, 12.1.1962; ders.: Die Haltbarkeit von Vorurteilen. Vortrag am Institut für Psychotherapie und Tiefenpsychologie Stuttgart, 13.2.1962; ders.: Die Revision der Vorurteile – ein Reifungsziel unserer Zeit. Vortrag an der Volkshochschule Wien, 13.3.1962; ders.: Die Revision der Vorurteile – ein Reifungsziel unserer Zeit. Vortrag an der Volkshochschule München, 14.3.1962; ders.: Sind Vorurteile korrigierbar? Vortrag vor der Gesellschaft für christlich-jüdische Zusammenarbeit in Heidelberg, 7.6.1962; ders.: Die Revision der Vorurteile. Vortrag an der Volkshochschule Duisburg, 9.4.1963; ders.: Zur Psychologie des Vorurteils. Vortrag auf der Erzieherkonferenz der Gesellschaft für christlich-jüdische Zusammenarbeit in Wiesbaden, 9.11.1963.

nen seither ein unauslöschlicher Fluch lastet.«[67] Insofern seien »Vorurteile [...] mit das Haltbarste der Geschichte«.

»Wir leben in einer Welt der Interessen«, diagnostizierte Mitscherlich weiter, die von Konsum- und Glaubensartikeln beherrscht sei. Es gelte, den Versuch zu machen, »die Macht dieser überindividuellen Sozialgebilde so weit einzuschränken«, dass das Individuum sich befreien könne. Er wolle aber Kulturkritik nicht nur äußern, »vielmehr will ich einen bescheidenen praktischen Versuch vortragen, wie es uns gelingen könnte, ›Verstandeslogik‹ ein Stück weiter an die Stelle der ›Instinktlogik‹ treten zu lassen«. Als Königsweg erschien ihm hier in erster Linie eine verbesserte Erziehungs- und Bildungskultur, die sich durch den Abbau überkommener Hierarchien und durch stetige kritische Überprüfung der Realität, aber auch eigener individueller Prägungen und Vorurteile auszeichne. Ansonsten bestehe die Gefahr, dass die unterdrückten Vorurteile von »Machtgruppen« manipuliert und gegen Minoritäten (etwa gegen Polen und Juden) ausgelebt würden. Vorurteile – so wendete Mitscherlich sein altes Argument der verschwindenden traditionellen Ordnungen jetzt anschaulich ins Positive – erfüllten durchaus eine Funktion, nämlich die der Legitimation und der Sicherung der bestehenden Verhältnisse, die durch die Brille des Vorurteils als erstrebenswert erschienen – allerdings um den Preis der eigenen Unfreiheit.

Das Ziel einer erneuerten Bildungs- und Erziehungspraxis müsse daher die Überwindung der Vorurteile sein, gebildet sei in diesem Sinne derjenige, der sich seine »jugendliche Ansprechbarkeit auf Neues und Unbekanntes behalten hat«. Weil der Mensch nicht genetisch festgelegt, sondern affektgesteuert sei und die Einpassung in die Gemeinschaft nicht mehr durch Ge- und Verbote, Traditionen und Vorurteile gesichert werde, sei »die Kultur der Affekte [...] das eigentlich schwerste Bildungsziel: mehr von sich selbst, von der Wirklichkeit zu wissen«. Bislang sei in Deutschland zu viel Wert auf »Leitwerte des Verhaltens wie Gehorsam, speziell Vorurteilsgehorsam« gelegt worden, dies müsse ersetzt werden »durch eine Erziehung von Menschen, die sich wechselseitig achten.« Für die Volkshochschulen, in denen er diese Vorträge häufig hielt, bedeute dies etwa, dass die seit längerem diskutierten »horizontalen« Lehr- und Lernmethoden, beispielsweise »ein der Erwachsenenbildung angemesse-

---

67 Mitscherlich, Alexander: Revision der Vorurteile als Bildungsziele. Vortrag auf dem Deutschen Volkshochschultag in Frankfurt am Main, 23.11.1961. Veröffentlicht unter dem Titel: Revision der Vorurteile. In: Der Monat 14 (1962), Nr. 165, S. 7-21 (GS V, S. 384-409), hier S. 384; die folgenden Zit.: S. 385, 386, 387, 395 f., 397, 402, 404 f., 404.

ner Stil der Gruppenarbeit« unter Anleitung eines Fachmanns, ernst genommen und angewendet werden müssten. »Der Plan scheint gar nicht so utopisch«, sagte Mitscherlich, aber »es ist doch etwas spezifisch Neues für uns Deutsche in diesem Vorschlag enthalten: die Aufforderung, mit einer Tradition zu brechen, die geheiligt scheint, nämlich mit der Tatsache, daß wir noch nie in diesem Lande eine horizontale soziale Gliederung wirklich ernst genommen haben. [...] Immer wieder hören wir die besorgte Frage: Wo kämen wir ohne strikten automatischen Gehorsam hin? Ich meine: zur größeren Achtung unserer Mitmenschen – und das ist das Reifungsziel, das unserer Gesellschaft gestellt ist.«

Ideen zur Sozialpsychologie

Auf der Buchmesse 1962 präsentierte der Piper-Verlag das Buch, an dem Mitscherlich seit 1946 gearbeitet hatte. Es trug den Titel *Auf dem Weg zur vaterlosen Gesellschaft. Ideen zur Sozialpsychologie*[68]. Dem Leser, der schon Mitscherlichs Aufsätze der 1950er Jahre zur Kenntnis genommen hatte, bot das Buch allenfalls eine geordnete, gestraffte und präzisierte Zusammenfassung, die zudem sprachlich geschärft und durch treffende Beispiele eine neue Art von kritischem Gegenwartsbezug gewonnen hatte. Wer Mitscherlichs »Ideen zur Sozialpsychologie« bislang nicht kannte, dem bot sich dagegen ein geschlossen wirkendes Bild der kollektiven psychischen Verfassung moderner Gesellschaften.[69]

Das Buch zeichnete ein skeptisches Panorama der verwalteten, anonymisierten und entfremdeten Moderne. Der in ihr herrschende Individualitätsbegriff sei hohl und idealisiert, denn in Wahrheit sei der Mann auf der Straße »bis in Nuancen seiner affektiven Einstellungen gruppengelenkt, begnügt sich mit der Rolle, Medium verschiedener Gruppenforderungen zu sein, hat weder Neigung noch Verständnis für selbständige

---

68 Mitscherlich, Alexander: Auf dem Weg zur vaterlosen Gesellschaft. Ideen zur Sozialpsychologie, München 1963 (GS III, S. 7-370).
69 Mitscherlich hatte seine Gedanken unter den Überschriften »Vorläufiges zur Dynamik der Anpassung«, »Anpassung und Einsicht: Stufen der Bildung«, »Der Instinkt reicht nicht aus – die Evolution zum Bewußtsein«, »Von der Hinfälligkeit der Moralen«, »Exkurs über die Triebdynamik«, »Ich und Ich-Ideal«, »Der unsichtbare Vater«, »Gehorsam – Autonomie – Anarchie«, »Exkurs: Vom geahnten zum gelenkten Tabu«, »Rollen« und »Vorurteile und ihre Manipulierung« geordnet und hatte ein bilanzierendes Kapitel »Massen – oder: Zweierlei Vaterlosigkeit« angefügt.

Entscheidungen«[70]. Mitscherlich machte auch deutlicher als in früheren Texten einzelne Akteure dingfest, die die Entmündigung des Einzelnen in der Konsumgesellschaft vorantrieben: so etwa die »Meinungsmacher«, die aus Umfrageergebnissen Wahlversprechen formulierten, oder das Fernsehen, das eine Kontrasterfahrung zur entfremdeten monotonen Arbeitswelt biete. Das Bewusstsein für diese gesellschaftliche Realität sah Mitscherlich als nicht sehr entwickelt an. »Man könnte sich manche negative Kulturkritik ersparen, die ohnehin meist auf eine reaktionäre, von der jeweiligen Ideologie geschützte Selbstüberschätzung hinausläuft, wenn man in Rechnung stellte, daß die Gesellschaft heute [...] sehr viel unmittelbarer auf das Individuum einwirkt als in früheren Zeiten, in denen ihm ein Rückzug auf Familie und Sippe [...] erfolgreicher möglich war.«

Das »Erlöschen des Vaterbildes« übertrug Mitscherlich jetzt – wenn es auch in den 1950er Jahren bereits so gemeint gewesen war – ganz unmissverständlich auch auf die gesellschaftliche Ebene: »Der Abschnitt der Geschichte, an dessen Beginn wir teilnehmen, leitet das Ende der Vorherrschaft paternitärer Herrschaftsgebilde ein, es zeichnet sich eine Epoche der vaterlosen Gesellschaft – umfassender: einer Gesellschaft, die der Vormundschaft entwachsen ist – in vielen Einzelerscheinungen ab. Was von den alten Ufern aus wie anarchische Entzügelung sich ausnimmt, kann auch als Probierhandeln auf der Suche nach neuen Lösungen gedeutet werden.« Der Staat rücke gegenüber dem Individuum von der Vater- in die Mutterrolle, indem er als Sozialstaat in Gestalt von Renten und Pensionen Merkmale der »Ur-Mütterlichkeit« ausbilde. Dies aber entmündige die Bürger erneut: »Tüchtig ist, wer sich möglichst früh seinen Platz an den Brüsten der Verwaltungsgottheit sichert. Notwendigerweise bringt dies eine ›Artigkeit‹ der Landeskinder zustande, die noch einer Gesellschaft fremd war, in der sich feudal-aristokratische, bürgerliche und proletarische Herrschaftsansprüche begegneten.«

Die Bilanz war also zunächst negativ: »Der Weg in die vaterlose Gesellschaft ist vorerst weit wirkungsvoller gelenkt von regressiven Ängsten als von kritischer Einsicht.« Doch Mitscherlich betonte die Zukunftsgerichtetheit seiner Ausführungen: »Es geht uns nicht um die Darstellung von Bedauerlichem, geschweige um den moralischen Selbstgenuß, zu zeigen, in welche Sackgasse wir geraten sind, sondern um das Sammeln von Erkenntnisgrundlagen für eine Veränderung der gesellschaftlichen Verhältnisse.«

---

70 Mitscherlich, Gesellschaft, S. 71; die folgenden Zit.: S. 237, 247 f., 359, 333 f.

Das vormals als »Ich-Identität« umschriebene Ideal einer aufgeklärten Bewusstseinslage des Individuums hieß nun mit einer entscheidenden Akzentverschiebung »kritische Ich-Leistung«[71]. Diese sei jedoch aufgrund fortwirkender Vorurteile gegen psychologische Fragestellungen in der Gesellschaft schwer erreichbar: »Es wäre doch unrealistisch, um nicht zu sagen töricht, nun zu glauben, man könne vom Mann auf der Straße, der weder hungert noch friert, weder um seine Altersversorgung bangt noch auf die Nutzung seiner Begabungen verzichten muß, sondern in Maßen am Überfluß teilhat, verlangen rot für rot zu erklären, wenn seine Gesellschaft gebietet, daß er rot grün nenne. Es muß schon ein entschlossener Wahrheitskämpfer sein, der einer Konvention um dem Preis des Verlustes von Brot und Stellung entgegentritt; und die Konvention muß schon drückend sein, damit er anderen mit seiner Opposition Mut macht.«»Alles spitzt sich also auf die Frage zu, ob die durch die Evolution geschaffenen Bewußtseinskräfte zur vollen Entfaltung kommen, ehe die zugleich erfolgte Instinktentbindung katastrophal wird.« Wenn nämlich die »Autoritäten der mythischen Traditionslinie«, dennoch weiterwirken, sei die Konsequenz die Diktatur. Die Menschen müssten, so Mitscherlich, gerade in Zeiten größeren Konformitätsdrucks durch die Massen ihre »protestantischen« Fähigkeiten schulen.

In diesem Sinne sah Mitscherlich als gerechte Gesellschaftsordnung diejenige an, die das kritische Ich stärke und insofern eine »Methodologie der Entlarvung fragwürdiger Herrschaftsansprüche« anbiete. Die notwendige »Evolution zum Bewusstsein« und die Befreiung aus der verwalteten Unmündigkeit könne aber nicht durch strafenden oder lenkenden Einfluss von außen geschehen, wie die fehlgeschlagene Entnazifizierung nach 1945 gezeigt habe, sondern müsse als individueller Lernprozess aufgefasst werden. »Zähe Wachsamkeit ist erforderlich, um die Situationen herauszufinden, in denen wir uns durch Vorurteile betrügen können – und das ist nicht jedermanns Sache und ihm nicht einmal vorzuwerfen.« Denn der Mangel an zäher Wachsamkeit sei »kein Anzeichen für die beschränkte Verbreitung von Verstand unter den Menschen, allenfalls eines für die mangelhafte Erziehung, ihn zu benützen«.

Deutlicher als in seinen älteren Texten stellte Mitscherlich jetzt die Zukunftsbedeutung einer veränderten Bildungs- und Erziehungspraxis in den Mittelpunkt. Die Bedeutung der frühkindlichen Erziehung und »stabiler Objektbeziehungen«, die zu einem »Urvertrauen« führe, steige umso mehr, je mehr der Vater in der anonymisierten Arbeitswelt für das

---

71 Ebenda, S. 40; die folgenden Zit.: S. 45, 60f., 298, 88f., 289.

Kind unsichtbar werde. Der Erwerb der nötigen Bildung – hier systematisierte und hierarchisierte Mitscherlich einmal mehr seine früheren Gedanken – funktioniere über »Imitation«, »Identifikation« mit Vorbildern und schließlich über »Selbstverwirklichung«.[72] Analog sei die zu erwerbende Bildung in »Sachbildung«, »Bildung der Affektäußerungen« und »Sozialbildung« zu differenzieren. Erziehung habe in der vaterlosen Gesellschaft nicht mehr länger das Einzelwesen unterweisend in die Gesellschaft einzupassen, sondern vielmehr dialektisch in die Gesellschaft einzuüben und zugleich kritisch gegen sie zu immunisieren. »Eine der wichtigsten Aufgaben der Gesellschaft liegt darin, eine öffentliche Meinung zu schaffen, die sich durch Gegensatz und Alternative auf ihre Entscheidungen vorbereitet.« Nur so sei eine Gesellschaft erreichbar, »die sich darin einig ist, die Wahrheit ihrer Grundlagen zu erforschen, und die korrigiert, was der Prüfung nicht standhält«. Die »zeitentsprechende Moral« dieser Gesellschaft lag für Mitscherlich in der Erziehung zur Enthaltung von billiger Triebbefriedigung« – im »Dickicht der Städte« könne nur eine »Hier-und-jetzt-Humanität« Orientierung geben.

Die (west)deutsche Gesellschaft, darüber konnte bei keinem Leser ein Zweifel entstehen, war bislang besonders schlecht auf die Bildung der Individualitäten vorbereitet; Mitscherlich erklärte dies historisch. Der »deutsche Nationalcharakter« zeichne sich nämlich statt durch »Ich-Gehorsam« durch »Trieb- und ziemlich ich-fremden Moral-Gehorsam« aus.

> »Die Warum-Frage und die Weil-Begründung werden zumeist als Verstöße gegen das Tabu gewertet. Die Gehorsamsleistung an sich nimmt den höchsten Rang unter den Werten ein; gleichgültig, ob die jeweilige Situation sie tatsächlich fordern mag oder ob sie gerade das nicht tut. Das bedeutet Einengung des Gewissens auf die Erfüllung der Gehorsamsfunktion [...]. Zugleich entbindet sie den Gehorchenden von der Verantwortung dem Gehorsamsinhalt gegenüber. Dies ist gewiß einer der entscheidenden Gründe, warum uns die Bewältigung unserer wirklich der Warum-Fragen würdigen ›unbewältigten Vergangenheit‹ gar kein eigenes Bedürfnis werden konnte. Wir sind lediglich durch die Insistenz, mit der unsere ehemaligen Gegner auf sie zurückkommen, irritiert.«

Ein neues – oder zumindest aktualisiertes und verschärftes – Argument war die deutliche Kritik an der Religion, die Mitscherlich jetzt übte. Statt den durch die naturwissenschaftlichen Erkenntnisse eingetretenen Legi-

---

72 Ebenda, S. 32; die folgenden Zit.: S. 34f, 105f., 348.

timationsverlust der religiösen Heilserwartung durch kritisches und rationales Denken zu füllen und damit die vater- und gottlose Gesellschaft zu einer selbstverantwortlichen Gesellschaft zu machen, werde die Unvereinbarkeit der Religion mit der Moderne noch immer ignoriert.[73] Religiöse Institutionen überleben, aber sie verlieren ihre innere Sinnhaftigkeit, und »die Besetzung, die sie libidinös erfahren, nähert sich immer mehr dem Nullwert«.

Mitscherlich nahm die mögliche Kritik vorweg, er reduziere auf der Basis unbeweisbarer Vorannahmen das Weltgeschehen auf ein Wechselspiel von Trieben und Affekten. Er verteidigte seine Methode mit dem Hinweis auf die zugrunde liegenden Erfahrungen der psychoanalytischen Praxis: »Insgesamt sind rund 30000 Stunden der Erfahrung in solcher Zweipersonenbeziehung der Rohstoff dieses Buches.« Das sah Mitscherlich als ausreichend an; er war »der Meinung, daß die von ihm untersuchte Gruppe in hohem Maße zu Repräsentativaussagen über die Bedingungen berechtigt, unter denen in der gegenwärtigen Gesellschaft die soziale Einpassung, die Entwicklung des individuellen Charakters wie des Verhaltens erfolgt«. Die Psychoanalyse sei ohnehin die einzige Wissenschaft, erklärte Mitscherlich, die die stete kritische Selbstbefragung befördern könne: »Hätte sich nur eine einzige politische Instanz der Kenntnisse der Psychoanalyse zum Zweck kritischer Ich-Stärkung mit solchem Eifer angenommen, wie es die Wirtschaft mit dem Ziel der Konsumsteigerung [...] tat, so sähe unsere politische Landschaft anders aus. Zum Beispiel würde ein wesentlicher Faktor der Angst vor der östlichen Welt gemildert werden.«

Mitscherlich war ein großer Wurf gelungen, die *vaterlose Gesellschaft* war neben Helmut Schelskys *skeptischer Generation* das entscheidende Stichwort in der soziologischen und psychologischen Selbstbeschreibung der Bundesrepublik. Seine Zusammenfassung der psychoanalytischen Sozialpsychologie blieb Mitscherlichs »theoretisch anspruchsvollstes Werk«[74] – und es traf gleichzeitig einen Nerv des Selbstvergewisserungsdiskurses in der Bundesrepublik. Mitscherlichs Ruf nach individueller Emanzipation schien mit dem Bedürfnis einer sich formierenden kritischen Öffentlichkeit nach kritischer Distanz zu der formierten Gesellschaft der ausklingenden Adenauer-Ära zusammenzufallen.

Das Buch erhob den Anspruch, die Entwicklungstendenzen der modernen Industriegesellschaften im 20. Jahrhundert aus einer individualpsycho-

---

73 Ebenda, S. 59 f.; die folgenden Zit.: S. 305, 364, 363, 241.
74 Habermas, Sozialpsychologie, S. 352.

IDEEN ZUR SOZIALPSYCHOLOGIE

logischen Perspektive zu beschreiben. Doch es war kein nostalgisches Buch, das eine Rückkehr hinter die Moderne, eine Flucht in die Vergangenheit und in bürgerliche Tugenden vorschlug. Dieser Weg war Mitscherlich auch aufgrund seiner eigenen Lebensgeschichte verstellt: Die Elite des Bürgertums hatte nicht nur ihm selbst keine »lebensstützende Kraft« zu geben vermocht, wie es Heinz Kohut 1969 in seiner Laudatio fälschlich annahm – es hatte auch die politische und moralische Katastrophe des Nationalsozialismus nicht verhindern können. Das Einzelgängertum, das Mitscherlich prägte, war dieser Erfahrung der Entwertung von Traditionen abgerungen. Es war die Lehre aus dem Versagen des (väterlichen) Kollektivs, und diese Lehre formulierte auch das Buch über die *vaterlose Gesellschaft*. Mit den neuen Unsicherheiten in einer pluralen Gesellschaft umzugehen konnte offenbar nur noch individuell gelingen. In diesem Sinne war in der *Vaterlosen Gesellschaft* die Dialektik der Chance zur Mündigkeit des Individuums einerseits und der Gefahr der atomisierten, von anonymen Instanzen beherrschten Gesellschaft andererseits enthalten.

Wo Mitscherlich die Gefahren einer Gesellschaftsordnung beschrieb, die durch Vorurteile und Verblendungen der Menschen unwissend stabilisiert werde, stand er nahe bei der Kritischen Theorie der Frankfurter Schule und bei Herbert Marcuses »repressiver Toleranz« und wies doch in seiner Vision der Befreiung durch Emanzipation und Mündigkeit über diese hinaus. Krovoza und Schneider haben zu Recht darauf hingewiesen, dass Mitscherlich aus diesem Grund mehr als die Vertreter der Frankfurter Schule imstande war, »trotz aller zeitbedingten und methodisch-theoretischen Schwächen – in seinen Analysen und Interventionen das Feld einer kritischen politischen Psychologie [zu besetzen]«[75]. Mitscherlich wurde in diesem Sinne nicht als Arzt oder als Psychoanalytiker bekannt. Für diese Bereiche seiner Arbeit interessierten sich nur wenige. Das Publikum trennte, was Mitscherlich immer zusammen sah. Den »disziplinäre[n] Ort seiner Sozialpsychologie«, nach dem Martin Dehli fragt[76], gibt es in den Koordinaten des Wissenschaftsbetriebs nicht. Mitscherlichs zwischen Psychoanalyse, Sozialpsychologie, Anthropologie und Soziologie verschwimmender Standpunkt ließe sich allenfalls mit dem Begriff der sozialpsychologischen Zeitkritik belegen. Insofern ist es kein Zufall, dass nur Mitscherlich diesen Raum ausfüllte. Eine Tradition, eine wissenschaftliche Schule oder eine Theorie der psychoanalytisch fundierten Gesellschaftskritik bildete er nicht.

75 Krovoza/Schneider, Psychologie, S. 631.
76 Dehli, Konflikt, S. 249.

Mitscherlichs Ausgangspunkt war die Anthropologie. Seine Grundannahme, der Mensch sei von seiner Umgebung insbesondere in den ersten Lebensjahren in hohem Maße formbar, weil er nicht wie das Tier instinktreguliert sei und sich zwischen Umwelt und eigenen Triebbedürfnissen mühsam einen Platz in der Welt suchen müsse, integrierte gleichermaßen Grundgedanken der Psychoanalyse wie die Anthropologie Arnold Gehlens, der den Menschen als »Mängelwesen« interpretierte. Mitscherlich mochte aber Gehlens Schlussfolgerung, aus der instabilen Natur des Menschen resultiere sein Angewiesensein auf kontrollierende Institutionen, nicht folgen.[77] Für ihn musste der Ausweg des unmündigen Menschen die Stärkung seiner »Ich-Kräfte« sein.[78]

Seine anthropologischen Grundannahmen vom »Wesen des Menschen« bewahrten Mitscherlich auch davor, den Menschen völlig aus seinen gesellschaftlichen Bezügen zu lösen und die Gesellschaft in ein Netz individueller Beziehungen umzudeuten. Allerdings stellte Mitscherlichs anthropologischer Ansatz zweifellos »für jeden an Hegel und Marx geschulten Sozialwissenschaftler einen Denkrückfall ins 18. Jahrhundert dar. Schließlich reden Anthropologen von der ›Natur‹ des Menschen, als sei der Kontinent der Geschichte nie entdeckt worden, als habe ›der Mensch‹ mit dem ›Ensemble der gesellschaftlichen Verhältnisse‹ (Marx) nichts zu schaffen, ja als sei es überhaupt möglich, das Verhalten eines schulpflichtigen Mitteleuropäers mit den Kategorien des ›Naturwesens Mensch‹ angemessen zu deuten«[79]. Indem aber Mitscherlich den Menschen in dieser Weise anthropologisch »stillstellte«, gewann er erst seine Perspektive auf die Einflüsse, die eine im mindestens doppelten Sinne zunehmend vaterlose Gesellschaft auf das Individuum ausübt. Mit der Einsicht, dass der Zerfall traditioneller Ordnungs- und Orientierungsmuster ein Gefühl der Entfremdung und Verlassenheit hervorrufe, gewann er auch einen Ansatzpunkt, die Entstehung von irrational agierenden »Massen« erklären zu können: Er deutete das menschliche Bedürfnis, die verschwindenden alten Muster von Vergesellschaftung durch neue zu ersetzen, als das Einfallstor von Ideologie und Aggression.

Die einzige Lösung, die Mitscherlich formulieren konnte, die Stärkung kritischer Ich-Leistungen, lief auf Vorstellungen von Individualisierung und Demokratisierung hinaus, die in der Bundesrepublik der 1960er Jahre zu Zentralbegriffen werden sollten. Diese Anschlussfähigkeit der Diagnose der vaterlosen Gesellschaft an den sich herausbildenden Dis-

77 Vgl.: Ebenda, S. 261 ff.
78 Vgl. auch: Ebrecht, Mitscherlich, S. 280.
79 König, Sozialpsychologie, S. 223.

IDEEN ZUR SOZIALPSYCHOLOGIE

kurs der 1960er Jahre machte ihre Attraktivität aus, war aber auch erkauft durch gravierende theoretische und logische Brüche in Mitscherlichs Gedankengebäude. Die Vorstellung, dass »auch Regeln, Verfahren, Institutionen u. a. m.« die Demokratie stabilisieren können, war Mitscherlich fremd. Er richtete seine Hoffnungen und Ansprüche immer auf das »politisch aktivierbare Individuum«[80]. Woher das Individuum aber Ansatzpunkte und Kraft für den Prozess der Ich-Schärfung gewinnen sollte, wenn es doch im Sinne des Gehlen'schen »Mängelwesens« den Abbau der traditionellen Ordnungen als Orientierungsverlust und Entfremdung empfinden musste, blieb unklar. Die Therapie und ihr Ziel fielen in eins: die Stärkung der kritischen Ich-Leistungen.[81] Mitscherlichs Vision der fundamentaldemokratisierten Massengesellschaft musste deshalb theoretisch auf der Ebene des hoffnungsvollen Appells stehenbleiben – der Erfolg blieb fraglich. Der Weg in die vaterlose Gesellschaft konnte in einer durch individuelle Bewusstseinsbildung neu integrierten Gesellschaft enden, er konnte aber auch fehlgehen. Gerade diese Doppelung aus düsterer Diagnose und zumindest möglicher Therapie machte nicht zuletzt den Reiz des Buches aus – in einem Jahrzehnt, in dem Fortschrittsoptimismus und Untergangsszenarien anfangs noch miteinander rangen, um schließlich Hand in Hand zu gehen.[82]

Die Methode Mitscherlichs, von individueller Psychologie umstandslos zur kollektiven Massenpsychologie überzublenden, ist schon von den Zeitgenossen kritisiert worden und offenbart ein erstaunliches Maß an methodischer Unbekümmertheit. Er griff auf »historische, ethnologische, biologisch-anthropologische und ethologische Erkenntnisse und Theorien«[83] zu, eine »grundbegriffliche Schranke zwischen Individual- und Sozialpsychologie hat für ihn nicht bestanden; er konnte die Psychoanalyse zwanglos an Sozialisationstheorie und Familiensoziologie anschließen«[84]. Der zutiefst ungeordnete, zuweilen bloß assoziative

---

80 Brede, Mitscherlich, S. 79.
81 König, Sozialpsychologie, S. 230.
82 Dehli hat an diesem Punkt Mitscherlichs Hoffnung auf die Stärkung der Ich-Kräfte als Ausweis der Unentschiedenheit Mitscherlichs zwischen »Kulturpessimismus und der Hoffnung auf Aufklärung« interpretiert und in Mitscherlichs Werk geschichtlichen Fortschritt und konservative Anthropologie als »unversöhnt« bezeichnet (Dehli, Konflikt, S. 263 f.). Tatsächlich löste sich für Mitscherlich dieser Widerspruch wohl eben in der Möglichkeit des Menschen, Fortschritt gleichsam gegen seine eigenen Triebbedürfnisse erstreiten zu können.
83 Parin, Mitscherlich, S. 368.
84 Habermas, Sozialpsychologie, S. 353. Vgl. auch: Krovoza/Schneider, Psychologie, S. 645; das folgende Zit.: S. 647.

Charakter seiner Argumentationen kümmerte Mitscherlich wenig. Positiv gewendet, gelang ihm damit »äußerst treffsicher eine Form der Verallgemeinerung beobachtbarer Einzeltendenzen«, deren wissenschaftliche Validierung jedoch unmöglich blieb. Mitscherlichs Argumentationsgänge appellierten an Vorerfahrungen, sie funktionierten nach dem Prinzip der »dichten Beschreibung«, ihre Relevanz erwies sich in Form von zeitgebundener Signifikanz im Auge des Lesers.

Die Einfühlung des Lesers und seine Bereitschaft, eigene Erfahrungen zur Plausibilisierung des Gelesenen einzubringen, ist der Resonanzboden, auf dem Mitscherlichs Sozialpsychologie ihre Wirksamkeit entfalten konnte. Das veränderungswillige Umfeld der Bundesrepublik der 1960er Jahre war deshalb der historische Resonanzboden für Mitscherlichs Diagnosen. Die disparate Theorie, die hinter seinen Ausführungen stand, trat zurück hinter die Faszination, die die Vorstellung der Emanzipation des kritischen Individuums im Sinne eines individuellen wie auch politischen Projekts entfalten konnte.

Dabei wurde oftmals übersehen, dass Mitscherlichs Idealbegriff des »selbständige[n] Gewissen[s] und kritische[n] Bewußtsein[s]« durchaus »Charaktereigenschaften des bürgerlichen Individuums« früherer Jahrhunderte waren, die in der Massengesellschaft verloren zu gehen drohten und unter den veränderten Bedingungen der Moderne gleichsam zurückerobert werden sollten. Wenn Mitscherlichs Appell an das kritische Bewusstsein in den späten 1960er Jahren von der Protestbewegung rezipiert wurde, wurde dieses Faktum ausgeblendet. Übrig blieb dann das Postulat, dass eine Änderung der psychischen Strukturen Voraussetzung für eine Veränderung der Gesellschaft sei.[85] Mit seiner Forderung nach Demokratisierung durch Individualisierung stellte Mitscherlich auch implizit klar, dass er selbst durchaus nicht aus einer demokratisch-egalitären Position argumentierte. Die breiten Volksschichten – der Begriff Masse fiel jetzt nicht mehr – mussten zu der in der vaterlosen Gesellschaft notwendigen Bewusstseinsreife zwar individuell vordringen, doch aus jedem Satz Mitscherlichs spricht das elitäre Bewusstsein, seine Therapie für die orientierungslose Massengesellschaft von der Warte des Wissenden aus zu formulieren.

Unklar blieb in Mitscherlichs Text schließlich auch der eigentliche Ort der Gesellschaft. Wer wie er das Individuum vor der Gesellschaft in Schutz nahm, verlor diese aus dem Blick. Mitscherlichs Unbehagen an gesellschaftlichen Strukturen und Organisation kehrte hier als partielle Blindheit in der Realitätsbeschreibung wieder. Die Gesellschaft und der

---

85 Vgl.: Berndt, Unruhe, S. 264 ff.

Staat wurden ihm zu gesichtslosen Konglomeraten, die jenseits der Menschen bestehen, sie sind nicht zu begreifen und nicht zu ändern. 1953 war Mitscherlich Adorno deshalb gefolgt, als dieser die »Organisationen« als bedrohliche Instrumente der Entmündigung des Menschen gekennzeichnet hatte. Er hatte ihm aber widersprochen, wo Adorno die kritische Befragung der hinter den Institutionen stehenden »Zwecke« gefordert hatte. Mitscherlich hatte betont, einer solchen Kritik der Strukturen müsse die Berücksichtigung individueller Bedürfnisse und deren Erforschung vorausgehen. Jetzt – in der *Vaterlosen Gesellschaft* – mahnte er selbst die kritische Befragung der Welt an. Die Welt aber blieb blass, das Verhältnis des Einzelnen zur Gesellschaft konnte Mitscherlich nur in der Kategorie der kritischen Emanzipation sehen und darstellen.[86]

Auch in dieser Hinsicht stand Mitscherlich in den 1950er Jahren, als er seine Massenpsychologie entwickelte, quer zum herrschenden Selbstverständigungsdiskurs der Zeit. Dieser bewegte sich entlang der Leitkategorien der Empirie und des Fortschrittsoptimismus, und nicht nur Helmut Schelskys Diagnose einer skeptischen Generation zielte in ihrem am Ende versöhnlichen Ton darauf hin, Gegenwart und Zukunft der Gesellschaft tendenziell positiv zu deuten. Ratio, Fortschrittsglaube und Abschied von den Ideologien hießen die Stichworte, und die moderne Industriegesellschaft schien nicht so sehr bedrohlich als vielmehr verheißungsvoll – und sei es nur in ihrer augenblicklichen Erscheinungsform als Wirtschaftswunderrepublik. Mitscherlichs Warnungen vor den psychischen Kosten, die das Individuum für seine Integration in die Massengesellschaft zu zahlen habe, standen zwar der Kritischen Theorie der Frankfurter Schule nahe, wirkten aber im weiteren Umfeld der Nachkriegssoziologie deplatziert. Hier setzte auch René König an, als er 1956 für eine entdramatisierte Sicht auf die industrielle Massengesellschaft plädierte.[87] Diese sei doch geradezu die Voraussetzung für die Entwicklung von Wohlstand, Freiheit und letztlich auch individueller Entfaltungsmöglichkeit des Individuums. Mitscherlich blieb eine überzeugende Antwort auf diesen Einwand schuldig: Seine Hinweise auf die versteckten Leiden des Individuums ließen sich nicht exemplifizieren, quantifizieren oder objektivieren, sie ließen sich allenfalls erfahren. Dafür war die Zeit aber erst in den 1960er Jahren – genauer gesagt: in deren zweiter Hälfte – gekommen. Zwischen 1963 und 1967 konnte der Piper-Verlag durchschnittlich rund 2500 Exemplare der *Vaterlosen Gesellschaft*

---

86 Vgl. zu diesem Problem: Krovoza/Schneider, Psychologie, S. 649; Brede, Mitscherlich, S. 79.
87 König, Vermassung.

absetzen. 1968 fanden sich bereits 5414 Käufer, 1969 – gewiss auch im Zuge der gestiegenen Popularität des Autors – verkaufte man 15 680 und 1970 rund 20 000 Exemplare. Im Frühjahr 1970 waren somit insgesamt etwa 51 000 Exemplare der *Vaterlosen Gesellschaft* verkauft.[88] Eine Taschenbuchauflage wurde allein im zweiten Halbjahr 1973 mehr als 14 000-mal verkauft.

Eine letzte Blindstelle in Mitscherlichs *Vaterloser Gesellschaft* ist die Tatsache, dass reale Abwesenheit einer ganzen Vätergeneration in seinen Überlegungen allenfalls am Rande auftaucht. Mitscherlich beschrieb den Autoritäts- und Bedeutungsverlust des Vaters und traditioneller Väterbilder in der modernen Gesellschaft, er nahm den erst in den folgenden Jahrzehnten anwachsenden Diskurs über die Überkommenheit paternalistischer Familien- und Gesellschaftsstrukturen vorweg, nicht die Rede war dagegen von der moralischen Desavouierung und tatsächlichen Dezimierung einer Vätergeneration durch Nationalsozialismus und Zweiten Weltkrieg – von der naheliegendsten Dimension von Vaterlosigkeit also, die Mitscherlich in der psychoanalytischen Praxis hätte begegnen können. Diese rätselhafte ahistorische Leerstelle wurde allerdings in keiner einzigen Rezension als solche bemerkt und kritisiert. Im Gegenteil erschien der von solcherlei konkreten historischen Sonderbedingungen abgehobene Ton des Buches den Zeitgenossen als Positivum – als Beleg der allgemeinen Gültigkeit seiner Kernaussagen. Erst in letzter Zeit hat Micha Brumlik auf diese irritierende Lücke in Mitscherlichs »nationalpädagogische[m] Programm«[89] hingewiesen.

Jürgen Habermas bezeichnete das Buch Mitscherlichs 1963 im *Merkur* als »psychoanalytische Konstruktion des Fortschritts« und hoffte: »Wenn doch nur die diagnostische Schärfe dieser Einsichten durch massive Verbreitung und kritische Aneignung eine therapeutische Wirksamkeit erlangen könnte; wenn sie doch die Schranken wenigstens porös machen könnte, die dem Geist der Epoche den Zutritt zu sich selbst versperren!«[90] Diese Hoffnung wurde in den Rezensionen der regionalen und überregionalen Presse weitaus vorsichtiger formuliert. Dort wurde vor allem das Problem der Vaterlosigkeit in der anonymen Industriegesellschaft diskutiert. Die metaphorische Übertragung dieser Vaterlosigkeit auf die Ebene des Orientierungsverlustes des Menschen in der Moderne wurde weitaus seltener als Kern des Buches herausgestellt.

---

88 Piper an Mitscherlich, 23.9.1970, AMA I, 4287.524a.
89 Brumlik, Väter.
90 Habermas, Konstruktion, S. 1105.

Die Emphase aber, die Habermas in seine Worte gelegt hatte und die den Neuigkeitswert spiegelte, dem Mitscherlichs Einsichten vermittelten, kehrte in zahlreichen Rezensionen wieder. Dass Mitscherlich etwas Neues, Unerhörtes und für den Normalbürger allein nicht Überschaubares aufgedeckt hatte, war nicht nur für die *Ruhr-Nachrichten* offenkundig: Mitscherlich leiste »eine erstaunliche und interessante Interpretation der Vorgänge, die wir alle beobachten, doch kaum zu ergründen vermögen, weil Voreingenommenheit und falsches Pathos unserer Betrachtung im Wege stehen«.[91] Das *Handelsblatt* konstatierte: »Mitscherlich analysiert die Situation des heutigen Menschen mit der leidenschaftlichen Sachlichkeit eines aufklärerischen Geistes«, und vermutete, dass die »kühne[n] Ideen« Mitscherlichs »über einen längeren Zeitraum hinweg führenden Rang einnehmen« dürften.[92]

Die meisten Rezensenten konzentrierten sich auf die in ihren Augen überzeugende Schilderung der gesellschaftlichen Realität, in der der Mensch sich in eine »barbarische nervenlose Roboterwelt« hineingeworfen sehe: »Selten ist die Zwangslage des modernen Menschen so perspektivenreich, selten aber auch so hilfreich diagnostiziert und erörtert worden.«[93] Die Basler *National-Zeitung* konzentrierte sich sogar ausschließlich auf die bedrohliche Seite der schwindenden Autoritätsstrukturen und stellte lediglich fest: »Selten hat uns ein Buch eine so tiefgreifende, nüchterne und gerade deshalb erschütternde Zeitanalyse geboten wie dieses.«[94] Dass der Begriff der Vaterlosigkeit eigentümlich dialektisch verwandt worden war, fiel nur wenigen Rezensenten auf. Die *Bayerische Staatszeitung* immerhin erkannte, dass Mitscherlich zwei Seiten der Vaterlosigkeit beschreibe, die »einen bedenklichen Orientierungsverlust«, aber eben auch die »Chance des Mündigwerdens« zur Folge haben könne.[95]

Die *Neue Zürcher Zeitung* kennzeichnete die *Vaterlose Gesellschaft* als ein »herausfordernd modernes Buch«[96]. Modern sei es einerseits, einen psychoanalytischen Blick auf die Probleme des »gespaltenen, Gott und den Menschen entfremdeten Individuum[s] der Gegenwart« zu werfen, und andererseits die »extrem progressive, wenn nicht revolutionäre

---

91 Ruhr-Nachrichten, 23.9.1963.
92 Handelsblatt, 7./8.6.1864.
93 Rhein-Neckar-Zeitung, 4.3.1963. Mit ähnlichem Tenor auch: Buchvorstellung im Deutschlandfunk in der Reihe »Wissenschaft und Forschung«, 11.3.1963 (Typoskript, AMA X, 71).
94 National-Zeitung, 3.4.1964.
95 Bayerische Staatszeitung, 13.3.1964.
96 Neue Zürcher Zeitung, 6.6.1963.

Grundhaltung« zu vertreten, einzig die Autorität des »aufgeklärten, kritischen Ichbewußtseins« als solche zu akzeptieren. Erkannt wurde auch, dass es Mitscherlich nicht um die Gesellschaft ging, sondern um die fragile Stellung des Individuums: »Es geht also im Grunde um eine neue Epoche der Aufklärung.[...] Diesem ungeheuren Willen des Verfassers zur persönlichen Freiheit, zur kritischen Geisteshaltung und zum Realitätsdenken wird man die Bewunderung nicht versagen können.«
Weniger elaboriert, den Gemütszustand vieler Leser aber womöglich besser abbildend, äußerte sich eine Leserin, die Mitscherlich brieflich erklärte, was sie an der *Vaterlosen Gesellschaft* besonders schätze: Das Buch sei gut, erstens, weil sie es verstehe, und zweitens, »weil es mich freier macht«. Vieles werde ihr »blitzschnell klar, als hätte ich es schon vorher gewußt. Es macht auch ›Mut‹, dieses Buch, so fürs tägliche Leben.«[97]

97 Guter-Wackernagel an Mitscherlich, 14.7.1963, AMA IIa, 14.

10. Rückkehr der Vergangenheit

Eine Neuauflage macht Furore

Alexander Mitscherlichs Beschäftigung mit dem Thema Nationalsozialismus hatte 1949 ein vorläufiges Ende gefunden – interessanterweise mit einem Artikel in den *Frankfurter Heften*, in dem er *Amnestie statt Umerziehung* gefordert hatte. Das »kommunikative Beschweigen« der NS-Vergangenheit in den 1950er Jahren ergriff auch ihn.

Mitscherlich war das Echo auf seinen Nürnberg-Bericht *Wissenschaft ohne Menschlichkeit* nahegegangen. Der Eindruck, sein Buch habe ihm innerhalb der deutschen Medizin dauerhafte Feindschaften eingebracht, schien sich mehrfach zu bestätigen. In seiner zunächst unsicheren beruflichen Position zwischen Heidelberg und Frankfurt mag es nicht ratsam erschienen sein, sich weiter offensiv mit dem Thema der NS-Medizinverbrechen zu befassen. Er selbst gab später an, er sei nach den Auseinandersetzungen um *Wissenschaft ohne Menschlichkeit* nicht nur körperlich krank geworden, sondern auch in eine »derartig extreme innere Erregung« geraten, dass er alles verdrängt habe.[1]

Die Rückkehr der NS-Vergangenheit in die öffentliche Wahrnehmung der Bundesrepublik begann unter anderem 1957/58 mit dem eher zufällig zustande gekommenen »Ulmer Einsatzgruppenprozeß« gegen Gestapo-, Polizei- und SD-Angehörige. Die hier offenkundig gewordene Tatsache, dass die strafrechtliche Verfolgung von NS-Verbrechen längst nicht abgeschlossen und die Vergangenheit »unbewältigt« war, führte auch zur Gründung der »Zentralen Stelle der Landesjustizverwaltungen zur Aufklärung nationalsozialistischer Verbrechen« in Ludwigsburg 1958, die fortan die zielgerichteten Ermittlungen durchführte, die über ein Jahrzehnt nahezu unterblieben waren.[2]

Auch im Bereich der »Bewältigung« der NS-Medizinverbrechen waren nicht erst in den 1960er Jahren Skandale zu verzeichnen. 1956 erkannte eine Überlebende des Konzentrationslagers Ravensbrück im schleswig-holsteinischen Stocksee die dort praktizierende Herta Oberheuser als die ehemalige Ärztin im Krankenrevier des Konzentrationslagers und erstattete Anzeige. Im Nürnberger Ärzteprozess war Oberheuser wegen Betei-

---

1 Mitscherlich an Podach, 18.12.1953, AMA I, 4202.2.
2 Vgl. Miquel, Ahnden.

ligung an Menschenversuchen zu 20 Jahren Haft verurteilt worden. 1951 war ihre Strafe aber auf zehn Jahre reduziert worden, weshalb sie 1952 auf freien Fuß gelangt war. Das jetzt von der Kieler Staatsanwaltschaft angestrengte erneute Verfahren gegen Oberheuser wurde 1957 mit der Begründung eingestellt, die Beschuldigte sei bereits 1947 für ihre Vergehen bestraft worden. Infolge massiven öffentlichen Drucks wurde Herta Oberheuser 1958 die Approbation entzogen, ihre – letztlich erfolglose – Anfechtungsklage verlängerte und vergrößerte die öffentliche Aufmerksamkeit allerdings noch, die ihr Fall auf sich zog.[3]

Ähnliche Aufmerksamkeit erregte auch der Fall des Gynäkologen Carl Clauberg, der 1948 in der Sowjetunion für die von ihm in den Konzentrationslagern Auschwitz-Birkenau und Ravensbrück durchgeführten Zwangssterilisationen zu 25 Jahren Haft verurteilt worden war. 1955 wurde Clauberg entlassen und kehrte nach Deutschland zurück, ohne dabei den Versuch zu machen, seine Vergangenheit und seine »wissenschaftlichen Leistungen« zu verbergen. Erst infolge einer Anzeige durch den Zentralrat der Juden in Deutschland wurde Clauberg verhaftet, starb aber 1957 kurz vor Beginn seines Prozesses.[4] Mitscherlich verfolgte diese Skandale allenfalls am Rande. Vereinzelt erreichten ihn briefliche Nachfragen bezüglich eventueller Zusammenhänge zwischen dem seinerzeitigen Nürnberger Ärzteprozess und den aktuellen Skandalen. Mitscherlich verwies dann regelmäßig auf die ihm nicht mehr zugänglichen Prozessunterlagen.

So war es nicht Mitscherlich, sondern der Fischer-Verlag, der die Idee einer Neuauflage von *Wissenschaft ohne Menschlichkeit* entwickelte. Gottfried Bermann-Fischer, der 1951 aus dem Exil in die Bundesrepublik zurückgekehrt war, hatte Mitscherlichs Buch von 1949 niemals zu Gesicht bekommen. Erst 1959 beschaffte er sich im Zuge der Diskussionen um Oberheuser und Clauberg das letzte Archivexemplar Lambert Schneiders und zeigte sich wie sein Lektor Ivo Frenzel »eigenartig berührt zu sehen«, dass weder im Buchhandel noch im Antiquariat ein Exemplar zu bekommen war. Am 9. November 1959 fragte der Verlag Mitscherlich nach dessen Einverständnis zu einer Neuausgabe – nicht ahnend, welche Aktualität das Thema der NS-Medizinverbrechen und ihrer Nachwirkungen nur drei Tage später mit der Enttarnung des »T4«-Obergutachters Werner Heyde erlangen würde.[5]

3 Vgl. zum Fall Oberheuser: Woelk/Bayer, Oberheuser.
4 Vgl. zum Fall Clauberg: Dopheide, Clauberg; Grosch, Clauberg; Peter, Ärzteprozeß, S. 259-265.
5 Fischer-Bücherei (Frenzel) an Mitscherlich, 9.11.1959, AMA I, 1584.17.

Mitscherlich war sofort einverstanden.⁶ Anfängliche Bedenken, ob die Ärztekammern einer Neuauflage zustimmen würden, erwiesen sich als unbegründet. Die Standesvertretung genehmigte auch den Wiederabdruck des Vorworts von 1949 – eine andere Wahl blieb ihr allerdings auch kaum, schließlich war gerade dieser Text seit 1949 von den Kammern immer wieder als Beleg dafür angeführt worden, dass sich die Ärzteschaft nach 1945 ernsthaft um eine Aufarbeitung der Medizinverbrechen bemüht habe.

Mitscherlich verfasste eine neue Einleitung, in der er auch die Geschichte des »Verschwindens« des Buches *Wissenschaft ohne Menschlichkeit* darstellte: »Im Gegensatz zum Diktat der Menschenverachtung blieb jetzt [1949, T.F.] die Wirkung völlig aus. Nahezu nirgends wurde das Buch bekannt, keine Rezensionen, keine Zuschriften aus dem Leserkreis; unter den Menschen, mit denen wir in den nächsten zehn Jahren zusammentrafen, keiner, der das Buch kannte. Es war und blieb ein Rätsel – als ob das Buch nie erschienen wäre.«⁷ Mit diesen Sätzen legte Mitscherlich nahe, dass das Buch von dritter Seite aus dem Verkehr gezogen worden war, ohne dies explizit zu sagen. Das war auch nicht möglich, denn einen Beweis hatte er nicht in Händen. Folgenreich war diese Äußerung dennoch, denn sie suggerierte, das Buch sei seinerzeit gezielt beiseitegeschafft worden. Dieser Verdacht wurde zum integralen Bestandteil der Geschichte um Mitscherlichs Nürnberg-Bücher und verdeutlichte auch dem unbedarften Leser, welch brisantes Material er in Händen hielt.

In seiner Einleitung versuchte Mitscherlich erneut eine Erklärung zu geben, wie die Medizinverbrechen hatten geschehen können. Anders als 1947 und 1949 suchte er die Ursachen jetzt nicht mehr nur in der »Antlitzlosigkeit der Epoche« und der sträflich verengten wissenschaftlichen Perspektive der »Organmedizin«, sondern nahm stärker das schuldhafte Verhalten der einzelnen Ärzte in den – inzwischen deutlich psychoanalytischen – Blick. Als Gründe dafür, dass Ärzte hatten in »weltzerstörerische Trieblust« zurücksinken können, machte Mitscherlich verschiedene psychische Mechanismen aus: »ängstlicher Egoismus der Selbsterhaltung«, »ängstliche Überschätzung des Gewalthabers« und eine »ans Artistische grenzende Fähigkeit der Selbstbeschwichtigung«. Damit formulierte er, wenn auch zunächst scheinbar nur auf die NS-Mediziner bezogen – be-

---

6 Mitscherlich an Fischer-Bücherei (Frenzel), 24.11.1959, AMA I, 1584.18.
7 Mitscherlich, Alexander: Von der Absicht dieser Chronik. In: ders./Mielke, Fred (Hrsg.): Medizin ohne Menschlichkeit, Frankfurt 1960, S. 7-17, unter dem Titel »Nach dem Zwischenspiel vielfacher Fluchten« auch in der Frankfurter Allgemeinen Zeitung, 27.4.1960 (GS VI, S. 174-187), hier S. 184.; die folgenden Zit.: S. 175, 176, 182, 184 f.

reits eine Einsicht, die 1960 alles andere als Allgemeingut war. Er betonte
die massenhafte Verstrickung der Deutschen in NS-Verbrechen (»Bewältigung der Schuld kann nichts anderes heißen, als der Wahrheit ins Gesicht zu sehen«) und auch die Tatsache des verbreiteten Mitläufertums.
Allzu viele Deutsche seien der Versuchung erlegen, nach 1933 im »Convoyreflex« einzuschwenken, und je mehr man dies für sich selbst habe
geschehen lassen, desto mehr habe man die Realität der näher rückenden
Verbrechen verleugnen müssen. Konsequenterweise relativierte Mitscherlich auch die seinerzeit von Fred Mielke unglücklich in die Diskussion
gebrachte Zahl von angeblich 350 schuldigen Medizinern: »Natürlich
kann man eine einfache Rechnung aufstellen. Von ungefähr 90 000 damals in Deutschland tätigen Ärzten haben etwa 350 Medizinverbrechen
begangen. Das bleibt noch eine stattliche Zahl, vor allem, wenn man an
das Ausmaß der Verbrechen denkt [...]. Doch das trifft nicht den Kern.
Dreihundertfünfzig waren unmittelbare Verbrecher – aber es war ein Apparat da, der sie in die Chance brachte, sich zu verwandeln.«

Doch nicht nur die Frage der NS-Medizinverbrechen behandelte Mitscherlich in seiner Einleitung. Er sah die Bewusstseinslage der Westdeutschen zu Beginn der 1960er Jahre durch mehr als ein Jahrzehnt des Verleugnens der Vergangenheit geprägt. Dafür fand er Worte, die an
Deutlichkeit kaum zu überbieten waren – und die 1960 noch als unerhört gelten konnten:

»Es begann der erstaunliche Wiederaufstieg der Bundesrepublik, der
psychologisch betrachtet sich unter dem Begriff des ›Ungeschehenmachens‹, einer gigantischen Beseitigung der Spuren, einordnen lässt. Man
hat Berge von Schutt beseitigt und ein neues, wohlhabenderes Deutschland erstehen lassen, als wir es alle aus unserer Lebenszeit kannten. Wer
heute durch Deutschland fährt, kann sich nicht vorstellen, daß vor 20
Jahren hier die Gasöfen rauchten, in denen die Geisteskranken verbrannt
wurden, daß vor 15 Jahren erst sich die Konzentrationslager für die letzten Überlebenden von Millionen öffneten, daß junge deutsche Soldaten, von ihren eigenen Standgerichten verurteilt, an den Apfelbäumen
der Landstraßen hingen. Wieder hat Tüchtigkeit und Ordnungsgabe
das Grauen gebannt. Aber diese Tüchtigkeit, die Berge von Trümmern
versetzen konnte, den Schuldberg konnte sie nicht versetzen. So erfolgte
die Schuldentlastung auf psychischem Wege durch den Fluchtversuch
der Verdrängung. So weit sind wir jetzt. Aber es scheint, daß mit dem
Grad der Sättigung, der Vollendung des äußeren Ungeschehenmachens,
das Verdrängte wiederkehrt.«

EINE NEUAUFLAGE MACHT FURORE

Im März 1960 lieferte der Fischer-Verlag die ersten Exemplare von *Medizin ohne Menschlichkeit* aus. Kaum drei Monate zuvor hatte – nachdem die gerade neu eingeweihte Kölner Synagoge in der Weihnachtsnacht 1959 geschändet worden war – eine Welle antisemitischer Schmierereien in der Bundesrepublik national wie international für erhebliches Aufsehen gesorgt. Mitscherlichs Buch traf mitten in eine erste aufgeregte Debatte über die »unbewältigte« NS-Vergangenheit, allein in den ersten sechs Wochen wurden 29000 Exemplare verkauft.[8] Mitscherlich und dem Fischer-Verlag war ein Sensationserfolg gelungen.

Es verstrichen acht Monate, dann meldete sich Franz Büchner aus Freiburg erneut zu Wort. In einer ausführlichen schriftlichen Stellungnahme[9] erklärte er, überrascht festgestellt zu haben, dass in der Neuauflage des Buches erneut »Unklarheiten und Entstellungen« enthalten seien. Weiter gehend als 1947 wollte Büchner jetzt seinen Vortrag vor der Studentenschaft in Freiburg aus dem Jahr 1941 nicht nur als Stellungnahme gegen den Euthanasie-Film »Ich klage an« verstanden wissen, sondern als Ablehnung der Euthanasie schlechthin. Vor allem aber insistierte er erneut sein Verhalten im Zusammenhang mit der Tagung über »Ärztliche Fragen bei Seenot und Winternot« von 1942 betreffend. Er erinnerte sich jetzt, dass während der Tagung gesagt worden sei: »Wer darüber spricht, wird erschossen.« Insofern sei er, Büchner, damals in seinem Protest so weit gegangen wie irgend möglich. Noch immer werde in Mitscherlichs Darstellung aber der Eindruck erweckt, er habe nicht gegen »das moralisch Verwerfliche und das rechtlich Verbrecherische« protestiert. Damit hatte Büchner nicht unrecht, denn Mitscherlich hatte in der Neuauflage nicht, wie seinerzeit in dem Vergleich vereinbart, darauf hingewiesen, dass Büchner sich gegen die auf der Tagung vorgestellten Menschenversuche Holzlöhners und Raschers ausgesprochen habe.[10] Mitscherlichs Verhalten sei unkollegial, schrieb Büchner, zudem »wäre [es] natürlich wichtig zu wissen, was Professor Mitscherlich in der damaligen Zeit in der gleichen Sache getan hat«. Mitscherlich bleibe mit seiner Neuveröffentlichung »in einer noch immer kritischen Stunde der deutschen Wissenschaft, der deutschen Hochschule und den deutschen Ärzten vieles schuldig, was für die Wiedergewinnung des Ansehens der gesamten Bundesrepublik von entscheidender Bedeutung ist«.

8 Fischer-Bücherei (Lotsch) an Mitscherlich, 17.5.1960, AMA I, 1584.50. Das Buch erreichte bis 1996 eine Gesamtauflage von 119000 Exemplaren.
9 Stellungnahme Franz Büchner, 17.11.1960, AMA II, 2.26; vgl. auch die ausführliche Darstellung bei: Peter, Ärzteprozeß, S. 213-221.
10 Vgl. auch: Dehli, Konflikt, S. 160, Fn. 65.

Seine besondere Brisanz erhielt dieser Vorgang dadurch, dass Büchner sich nicht etwa an Mitscherlich oder die Universität Heidelberg gewandt hatte, sondern an die Universität Frankfurt, deren Prorektor Hartner Mitscherlich erst von Büchners neuerlicher Aktivität in Kenntnis setzte.[11] Mitscherlich war von Büchners Verhalten völlig überrascht: »Warum jetzt nach 11 Jahren? Ich kann in der von ihm verfaßten Stellungnahme nichts anderes vermuten als den Versuch, erneut meinen Ruf als Wissenschaftler und als Person zu zerstören, um damit alle Aussichten auf eine Berufung an eine andere Universität z. B. zunichte zu machen. Bei dem Einfluß, den Herr Prof. Büchner als einer der aktivsten und zugleich reaktionärsten Hochschulpolitiker in unserem Lande hat, und auf das durchschnittliche Gemüt eines Universitätslehrers ausübt, kann ich jedenfalls seine gegen mich erhobene Stimme meinerseits nicht bagatellisieren.«[12] Dieser Verdacht war nicht von der Hand zu weisen, und Mitscherlich war nicht gewillt, die Anwürfe Büchners auf sich beruhen zu lassen, andererseits widerstrebte ihm der Gedanke an eine gerichtliche Auseinandersetzung.

Der Frankfurter Prorektor Hartner stellte sich auf Mitscherlichs Seite. Wie solle man glauben, schrieb er Mitscherlich, dass Büchner das Buch *Wissenschaft ohne Menschlichkeit* 1949 niemals zu Gesicht bekommen habe?[13] Der Freiburger Rektor Thieme hingegen machte sich die Sicht Büchners zu eigen. Auch ihm liege, so teilte er mit, ein Verschweigen und Vertuschen der Vergangenheit fern, aber es sei »ein Gebot wissenschaftlicher Sauberkeit und nationaler Würde«, die Dinge sorgfältig und wahrheitsgetreu darzustellen. Mitscherlich habe nach wie vor kein »getreues Bild über die Vorgänge in Nürnberg« gezeichnet, »und läßt nicht eine tiefenpsychologische Beurteilung des Umstands, dass er dies nicht getan hat, mancherlei Schlüsse zu?«[14] Gleichwohl schätze er Mitscherlich – dieser möge einlenken und sich bei Büchner entschuldigen.[15]

11 Mitscherlich an von Baeyer, 15.2.1961, AMA II, 2/8.1.
12 Mitscherlich an S. Fischer-Verlag (Hirsch), 23.1.1961, AMA II, 2/26.39.
13 Hartner an Mitscherlich, 24.3.1961, AMA II, 2/65.5.
14 Thieme an Hartner, 22.11.1960, AMA II, 2/8.1.
15 Thieme reichte seinen Textvorschlag gleich mit: »Ich bedaure, daß in der Neuauflage meines Buches ›Medizin ohne Menschlichkeit‹ einige zu meiner Kenntnis gelangte Zeugnisse des Widerstands gegen Willkürmaßnahmen des Nationalsozialismus nicht oder in ungenügender Form erwähnt worden sind, so etwa die Äußerungen des Protests, den Professor Franz Büchner (Freiburg) alsbald nach dem Nürnberger Vortrag von Dr. Rascher verschiedenen Beteiligten gegenüber getan hat. Auch sein Vortrag über den Eid des Hippokrates vor einem großen Hörerkreis in Freiburg, womit er sich gegen die Euthanasie-Maßnahmen

Mitscherlich schaltete neben seinem Anwalt Zutt noch mehrere Verbündete ein: In Frankfurt vertrat ihn der Rechtsanwalt und spätere Vertreter der Nebenklage im Frankfurter Auschwitzprozess Henry Ormond. Der Hessische Generalstaatsanwalt Fritz Bauer, der wesentlichen Anteil am Zustandekommen sowohl des Eichmann-Prozesses als auch des Frankfurter Auschwitzprozesses hatte und schon in den 1950er Jahren als einer der wenigen entschiedenen Kämpfer für eine juristische Aufarbeitung der NS-Verbrechen hervorgetreten war, beriet Mitscherlich hinter den Kulissen.[16] Mitscherlich verfasste eine Entgegnung an Thieme, in der er sehr ausführlich den Verlauf der Auseinandersetzung seit 1947 nachzeichnete.[17] Er habe in seinem Buch von 1949 alle mit Büchner in einem Vergleich festgelegten Vereinbarungen eingehalten. Das neue Buch sei nun der unveränderte Nachdruck, warum also erhebe Büchner erst jetzt Einspruch, wo er doch sicher das Buch 1949 sofort geprüft habe? Der Vortrag Büchners werde in beiden Büchern sehr wohl als Beispiel für »ins faktische reichende Widerstandsleistungen« erwähnt. Auch die Einigung hinsichtlich der Frage, ob Büchner auf der Tagung selbst oder erst im Nachhinein protestiert habe, sei verabredungsgemäß umgesetzt worden. »Korrekter und loyaler kann man wohl kaum vorgehen.« Niemals habe er auch seither von der Ärztekammer Klagen über das Buch gehört, im Gegenteil habe diese sich immer wieder auf *Wissenschaft ohne Menschlichkeit* berufen, »wo es darum ging, der deutschen und der Weltöffentlichkeit zu beweisen, daß wir vergangene Schändlichkeiten und Duldungen scharf zu sehen bereit sind«. Büchners Vorwürfe, so Mitscherlich, fielen auf diesen selbst zurück. Er selbst könne aber im Interesse seines Amtes und seines Lehrstuhls nicht auf die Klärung der Vorwürfe verzichten.

Diese Entgegnung löste das Problem jedoch nicht. Büchner beharrte auf seinem Standpunkt. Mühsame Verhandlungen zwischen Mitscherlich, dem Freiburger Rektor Thieme und Mitscherlichs Anwälten Zutt und Ormond waren nötig. Letzterer empfahl, Büchner ultimativ eine Entschuldigung abzuverlangen und anderenfalls mit gerichtlicher Auseinandersetzung zu drohen. Er verfasste den Entwurf eines Briefes an

---

wandte, verdient in diesem Zusammenhang noch einmal erwähnt zu werden. Ebenso der Umstand, dass die protestierenden Mediziner mit schärfsten Maßnahmen der Staatsführung, nämlich Himmlers, zu rechnen hatten. Ein allseitig gerechtes Bild von der Haltung des Mediziners im Dritten Reich müßte, ähnlich wie bei den Juristen, auch viele Zeugnisse der Bewährung aufführen.«

16 Mitscherlich an Bauer, 4.2.1961, AMA II, 2/10.1.
17 Mitscherlich an S. Fischer-Verlag (Hirsch), 23.1.1961, AMA II, 2/50.2.

Büchner, in dem er diesen scharf anging. Büchners Behauptung, das Buch *Wissenschaft ohne Menschlichkeit* nie gesehen zu haben, deutete Ormond als Zeichen der Bereitschaft zum Wegsehen, wie es für die deutsche Elite typisch sei. Im Übrigen sei das, was Büchner als Protest bezeichne, »herzlich wenig« und es sei »geradezu vermessen und grotesk, Ihr Verhalten mit den Taten echter Widerstandskämpfer in einem Atemzug nennen zu wollen«; dies sage er auch als Anwalt von »tausenden von Verfolgten«[18].

Mitscherlich hatte zwar inzwischen erfahren, dass Büchner seine Vorwürfe nicht nur nach Frankfurt, sondern auch an andere Universitäten verschickt hatte, und vermutete sicher nicht zu Unrecht, dass ihm dies bei jeder möglichen zukünftigen Berufungsverhandlung schaden werde.[19] Ormonds Briefentwurf erschien ihm dennoch als zu drastisch. Wenn er auch vor Gericht möglicherweise Genugtuung erfahren würde, so beschwöre er doch dadurch im universitären Feld unabschätzbare Emotionen herauf.[20] Die gesamte zweite Jahreshälfte verbrachte Rechtsanwalt Zutt damit, über den Freiburger Rektor mit Büchner in zähen Verhandlungen eine Einigung zu erreichen, was schließlich zu Jahresbeginn 1962 auch gelang.[21] Allerdings musste Mitscherlich diesen neuen Kompromiss mit vielen Zugeständnissen an Büchner bezahlen und die beanstandeten Textpassagen im Wesentlichen nach dessen Wünschen verändern. Auch hinsichtlich der Interpretation des Vortrags setzte Büchner seine Sichtweise durch – man einigte sich auf die Formulierung, Büchner habe »den Euthanasiegedanken abgelehnt«.

Die Skandalisierung der NS-Medizin

So unvermutet Büchners Intervention für Mitscherlich kam, so folgenlos blieb sie. Das öffentliche Echo auf *Medizin ohne Menschlichkeit* war fast ausnahmslos positiv, zum Teil enthusiastisch. Apologetische Positionen, beispielsweise ein Bericht in dem Magazin *Selecta*, der argumentierte, die Schuld manchen Arztes sei »erst in der abstrahierenden Retrospektive so erschreckend angewachsen« und ein »schlichter Gerichtshof« könne die »weltanschauliche Frage« der Euthanasie kaum beurteilen[22], blieben die

18 Ormond an Mitscherlich, 18.4.1961, AMA II 2/114.9.
19 Mitscherlich an Ormond, 1.4.1961, AMA II, 2/114.8.
20 Mitscherlich an Ormond, 27.4.1961, AMA II, 2/114.10.
21 Mitscherlich an Ormond, 2.2.1962, AMA II, 2/114.15.
22 Stellungnahme zum Problem der Euthanasie (ohne Titel). In: Selecta 3 (1961), Heft 39, 25.9.1961.

Ausnahme.[23] Auch aus Leserkreisen erhielt Mitscherlich ein beispielloses Echo. Insbesondere junge Leser, für die *Medizin ohne Menschlichkeit* die erste nähere Konfrontation mit der Geschichte der NS-Medizinverbrechen, unter Umständen sogar mit der NS-Vergangenheit überhaupt darstellte, dankten überschwänglich[24] und berichteten, wie intensiv an den Universitäten über das Buch diskutiert werde.[25] Viele junge Leser betonten, dass in ihrer Generation »die ernsthafte Auseinandersetzung mit der Vergangenheit« schon begonnen habe, mehr als »das oft unfundierte Gerede von der unbewältigten Vergangenheit erscheinen läßt«[26]. Mitscherlich zeigte sich über diese Zuschriften »besonders erfreut«[27]. Neben Vertretern der jüngeren Generation wandten sich auch Opfer der NS-Medizin oder ihre Angehörigen sowie Ärzte, die nach 1933 aus ihrem Beruf hinausgedrängt worden waren, an Mitscherlich und suchten die Möglichkeit, ihre leidvollen Erfahrungen mitzuteilen.[28]

Schließlich versicherten auch äußerlich Unbeteiligte Mitscherlich ihre Solidarität und dankten ihm: »Ein Glück für Deutschland, daß es solche Männer wie Sie beide hat. Glauben Sie mir, es wird eine Zeit kommen, wo bei uns einmal Recht (Gerechtigkeit), Wahrheit (Wahrhaftigkeit), Vernunft (Vernünftigkeit) zur dominierenden Wirkung (Stellung) kommen und wo man sich Ihrer Dienste, die Sie Deutschland leisteten, erinnern wird.«[29] Mit angesprochen war hier der im Frühjahr 1959 an Leukämie verstorbene Fred Mielke, den Mitscherlich auch bei *Medizin ohne Menschlichkeit* als Mitherausgeber anführte. Er hatte auch dafür gesorgt, dass Mielkes Erben mit einem Drittel am Erlös des Buches beteiligt wurden, wie es Mielke seinerzeit bei *Wissenschaft ohne Menschlichkeit* auch gewesen war.[30] Viele Leser versicherten Mitscherlich, sein Ruf verhalle nicht ungehört, es gebe überall in Deutschland Menschen, »die so denken wie Sie und die Ihnen dankbar sind, daß Sie diese Gedankengänge aussprechen. Das Bewußtsein,« daß man in diesem Zeitabschnitt der unbewältigten Vergangenheit nicht allein steht, hilft einem, gegen die

---

23 Vgl. auch: Peter, Ärzteprozeß, S. 149-165.
24 Wolf an Mitscherlich, 2.11.1960, AMA II 2/166.2; Kalinke an Mitscherlich, 30.3.1960, AMA II 2/80.1; Kraus an Mitscherlich, 23.4.1961, AMA II, 2/90.1.
25 Gehring an Mitscherlich, 13.5.1962, AMA II, 2/55.1.
26 Wolff-Metternich an Mitscherlich, 3.5.1960, AMA II, 2/167.1.
27 Mitscherlich an Wolff-Metternich, 6.5.1960, AMA II, 2/167.2.
28 Knippel an Mitscherlich, 26.11.1961, AMA II, 2/84.1; Ladisch an Mitscherlich, 6.11.1960, AMA II, 2/92.1; Hruszek an Mitscherlich, 13.1.1961, AMA II, 2/76.1.
29 Boettner an Mitscherlich, 27.4.1960, AMA II, 2/20.1.
30 Mitscherlich an Fischer-Bücherei (Frenzel), 2.12.1960, AMA I, 1584.21.

Resignation anzukämpfen.« Die Deutschen hätten in ihrer Gesamtheit allerdings noch nicht verstanden, was während des Nationalsozialismus geschehen sei, »und so ist auch noch kein Raum für die Scham, die vorerst wohl nur von denen empfunden wird, die sich auch damals schon für ihr Volk geschämt haben. Ich glaube aber, daß nicht unerhebliche Teile der heranwachsenden Generationen die Dinge richtig sehen und entsprechend einordnen werden.«[31] *Medizin ohne Menschlichkeit* wirkte, so wird aus den Reaktionen der Leserschaft deutlich, als einer der ersten Kristallisationspunkte des Unbehagens einer jungen Generation angesichts des vorangegangenen Jahrzehnts des Beschweigens der Vergangenheit. Das Buch lieferte, was bis dato noch kaum greifbar war: sachliche Informationen über einen Teil der NS-Verbrechen, eine überaus kritische Einordnung und Analyse – und schließlich auch das Gefühl, mit der moralischen Empörung über die Verbrechen und ihr Beschweigen im zurückliegenden Jahrzehnt nicht alleine zu stehen.

Insbesondere unter jungen Ärzten machte Mitscherlichs Buch Furore. Sie zogen vor allem Parallelen zu den zeitgleich öffentlich diskutierten Fällen der NS-Mediziner Werner Catel und Werner Heyde. Unter seinen Kollegen mache sich »hoffnungslose Resignation« breit, schrieb ein Arzt aus Hamburg. Gerade deshalb habe aber Mitscherlichs Buch tiefen Eindruck gemacht.[32] Tatsächlich hatten die Fälle Catel und Heyde nach dem Erscheinen von *Medizin ohne Menschlichkeit* noch mehr öffentliche Aufmerksamkeit auf das Thema der NS-Medizin gelenkt.

Der Pädiater Werner Catel hatte 1939 den Anstoß zur so genannten »Kindereuthanasie« gegeben, als er den Eltern eines auf seiner Leipziger Station liegenden behinderten Kindes riet, ein Tötungsgesuch an Hitler zu richten, der daraufhin die planmäßige Ermordung behinderter Kinder über die »Kanzlei des Führers« einleitete. Catel war später auch Mitglied des »Reichsausschusses zur wissenschaftlichen Erfassung erb- und anlagebedingter schwerer Leiden«, dem alle »mißgestalteten« Neugeborenen gemeldet werden mussten. Schließlich wurde er einer von drei Obergutachtern der »Aktion-T4« genannten »Erwachseneneuthanasie«. Nach 1945 wurde Catel entnazifiziert und bewarb sich um eine Professur an der Universität Hamburg. Der von den britischen Besatzern kurzzeitig als Rektor eingesetzte überzeugte NS-Gegner Rudolph Degkwitz hatte versucht, Catel vor Gericht zu ziehen – das Hamburger Landgericht hatte die Eröffnung einer Hauptverhandlung aber mit dem Hinweis abgelehnt,

---

31 Georgi an Mitscherlich, 30.4.1960, AMA II, 2/59.1.
32 Biermann an Mitscherlich, 24.8.1960, AMA I, 523.3.

die an der »Euthanasie« beteiligten Ärzte hätten kein Unrechtsbewusstsein gehabt und man sei sich auch jetzt nicht sicher, ob »die Vernichtung geistig völlig Toter und ›leerer Menschenhülsen‹ [...] absolut und a priori unmoralisch ist«[33]. Catel wurde 1954 an die Universität Kiel berufen. Seine dortige Ruhe wurde erst gestört, als sich am 12. November 1959 der ehemalige Würzburger Ordinarius für Psychiatrie und zeitweilige Leiter der »Aktion T4«, Werner Heyde, in Frankfurt der Staatsanwaltschaft stellte. Heyde hatte sich nach 1945 unter dem Namen Fritz Sawade in Schleswig-Holstein niedergelassen. Obwohl weite Kreise in Medizin und Politik über seine wahre Identität informiert waren – Heyde scheute sich nicht einmal, auf Vortragsreisen mit seinem ehemaligen Kollegen Hans Bürger-Prinz zu diskutieren –, konnte Heyde bis 1959 unbehelligt praktizieren und für schleswig-holsteinische Behörden etwa 7000 neurologische Gutachten erstellen.[34] Nur dank eines Zufalls wurde seine falsche Identität schließlich den Behörden bekannt. Als daraufhin Ermittlungen eingeleitet wurden, erkannte Heyde die Aussichtslosigkeit seiner Lage und stellte sich. Der Skandal schlug hohe Wellen. Gegen eine Reihe von schleswig-holsteinischen Beamten, die der Mitwisserschaft von Heydes zweiter Karriere verdächtigt wurden, ermittelte von Januar 1960 bis Juni 1961 ein parlamentarischer Untersuchungsausschuss – ergebnislos.

Im Zuge der Enttarnung Heydes sah sich auch Werner Catel an seine Vergangenheit erinnert. Aus den USA, wohin er im Sommer 1948 angesichts der offenkundigen Renazifizierung der Hamburger Universität resigniert ausgewandert war, wandte sich Rudolph Degkwitz an den schleswig-holsteinischen Ministerpräsidenten Kai Uwe von Hassel und informierte ihn über Catels Vergangenheit. Daraufhin verteidigte Landeskultusminister Osterloh Catel öffentlich auf einer Pressekonferenz und sagte unter anderem: »Ich bin der Überzeugung, dass Prof. Catel vor 1945 subjektiv der Meinung war, im sittlich-moralischen Sinne nichts unrechtes getan zu haben.«[35]

In dieser Situation hatte der junge *Spiegel*-Redakteur Bert Honolka einen Artikel über die NS-»Euthanasie« verfasst. Er wandte sich an Alexander Mitscherlich – *Medizin ohne Menschlichkeit* war fünf Monate zuvor erschienen – mit der Bitte, einen unterstützenden Brief zu schreiben, da

---

33 Godau-Schüttke, Affäre, S. 181.
34 Vgl. zu Heyde: Godau-Schüttke, Affäre.
35 Zit. nach dem Sendemanuskript der NDR-Sendung »Nordschau« vom 30.6.1961, AMA X, 52,12.

er annahm, mit seinen Enthüllungen sonst keinen Glauben zu finden.[36] Mitscherlich ließ sich nicht lange bitten und verfasste einen ausführlichen Text[37], in dem er in scharfen Worten die Reaktion der Politik auf die Enthüllungen im Fall Catel kritisierte: »Es war beinahe vorauszusehen, wie die Reaktion auf die Tatsachen sein würde. Herr Minister Osterloh lehnt zwar ›aus sittlichen und religiösen Gründen die Tötung unheilbar Kranker ab‹, aber er behauptet zu wissen, ›daß diese These selbst bei Medizinern umstritten‹ sei. [...] Jedem seine Privatsittlichkeit ohne Verbindlichkeit, das scheint man sich unter Demokratie vorzustellen.« Die Euthanasie sei aber »weder nach dem medizinischen Wissen unserer Zeit noch vor dem moralischen Bewußtsein ein umstrittenes Thema, sie ist nichts weiter als ein Verbrechen«. Die Last behinderter Kinder sei von der Gesellschaft zu tragen, »die Ausrede auf das humane Mitgefühl mit den Mißgeburten ist bestenfalls eine sentimentale Kulisse. Bei genauerem Hinsehen findet sich dahinter rasch eine so kindliche wie bösartige Allmachtsphantasie. [...] Darum blieb man auch aus innerer Konsequenz nicht bei der Tötung alter Geisteskranker und Mißgeburten, sondern ging raschen Fußes zu allem über, was nicht zum Vollkommenheitstraum paßte.« Es sei nicht erstaunlich, so Mitscherlich, dass sich jemand vor den Konsequenzen seines Tuns drücken wolle. Gewichtiger sei, dass ein »Professions-Christ und Minister« äußere, der Betreffende habe im »sittlichen Sinne nichts Unrechtes getan«.

Mitscherlich verknüpfte seine Sarkasmen mit seinem sozialpsychologischen Credo des reflektierten Individuums:

> »Nur wenn wir Einsicht – überlegene Einsicht – in die Denk- und Handlungsstereotypien unserer Gesellschaft gewinnen, wenn wir sie im Gegengriff unseres Bewußtseins prüfen und entscheiden, ob wir so weiterleben wollen, hat es Sinn, daß wir die dunkle Vergangenheit – und dann allerdings ohne nachzulassen – durchforschen. Es ist dann im ersten Schritt dieses Nachdenkens gleichgültig, ob die Herren Catel, Osterloh, Massfeller e tutti quanti vor Scham erröten, aber es ist wichtig, daß wir, das Vergangene mißbilligend, trotzdem die Schuld dafür übernehmen, daß wir uns dessen schämen. Nur so werden wir jene Wandlung unserer Moral hervorbringen, die dem Einzelnen die Pflicht zur moralischen Entscheidung, die ihm zugemutet wird, auferlegt und ihn trotzdem ans Ganze – nicht in philosophischer Höhe,

---

36 Der Spiegel (Honolka) an Mitscherlich, 15.8.1960, AMA I, 5195.7.
37 Mitscherlich an Der Spiegel (Honolka), 17.8.1960, AMA I, 5195.9a.

sondern ganz in der konkreten Wirklichkeit der lebenden Nation – gebunden hält.«[38]

Der *Spiegel* brachte Mitscherlichs Stellungnahme lediglich in verkürzter Form als Leserbrief, der Artikel Honolkas, der unter dem Titel *Die Kreuzelschreiber*[39] Furore machte, war auf die Autorität Mitscherlichs aber anders als befürchtet auch nicht angewiesen. In der Folge bat Werner Catel vorzeitig um seine Emeritierung.[40] Auch Mitscherlichs alter Widersacher, der Psychiater Werner Villinger, dessen Verstrickung in die NS-»Euthanasie« Honolka ebenfalls thematisiert hatte, musste sich vor Gericht verantworten, er starb allerdings unter mysteriösen Umständen während einer Bergwanderung im Sommer 1961.[41]

Bert Honolka arbeitete nach seinem Artikel an einem Buch zum Thema der NS-Euthanasie und erbat von Mitscherlich dessen Stellungnahme an den *Spiegel,* denn er halte den Brief »für eine Bekundung von – sagen wir es ruhig – nahezu historischem Wert (es ist heute schon eine große Seltenheit, wenn ein Professor sich ungebeten hinsetzt und couragiert zu Papier bringt, was er von Taten hält, die damals wie heute verlogen als Euthanasie-Maßnahmen bezeichnet werden)«.[42] Mitscherlich sagte zu; sein Text erschien als Nachwort in Honolkas Buch *Die Kreuzelschreiber.*[43]

Das Buch *Medizin ohne Menschlichkeit* zog immer weitere Kreise. Im Oktober 1960 wurde Mitscherlich als Zeuge in einem Gerichtsverfahren nach Hamburg geladen. Gerhard Rose war im Nürnberger Ärzteprozess wegen der Beteiligung an Fleckfieber-Versuchen im Konzentrationslager Buchenwald angeklagt und zu lebenslänglicher Haft verurteilt worden. Wie in vielen anderen Fällen war auch seine Strafe aber 1951 in eine Freiheitsstrafe von nur noch 15 Jahren umgewandelt worden. Fortan stritt Rose unermüdlich vor Gericht um die Wiederherstellung seiner Ehre und die Widerlegung der damaligen Beschuldigungen. In diesem Verfahren, zu dem Mitscherlich als Zeuge erschien, versuchte Rose, die Echtheit des Stationstagebuchs des Buchenwalder Lagerarztes Erwin Ding-Schuler anzuzweifeln, das im Ärzteprozess das wesentliche Belastungsdokument in Hinblick auf die Verbrechen in Buchenwald gewesen war.[44]

38 Mitscherlich an Der Spiegel (Honolka), 17.8.1960, AMA I, 5195.9a.
39 Der Spiegel 15 (1961), Heft 21.
40 Der Spiegel (Honolka) an Mitscherlich, 14.9.1960, AMA I, 5195.12.
41 Schäfer, Villinger.
42 Honolka an Mitscherlich, 8.8.1961, AMA III.
43 Honolka, Kreuzelschreiber.
44 Vgl.: Kogon, SS-Staat.

Der Zeuge Mitscherlich konnte zum Verfahren nicht viel Erhellendes beitragen, sich allenfalls im Nachgang von Eugen Kogon bestätigen lassen, dass Roses Versuch, die Echtheit des Tagebuchs zu bestreiten, völlig haltlos war.[45] Allerdings war Mitscherlich so fassungslos über die Art und Weise, wie das Gericht mit dem Selbstentlastungsversuch Roses umging, dass er eine ausführliche Aktennotiz anfertigte. Er hielt fest, dass auf seine Bemerkung, Rose habe als leitender Generalarzt »über alle Dinge im Dritten Reich genau Bescheid gewußt«, der Vorsitzende Richter einem Zeugen – laut Mitscherlichs Notizen ein »entnazifizierter SS-Richter, zwei Jahre in Buchenwald tätig, jetzt Rechtsanwalt in Frankfurt« – Gelegenheit gab, das Lager Buchenwald in größter Ausführlichkeit als einen »Ort äußerster Sauberkeit, gepflegter Gartenwege mit vielen Blumen, überhaupt denkbar größter Ordnung [darzustellen].«[46] Auf Mitscherlichs Einwand, Rose hätte möglicherweise angesichts von rund 120 angeblich zum Tode verurteilten Häftlingen, an denen Fleckfieberversuche durchgeführt wurden, stutzig werden können, betonte der Vorsitzende Richter, es habe ja im Dritten Reich tatsächlich die Todesstrafe gegeben. Mitscherlich entgegnete erregt, gerade dies sei doch ein Beispiel für die Unrechtsjustiz, das man hätte als solches erkennen können, doch er erhielt als Antwort »nur ein verständnisloses, wenn nicht angewidertes Kopfschütteln«. Der Vorsitzende erklärte, »dass er selbst im 3. Reich in der Justiz tätig gewesen sei und dass ihm niemals eine Auflage irgendwelcher Art, die ihn in seiner Freiheit beschränkt hätte, gemacht worden sei.« Mitscherlich resümierte konsterniert: »Das Ganze hat mir den fatalsten Eindruck gemacht, den ich bisher in der Bundesrepublik von der Justiz empfangen habe. Ein offensichtlich um eine wirkliche Klärung des Sachverhaltes überhaupt nicht bemühtes Gericht – ein Gericht, das von lauter vorgefaßten Meinungen ausgeht, zum Beispiel von der, daß der Nürnberger Prozeß ein Unrechts-Verfahren war.«

Er teilte seine Empörung auch dem Staatssekretär im Hessischen Justizministerium Rosenthal-Pelldram mit: »Mein Eindruck war, daß ich mich vor einem wohlgetarnten nationalsozialistischen Gerichtshof für die Publikation von ›Wissenschaft ohne Menschlichkeit‹ zu verantworten hätte.«[47] Es zeigt Mitscherlichs gewachsenen Einfluss innerhalb der politischen und akademischen Landschaft Hessens, dass der Staatssekretär daraufhin bei Ministerpräsident Zinn vorsprach und Fritz Bauer sich

---

45 Mitscherlich an Kogon, 29.10.1960, AMA I, 3018.4; Kogon an Mitscherlich, 9.12.1960, AMA II, 2/88.3.
46 Aktennotiz Mitscherlich (undatiert), AMA II, 2/70.2.
47 Mitscherlich an Rosenthal-Pelldram, 29.10.1960, AMA II, 2/70.6.

einschaltete und versprach, der Sache nachzugehen.[48] Auch Bert Honolka wurde von Mitscherlich über die »Groteske« informiert und gebeten, über Rose zu recherchieren.[49] Als dieser aber mit seinen Recherchen begann, traten interessierte Kreise – so zumindest berichtete Honolka an Mitscherlich – an Rudolf Augstein heran, der Honolka daraufhin persönlich bat, weitere Nachforschungen im Fall Rose zu unterlassen. Es handele sich um eine »erledigte Sache«.

Als Hintergrund von Augsteins Bremsmanöver vermutete Honolka eine Allianz von führenden Pressevertretern, die sich in den 1950er Jahren, als sowohl der *Spiegel* als auch die *Zeit* noch ein deutlich nationalkonservatives Profil hatten, für den inhaftierten Rose eingesetzt hatten: Wortführer war dabei der *Zeit*-Chefredakteur »Jan Molitor« alias Josef Müller-Marein, der sich mit Gerd Bucerius, Henri Nannen und Rudolf Augstein abgestimmt habe.[50] Augstein habe zwar erkennen lassen, so berichtete Honolka, dass er von Roses Unschuld nicht überzeugt sei, aber es seien Rücksichten zu nehmen. Rose habe es offenbar verstanden, Freunde zu positionieren, und das Interesse an Vergangenheitsdurchleuchtung sei eben in der Bundesrepublik kaum vorhanden. Leider auch nicht in der Redaktion des *Spiegel*.

Wenig später geriet Bert Honolka in eine berufliche und persönliche Krise. Nachdem er einen Herzanfall erlitten hatte, weigerte sich Rudolf Augstein, für die Kosten einer Kur aufzukommen. Honolka vermutete einen Zusammenhang zu seinem kurz zuvor gegenüber Augstein ausgesprochenen Vorwurf, wirklich heiße Eisen nicht anzufassen und sich statt dessen in einen auflagesteigernden künstlichen Krieg mit Franz Josef Strauß zu begeben. Honolka kündigte seine Stellung beim *Spiegel* und versuchte sich am Kauf eines eigenen Verlages ebenso erfolglos wie an der Gründung einer satirischen Zeitschrift. Alsbald geriet er in finanzielle Nöte, seine Ehe zerbrach.[51] Mitscherlich half Honolka mehrfach mit größeren Geldbeträgen und plante schließlich, dass dieser, wie einstmals er selbst in Nürnberg, als Prozessbeobachter das Gerichtsverfahren gegen Werner Heyde beobachten solle, das von Fritz Bauer vorbereitet wurde. Ein Vertrag mit dem Fischer-Verlag über das von Honolka unter dem

---

48 Notiz Mitscherlich über einen Anruf Fritz Bauers am 4.11.1961, AMA II, 2/70.6a.
49 Mitscherlich an Honolka, 7.12.1961, AMA I, 2452.2.
50 Honolka an Mitscherlich, 4.2.1962, AMA I, 2452.7.
51 Honolka an Mitscherlich, 11.3.1962, AMA I, 2452.8; Honolka an Mitscherlich, 24.12.1962, AMA III.

Patronat Mitscherlichs zu verfassende Buch war schon ausgearbeitet[52], ein Platz im Gerichtssaal reserviert, da nahm sich Werner Heyde kurz vor Beginn der Hauptverhandlung am 13. Februar 1964 in seiner Zelle das Leben.

Medizin ohne Menschlichkeit machte Alexander Mitscherlich auch zum begehrten Redner innerhalb der Ringvorlesungen, die seit Mitte der 1960er Jahre an vielen bundesdeutschen Universitäten zum Thema »Universität und Nationalsozialismus« abgehalten wurden. Der Zorn, den viele Studierende ohnehin schon gegen ihre Ordinarienuniversitäten empfanden, die – wie es Georg Picht 1964 auf den Begriff brachte – auf eine »Bildungskatastrophe«[53] zusteuerten und an einem erheblichen Modernisierungsdefizit litten, wurde durch die Aufdeckung immer neuer Beispiele von Professoren mit brauner Vergangenheit zusätzlich moralisch aufgeladen.[54] Siegfried Ruff beispielsweise, im Nürnberger Ärzteprozess wegen Unterdruck- und Unterkühlungsversuchen angeklagt und später wie so viele andere freigesprochen, war inzwischen Professor an der Universität Bonn. Im Frühjahr 1965 bemerkte der dortige Assistenzarzt Alfred Jahn, dass Ruffs Name in *Medizin ohne Menschlichkeit* genannt war, und verbreitete seine Informationen unter den Studierenden. Von Seiten der Professorenschaft und der Universitätsverwaltung erfolgte aber zunächst keine Reaktion, und von Ruffs Anwalt wurde er aufgefordert, sein rufschädigendes Verhalten zu beenden. Jahn weigerte sich, obwohl man ihm mit dem Entzug seines Lehrauftrages drohte.[55]

Nach einem ausführlichen Bericht in der *Zeit* – die inzwischen ihre vergangenheitspolitische Zurückhaltung, die Bert Honolka noch fünf Jahre zuvor zu spüren bekam, abgelegt hatte – nahm sich der Bonner SDS der Sache an, verfasste einen offenen Brief und erzwang mittels einer formellen Anfrage an die Medizinische Fakultät und den Senat eine Untersuchungskommission.[56] Mitscherlich wurde zum Verbündeten der kritischen Studierenden: Der SDS-Sprecher Hans Georg Heer – in den 1990er Jahren als wissenschaftlicher Mitarbeiter des Hamburger Instituts für Sozialforschung Leiter der Ausstellung »Vernichtungskrieg. Verbrechen der Wehrmacht 1941 bis 1944« – fragte bei Mitscherlich an,

---

52 Fischer-Bücherei (Altenheim) an Mitscherlich, 9.4.1963, AMA I, 1584.17.
53 So der Titel des die zeitgenössische Diskussion entscheidend bestimmenden Buches: Picht, Bildungskatastrophe. Zur Einordnung siehe: Kenkmann, Bildungsmisere.
54 Lammers, Ringvorlesungen.
55 Die Zeit, 3.12.1965.
56 Stuttgarter Zeitung, 11.2.1966.

ob dieser seinen Vortrag über »Menschenversuche im Dritten Reich«, den er im Januar 1966 in Heidelberg hielt[57], auch in Bonn halten könne.[58] Mitscherlich antwortete, er werde den Vortrag nur auf Einladung des Dekans oder des Rektors halten. Diese Einladung konnte Heers Kommilitone Ulrich Wickert – später Redakteur der Sendung »Monitor« und ARD-Journalist –, der sich darum bemühte, nicht erreichen. Immerhin druckte auf Wickerts Betreiben die Bonner Studentenzeitung *akut* Mitscherlichs Vortrag ab.[59]

In diesem Vortrag, den er an mehreren Universitäten hielt, präsentierte Mitscherlich seine bereits in seinen Nürnberg-Berichten formulierten Gedanken: Werde in der Gegenwart eine historisch gleichbleibende Grausamkeit der Menschheitsgeschichte lediglich durch die Medien besser wahrgenommen, oder breche hinter der Monotonie der Zivilisation die Aggressivität vermehrt hervor? Eine Suggestivfrage, die ihre Wirkung auf die jungen Zuhörer nicht verfehlte. Mitscherlich führte, wie schon 1947, die Medizinverbrechen auf die Beschränkung der modernen Medizin »auf objektivierbare Organvorgänge« einerseits und auf die enthemmende Wirkung der NS-Ideologie andererseits zurück. Er skizzierte die üblichen Verteidigungsargumente der Betroffenen, vor allem die Delegation der Schuld auf den nächsthöheren Befehlshaber und erinnerte explizit an die Nachkriegskarriere einiger Mediziner, erwähnte namentlich auch Siegfried Ruff.

Den größten Eindruck aber musste auf die Zuhörer in den überfüllten Hörsälen Mitscherlichs Argument machen, die in Rede stehenden Verbrechen seien nicht lediglich Taten einzelner Verführter, die vor 1945 Gut nicht von Böse hatten unterscheiden können und nun Anspruch auf Milde oder Freispruch hätten. Vielmehr seien die Verbrechen nur »im Kommunikationsfeld einer Gesellschaft« möglich geworden. »Aber die Einsicht, daß nicht Verbrechen von Verbrechern zum Prozeß anstanden, sondern die moralische Fühllosigkeit einer Gesellschaft, die einmal unse-

---

57 Mitscherlich, Alexander: Menschenversuche im Dritten Reich. Vortrag an der Universität Heidelberg im Rahmen der Vorlesungsreihe »Wissenschaft und Nationalsozialismus«, 19.1.1966; sowie unter dem Titel »Menschenversuche im Dritten Reich. Zur Problematik ethischer Orientierung in der Medizin« an der Universität Mainz im Rahmen der Mainzer Universitätsgespräche, 30.11.1966; sowie unter dem Titel »Was ist ein Mensch wert? ›Medizinische‹ Versuche im Dritten Reich« im Hessischen Rundfunk, 18.2.1966. Veröffentlicht in: Wissenschaft und Ethos. Mainzer Universitätsgespräche, WS 1966/67, S. 16-29 (GS VI, S. 189-212).
58 Heer an Mitscherlich, 9.1.1966, AMA I, 2185.1.
59 Korrespondenz Mitscherlich/Wickert, AMA VII, 162 sowie AMA I, 2185.

re Gesellschaft war, diese Einsicht ist bis heute unpopulär geblieben.«[60] Diese Feststellung, die in ähnlicher Weise schon im Vorwort von *Medizin ohne Menschlichkeit* zu lesen war, traf tatsächlich auch 1966 noch einen Kern des Problems. Sosehr die öffentliche Diskussion über die NS-Vergangenheit in den sechs Jahren seit Erscheinen von *Medizin ohne Menschlichkeit* auch in Bewegung geraten war – der Eichmann-Prozess und der Frankfurter Auschwitzprozess waren dabei nur die aufsehenerregendsten Ereignisse gewesen –: Die tiefgehende Integration der Deutschen in die nationalsozialistische »Volksgemeinschaft« und die Tatsache, dass das NS-Regime bis in die letzten Kriegstage hinein nicht nur von Furcht und Terror stabilisiert, sondern über lange Zeit vom Konsens der Mehrheit getragen worden war, war auch 1966 noch eine unangenehme und selten ausgesprochene Wahrheit.[61]

Immer häufiger wurde Mitscherlich zum Ansprechpartner, wenn es um die Auseinandersetzung mit der nationalsozialistischen Vergangenheit ging. Er wurde gebeten, die Ausstellung »Ungesühnte Nazijustiz« in Heidelberg zu eröffnen[62], und die sich 1963 in Heidelberg gründende jüdische Studentenvereinigung wählte ihn als ihren ersten Vertrauensdozenten.[63] Die Zahl der Bürger, die sich mit ihren Gedanken und Sorgen über die »Vergangenheitsbewältigung« an Mitscherlich wandten, wuchs.

In aller Regel bezogen sich diese Zuschriften auf das Problem des aktuellen Umgangs mit der Vergangenheit, nicht nur auf die Problematik einzelner personeller Kontinuitäten zwischen NS-Staat und Bundesrepublik. Diejenigen, so klagte ein Briefschreiber, die sich noch immer gegen die Einsicht wehrten, dass die NS-Verbrechen »unter Duldung und Billigung des größten Teils unseres Volkes« geschehen seien, seien meist die Gleichen wie diejenigen, die nach 1945 plötzlich »Persilscheine« erbaten – und damit offenbar Erfolg hatten: »1950 waren sie wieder obenauf.«[64] Ein Lehrer berichtete, er sei in seiner Schule mit der Forderung, stärker über den Nationalsozialismus aufzuklären, auf solche Gegenwehr gestoßen, dass er sich habe versetzen lassen; in der neuen Schule sei die Hal-

---

60 Bericht über Mitscherlichs Heidelberger Vortrag in der Rhein-Neckar-Zeitung, 21.1.1966.
61 Vgl.: Frei, 1945, S. 92.
62 Friedt an Mitscherlich, 15.11.1961, AMA I, 5658.2. Vgl. zu der Ausstellung »Ungesühnte Nazijustiz« auch: Miquel, Ahnden.
63 Korrespondenz Mitscherlich/Jüdische Studentenvereinigung Heidelberg, 1963, AMA 2735.
64 Cordes an Mitscherlich 11.9.1960, AMA II, 2/32.1.

tung des Kollegiums zu diesem Problem allerdings auch nicht wesentlich anders.[65] Mancher Leser fürchtete angesichts der mangelnden schulischen Aufklärung, die Erinnerung an den Nationalsozialismus werde mit der betroffenen Generation ins Grab sinken.[66] Mitscherlich antwortete auf solche sorgenvollen Zuschriften, er sei ebenfalls »bedrückt« über die Fähigkeit der Deutschen, »sich der Vergangenheit im Bewußtsein scheinbar vollkommen entledigen zu können«[67].

Diese Fähigkeit zu erklären sollte Mitscherlichs nächstes großes Thema werden. Bislang hatte sein Beitrag zur Rethematisierung der NS-Vergangenheit nicht in dem aktiven Versuch bestanden, das Schweigen der 1950er Jahre zu brechen, wohl aber in der Unerschrockenheit, mit der er das Thema der *Medizin ohne Menschlichkeit* öffentlich diskutierte, nachdem die Neuauflage auf Betreiben des Fischer-Verlags erschienen war. Zudem blieb Mitscherlich bei einer bloßen Thematisierung der NS-Vergangenheit ebenso wenig stehen wie bei einer Skandalisierung des lange ausgebliebenen kritischen Umgangs mit dieser Vergangenheit. Dies war – neben seiner Überlastung als Klinikleiter und Psychoanalytiker – seiner psychoanalytischen Herangehensweise geschuldet: Mitscherlich war kein Historiker und kein Staatsanwalt, auch kein kritischer Journalist. Seine Kenntnis der historischen Fakten und Möglichkeiten zu deren investigativer Verbreiterung waren begrenzt. Was ihn interessieren musste, waren einerseits die psychischen Dispositionen der Deutschen, die die Verbrechen möglich gemacht hatten, und die psychischen Prozesse andererseits, die nach 1945 zu einer lang anhaltenden Verdrängung geführt hatten.

65 Rauh an Mitscherlich, 1.5.1960, AMA II, 2/119.1.
66 Blum an Mitscherlich, 28.4.2006, AMA II, 2/19.1.
67 Mitscherlich an Rauh, 6.5.1960, AMA II, 2/119.2.

11. Was bedeutet »Aufarbeitung der Vergangenheit«?

Latenter Faschismus und autoritärer Charakter

In kürzester Zeit schob sich das Thema der »unbewältigten« Vergangenheit auf die Agenda Mitscherlichs. Mit der Neuausgabe seines Berichtes über den Ärzteprozess hatte er einen wesentlichen Beitrag dazu geleistet, dass die Diskussion über den Nationalsozialismus in der Bundesrepublik neu entbrannte. Für Mitscherlich selbst lag der Schlüssel zur Erklärung der Vergangenheit in seinen massenpsychologischen Überlegungen der 1950er Jahre. Als Gefahr, die aus der Erosion traditioneller Bindungen, Ordnungsvorstellungen und Traditionen in der Moderne erwachsen könne, hatte er vor allem die mögliche Manipulation der Massen benannt. Die historische Fundierung dieses Gedankens in der massenhaften Begeisterung der Deutschen für Hitler und den Nationalsozialismus ist unübersehbar. In seinen Memoiren beschrieb Mitscherlich die prägende Wirkung der Diktaturerfahrung explizit als wesentlichen Antrieb seines Bemühens um kollektivpsychologische Einsichten: »Das Elend der Nazizeit, die so viel Leid über Millionen Menschen brachte, ihre unmenschlichen Ideale und ihre ungehemmte Neigung zu Projektionen, Selbsttäuschungen und Vorurteilen [...] hat mich grundlegend geprägt. Seither lag mir der Wunsch, die Welt zu verbessern und Masseneinstellungen mit Hilfe von Kenntnissen auch des individuellen Seelenlebens aufklärend zu ändern, am Herzen.«[1]

Mitscherlichs Herangehensweise bezog sich also auf die Frage nach der massenpsychologischen Attraktivität des Nationalsozialismus. Im Raum stand aber auch die Frage, wie und warum sich nach 1945 ein so weitgehendes Schweigen über die NS-Vergangenheit hatte etablieren können. Als er von einem in die USA emigrierten Kollegen und ehemaligen Dachau-Häftling 1958 auf dieses Problem angesprochen wurde[2], versuchte Mitscherlich eine erste Deutung: Das Schweigen in der Bundesrepublik über die Vergangenheit sei nicht als Zeichen eines wiedererstarkenden Nazismus zu deuten, beruhigte er seinen Korrespondenzpartner. Die Bevölkerungsmehrheit wolle allerdings nicht an die Vergangenheit erinnert

1 Mitscherlich, Leben, S. 318.
2 Kupfer an Mitscherlich, 19.4.1958, AMA III.

werden, an die man »alle affektiven Bindungen« aufgegeben habe (»jedenfalls im Bewußtsein«), weil sich Erinnerungen nicht mit dem aktuellen »Selbstportrait« in Übereinstimmung bringen ließen. Das sei ein »hektisches Hingegebensein an die Möglichkeiten unseres Wirtschaftswunders«[3].

Die zu diesem Zeitpunkt wichtigsten Beiträge zur Antisemitismus- und Faschismusforschung in der Bundesrepublik stammten aus dem Frankfurter Institut für Sozialforschung. Horkheimer und Adorno hatten in ihrer im amerikanischen Exil entstandenen *Dialektik der Aufklärung*[4] den Versuch unternommen, das Phänomen des Antisemitismus mit Hilfe des Gedankens der »Authoritarian Personality« und des autoritären Staates in eine Theorie der modernen Gesellschaft zu integrieren.[5] Als beide nach 1945 wieder nach Deutschland zurückkehrten, verstanden sie die Faschismusforschung als eine der wesentlichen Aufgaben des Instituts für Sozialforschung. Sie integrierten dabei stets auch psychoanalytische Erklärungselemente in ihre Analysen – Horkheimer hatte selbst eine Analyse bei Karl Landauer durchlaufen[6], und Adorno hatte eine Habilitationsschrift mit dem Titel »Der Begriff des Unbewußten in der transzendentalen Seelenlehre« verfasst, diese allerdings nicht eingereicht.[7]

Psychoanalytische Elemente tauchten in den Analysen Horkheimers und Adornos dort auf, wo sie den Faschismus zwar universell – zunächst als notwendige Folge des Liberalismus, später als letzte Konsequenz einer verwalteten Welt – erklärten, dabei aber auch von der Grundannahme ausgingen, der Antisemitismus liege in latenter Form, gewissermaßen als Persönlichkeitsmerkmal des Menschen vor.[8] Bereits in den USA war Adorno an einem Projekt über Vorurteils- und Antisemitismusforschung beteiligt gewesen, dessen Ziel es war, durch Befragungen diesen latenten Antisemitismus des »autoritären Charakters« aufzuspüren.[9] Die Studie konnte letztlich wenig Repräsentativität beanspruchen. Zum einen war sie an Strafgefangenen und Insassen einer psychiatrischen Klinik vorgenommenen worden, zum anderen lagen der berühmten »F-Skala« zwei-

---

3 Mitscherlich an Kupfer, 3.5.1958, AMA III.
4 Horkheimer/Adorno, Dialektik.
5 Claussen, Psychoanalyse; vgl. auch: Homann, Exil, S. 68 ff.
6 Rothe, Landauer, S. 94 f.
7 Vgl.: Müller-Doohm, Adorno, S. 148 f.
8 Vgl.: Albrecht, Pädagogik, S. 399.
9 Adorno, Personality.

felhafte normative Vorannahmen zugrunde.¹⁰ Dennoch hielten Horkheimer und Adorno zunächst an ihrer Grundidee fest und besprachen Möglichkeiten der Übertragbarkeit des Untersuchungsdesigns auf die Bundesrepublik. Man wollte nunmehr erforschen, wie es um die Vorurteilsstrukturen und latenten (antisemitischen) Einstellungen der Deutschen bestellt war.

Das Ergebnis dieser Überlegungen war das so genannte »Gruppenexperiment«, das in Frankfurt und Umgebung durchgeführt wurde. Dazu wurden 121 Gruppengespräche mit insgesamt mehr als 1800 Teilnehmern geführt, sehr aufwendig transkribiert und analysiert. Angestoßen wurden diese Gruppendiskussionen jeweils durch einen fingierten Brief, in dem ein amerikanischer Besatzungssoldat über seine Erfahrungen in Deutschland berichtete. Ziel der Untersuchung war es einmal mehr, aus den Äußerungen der Teilnehmer verborgene Einstellungsmuster und Vorurteilsstrukturen herauszulesen.¹¹ Wie schon der in den USA durchgeführten Studie hafteten aber auch dieser Untersuchung methodische Mängel an. Deren gewichtigster war, dass die Analyse der Gruppengespräche in hohem Maße entlang von Vorannahmen über die Struktur des »autoritären Charakters« erfolgte. Ein Bekenntnis zu traditionellen Werten wie Sauberkeit und Ordnung oder eine ablehnende Haltung gegenüber der amerikanischen Besatzungsmacht beispielsweise ließen die Meinungsäußerung unweigerlich als Ausdruck des autoritären Charakters erscheinen.¹² Das Ergebnis der Studie enttäuschte denn auch alle Beteiligten. Insbesondere Horkheimer fürchtete angesichts der methodischen Schwächen um die Reputation des Instituts. Über mehrere Jahre wurden verschiedene Mitarbeiter, unter anderem der junge Ralf Dahrendorf, damit beauftragt, das Material in eine vorzeigbare Form zu bringen¹³, die Ergebnisse wurden schließlich 1955 publiziert.¹⁴

Der erste Elan, mit einer Kombination soziologischer und psychologischer Verfahren Vorurteils- und Antisemitismusforschung zu betreiben, verflog innerhalb des Instituts für Sozialforschung. Horkheimers Bedenken wuchsen, und aus Mitscherlichs Anstellung, die die Wiederbelebung des psychoanalytischen Zweigs des Instituts hätte befördern können und sollen, wurde – wie beschrieben – nichts. Der Stellenwert der Psychoanalyse innerhalb des Frankfurter Instituts sank. Zu Beginn der 1950er Jahre

10 Vgl.: Claussen, Adorno, S. 171 ff.; Jäger, Adorno, S. 200 ff.
11 Müller-Doohm, Adorno, S. 577 ff.
12 Vgl.: Jäger, Adorno, S. 216 ff.
13 Ebenda, S. 237 f.
14 Pollock, Gruppenexperiment.

hatte Mitscherlich in Adorno noch einen überzeugten Anhänger Freuds kennengelernt. Adorno versuchte mit psychoanalytischen Mitteln die faschistische Propaganda zu analysieren[15] und verteidigte 1952 die reine freudianische Lehre vehement gegen Harald Schultz-Henckes »Neopsychoanalyse«, der er vorwarf, Widersprüche unzulässigerweise zu glätten und einer konformistischen Anpassung des Individuums an die gesellschaftlichen Verhältnisse das Wort zu reden.[16]

Wenige Jahre später – das wenig befriedigende Ergebnis des Gruppenexperiments mag dazu beigetragen haben – äußerte Adorno sich kritischer[17]: 1955 betonte er, dass sich die eigengesetzlichen Kräfte und der Zwangscharakter gesellschaftlicher Prozesse mit psychoanalytischen Fragestellungen gerade nicht erhellen ließen, da diese in ihrer zutiefst individuellen Herangehensweise für die entscheidende Dimension der Beherrschung des Menschen durch den Staat blind bleiben müsse.[18] Zur gleichen Zeit also, als Mitscherlich seine massenpsychologischen Überlegungen konkretisierte und die hoffnungsvolle Perspektive entwickelte, aus individuell reflektierten Individuen könne eine verantwortlich handelnde und aufgeklärte Gesellschaft erwachsen, gelangte Adorno zur gegenteiligen Erkenntnis: »Die Bildung eines vernünftigen gesellschaftlichen Gesamtsubjekts, der Menschheit, mißlang.«[19]

Damit näherte sich Adorno der Position Horkheimers an, für den die Psychoanalyse ohnehin immer Hilfswissenschaft geblieben war. Diese Distanzierung von der Psychoanalyse führte auch dazu, dass Adornos und Horkheimers Arbeiten der 1950er Jahre, wo sie auf Fragestellungen politischer Psychologie zielten, »etwas Harmloses und Betulich-Pädagogisches«[20] anhaftete. Die Frage nach Ursachen und Bedingungen des Nationalsozialismus verschwand nach dem »Gruppenexperiment« immer mehr in »Globaldiagnosen der Moderne, der verwalteten Welt, dem Ende des Individuums«[21]. Diese Abstraktionstendenz in der Analyse des Faschismus machte eine Verbindung mit gängigen Totalitarismusdiskussionen möglich und ging einher mit der Abkehr von marxistischen Grundpositionen.[22] Dem Anpassungsdruck der Sagbarkeitsregeln der

15 Adorno, Propaganda.
16 Adorno, Psychoanalyse.
17 Adorno, Verhältnis.
18 Vgl. auch: Krovoza/Schneider, Psychologie, S. 635.
19 Adorno, Verhältnis, S. 22.
20 Krovoza/Schneider, Psychologie, S. 639.
21 Jäger, Adorno, S. 211.
22 Homann, Exil, S. 72.

Adenauer-Ära war es auch geschuldet, dass die früheren kritischen Schriften des Instituts – vor allem die *Dialektik der Aufklärung* – nicht mehr in den Vordergrund gerückt wurden. Im Gegenteil: Adorno und Horkheimer distanzierten sich öffentlich, als die DDR-Zeitschrift *Sinn und Form* 1949 Teile der *Dialektik der Aufklärung* veröffentlichte. Diese Entwicklung, verbunden mit manch irritierender Sorglosigkeit Horkheimers, die (NS-)Vergangenheit von Institutsangehörigen betreffend, konnte als Kurs der Anpassung an die politischen und mentalen Akzeptanzgrenzen der Bundesrepublik der 1950er Jahre gesehen werden und erboste vor allem den in den USA verbliebenen Herbert Marcuse, dessen Verhältnis zu Horkheimer merklich abkühlte.[23]

Mitscherlich registrierte diese Tendenzen im Institut für Sozialforschung recht genau. Sein persönliches Verhältnis zu Horkheimer, dessen herausgehobene und einflussreiche Position in der wissenschaftspolitischen Landschaft der 1950er Jahre er sich zunutze machte, litt dabei ebenso wenig wie das zu Adorno, mit dem Mitscherlich zu einem freundschaftlichen Umgang gelangte. Er wusste aber auch, dass die Vorbehalte gegen die reine freudianische Psychoanalyse im Institut für Sozialforschung eher größer als kleiner wurden.

1959, als Adorno sich aufgerufen fühlte, in die Diskussion um die »unbewältigte Vergangenheit« mit seinem berühmten Aufsatz *Was bedeutet Aufarbeitung der Vergangenheit?*[24] einzugreifen, wurde deutlich, dass die Frankfurter Schule über kein einheitliches Interpretationsmodell verfügte, mit dem eine Erklärung des Faschismus und seines offenkundig problematischen Nachlebens hätte gefasst werden können.[25] Adorno führte das von ihm identifizierte Fortleben des Faschismus zum einen auf das Fortbestehen seiner objektiven gesellschaftlichen Voraussetzungen zurück. Zum anderen benannte er als Ursache die Ich-Schwäche autoritätsgebundener Persönlichkeiten, die sich ersatzweise zur Identifikation mit großen Kollektiven hingezogen fühlten. Hier war er Mitscherlichs Gedanken der »Vermassung« der vaterlosen Gesellschaft nahe. Und ähnlich wie dieser konnte auch Adorno als Zukunftsperspektive nur die Mündigkeit des Individuums angeben. Grundsätzlich aber mussten sich in Adornos Logik zunächst die das Individuum unterdrückenden Verhältnisse ändern, damit dieses die Chance zur Mündigkeit bekam.

Sehr viel weniger Aufsehen als Adornos Aufsatz *Was bedeutet Aufarbeitung der Vergangenheit?* erregte zur gleichen Zeit ein ähnlicher Text Mit-

23 Jäger, Adorno, S. 213.
24 Adorno, Aufarbeitung.
25 Vgl. auch zum Folgenden: Albrecht, Vergangenheitsbewältigung, S. 199 f.

scherlichs, da er diesen nicht dem deutschen, sondern dem englischen Publikum präsentierte: Im Frühjahr 1960 sprach er in der BBC über *Germany's Problem of Collective Shame*. Dabei griff er einerseits seine Kernaussagen aus dem Vorwort zu *Medizin ohne Menschlichkeit* auf, benannte aber für seine englischen Zuhörer noch sehr viel deutlicher die in der Nachkriegszeit bislang sorgfältig ausgeklammerte Tatsache des volksgemeinschaftlichen Konsenses in der NS-Zeit: »The annihilation of millions presupposed not only the notion of their worthlessness, and the existence of an organization to carry it out, but a great number of people to commit these murders. It moreover requires a nation-wide toleration, much more extensive than it is generally admitted.«[26]

Die Deutschen, so erklärte Mitscherlich, hätten den Zusammenbruch des Dritten Reiches wie Zuschauer wahrgenommen, ohne ihre eigene Verstrickung zu realisieren. Eine selbstständige Auseinandersetzung mit der Vergangenheit sei ihnen von den Alliierten durch die verordnete Entnazifizierung abgenommen worden. Der im Nationalsozialismus freigesetzte Antisemitismus sei dann zum einen in den gesellschaftlich tolerierten Antikommunismus umgelenkt und zum anderen im rastlosen Wiederaufbau Deutschlands sublimiert worden. Erst jetzt, 15 Jahre nach Kriegsende, im Gefühl des vollbrachten Wiederaufbaus, kämen in der Bundesrepublik wieder Fragen nach dem bislang Verdrängten auf. Wie diese Entwicklung weitergehe, ob gar ein kollektiver Rückfall in alte Verhaltensmuster drohe, war für Mitscherlich offen. Dies hing aus seiner Sicht vor allem davon ab, ob es den Deutschen gelingen werde, der nach wie vor vorhandenen Versuchung zu widerstehen, neue Orientierung in autoritären Leitbildern zu suchen.

Einfacher als Adorno konnte Mitscherlich hier an seine psychoanalytische Sozialpsychologie anknüpfen. Ihm stand dabei nicht wie Adorno die eigene Interpretation von Gesellschaft im Wege, sondern er konnte, von der Frage nach den individuellen biologischen und psychischen Dispositionen des Menschen ausgehend, sehr viel zwangloser an eine massenpsychologische Erklärung herangehen. Krovoza und Schneider haben diesen Unterschied als »Aktualitätsdefizit« der Frankfurter Schule hinsichtlich der Erklärung der Realitäten im postfaschistischen Deutschland bezeichnet.[27] Dagegen erreichte bei Mitscherlich zwar »das individuell ›Verstehbare‹ allenfalls assoziativ das Niveau einer konsistenten gesellschaftstheoretischen Reflexion«, gleichwohl habe aber »der insistente Versuch

---

26 Mitscherlich, Alexander: Germany's Problem of Collective Shame, Vortrag in der BBC, 10.3.1960 (GS VI, S. 220-225), hier S. 220.
27 Krovoza/Schneider, Psychologie, S. 641; die folgenden Zit.: S. 649.

des Verstehens allemal sein Recht« etwa im Gegensatz zu »lupenreinen Theoremen«, die die Welt »aus der unerschütterlichen Logik der ökonomischen Bewegungsgesetze erklären«. Mitscherlich sah dies an seinem Lebensende ganz ähnlich. Er habe zwar auf der »freundschaftlichen und politischen Ebene« zur Frankfurter Schule gezählt, doch philosophisch »konnte ich als ein ziemlich unphilosophischer Kopf nicht mithalten. Mein Denken – wenn ich so hoffärtig sein darf – ging immer von sinnlich konkreten Anlässen aus, vom ›Patienten und seiner Krankheit‹, wie Balint es formulierte«[28]. Ausgangspunkt für Mitscherlichs Zeitkritik war in diesem Sinne nicht die Theorie, sondern ein ums andere Mal der Versuch des Verstehens und – diesem vorangehend – der genauen Beobachtung. Auch dies betonte Mitscherlich in seinen Lebenserinnerungen: »Wir hatten die Beobachtung gemacht, daß in den offiziellen Stellungnahmen von Politikern und vielen anderen die nationalsozialistische Ära immer wieder weitgehend ausgeklammert blieb. Das Selbstverständnis, das sich darin zeigte, war zweifellos verzeichnet. Das Bild vom Ich war ›gereinigt‹. Es erschienen nur Bilder einer relativen Harmlosigkeit, wenn von Erlebnissen aus der Nazizeit die Rede war.«

Es war insofern nicht zuletzt Mitscherlichs theoretische Unbefangenheit, die ihn neben Adorno zum prominentesten Kopf innerhalb der Diskussionen über den Umgang mit der NS-Vergangenheit in den 1960er Jahren werden ließ. Mitscherlich war mehr als Adorno in der Lage, die Vision eines durch kritische Ich-Leistung mündigen Individuums als Zukunftsperspektive aufzuzeigen – und damit gewannen seine Überlegungen einen sehr viel »freundlichere[n]«[29] (und handgreiflicheren) Zug, als ihn die Gesellschaftsanalysen der Frankfurter Schule bieten konnten.

Aus Mitscherlichs Verständnis einer zwischen individuellen und kollektiven Problemlagen nicht trennenden Sozialpsychologie lag es nahe, das Thema des Nationalsozialismus und seines Fortwirkens auch im Kreise von Psychoanalytikern und Ärzten zu diskutieren. Die geschäftsführende Leitung der DGPT hatte er 1958 an seinen Mitarbeiter Tobias Brocher abgegeben, der in den zähen berufsständischen Interessenkämpfen auch deshalb nicht wenig Erfolg hatte, weil er Mitscherlichs Cholerik und seine, so Brocher, »gelegentliche Tendenz zu einer verärgerten Reaktion«[30] durch eine »sachlich neutrale, emotional eher kühle« Verhandlungsführung ersetzte. Mitscherlich entzog sich der mühsamen In-

---

28 Mitscherlich, Leben, S. 206; das folgende Zit.: S. 235 f.
29 König, Sozialpsychologie, S. 216.
30 Brocher, Begegnungen, S. 32; das folgende Zit.: S. 31.

teressenvertretung inzwischen so weit als möglich, aber er zog weiterhin die Fäden im Hintergrund. So nutzte er den DGPT-Kongress von 1962 in Wiesbaden, um seine Sozialpsychologie in den Kreis der Psychoanalytiker und Psychotherapeuten hereinzutragen. Das wesentlich von Mitscherlich konzipierte Programm sah vor, dass am ersten Kongresstag über »Ideologie und Wirklichkeit in der ärztlichen Rolle« diskutiert wurde, am zweiten Tag über die Magersucht als ein Anwendungsgebiet psychosomatischer Medizin, und schließlich am dritten Tag über »psychologische und soziale Voraussetzungen des Antisemitismus«. Das Programm bildete damit genau Mitscherlichs Interessen- und Wirkungsschwerpunkte ab: Kampf für die Psychoanalyse, Nachweis ihres Nutzens innerhalb der Medizin und schließlich ihre Anwendung auf sozialpsychologische Fragestellungen.

Die Vorurteilskrankheit

In der Disziplin der scharfzüngigen Verteidigung der Psychotherapie und der Psychosomatik hatte Mitscherlich es inzwischen zur Meisterschaft gebracht. Als Eröffnungsredner wetterte er gegen die »einäugige« Organmedizin, die sich seit 1945 nach der Devise »keine Experimente« jeder Modernisierung verschlossen habe, sich jeder Integration der Psychosomatik verweigere und »wie ein Stück voraufklärerischen Absolutismus in die Gegenwart« rage.[31] Am zweiten Tag bestimmte Thure von Uexküll mit psychoanalytischen Deutungen der Magersucht den Kongress, am dritten Tag schließlich näherte man sich dem Thema des Antisemitismus. Als Anstoß zur Diskussion diente ein Dokumentarfilm über *Antisemitismus in der Bundesrepublik,* den der NDR auf Mitscherlichs Anregung hin produziert hatte.[32] Der Film zeigte im Wesentlichen Straßeninterviews mit Passanten, die sich zu Fragen wie »Kann ein Jude Bundesminister sein?« äußerten. Mitscherlich eröffnete anschließend die Diskussion, ihm folgte René Königs Mitarbeiter Alphons Silbermann mit einem Referat *Zur Soziologie des Antisemitismus,* Béla Grunberger sprach über *Psychodynamik des Antisemitismus,* Martin Wangh über *Die Psychodynamik des Antisemitismus in den USA* und schließlich Wolfgang Hochheimer über *Vorurteilsminderung in der Erziehung in die Prophylaxe des Antisemitismus.* Die Abschlussdiskussion wurde auf Mitscherlichs Betreiben – und von

---

31 Vgl. die Berichterstattung in: Christ und Welt, 11.5.1962.
32 Mitscherlich an Schier-Gribowsky, 1.2.62, AMA IIa, 32.

der Bundeszentrale für Heimatdienst finanziert[33] – am 2.11.1962 vom WDR unter dem Titel *Massenwahn braucht keine Gründe* ausgestrahlt.[34]

Mitscherlich setzte den Ton, als er in seinem Eröffnungsstatement den Antisemitismus als Krankheit definierte, und zwar gemäß seiner gleichzeitig entwickelten Dichotomie von Vorurteil und Toleranz als »Vorurteilskrankheit« mit epidemischen Wellen der Ausbreitung und Verschärfung des Krankheitszustandes«. Die Bereitschaft zum Vorurteil sei »die Folge eines aggressiven Triebüberschusses«, der durch »gesellschaftliche Wertorientierungen« nur mühsam gebändigt werde. Wenn aber Aggressionen gegen Minoritäten keine Sanktionen und Vergeltungen der Gesellschaft nach sich zu ziehen versprächen, so kanalisiere sich die Aggression »der sogenannten ›autoritären‹, d.h. autoritätssüchtigen und -hörigen Charakterstruktur« im Judenhass.[35] Die solchermaßen beschriebene Vorurteilskrankheit konnte aus Mitscherlichs Sicht tendenziell jeden Menschen befallen: »Der foudroyante Antisemit kann, wie oft beobachtet, ein rührender Familienvater sein, er ist trotzdem nicht nur als Antisemit psychisch krank; es lassen sich regelhaft bei ihm andere Anzeichen seiner schweren Gestörtheit entdecken, Zwänge, Süchte, Perversionen, psychosomatische Organsymptome, die den pathologischen Trend der Regression zum Ausdruck bringen.« Die Bekämpfung von Antisemitismus war damit als ärztliche Aufgabe definiert, die Therapie bestand in der analytischen (Selbst-)Aufklärung des Patienten: »Was bliebe uns ohne die Hoffnung, doch ein Geringes zur Versöhnung der Interessen durch ›rationelle Geistesarbeit‹ zu leisten? Auch wenn es uns als Ärzten nur gelingt, einem von vielen Kranken auf diesem Weg Hilfe zu geben, sind wir dankbar.«

Alphons Silbermann plädierte anschließend für eine Analyse sowohl der »jüdischen Persönlichkeit« als auch der des Antisemiten. Béla Grunberger deutete den Judenhass als Hass auf die »Vaterreligion« des Judentums, die die (mütterliche) Göttervielfalt abgelöst habe und vergleichbar sei mit dem Hass des Pubertierenden auf seinen Vater. Wolfgang Hochheimer machte die emotionale Bindekraft des Nationalsozialismus und seine Fähigkeit zur Beeinflussung des »Trieblebens« zum Zentrum seiner Überlegungen. Martin Wangh griff Mitscherlichs Gedanken auf und versuchte, ein normales von einem »abnormalen« Vorurteil abzugrenzen.[36]

---

33 Mitscherlich an Bundeszentrale für Heimatdienst, 21.12.1962, AMA IIa, 31.
34 Mitscherlich an Groneweg, 12.11.1962, AMA IIa, 32.
35 Mitscherlich, Alexander: Die Vorurteilskrankheit. In: Psyche 16 (1962), S. 241-245 (GS V, S. 379-383), hier S. 379; die folgenden Zit.: S. 382f.
36 Wangh, Betrachtungen; die folgenden Zit.: S. 69, 90.

Er definierte Vorurteile als Strategien der Angstvermeidung in unsicheren Lebenslagen und schrieb die Bereitschaft zu Vorurteilen in erster Linie »primitive[n]« Menschen zu. Die Ursache der spezifischen Brutalisierung von Vorurteilen im Völkermord des Nationalsozialismus entdeckte Wangh in einer Prädisponiertheit der vaterlosen Generation der Kriegskinder des Ersten Weltkriegs, die in ihrem abwesenden Vater kein Identifikationsobjekt hatten finden können: »Sich einem vergötterten, unberührbaren Führer zu unterwerfen, war dann eine mit Rationalisierungen verdeckte Lösung der inneren, unbewußt auf den Vater gerichteten homosexuellen Spannung.« Wangh schloss seine Ausführungen mit warnenden Worten: Schien nicht die vaterlose Generation, die der Zweite Weltkrieg hinterlassen hatte, in ähnlicher Weise gefährdet, sich in Vorurteile zu flüchten und sich Führern zu unterwerfen?

Diese Überlegungen zu einer Pathologie des Antisemitismus waren Ausdruck einer rastlosen Suche nach Erklärungen für den Zivilisationsbruch des Nationalsozialismus, und sie waren in dem wissenschaftlichen Feld von Soziologie, Psychologie und Psychoanalyse durchaus nicht ungewöhnlich. Auch in den USA war nach Kriegsende der Antisemitismus in ähnlicher Weise gedeutet worden.[37] Insofern ist es wenig erstaunlich, mit welchem Ernst die Kongressteilnehmer – auch Max Horkheimer war angereist und hatte eigens das Jahrestreffen des American Jewish Committee abgesagt[38] – über den Antisemitismus als kollektive Krankheit diskutierten. Die Ergebnisse der Diskussion wurden mit ebensolcher Ernsthaftigkeit in Form einer Resolution der DGPT verbreitet. Der DGPT-Vorstandsvorsitzende Mitscherlich gab darin kund, man sehe den Antisemitismus als »eine soziale Krankheit. Er gehört in den Zusammenhang der krankhaften irrationalen Verfestigung von Vorurteilen« und seine Erforschung sei bislang unzureichend. Bei einer »Änderung der Verhältnisse« drohe die Gefahr, dass »sich eine augenblicklich ruhende Vorurteilsbereitschaft erneut epidemisch ausbreitet«. Daher fühle sich die DGPT verpflichtet zu warnen. Aufgabe sei eine verstärkte Aufklärung über die sozialen Voraussetzungen in Zusammenarbeit mit Soziologen, Politologen und Historikern.[39]

---

37 Vgl.: Simmel, Antisemitism; Loewenstein, Christians; siehe auch: Claussen, Antisemitismus, S. 95 ff., sowie: Albrecht, Vergangenheitsbewältigung, S. 197.
38 Horkheimer an Mitscherlich, 27.4.1962, AMA IIa, 31.
39 Resolution der DGPT (an: Der Spiegel, Die Zeit, Die Welt, Frankfurter Allgemeine Zeitung, Allgemeine Wochenzeitung der Juden in Deutschland, dpa, Christ und Welt, Süddeutsche Zeitung) vom 5.5.1962, AMA IIa, 32.

Die ausländischen Kongressbesucher zeigten sich anschließend von der »Objektivität« und der »wissenschaftliche[n] Reife und [dem] Ernst« der Veranstaltung angetan.[40] Martin Wangh berichtete Mitscherlich, er sei nach seiner Rückkehr – vor allem von Juden – mit der Frage regelrecht bestürmt worden, ob sich die Deutschen geändert hätten. Er könne diese Frage nicht beantworten, habe aber immerhin gespürt, wie sehr der Schock den Deutschen in den Gliedern stecke und dass man sich sehr bemühe, der Vergangenheit ins Auge zu schauen.[41] Das positive Echo auf den Wiesbadener Kongress ermutigte Mitscherlich, mit seinem Referat auch ein Panel auf dem Kongress der Internationalen Psychoanalytischen Vereinigung in Stockholm 1963 zu bestreiten, und für eine Vortragsreise in den USA, die er für das Frühjahr 1964 plante, gab er als Thema an: »Verdrängte Trauer, ein Beitrag zum Studium gruppenpsychologischer Prozesse im Nachkriegsdeutschland.«[42]

Dieses Vortragsmanuskript, an dem er zusammen mit seiner Frau arbeitete, sollte, so teilte er Fritz Redlich mit, mehr leisten, als die Debatte über die »unbewältigte Vergangenheit« bislang erbracht hatte. Diese werde in Deutschland »nur im Sinne moralischer Anklage und ohne ein tieferes Verständnis dessen, was eigentlich hier vor sich geht«, geführt.[43] Im Januar 1964 klagte Mitscherlich zwar, dass »das Phänomen der verdrängten Trauer« kaum in den Griff zu bekommen sei und sich die Analyse als »viel schwieriger [erweise], als wir es uns ursprünglich vorgestellt haben«.[44] Doch das Vortragsmanuskript wurde in letzter Minute fertig, und die Mitscherlichs präsentierten ihre Gedanken in den USA mit großem Erfolg. Derart ermutigt, sprach Mitscherlich im Dezember 1964 auch im Rahmen des Studium Generale der Universität Freiburg über *Die Unfähigkeit zu trauern. Ein deutsches Phänomen psychoanalytisch betrachtet*[45].

Den Hauptgedanken einer »Unfähigkeit zu trauern« hatte Mitscherlich bereits in der *Vaterlosen Gesellschaft* umrissen. Schon dort stand zu lesen, dass »die Identifizierung mit dem ›Führer‹ [...] jedesmal hintergründig ein von großer Angst begleiteter Vorgang der Zwangsanpassung« und »massenhafter Regression auf diese Ebene des Dressatgehorsams« sei. Weil die Hinwendung zu diesem kollektiven Ich-Ideal aber »starr vor-

---

40 Grunberger an Mitscherlich, 2.11.1962, AMA I, 2010.7.
41 Wangh an Mitscherlich, 27.5.1962, AMA IIa, 31.
42 Mitscherlich an evangelische Akademie Boll (Bethge), 11.1.1964, AMA I, 1452.5.
43 Mitscherlich an Redlich, 20.6.1963, AMA IIa, 15.
44 Mitscherlich an Bychowski, 31.1.1964, AMA I, 825.10.
45 Mitscherlich an Schraml, 17.8.1964, AMA I, 4869.8.

urteilsgebunden« bleibe und allenfalls mit »pseudologischen Begründungen« rationalisiert werden könne[46], sei sie auch leicht wieder zu verdrängen, wenn das kollektive Ich-Ideal seine Macht einbüße und die narzisstische Enttäuschung darüber sich im Bedürfnis des Ableugnens der Schuld ausdrücke. Somit sei auch »verständlich, warum das Führeridol, das doch so frenetisch verehrt worden war, nach seinem Kollaps spurlos von der Bildfläche verschwinden konnte«.

Zu dieser Deutung des »Führers« als kollektiven Ich-Ideals trat in dem ersten Text der Mitscherlichs über die »Unfähigkeit zu trauern« der schon im Vorwort von *Medizin ohne Menschlichkeit* formulierte Gedanke der Kompensation hinzu, des Ungeschehenmachens der Schuld im manischen Wiederaufbau. Die Journalisten, die über den Freiburger Vortrag berichteten, interessierten sich in besonderer Weise für diese Überlegungen zur Nachkriegszeit. Die zugrunde liegende These der ausgebliebenen Auseinandersetzung der Deutschen mit der eigenen Begeisterung für den »Führer« wurde kurz referiert, aber nicht immer richtig verstanden. Der Reporter der *Badischen Zeitung* etwa meinte verstanden zu haben: »Der Gesamtkomplex des Dritten Reiches, verstanden als Komplex der von ihm Getöteten, würde nicht geliebt, das sei der Kardinalfehler.«[47] Mehr Raum räumten die Zeitungen der Beschreibung des »psycho-sozialen Immobilismus« ein, den die Mitscherlichs als Folge der Verdrängung in der Gegenwart identifiziert hatten. Die Folge der »Hektik des Ungeschehenmachens« sei eine »leicht verständliche Schwerfälligkeit bei der Gegenwartsbemächtigung«, wie sich nicht nur an der lange überfälligen Hochschulreform erweise. Eine Hoffnung, diese Schwerfälligkeit zu überwinden, liege in der Auseinandersetzung mit dem Thema des Nationalsozialismus. »In dem Maße, in dem wir mit unserer Geschichte zu leben vermöchten, so schloß der wichtige Vortrag, in diesem Maße würde auch der psycho-soziale Immobilismus verschwinden.«

Jenseits dieser die eigentliche Intention der Mitscherlichs etwas missverstehenden Interpretation der Presse war der Auftritt in Freiburg ein großer Erfolg. Der 1100 Personen fassende Saal[48] war überfüllt. Der Organisator Walter Schraml berichtete Mitscherlich anschließend vom begeisterten Echo aus der Studentenschaft: »Accente von ›der hats den Älteren gesagt‹ bis ›wir müssen etwas tun‹«[49]. Mitscherlich war sehr beeindruckt, wie ergriffen und lautlos das Publikum den Vortrag verfolgt

---

46 Mitscherlich, Gesellschaft, S. 334; das folgende Zit.: S. 335.
47 Badische Zeitung, 5.12.1964; dort auch die folgenden Zit.
48 Schraml an Mitscherlich, 16.11.1964, AMA I, 4869.12.
49 Schraml an Mitscherlich, 12.12.1964, AMA I, 4869.14.

hatte. Nicht zuletzt dieses Erlebnis ermutigte ihn, die schon seit Jahresbeginn 1964 mit dem Piper-Verlag diskutierte Idee eines Buches über das Thema der »Vergangenheitsbewältigung« aufzugreifen und voranzutreiben.[50] Es sollte noch fast drei Jahre dauern, bis das Buch über die »Unfähigkeit zu trauern« erschien. Immer wieder schrieben Mitscherlich und seine Frau den Titelessay um, indem sie abwechselnd an dem Manuskript arbeiteten und darüber diskutierten.[51]

Während der langen Bearbeitungszeit ließ das Thema des Nationalsozialismus und seiner »Bewältigung« Mitscherlich nicht los, es erwies seine Aktualität eher noch mehr, je weiter die Zeit voranschritt. Die Zuschriften und Anfragen, die er erhielt, zeigen die Konjunktur des Themas eindrucksvoll. Obwohl Mitscherlich nur einem Bruchteil der Anfragen entsprach, zeigt ein Blick auf seine Aktivitäten allein im Jahr 1965, wie sehr das Thema des Nationalsozialismus im Mittelpunkt der Aufmerksamkeit stand.

In diesem Jahr verfasste Mitscherlich ein Vorwort für das Buch *Diktatoren* des befreundeten Gustav Bychowski[52], in dem er die Gefahr der Entstehung einer Diktatur einmal mehr im historischen Zwischenraum einer vaterlosen Gesellschaft verortete, die noch nicht zu neuen Ordnungs- und Leitvorstellungen gefunden hat: »In den Zwischenphasen der Geschichte, wenn alte Autoritäten entmachtet und noch unbekannte gesucht werden, gedeiht die Diktatur.« Das Studium der »Psychopathologie« der Diktatur habe dabei prophylaktischen Charakter: »Wer darauf wartet, bis er wieder das Gesicht Hitlers sieht, ehe er begreift, was die Uhr geschlagen hat, wird längst das ahnungslose Opfer einer neuen Diktatur geworden sein.« Im gleichen Jahr engagierte sich Mitscherlich publizistisch in der Diskussion über die Verjährung von NS-Strafsachen[53], stellte im Hessischen Rundfunk die Erstausgabe der edierten Berichte des Sicherheitsdienstes des SD (*Meldungen aus dem Reich*) vor[54] und rezensierte für den *Spiegel* Hannah Arendts Buch *Eichmann in Jerusalem*[55] –

50 Mitscherlich an Piper-Verlag (Rößner), 18.12.1964, AMA I, 4287.212.
51 Transkript der Sendung »Das Portrait. Alexander Mitscherlich« des Norddeutschen Rundfunks, Erstausstrahlung am 18.11.1975, AMA IX, 42.
52 Mitscherlich, Alexander: Vorwort. In: Bychowski, Gustav: Diktatoren. Beiträge zu einer psychoanalytischen Persönlichkeits- und Geschichtsdeutung, München 1965, S. 8-13 (GS VII, S. 84-88).
53 Mitscherlich, Alexander: In der Schuldfrage gleichgezogen? Vortrag im Hessischen Rundfunk, 25.4.1965. auch in: Vorgänge 4 (1965), Heft 5, S. 193-194 (GS VI, S. 283-286).
54 Boberach, Meldungen.
55 Arendt, Eichmann.

nicht ohne dies erneut als Anlass zu nehmen, in äußerster Deutlichkeit die Verstrickung der Deutschen in die NS-Verbrechen beim Namen zu nennen: Gerade weil so viele Deutsche »unbeschwert den Schlaf fanden, als man ihre jüdischen Mitbürger auf Lastwagen abholte«, habe man heute »eigentlich wenig Grund, an Eichmanns Selbstverteidigung Kritik zu üben, wenn er sagte, nichts habe ›so wirksam zur Beruhigung seines Gewissens beigetragen wie die schlichte Tatsache, daß er weit und breit absolut niemanden entdecken konnte, der wirklich gegen die ›Endlösung‹ gewesen wäre‹«[56].

Schließlich trat Mitscherlich zweimal als Diskutant im Fernsehen auf, als die ARD am 20. April 1965 und erneut am 28. November 1965 den Dokumentarfilm *Hitler. Eine Dokumentation nach 20 Jahren* ausstrahlte, der eine Art Portrait des »Führers« versuchte und dem – so lobte die *Süddeutsche Zeitung* – am fast vergessenen »Führergeburtstag« das Verdienst zukam, »den Schleier mildtätigen Vergessens ein wenig gelüftet zu haben«[57]. Am 20. April diskutierte Mitscherlich im Anschluss an die Ausstrahlung des Films unter anderem mit dem Historiker Paul Kluke und mit Hans Bernd Givesius, am 28. November 1965 unter anderem mit Max Horkheimer.[58] Auf beide Sendungen hin erreichte ihn eine wahre Flut von Zuschauerpost. Immer wieder wurde seine These, Hitlers Wahn habe sich mit dem Wahn des deutschen Volkes getroffen, als die wichtigste Aussage des Abends genannt.[59] Drei Zuschauer aus der Schweiz lobten Mitscherlich für die »warnende Diagnose« und für »die Zivilcourage, beides in der Öffentlichkeit ausgesprochen zu haben«[60], eine Zuschauerin erlebte es als »kleine Lichtblicke«, dass Einzelne »es wagen, ihre Meinung offen zu sagen«[61], und ein Zuschauer berichtete, er habe niemals zuvor seine 17-jährige Tochter derart aufgerüttelt und nachdenklich gesehen.[62] Ein Zuschauer dankte als ehemaliges NSDAP-Mitglied ausdrücklich als

---

56 Mitscherlich, Alexander: Einfühlung in den Angeklagten. In: Der Spiegel 19 (1965), GS VII, S. 78-83.
57 Süddeutsche Zeitung, 22.4.1965.
58 Umfangreiche Unterlagen zu diesen Diskussionssendungen in AMA II, 52. Vgl. auch: Albrecht, Massenmedien, S. 235.
59 Bollmann an Mitscherlich, 28.11.1965, AMA II, 52. Im gleichen Sinne äußerten sich auch Helmuth Plessner (Plessner an Mitscherlich, 21.4.1965, AMA I, 4198.28) die Süddeutsche Zeitung in ihrem »Streiflicht« am 22.4.1965 sowie die Nürnberger Nachrichten am 22.4.1965.
60 Anonyme Zuschrift an Mitscherlich, 28.11.1965, AMA II, 52.
61 Prött an Mitscherlich, 1.12.1965, AMA II, 52.
62 Ellwanger an Mitscherlich, 29.11.1965, AMA II, 52.

»Mitschuldiger« für den neuen Stil der Diskussion und des Bemühens.[63] Doch die Diskussionen erregten auch Widerspruch. Neben offen antisemitischen anonymen Briefen erreichte Mitscherlich eine ganze Reihe die NS-Vergangenheit relativierender und verharmlosender Zuschriften sowie anonyme Verwünschungen: »Mit wem man es bei Ihnen zu tun hat, erfuhr ich dann, als man sagte, sie wären 1946 ›Beobachter‹ bei dem Nürnberger Prozess gegen Deutsche gewesen. Nur charakterlich minderwertige Figuren haben sich damals für diese Judastätigkeit hergegeben. Sie Spitzbube im Mantel eines ›Professors‹. Halten Sie lieber keine Vorträge mehr.«[64]

Solcherlei polarisierte Reaktionen zwischen emphatischer Zustimmung und wütender Ablehnung bestätigten Mitscherlich stets aufs Neue die Aktualität und die Relevanz seines geplanten Buches. Dessen ursprünglich für 1965 geplante Fertigstellung verzögerte sich jedoch immer weiter. Zudem tauchte das Problem auf, dass der Text über die *Unfähigkeit zu trauern* allein kein Buch füllen würde. Man einigte sich mit dem Verlag deshalb auf einen »Essayband«, der neben der *Unfähigkeit zu trauern* auch noch andere neuere Texte Mitscherlichs enthalten sollte und in diesem Sinne als eine Art Nachfolgeband der *Vaterlosen Gesellschaft* konzipiert wurde. Vorübergehend plante man sogar, das Kapitel zur *Unfähigkeit zu trauern* den zweiten Teil des Bandes (»Exemplum Germanicum«) eröffnen zu lassen, der dem ersten Teil (»Theoretica«) nachgeordnet war. Die Reihung der Überschriften des derart konzipierten Bandes macht deutlich, wie wenig sich die Kernthemen der Sozialpsychologie Mitscherlichs seit der *Vaterlosen Gesellschaft* verändert hatten: »Teil 1 ›Theoretica‹ 1. *Die Relativierung der Moral*, 2. *Proklamierte und praktizierte Toleranz*, 3. *Psychoanalytische Anmerkungen über die Kultureignung des Menschen*, 4. *Zur Psychologie des Vorurteils*. Teil 2 ›Exemplum Germanicum‹ 1. *Die Unfähigkeit zu trauern*, 2. *Tabu, Ressentiment und Rückständigkeit*, 3. *Hemmen Tabus die Demokratisierung der deutschen Gesellschaft?*[65]

Der Titel eines derart angelegten Bandes hätte *Die Relativierung der Moral* gelautet – letztlich setzte sich Mitscherlich aber dahingehend durch, dass der Essay *Die Unfähigkeit zu trauern* am Anfang des Bandes platziert wurde und diesem auch den Titel gab. In der endgültigen Fassung, die unter dem Titel *Die Unfähigkeit zu trauern. Grundlagen kollek-*

---

63 Müller an Mitscherlich, 26.4.1965, AMA I, 3801.1.
64 Anonyme Zuschrift an Mitscherlich, 10.4.1965, AMA II, 52.
65 Mitscherlich an Piper-Verlag (Hinderer), 21.3.1966, AMA I, 4287.275.

DIE VORURTEILSKRANKHEIT

tiven Verhaltens[66] zur Buchmesse 1967 erschien, war dem Buch der Charakter eines Essaybandes nicht ohne weiteres anzumerken, auch wenn der Verlag nach wie vor in seiner Werbung vor allem den Aktualitätsbezug in den Vordergrund stellte und weniger das titelgebende Thema des Umgangs mit der NS-Vergangenheit als verkaufsfördernd ansah. Dem Titelessay, der nur etwa ein Viertel des Buches ausmachte, waren die anderen Texte nachgestellt – dabei nach der Devise verfahrend, dass zunächst unter den Überschriften »*Psychoanalytische Anmerkungen zur Kultureignung des Menschen*«, »*Tabu – Ressentiment – Rückständigkeit*«, »*Zur Psychologie des Vorurteils*« und »*Die Relativierung der Moral*« die sozialpsychologischen Hauptthesen Mitscherlichs aus der *Vaterlosen Gesellschaft* aktualisiert wurden, während die Beiträge der zweiten Hälfte des Buches thematisch allenfalls lose mit dem Titelessay verknüpft waren.

Die keinesfalls zwingende Struktur des Buches und die Tatsache, dass Mitscherlichs Grundargumente in den versammelten Texten in immer neuen Zusammenhängen präsentiert wurden, taten dem Erfolg keinen Abbruch. Bis zum Jahresende 1967 fanden sich bereits mehr als 4500, bis Februar 1968 8000 Käufer.[67] Bereits im Mai 1968 produzierte der Piper-Verlag die 4. Auflage (27 000-40 000 Exemplare)[68], im Frühjahr 1970 waren von der *Unfähigkeit zu trauern* bereits 76 000 Exemplare verkauft[69], und als der Titelessay unter dem Titel *Eine deutsche Art zu lieben* im Sommer 1970 in der neuen »Serie Piper« erneut publiziert wurde, wurde auch dieser Band binnen weniger Monate nochmals 10 000-mal abgesetzt.[70]

Wer im Piper-Verlag Produktion und Verkauf seiner Bücher hauptverantwortlich betreute, war Mitscherlich bei alldem nicht klar: Sein Ansprechpartner zwischen 1962 und 1977 war Hans Rößner, im NS-Staat SA-, SD- und SS-Mitglied sowie Referent des Amtsleiters im Reichssicherheitshauptamt, Otto Ohlendorf.[71] 1948 aus der Internierungshaft entlassen, war der Germanist Rößner zunächst beim Stalling-Verlag untergekommen, wo er als Lektor unter anderem eine Buchreihe mit dem Titel *Denker und Deuter im heutigen Europa* betreute, die von seinem SS-

---

66 Mitscherlich, Alexander/Mitscherlich, Margarete: Die Unfähigkeit zu trauern. Grundlagen kollektiven Verhaltens, München 1967 (GS IV, S. 9-348).
67 Piper-Verlag an Mitscherlich (Rößner), 21.1.1968, AMA I, 4287.379, sowie 8.2.1968, AMA I, 4287.383.
68 Piper-Verlag an Mitscherlich (Rößner), 22.5.1968, AMA I, 4287.410.
69 Piper-Verlag an Mitscherlich (Rößner), 12.3.1970, AMA I, 4287.505.
70 Piper-Verlag an Mitscherlich, 30.9.1970, AMA I, 4287, 424.
71 Wildt, Generation, S. 386-390.

Kameraden Hans Schneider (der sich inzwischen Schwerte nannte[72]) mitherausgegeben wurde und in der ebenso unverhohlen wie unproblematisiert Weltbilder des Nationalsozialismus aufschienen.[73] 1958 zum Verlagsleiter bei Piper aufgestiegen, diskutierte Rößner jetzt mit Hannah Arendt über deren Buch *Eichmann in Jerusalem*[74] und mit Mitscherlich über die *Unfähigkeit zu trauern*. Rößners »geradezu unglaubliches Beispiel« von Verleugnung und Verdrängung der eigenen Vergangenheit hätte Mitscherlich ein schlagendes Beispiel für seine Thesen geliefert, doch weder er noch Hannah Arendt ahnten, wen sie in Rößner vor sich hatten. Hätte Mitscherlich um die groteske Pointe dieser individuellen Unfähigkeit zu trauern gewusst, hätte er gewiss auch den Brief anders verstanden, den der nahezu gleichaltrige Rößner (Jahrgang 1910) ihm 1975 als vorläufige Bilanz ihrer Zusammenarbeit schrieb. Ihm sei bewusst geworden, beteuerte Rößner, »wieviel mir Ihr Wohlwollen und die freundschaftliche Nähe bedeuten. Ich weiß niemand, der mir so wie Sie über viele Jahre zur eigenen Klärung und kritischen Distanz verholfen hätte.«[75]

---

72 Vgl.: König/Kuhlmann/Schwabe, Schwerte; Leggewie, Schwerte; Jäger, Schneider/Schwerte.
73 Wildt, Generation, S. 797 f.
74 Vgl.: Ebenda, S. 799-813; das folgende Zit.: S. 812.
75 Rößner an Mitscherlich, 29.4.1975, AMA I, 4287.627.

12. Die Unfähigkeit zu trauern

Der Piper-Verlag preist heute das – inzwischen in der 17. Auflage als Taschenbuch erschienene – Buch *Die Unfähigkeit zu trauern* als eines der »stichwortgebenden Bücher der Nachkriegszeit« an und setzt hinzu: »Kaum ein Buchtitel hat den allgemeinen Sprachgebrauch und das öffentliche Bewußtsein so sehr beeinflußt.«[1] Tatsächlich ist das Wort von der *Unfähigkeit zu trauern* zum feststehenden Begriff geworden. Es brachte dreierlei Zusammenhänge pointiert auf den Begriff: die lange beschwiegene übergroße Zustimmung, die das NS-Regime und namentlich der »Führer« Adolf Hitler in der deutschen Gesellschaft bis weit in die Kriegsjahre hinein gefunden hatte, ein tiefgehendes Unbehagen an einer vermeintlich rückständigen, autoritären und restaurativen Bundesrepublik – und als begründende Verklammerung die lange ausgebliebene Beschäftigung der Deutschen mit ihrer NS-Vergangenheit nach 1945. Vor allem für Letzteres wurde das Wort von der *Unfähigkeit zu trauern* zum Synonym. In Bezug auf den Umgang der bundesdeutschen Bevölkerung mit dem Nationalsozialismus war die *Unfähigkeit zu trauern* zweifellos der wichtigste publizistische Ausdruck einer Phase der ersten kritischen Rückbesinnung auf die Versäumnisse, die man sich in den 1950er Jahren durch moralisch allzu unbedenkliches »kommunikatives Beschweigen« hatte zu Schulden kommen lassen.

Die Grundgedanken der Mitscherlichs hatten sich gegenüber der ersten Vortragsfassung der *Unfähigkeit zu trauern* von 1964 nicht verändert: Die Bereitwilligkeit der übergroßen Mehrheit der Deutschen, Hitler und den NS-Staat – nicht nur in den so genannten »guten« Vorkriegsjahren, sondern buchstäblich bis zum bitteren Ende – zu unterstützen, wurde nicht mehr lediglich düster als »Deutsche Katastrophe« gekennzeichnet, wie dies Friedrich Meinecke 1946 noch eher verdunkelnd getan hatte[2], sondern psychologisch als »Verliebtheit in den Führer« auf »narzißtischer

---

1 Mitscherlich, Alexander/Mitscherlich, Margarete: Die Unfähigkeit zu trauern. Grundlagen kollektiven Verhaltens, München 1967. Im Folgenden wird im Interesse einer besseren Auffindbarkeit abweichend nicht aus den Gesammelten Schriften, sondern aus der aktuellen 17. Auflage (München 2004) zitiert, dort findet sich auch der zitierte Werbetext »Zu diesem Buch«.
2 Meinecke, Katastrophe.

Grundlage«[3] gedeutet. Seit den frühen 1950er Jahren hatten Mitscherlichs sozialpsychologische Überlegungen nicht zuletzt darauf gezielt, die Vergemeinschaftung der in einer vaterlos gewordenen Gesellschaft heimatlosen Individuen durch »Vermassung« zu erklären. Das »Über-Ich«, später dann »Ich-Ideal« genannt, das in der vaterlosen Moderne nicht mehr von Traditionsbeständen gebildet werden könne, werde nun unter Umständen von einem »Führer« und der Zugehörigkeit zu der ihm folgenden Masse ersetzt. Die Übertragung dieses Gedankens auf das historische Beispiel des Nationalsozialismus fiel nicht schwer. Die Masse war die nationalsozialistische Volksgemeinschaft (»es war herrlich, ein Volk von Auserwählten zu sein«), der »Führer« war Adolf Hitler, und die »dem Vater geltenden Rivalitätsaggression[en]« waren auf eine Minderheit verschoben worden – auf die Juden.

Das offenkundige Scheitern des geliebten Führers führte 1945 nach Auffassung der Mitscherlichs zum »›Erwachen‹ aus einem Rausch« und längerfristig zu einer »traumatische[n] Entwertung des eigenen Ich-Ideals«, zu deren Abwehr die »Derealisierung« des Geschehenen nötig wurde. Diese Abwehr der Vergangenheit konnte den Deutschen gelingen, indem »nur die passenden Bruchstücke der Vergangenheit« zur Erinnerung zugelassen wurden. Anstelle der eigentlich notwendigen Vergegenwärtigung des Geschehenen (gemäß der Formel »erinnern, wiederholen, durcharbeiten«) trat die Verleugnung aller Vorgänge, »in die wir schuldhaft verflochten sind«. Die »manische Abwehr durch Ungeschehenmachen im Wirtschaftswunder« verursachte anschließend jene »blitzartige Wandlung«, infolge deren die Deutschen in den 1950er Jahren den Nationalsozialismus wie eine »Dazwischenkunft einer Infektionskrankheit in Kinderjahren« betrachten konnten.

Der Weg der Bundesrepublik hin zu einer »apolitisch konservative[n] Nation«[4] war damit nach Aussage der Mitscherlichs vorgezeichnet: Unmittelbare Folge der »autistischen Haltung« der Derealisierung war eine »auffallende Gefühlsstarre« und eine schnelle Identifizierung mit den Siegern, längerfristig habe sich eine mangelnde Bindung an den neuen demokratischen Staat und eine »Reaktionsträgheit« eingestellt, die sich in unserem gesamten politischen und sozialen Organismus bemerkbar macht«. Somit galt die Sorge der Autoren der fragilen demokratischen Ordnung der Bundesrepublik, deren mangelnde Basis demokratischer Gesinnung sich inzwischen in der Großen Koalition zwischen CDU/

3 Mitscherlich/Mitscherlich, Unfähigkeit, S. 71, 75f.; dir folgenden Zit.: S. 25, 62, 74, 30, 26, 25.
4 Ebenda, S. 18f.; die folgenden Zit.: S. 38, 17.

CSU und SPD sogar in politischen Strukturen abbilde.⁵ Belege für den psycho-sozialen Immobilismus der Deutschen fanden die Mitscherlichs beispielsweise in dem »Tabu«⁶, das um die umstrittene Anerkennung der Oder-Neiße-Grenze entstanden sei, sowie in dem »emotionelle[n] Antikommunismus« der Nachkriegszeit, in dem sich die offizielle staatsbürgerliche Gesinnung der Bundesrepublik mit fortbestehenden ideologischen Elementen des Nationalsozialismus amalgamiere.

Die Brisanz, die in dieser Diagnose lag, war den Zeitgenossen unmittelbar einleuchtend. Der mit den Mitscherlichs befreundete Psychiater Fritz Redlich schrieb den Autoren nach der Lektüre des Buches: »Ihr beide, wie nur ganz wenige Menschen, habt eine Eigenschaft, die Thomas Mann für Freud kennzeichnend hielt: Die Menschheit aus dem Schlaf zu rütteln.«⁷ Ein Leser zeigte sich »wirklich erschüttert, daß nun doch einer in der Wüste dieses Staates ein erlösendes Wort gesprochen hat«.⁸ Ein anderer Leser bemerkte, das Buch löse »eine geradezu lautlose Revolution herkömmlicher Denkmethoden«⁹ aus, und ein weiterer beschrieb es als »ein Element zur Bewußtseins- und Standpunktbildung der nächsten Generation«¹⁰.

Auch die Presse, die das Buch sehr breit wahrnahm – und ihr Interesse dabei fast ausschließlich auf den Titelessay beschränkte –, lobte die Mitscherlichs nicht nur für die scharfsinnige Analyse, sondern ausdrücklich auch für ihren Mut, diese in die Öffentlichkeit zu tragen. Für die *Frankfurter Allgemeine Zeitung* war die *Unfähigkeit zu trauern* eines der wichtigsten Bücher des Jahres: »Sie ist ein doppeltes Wagnis, ein Experiment mit dem Publikum. Eine Methode und ein Thema, die hierzulande noch die Fülle der Ressentiments auf sich ziehen; Psychoanalyse des deutschen Traumas, sehr konkret und nicht allgemein.«¹¹ In der Zeitschrift des Bundes der Verfolgten des Naziregimes hieß es: »Dieses Buch ist eine Tat! Es sollte die Deutschen nicht nur aufhorchen lassen, es sollte Konse-

---

5 »Wir wissen bis heute nicht, welche Staatsform wir selbst spontan nach dem Kollaps der Naziherrschaft gewählt hätten; wahrscheinlich eine ähnlich gemildert autoritäre von Anfang an, wie sie sich heute aus den demokratischen Grundlagen – die wir schrittweise bis zur Großen Koalition hin aufgeben – entwickelt haben.« (S. 19).
6 Ebenda, S. 15; das folgende Zit.: S. 42.
7 Redlich an Mitscherlich, 26.1.1968, AMA I, 4352.122.
8 Plappert an Mitscherlich, 18.12.1967, AMA I, 4189.1.
9 Schweizer an Mitscherlich, 26.2.1968, AMA I, 4984.1.
10 Henle an Mitscherlich, 7.4.1968, AMA I, 2262.1.
11 Frankfurter Allgemeine Zeitung, 30.12.1967.

quenzen in allen Bereichen unseres öffentlichen Lebens bewirken.«[12] Im *Spiegel* bemerkte Gerhard Szczesny, es sei »bemerkenswert, daß in der Schwemme der politischen und soziologischen Literatur ein Buch erscheine, das »die schärfste Kritik an der Diktatur der Gesellschaftswissenschaften übt, die bisher in der Bundesrepublik zu verzeichnen gewesen ist«[13]. Die *Zürcher Woche* rückte Mitscherlich neben Adorno, Horkheimer und Marcuse in die Reihe der Vertreter »der beharrlichen Tradition aufklärerischen Geistes [...], die in Deutschland immer wieder in den Untergrund gedrängt wird«[14]. Selbst das *Handelsblatt* sah die Sprengkraft der These der *Unfähigkeit zu trauern* und vermutete: »Dieser Teil des Buches wird viele wütend machen, denn er hält der in der Verantwortung stehenden Generation einen erbarmungslosen Spiegel vor.«[15]

Wütend wurde allerdings tatsächlich niemand. Im Gegenteil fand das Buch ein zwar sehr positives, aber in keiner Weise kontroverses Echo. Negative Rezensionen blieben die Ausnahme. Lediglich der *Münchner Merkur* vermutete unter der Überschrift *Ehepaar Mitscherlich rät zur Trauer*, die Deutschen würden sich durch »die Freud-potenten Ärzte« kaum zur Trauer bewegen lassen, das Buch werde also ebenfalls verdrängt werden.[16] Und *Christ und Welt* ließ den umstrittenen Sozialpsychologen Peter R. Hofstätter unter demonstrativem Bezug auf Freud die Thesen der Mitscherlichs kritisieren und darauf hinweisen, dass sich moderne Sozialpsychologie nicht mehr mit der Analysekategorie des Nationalcharakters betreiben lasse. Hofstätter vermochte sich nicht vorzustellen, wie eine Trauer um den Führer hätte aussehen sollen, schließlich hätten die Deutschen ihr Land physisch, sozial und politisch wieder aufgebaut und durch Zahlungen an die Opfer Unrecht wiedergutmachen wollen. Es ehre sie, dass sie diesen Aufbau als noch nicht abgeschlossen verstünden. Das von den Mitscherlichs verordnete »Exerzitienprogramm« hielt Hofstätter für ebenso ungenügend wie unnötig.[17]

12 Schmitt-Maas, Hety: Rezension »Die Unfähigkeit zu trauern«. In: Freiheit und Recht (Zeitschrift des Bundes der Verfolgten des Naziregimes), 14 (1968), Nr. 4, April 1968.
13 Szczesny, Gerhard. Guter Rat für Dutschke. In: Der Spiegel 22 (1968), Heft 2.
14 Zürcher Woche, 12.4.1968.
15 Handelsblatt, 5./6.4.1968.
16 Münchner Merkur, 17./18.2.1968.
17 Hofstätter, Peter R.: Trauer soll der Deutsche tragen. In: Christ und Welt, 15.3.1968.

Alle anderen Reaktionen auf die *Unfähigkeit zu trauern* waren ausgesprochen positiv. Offenbar artikulierte das Buch ein Problembewusstsein, das zum Zeitpunkt des Erscheinens in weiten Teilen der Bevölkerung bereits Commonsense war. Einer Leserin schien dies geradezu die Voraussetzung des Erfolges, denn – so schrieb sie –: »Man lernt nur, was man schon weiß.«[18] Andere Leser bezogen die Lehren, die sie aus dem Buch gezogen hatten, unmittelbar auf alltägliche Erfahrungen, für die sie nun Erklärungen erlangt zu haben glaubten. So berichtete eine Leserin über ihre Hilflosigkeit, als ein Mann, den sie in Amsterdam nach den Öffnungszeiten einer Kirche gefragt habe, starr und stumm vor Angst dagesessen habe, offenbar aufgrund der deutschen Sprache.[19] Die Mitscherlichs bestätigten diese Parallele: Nur scheinbar liege die Kriegszeit, »durch den Riesenwall der Wohlstandsentwicklung von uns getrennt«, weit zurück.[20]

Die Reaktionen auf das Buch wären womöglich disparater ausgefallen, wäre die *Unfähigkeit zu trauern*, wie ursprünglich geplant, schon 1965 erschienen. Jetzt aber, um die Jahreswende 1967/1968, rannten die Mitscherlichs mit ihren Überlegungen offene Türen ein. In keiner einzigen Rezension – sieht man von einigen dubiosen Blättern rechter Provenienz ab – wurde die der Analyse zugrunde liegende Diagnose einer sträflich vernachlässigten Aufarbeitung der NS-Vergangenheit auch nur ansatzweise in Zweifel gezogen. Viele Rezensenten fügten der Darstellung der Mitscherlichs allenfalls eigene Beobachtungen hinzu. Im *Merkur* unterstützte Horst Krüger die Argumente der Autoren und stellte fest, die NS-Zeit sei »heute wie weggewischt, wie verschluckt [...]. Sie ist einfach nicht mehr da.« Und er verwies als Beleg auf die Ansprachen des Bundespräsidenten Lübke: »Eine dunkle, entsetzliche Geschichte, von Verbrechern gemacht, nicht von uns. Fast ist man geneigt, zu vermuten, es seien Fremde und Zugereiste gewesen.«[21]

Ebenso wenig fraglich schien den Rezensenten auch die Zustandsbeschreibung, die die Mitscherlichs für die Bundesrepublik der späten 1960er Jahre gaben. Es herrschte Konsens, dass es den Autoren »zum ersten Mal überzeugend« gelungen sei, den inneren Nachweis für »das verblüffende Phänomen des sozialen und politischen Immobilismus des Bonner Staats zu führen«. Besonders breit wurden in diesem Zusammen-

---

18 Haefer-Kolkow an Mitscherlich, 24.1.1969, AMA I, 2072.1.
19 Reuter an Mitscherlich, 11.5.1970, AMA I, 4412.1.
20 Mitscherlich/Mitscherlich an Reuter, 21.5.1970, AMA I, 4412.2.
21 Krüger, Horst: »Psychoanalyse und Politik«. In: Merkur 22 (1968), S. 457-460; dort auch die folgenden Zit.

hang die von den Mitscherlichs angeführten Beispiele der Auseinandersetzungen um die Anerkennung der Oder-Neiße-Grenze und des Antikommunismus aufgegriffen und diskutiert.[22] Kein Rezensent empfand das von den Mitscherlichs gemalte Bild der Gegenwart als zu schwarz, niemand zweifelte an der Berechtigung ihrer Sorge um die Demokratie.[23]

Es war wiederum Gerhard Szczesny, der *Die Unfähigkeit zu trauern* im Sender Freies Berlin besprach. In den letzten 20 Jahren, so Szczesny, sei »irgend etwas schiefgegangen«. Man habe sich 1949 eine Verfassung gegeben, die keinen Vergleich zu scheuen brauche, habe gesicherte Freiheitsrechte und einen ungeahnten Lebensstandard – »dennoch befinden wir uns heute in einer schweren Krise unserer Bemühungen um eine vernünftige und gerechte Lebensordnung. Es ist eine antidemokratische Rechte und Linke entstanden, deren Aktivität den Anschein erweckt, die Bundesrepublik stünde politisch und moralisch am Rande des Abgrunds.«[24] So erscheine der jungen Linken, die die Gegenwart nicht am Nationalsozialismus, sondern an ihren eigenen Idealen messe, vieles als postfaschistisch, was für die Älteren verteidigungswürdig sei.

Auch andere Rezensenten empfanden die Zustandsbeschreibung der Republik als ausgesprochen treffend. Der *Saarbrücker Zeitung* schien der Zusammenhang zwischen Verdrängung der Vergangenheit und gegenwärtigen Problemen buchstäblich in den Fußgängerzonen beobachtbar zu sein. Der Rezensent fragte: »Wer hat sich nicht gewundert, wenn in letzter Zeit äußerlich ganz normale Bürger angesichts von Gammlern oder demonstrierenden Studenten plötzlich haßerfüllt ›Vergasen‹ schrien?«[25] Die *Frankfurter Rundschau* sah ebenfalls das Projekt der Demokratisierung der Deutschen als längst nicht beendet an, vielmehr sei die Aufgabe noch immer aktuell, »die Verantwortung für öffentliche Angelegenheiten, die eine nachwirkungsvolle Epoche lang Führergestalten übergeben worden war, wieder dem einzelnen Bürger nahezubringen«[26].

Die *Unfähigkeit zu trauern* formulierte in dieser Hinsicht offenbar für die Zeitgenossen so überzeugend eine Zustandsbeschreibung der Bun-

22 Frankfurter Allgemeine Zeitung, 16.12.1967.
23 Die Welt, 6.6.1968; Schmitt-Maas, Hety: Rezension »Die Unfähigkeit zu trauern«. In: Freiheit und Recht (Zeitschrift des Bundes der Verfolgten des Naziregimes), 14 (1968), Nr. 4, April 1968; Rhein-Neckar-Zeitung, 28.2.1969.
24 Manuskript der Sendung »Das Thema« des Senders Freies Berlin (undatiert, 1968), AMA X, 73.
25 Saarbrücker Zeitung, 3.5.1968.
26 Frankfurter Rundschau, 4.5.1968.

desrepublik, dass dahinter die Problemdimension der verdrängten Vergangenheit zu verblassen, in manchen Rezensionen gar zu verschwinden schien.[27] Dies mag im Zusammenhang mit der – bislang noch eher beobachteten als historiographisch fundierten – Tendenz stehen, dass die Diskussionen über die NS-Vergangenheit ihren Höhepunkt in den späten 1960er Jahren bereits hinter sich hatten und innerhalb der Revolte von 1968 nur noch eine untergeordnete Rolle spielten. Dass sich in dieser Weise der Blick der kritischen linken Intelligenz der Bundesrepublik schon eher nach vorn als zurück richtete, hielt bemerkenswerterweise damals bereits die *Zeit* fest. Die junge Generation stoße sich, so schrieb das Blatt, an dem kollektiven Selbstbetrug der Verdrängung der Vergangenheit inzwischen nur noch, wenn er »individualisiert in Erscheinung tritt«[28].

Dass die *Unfähigkeit zu trauern* keine gesellschaftliche Kontroverse auslöste, weil sie in erster Linie bereits gesichertes gesellschaftliches Wissen ansprach und auf den Begriff brachte, erweist sich auch daran, wie sehr die Rezensenten die begriffliche Schärfe der Formulierungen lobten. Sosehr das schwer verständliche psychoanalytische Vokabular auch oftmals kritisiert wurde[29], so fanden doch die meisten Rezensenten inmitten der mühsamen Lektüre »immer wieder Formulierungen solcher plötzlichen Evidenz, die gelegentlich schockartig wirken kann«[30].

Fragwürdig schien den Zeitgenossen neben den tatsächlich etwas zusammenhanglos eingeschobenen Krankengeschichten[31] in erster Linie die Methode der Autoren, von Erkenntnissen der Individualpsychologie »ganz unprinzipiell, ohne erkenntnistheoretisches ›Netz‹ und unsystematisch«[32] auf kollektive Erscheinungen zu schließen. Die Mitscherlichs hatten selbst eingestanden, dass ihre Darstellung nicht auf »systematischen Untersuchungen«, sondern auf »Spontanbeobachtungen« beruhe und dass die Übertragung auf Kollektive – mithin die Konstruktion einer kollektiven bundesrepublikanischen Persönlichkeit – »erhebliche Schwie-

27 Frenzel, Ivo: Müssen wir trauern? Wiedergelesen. »Die Unfähigkeit zu trauern« von Alexander und Margarete Mitscherlich. In: Frankfurter Allgemeine Zeitung, 7.6.1977.
28 Die Zeit, 15.3.1968.
29 Stuttgarter Zeitung, 24.2.1968.
30 Frankfurter Rundschau, 5.4.1968; im gleichen Sinne auch: Süddeutsche Zeitung, 16./17.3.1968.
31 Mitscherlich/Mitscherlich, Unfähigkeit, S. 46-57. Vgl. stellvertretend die Kritik von Rutschky (Rutschky, Politik).
32 Manuskript der Sendung »vorgestellt – vorgelesen« vom 10.10.1967 des WDR-Hörfunks (AMA X, 72).

rigkeiten« bereite und bislang auf »Hypothesen«[33] beruhe. Vielen Rezensenten ging es wie Horst Krüger, der dem faszinierenden Gedankengang nicht ganz trauen konnte: »Das Verfahren ist in sich schlüssig, fast zu brillant schlüssig, um nicht beim kritischen Leser einen Rest von Skepsis wachzurufen.«[34] Gleichwohl war mit der kritischen Diskussion der Methode niemals deren Zurückweisung verbunden. Die Ernsthaftigkeit, mit der die Rezensenten um den Objektivitätsanspruch der Mitscherlich'schen Analyse rangen, ist aus heutiger Sicht irritierend. Die offenkundige methodische Unzulänglichkeit, die auch in späteren Jahren oftmals harsch kritisiert worden ist[35], war für die Zeitgenossen noch sehr viel mehr diskussionswürdig, als dies heute der Fall ist – ist doch inzwischen leichter erkennbar, dass die Anschlussfähigkeit der These von der »Unfähigkeit zu trauern« nicht in ihrer empirischen Beweiskraft lag, sondern in der scharfen Beobachtung und Beschreibung eines gleichsam in der Luft liegenden Problems. Insofern hat Detlev Claussen mit seiner kritisch gemeinten Bemerkung gleich in doppelter Weise Recht, wenn er sagt, dass in der psychologischen Betrachtung eines Kollektivs notwendig eine »schon überwunden geglaubte Völkerpsychologie« sichtbar werde, die »unmittelbar anschlußfähig für jeden (Nicht)experten« ist.[36]

Nicht zuletzt an dieser methodischen Frage ist die analytische Sozialpsychologie Mitscherlich'scher Prägung, die nach dessen Tod keine nennenswerte öffentlich wahrgenommene Fortsetzung fand, gescheitert. Mitscherlichs Sozialpsychologie fand nur in ihrer zeitgebundenen Aktualität ihre Überzeugungskraft, einen Objektivitätsanspruch konnte sie nicht erheben – die *Unfähigkeit zu trauern* ist das beste Beispiel. Benjamin Bardé hat außerdem darauf hingewiesen, dass sich der Psychoanalytiker im Zuge der Analyse von Gruppenphänomenen unausweichlich »als der bessere, alternative moralische Führer« über die Massen erhebe und dank seiner »Konzepte von ›Kultureignung‹, ›Einfühlung‹ und ›Ichstärke‹« stets zu wissen scheine, »wo es im Sinne ›der Menschlichkeit‹ entlang zu gehen hat«[37]. Diese Polemik zielt auf den tatsächlich wesent-

33 Mitscherlich/Mitscherlich, Unfähigkeit, S. 9, 16.
34 Krüger, Psychoanalyse, S. 460. In ähnlicher Weise auch: Die Zeit, 15.3.1968; Süddeutsche Zeitung, 16./17.3.1968; Frankfurter Rundschau, 5.4.1968; Rutschky, Politik.
35 Bardé, Verhältnis, S. 162.
36 Claussen, Antisemitismus, S. 97.
37 Bardé, Verhältnis, S. 162; etwas abgewogener im Urteil: Reiche, Sackgassen. Die Gegenposition beziehrt: Brede, Unbewußtes. Vgl. auch: Krovoza/Schneider, Psychologie, S. 646.

lichen Punkt, dass sich in einer psychologischen Analyse von Gruppen immer auch ein Zug der asymmetrischen Kommunikation zwischen Arzt und Patient wiederfindet – sosehr Mitscherlich selbst dies auch immer bestritten hat –, was zur schleichenden Delegitimierung psychoanalytischer Sozialpsychologie nach Mitscherlich ebenfalls beigetragen haben mag.

Sosehr die methodischen Fragwürdigkeiten der Analyse einer Unfähigkeit zu trauern die zeitgenössische Rezeption beschäftigten, so wenig galt das für die auffällig ahistorische Herangehensweise der Mitscherlichs. Der Nationalsozialismus als historischer Gegenstand blieb in ihrer Analyse blass, was in erster Linie dem Versuch geschuldet war, Erklärungsmuster aufzudecken, die ihre Beweiskraft über ihre Allgemeingültigkeit jenseits des historischen Einzelfalls erhalten sollten. Gerade in dieser scheinbaren Allgemeingültigkeit der Analyse sahen die zeitgenössischen Kritiker einen großen Vorzug des Buches, schien doch die Entdeckung gewisser psychischer »Muster« und Gesetzmäßigkeiten die beste Gewähr dafür zu sein, den beklagten Missständen des psycho-sozialen Immobilismus abzuhelfen. Ganz ohne ironische Distanz konnte deshalb der WDR-Hörfunk das Buch ausdrücklich als Versuch einer »Sozialtherapie« ankündigen und hinzufügen, zur Beantwortung der Kernfrage, warum die Deutschen ganz besondere Probleme hätten, »mit ihrer Geschichte und Gegenwart fertig zu werden«, seien Veröffentlichungen dieser Art die »einzige Hoffnung«[38]. Auch im Hessischen Rundfunk wurde das von den Mitscherlichs geforderte kritisch-einfühlende Denken explizit als Therapie bezeichnet[39], und der Bonner *General-Anzeiger* war sich sicher, »daß die Irrungen und Wirrungen der menschlichen Geschichte wirksam nur von innen her bekämpft werden können«[40].

Diese Erwartung der Rezipienten – und die damit korrespondierende Sorge um die Zukunft der Demokratie – traf sich mit der Intention der Autoren, die ebenfalls einen Nutzwert ihrer Analyse erhofften; allerdings nicht in historisch aufklärerischer Hinsicht, sondern sehr viel unmittelbarer in der Verhinderung der Wiederholung einer Diktatur. Margarete Mitscherlich-Nielsen gab noch 1997 an: »Wir wollten mit Hilfe unserer psychoanalytischen Erkenntnisse die Nazi-Vergangenheit, die Katastrophe

---

38 Manuskript der Sendung »vorgestellt – vorgelesen« vom 10.10.1967 des WDR-Hörfunks (AMA X, 72).
39 Manuskript der Sendung »Neue Bücher« vom 14.12.1967 des Hessischen Rundfunks (AMA X, 72).
40 Bonner General-Anzeiger, 7.3.1968.

des Dritten Reiches besser verstehen, damit sich so etwas nie wiederholt.«[41]

Der Therapievorschlag Mitscherlichs, die reflektierte Selbsterkenntnis des Individuums, gewann vor diesem Hintergrund eine neue Bedeutung, die offenkundig der Diktaturerfahrung des Autors selbst abgerungen war. Mitscherlichs fehlendes Zutrauen in politische und gesellschaftliche Strukturen und Institutionen einerseits und die existentielle Bedrohungserfahrung durch den Nationalsozialismus andererseits ließen keinen anderen Ausweg zu als den Appell an eine »Individualethik, in der letztlich der politische Anspruch auf kollektives Handeln verloren geht«[42]. So war die *Unfähigkeit zu trauern* auch mehr mit den vorangegangenen massenpsychologischen Überlegungen Mitscherlichs verknüpft, als das den Zeitgenossen deutlich werden konnte – sie war in diesem Sinne nur ein Teil des viel größeren Anspruchs der psychoanalytischen Aufklärung der Gesellschaft.[43]

Aus diesem Grund konnte sich Mitscherlich auch nicht damit zufriedengeben, dass Adorno der Psychoanalyse lediglich eine Funktion als Analyseinstrument des Individuums zugestanden, ihre Aussagefähigkeit in Hinblick auf Gruppenphänomene aber in Zweifel gezogen hatte. Zehn Jahre nach dieser Positionsbestimmung Adornos nahm Mitscherlich in *Die Unfähigkeit zu trauern* einen Text auf, den er aus einem Vortrag vor der Deutschen Gesellschaft für Soziologie entwickelt hatte und in dem er den Geltungsanspruch einer psychoanalytischen Sozialpsychologie verteidigte.[44] Mit bemerkenswert deutlichen Worten erteilte er der Kulturkritik der Frankfurter Schule eine Absage: »Dieser sekundäre Narzißmus als Folge des enttäuschten Rückzugs aus der von gelenkten Massen bevölkerten Welt ist eine Ersatzquelle der Lust, aber die löst keine Probleme.« Stattdessen sei es die Chance der Psychoanalyse, dem leidenden Individuum zu helfen, sich wieder zu persönlicher Freiheit zu bewegen. Dieser Konflikt blieb – auch nach einer erneuten Antwort Adornos[45] – letztlich ungeklärt. Mitscherlich blieb hinsichtlich der Emanzipation des Individuums in der modernen Gesellschaft optimistischer als Adorno, er fragte nach dem Element des Selbstverschuldeten in der Unmündigkeit – wie

41 Schönborn, Mitscherlich, S. 138.
42 Krovoza/Schneider, Psychologie, S. 648.
43 Vgl.: Ebrecht, Mitscherlich, S. 284.
44 Mitscherlich, Alexander: Das soziale und das persönliche Ich. Vortrag vor der Deutschen Gesellschaft für Soziologie in Frankfurt, 16.11.1965. Veröffentlicht in: Kölner Zeitschrift für Soziologie und Sozialpsychologie 18 (1966), S. 21-36.
45 Adorno, Postscriptum.

es Karola Brede ausgedrückt hat – »wie durch ein Mikroskop«[46], weil er die Freiheit des Menschen nicht nur durch die herrschenden gesellschaftlichen Verhältnisse, sondern ebenso sehr durch dessen ureigene Triebwünsche und Affekte bedroht sah.

Die größte Gefahr ging in Mitscherlichs Augen dabei von einer dem Menschen grundsätzlich eigenen Aggressivität aus. Dieses Moment trat jetzt immer stärker in den Vordergrund seiner Überlegungen. Mitscherlich maß der Aggression die Qualität eines eigenen Triebes zu, der in der modernen vaterlosen Gesellschaft zunehmend weniger durch äußere Instanzen gebändigt werden könne und deshalb durch das mündige Individuum selbst in produktive Bahnen gelenkt werden müsse.[47] Auch hieraus ergab sich für Mitscherlich der spezifische Auftrag der Psychoanalyse, das Projekt der Aufklärung weiterzuführen, je weniger Religion und Philosophie dazu in der Lage waren.

Zwei von der zeitgenössischen Rezeption nicht thematisierte Gesichtspunkte der These von der *Unfähigkeit zu trauern* beziehen sich schließlich auf eine gewisse beruhigende Entlastungswirkung für die Zeitgenossen. Zum einen suggeriert schon der Begriff der »Unfähigkeit«, aber auch die dahinterstehende Interpretation der Zwangsläufigkeit, mit der die Zeitgenossen die NS-Vergangenheit derealisierten (oder derealisieren mussten), dass hier nicht in Kategorien von Verantwortung, Schuld oder historischer Konkretion gedacht und argumentiert wurde, sondern entlang scheinbarer psychischer und biologischer Gesetzmäßigkeiten. Das Verdrängen der Vergangenheit war – nimmt man die Mitscherlichs ernst – in letzter Konsequenz unausweichlich und wäre allenfalls unter der Voraussetzung vermeidbar gewesen, dass die Deutschen der Versuchung, Hitler als ihr »Ich-Ideal« einzusetzen, von vornherein hätten widerstehen können.

In seinen Memoiren hat Mitscherlich diese Gefahr durchaus erkannt. Zwar hielt er es sozialpsychologisch für »nicht möglich, kollektive Vorgänge nur dem einzelnen aufzurechnen, als ob es ausschließlich seine persönliche Entscheidung gewesen wäre, der er folgte«, fügte aber hinzu: »Andererseits ist ein Gedanke wie dieser sehr gefährlich. Er könnte mißbraucht werden zur Entschuldigung von Haltungen und zum Teil auch Verbrechen, die der einzelne zwar im Kollektiv begeht, aber gegen die er sich dennoch aus seinem Inneren heraus hätte auflehnen müssen.« Seine Antwort darauf führte aus dem Zirkelschluss aber nicht heraus, der seine

---

46 Brede, Mitscherlich, S. 64f.
47 Vgl.: König, Sozialpsychologie, S. 220.

gesamte Sozialpsychologie auszeichnete: »Dies bleibt doch das Ziel, Stärkung des Ich gegen die Gewalt und die Korruption des Gewissens, die vom Kollektiv ausgeht.«[48] Letztlich konnte für Mitscherlich die Befreiung des Individuums aus den Zwängen der Gesellschaft nur durch die Befreiung des Individuums selbst herbeigeführt werden.

Neben dieser tröstlichen Dimension psychologischer Zwangsläufigkeit wohnte der These der *Unfähigkeit zu trauern* auch die verborgene Verheißung des Schlussstrichs inne, insofern sie versprach, die bislang so sträflich verdrängte NS-Vergangenheit könne – bei Befolgung der von den Mitscherlichs empfohlenen Therapie – schließlich doch erfolgreich »bewältigt« werden. Martin Wangh ging 1996 mit spürbarer Ambivalenz diesem Problem nach und fragte sich und seine Zunft selbstkritisch, ob die Psychoanalyse unterdessen die Unfähigkeit zu trauern zu überwinden geholfen habe: »Haben wir es fertiggebracht, über den Gebeinen und Aschen spirituelle Grabsteine zu errichten, so daß die Gespenster des Grauens, der Schuld, der Selbstbestrafung, des Sühnezwangs und auch des Wunsches, alles zu verleugnen – Gespenster, die den kreativen Fähigkeiten im Wege stehen –, endlich zur Ruhe kommen können?«[49] Es ist auch diese verborgene Dimension des ersehnten Schlussstrichs, die die Attraktivität des Buches für eine junge Generation mit beförderte.

Schon Adorno hatte in seinem Aufsatz von 1959 die Problematik der bislang ausgebliebenen Aufarbeitung der Vergangenheit explizit auf die Frage der Legitimierung der demokratischen Ordnung in der Bundesrepublik bezogen und die provokante Frage aufgeworfen, ob die Demokratie nicht von der Bevölkerung lediglich akzeptiert werde, weil sie sich durch das »Wirtschaftswunder« legitimiert hatte. Weil Adorno darüber die argumentative Verklammerung von Kapitalismus und Faschismus nicht lockerte, konnte sein Aufsatz durchaus als Rückbezug auf – bislang verschüttete – marxistische Grundmuster der Kritischen Theorie verstanden werden.[50] Diese Verschärfung der Tonlage funktionierte deshalb auch als Integrationsangebot an die jüngere Generation, weil sie dieser suggerierte, den Nationalsozialismus nicht nur erklären zu können, sondern auch eine Perspektive bot, wie sich durch die Einnahme bestimmter politischer und moralischer Standpunkte in der Gegenwart die Fehler der Elterngeneration gleichsam kompensieren ließen.[51] Friedrich Tenbruck hat dieses verborgene Erlösungsversprechen der Frankfurter Schu-

---

48 Mitscherlich, Leben, S. 113 f.
49 Wangh, Durcharbeitung, S. 103.
50 Jäger, Adorno, S. 233.
51 Vgl. auch: Albrecht, Vergangenheitsbewältigung, S. 190.

DIE UNFÄHIGKEIT ZU TRAUERN

le an die protestierende Jugend scharf charakterisiert: »Anders lag es für die Studenten, die sich mit der Erbschuld beladen fanden, Deutsche zu sein, wozu ihre Politiker lieber betreten schwiegen. So suchten sie am Institut für Sozialforschung Aufklärung über die Katastrophe und Sicherung gegen Wiederholung, fanden sich aber bald zu Wissenden ernannt, von autoritärer Erbsünde erlöst und schließlich zu Mitwächtern berufen.«[52]

Auch die Analyse der *Unfähigkeit zu trauern* musste bei der Generation der »Achtundsechziger« in diesem Sinne auf offene Ohren stoßen. Bei jenen also, die seit den frühen 1960er Jahren einerseits bohrende Fragen an ihre Eltern richteten und sich andererseits selbst darum bemühten, einen »Gegentypus« zu dem von der Frankfurter Schule identifizierten »autoritären Charakter« zu entwickeln. Wie die Schriften der Frankfurter Schule erleichterte auch die *Unfähigkeit zu trauern* es der Protestgeneration, »einen intransingenten ›Anklägerstandpunkt‹ gegenüber der Elterngeneration einzunehmen«[53]. Mehr noch: Die auf das Kollektiv der Deutschen zielende Analyse der Mitscherlichs legte eine ebenso kollektive Verurteilung der Elterngeneration und einen kollektivierten Faschismusvorwurf an Eltern, Establishment und Staat geradezu nahe.

In diesem Sinne wies *Die Unfähigkeit zu trauern* eine ganz ähnliche Doppelgesichtigkeit auf wie die Denkfigur der »vaterlosen Gesellschaft«. Letztere enthielt sowohl die Perspektive einer Vermassung orientierungsloser Individuen in der Moderne als auch die Perspektive möglicher Emanzipierung des Individuums. Die *Unfähigkeit zu trauern* eröffnete zum einen entlastende Perspektiven der ahistorischen Zwangsläufigkeit und der möglichen »Bewältigung« der Vergangenheit, verband dies aber mit für die 1960er außergewöhnlich direkten und schonungslosen Hinweisen auf die Verstrickung weiter Teile der Bevölkerung in den Nationalsozialismus.[54]

---

52 Tenbruck, Friedrich: Adornos und Horkheimers besondere Rolle. In: Frankfurter Allgemeine Zeitung, 25.1.1990. Vgl. auch: Jäger, Adorno, S. 238.
53 Schneider, Jenseits, S. 765.
54 Vgl.: »… die Anwendung kindlicher Entlastungstechnik auf die Konsequenzen aus gescheiterten Eroberungszügen und Ausrottungsprogrammen, die ohne den begeisterten Einsatz dieses Kollektivs gar nicht hätten begonnen, geschweige denn bis ›fünf Minuten nach zwölf‹ hätten durchgehalten werden können« (S. 24); »der fast grenzenlose Wille, uns den Hoffnungen des Führers würdig zu erweisen, durfte ausschweifen.« (S. 28); »Im Jahre 1945 gab es keine Autorität in der deutschen Öffentlichkeit, die nicht kompromittiert gewesen wäre.« (S. 22); »Die Abwehr kollektiv zu verantwortender Schuld – sei es die Schuld der Hand-

Es ist oftmals davon die Rede[55], die Deutschen hätten die These der *Unfähigkeit zu trauern* falsch verstanden oder bewusst um gerade jene kritische Dimension entkernt, die auf ihre eigene Verstrickung zielte, indem sie die ausgebliebene Trauer als die Trauer um die Opfer definierten und nicht zur Kenntnis nahmen, dass die Mitscherlichs damit die Trauer um das verlorene »Ich-Ideal« des »Führers« im Sinn hatten. Diese Behauptung lässt sich nach der Lektüre der zeitgenössischen Leserzuschriften und Pressereaktionen nicht bestätigen.

Wenn auch einzelne Briefschreiber die These im beschriebenen Sinne »falsch« verstanden (»Nur die Kinder können trauern, sie haben ein schlechtes Gewissen dem Juden gegenüber«[56]), rekapitulierten die überaus meisten Leser und Rezensenten die Überlegungen – im Sinne der Autoren – durchaus korrekt, dies galt auch für die feine Unterscheidung, um wen oder was man hätte trauern sollen: »Trauer nach dem Jahr 1945 mußte heißen: Trauer um einen geliebten Führer. Diese Trauer ist ausgeblieben.«[57] Auch die damit verbundene Aussage, dass die Deutschen in großem Maße ihrem Führer und dem NS-Staat in Konsens und Begeisterung verbunden gewesen waren, wurde wohl verstanden und nicht verschwiegen. In der *Frankfurter Rundschau* stand zu lesen: »Tatsächlich waren wir alle mit ganz wenigen Ausnahmen in irgendeiner Weise Anhänger und Gehilfen des Nationalsozialismus.«[58] Die *Süddeutsche Zeitung* zitierte: »Die überwiegende Mehrheit unseres Volkes« habe Hitler bis zum Ende »widerstandslos unterstützt«[59], und die *Frankfurter Allgemeine Zeitung* erwartete Angriffe gegen die Mitscherlichs, weil »ihre Einseitigkeit in einer großangelegten moralisch-politischen Attacke auf die einstige narzißtische Verliebtheit der Deutschen in ihren Führer besteht«[60]. Die *Bayerische Staatszeitung* erkannte, dass die Mitscherlichs

lung oder die Schuld der Duldung – hat ihre Spuren im Charakter hinterlassen.« (S. 24).

55 Vgl.: Henscheid, Eckhard: Die Unfähigkeit zu trauern oder so ähnlich. Ein Spezialkapitel zur Kulturgeschichte der Mißverständnisse. In: Frankfurter Allgemeine Zeitung, 12.6.1993.
56 Goltz an Mitscherlich, 1.10.1968, AMA I, 1932.1.
57 Manuskript der Sendung »Neue Bücher« des Hessischen Rundfunks vom 14.12.1967, AMA X 72; in ähnlicher Weise auch: Frankfurter Allgemeine Zeitung, 16.12.1967; Schmitt-Maas, Hety: Rezension »Die Unfähigkeit zu trauern«. In: Freiheit und Recht (Zeitschrift des Bundes der Verfolgten des Naziregimes), 14 (1968), Nr. 4, April 1968; Deutsches Allgemeines Sonntagsblatt, 28.1.1968.
58 Frankfurter Rundschau, 5.4.1968.
59 Süddeutsche Zeitung, 16./17.3.1968.
60 Frankfurter Allgemeine Zeitung, 16.12.1967.

nicht weniger verlangten, als »die (psychologische) Rückkehr an einen Tatort, über den längst Gras gewachsen zu sein schien«[61], und die *Hessische Allgemeine* klagte gar, die Mitscherlichs führten damit, ohne ihn zu nennen, den »Begriff der Kollektivschuld, der zwanzig Jahre lang bei uns mit Erfolg ausgemerzt worden ist, wieder ein«[62].

Von einem Missverständnis auf breiter Front kann also ausweislich der zeitgenössischen Rezeptionsgeschichte nicht gesprochen werden. In den 1980er und 1990er Jahren aber, als das Wort von der *Unfähigkeit zu trauern* zum Schlagwort erstarrt war und sich von dem dahinterstehenden psychoanalytischen Argument zunehmend gelöst hatte, deutet vieles darauf hin, dass der Begriff von Trauer seine ursprüngliche psychoanalytische Schärfe verlor und nun allenfalls im Sinne von Reue verwandt wurde. Es ist nicht ohne Ironie, dass selbst Margarete Mitscherlich-Nielsen dieser Umdeutung schließlich aufsaß, als sie unter der Überschrift *Die Diagnose gilt noch* 1987 die Kernaussage der *Unfähigkeit zu trauern* folgendermaßen zusammenfasste:

> »In der Arbeit über die Unfähigkeit der Deutschen zu trauern ging es Alexander Mitscherlich und mir vor allem darum, die alltägliche Realität des Nationalsozialismus zu erforschen, d. h. die sozialpsychologische Disposition der großen Mehrheit von Deutschen, die weder so einfach zu den Opfern noch zu den Tätern zu zählen, die weder frei von Schuld noch in besonderem Maße aktiv und unmittelbar schuldig geworden waren. Ohne diese große Zahl, zumeist der klein- und mittelbürgerlichen Schicht angehörenden Deutschen, zu denen wir alle mehr oder weniger zählen, wäre der Aufstieg Hitlers nicht möglich gewesen. Viele dieser Deutschen waren Teil der Bevölkerung, die ihre Briefmarken weiter sammelte, musizierte, ihren Kindern Märchen vorlas, Philosophie betrieb, für die deutsche Volksgesundheit sorgte und weder den Rauch aus bestimmten Schornsteinen wahrnahm noch die gellenden jüdischen Gebete hörte. Diese Majorität der Deutschen hat nicht getrauert, das war unsere These.«[63]

Es ist ein irritierender Befund, dass in den 1970er Jahren das Wort von der *Unfähigkeit zu trauern* zwar einerseits eine gewisse Hegemonie im öffentlichen Diskurs über die NS-Vergangenheit erlangte, dieser Diskurs aber – womöglich schon beginnend in den späten 1960er Jahren – insgesamt an Intensität verlor. Es wurde in den 1970er Jahren ein weiteres Mal

---

61 Bayerische Staatszeitung, 11.4.1968.
62 Hessische Allgemeine, 13.4.1968.
63 Mitscherlich-Nielsen, Erinnerungsarbeit, S. 26 f.

so still um das Thema der NS-Vergangenheit, dass Mitscherlich 1977 in seinem Vorwort für die erste Taschenbuchausgabe der *Unfähigkeit zu trauern* einen »Verfall von Geschichtswissen« ausmachte, den er darauf zurückführte, dass noch immer die »mündliche Überlieferung durch Eltern und Großeltern«[64] über die wissenschaftlich fundierte Aufklärung dominiere.

So musste Mitscherlich in seinen Memoiren nicht zu Unrecht feststellen, dass die große Resonanz der *Unfähigkeit zu trauern* in der gesellschaftlichen Realität kaum Folgen gehabt hatte: »Die Verdrängung der Vergangenheit wurde weitgehend aufrechterhalten. Die Reaktion auf den Film ›Holocaust‹ (1979) zeigte, wie wenig bisher die Vergangenheit gefühlsmäßig in das Bewußtsein der meisten Menschen gedrungen war.«[65] Hinzuzufügen ist allerdings, daß auch die *Unfähigkeit zu trauern* in dem für die 1970er Jahre charakteristischen Spannungsfeld zwischen moralisch motivierter Empörung einerseits und theoretisierenden Erklärungsversuchen andererseits stand und einer eingehenderen Erforschung der Vergangenheit keineswegs Vorschub leistete. Das allerdings konnte man von den Mitscherlichs, die keine Historiker waren, billigerweise auch kaum verlangen.

Christian Schneider hat mit Recht darauf hingewiesen, dass in ähnlicher Weise auch die »Achtundsechziger« bei einem pauschalen Faschismusvorwurf an die Elterngeneration stehen blieben und ebenso wenig wie die Jugend der 1950er Jahre, die auf kritische Nachfragen ganz verzichtete, eine Form der Verständigung mit ihren Eltern über dieses sensible Thema fand. Der pauschale Faschismusvorwurf stand einer Verständigung ebenso im Wege wie womöglich auch die unterschwellige Angst der Kinder, die den Eltern abgepressten Geständnisse könnten am Ende für beide Seiten eine unerträgliche Belastung darstellen.[66]

Erst in den frühen 1980er Jahren – nach der Ausstrahlung des amerikanischen Mehrteilers »Holocaust« und nach dem Tod Alexander Mitscherlichs – fand die These der *Unfähigkeit zu trauern* erstmals nennenswerten Widerspruch, als der Sozialphilosoph Hermann Lübbe postulierte, »dass die bekannte Verdrängungsthese falsch« sei.[67] Das von Lübbe so genannte »kommunikative Beschweigen« der NS-Vergangenheit in den 1950er Jahren sei vielmehr notwendig gewesen zur gesellschaftlichen In-

---

64 Mitscherlich, Alexander: Vorwort zu dieser Ausgabe. In: Mitscherlich/Mitscherlich, Unfähigkeit, S. I-III, hier S. I f.
65 Mitscherlich, Leben, S. 239.
66 Schneider, Schwierigkeiten.
67 Lübbe, Nationalsozialismus.

tegration auch der Belasteten in die Gesellschaft der frühen Bundesrepublik und zur Herausbildung und Stabilisierung einer neuen, demokratischen Gesellschaft. Diese Sicht beleuchtete eine andere Seite des von den Mitscherlichs angesprochenen Zusammenhangs und hob statt der moralischen und politischen Kosten, die die hinausgezögerte Aufarbeitung der Vergangenheit verursacht hatte, deren langfristig stabilisierende Wirkung hervor. Tatsächlich ging das Ende der skandalösen personellen Kontinuitäten zwischen NS-Staat und Bundesrepublik und auch das Ende der Erinnerungs- und Reflexionsverweigerung eher mit einem Generationenwechsel einher als mit einer politisch-moralischen Läuterung der Betroffenen, wie sie die Mitscherlichs erhofft hatten.

Am Ende der 1980er Jahre gestand der Politikwissenschaftler Peter Graf von Kielmannsegg in einer der ersten Analysen des Umgangs der Deutschen mit ihrer NS-Vergangenheit dem Buch *Die Unfähigkeit zu trauern* zu, es habe die Versäumnisse der 1950er Jahre »auf den Begriff gebracht«[68]. Auch wenn bereits die frühen Auseinandersetzungen wie Eugen Kogons *SS-Staat*, das *Tagebuch der Anne Frank* oder die Hitler-Biographie Alan Bullocks auf breites Interesse gestoßen waren: »Wie viele Leser haben sich von diesen Büchern Fragen an die *eigene* Vergangenheit aufdrängen lassen?« Auch ohne »das Selbstvertrauen des scharfblickenden Psychoanalytikers« für sich in Anspruch zu nehmen, gab es für Kielmannsegg in den 1950er Jahren »für Trauer wenig Anzeichen«. Gleichwohl hielt er die »psychoanalytischen Spekulationen über die politischen Folgen der ›Unfähigkeit zu trauern‹« für »doppelt fragwürdig«, da sie sich »nur behaupten, nicht nachweisen« ließen. Durchaus in Hermann Lübbes Sinn verstand Kielmannsegg den »gelungene[n] Neubeginn« und die Unfähigkeit zu trauern »als Teile ein und derselben Geschichte«.

Zu Beginn der 1990er Jahre gerieten die Thesen der Mitscherlichs erneut in die Kritik. 1990 warnte der konservative Publizist Johannes Gross vor einer nachgeholten Vergangenheitsbewältigung in der ehemaligen DDR: »Vor der These der ›Unfähigkeit zu trauern‹ sollten unsere Landsleute östlich der Elbe dringend bewahrt werden; sie wird einmal zu den großen Eseleien des Jahrhunderts gerechnet werden.«[69] Zwei Jahre später hielt Peter Dudek den Thesen der Mitscherlichs ihren »radikalen mora-

---

68 Kielmannsegg, Peter Graf: Lange Schatten. Vom Umgang der Deutschen mit der nationalsozialistischen Vergangenheit, Berlin 1989, S. 61; die folgenden Zit.: S. 68-70.
69 Frankfurter Allgemeine Zeitung, 6.2.1990. Zit. nach: Knoell, Vergangenheitsbewältigung.

lischen Gestus« vor und bezeichnete sie als wenig originelles »Pauschalurteil«[70].

Im gleichen Jahr beschuldigte der Psychoanalytiker Tilman Moser seine »psychoanalytischen Eltern«, die Mitscherlichs, den Deutschen mit der *Unfähigkeit zu trauern* genau jene Einfühlung verweigert zu haben, die sie diesen doch abforderten. Das Buch lese sich »eher wie ein Katalog der Beschimpfungen denn als ein Dokument des Verstehenwollens. Eine nicht nachlassende Wut auf die Deutschen der späten sechziger Jahre durchdringt den Text der Mitscherlichs.«[71] Als Mittler der verweigerten Einfühlung zwischen den Mitscherlichs und der betroffenen Generation machte Moser die »Achtundsechziger« aus:

> »Die zweite, die Achtundsechziger-Generation hat sich hinter Empörung und Anklage verschanzt, und die älter gewordenen Eltern haben sich noch einmal verhärtet. Als tragisch bezeichne ich es, daß diese Generation die Bewältigung im Sinne eines Sprechen-Könnens in einem geschützten Raum noch einmal um ein oder zwei Jahrzehnte hinausgeschoben hat. Sie fühlte sich sicher, und zwar als verdammendes Kollektiv mit dem Buch die Unfähigkeit zu trauern im Marschgepäck. Die inquisitorische Verstockung, so möchte ich die Position einer ganzen Generation nennen, bewirkte ein Klima, in dem auch eine sich bildende Gesprächsbereitschaft scheitern konnte. Die 68er-Lehrer-Generation trug den Gestus der Anklage auch in die Schulen, so daß sich die Spaltung der Familien vertiefte.«

Den Mitscherlichs warf Moser nicht nur »Vermischung von Psychoanalyse und vorwurfsvoller Moral« vor, sondern auch einen »umgekehrten Antisemitismus«, der in der verfolgerischen Anklage gegen die Deutschen« zutage trete. Die »archaische Strafe«, die den Deutschen durch Bombenkrieg und Vertreibung zuteil geworden sei, hätten die Mitscherlichs in ihren Überlegungen völlig ausgeblendet, beklagte Moser und wusste auch warum: »Alexander Mitscherlich hatte den Krieg in Heidelberg praktisch kaum wahrgenommen und wurde von den Amerikanern sehr rasch hofiert.«

Die Äußerungen Mosers markierten einen Bruch in der Interpretation des Verhältnisses der Deutschen zu ihrer NS-Vergangenheit, da hier erstmals ein vermeintlicher Opferstatus der Deutschen gegen die für etwa 25 Jahre vorherrschende Interpretation einer *Unfähigkeit zu trauern* of-

---

70 Dudek, Vergangenheitsbewältigung, S. 48.
71 Moser, Unfähigkeit, S. 394; die folgenden Zit.: S. 401, 393.

fensiv ins Feld geführt wurde. Dieses Feld war in Mosers Fall zunächst einmal nur das der psychoanalytischen scientific community, und seine Intervention wurde dementsprechend wenig beachtet. Was Christian Schneider in einer lesenswerten Entgegnung zu Tilman Mosers Vorwürfen formulierte, ließe sich ebenso gut aber auch denjenigen Versuchen entgegenhalten, die wenige Jahre später auch auf breiterer Ebene die Opferperspektive der Deutschen in den Diskurs über die NS-Vergangenheit einführten.

Indem er Täter- und Opferpositionen umkehre, sah Schneider voraus, zelebriere Moser »ein Ritual, das Chancen hat, in Mode zu kommen«[72]. Er sollte recht behalten. An gleicher Stelle, an der Alexander Mitscherlich 1969 den Friedenspreis des Deutschen Buchhandels – nicht zuletzt für *Die Unfähigkeit zu trauern* – entgegengenommen hatte, reklamierte 1998 Martin Walser für sich das Recht, vom »Erinnerungsdienst« an die NS-Vergangenheit entbunden zu werden.[73] Walser setzte damit ein erstes weithin beachtetes Zeichen für eine Perspektivenverschiebung im Diskurs über die Vergangenheit, die seitdem vielfältige Fortsetzungen gefunden hat. Die »Dekontextualisierung«, in Form einer »›Ausklammerung‹ der Schulddimension«, die in diesem Diskurs das Einfallstor des vermeintlich neuen und bislang tabuisierten Opferstatus der Deutschen darstellt, hat Schneider schon 1992 Tilman Moser vorgeworfen. Schneider sah als Antrieb Mosers dessen Wunsch, der Generation des eigenen Vaters wieder näher zu rücken. »Der ›Vatermord‹ an Mitscherlich« war der Preis dafür.[74]

---

[72] Schneider, Jenseits, S. 770.
[73] Vgl. zu Walsers Rede und der anschließenden Diskussion: Schirrmacher, Debatte.
[74] Schneider, Jenseits, S. 774. Vgl. auch: Knoell, Vergangenheitsbewältigung, S. 789.

13. »Verkündigung« und Zeitkritik

Mitscherlich in der Öffentlichkeit der 1950er Jahre

Im Januar 1946 erhielt Alexander Mitscherlich einen Brief von Karl Gerold, dem späteren Herausgeber der *Frankfurter Rundschau*. Gerold lobte Mitscherlich für einen Vortrag, den dieser vor der Philosophischen Gesellschaft in Basel gehalten hatte – verstanden habe ihn das Publikum wohl nicht, glaubte Gerold, aber Mitscherlich habe mit bewundernswerter Gelassenheit reagiert.[1] Dieser antwortete, er habe den gleichen Eindruck gewonnen, lasse sich aber nicht entmutigen: »Vorläufig sehe ich nur einen Ausweg und der geht über einen Akt, den ich ›Verkündigung‹ nennen möchte. Nur wer es verstünde die Menschen durch die ungeheure Kraft seines Inneren, unter Umgehung jeder Reflexion, vor eine ihnen neue Wirklichkeit hinzustellen, könnte der Forderung genügen. Ich bin kein Christ, ich sehe das Christentum historisch, seine ›Verkündigung‹ finde ich in vielen Stücken großartig, aber sie erschüttert mich nicht, ich denke darüber nach. Aus der Beobachtung unserer Welt erkenne ich lediglich, wie notwendig eine Verführung zum Guten wäre, eine große Prophetie.«[2]

Mitscherlich vertraute stets auf diese Gabe der »Verkündigung« und auch darauf, dass sie ihm selbst gegeben war. Neben seinem Engagement für die psychosomatische Medizin hatte er stets das Bedürfnis – und die Gabe –, in die Öffentlichkeit hineinzuwirken. Von seinen Überlegungen, eine kulturpolitische Zeitschrift namens *VOX* zu gründen, war bereits die Rede. 1946 unterstützte er gleichzeitig die von Willi Weismann in München gegründete Literaturzeitschrift *Die Fähre* – deren Name auf eine Idee Mitscherlichs zurückging. Er fungierte 1946 als eine Art Mitherausgeber und vermittelte Weismann wichtige Kontakte unter anderem zur *Neuen Zeitung* und deren Autoren.[3]

---

1 Gerold an Mitscherlich, 25.1.1946, AMA III.
2 Mitscherlich an Gerold, 28.1.1946, AMA III.
3 Korrespondenz Mitscherlich/Weismann, 1946, AMA III. Mitscherlich veröffentlichte auch selbst eine Bilanz des ersten Nachkriegsjahres in der Fähre, in der er für die Vision eines freien Sozialismus warb: Mitscherlich, Alexander: Die schwersten Stunden. Überschlag eines Jahres. In: Die Fähre 1 (1946), Heft 2, S. 131-138 (GS VI, S. 79-87).

Im Zuge seiner Entsendung zum Nürnberger Ärzteprozess und der Gründung seiner eigenen Zeitschrift *Psyche* verlor sich die Verbindung nach München. Um 1949, als Mitscherlich von seinen längeren Aufenthalten in der Schweiz dauerhaft nach Heidelberg zurückkehrte, trat er schnell wieder in den Medien in Erscheinung, zuerst im Hörfunkprogramm des Hessischen Rundfunks und Radio Stuttgarts, 1950 dann im Programm des Süddeutschen Rundfunks, des Westdeutschen Rundfunks und des RIAS Berlin. Es ging bei diesen ersten Rundfunkauftritten um die Vermittlung psychosomatischer Medizin[4], aber von Beginn an äußerte sich Mitscherlich auch zu gesellschaftspolitischen Fragen wie über die Zukunft des geteilten Deutschlands[5] und in einer Diskussionsrunde über »Möglichkeiten und Gefahren moderner Kunst«[6]. So kam er schon in den frühen 1950er Jahren in Kontakt zu den prägenden Gestalten der sich entwickelnden Medienlandschaft der Bundesrepublik. Beim Hessischen Rundfunk war sein Ansprechpartner Alfred Andersch[7], der dort nach dem Vorbild der britischen BBC sein ambitioniertes »Abendstudio« aufbaute, im Kölner Studio des NWDR traf Mitscherlich auf Carl Linfert[8], in Hamburg auf Jürgen Schüddekopf.

Im Herbst 1952 begann der NWDR auf den Vorschlag Mitscherlichs hin eine Reihe »massenpsychologischer« Sendungen zu produzieren, deren erste unter dem Titel *Das Schicksal der Massen ist das der Einzelnen* von ihm selbst bestritten wurde.[9] Von 1953 an war Mitscherlich in fast allen Sendeanstalten ein häufiger Redner und Diskutant, schlug seinerseits Themen vor, sagte selten eine Anfrage ab und steckte große Energie in die Produktion und Redaktion der einzelnen Beiträge. Seine aktive Mitarbeit, seine Formulierungsgabe und sein breites Themenfeld der »Tiefenpsychologie und Menschenkunde in Forschung und Praxis«, wie es im Untertitel der *Psyche* hieß, machten ihn interessant. Als sich in der Mitte der 1950er Jahre der Schwerpunkt der intellektuellen Debatten in

4 Beispielsweise sprach Mitscherlich am 7.3.1950 im Hessischen Rundfunk über das Thema »Mensch und Arzt« und am 8.5.1959 im Rahmen der »Funk-Universität« des RIAS Berlin über sein Buch »Freiheit und Unfreiheit in der Krankheit«.
5 Mitscherlich, Alexander: Das Jahr verging – was blieb? Vortrag im Radio Stuttgart am 30.12.1949 (GS VI, S. 140-141).
6 Diskussion im Rahmen der Reihe »Das Menschenbild unserer Zeit« im Hessischen Rundfunk, 20.7.1950.
7 Vgl. zu Andersch: Reinhardt, Andersch.
8 Vgl. zur frühen Rundfunkkultur der Bundesrepublik: Boll, Nachtprogramm.
9 Mitscherlich, Alexander: Das Schicksal der Massen ist das der Einzelnen. Vortrag und Diskussion mit Carl Linfert und Edeltrud Seeger im Westdeutschen Rundfunk, 2.9.1952.

Richtung der Soziologie und der Diskussion um die Probleme der modernen Massengesellschaft verschob[10], stieg Mitscherlichs Marktwert weiter. Im Nachtprogramm des WDR fand er wiederholt eine Plattform für die unterdessen entstehenden Bausteine seiner Massenpsychologie[11] die später im Panorama der *Vaterlosen Gesellschaft* zusammenfließen sollten.

Auch in der Tagespresse war Mitscherlich früh präsent. Seit 1946 publizierte er in der *Neuen Zeitung* und in der *Rhein-Neckar-Zeitung*, seit 1948 in der *Neuen Zürcher Zeitung* und seit 1949 in den *Frankfurter Heften* und in der *Welt*, wo er einen Artikel mit dem Titel *Planlose Suche nach dem Heil. Warum fesseln ›Wundertäter‹ die Massen?*[12] brachte. 1952 kommentierte er für die *Zeit* als »Psychologe« eine Bundestagsdebatte über die Frage der Wiederbewaffnung der Bundesrepublik[13], woraufhin er von der *Süddeutschen Zeitung* gebeten wurde, auch dort des Öfteren das Wort zu ergreifen.[14] Mitscherlich sagte gern zu: »Zwar bin ich skeptisch hinsichtlich meiner Kraft, etwas zum besseren – was mir eben das Bessere schiene – zu wenden; aber es macht schließlich auch Spaß, seine Gedanken zu formulieren.«[15] Mitscherlichs erster Artikel in der *Süddeutschen Zeitung*, in dem er gegen den Entwurf des als »Schmutz- und Schundgesetz« bekannten »Gesetzes über die Verbreitung jugendgefährdender Schriften« argumentierte, erschien schon eine Woche später.[16]

10 Vgl. ausführlich: Boll, Nachtprogramm.
11 Diskussionsveranstaltung des NWDR in der Reihe »Umstrittene Sachen«: Die Masse – das sind wir alle (Carl Linfert, Rudolf Krämer-Badoni, Alexander Mitscherlich, Friedrich Sieburg), 8.2.1955. (Korrespondenz Mitscherlich/NWDR (Linfert), AMA II, 3973). Ebenfalls im NWDR sprach Mitscherlich am 19.1.1957 mit Carl Linfert und Erich Franzen unter dem Titel »Was ist das Individuum heute noch wert?« über David Riesmans Buch »Die einsame Masse« (AMA I, 1657), am 25.2.1957 in der Reihe »Umstrittene Sachen« über »Automation – ein Pyrrhussieg?« (AMA MI, 76) sowie im Südwestfunk am 15.4.1957 über »Jugend in der technischen Welt« und am 25.5.1957 über »Pubertät und Tradition« (AMA III, 63).
12 Mitscherlich, Alexander: Planlose Suche nach dem Heil. Warum fesseln ›Wundertäter‹ die Massen?« In: Die Welt, 21.9.1949 (GS VI, S. 353-355).
13 Mitscherlich, Alexander: Ein Psychologe hört die Wehrdebatte. In: Die Zeit, 14.2.1952 (GS VI, S. 213-215).
14 Süddeutsche Zeitung (Sperr) an Mitscherlich, 8.10.1952, AMA I, 5400.1.
15 Mitscherlich an Süddeutsche Zeitung (Sperr), 15.10.1952, AMA I, 5400.2.
16 Mitscherlich, Alexander: Gegen Verführung. Zum Problem der literarischen Gefährdung der Jugend. In: Süddeutsche Zeitung, 22.10.1952. Unter dem Titel »Wen kann man verführen?« auch in: Rhein-Neckar-Zeitung, 28.10.1952 (GS VI, S. 635-638).

Bereits in der zweiten Hälfte der 1950er Jahre war Mitscherlich ein fester Bestandteil der intellektuellen Öffentlichkeit in der Bundesrepublik. Er hatte gute Beziehungen in die Redaktionsstuben der bedeutenden Zeitungen und Rundfunkhäuser der Republik und hatte sich eine Position erarbeitet, die es ihm erlaubte, seine Texte dort unterzubringen, wo er es für richtig hielt. Über die Teilöffentlichkeit des Feuilletons und der ambitionierten »Nachtprogramme« des Rundfunks hinaus bekannt war er allerdings zu diesem Zeitpunkt noch nicht. Auch war er zu diesem Zeitpunkt noch nicht als explizit politischer Autor in Erscheinung getreten – von einer scharfen Kritik am Zustand der Geisteswissenschaften abgesehen[17], denen er 1958 in der *Welt* bescheinigte, aus der Verwandlung der Gesellschaft in eine Massengesellschaft noch keine Konsequenzen gezogen zu haben und darüber nicht nur ihre Funktion kritischer Gegenwartsdiagnose preiszugeben, sondern selbst zum nutzlosen »Dekorum« zu werden.

Parteipolitisch war Mitscherlich damit nicht zuzuordnen, und wer sich fragte, welchem Lager der 1960 immerhin schon über Fünfzigjährige zugehörte, musste sich entweder an dessen Überlegungen zum »Freien Sozialismus« der Nachkriegszeit erinnern oder wissen, dass er sich in den 1950er Jahren sowohl gegen die Wiederbewaffnung der Bundesrepublik[18] als auch gegen die Atombewaffnung der Bundeswehr[19] ausgesprochen hatte. Erst mit Beginn der 1960er Jahre rückte Mitscherlich in das sich formierende Lager einer linksintellektuellen Gegenöffentlichkeit ein.

17 Mitscherlich, Alexander: Erstickt die Technologie die Geisteswissenschaften? Die Forschung der Welt steht vor neuen Entscheidungen. Vom Standort deutscher Wissenschaft. In: Die Welt, 18.1.1958 (GS VI, S. 429-439).
18 1955 hatte Mitscherlich der Bitte der »Deutschen Studentenzeitschrift« entsprochen und sich, wie unter anderem auch der Politologe Wolfgang Abendroth, der Münchner Medizinhistoriker Werner Leibbrand und Alfred Weber gegen eine Äußerung des Sicherheitsbeauftragten der Bundesregierung, Theodor Blank, gewandt, der es als eine Frage der Ehre auch für Studenten bezeichnet hatte, Reserveoffizier zu werden. In seiner »Antwort an Blank« hatte Mitscherlich den von Blank benutzten Begriff des »Wehrwillens« kritisiert und sich angesichts der historischen Belastung des deutschen Militärs ein »Widerstandsrecht« vorbehalten. (Mitscherlich, Alexander: Antwort an Blank. In: Deutsche Studentenzeitschrift 5 (1955), Nr. 5, S. 2, GS VI, S. 217-219).
19 1957 schloß sich Mitscherlich einer Initiative mehrerer Heidelberger Professoren an, die nach dem Vorbild der »Göttinger 18« ein Telegramm an Bundeskanzler Adenauer sandten, in dem sie sich gegen die Atombewaffnung der Bundeswehr aussprachen (Korrespondenz Mitscherlich/Reinbacher, 1958, AMA I, 4375).

Die Humanistische Union

Einen wesentlichen Schritt auf diesem Weg vollzog Mitscherlich, als er 1961 mit Gerhard Szczesny, den er als Leiter des Nachtstudios des Bayerischen Rundfunks kennengelernt hatte und mit dem er in den 1950er Jahren vielfach zusammengearbeitet hatte, die »Humanistische Union« gründete. Der gebürtige Ostpreuße Szczesny war eine schillernde Gestalt. Er hatte in Königsberg Philosophie, Literaturgeschichte und Zeitungswissenschaft studiert – Letzteres bei Alfred Six, der unterdessen zum leitenden NS-Funktionär im Reichssicherheitshauptamt aufstieg[20] – und war 1938 nach Berlin und wenig später an die Münchner Universität gewechselt. Nach 1945 fand Szczesny eine Anstellung bei Radio München und wurde in seiner Funktion als Leiter des Nachtstudios des Bayerischen Rundfunks einer der bekanntesten linksliberalen Publizisten und Journalisten der 1950er Jahre.[21]

Dabei erregte immer wieder sein für Journalisten unüblich offenes Bekenntnis zur SPD, mehr aber noch sein offensiv vertretener humanistischer Atheismus, Aufsehen und – speziell in Bayern – Unwillen. 1958 legte Szczesny seine Überzeugung in seinem Buch *Die Zukunft des Unglaubens*[22] nieder, das zum Bestseller wurde. Das Buch war eine scharfe Kritik am Klerikalismus der frühen Bundesrepublik, der aus Szczesnys Perspektive weniger auf christlicher Überzeugung der Bevölkerung als auf deren erschrockener Abwendung von der Ersatzreligion der nationalsozialistischen Ideologie beruhte. 1961 geriet Szczesny ins Visier der konservativen Sittenwächter des Bayerischen Rundfunks, als ihm vorgeworfen wurde, nicht nur dezidiert gegen das Christentum zu agitieren, sondern zudem auch linken – vermeintlich kommunistischen – Autoren wie Martin Walser und Hans Magnus Enzensberger ein Forum zu bieten. Szczesnys Kündigung beim Bayerischen Rundfunk kam 1961 seiner Entlassung nur knapp zuvor.[23]

Im selben Jahr verschickte Szczesny den »Vorschlag, eine ›Humanistische Union‹ zu gründen«[24] an etwa 200 Personen des öffentlichen Lebens, unter anderem an Alexander Mitscherlich. Szczesny beklagte in seinem im Pathos der Aufklärung gehaltenen Text, die grundgesetzlich

---

20 Hachmeister, Gegnerforscher.
21 Vgl. die Autobiographie Szczesnys: Szczesny, Lebenslauf.
22 Szczesny, Betrachtungen.
23 Korsukéwitz, Szczesny.
24 Szczesny, Gerhard: Vorschlag, eine »Humanistische Union« zu gründen, 6.6.1961, AMA VII, 156.

garantierten Rechte von Glaubens-, Gewissens- und Bekenntnisfreiheit und freier Meinungsäußerung seien »durch eine christlich-konfessionalistische Regierungspraxis ausgehöhlt, wenn nicht außer Kraft gesetzt«. Die Bundesrepublik drohe sich in einen »christliche[n] Weltanschauungsstaat« zu verwandeln. Dagegen müsse eine »Humanistische Union« kämpfen, und das bedeute im Einzelnen: »Die Erlösung des Denkens aus der Vormundschaft der Theologie, die Befreiung des Menschen aus den Fesseln obrigkeitsstaatlicher und klerikaler Bindungen, die Verkündigung der Menschenrechte und Menschenpflichten, der Ausbau von Erziehungs-, Bildungs- und Fürsorgeeinrichtungen, die allen Bürgern offenstehen, die Entfaltung einer freien Wissenschaft, Presse, Literatur und Kunst.«

Mitscherlich hielt Szczesnys Idee einer außerparlamentarischen und unparteilichen »Union« für »überaus glücklich«[25]. Er habe selbst schon mit ähnlichen Gedanken gespielt und sei »zu jedem Opfer an Zeit und Geld bereit«. Auf seinen Gründungsaufruf erhielt Szczesny positive Rückmeldungen von 86 der angeschriebenen Persönlichkeiten, unter anderem von Helmuth Plessner, Alfred Andersch und Siegfried Lenz, seine engagiertesten Mitstreiter fand er aber in Alexander Mitscherlich und René König. Man war sich einig, dass eine Massenorganisation anzustreben sei, nicht ein weiterer einflussloser Zirkel weniger Intellektueller. Szczesny war optimistisch, binnen sechs Monaten 10 000 Mitglieder gewinnen zu können.[26] Mitscherlich wurde auf der Gründungsversammlung der Humanistischen Union neben Szczesny und König in den fünfköpfigen Vorstand gewählt, der als Hauptaktivitäten der Vereinigung die Herausgabe eines regelmäßigen Informationsdienstes, die Bildung einer eigenen Studenten- und Jugendorganisation sowie Vortrags- und Diskussionsveranstaltungen plante.[27]

Im Januar 1962 trat die Humanistische Union mit der ersten Ausgabe ihrer *Mitteilungen* an die Öffentlichkeit und gab als Hauptziele ihrer Arbeit den Kampf gegen die Konfessionalisierung des Bildungssystems und gegen die Zensur in Medien und Filmwesen an. Daneben wollte man für eine liberale Strafrechtsreform streiten.[28] Mitscherlich hielt im gleichen Monat einen ersten großen Vortrag über *Sinn und Aufgaben einer Huma-*

---

25 Mitscherlich an Szczesny, 15.6.1961, AMA I, 5424.1.
26 Mitscherlich an Szczesny, 29.6.1961, AMA I, 5424.2; Szczesny an Mitscherlich, 13.7.1961, AMA I, 5424.3.
27 Szczesny an Mitscherlich, 28.8.1961, AMA I, 5424.8.
28 Mitteilungen der Humanistischen Union, Nr. 1, Januar/Februar 1962 (AMA VII, 156).

nistischen Union in Frankfurt.²⁹ Er appellierte an das politische Bewusstsein der Bürger, die sich als Korrektiv zu Parlament und Regierung verstehen müssten, und forderte mit Verweis auf die Machtübernahme der Nationalsozialisten zu Wachsamkeit auf: »Das wirksame und einende Prinzip dabei ist nicht eine lasche Toleranz, in der es jeder treibt, wie er will, solange er keine grobe Ruhestörung begeht, sondern das Prinzip der Auseinandersetzung.« Darum aber sei es in der Bundesrepublik schlecht bestellt, in der die »Fähigkeit zur denkerischen Alternative« verkümmere, je länger die »Masse« nicht an der Demokratie beteiligt werde.

Die Bundesrepublik sah Mitscherlich in der Hand des »milden Tyrannen« Adenauer, der den demokratischen Pluralismus leidlich ertrage, aber nicht befördere. Als Hauptgegner einer aufgeklärten Bürgergesellschaft machte er die katholische Kirche aus. Diese sei »der Inbegriff eines autoritären Herrschaftssystems, das sich in der gesamten Vergangenheit auf der Seite absolutistisch herrschender Mächtegruppen, zuletzt und bis heute im Gefolge der imperialen Kolonialisierung befunden hat«. Es gehe nicht darum, der Kirche das Recht zur Verkündung ihrer Religion abzusprechen, wohl aber darum, die Demokratie vor einer Tendenz »zur ideologisch oder glaubensmäßig geschlossenen, autoritär gelenkten Gesellschaft« zu schützen: »Weder bin ich davon überzeugt, daß Demokratie in Deutschland nicht zu verwirklichen ist, daß wir hoffnungslos unbegabt für diese Gesellschaftsform seien, immer einen starken Mann für uns entscheiden lassen müßten, noch bin ich davon überzeugt, daß wir bereits eine prächtig funktionierende Demokratie besäßen und gar kein Grund für Unruhe gegeben sei.«

Gerhard Szczesny hatte ein gutes Gespür dafür, welche Personen das Anliegen der Humanistischen Union in der Öffentlichkeit mit Mut zur polemischen Zuspitzung und in allgemein verständlicher Weise vertreten konnten. Mitscherlichs Auftritt in Frankfurt erfüllte seine Erwartungen, die Zeitungen meldeten: »Lärm um ›Humanistische Union‹«³⁰. Der anderthalbstündige Vortrag Mitscherlichs wurde von Protestrufen und demonstrativen Beifallsbekundungen unterbrochen³¹, eine lebhafte Aussprache schloss sich an. Der Redner tat das seinige, die Gemüter zu

---

29 Mitscherlich, Alexander: Sinn und Aufgaben einer Humanistischen Union. Vortrag in Frankfurt am Main, 24.1.1962. Unter dem Titel »Humanismus heute in der Bundesrepublik« in: Richter, Hans Werner (Hrsg.) Bestandsaufnahme. Eine deutsche Bilanz 1962. 36 Beiträge deutscher Wissenschaftler, Schriftsteller und Publizisten, München 1962 (GS VI, S. 219-250).
30 So überschrieb die Frankfurter Neue Presse am 26.1.1962 ihren Bericht.
31 Frankfurter Allgemeine Zeitung, 25.1.1962.

erhitzen. Über sein Redemanuskript hinausgehend, beschrieb Mitscherlich die Zustände im Lande in provokanter Schärfe: »Seid alle schön brav, dann geht es Euch wirtschaftlich gut ... alles andere überlaßt getrost dem Kanzler, den Wirtschaftsverbänden und den Kirchen.«[32] »Es fiel auch das Wort vom Kleriko-Faschismus«, berichtete die *Frankfurter Rundschau*, woraufhin ein Geistlicher sich erregte: »Dann steckt uns doch alle gleich ins Gefängnis.«
Derartiges öffentliches Aufsehen beförderte das Interesse für die Humanistische Union. Andere Gleichgesinnte mochten bekannter sein als Mitscherlich, um ihre Fähigkeiten als Volkstribun war es schlechter bestellt. So erteilte Szczesny, als er im Frühjahr 1962 einen Sammelband mit Beiträgen bekannter Persönlichkeiten aus dem Umfeld der Humanistischen Union zur Lage der Bundesrepublik vorbereitete, dem Beitrag Max Horkheimers eine Absage, wie er Mitscherlich mitteilte: »Sein Beitrag gefällt mir nicht. Das ist ein ziemlich vages und undurchsichtiges Bildungs-Gerede, das in Zusammenhang mit Ihren klar formulierten Thesen zu bringen, nur irritierend wirken könnte. Ich hoffe, keinem Vorurteil zu unterliegen, wenn ich immer wieder den Eindruck habe, daß die von Horkheimer und auch von Adorno betriebene Aufklärung sich manchmal nur sehr mühsam vom Gegenteil der Aufklärung unterscheiden läßt.«[33] Der von Hans-Werner Richter herausgegebene Band mit dem programmatischen Titel *Bestandsaufnahme. Eine deutsche Bilanz 1962* enthielt schließlich Beiträge unter anderem von Wolfgang Abendroth, Fritz Bauer, Heinrich Böll, Ralf Dahrendorf, Hans Magnus Enzensberger, Walter Jens, Joachim Kaiser, Erich Kuby, Golo Mann, Alexander Mitscherlich, Peter Rühmkorf und Gerhard Szczesny[34] – und war damit ein frühes Dokument einer sich sammelnden kritischen Gegenöffentlichkeit in der ausgehenden Adenauer-Ära. Tatsächlich stieg Mitscherlich sehr viel kämpferischer für die Humanistische Union in den Ring, als dies bei Horkheimer oder Adorno vorstellbar gewesen wäre. Einer Studentenzeitung diktierte er die Ziele der Union eindringlich in den Notizblock:

»Demokratie kann man meiner Meinung nach nur paradox definieren, als den Versuch zur Integration im Bewußtsein der möglichen und vertretenen Alternativen. Finden Sie, daß es bei uns zulande im Bewußtsein des Einzelnen die Alternativen der politischen Entscheidun-

---

32 Frankfurter Rundschau, 26.1.1962; dort auch das folgende Zit.
33 Szczesny an Mitscherlich, 14.8.1962, AMA I, 5424.13.
34 Richter, Bestandsaufnahme.

gen genügend durchdacht werden; finden Sie, daß er in aller Öffentlichkeit von den Gegnern unserer Gesellschaft dazu angehalten wird? Finden Sie, daß unsere Schuleinrichtungen und unsere Pädagogik systematisch genug den Einzelnen dazu erzieht, über Fakten- und Lernstoff hinaus alternative Lehrmeinungen, alternative Lebensauffassungen kennen, achten und in sich bedenken zu lernen? Finden Sie, daß unsere Schulen und Hochschulen für diese Aufgaben der Demokratie genügend vorbereiten, daß sie trotz großer humanistischer Tradition in sich schon genügend demokratisch sind, daß die Lehrer unserer Schulen trotz der vorzüglichen Demokraten, die in ihnen wirken, die Dialektik von eigener Meinung und Achtung vor der begründeten der anderen schon überall vorleben, daß auch auf der Landschule wie auf einer höheren Schule oder der Universität schon genug geschieht, um die Demokratie von früh auf einzuüben? Wenn Sie es finden sollten, brauchen Sie der H.U. keine Beachtung zu schenken. Wir finden es nicht, und darum haben wir uns zu Worte gemeldet.«[35]

In den Jahren 1962 und 1963 schien der Plan Gerhard Szczesnys, eine kulturpolitische Massenorganisation aufzubauen, aufzugehen. Bereits im Sommer 1962 hatte die Humanistische Union Ortsverbände in Augsburg, Berlin, Dortmund, Düsseldorf, Essen, Frankfurt, Hamburg, Hannover, Lübeck, Lüneburg, Nürnberg, Saarbrücken und Wuppertal. Am 4. Juli 1962 wurde außerdem die erste Gruppe der Humanistischen Studentenunion (HSU) in Marburg gegründet, bald folgten weitere in München und Freiburg. Nach zwei Jahren ihres Bestehens zählte die HU im September 1963 1835 Mitglieder, davon rund 11 % Studenten.[36] Die Mitglieder rekrutierten sich vor allem aus dem Milieu geistes- und sozialwissenschaftlicher Akademiker, aber auch Juristen und Theologen traten bei sowie Angehörige aller im Bundestag vertretenen Parteien. Hinsichtlich ihrer parteipolitischen Orientierung war die Humanistische Union in ihren ersten Jahren deshalb nicht klar zu verorten. Gleichwohl war erkennbar, dass die Hauptzielrichtung der Organisation gegen die konservative Adenauer-Regierung gerichtet war.

Der Erfolg der Humanistischen Union beruhte zum einen auf der regen Aktivität in Form von Vortrags- und Diskussionsveranstaltungen,

---

35 Sechs Fragen an Alexander Mitscherlich. Auskunft über die Motive, Thesen und Ziele der Humanistischen Union. In: Diskus. Frankfurter Studentenzeitung, 12.2.1962 (AMA VII, 156).
36 Übersicht über den Organisationsstand der Humanistischen Union, September 1963, AMA IIa, 55.

zum anderen auf einer Reihe prominenter Mitglieder, die Szczesny zusammengebracht hatte. Beides sicherte Aufmerksamkeit und bewahrte die Union davor, in die Wirkungslosigkeit abgedrängt zu werden.[37] Mitscherlich und die anderen Prominenten wie René König und Fritz Bauer wirkten als »Ausweis einer intellektuellen Kraft und der Zusammengehörigkeit: ein Schutzschild nach außen und zugleich ein Bekenntnis, das einschloß jederzeit für die gemeinsamen Ziele einzustehen. Die auf dem Briefkopf standen, waren auch die, die jederzeit für die HU öffentlich eintraten, mit Vorträgen, Gutachten und Stellungnahmen zur Verfügung standen.«

Diese Oppositionsstellung bekamen die Mitglieder durchaus zu spüren. René König erinnerte sich, dass die Humanistische Union als »Gottlosenverband« wahrgenommen wurde. Ihm selbst sei nach der Gründung »eine Welle des Hasses« entgegengeschlagen: »Ein verstorbener Kollege aus Freiburg i. Br., den ich bis dahin als einen ruhigen und ausgeglichenen Menschen kannte, sprang mir bei irgendeinem Anlaß, den ich vergessen habe, ins Gesicht: ›Damit haben Sie sich in Deutschland ganz unmöglich gemacht!‹ Plötzlich war das gierig-aggressive und mordlüsterne deutsche Gesicht wieder da, das ich so gut kannte.« Ein Minister habe gar eine Berufung nach Bonn abgeschmettert mit der Begründung, er sei als Mitbegründer der Humanistischen Union nicht berufungsreif.[38]

Gerhard Szczesny organisierte die Arbeit der Vereinigung weitgehend allein und ohne Vergütung. Nach seiner Kündigung beim Bayerischen Rundfunk bestritt er seinen Lebensunterhalt durch einen eigenen Verlag, in dem er vor allem kulturanthropologische und soziologische Literatur publizierte, aber auch Philosophie, Psychoanalyse und Politikwissenschaft. In Szczesnys Verlag erschienen Werke so bekannter Autoren wie Jean Améry, Simone de Beauvoir und Ludwig Marcuse.[39] Neben seiner Verlagsarbeit gab Szczesny die *vorgänge*, ein monatliches Mitteilungsblatt der Humanistischen Union, heraus und ab 1963 auch ein »Jahrbuch für kritische Aufklärung« unter dem Titel *Club Voltaire*.[40]

Durch Plakate, öffentliche Aufrufe und Veranstaltungen, bald auch mit Musterprozessen kämpfte die Humanistische Union in den ersten

---

37 Vgl. zur Geschichte der Humanistischen Union: Bussemer/Camman, Freiheitsrechte; sowie die Erinnerungen von Volker Braunbehrens: Braunbehrens, Erfahrungen; dort auch das folgende Zit. (S. 64).
38 König, Leben, S. 179.
39 Korsukéwitz, Szczesny, S. 88 f.
40 Szczesny, Gerhard: Club Voltaire. Jahrbuch für kritische Aufklärung, Band I, München 1963.

Jahren vor allem gegen die Konfessions- und für die Gemeinschaftsschule, für eine liberale gesetzliche Regelung des Schwangerschaftsabbruchs sowie für eine Liberalisierung des Strafrechts insgesamt. Hier zielte man in erster Linie auf die Veränderung der Bestimmungen, die vermeintlich unmoralische oder sittenwidrige Verhaltensweisen betrafen, wie die Verbreitung »unzüchtiger« Schriften und die Homosexualität. Auch eine erste Stellungnahme gegen die Notstandsgesetze wurde bereits im November 1963 ausgearbeitet.[41]

Mit der stetig wachsenden öffentlichen Präsenz der Humanistischen Union wurde allerdings auch ihr größtes Problem deutlich: Ihre informelle und von Szczesny aus München über persönliche Kontakte zusammengehaltene Struktur eines Honoratiorenvereins mit angeschlossenen Ortsvertretungen war dem Bedürfnis der wachsenden Mitgliederschaft nach Mitbestimmung und Transparenz immer weniger gewachsen. So fielen die Entscheidungen, wer in den im Frühjahr 1964 konstituierten Beirat berufen wurde, innerhalb des Triumvirats Szczesny/König/Mitscherlich ohne die Befassung des Vorstandes. Dieses Vorgehen sorgte für Unmut, als auf Mitscherlichs Veranlassung die Berufung von Wolfgang Abendroth in den Beirat verhindert wurde. Mitscherlich argumentierte, Abendroth habe die Förderergemeinschaft des SDS, »ohne uns Kuratoriumsmitglieder zu fragen, in einer Art Mikro-Staatsstreich in eine neue Partei verwandelt«. Das war, so Mitscherlich, »überaus ungehörig und dazu borniert«[42]. Der Vorstand der Humanistischen Union formulierte gegenüber Abendroth daraufhin »Zweifel an Ihrer positiven Einstellung zur parlamentarischen Demokratie« und legte ihm den Verzicht auf die Beiratstätigkeit nahe[43], dieser aber weigerte sich, woraufhin Fritz Bauer die Wogen zu glätten hatte.

Über solche internen Streitigkeiten verlor Alexander Mitscherlich das Interesse an einer aktiven Mitarbeit in der Humanistischen Union. Seine Vorstellung einer breiten bürgerlich-liberalen Emanzipationsbewegung, der wenige gleichgesinnte Prominente Aufmerksamkeit und Durchschlagskraft sicherten, erwies sich als immer weniger praktikabel, je größer die Organisation tatsächlich wurde[44] und je mehr Ortsverbände und

---

41 Stellungnahme der Humanistischen Union zu den Notstandsgesetzen, November 1963, AMA IIa, 55.
42 Mitscherlich an Gillessen, 27.11.1963, AMA IIa, 55.
43 Szczesny an Abendroth, 7.1.1964, AMA IIa, 55.
44 Die Humanistische Union zählte im November 1965 3623 Mitglieder, 30 Ortsvereine und 19 Hochschulgruppen. Seit Herbst 1963 hatte man 148 öffentliche Vorträge und sieben Pressekonferenzen veranstaltet sowie 44 Presseerklärungen

Einzelpersönlichkeiten eigene Vorstellungen einzubringen suchten und sich mit dem nicht legitimierten Entscheidungsgremium unzufrieden zeigten. Mitscherlich hielt einige vielbeachtete Vorträge zu sozialpsychologischen Themen[45] und engagierte sich beim Protest der Humanistischen Union gegen die »Aktion saubere Leinwand«, eine von dem CDU-Bundestagsabgeordneten Adolf Süsterhenn[46] 1965 losgetretene Kampagne für schärfere Zensur »unsittlicher« Kinofilme.[47] Daneben hielt er wiederholt Vorträge, in denen er sich mit dem Kernthema der Humanistischen Union, dem Atheismus, befasste. Dies tat er auch gezielt auf gegnerischem Terrain. So vertrat er sein Credo des *Humanismus als Konfession* beispielsweise auf dem katholischen Studententag in Darmstadt 1966[48] und forderte in einem »von Zischen und Klopfen begleiteten Vortrag«[49] die Zuhörer auf, die bislang an die Religion delegierte »Aufsicht über uns selbst« selbst zu übernehmen.[50]

Im Laufe der Jahre 1966 und 1967 spitzte sich der Streit zwischen den Vorstandsmitgliedern der ersten Stunde und den auf Transparenz und demokratische Verfahren drängenden Mitgliedern der Humanistischen Union zu. Auf einer Mitgliederversammlung in Kassel 1967 trieb der

herausgegeben. Im gleichen Zeitraum waren etwa 4500 die HU betreffende Pressemeldungen erschienen. Der Tätigkeitsbericht verzeichnete für den Zeitraum Herbst 1963 bis Herbst 1965 unter anderem: Verteilung von 50 000 Flugblättern sowie eine Unterschriftensammlung gegen die Notstandsgesetze, Denkschrift gegen Todesstrafe, Reformvorschläge zum Unehelichenrecht, Werbung und verschiedene Aktionen für Gemeinschaftsschule, Verfassungsbeschwerde gegen neue Bundespostordnung und gegen Filmzensur (Kampf gegen die »Aktion saubere Leinwand«), Aufklärungsarbeit in Ehe- und Erziehungsfragen, Eröffnung einer Beratungsstelle in München für Ehe- und Erziehungsfragen. (Bericht des Geschäftsführers auf der Bundesmitgliederversammlung der HU in Darmstadt am 20.11.65, AMA IIa, 56).

45 Mitscherlich, Alexander: Tabu – Rückständigkeit – Ressentiment. Vortrag vor der Humanistischen Union Heidelberg, 18.1.1965; ders.: Die Relativierung der Moral. Vortrag vor der Humanistischen Studentenunion Freiburg am 27.1.1966.

46 Mathy, Süsterhenn.

47 Diskussionsveranstaltung der Humanistischen Union zum Thema »Film und Moral« am 14.5.1965 in Heidelberg (Teilnehmer: Wanda v. Baeyer, Karl Bayer, Oberkirchenrat Gerber, Alexander Mitscherlich, Horst v. Hartlieb), AMA IIa, 56.

48 Mitscherlich, Alexander: Humanismus als Konfession. Vortrag auf dem katholischen Studententag 1966 in Darmstadt, 30.5.1966.

49 Frankfurter Rundschau, 3.6.1966.

50 Echo der Zeit, 3.6.1966.

Konflikt seinem Höhepunkt entgegen, als die Kritiker des bisherigen Führungsstils eine neue Satzung beschließen lassen wollten. Der Vorstand reagierte mit Unverständnis: Man dürfe die Humanistische Union nicht als »eine Art Demonstrationsmodell für eine perfekt mehrheitsdemokratisch funktionierende Organisation« begreifen, hieß es in einem Positionspapier des Vorstands, sondern als in wechselnden Formationen funktionierende Arbeitsgemeinschaft, die durch das Gewicht der Argumente und durch das Ansehen ihrer Vertreter wirksam sei.[51] Mitscherlich war auf der entscheidenden Versammlung in Kassel nicht anwesend, auf der der Streit eskalierte. Dort wurde auf Druck einiger Ortsverbände gegen den Widerstand des Vorstands eine neue Satzung verabschiedet, die die Humanistische Union in eine nach demokratischen Prinzipien von Ortsverbänden und Delegierten mitbestimmte Organisation verwandelte.[52]

Zwar blieb Gerhard Szczesny zunächst Vorsitzender, 1969 jedoch trat er von seinem Amt zurück. Bereits 1968 hatte er – auf einem hohen Schuldenberg sitzend – sein ambitioniertes Projekt des eigenen Verlages aufgeben müssen, da sich die von ihm verlegten, aufwendig produzierten Bücher als zu teuer und unverkäuflich erwiesen.[53] Manches, was Szczesny auf den deutschen Markt gebracht hatte, war allerdings seiner Zeit lediglich voraus, wie Alexander S. Neills *Erziehung in Summerhill*, das später bei Rowohlt zum Bestseller avancierte. Szczesny arbeitete anschließend sechs Jahre beim Rowohlt-Verlag als Herausgeber einer Reihe »rororo-tele«, die Fernsehsendungen als Texte herausgab, danach wurde er freier Schriftsteller.[54]

In Kassel war 1967 das von Mitscherlich und Szczesny intendierte Projekt einer liberalen Bürgerbewegung aus beider Sicht gescheitert. Mitscherlich hatte schon im Vorfeld der Mitgliederversammlung angekündigt, nicht mehr zu kandidieren[55], auch René König zog sich enttäuscht zurück, als sich die Humanistische Union aus seiner Sicht »weder humanistisch noch als Union gebärdete, sondern nur noch ein Deckname war für ein recht unklares Sammelsurium politisch-radikaler Sekten. Als solche wurde sie gleichwohl zum wichtigsten Vorläufer der Auseinanderset-

---

51 Positionspapier des Vorstands der Humanistischen Union, 1966/67 (undatiert), AMA IIa, 56.
52 Protokoll der Mitgliederversammlung der Humanistischen Union am 6.11.1967 in Kassel (AMA IIa, 56). Vgl. auch: Braunbehrens, Union.
53 Rundschreiben Gerhard Szczesnys, 20.11.1968, AMA IIa, 57.
54 Korsukéwitz, Szczesny, S. 88 f.
55 Mitscherlich an Szczesny, 27.10.1967, AMA IIa, 58.

zungen der sechziger Jahre«[56]. Ähnlich äußerte sich auch Mitscherlich, als er 1972 dem Vorsitzenden der Humanistischen Union seinen endgültigen Austritt mitteilte: »Organisationen wie diese haben wohl ihren historischen Augenblick. Den der Humanistischen Union haben wir – das heißt der Kreis der Gründer – nicht mit jener Intensität ausgenützt, die in politischen Organisationen nötig ist. Das ist, wie Sie bemerken, ein Vorwurf auch gegen mich selbst.«[57]

Mitscherlichs Engagement innerhalb der Humanistischen Union zwischen 1961 und 1965 spiegelt seine Vorstellung politischen Engagements wider, die sich mit einer Einordnung in herkömmliche politische Parteien nicht vertrug und die getragen war vom bildungsbürgerlichen (Sendungs-)Bewusstsein des sich punktuell engagierenden Intellektuellen. Auch an diesem Punkt drückt sich Mitscherlichs tiefe Skepsis gegenüber Organisationsstrukturen jeglicher Art aus, die sich immer nur zeitweise durch die gemeinsame Arbeit mit konkreten Personen überbrücken ließ, die sein Vertrauen genossen. In seinem Rückzug aus der Humanistischen Union ist auch ein gewisser Unwille zu erkennen, sich demokratischen Prinzipien und Umständlichkeiten zu unterwerfen. Als in Kassel die Delegierten ihren Willen durchsetzten, konnte Mitscherlich dies nicht etwa als Zeichen der Emanzipation zuvor unmündiger Individuen deuten, wie er sie in der *vaterlosen Gesellschaft* angemahnt hatte. Vielmehr interpretierte er die Vorgänge als sektiererische Bestrebungen, die die eigentlichen Aufgaben der Humanistischen Union behinderten. Wer diese eigentlichen Aufgaben der Aufklärung und Liberalisierung hätte definieren sollen, war dabei unausgesprochen klar: Gerhard Szczesny und er selbst.

Das Prinzip, das Mitscherlich für die Humanistische Union angestrebt hatte – die tagesaktuelle Stellungnahme, die kritische Eingabe, der polemische Protest –, übernahm er in der ersten Hälfte der 1960er Jahre immer mehr auch ganz persönlich. Mitscherlich erlebte einen Prozess der Politisierung jenseits politischer Strukturen, der ihn allmählich zum »öffentlichen Intellektuellen« machte. Dabei ist die Bedeutung des Netzwerkes, auf das er sich inzwischen stützen konnte, nicht zu unterschätzen. Die Zahl seiner Verbündeten wuchs: Sie saßen in den maßgeblichen Zeitungs- und Rundfunkstationen, sie waren auch immer zahlreicher im Wissenschaftsbetrieb anzutreffen, nicht mehr nur im Frankfurter Institut für Sozialforschung.

---

56 König, Leben, S. 179.
57 Mitscherlich an Fabian, 7.2.1972, IIa, 58.

Gleichwohl behielt Mitscherlich seine Grundeinstellung bei, die Welt in Freund und Feind zu teilen, wie auch die Neigung, sich selbst im Zweifelsfall auf der Seite der vermeintlich randständigen Minderheit der Fortschrittlichen zu verorten. Obwohl er sich immer öfter von Gleichgesinnten umgeben sah, blieb Mitscherlich im kommunikativen Modus des Protests. Diese Kommunikationsform entsprach sowohl seinem Temperament als auch der Stimmung der Zeit. In einer Diskussion um die *Spiegel*-Affäre beispielsweise, die der AStA der Universität Heidelberg am 26. November 1962 veranstaltete, gab es niemand im Rund des überfüllten Hörsaals, der nicht für die Pressefreiheit stritt, doch Mitscherlich machte die Erfahrung, dass ihm die Zustimmung der Studierenden in besonderer Weise sicher war, wenn er die Klage polemisch überspitzte. Bei Mitscherlichs »temperamentvollen Worten über den Verteidigungsminister gingen im Publikum die Wogen hoch«, berichtete die Lokalpresse. Erst recht, als Mitscherlich das Argument der NS-Vergangenheit ins Spiel brachte und sagte: »Ich bin Zeuge gewesen, wohin schon einmal Nicht-Empörung akademischer Ämter geführt hat.« Diese Äußerung habe den Abend zusammengefasst und »den ohrenbetäubenden Beifall der Zuhörer« gefunden.[58]

In den folgenden Jahren ging Mitscherlich keiner öffentlichen Stellungnahme mehr aus dem Weg. Und in den Medien, wo der Konsensjournalismus der 1950er Jahre allmählich der »Zeitkritik« wich, wuchs die Nachfrage nach kritischen Stellungnahmen.[59] Angesichts des Grubenunglücks in Lengede, bei dem 1963 mehrere Bergleute zwei Wochen unter Tage eingeschlossen waren, fragte Mitscherlich in der *Zeit* »Stirbt man zu leicht in der Welt der Technik? Wir brauchen dringend eine Katastrophen-Hilfszentrale«[60]. Als im gleichen Jahr bei einer Fallschirmjäger-Ausbildungskompanie in Nagold menschenverachtende – und in einem Fall tödlich endende – Ausbildungsmethoden aufgedeckt wurden, plädierte er für den Abschied von militaristischem Korpsgeist.[61] 1965 sprach

---

58 Rhein-Neckar-Zeitung, 27.11.1962.
59 Vgl.: von Hodenberg, Medienöffentlichkeit.
60 Mitscherlich, Alexander: Stirbt man zu leicht in der Welt der Technik? Wir brauchen dringend eine Katastrophen-Hilfszentrale. In: Die Zeit, 8.11.1963 (GS VI, S. 453-456).
61 Mitscherlich, Alexander: Das Achselzucken. Vortrag im Hessischen Rundfunk, 15.12.1963; unter dem Titel: »Das Achselzucken der jungen Soldaten. Gedanken, die der Prozeß ›Nagold‹ anregte« auch in: Die Zeit, 20.12.1963. Wiederveröffentlicht in: Frisé, Adolf (Hrsg.): Vom Geist der Zeit. Kulturpolitische Betrachtungen im Hessischen Rundfunk, Gütersloh 1966, S. 156-160 (GS VI, S. 288-292).

er sich für die Aufhebung der Verjährungsfrist von NS-Verbrechen aus[62], und im Hessischen Rundfunk referierte er regelmäßig in der von Adolf Frisé betreuten Reihe »Vom Geist der Zeit« über Fragen wie *Die stumme Ideologie der Privilegierten, Warum fährt man in Bayern so leicht aus der Haut?*[63] oder mahnte angesichts einer Reihe von Übergriffen Geisteskranker auf Kinder zur Besonnenheit.[64]

Seinem amerikanischen Kollegen Heinz Kohut gegenüber reflektierte Mitscherlich sein Verlangen, sich zu aktuellen Fragen zu äußern, und bekannte sich – wie schon 1946 gegenüber Karl Gerold – zu einem gewissen Sendungsbewusstsein: »Je mehr ich anfange, unsere psychoanalytischen Modelle auf das Geschehen in Großgruppen anzuwenden, desto tiefer bin ich davon überzeugt, daß wir als Analytiker doch etwas für unsere Gesellschaft tun können. Wir können auf Grund unserer Vorerfahrung unseren Mitmenschen etwas geben, was sie in der Tat zu bereichern vermag.«[65]

Die Unwirtlichkeit der Städte

Welche Themen Mitscherlich in dieser Weise seinem Publikum in sozialpsychologischer Interpretation näherbrachte, ergab sich oftmals aus dem Echo, welches erste Überlegungen zu einem Thema fanden. Zuweilen konnte aus einem zunächst nebensächlich scheinenden Problem ein Schwerpunkt werden. So geschah es mit dem Thema des Städtebaus, mit dem Mitscherlich 1965 einen Bestsellererfolg erzielte, obgleich er sich zuvor allenfalls am Rande diesem Problem gewidmet hatte. Zwar hatte er die Frage, in welcher Weise die Lebensumwelt die psychische Struktur des Menschen beeinflusst, schon hin und wieder gestreift[66] und Mitte der 1950er Jahre infolge des großen Echos auf einen Vortrag zum Thema *Großstadt und Neurose*[67] auch einige Radiovorträge über Themen wie

62 Mitscherlich, Alexander: Stellungnahme. In: Tribüne. Zeitschrift zum Verständnis des Judentums 3 (1964), Heft 12, S. 1265 (GS VI, S. 251).
63 Korrespondenz Mitscherlich/Hessischer Rundfunk, 1963, AMA I, 2326.
64 Mitscherlich, Alexander: Anmerkungen zur Sozialkultur. Vortrag im Hessischen Rundfunk. Veröffentlicht in: Frisé, Geist der Zeit, S. 103-107 (GS VI, S. 457-461).
65 Mitscherlich an Kohut, 17.12.1964, AMA I, 3026.2.
66 Mitscherlich, Alexander: Gebt Raum für die Spiele und Träume. Über die Bedeutung der Kinderstube. In: Neue Zeitung, 5.8.1950 (GS VI, S. 631-634).
67 Mitscherlich, Alexander: Großstadt und Neurose. Vortrag vor der Joachim Jungius Gesellschaft der Wissenschaften in Hamburg, 2.11.1954. Veröffentlicht in: Merkur 9 (1955), S. 201-219 (GS, VII, S. 615-624).

Gibt es ein ›Zurück zur Natur‹ für die Massengesellschaft, Zurück zur Natur – über den Asphalt? und *Die Stadt von morgen* geschrieben[68], doch erst eine Einladung des *Monat* zu einer Tagung »Städtebau in der zweiten industriellen Revolution« brachte 1963 den Stein ins Rollen. Mitscherlich – als Sozialpsychologe eingeladen – vertiefte sich in Städtebau-Literatur und referierte schließlich über das Thema *Planen für die Freiheit. Notwendigkeiten, Möglichkeiten und Grenzen der Planung*[69].

Daraufhin versicherte der Staatssekretär des Bundesministeriums für Raumordnung, Bauwesen und Städtebau Mitscherlich zu dessen Überraschung brieflich seine Zustimmung.[70] Auch die Medien interessierten sich plötzlich für Mitscherlich als Architekturkritiker. Ein Artikel in der *Zeit*[71], in dem er sein Plädoyer für den Einbezug psychologischer Erkenntnisse in städtebauliche Planungen weiter ausbreitete, führte zu einer ganzen Reihe von Vortragseinladungen. Mitscherlich zeigte sich verwundert: Er habe niemals mit einem solchen Interesse für dieses Thema gerechnet, teilte er dem Herausgeber der *Bauwelt* mit, aber »nachdem sogar das Bundesministerium für Wohnungswesen durch meinen Artikel angesprochen war, möchte ich doch das einmal aufgegriffene Thema nicht wieder aus den Augen verlieren.«[72]

Tatsächlich produzierte Mitscherlich nun eine Reihe von Hörfunkvorträgen, die der Hessische Rundfunk unter der Überschrift *Die Kunst, zu Hause zu sein* 1964 ausstrahlte. Die hier entstandenen Texte[73] bot er, zusammen mit seinem Vortrag von der Konferenz des *Monat*, seinem Vortrag von 1955 über *Großstadt und Neurose* und zwei neuen Texten[74]

---

68 Korrespondenz Mitscherlich/NWDR, 1954/55, AMA I, 3973.
69 Mitscherlich, Alexander: Planen für die Freiheit. Notwendigkeiten, Möglichkeiten und Grenzen der Planung. Vortrag auf einem Seminar des »Monat« in Berlin, 18./19.3.1963. Veröffentlicht in: Der Monat 15 (1963), S. 22-32, sowie in: Mundt, Hans Josef (Hrsg.): Deutschland ohne Konzeption?, München 1964, S. 141-169.
70 Ernst an Mitscherlich, 11.7.1963, AMA I, 1137.4.
71 Mitscherlich, Alexander: Argwohn in Sachen Stadt: Die Zukunft ist schon verbaut. Appell an die Zivilcourage: Wer rührt am Eigentum von Grund und Boden? In: Die Zeit, 8.11.1963.
72 Mitscherlich an Conrads, 21.6.1963, AMA I, 942.3.
73 Mitscherlich, Alexander: »Die Unwirtlichkeit unserer Städte« (1.3.1964), »Was macht eine Wohnung zur Heimat?« (27.2.1964), »Die Kunst, zu wohnen, unmöglich gemacht«. Hörfunkvorträge für die Reihe »Die Kunst, zu Hause zu sein« des Hessischen Rundfunks.
74 »Die verbaute Zukunft des Städters« sowie »Die Metapsychologie des Komforts«.

DIE UNWIRTLICHKEIT DER STÄDTE

dem seit Erscheinen der *Vaterlosen Gesellschaft* um ihn werbenden Suhrkamp-Verlag für einen Essayband an.[75] Als das Interesse an der sozialpsychologischen Sicht auf den Städtebau auch über das Jahr 1964 hinweg nicht abriss, stellte Mitscherlich in den »verregneten Ostertagen 1965«[76] das endgültige Manuskript her, und schon im Sommer erschien das Bändchen über *Die Unwirtlichkeit unserer Städte* in der neu eingerichteten Taschenbuchreihe *edition suhrkamp*.[77] Es sei ein »Osterspaß« gewesen, schrieb Mitscherlich seinem Kollegen Willi Hoffer[78], der möge sich nicht zu viel von diesem Buch erwarten. Tatsächlich bot Mitscherlichs Buch keinen bahnbrechenden Beitrag zum Problem des Städtebaus. Der Erfolg, den es hatte (bis 1983 wurden mehr als 200 000 Exemplare verkauft[79]), ist nur durch die Tatsache zu erklären, dass es Mitscherlich einmal mehr gelang, unter einem schlagenden Titel ein Problem kritisch zu betrachten, das allgemein als drängend empfunden wurde – und es damit aus dem fachwissenschaftlichen Diskurs hinaus in die Sphäre der öffentlichen Diskussion zu tragen.

Seinen Blick richtete Mitscherlich auf »die wachsenden Gebilde, die einstmals Städte waren«, und nahm sie wahr als »verzerrt« durch »krebsige Tochtergeschwülste«[80]. Sein Hauptanliegen war es, auf die Rückwirkungen der Stadtplanung auf den Menschen aufmerksam zu machen. Die düstere Diagnose über die Stadt, die ihren Bewohnern keine identifizierbare Heimat mehr biete, war prosaisch und polemisch zugleich: »Die Unwirtlichkeit unserer wiedererbauten, unentwegt in die Breite verfließenden statt kühn in die Höhe konstruierten, monoton statt melodisch komponierten Städte drückt sich in deren Zentrum ebenso aus wie an der Peripherie; dort, wo sich der Horizont der Städte immer weiter hinausschiebt und die Landschaft in der Ferne gar nicht mehr erkennen läßt, wo Sicht und Zukunft des Städters gleichermaßen verbaut scheinen.« Mitscherlich beklagte »die Bimsblock-Tristesse, die sich um jedes einigermaßen stadtnahe Dorf legt«, und die »geplanten Slums, die man gemeinhin sozialen Wohnungsbau nennt.« Er beklagte den Gesichtsverlust der deutschen Städte im Vergleich zu den charakteristischen Stadtgestalten von Rom oder New York, die Anonymität der Mehrfamilienhäuser, die

75 Mitscherlich an Unseld, 29.1.1964, AMA I, 5410.3.
76 Mitscherlich, Leben, S. 303.
77 Mitscherlich, Alexander: Die Unwirtlichkeit unserer Städte. Anstiftung zum Unfrieden, Frankfurt am Main 1965 (GS VII, S. 515-624).
78 Mitscherlich an Hoffer, 20.5.1965, AMA I, 2418.22.
79 Unseld, Versuch, S. 319.
80 Mitscherlich, Unwirtlichkeit, S. 515; die folgenden Zit.: S. 516, 519, 525, 515.

fehlenden Spielplätze für die Kinder und die mangelnden Begegnungsmöglichkeiten der Generationen.

Mitscherlich verstand sein Buch als »Pamphlet«, und tatsächlich kam seine Kritik an einer die Bedürfnisse des Menschen missachtenden Stadt- und Raumplanung über eine polemische Anklage, die durch die Schilderung gut beobachteter Missstände an Anschaulichkeit gewann, nicht hinaus. Seine Empfehlungen beschränkten sich auf eine Verdichtung der Städte und eine Durchmischung ihrer Funktionen, und im Übrigen auf den Appell an die Fachleute, sich von den »egoistische[n] Motive[n] der Bodenbesitzer« nicht in ihrem »Elan des Entwerfens, Voraus- und Umdenkens« behindern zu lassen. Seiner Neigung zur Zuspitzung und seiner Gabe zur einprägsamen Formulierung hatte Mitscherlich gleichermaßen freien Lauf gelassen. Die bisweilen revolutionäre Pose, die er dabei einnahm, verschob die Grundüberlegung, ob Stadt- und Raumplanung eine staatliche Aufgabe sei und nicht der unkoordinierten Bauwut Einzelner überlassen bleiben dürfe, zur Forderung nach der Enteignung von Grund und Boden. Mitscherlich gefiel sich in der Rolle des Revolutionärs: Er wisse, dass wenn »eine starke Gruppe seine These von der Neuordnung der Besitzverhältnisse an Grund und Boden in unseren Städten sich zu eigen machte [...] denn dann käme vielleicht die seit Jahrhunderten fällige deutsche Revolution; der Anlaß wäre ihrer würdig. Deutschland beruhige dich – sie wird nicht kommen, die Revolution.«

Die zeitgenössische Literatur zum Thema Städtebau und Raumplanung hatte Mitscherlich in Teilen rezipiert, ihr allerdings nichts Neues hinzugefügt, sondern sich im Fundus des ohnehin existenten selbstkritischen Diskurses der 1960er Jahre[81] bedient. Insbesondere die Klage der amerikanischen Architekturkritikerin Jane Jacobs über die Entmischung städtischer Funktionsbereiche und den damit einhergehenden Verlust urbaner Strukturen[82] übertrug er auf deutsche Verhältnisse. Daneben griff er auch Überlegungen des Soziologen Hans Paul Bahrdt[83] auf und reihte sich in die zeitgenössische Kritik an der »durchgrünten«, aufgelockerten Stadt der 1950er Jahre ein, die sich im Ergebnis allzu oft als öde Abfolge gleicher Bauzeilen auf der grünen Wiese erwiesen hatte.[84]

Karola Brede hat Mitscherlichs Hinwendung zum Thema der Stadtplanung als Konsequenz aus dem Versuch gedeutet, seine Sozialpsychologie auf die Bedürfnisse des Individuums zu beziehen und daraus

---

81 Vgl. beispielhaft: Klages, Nachbarschaftsgedanke; Pfeil u. a., Familie.
82 Jacobs, Cities.
83 Bahrdt, Großstadt; ders.: Städtebau.
84 Göderitz/Hoffmann/Rainer, Stadt.

konkrete Projekte abzuleiten.[85] Diese »Hinwendung zur Tat« sei zwangsläufig mit einer gewissen Radikalität verbunden gewesen, die bei Mitscherlich aber charakteristischerweise immer auch mit Resignation verbunden gewesen sei, was seinem revolutionären Elan die Spitze genommen habe. Aber auch diese sehr freundliche Interpretation Bredes kann nicht daran vorbeisehen, dass Mitscherlichs Elan in diesem Feld letztlich opportunistisch blieb. Der Zuspruch von vielen Seiten ersetzte keine konsistente Überlegung, wie dem Unbill städtebaulicher Tristesse zu Leibe zu rücken sei. Mehr als die Popularisierung der Stadtplanungsthematik im Modus der Kritik hat Mitscherlich nicht erreichen können – auch Karola Brede konnte am Ende, jenseits des zur Metapher gewordenen Buchtitels selbst, wenig Bleibendes entdecken: »Was tatsächlich kam, waren immerhin Hausbesetzer.«[86]

Gleichwohl lässt sich am Beispiel der Städtebaukritik Mitscherlichs ablesen, wie ernst der Einspruch des Psychoanalytikers genommen wurde und in welch für die 1960er Jahre charakteristischer Weise Visionen einer besseren, lebenswerteren Zukunft sich trafen mit dem unbegrenzten Zutrauen in die Plan- und Beherrschbarkeit der Moderne. Die Presse feierte das schmale Buch Mitscherlichs als »brillant formulierte« Polemik und stellte fest: »Man kann diese Aufsätze nicht unbeteiligt lesen. Sie vermitteln eine Fülle von Einsichten, die jeder in seinem eigenen Erfahrungsbereich bestätigt finden wird und sie machen Vorschläge, die diskutiert werden müssen und auf keinen Fall unter den Tisch geredet werden dürfen.«[87] Die *Rhein-Neckar-Zeitung* lobte überschwänglich den »hinreißende[n] Ernst eines Mannes, der unserer Zeit einen Spiegel vorhält. […] Phantasie und utopischer Geist sind bei uns leider in Mißkredit geraten. Um so begrüßenswerter, daß es noch Wachtürme gibt, von denen aus der Blick freier ist. Und doppelt erfreulich, daß es in diesem Fall ein Lehrstuhl ist, der zur Kanzel und zum Katapult gegen die Trägheit der Herzen und der Geister geworden ist.«[88] Skeptisch äußerte sich allein Wolf Jobst Siedler, der in der *Zeit* feststellte, Mitscherlich gehe über die zeitgenössische Literatur nicht hinaus, liefere allerdings viele kleine

85 Brede, Mitscherlich, S. 81 f.; dort auch das folgende Zit.
86 Auch Walter Siebel – seinerzeit als studentische Hilfskraft bei Mitscherlich mit dessen städtebaulichen Projekten befasst – kommt zu einer optimistischen Einschätzung: »Die Wirklichkeit«, so Siebel, »bewegt sich in die von ihm [Mitscherlich] erhoffte Richtung.« Vgl.: Siebel, Kritik, S. 110.
87 Manuskript der Sendung »Das Taschenbuch« des Hessischen Rundfunks, 30.7.1965, AMA X, 73.
88 Rhein-Neckar-Zeitung, 3.8.1965.

zutreffende Beobachtungen, wie beispielsweise die Neigung der Architekten, riesenhafte repräsentative Livingrooms auf Kosten aller übrigen Räume zu planen. Allerdings gebe er aber auch einem Hang zur Überinterpretation von Banalitäten nach – und gelange am Ende zu der frappierenden Ansicht, das Stadium, in dem »kontaktgestörte Kinder, kommunikationsfeindliche Bürger und aggressionslüsterne Gruppen produziert« werden, sei bereits erreicht.[89] Dass sein Panoptikum der Klagen auf Resonanz stoßen würde, war Mitscherlich bewusst. Das große Echo, das sein kleines Buch hervorrief, überraschte ihn aber doch. Niemand Geringeres als Rudolf Hillebrecht, einer der wichtigsten Städteplaner der frühen Bundesrepublik, dessen autogerechter Wiederaufbau Hannovers jahrzehntelang als städtebauliches Meisterstück galt, rezensierte Mitscherlichs Buch – recht abgewogen – im *Spiegel*; Mitscherlich wurde als einer von sechs Städtebauexperten gebeten, eine Erklärung zu städtebaulichen Zukunftsvorstellungen auszuarbeiten[90] und im Vorfeld der Bundestagswahl 1965 dem SPD-Vorsitzenden und Kanzlerkandidaten Willy Brandt zu überreichen. Bis weit in die 1970er Jahre hinein galt Mitscherlich von Stund an als Architektur- und Stadtplanungsexperte. Die Zahl der Städtebauprojekte, für die er um Mithilfe gebeten wurde, ist zweistellig, und die Briefe, die er von Architekten, Kommunalpolitikern und leidgeprüften Stadtbewohnern erhielt, sind kaum zählbar. Mitscherlich variierte seine Klage über die »Unwirtlichkeit« in den folgenden Jahren in vielen weiteren Aufsätzen und nahm an zahlreichen Konferenzen, Anhörungen und Diskussionsveranstaltungen teil.

Seine Leidenschaft für konfrontative Auseinandersetzungen brachte Mitscherlich auch dazu, sich der Kritik der von ihm Kritisierten direkt auszusetzen. Im September 1965 nahm er an der Internationalen Tagung für Stadt- und Regionalplanung in Basel teil. Das Auditorium schwankte zwischen Sympathie und Entrüstung. In solchen Situationen lief Mitscherlich zur Höchstform auf. Sein Redemanuskript hinter sich lassend, antizipierte er den Vorwurf, die von ihm geforderte Änderung der Grund- und Bodenverhältnisse sei ein Anschlag auf die Säulen der Gesellschaft, auf den Besitz: »Ja, meine Damen und Herren, wenn sich die Menschheit ›verrückt‹ vermehrt, kann sie leider nicht mehr die Psychologie und die Ideologie der Western Frontier haben, wo ich, wenn ich den Rauch am Horizont meines Nachbarn sehe, weiterziehe, weil der mich schon

---

89 Die Zeit, 14.4.1967.
90 Mitscherlich, Alexander (Mitverfasser): Die Bochumer Erklärung, 16.9.1965 (GS VII, S. 625-629).

ärgert, wenn er nur am Horizont sichtbar ist. (Applaus) Aus meiner alten Basler Vorgeschichte kann ich nur sagen: ›Sie können nicht den Feufer und's Weggli haben‹. Das geht eben nicht.« Als in der anschließenden Podiumsdiskussion andere Diskussionsteilnehmer das Gespräch auf die realitätsbedingten Probleme weit ausgreifender städtebaulicher Visionen brachten, fuhr Mitscherlich dazwischen: »In den letzten 15 Minuten ist etwas hochinteressantes Psychologisches passiert. Es war eine einzige Abfolge von Apologien: die scheußlichen Städte, die scheußlichen Realitäten, die wir überall finden, wenn wir herausgehen auf die Straße, – die waren auf einmal weg (Applaus). Plötzlich war eitel Harmonie, und der Herr Kollege sagt, nicht wahr, besser mit dem Alten wirtschaften als etwas neues versuchen. Da kann ich auch nur fragen, warum kommt er dann hierher? (langanhaltender Applaus).«[91]

Seine Wirksamkeit entfaltete Mitscherlichs kritischer Furor also durchaus auch bei Fachleuten. Bei einem Vortrag im Planungsamt der Stadt Frankfurt untermalte er seine apokalyptischen Visionen einer den Menschen zurichtenden Architektur und Stadtplanung mit passendem Fotomaterial. Das *Badische Tageblatt* berichtete von der eindrucksvollen Vorführung. Mitscherlich habe ein trostloses Altersheim auf die Leinwand projiziert (»In einem solchen Haus möchte ich nicht sterben«), eine Zeilensiedlung in Kiel (»dort wachsen keine demokratischen Staatsbürger«) und ein Bild von Los Angeles (»Das ist das Endstadium einer pathologischen Entwicklung, für die Milliarden sinnlos ausgegeben werden. Hier kann man nur sagen, die Operation ist gelungen, aber der Patient, die Stadt, ist tot«). Weiter habe der Redner erklärt, Städtebau funktioniere wie mit der Tortenspritze: »Egal was drin ist: vorne kommt immer das gleiche heraus.« Auf die Frage nach Lösungsmöglichkeiten habe Mitscherlich allerdings kapituliert: »Wie man es machen soll, weiß ich nicht. Da ziehe ich mich in den Elfenbeinturm des deutschen Professors zurück.«[92] Überzeugend wirkte Mitscherlich mit seinem Auftritt sogar auf den Vertreter der nicht eben revolutionär gestimmten *Frankfurter Allgemeinen Zeitung*. Deren Berichterstatter war über das Problem der Enteignung ins Grübeln geraten: »Die Sätze klingen so selbstverständlich, aber sie implizieren Feststellungen und Forderungen, die tief in die politische Struktur des Landes reichen, sie sind, konsequent zu Ende gedacht,

---

91 Mitschrift des Podiumsgesprächs auf der Internationalen Tagung für Stadt- und Regionalplanung in Basel zum Thema »Die Zukunftsprobleme aus der Sicht der an der Planung beteiligten Berufe« am 22.9.1965, AMA X, 44.80.
92 Badisches Tageblatt, 21.2.1967.

ein Aufruf, die bestehenden Besitzrechte an Grund und Boden entschieden zu verändern.«[93] Alexander Mitscherlich war Mitte der 1960er Jahre durch seine offensiven, furchtlosen, zuweilen polemischen Auftritte fest in die Rolle des kritischen Intellektuellen hineingewachsen. Er galt in einer breiteren Öffentlichkeit inzwischen ebenso sehr als streitbarer Kommentator des Zeitgeschehens wie als Psychoanalytiker oder Sozialpsychologe. Mitscherlich genoss jetzt immer öfter freimütig seine Rolle als enfant terrible. So auch 1965, als er in Hamburg vor dem ehrwürdigen Bergedorfer Gesprächskreis auftrat und unter der – aus seiner Sicht rhetorischen – Fragestellung *Hemmen Tabus die Demokratisierung der deutschen Gesellschaft?* Überlegungen über die bundesrepublikanische Gesellschaft und ihren Weg zur Demokratie anstellte.[94]

Hemmen Tabus die Demokratisierung der deutschen Gesellschaft?

Mitscherlich versuchte in Hamburg mit dem Begriff des Tabus eine spezifische Beschränkung der Realitätseinsicht des Menschen zu umschreiben und gleichzeitig diese Tabuisierung von Wissensbeständen als das entscheidende Hemmnis auf dem Weg der Deutschen zu einer stabilen demokratischen Gesinnung zu bestimmen. Der Begriff des Tabus leitete sich gedanklich aus dem bereits in der *Vaterlosen Gesellschaft* präsentierten Gegensatzpaar von Toleranz und Vorurteil ab, dessen Stelle jetzt in einer bemerkenswerten Akzentverschiebung die Begriffe von Demokratisierung und Tabu einnahmen. Da sich die westdeutsche Demokratie noch »in keiner vitalen Krise bewährt« habe, schien Mitscherlich die Frage offen zu sein, »ob auch unter beängstigenden Belastungen der Mechanismus der Einfühlung, einer sicheren Orientierung an der Realität, stark genug bleibt, um das Verhalten zu regulieren, oder ob man wiederum nach einer autoritären Regulierung Ausschau halten würde«. Seine Zwei-

---

93 Frankfurter Allgemeine Zeitung, 18.2.1967.
94 Mitscherlich, Alexander: Hemmen Tabus die Demokratisierung der deutschen Gesellschaft? Vortrag im Bergedorfer Gesprächskreis, 10.5.1965. Veröffentlicht in: Bergedorfer Gesprächskreis zu Fragen der Freien Industriellen Gesellschaft, Protokoll 18, Hamburg 1965, S. 6-18 (GS VI, S. 252-274), hier zit. nach der Wortprotokollfassung: http://www.koerber-stiftung.de/bg/recherche/pdf_protokoll/bnd_18_de.pdf; die folgenden Zit.: S. 3, 5.

HEMMEN TABUS DIE DEMOKRATISIERUNG?

fel illustrierte er sodann an politisch-moralischen Reizthemen der Zeit – insbesondere an der Frage des Umgangs mit der NS-Vergangenheit. Die übergroße Mehrheit der Deutschen lasse sich nach wie vor sehr ungern an diese Vergangenheit erinnern, postulierte Mitscherlich, »und zwar an ihre unstilisierte Vergangenheit, an das, was sie waren, wie sie tatsächlich dachten, was sie wirklich taten«. Dies führte er auf einen Mangel an geschichtlicher Erfahrung im Umgang mit Liberalität zurück: Die Deutschen – wie es sich an den Planungen einer Notstandsgesetzgebung zeige – suchten stattdessen reflexhaft nach einer Doktrin oder einer neuen Sicherheit. Die Vergangenheit kritisch zu reflektieren komme ihnen dagegen nicht in den Sinn. Man fordere die Wiedervereinigung unter Berufung auf das Selbstbestimmungsrecht der Völker, »obgleich wir bis zur bedingungslosen Kapitulation die Lehre von der Herrenrasse und ihrer Sendung vertreten haben«; die reale Vergangenheit verschwimme zusehends hinter ihren nachträglichen Umdeutungen. So komme es dazu, dass Bundespräsident Lübke öffentlich verkünde, nicht das deutsche Volk habe die Untaten des nationalsozialistischen Regimes begangen, sondern Hitler habe sich eines Abschaums von Menschen bedient, den es in jedem Volke gebe. Dass Theodor Heuss in Bergen-Belsen schon 1953 sagte: »Wir haben von den Dingen gewußt«, zeige nur, wie weit man sich in 13 Jahren »von den Schwellen der Einsicht […] zurückgezogen« habe.

Die an Mitscherlichs Referat anschließende ausführliche Aussprache geriet – unter der Leitung von Hellmut Becker – zu einem eindrucksvollen Austausch über Vergangenheitsbewältigung und Demokratie in der Bundesrepublik. Der bald herausgegebene Protokollband fand die bis dato größte Resonanz in der (allerdings noch jungen) Geschichte des Bergedorfer Gesprächskreises[95], und die *Zeit* beschrieb ihn als »angefüllt mit Zündstoff, spannender als die besten Maigrets des Zweiten Deutschen Fernsehens«: Die Diskussion der Wissenschaftler verschiedenster Fachrichtungen »wurde ein Kampf Mann gegen Mann, jeder gegen jeden und viele gegen den Referenten der Tagung: Professor Dr. Alexander Mitscherlich. Professor Hellmut Becker […] leitete mit großem Geschick das geistige Freistilringen, bei dem – eine neue Variante des Sports – an vergifteten Pfeilen nicht gespart wurde.«[96]

Tatsächlich griff die illustre Runde Mitscherlich in mehrfacher Hinsicht an. Sein moralisch und normativ aufgeladener Begriff des Tabus,

---

95 Böhme an Mitscherlich, 12.1.1966, AMA I, 458.22.
96 Die Zeit, 8.7.1966.

den er als Synonym für zu überwindende individuelle und kollektive Einstellungsmuster verwendete, wurde ebenso hinterfragt wie die damit einhergehende Konstruktion von Gruppenidentitäten. Mitscherlich wehrte sich gegen alle Vorwürfe der Simplifizierung (»ich kann im Kollektiv durchaus Gesichter unterscheiden«) und beharrte letztlich auf seiner kollektivpsychologischen Diagnose. Auch den Einwand, seine Analyse der im Sinne der Demokratisierung zu überwindenden Tabus sei von einer persönlichen, moralischen Matrix bestimmt, konnte Mitscherlich nicht akzeptieren. Ihm schien seine Analyse durch und durch objektiv, allenfalls von der Tatsache beeinträchtigt, dass die Sozialpsychologie in der Bundesrepublik sich in einem erst embryonalen Stadium befinde, da sie lange von der etablierten Medizin marginalisiert worden sei. Hellmut Becker definierte die »Mitscherlichsche Formulierung von Demokratie«: Sie sei mehr als die formale Bestimmung einer Staatsform, sie sei »mit bestimmten Vorstellungen von Liberalität, Aufgeklärtheit, Toleranz und so weiter verbunden«[97]. Auch der Volkswirtschaftler Karl Heinz Sohn fasste Mitscherlichs Beitrag »mehr als ein Bekenntnis [auf], als eine gewollt wissenschaftliche Darstellung des Problems«.

In einen Disput verwickelte sich Mitscherlich mit dem politischen Schriftsteller Rüdiger Altmann über dessen Lehrer Carl Schmitt. Altmann wandte ein, wenn überhaupt in der Bundesrepublik Tabus wirksam wären, so sei die Verachtung für Schmitt ein solches – wie auch ein offenes Bekenntnis zum Faschismus tabuiert sei. Dies aber war in der Mitte der 1960er Jahre bereits ein anachronistisches, wenn nicht skandalöses Argument. Mitscherlich konterte mit dem Selbstbewusstsein des bekannten Antifaschisten: »Auf Herrn Carl Schmitt lastet faktische, nachweisbare Schuld. Sie können doch nicht darum herum: Ein Schuldiger und ein Unschuldiger sind in der menschlichen Gesellschaft zwei verschiedene Personen.« Altmann verstummte.

Auch der Hamburger Psychiater Hans Bürger-Prinz war Teilnehmer der Diskussion. Er meldete erwartungsgemäß Bedenken gegen die Ausführungen Mitscherlichs an und zog in einem grundsätzlichen und mehrfach seine jahrzehntelange Berufserfahrung betonenden Vortrag den wissenschaftlichen Wert der Psychoanalyse in Zweifel. Auch hier hatten sich seit den frühen 1950er Jahren die Verhältnisse allerdings verkehrt. Mitscherlich konnte mit dem wenig diskreten Hinweis auf Bürger-Prinz' NS-Vergangenheit (»Auch in diesem Raum sitzen einige Herren, die sich nicht mehr an Dinge erinnern können, die ich zum Beispiel noch sehr

---

97 Mitscherlich, Demokratisierung, S. 35; die folgenden Zit.: S. 36, 17, 48, 60.

gut in Erinnerung habe.«) diesen zum Schweigen bringen und Bürger-Prinz anschließend unwidersprochen mit beißendem Spott über dessen »gleichsam orphische[n], große[n] Aufrisse« der Lächerlichkeit preisgeben: »Ich habe immer an ein Wagnersches Bühnenbild gedacht als er sprach. [...] Sie spielten hier eine großartige Szene, in der Sie alles über Bord gehen ließen. Nur Sie als großer Olympier haben überdauert. Nun, das unter Professoren. Lieber Herr Bürger-Prinz. Sie forderten mich dazu heraus, weil Sie über Psychoanalyse sprachen, als ob Sie Herr Bumke wären und wir das Jahr 1925 schrieben.«

Mitscherlich genoss die Vertauschung der Rollen. Nicht mehr er selbst schien mit einer moralisch aufgeladenen Sozialpsychologie isoliert dazustehen, sondern im Gegenteil der einstmals übermächtige psychiatrische Feind. Er verhinderte in der Vorbereitung der Drucklegung des Protokolls, dass Bürger-Prinz redaktionelle Änderungen in seinem etwas verwirrten Wortbeitrag vornehmen konnte, indem er mit dem Rückzug seines gesamten eigenen Beitrages drohte.[98] Anschließend verschickte er stolz das Protokoll an Freunde und Kollegen und teilte mit, es habe ein Rencontre mit Bürger-Prinz gegeben. »Auch sonst war die Luft voller faschistischer Aggressivität. Es war für mich erschütternd, wie unendlich fremd den Deutschen immer noch eine psychologische Fragestellung ist.«[99]

Seiner amerikanischen Kollegin Yela Löwenfeld gegenüber bekannte sich Mitscherlich in dieser Zeit erneut zu einem gesellschaftlichen Auftrag, den er verspüre: »Ich fürchte, daß es unser Zeitalter nicht mehr lange zuläßt, hinter verschlossenen Analytikertüren zu sitzen.«[100] Diese Auffassung wurde von den Medienvertretern mehr denn je geteilt. Adolf Frisé vom Hessischen Rundfunk beschwor Mitscherlich, er müsse weiterhin öffentlich seine Stimme erheben: »Es geht einfach nicht mehr ohne Sie.«[101] Der *Merkur* musste das Heft, in dem Mitscherlich den Text *Die Relativierung der Moral* veröffentlicht hatte, wegen ungewöhnlich großer Nachfrage nachdrucken lassen[102] – und Mitscherlich fügte sich bereitwillig in seine Rolle als Zeitkritiker. Fuhr er in den Sommerurlaub, so ließ er den Hessischen Rundfunk wissen: »Sollte irgendetwas ganz Wichtiges

---

98 Mitscherlich an Becker, 1.7.1965, AMA I, 405.35.
99 Mitscherlich an Stauder, 17.9.1965, AMA I, 5249.52.
100 Mitscherlich an Löwenfeld, 1.12.1966, AMA I, 3460.6.
101 Hessischer Rundfunk (Frisé) an Mitscherlich, 20.7.1965, AMA I, 2326.104.
102 Merkur (Paeschke) an Mitscherlich, 24.3.1966, AMA I, 3671.172.

sich ereignen, zu dem Sie meinen Kommentar wollen, so bin ich im Hotel [...] zu erreichen.«[103]

Die Fernanalyse Rainer Barzels

Aus diesem Sendungsbewusstsein heraus verfiel Mitscherlich im Frühjahr 1966 auch auf die Idee, den Vorsitzenden der CDU/CSU-Bundestagsfraktion Rainer Barzel einer psychoanalytischen Ferndiagnose zu unterziehen. Barzel hatte am 8. Februar 1966 öffentlich Interesse signalisiert, nach dem Rücktritt Konrad Adenauers als CDU-Parteivorsitzender dessen Amt zu übernehmen, was für einige Unruhe sorgte, da nach der Lage der Dinge der Parteivorsitz dem amtierenden Bundeskanzler Ludwig Erhard zukam. In einem Interview für die Fernsehsendung »Report« am 7. März 1966 kommentierte Mitscherlich die kaum verhohlene Bewerbung Barzels als in mehrfacher Hinsicht erstaunlich. Zum einen zeige die Tatsache, dass Barzel überall als junger Mann bezeichnet werde, »unter welcher Greisenherrschaft wir in Europa leben«, zum anderen gehe doch von Barzel »wenig Jugendliches aus, vielmehr ist er ein Mann, der den Eindruck macht, als hätte er seine endgültige Position im Leben gefunden, ein geglätteter Mann«[104]. Jugendlichen Elan und politische Ideen habe man von Barzel bislang nicht vernommen, aber womöglich mache ihn diese Tatsache gerade attraktiv? Da müsse man sich, so Mitscherlich, »als denkender Mensch – um dem Wort ›Intellektueller‹ auszuweichen – doch fragen: was ist das für eine Jugend? Was ist das für eine Führerqualität? Da ist doch nichts von der Unmittelbarkeit eines anderen jugendlichen Politikers, nämlich Kennedy's zum Beispiel.«

Alsdann unterzog Mitscherlich Barzel einer Analyse, um anhand von dessen Lebensgeschichte zu zeigen, warum dieser völlig ungeeignet sei, ein hervorgehobenes politisches Amt zu bekleiden. Als nämlich Rainer Barzel neun Jahre alt gewesen sei, erklärte Mitscherlich, sei hinter seinem Vater »der neue Übervater, Adolf Hitler« erschienen. Und als Barzel 14 Jahre alt war, »nahm ihm dieser heidnische Übervater seinen Vater weg. [...] Das muß ein enormer Schock für einen jungen Mann sein, und ich finde, man kann die Persönlichkeit Barzels von nun an sehr gut verstehen als eine Persönlichkeit, die ständig auf der Suche nach Vätern ist, die ihr Halt geben. Statt die Väter zu attackieren, statt nach Neuem Ausschau zu halten,

---

103 Mitscherlich an Hessischen Rundfunk (Frisé), undatiert (Sommer 1965), AMA I, 2326.108.
104 Manuskript der Stellungnahme Mitscherlichs in »Report«, 7.3.1966, AMA II, 51.

versucht er Väter zu finden, die ihm überhaupt erst eine Basis der Existenz gewähren und darum ist er so überaus vorsichtig, so überaus konziliant, geht er den Vätern an die Hand.« Entsprechend sei die »politische Pubertät« bei Barzel kurz ausgefallen. Schnell sei er vom linken Flügel der CDU in das Lager gewechselt, »von dem man streiten kann, ob man es als konservativ oder restaurativ bezeichnen will. [...] Er ist ein Mensch der kommenden Angestelltenkultur. Er will nicht Opposition machen, er will befördert werden.« Barzel beherrsche das politische Tagesgeschäft, aber »um Gottes Willen keine Entwicklung, keine Denkentwicklung, die in eine andere Richtung laufen und vielleicht seine Grundposition erschüttern könnte. [...] In der Zwischenzeit hält unsereins nach wie vor, quasi in die Ferne blickend, Ausschau: Wo ist sie denn, diese politische deutsche Jugend, die uns den geistigen Anschluß an die Bewegungen in der Welt verschafft?«

Mit diesem Auftritt löste Mitscherlich einen mehrwöchigen Skandal aus. Eine große Zahl von privaten Zuschriften beschuldigte ihn, »Rufmord« an Barzel begangen zu haben[105], und hielt die Analyse Mitscherlichs für einen »hinterhältige[n] Versuch, das Erscheinungsbild eines Mitmenschen vor aller Öffentlichkeit zu diffamieren«[106]. Andere Briefschreiber drückten ihr »Befremden und Mißbehagen« darüber aus, dass Mitscherlich doch offenbar Barzel gar nicht kenne. Wie könne man Millionen von Zuhörern mit professoraler Autorität persönliche, offensichtlich politisch begründete Überzeugungen als Tatsachen präsentieren? Zu Irritationen führte insbesondere Mitscherlichs Aussage über den Vater Barzels; Mitscherlichs Verständnis von Vaterlosigkeit ließ durchaus Raum für Missverständnisse: Eine Reihe von Fernsehzuschauern nahm an, Mitscherlich habe über den realen Tod des Vaters gesprochen, und empörten sich, es sei »das Tollste«, diesen »in die Ewigkeit zu befördern«, während er sich in Köln bester Gesundheit erfreue.[107] Einige Zuschauer konnten nicht glauben, dass Mitscherlich seine Ausführungen ernst gemeint habe[108], und nur eine Minderheit von Briefschreibern versicherte ihn ihrer Solidarität und wünschte, dass auch andere Politiker zukünftig derart durchleuchtet würden.

CDU/CSU-Politiker kritisierten Mitscherlich scharf. Der CDU-Sprecher Rathke rügte die »Ferndiagnose«[109], und Franz Josef Strauß bezichtigte Mitscherlich »pseudowissenschaftliche[r] Mittel und psychoanaly-

---
105 Mauel an Mitscherlich, 14.3.1966, AMA II, 51.
106 Engl an Mitscherlich, 10.3.1966, AMA II, 51.
107 Vogelsang an Mitscherlich, 18.3.1966, AMA II, 51.
108 Arneth an Mitscherlich, 10.3.1966, AMA II, 51.
109 Süddeutsche Zeitung, 12./13.3.1966.

tische[r] Phrasen«[110]. Auch die Presse tat sich in der Beurteilung der Angelegenheit schwer. Selbst Zeitungen, die Mitscherlich eher nahestanden, übten Kritik. Die *Frankfurter Rundschau* bemängelte: »Abgesehen davon, daß Barzels Vater noch lebt und Barzel dem Vernehmen nach mit ihm ganz zufrieden ist«, entstehe hier der Verdacht, eine medizinische Autorität habe einen Politiker lächerlich machen wollen. Die *Süddeutsche Zeitung* enthielt sich einer Beurteilung, so gut es ging[111], die konservativen Blätter jedoch bezeugten »Entsetzen und Schrecken«[112]: Der *Bayernkurier* war der Auffassung, es sei die Grenze zwischen »Wissenschaft und Scharlatanerie« überschritten, wenn ein Arzt sein Urteil über einen Menschen abgebe, der nie sein Patient gewesen sei und den er »vor einem Millionenpublikum unter dem Anschein medizinischer und fachlicher Objektivität [...] gleichsam auf die Couch zerrt«. Nun sei Rainer Barzel »Objekt dieses partisanenhaften Heckenschützentums« geworden, bezeichnenderweise durch jemand, der politisch weit links von der SPD stehe. Die Frage, »ob Mitscherlich weiterhin als Arzt tätig und in seiner Eigenschaft als Professor weiterhin für die Ausbildung junger Ärzte zuständig sein kann«, müsse »unbedingt mit einem Nein beantwortet werden«.

Mitscherlich verstand die Aufregung nicht. Er vermute, so schrieb er einem Journalisten, »es muß wohl das Gefühl gewesen sein, hier einer kritischen Instanz begegnet zu sein, deren Methode einem unzugänglich und deshalb unheimlich ist, der man vor allem nichts entgegenstellen kann – als eben üble Nachrede und Verleumdung«[113]. Aus seinem Urlaubsort Davos teilte er in einer Erklärung mit: »Ich habe aber das allen interessierten Menschen zugängliche Verhalten, die Reden und Schriften eines Politikers, mit dem geschärften Auge eines Fachmanns untersucht. Dieses erweiterte Verstehen erschließt meiner Meinung nach Zusammenhänge, die in der Politik und für die Politik von großer Bedeutung sind. Sie verpflichten einen verantwortungsbewußten Menschen, seine Mitbürger darauf hinzuweisen.«[114]

Indessen befasste sich aufgrund von Beschwerden aus der CDU/CSU der Rundfunkrat mit der Affäre und beschloss nach langer Diskussion, dass die »Report«-Sendung als »mißglücktes Experiment« anzusehen sei, da zwar Personen des öffentlichen Lebens kritisch beurteilt werden dürf-

---

110 Frankfurter Rundschau, 12.3.1966; dort auch das folgende Zit.
111 Süddeutsche Zeitung, 12./13.3.1966.
112 Bayernkurier, 12.3.1966; dort auch die folgenden Zit.
113 Mitscherlich an Stauder, 21.3.1966, AMA II, 51.
114 Erklärung Mitscherlichs vom 10.3.1966, AMA II, 51.

ten, nicht aber die »Gebote der Fairneß« verletzt werden sollten.¹¹⁵ »Da für 99% der Mitmenschen Ärzte, Professoren und auch Theologen ex cathedra sprächen«, solle sorgfältig im Einzelfall überlegt werden, ob man »Persönlichkeiten mit dem weißen Mantel oder auch mit dem schwarzen Anzug« heranziehe. In diesem Fall sei der Redner jedenfalls falsch gewählt gewesen, »da Mitscherlich ein dezidierter politischer Gegner Barzels ist und nicht sachlich blieb«. Weitere »psychoanalytische Durchleuchtungen« lehnte der Rundfunkrat ab, da der jeweils Betroffene keine Möglichkeit hätte, »dem keine Tatsachenbehauptung darstellenden Argument [zu] begegnen, er sei ein Produkt der ›Angestelltenkultur‹ oder ›der Übervater Hitler habe ihm den Vater geraubt‹«.

Mitscherlich war empört. In einem Artikel in der *Zeit*¹¹⁶ verteidigte er sich und nahm für sich in Anspruch, als unabhängiger Beobachter aufgetreten zu sein, der in der Lage sei, »Image« von Person zu unterscheiden. Die öffentliche Reaktion der CDU zeige ihm, dass er »nicht gänzlich ins Blaue geschossen« habe. Barzel sei ein »mit viel Geld und Mühe aufgebaute[r] Mann«. Jeder, der sich »ein wenig um den allgemeinen Bildungsstoff, über den wir verfügen, bemüht hat«, müsse in seiner Einschätzung zum selben Ergebnis kommen. Bezugnehmend auf Äußerungen aus der CDU, seine Betrachtung Barzels habe »mit Anstand wenig, mit Politik dagegen gar nichts zu tun«, empfand sich Mitscherlich jetzt als Opfer: »Da stand ich nun vor dieser Öffentlichkeit, der ich etwas Stoff zum selbständigeren Urteil hatte liefern wollen, als unanständiger politischer Ignorant.« Man habe ihm »das Recht abgesprochen, als Arzt tätig und für die Ausbildung junger Ärzte zuständig zu sein«. Mitscherlich zeigte sich verletzt: »In zwei Tagen war mir also der Anstand, die wissenschaftliche Qualität abgesprochen – die Psychoanalyse hatte nach guter deutscher Art auch ihren Seitentritt bekommen.« Dies empfinde er jedoch nicht als überraschend: »So rasch ist man in Kreisen der Politik bei der Hand, den Mann auf der Straße ›fertigzumachen‹, wenn er nicht parteigenehm funktioniert. Das Experiment war doch wertvoll. Es zeigt einen ziemlich haarsträubenden Mangel an Bildung – zu welcher ja auch die Beherrschung der Affekte gehört – und einen gefährlichen Mangel an Toleranz. [...] Vor kurzem habe ich die Frage zu beantworten versucht: Hemmen Tabus die Demokratisierung Deutschlands? Sie tun es – exemplum docet –, und es wird versucht, immer neue aufzubauen. Also müssen wir uns dagegen wehren. Der ›deutsche Professor‹ wird sich dabei an die

---

115 Protokoll der Rundfunkratssitzung vom 28.4.1966, AMA I, 5822.2a.
116 Mitscherlich, Alexander: Auf die Couch gezerrt? Ein Nachwort. In: Die Zeit, 18.3.1966 (GS VI, S. 300-302).

rauhen Sitten der Politiker gewöhnen müssen, wenn er nicht im Elfenbeinturm sitzenbleiben will, was ihm dann die gleichen Politiker zum Vorwurf machen. Aber auch die deutschen Politiker werden sich an den Auszug deutscher Professoren aus dem Elfenbeinturm gewöhnen müssen.« Mitscherlich versuchte, in der *Süddeutschen Zeitung* einen offenen Brief an den Vorsitzenden des Bayerischen Rundfunks unterzubringen.[117] Dass die Redaktion sich nicht zur Veröffentlichung entschließen konnte, erlebte er als neuerlichen Verrat. Das Blatt habe ihn ohnehin in der Angelegenheit Barzel zu wenig unterstützt, klagte er, obwohl es doch eine »pure Frage der Kollegialität von Intellektuellen untereinander [sei], dem Angegriffenen Hilfestellung zu gewähren, wenn die Verunglimpfungen in ihrer persönlichen Motivation durchschaubar sind.« Der Vorgang »muß den Rest meines Vertrauens zerstören«, und weil es nicht viele »Mitteilungsorte« gebe, die ein »nachdenklicher Mensch in unserem Lande hat«, sei er »sehr betrübt«, die Zusammenarbeit aufkündigen zu müssen.[118]

Mitscherlich sah sich als unerschrockener Vorkämpfer einer kleinen intellektuellen Elite. Einem Bekannten teilte er mit, man habe »eine Schlacht verloren«. Es gehe dabei nicht um Barzel, sondern darum, dass »die pressure-groups« unter Führung der CSU verhindern wollen, »daß ein unabhängig denkender Mensch Zugang zu den 17 Millionen Hörern der Report-Sendung bekommt. Denn das sind ja die Wähler, die keine kritischen Argumente in die Hand bekommen sollen. Unsere gescheiten Artikel in der Zeit oder sonstwo lesen sie ja doch nicht. Wahrscheinlich wird es dabei bleiben, daß wir zu den Ausgeschlossenen gehören.«[119]

Bezüglich der Barzel-Affäre hat Mitscherlich seine Meinung niemals revidiert.[120] Für ihn war die Psychoanalyse ein legitimes Mittel, die Welt kritisch zu betrachten, und er sah sich selbst als berufen an, diese zum Wohle der Menschheit einzusetzen. Die Arroganz des Anspruchs, die unwissende Masse zu Selbsterkenntnis und demokratischer Reife zu bringen, sah er ebenso wenig wie die groteske Vertauschung der Positionen, die er selbst vornahm, wenn er sich mit einem »Mann auf der Straße« gleichsetzte, der von der Politik »fertiggemacht« werden sollte.

---

117 Mitscherlich an Süddeutsche Zeitung, 2.5.1966, AMA I, 5400.23.
118 Mitscherlich an Süddeutsche Zeitung, 22.6.1966, AMA I, 5400.24.
119 Mitscherlich an Kaub, 3.5.1966, AMA II, 51.
120 Vgl.: Mitscherlich, Leben, S. 227 ff.

14. Vaterlose Gesellen

Berufung nach Frankfurt

Angesichts der Doppelbelastung, die die Klinikleitung in Heidelberg und die Institutsleitung in Frankfurt darstellte, hatte Mitscherlich schon seit der Gründung des Frankfurter Instituts 1960 versucht, einen erfahrenen und renommierten Psychoanalytiker dazu zu bewegen, dessen Leitung zu übernehmen. Alle diese Versuche waren gescheitert. Deshalb gab es bereits in den frühen 1960er Jahren die Überlegung, für Mitscherlich einen Lehrstuhl in Frankfurt einzurichten, was allerdings innerhalb der Medizinischen Fakultät, die den von Ministerpräsident Zinn seinerzeit gestifteten Lehrstuhl für Psychoanalyse abgelehnt hatte, wenig aussichtsreich erschien. Theodor W. Adorno versuchte deshalb, die Chancen eines Lehrstuhls für Mitscherlich innerhalb der Philosophischen Fakultät auszuloten.[1] Im Dezember 1961 vermeldete er einen ersten Erfolg seiner Sondierungsgespräche nach Heidelberg: »Wenn ich einigermaßen sicher sein kann, daß Sie nicht absagen, glaube ich, es sind die Chancen gar nicht schlecht. [...] Wie glücklich ich wäre, wenn die Lösungen mit Ihnen schon unter Dach und Fach wären, muß ich ihnen, hoffentlich, nicht sagen.«[2]

Es dauerte allerdings noch fünf Jahre, bis das Projekt, Mitscherlich an die Frankfurter Universität zu bringen, Früchte trug. Innerhalb der philosophischen Fakultät war die Einrichtung eines Lehrstuhls für Psychoanalyse oder psychosomatische Medizin kaum plausibel zu machen; daher richteten sich die Bemühungen Adornos auf ein Ordinariat für Psychologie. Die Besetzung eines solchen Lehrstuhls mit Mitscherlich, der kein Psychologe war, stieß innerhalb der Fakultät – und auch bei manchem auswärtigen Gutachter[3] – auf Skepsis. Hinzu kam Mitscherlichs steigende mediale Präsenz, die manchem Verantwortlichen in Frankfurt suspekt war – umso mehr, als dieser sich seit Gründung der Humanistischen Union politisch links von der SPD zu verorten schien.[4] Obwohl es durchaus ein gemeinsames Projekt Adornos und der hessischen Landesregierung war, Mitscher-

---

1 Kutter, Stachel, S. 464.
2 Adorno an Mitscherlich, 18.12.1961, AMA I, 19.40.
3 Bondy an Schlesinger, 5.3.1963, AMA IIa, 32.
4 So vermeldete es Jürgen Habermas: Habermas an Mitscherlich, 1.10.1962, AMA I, 2064.7.

lich nach Frankfurt zu bringen, konnten die Widerstände in der dortigen Universität nur mühsam überwunden werden. Erst 1964 deutete sich eine realistische Chance auf eine Berufung an.[5] Mitscherlich war hin und her gerissen. Einerseits war er nicht gewillt, seine klinische Arbeit in Heidelberg aufzugeben, andererseits war die Doppelbelastung zwischen Heidelberg und Frankfurt kaum zu bewältigen.[6] Ein letztes Mal versuchte er, einen anderen Analytiker als Leiter des Sigmund-Freud-Instituts zu finden, und fragte bei Henry Löwenfeld und Heinz Kohut an. Als beide ablehnten[7], sah Mitscherlich keine andere Möglichkeit mehr, als nach Frankfurt zu wechseln. Weiter erleichtert wurde ihm der Entschluss durch erneute Querelen innerhalb der Heidelberger Fakultät, wo aus Mitscherlichs Sicht die Psychoanalyse und seine Person noch immer ausgegrenzt und gezielt benachteiligt wurden.[8]

Der Ruf aus Frankfurt erging schließlich am 16.8.1965. Adorno, der des Öfteren persönlich im Wiesbadener Ministerium interveniert hatte[9], beharrte auf der prinzipiellen Zusage, die Mitscherlich ihm Jahre zuvor gegeben hatte. Lehne der den Ruf ab, mahnte Adorno, bedeute das für ihn selbst eine »tödliche Blamage« innerhalb der Frankfurter Universität.[10] Schließlich überwand Mitscherlich alle Zweifel und nahm den Ruf an[11], obwohl die Heidelberger Fakultät zwischenzeitlich sein Extraordi-

---

5 Becker an Mitscherlich, 1.9.1964, AMA I, 405.23.
6 Mitscherlich an Balint, 12.12.1964, AMA I, 309.104.
7 Müller, Psychoanalyse, S. 217 f.; Mitscherlich an Kohut, 17.12.1964 und Kohut an Mitscherlich, 22.2.1965, AMA I, 3026.2/3.
8 Im Einzelnen ging es bei diesen erneuten Auseinandersetzungen zum einen um die inhaltliche Ausgestaltung eines Lehrauftrags, die zwischen Mitscherlich und dem Psychiater von Baeyer strittig war (Mitscherlich an von Baeyer, 30.10.1964 und 14.11.1964, AMA IIa, 27), und zum anderen um die Einrichtung eines Extraordinariats für den Psychotherapeuten Wilhelm Kütemeyer, den Mitscherlich aufgrund seiner nicht freudianischen Ausrichtung für nicht berufungsreif hielt (Mitscherlich an von Baeyer, 14.11.1964, AMA IIa, 27. Die Auseinandersetzungen um Kütemeyer sind dokumentiert in: AMA IIa, 24).
9 Adorno an Mitscherlich, 24.1.1966, AMA I, 19.53.
10 Mitscherlich an Heimann, 17.9.1965, AMA IIa, 18.
11 Mitscherlich an Doerr, 31.8.1965, Universitätsarchiv Heidelberg, PA 1079.

nariat in eine volle Professur umgewandelt hatte[12] und durch vielerlei Zugeständnisse versuchte, ihn in Heidelberg zu halten.[13]

Im Sommer 1966 richtete die Frankfurter Universität zusätzlich zu dem in der naturwissenschaftlichen Fakultät angesiedelten Institut für Psychologie ein »Institut für Psychologie II« in der philosophischen Fakultät ein. Innerhalb dieses Instituts waren die Lehrstühle des Psychologen Fritz Süllwold und der Lehrstuhl Mitscherlichs für »Psychologie, insbesondere Psychoanalyse und Sozialpsychologie« angesiedelt, Mitscherlich und Süllwold wurden gleichberechtigte Direktoren des Instituts.[14] Zunächst war Mitscherlich in der Myliusstraße in unmittelbarer Nähe zum Sigmund-Freud-Institut untergebracht. Im selben Gebäude residierten auch der Soziologe Ludwig von Friedeburg und Jürgen Habermas, der 1964 den Lehrstuhl Max Horkheimers übernommen hatte.

Mitscherlich bemühte sich intensiv, Horst-Eberhard Richter in Heidelberg als seinen Nachfolger zu installieren[15], Richter lehnte aber den Ruf ab, weil er dort nicht sein Modell eines dreigliedrigen Zentrums mit medizinischer Psychologie und Soziologie aufbauen könnte, zudem war ihm das »Traumziel der amerikanischen Touristen« mit seinem »nachts angestrahlten Schloß« unangenehm und entsprach nicht seinem Lebensgefühl.[16] Mitscherlichs Nachfolger in Heidelberg wurde Walter Bräutigam – den er nach Kräften zu verhindern gesucht hatte.[17] Mitscherlich verließ Heidelberg schweren Herzens. Einerseits blieb bittere Enttäuschung zurück: »Ich war dreißig Jahre in dieser Stadt und bin nicht ein einziges Mal von einem Rektor oder Dekan oder Kollegen um Rat gefragt worden, ob es sich nun um die Universität, Kranke oder Studenten handelte. Und ich habe nie eine Pflichtvorlesung gehalten ... und dreißig Jahre lang die dauernde Entbehrung auch nur des primitivsten freundlichen Wortes. Man konnte sich niemals identifizieren ... und nach dem Krieg hatte alles so vielversprechend ausgesehen.«[18] Andererseits wog der endgültige Abschied von der Medizin schwer. Margarete Mitscherlich-

---

12 Die Fakultät hatte den Antrag einstimmig beschlossen: Doerr (Dekan) an Kultusministerium Baden-Württemberg, 21.12.1964, Universitätsarchiv Heidelberg, PA 1079. Ernennungsurkunde vom 2.5.1966, Universitätsarchiv Heidelberg, PA 5032.
13 Korrespondenz Doerr/Kultusministerium Baden-Württemberg, 1965/1966, Universitätsarchiv Heidelberg, PA 1079.
14 Kutter, Stachel, S. 465 f.
15 Korrespondenz Mitscherlich/Richter, 1966, AMA I, 4433.
16 Richter, Erinnerungen, S. 158.
17 Korrespondenz Mitscherlich/Bräutigam, 1968, AMA III.
18 Die Zeit, 17.5.1968.

Nielsen erinnerte sich: »In Heidelberg bewegten wir uns innerhalb der Universität, und zwar innerhalb des medizinischen Klinikums. Da lag die Psychosomatische Klinik, da waren die Neurologie und die Innere, und da war die Psychiatrie, alles in Minuten erreichbar. Wir bekamen von den anderen Abteilungen auch regelmäßig Patienten geschickt [...]. Wir hatten eine klinische Abteilung mit Schwestern, gingen täglich ans Krankenbett, und das war alles weg in Frankfurt.«[19]

Politisierung

Was Mitscherlich mit seinem Wechsel gewann, war die noch engere Zusammenarbeit und Freundschaft mit den Angehörigen des Instituts für Sozialforschung, namentlich mit Adorno und Habermas, zu denen er in den folgenden Jahren enge freundschaftliche Verbindungen knüpfte. Das Profil der »Frankfurter Schule« hatte sich unterdessen seit den 1950er Jahren beträchtlich geschärft. Dies war vor allem das Verdienst Adornos, der die Leitung des Instituts 1959 von Max Horkheimer übernommen und im so genannten »Positivismusstreit« die »kritische Theorie« innerhalb der Soziologie gegen die »Positivsten« wie Helmut Schelsky und René König abgrenzt hatte.[20] Der Gedanke des »autoritären Staates«, der in den 1950er Jahren noch des Marxismus unverdächtig und anschlussfähig an Totalitarismustheorien gewesen war, lieferte jetzt den gedanklichen Überbau einer Oppositionswissenschaft und wichtige Stichworte für die studentische Protestbewegung, deren spätere Protagonisten in großer Zahl in den Seminaren Adornos ihre Weltsicht schulten. Für Adorno waren staatliche Instanzen, Wirtschaftsunternehmen und Funktionsträger jeder Art lediglich Charaktermasken ökonomischer Zwänge, ein »Fortschritt im Bewußtsein der Freiheit« schien unmöglich. Das Individuum, das seine eigene Ohnmacht nicht erkennen könne, hatte innerhalb Adornos Weltsicht nur die Möglichkeit, »in Akten des Widerstands moralische Autonomie zu gewinnen«[21].

War Adorno auch unbestrittener Star der sich konstituierenden Protestbewegung, so war doch auch Mitscherlich, als er 1967 nach Frankfurt kam, aus Sicht der Studierenden kein unbeschriebenes Blatt. An Adornos

---

19 Mitscherlich-Nielsen, Gespräch, S. 393.
20 Albrecht, Schule, S. 172f.
21 Vgl. Jäger, Adorno, S. 247.

POLITISIERUNG

mediale Allgegenwart reichte er zwar nicht heran[22], doch die Bücher zur *Vaterlosen Gesellschaft* und zur »Unwirtlichkeit« der Städte waren bereits bekannt, und die Veröffentlichung der *Unfähigkeit zu trauern* stand kurz bevor. Schließlich hatte die Affäre um seine Ferndiagnose Rainer Barzels Mitscherlich 1966 weithin Publizität verschafft. Insofern galt er schon vor seinem endgültigen Wechsel nach Frankfurt als zugehörig zur Riege der oppositionellen Zeitkritiker. Eine Zuschauerin wünschte sich vom Bayerischen Rundfunk in diesem Sinne eine »feststehende Sendung« für Horkheimer und Mitscherlich, in der beide »über das aktuelle Weltgeschehen durch knallharte Fragen der Journalisten Urteile ›von sich geben‹«[23]. Ein anderer Zuschauer erklärte gegenüber dem WDR: »Von den im öffentlichen Leben stehenden Personen hat mich Professor Mitscherlich bisher am meisten beeindruckt. Dieser Mann, scheint mir, ist vollkommen integer. Er verfügt über ein hohes Maß an Bildung und Würde. Er hat viele Fähigkeiten und versteht die Dinge knapp und treffend zu umreißen und beim richtigen Namen zu nennen. Er hat auch den sittlichen und moralischen Mut, für seine Überzeugung einzutreten. Er hat das rechte Maß und eine Sprache, die bei aller Kultur auch das Volk verstehen kann.«[24]

Auch über Mitscherlichs Haltung gegenüber der entstehenden studentischen Protestbewegung konnte aus deren Sicht kein Zweifel bestehen. Es war bekannt, dass er bereits 1961, als unter Führung Wolfgang Abendroths eine Reihe von Hochschullehrern und Gewerkschaftlern die »Sozialistische Förderergesellschaft der Freunde, Förderer und ehemaligen Mitglieder des Sozialistischen Deutschen Studentenbundes« gründeten, dieser beigetreten und in das Bundeskuratorium der Gesellschaft gewählt

22 Clemens Albrecht hat die Radio- und Fernsehpräsenz von Adorno und Horkheimer, aber unter anderem auch von Mitscherlich für den Zeitraum zwischen 1945 und 1990 ausgewertet (Albrecht, Massenmedien, S. 228-232) und festgestellt, dass hinsichtlich der Hörfunkauftritte Adorno mit 194 Sendungen weit vor Horkheimer mit 119 und Mitscherlich mit 111 lag, im Fernsehen dagegen Mitscherlich mit 37 Auftritten öfter in Erscheinung trat als Horkheimer (35) und Adorno (24 Auftritte). Diese Auszählung berücksichtigt jedoch nicht das ZDF und erfasst auch nicht alle Rundfunkauftritte der Protagonisten, da von den Rundfunkanstalten nicht alle Sendungen an das Deutsche Rundfunkarchiv gemeldet wurden, auf dessen Daten Albrecht sich stützt. Daher können die Daten nur als Anhaltspunkte und grobe Orientierung gewertet werden.
23 Dingel an Bayerischen Rundfunk (Abschrift an Mitscherlich), 10.1.1967, AMA I, 1177.2.
24 Lion an Wetdeutschen Rundfunk (Abschrift an Mitscherlich), 24.4.1968, AMA I, 3398.1.

worden war.²⁵ Der Hintergrund dieser Solidarisierung von Hochschullehrern mit dem SDS waren Bestrebungen innerhalb der SPD, sich nach ihrem verheerenden Abschneiden bei der Bundestagswahl 1957 und im Zuge der neuen Selbstdefinition als Volkspartei aufgrund vermeintlicher kommunistischer Tendenzen vom SDS zu distanzieren. Umgekehrt begriff sich der SDS auch immer weniger als Vorfeldorganisation der SPD, je mehr diese ihre politische Linie zu verwässern schien.²⁶
Die Förderergesellschaft um den Marburger Politikwissenschaftler Wolfgang Abendroth kämpfte gegen die drohende Abspaltung des SDS von der SPD. Auch Mitscherlich versuchte, seine Beziehungen spielen zu lassen. An Carlo Schmid appellierte er: »Ich glaube nicht, daß Sie im Ernst von Studenten und Menschen, die die kritische Phase des Denkens, die man in seinen Studentenjahren durchlebt, noch nicht völlig vergessen haben, erwarten können, daß sie immer in der Haltung subalterner Weisungsempfänger dastehen und nicht auch einmal ein Zeichen selbständiger geistiger Regungen von sich geben. Ich persönlich würde mich jedenfalls glücklich schätzen, wenn ich mehr solcher Studenten, wie sie im SDS versammelt sind, unter meinen Hörern hätte, und ich kann mir nicht vorstellen, daß es Ihnen nicht genau so geht.«²⁷

Jeweils aktuelle Informationen über die Nöte und Sorgen des SDS bezog Mitscherlich von seiner Tochter Monika, die seit 1958 zusammen mit ihrem späteren Ehemann Jürgen Seifert dem Wissenschaftlichen Beirat des SDS angehörte. Monika Mitscherlich und Jürgen Seifert²⁸ gehörten dabei jener »mittleren« Fraktion des SDS an, die dessen Existenz auch nach seiner möglichen Ausgrenzung durch die Mutterpartei sichern wollten, die seit 1960 den neu gegründeten »Sozialdemokratischen Hochschulbund« (SHB) als ihre Studierendenorganisation verstand.

Nachdem die SPD am 6. November 1961 die Unvereinbarkeit der Mitgliedschaften in SPD und SDS beschlossen hatte, formte Wolfgang Abendroth, der jetzt die Etablierung einer neuen politischen Gruppie-

---

25 Sozialistische Fördergemeinschaft an Mitscherlich, 16.10.1961, AMA I, 5172.1.
26 Vgl.: Fichter/Lönnendonker, SDS, S. 54. Siehe auch: Albrecht, Studentenbund.
27 Mitscherlich an Schmid, 10.11.1961, AMA I, 4661.3.
28 Seifert war entscheidend an der Kampagne des SDS gegen die Notstandsgesetze beteiligt (vgl.: Seifert, Notstandsgesetzgebung). In späteren Jahren war Seifert einer der prominentesten kritischen Juristen und Politikwissenschaftler der Bundesrepublik und engagierte sich in vielfältiger Weise für Bürgerrechte und eine kritische Justiz. 1971 wurde er Nachfolger Peter von Oertzens auf dessen politikwissenschaftlichem Lehrstuhl in Hannover, zwischen 1983 und 1987 war er Vorsitzender der Humanistischen Union. Siehe auch: Buckmiller/Perels, Opposition.

rung links von der SPD anstrebte, im Oktober 1962 die Förderergesellschaft in einen »Sozialistischen Bund« um.[29] Angesichts dieser Entwicklung, die auch die gemäßigten Führungsfiguren des SDS mit Skepsis betrachteten, trat Mitscherlich unter Protest aus[30] und distanzierte sich von Abendroth, dem er diese Wende persönlich anlastete. Als Mitscherlich deshalb die Berufung Abendroths in den Beirat der Humanistischen Union verhindern wollte, rief das die Kritik seiner Tochter und Jürgen Seiferts hervor. Doch Mitscherlich stand der Linie Abendroths, der sich links von der SPD zu isolieren schien, skeptisch gegenüber: »Sollte Herrn Abendroth von unserer Seite Unrecht geschehen sein, so werden wir gern das Unsere tun, um es zu korrigieren. Trotzdem hat mich der Brief in mancher Hinsicht, auch in Bezug auf die jetzt gültige, von der früheren abweichende Auffassung vergangener Vorfälle recht nachdenklich gemacht. Im Grunde möchte ich die Empfehlung aussprechen, daß wir uns im Familienkreis in Zukunft nicht mehr über Politik unterhalten.«[31]

Obwohl sich Mitscherlich in der Folge von Wolfgang Abendroth in gewisser vorsichtiger Entfernung hielt, unterstützte er den SDS weiterhin und warb öffentlich um dessen Unterstützung und Finanzierung.[32] Dies galt auch, als sich der SDS nach Jahren relativer Unsichtbarkeit um 1964/65 an den Universitäten wieder bemerkbar machte – nun bereits mit dem Selbstverständnis einer intellektuellen Avantgardeorganisation, deren emanzipatorische Zielsetzungen sich auf die Gesellschaft als Ganzes bezogen.[33] Aus Mitscherlichs Sicht schloss eine sich nicht im parteipolitischen Sinne als sozialistisch verstehende Organisation an seine eigene Forderung eines »freien Sozialismus« an. Er selbst stand der SPD zwar nahe, entwickelte größere Sympathie aber allenfalls für einzelne Persönlichkeiten wie Carlo Schmid oder – später – Willy Brandt. Die Partei als Organisation blieb ihm fremd. Darüber täuschte sein zuweilen aggressives Wüten gegen die CDU/CSU hinweg. Die unkonventionelle Haltung als kritischer Beobachter der ganzen Gesellschaft, die der SDS für sich beanspruchte, musste Mitscherlich daher sehr viel sympathischer sein als die in ihrer Organisationslogik gefesselte SPD. Auch die im Zuge der Barzel-Affäre geäußerte Einschätzung, Mitscherlich stehe politisch links

---

29 Protokoll der Sitzung der Sozialistischen Fördergemeinschaft vom 6./7.10.1962, AMA I, 5172.
30 Mitscherlich an Brakemeier, 6.11.1962, AMA III.
31 Mitscherlich an Jürgen und Monika Seifert, 20.1.1964, AMA III.
32 Aufruf zur finanziellen Unterstützung des SDS (Abendroth, Friedeburg, Habermas, Mitscherlich u. a.) vom 26.5.1964, AMA I, 1590.2.
33 Vgl.: Fichter/Lönnendonker, SDS, S. 78.

von der SPD, ging in dieser Hinsicht fehl. Seine Position zwischen bürgerlichem Liberalismus und alternativem Sozialismus war in den Strukturen des Parteiensystems nicht abbildbar. Politik war für Mitscherlich stetige Konfrontation von Entwurf und Gegenentwurf, Solidarisierung mit Gleichgesinnten im Kampf gegen vermeintliche oder reale Gegner. Sein Engagement konnte sich daher kaum in die bestehende politische Ordnung einfügen und war allenfalls am konkreten Anlass zu entfachen.

Ein solcher konkreter Anlass für politische Stellungnahme waren die Notstandsgesetze, die schon von der Adenauer-Regierung in Angriff genommene Regelung der bis dato den Alliierten vorbehaltenen Kompetenzen im Falle eines inneren und äußeren Notstandes.[34] Als im Frühjahr 1965 bekannt wurde, dass sich die im Bundestag vertretenen Parteien auf eine entsprechende Grundgesetzänderung geeinigt hatten, brach eine erste Welle des Protestes los. 215 Hochschulprofessoren appellierten an den Deutschen Gewerkschaftsbund und an die Polizeigewerkschaft, sich gegen die Verabschiedung der Notstandsgesetze zu wehren. In diesem Zusammenhang organisierten die Studentenorganisationen SDS, SHB, LSD und BDIS sowie die Humanistische Studentenunion einen Kongress »Demokratie vor dem Notstand« in Bonn. Diese erste große Kampagne, die auch zahlreiche Veranstaltungen an Universitäten beinhaltete, hatte Erfolg: Die SPD schreckte vorerst zurück und beschloss, einer Grundgesetzänderung vor der Bundestagswahl im Herbst 1965 nicht zuzustimmen.[35]

Auch Alexander Mitscherlich engagierte sich in dieser Kampagne. Die Einschränkung der demokratischen Grundrechte, als die er die Notstandsgesetzgebung wahrnahm, war für ihn vor dem Hintergrund der historischen Erfahrung des Niedergangs der Weimarer Republik keine politische Frage, sondern eine existentielle Bedrohung: »Ich glaube, es wird überaus wichtig sein, in den nächsten Jahren nicht zu verzweifeln, obgleich wir uns dazu oft herausgefordert fühlen werden. Es wird sich in dieser kommenden Zeitspanne nämlich entscheiden, ob Deutschland eine Demokratie werden wird oder nicht.«[36]

Diese Sorge schien sich zu bestätigen, als in Bonn die Planungen einer Notstandsgesetzgebung nach der Wahl von 1965 wiederaufgenommen wurden. Mitscherlich trat bei dem großen Kongress »Notstand der Demokratie« am 30. Oktober 1966 in Frankfurt auf, der von der IG Metall

---

34 Vgl. zu den Konflikten um die Notstandsgesetze: Schneider, Notstandsgesetze; Requate, Notstandsgesetze.
35 Vgl.: Fichter/Lönnendonker, SDS, S. 85.
36 Mitscherlich an Richter, 7.3.1966, AMA I, 4432.2.

und dem ehemaligen SDS-Vorsitzenden Helmut Schauer organisiert worden war und der zum ersten Mal einen Zusammenschluss von gewerkschaftlichem und akademischem Protest öffentlich sichtbar machte: Mehr als 5000 Gewerkschafter, SPD-Parteimitglieder, Studenten, Assistenten und Professoren nahmen an dieser Veranstaltung teil.[37]

Mitscherlichs Sorge um die Demokratie verstärkte sich im Herbst desselben Jahres, als sich die SPD zu einer Großen Koalition mit der CDU/CSU bereit erklärte und in etwa zur gleichen Zeit der NPD mit 7,9 bzw. 7,4% der Stimmen der Einzug in die Landtage von Hessen und Baden-Württemberg gelang. An das Kuratorium »Notstand der Demokratie« telegraphierte Mitscherlich: »An Sitzungsteilnahme leider verhindert. Ersuche Kuratorium, in geeigneter Form SPD-Gremien zu benachrichtigen, daß wir große Koalition für weiteren nicht wiedergutzumachenden Schritt zur Beendigung der Demokratie in Deutschland halten.«[38] An Fritz Redlich in den USA meldete er, noch sei die NPD zwar nur eine »Ressentiment-Partei ohne Programm und inneren Zusammenhalt. Es braucht sich ihr aber nur ein Strauß anzuschließen und schon haben wir wieder die schönste deutsche Reaktion.« Die These der *Unfähigkeit zu trauern* habe sich »überraschend bewährt, noch ehe das Buch erschienen ist. Es ist so, als ob mit einem Mal die Abwehrmechanismen zusammengebrochen wären und eine Rückkehr des Verdrängten anhöbe, bzw. genauer, die Restitution alter Ideale, zu denen man eine zeitlang nicht stehen konnte, erfolgt nun mit ziemlicher Heftigkeit.«[39]

Psychoanalyse und Protest

Mitscherlich nahm seine Lehrtätigkeit in Frankfurt zum Sommersemester 1967 auf. Die studentische Protestbewegung formierte sich, die Erwartungen der Studierenden an den neuen Psychoanalytiker waren hoch. Anders als in Heidelberg sah sich Mitscherlich jetzt nicht mehrheitlich angehenden Medizinern gegenüber, sondern hauptsächlich Soziologie- und Psychologiestudenten, aber auch Hörern anderer Fakultäten. In den Augen von Mitscherlichs Mitarbeiter Peter Kutter wurde dessen erste Vorlesung »zum die Studierenden der ganzen Universität ergreifenden bewegenden Ereignis, das im Sinne des ›Studium generale‹ der Nachkriegsjahre die angrenzenden Fachbereiche einbezog. Alexander Mit-

---

37 Vgl.: Müller-Doohm, Adorno, S. 683; Fichter/Lönnendonker, SDS, S. 97.
38 Mitscherlich an Schauer (Telegramm), undatiert (Herbst 1966), AMA I, 5175.
39 Mitscherlich an Redlich, 25.11.1966, AMA I, 4352.108.

scherlich trat mit großem Gefolge in der ehrwürdigen Aula auf, mit neobarockem Dekor als Hintergrund, vor einer eingebauten Orgel.«[40] Auch andere Teilnehmer erinnern sich an das außergewöhnliche Interesse für Mitscherlich und die Psychoanalyse: »Der Raum war jeweils weit über die vorhandenen Plätze hinaus gefüllt; es war unverkennbar, daß Psychoanalyse damals zu den Wissensgebieten gehörte, an denen Studierende in großer Zahl interessiert waren. Mitscherlich vermochte durch seine Fähigkeit, Begriffe, die durch Freud eine neue Bedeutung erhalten hatten, [...] wieder lebendig werden zu lassen und seine Zuhörer zu fesseln.«[41]

Ein Beispiel für den Neuigkeitswert, den die Psychoanalyse für die Jugend haben konnte, sind die Erinnerungen der Schweizerin Judith Le Soldat an ihre Lektüre des Mitscherlich-Textes *Kekulés Traum*[42]. Mitscherlich hatte den berühmten Traum des Chemikers Friedrich August Kekulé analysiert, den dieser als auslösendes Moment für seine Entdeckung des Phänomens des Benzolringes bezeichnet hatte. Angeblich hatte Kekulé im Traum eine Schlange erblickt, die sich in den Schwanz biss – und gleich nach seinem Erwachen den Gedanken gefasst, dass die Kohlenstoffatome im Benzol womöglich zirkulär angeordnet seien. Mitscherlich deutete nun allerdings das Auftauchen der Schlange als Ausdruck eines unterdrückten Sexualwunsches und schloss daraus, dass Kerkulé nach dem Aufwachen seine ungebührliche Lusthalluzination gleichsam gezähmt und in einem erfinderischen Gedanken auf das vertraute Terrain der Chemie zurückgeführt habe.[43]

Judith Le Soldat empfand bei der Lektüre diese Deutung als »beeindruckende, triebtheoretische, zugleich sozialkritische Erklärung«:

»Mitscherlichs Interpretation ist sofort einleuchtend. Sie wirkt wie ein gut gelungener Witz [...]. Ich kann mich noch gut erinnern, wie sehr ich von der Deutung begeistert war. [...] Eben erst hatten wir begonnen, den Staub von hundert Jahren von den Talaren zu fegen. Die Vorstellung, daß der gute alte Kekulé masturbierend vor dem Kamin gesessen oder solches habe tun wollen und sich nicht dazu getraut und statt dessen die Benzolformel erfunden habe, löste ein inneres Hohn-

---

40 Kutter, Stachel, S. 466f.
41 Moersch, Arbeiterkind, S. 271.
42 Mitscherlich, Alexander: Kekulés Traum. Psychologische Betrachtung einer chemischen Legende. In: Psyche 26 (1972), S. 649-655 (GS VII, S. 282-288).
43 Le Soldat, Bemerkungen; die folgenden Zit.: S. 181ff.

gelächter und eine tiefe Genugtuung aus, welche zu Trotz und mehr Widerstandskraft verhalfen, für die man Mitscherlich dankbar war.«

Als Mitscherlich in seinem ersten Frankfurter Semester eine *Einführung in die Psychoanalyse I – Metapsychologie* las, war ihm bewusst, wie groß die Erwartungen seiner Hörer waren, gerade angesichts ihrer völligen psychoanalytischen Unkenntnis einerseits und der Faszinationswirkung andererseits, die von Freuds Lehre ausgehen konnte. »Die jungen Studenten, die bei Horkheimer, Adorno und Habermas studierten, erwarteten so etwas wie einen neuen Wilhelm Reich.«[44] Solche Hoffnungen auf eine Befreiungsideologie im psychoanalytischen Gewand konnte und wollte Mitscherlich nicht erfüllen. Dennoch konnte, wer wollte, die Psychoanalyse durchaus auch in der von Mitscherlich vermittelten Form als Oppositionswissenschaft verstehen, schilderte dieser die Lehre Freuds doch als in Deutschland noch immer zu Unrecht marginalisierte jüdische Wissenschaft, die mit den umstürzenden Erkenntnislehren von Kopernikus und Darwin in eine Reihe zu stellen sei.[45]

Auf Fragen nach der Wissenschaftlichkeit der Psychoanalyse ging Mitscherlich inzwischen nicht mehr ein: »Die beantworten Sie dann, Herr Horn. Ich beantworte sie nicht, weil ich nämlich ausdrücklich gesagt habe, ich kümmere mich nicht um die Wissenschaftlichkeit der Psychoanalyse, ich nehme sie mal als Faktum.« Auch die Aktualität der Psychoanalyse erwies sich schnell. Nachdem Mitscherlich ausführlich über das Thema der Aggression gesprochen hatte, die er nicht als kurzzeitige Erregung, sondern als ein sich zyklisch entladendes destruktives Grundbedürfnis beschrieb, lieferte der Tod des Studenten Benno Ohnesorg, der am 2. Juni 1967 in Berlin von einem Polizeibeamten erschossen wurde, ein beklemmend anschauliches Beispiel für die Aktualität seiner Überlegungen.

Mitscherlich positionierte sich in seiner Vorlesung am 7. Juni 1967 klar zu den Ereignissen in Berlin:

»Welches Ungestüm auch immer sich in Berlin geäußert haben mag, welche staatlichen Schutzverpflichtungen einem geladenen Gaste gegenüber auch immer bestanden haben mögen – das Verhalten der Berliner Polizei war unwürdig. [...] Zwischen Anlaß und Reaktion, zwischen Demonstrationsziel der Berliner Studenten und Polizeiak-

---

44 Schulz, Til: Eine eingreifende Psychoanalyse. In: TAZ, 1.7.1982.
45 Mitscherlich, Alexander: Einführung in die Psychoanalyse I – Metapsychologie. Vorlesung an der Universität Frankfurt am Main, Sommersemester 1967 (GS IX, S. 423-656), hier S. 430 ff.; die folgenden Zit.: S. 441, 531 f.

tion besteht eine derartige Diskrepanz, daß jeder, der wie ich deutsche autoritäre Brutalität zum Teil am eigenen Leibe und aus der Vergangenheit beobachten konnte, zutiefst erschrocken sein mußte – und ich muß Ihnen gestehen, ich bin immer noch erschrocken; ich habe einfach Angst. Ich möchte an dieser Stelle mein trauerndes Mitgefühl für den getöteten Kommilitonen Ohnesorg und das möglicherweise noch unbekannte zweite Todesopfer ausdrücken, und meine lebhaftesten Wünsche für die baldige Wiederherstellung der Verletzten. Erlauben Sie mir, daß ich in diesem Augenblick nicht auf die Einzelheiten von Recht und Unrecht eingehe, das wäre im übrigen auch nicht meine Aufgabe. Für einen Rechtsstaat, der die Grundrechte seiner Bürger achtet, und für Bürger, die sich dessen bewußt sind, daß durch ihr Verhalten ein Rechtsstaat gebildet wird [...] muß es als die mindeste Forderung zunächst neben der richterlichen Aufklärung sein, den sofortigen Rücktritt des verantwortlichen Polizeipräsidenten, Innensenators und Regierenden Bürgermeisters zu verlangen (Beifall).«

Vor dem Hintergrund historischer Erfahrung und mit dem Berufsethos des Arztes definierte Mitscherlich einen Imperativ der kritischen Vernunft:

»Soweit meine Meinung, die ich mir nach sorgfältiger Überlegung und sorgfältiger Sichtung der Quellen, die mir zugänglich waren, gebildet habe. Es gibt darüber hinaus Augenblicke, in denen die Geschichte sich unabweisbar in das Schulzimmer drängt, also in unseres; es wird dann notwendig, aus dem Jetzt und Hier zu lernen. Akademische Lehrpflicht kann in meinem Fach nicht dahingehend verstanden werden, man solle fünfzig Jahre abwarten, bis die Archive sich öffnen, und dann Geschichte schreiben. In den Wissenschaften vom Menschen werden wir, scheint mir, zur Stellungnahme in größerer Nähe zum Schauplatz menschlichen Verhaltens gezwungen. Ich verstehe mich nach meiner persönlichen Lebensgeschichte zunächst als Arzt, und als Arzt bin ich nicht ein Nachlaßverwalter, sondern befinde mich in einer spezifischen mitmenschlichen Rolle, in der ich dem Lebenden zu Dienste sein soll. Denken – Urteilen – Handeln in der Lebenssituation, solange sie noch nicht vorbei ist, solange sie in der Krise sich befindet, ist die Aufgabe des Arztes.«

Die Aggression, die Mitscherlich in seiner Vorlesung behandelte, habe in Berlin beide Seiten ergriffen, erklärte er. Doch die Verantwortung für die Eskalation der Auseinandersetzungen sah er auf Seiten der Staatsmacht:

»Jahrelanger Haß konnte sich nun an den als ›links ist gleich kommunistisch‹ eingestuften Studenten befriedigen.«[46] Diese Haltung werde zudem von 90 oder 95% der Bevölkerung geteilt, warnte Mitscherlich die Studierenden. »Es könnte sein, daß Sie die deutsche Realität als junge Menschen falsch einschätzen! Was Sie, glaube ich, wirklich erreichen müssen, ist eine Bewußtseinsänderung in einem Land [...]. Bis die Öffentlichkeit begreift, für welche Ziele Sie streiten, für welche Ziele Sie sich einsetzen, darüber mögen noch einige Studentengenerationen hinweggehen; wenn Sie aber glauben, daß Sie etwa durch happeningartige, wie mir neulich jemand sagte, Demonstrationen das Bewußtsein der Deutschen, Ihrer Mitbürger, verändern, dann glaube ich, sind Sie auf dem Holzweg, und es könnte sein, daß Sie der deutschen Reaktion dann wieder die Mittel in die Hand geben, um Sie vollends mundtot zu machen.«

Utopien eigneten sich aus Mitscherlichs Sicht allerdings nicht, dieser Bedrohung zu entgehen. Er gab zu,

»daß alle außerordentlich modern gewordenen Vorwürfe gegen die sogenannte repressive Kultur, gegen repressive Kulturäußerungen, sehr viel soziale Berechtigung haben, weil alle menschlichen Gesellschaften nicht vollkommen sind, die unsrige sicher auch nicht. Aber die Vorstellung einer nicht repressiven Kultur, wie sie mehr oder weniger ausgesprochen Wilhelm Reich vorgeschwebt hat – Die sexuelle Revolution, dieses Buch kennen Sie vielleicht – oder wie sie Marcuse vorschwebt, ist natürlich eine totale Sozialutopie, hat überhaupt nichts mit Realisierbarkeit zu tun, weil der Mensch, wie Sie merken, eben nur mit Hilfe von Verzichtleistungen dazu gebracht wird, seine primärprozeßhaften Wünsche [aufzugeben].«

Die Empfehlung, die Mitscherlich seinen Hörern im Augenblick des Schocks über den Tod Benno Ohnesorgs mitgab, war die Stärkung der individuellen Kritikfähigkeit:

»Falls also die Universitäten dieser Ort der Ideologiekritik bleiben wollen, kann die Aufgabe der studentischen Opposition nicht darin bestehen, auf der Errichtung oder auf dem Ausagieren des Feindschemas zu beharren. Wir müssen im Widerstand gegen schlechte Dinge, die uns der Ablehnung und der Korrektur würdig erscheinen, in unserem Widerstand der Linie der Evolution folgen. [...] Es ist uns doch aufgegeben, in diesen Universitäten die Ich-Leistungen des Menschen zu einer Verstärkung zu bringen, und insofern ist es unsere Aufgabe, jeweils

46 Mitscherlich, Metapsychologie, S. 533; die folgenden Zit.: S. 539, 603, 538.

kritische Situationen mit einer verstärkten Bewußtseinsbildung zu verfolgen.«

Die Faszination, die die psychoanalytische Erklärung von Aggression und Gewalt im Juni 1967 entfalten konnte, liegt auf der Hand – Mitscherlichs Handlungsmaxime der kritischen Vernunft und der Bewußtseinsbildung musste freilich an dem revolutionären Potential der studentischen Protestbewegung, das sich am Tod Benno Ohnesorgs entzündete, vorbeigehen. Dies lag auch in seiner deutlichen Kritik an den »herrschenden Verhältnissen« begründet. Konnte die Herausbildung der kritischen Vernunft tatsächlich das Gebot der Stunde sein, wenn Mitscherlich zuvor selbst einen »jahrelangen Haß« der »deutschen Reaktion« ausgemacht hatte?

Vorerst blieb die Diskrepanz zwischen Mitscherlichs scharfer Gesellschaftskritik und seiner auf Dauer unbefriedigenden Empfehlung, das eigene Bewusstsein zu bilden, beiden Seiten verborgen. Die Psychoanalyse schien ein Schlüssel für die kritische Gegenwartsdiagnose zu sein, sie trat neben die »Kritische Theorie« und befruchtete in diesem Sinne die Studentenbewegung. Aber auch die Psychoanalyse profitierte von der Aufbruchstimmung der Studentenbewegung, wie sich damalige Mitarbeiter Mitscherlichs erinnern.[47] Mitscherlich sah die wachsende Wut seiner Schützlinge mit Wohlgefallen, wie er einem amerikanischen Bekannten mitteilte: »Unter unseren Studenten bahnt sich so ein schüchterner Versuch des Widerstands gegen die Obrigkeit an, den ich mit Billigung und stillem Amüsement verfolge.«[48]

Nach dem Tod Benno Ohnesorgs verschärfte sich die Revolte. Während die akademische Prominenz in Frankfurt und andernorts öffentlich eine Untersuchung der Vorgänge durch unabhängige Instanzen forderte[49], formierte sich der Protest bundesweit auf den Straßen. Und bereits eine Woche nach den Schüssen in Berlin kam es zu ersten Unstimmigkeiten zwischen den prominenten Vertretern des SDS und ihren akademischen Mentoren: In Hannover traf Jürgen Habermas am 9. Juni 1967 auf

47 Vgl.: Kutter, Stachel, S. 466.
48 Mitscherlich an Speyer, 11.1.1967, AMA I, 5194.1.
49 Eine Erklärung der Hochschullehrer erschien in der *Zeit*, 9.6.1967. Die Unterzeichner waren Theodor W. Adorno, Richard Alewyn, Rudolf Augstein, Hans-Paul Bahrdt, Hellmut Becker, Walter Boehlich, Karl Dietrich Bracher, Marion Gräfin Dönhoff, Ludwig von Friedeburg, Helmut Gollwitzer, Günter Grass, Jürgen Habermas, Hartmut von Hentig, Joachim Kaiser, Heinrich-Maria Ledig-Rowohlt, Rudolf Walter Leonhardt, Golo Mann, Alexander Mitscherlich, Georg Picht, Wolf-Jobst Siedler, Helmut Ridder, Siegfried Unseld und Martin Walser.

PSYCHOANALYSE UND PROTEST

dem Kongress »Hochschule und Demokratie – Bedingungen und Organisation des Widerstandes« auf den Frankfurter Adorno-Schüler Hans-Jürgen Krahl und auf Rudi Dutschke. Habermas beschrieb in seiner Rede die Studentenproteste zwar als legitime Kontrollinstanz innerhalb einer lediglich leidlich funktionierenden Demokratie, ihre längerfristigen Erfolgsaussichten beurteilte er jedoch skeptisch, stünden doch die Studierenden in vielerlei Widersprüchen zwischen Theorie und Praxis. Krahl und Dutschke hielten ihm entgegen, dass umgekehrt die mangelnde Organisation und Schlagkraft der Protestbewegung für die bislang ausgebliebenen Erfolge verantwortlich seien. Während Krahl für gewaltlose ritualisierte Protestformen warb, agitierte Dutschke für direkte Protestaktionen jenseits etablierter Institutionen. Er nahm dabei jene »Neubestimmung des Voluntarismus« vor, an der Habermas anschließend das unklare Verhältnis zur Gewalt kritisierte. Es fiel das berühmte Wort vom linken Faschismus.[50]

In die Lage, die Proteste der Studierenden einerseits zu unterstützen, gleichzeitig aber ihre Begrenzungen und Gefahren zu ahnen und sich mit mahnenden Worten zwischen alle Stühle zu setzen, kam nicht nur Habermas. Mitscherlich allerdings stand zunächst ganz eindeutig auf Seiten der Protestbewegung. Er unterstützte den SDS nicht nur finanziell[51], sondern verteidigte die Protestierenden auch engagiert in den Medien. Am 26. Juni 1967 trat er im ARD-Magazin »Report« auf und stand Peter von Zahn Rede und Antwort, der ihn mit den gängigen Vorbehalten gegenüber den protestierenden Studenten konfrontierte.[52] Mitscherlich attestierte den Studenten, die »neue Wirklichkeit« zu durchdenken, und lobte ihren Protest als »vollkommen neuen Vorgang in Deutschland«, als notwendige »Respektlosigkeit« gegenüber einem immer autoritäreren Obrigkeitsstaat, der von der Springer-Presse durch »einseitige Information, Verunglimpfung der politischen Gegner, Einheizung und Vermischung von Boulevard-Presse und Weltanschauung« nur verschärft werde. Dass die Jugend nicht mehr bereit sei, Parolen des Systems zu folgen wie unter Hitler, bezeichnete Mitscherlich als großen Fortschritt. Da seien auch kleinere Zwischenfälle zu verzeihen: »Die Studenten marschieren erst seit einigen Monaten, die deutsche Polizei hingegen marschiert seit vielen Jahren.« Ferner sei den Studenten mancher Unsinn schon deshalb zuzugestehen, da viele deutsche Professoren seit Jahrhunderten

50 Habermas, Protestbewegung, S. 141f.; Fichter/Lönnendonker, SDS, S. 108.
51 Mitscherlich an Bluen, 21.7.1967, AMA I, 570.4.
52 Bayerischer Rundfunk (Heigert) an Mitscherlich, 4.7.1967, sowie diverse Anlagen zu Mitscherlichs Interview, AMA I, 389.110.

Unsinn verkündet hätten. Diese Kollegen warnte Mitscherlich, den studentischen Protest zu unterdrücken und ihre bislang unantastbaren Machtpositionen in den Universitäten zu verteidigen.[53] Seine scharfe Kritik an der Springer-Presse, ihrem »unpolitischen Totalitarismus« und ihrer »gezielte[n] Gefühlsduselei«, führte Mitscherlich auch in der September-Ausgabe der Zeitschrift *Pardon* fort und rief dort gar zum Boykott nicht nur der Springer-Zeitungen selbst, sondern auch der in ihnen beworbenen Waren auf.[54]

Gegen Ende des Jahres 1967 nahm Mitscherlich allerdings erste Anzeichen dafür wahr, dass der Protestbewegung ein ideologisches Moment innewohnte, das gerade nicht in Richtung kritischer Selbsterziehung, sondern im Gegenteil in Richtung einer Heilssuche bei neuen Utopien und deren Verkündern strebte. Im Dezember 1967 schickte ihm ein Freiburger Student einen Artikel, den er in der heimischen Studentenzeitschrift veröffentlicht hatte. Er pries darin die Verbreitung der Psychoanalyse als einzige Möglichkeit der Selbsterkenntnis und des geschichtlichen Fortschritts und bezog sich vor allem auf Wilhelm Reich und Herbert Marcuse, die in seinen Augen die revolutionäre Nutzbarmachung der Psychoanalyse beispielhaft vorexerzierten.[55] Mitscherlich äußerte Bedenken. Ihm sei schleierhaft, warum sich der Autor auf den späten schizophrenen Reich stütze. Man brauche keine »Succession der roten Päpste« neben der »verblassenden römisch-katholischen«, hielt er dem Studenten entgegen. »Ich finde es einen typischen Zug bei steigendem Aggressionspegel, daß die Studenten gar keine Verbündeten unter den Väter-Professoren wollen. Götter, Päpste ja, aber keine companions; keine Älteren, keine Menschen mit Vorerfahrungen, die als Hemmschuh wirken könnten.«[56] Einem Kollegen teilte er bezugnehmend auf den Freiburger Artikel mit: »Ich glaube, wir müssen in der nächsten Zeit viel Geduld mit den jungen Leuten haben und sie nicht zu rasch auf rationale Bahnen zurückzwängen. Die endlich in Deutschland stattfindende Auflehnung gegen die Obrigkeit ist wichtiger als die Tatsache, daß die Argumente oft

---

53 Vgl. die kritischen Reaktionen in der »Welt«, 1.3.1967 und der »Deutschen Volkszeitung«, 1.3.1967.
54 Mitscherlich, Alexander: Die Gefahr am Schopfe fassen. In: Pardon 6 (1967), Nr. 9, S. 16 (GS VI , S. 307-310).
55 Hoevels an Mitscherlich, 29.12.1967, AMA I, 241I.1. Vgl. auch. Hoevels, Fritz Erik: Das Elend der Psychoanalyse. Plädoyer für einen neuen Lehrstuhl. In: Freiburger Studenten Zeitung 17 (1967), Heft 7, Dezember 1967, S. 23-26.
56 Mitscherlich an Hoevels, 11.1.1968, AMA I, 241I.2.

windig sind.«⁵⁷ Noch war seine Freude über die erwachende Kritik der Studenten an den akademischen Größen, an denen er sich selbst so oft und gern stieß, größer als die Skepsis. An Fritz Redlich schrieb er in diesem Sinne: »Es ist eben das interessante zu sehen, daß hier zum ersten Mal seit der Räterepublik eine junge Generation versucht, sich nicht lautlos von den Technokraten einplanen zu lassen. Die deutschen Professoren haben die Hosen gestrichen voll. Die Kläglichkeit dieser Existenzen kannst du dir gar nicht schlimm genug vorstellen.«⁵⁸

Den Aufstand der Jugend gegen die Elterngeneration verstand Mitscherlich dabei auch als Rütteln an den Mustern väterlicher Autorität, die sich nach 1945 erneut breit hatte verankern können. In einem Fernsehinterview erklärte er, man habe sich ja nach 1945 »einen Großvater zu unser aller Vater erwählt«, der aus Weimar stammte: »Wir sind also gleichsam mit einem großen Sprung hinter das Dritte Reich in das Wilhelminische Reich zurückgesprungen, um uns ein Alibi zu schaffen, das wollen heute die Dreißigjährigen nicht mitmachen.« Allerdings liege in dieser Auseinandersetzung möglicherweise auch der Grund für die Unfähigkeit der jungen Generation, »sich in die ältere Generation auch nur noch einfühlen zu wollen«, was doch eine »fatale Ähnlichkeit« mit der Unfähigkeit der Älteren aufweise, sich mit ihren eigenen Schuldproblemen auseinanderzusetzen.⁵⁹

Mitscherlichs Zweifel daran, dass sich die protestierenden Studenten tatsächlich auf dem Weg einer reflektierten Emanzipationsbewegung befanden, wuchsen. Im März 1968 äußerte er gegenüber dem Berliner Religionsphilosophen Jacob Taubes die Beobachtung, »daß ein großer Teil der Studenten stillschweigend aus dem Lager der kritischen Vernunft in die Herden hinüber gewechselt ist, die aus unbewußten Motiven hier, aus Aggressionsbedürfnissen, die denen der Amerikaner identisch sind, gesteuert werden und sich nur noch mühselig mit Rationalisierungen diesen Selbstbetrug verdecken. Es ist irgendwie tragisch – wenn dieses Wort nicht zu hoch gegriffen ist –, daß die Deutschen sich so alle fünfundzwanzig Jahre seit Langemark einen idealisierten Aggressionsausbruch leisten und dafür dann um wehleidiges Verständnis bitten.«⁶⁰

Ende März 1968 nahm Mitscherlich an einer SDS-Delegiertenkonferenz teil, die in Frankfurt stattfand, und verfolgte aufmerksam die Dis-

57 Mitscherlich an Schachtel, 12.1.1968, AMA I, 4655.9.
58 Mitscherlich an Redlich, 12.1.1968, AMA I, 4352.121.
59 Interview mit Alexander und Margarete Mitscherlich in der ARD-Sendung »Titel, Thesen, Temperamente« vom 15.1.1968. Manuskript in AMA X, 73.
60 Mitscherlich an Taubes, 8.3.1968, AMA I, 5445.6.

kussionen, die sich um die Selbstdefinition des SDS zwischen KPD, Parlamentarismus und »direkter Aktion«, um eine Definition der gegenwärtigen Gesellschaftsordnung, um die besondere Rolle Rudi Dutschkes und schließlich um Möglichkeiten konkreter Protestformen und -ziele drehten.[61] Mitscherlichs Notizen zeigen seine Sympathie, aber auch seine wachsende Sorge: »Inkohärente Abfolge von Monologen wie in allen bürgerlichen wissensch. Tagungen«, »falsches Konkurrenzdenken, Agieren von Einzelnen: Welche Stadt macht die beste Revolte? Es wird nicht unter zw. Agitation und politischer Diskussion entschieden«, »Um 19.11 ist völlige Auflös. eingetreten. Disk. Gespräche nur im Café, der Vorstand spricht am Tisch. Der Diskussionsredner spricht nur noch für sich«, »Absinken auf den bloßen Streit. auf Schimpfen«, »Die konkrete Alternative ist so ungeheuer schwer zu fassen«.

Anschließend fasste Mitscherlich die Eindrücke, die er auf der SDS-Konferenz gesammelt hatte, für den *Spiegel* in einem ausführlichen Artikel zusammen.[62] Er hielt seine Bedenken nicht zurück und attestierte der Protestbewegung, sie sei »begabt im Zugriff, aber von geringer Ausdauer«. So seien die Kampagnen gegen Springer und die Notstandsgesetze gleichermaßen gescheitert; lediglich an den Hochschulen habe man etwas erreicht. Die Beziehung der Protestbewegung zu dem von ihnen definierten revolutionären Subjekt, den werktätigen Massen, sei bislang »dünn geblieben«. Auch auf der Frankfurter SDS-Konferenz sei kein durchdachtes Programm zustande gekommen, man wollte »lieber Spannung genießen als geradewegs Probleme lösen«. Trotz dieser dürftigen Bilanz warf sich Mitscherlich noch immer für die Protestierenden in die Bresche. Er lobte ihr wichtigstes Ziel, die »Errichtung einer weniger herrschsüchtigen, weniger autoritären und dirigistischen Gesellschaft«, nahm sie gegen Vorwürfe in Schutz und deutete die Proteste als Ausdruck des Generationenkonflikts. Bei den protestierenden Studenten handele es sich nicht um vaterlandslose, sondern um vaterlose Gesellen: »Die tiefe Kluft rührt daher, daß unsere Gesellschaft sich gar nicht in Veränderung begreifen kann und will. Sie weiß nichts Utopisches mit sich anzufangen. Die Älteren klammern sich an das Stück Existenz, das sie wieder aufgebaut haben nach zwölf Jahren exzessivem Obrigkeitsdienst. Die Angst steckt ihnen in den Knochen.« Die Jugend dagegen litt in Mitscherlichs Augen unter der Kluft zwischen Utopie und Realität, und doch sei das Denken der Alternative ihre historische Aufgabe

---

61 Handschriftliche Notizen Mitscherlichs, AMA VII, 163.
62 Mitscherlich, Alexander: Vaterlose Gesellen. Über den Frankfurter SDS-Kongreß und die Studenten-Rebellion. In: Der Spiegel 22 (1968), Heft 15, S. 81-86 (GS VI, S. 311-320).

— wenn sie auch damit allein sei. »Die Gefahr, Wunschdenken mit Realität zu verwechseln, liegt im Vorfeld der Utopien nahe. Die SDS-Konferenz hat gezeigt, daß im Augenblick weniger Tollkühnheit als fortgesetzte Reflexion über die Erreichbarkeit der Ziele nötig ist.« So mischte sich bei Mitscherlich Zuversicht mit Skepsis, nach außen aber verteidigte er die Protestierenden bei jeder Gelegenheit.[63] Auch noch, nachdem die von Andreas Baader, Gudrun Ensslin und anderen in Frankfurt gelegten Kaufhausbrände die Brutalisierung der Revolte ankündigten[64] und Rudi Dutschke am 10. April 1968 in Berlin bei einem Attentat lebensgefährlich verletzt wurde. Fünf Tage später trat Mitscherlich erneut in »Report« als Verteidiger der Studenten auf[65] und unterzeichnete eine in der gleichen Woche in der *Zeit* erscheinende Erklärung von vierzehn Hochschullehrern gegen den Springer-Konzern.[66]

Sein Eintreten für die Belange der Protestierenden verstärkte sich in den nächsten Wochen noch einmal analog zur Radikalisierung der Revolte. Einen Vortrag in einer nordrhein-westfälischen Polizeiakademie am 26. April 1968 nutzte er dazu, den angehenden Polizisten und ihren Ausbildern die Leviten zu lesen. Den jungen Leuten sei, so erklärte Mitscherlich, in den letzten Jahren auf der Diskussionsbasis nicht das nötige Verständnis entgegengebracht worden. Das beruhe auf der vorherrschenden Haltung, Andersdenkenden keine »angemessene Möglichkeit zur Selbstdarstellung« zu geben.[67] Dies sei eine »widerliche Arroganz«, die sich »gar nicht von der in den totalitären Staaten unterscheidet«. Zwar unterlaufe den Protestierenden eine große Fehleinschätzung bezüglich des revolutionären Potentials in der Bevölkerung, »wo in Wirklichkeit 90% der Bevölkerung in geradezu unhistorischer animalischer Befriedigung dahinleben«, doch hätten die »Unterdrückten [...] durch selb-

---

63 Mitscherlich, Alexander: Der Wandel in der Struktur und im Erscheinungsbild politischer Autorität. Vortrag auf den Hochschulwochen 1968 in Bad Nauheim, 8.3.1968, AMA I, 2310.
64 Siehe zur Geschichte des Terrorismus der 1970er Jahre in der Bundesrepublik und seinen Wurzeln in der Protestbewegung noch immer: Aust, Baader-Meinhof-Komplex; Kraushaar/Wieland, RAF; sowie jetzt: Kraushaar, Terrorismus.
65 Vgl. die lobenden Zuschauerreaktionen: Ehebald an Mitscherlich, 19.4.1968, AMA I, 1315.5; Just-Dahlmann an Mitscherlich, 16.4.1968, AMA I, 2755.1; Rossmüller an Mitscherlich, 20.4.1968, AMA I, 4541.1.
66 Die Zeit, 19.4.1968.
67 Mitscherlich, Alexander: Vom »halbstarken« zum starken Protest. Vortrag in der Polizeiakademie Hiltrup, 26.4.1968. Posthum veröffentlicht in: Psyche 36 (1982), S. 1121-1143 (GS V, S. 510-534), hier S. 1121; die folgenden Zit.: S. 1122, 1123, 1125, 1126, 1129, 1141.

ständige Erkenntnisarbeit plötzlich einen Vorsprung an Selbstbewußtsein der Jugend früherer Generationen gegenüber gewonnen«. Im Anschluss an die »Halbstarken« der 1950er Jahre sei »der Ekel der jungen Generation an der Gesellschaft, in die ihre Eltern sie geleiten wollen, zu einer Ideologiekritik ausgearbeitet worden«. Den Protestierenden gehe es um die Lösung verschiedener »Realprobleme der Menschheit«, nicht um »Hirngespinste einiger auf die schiefe Bahn geratener Bürgersöhnchen«. Weil die ältere Generation im Nationalsozialismus aber »allein schon durch Mitmachen ihr Gesicht für immer verloren hat«, müsse diese erst gestorben sein, bevor man die Demokratie als »geordnetes, nach Spielregeln geordnetes, aber offenes Austragen von Konflikten« auffassen könne; vorerst sei die Demokratie in den Augen der Jungen ein »Scheinmanöver«. Insofern stehe man nicht einem üblichen Generationenkonflikt gegenüber, sondern der Tatsache, »daß die Probleme, die die Väter nicht lösen konnten, nun von der nächsten Generation in Angriff genommen werden müssen«. Mitscherlich machte keinen Hehl daraus, dass er für die Radikalisierung der Auseinandersetzungen vor allem den Staat und seine Polizei verantwortlich machte. Da die meisten Polizisten aus engen, kleinbürgerlichen Familien kämen, gab er an, seien sie schlicht überfordert, wenn sie den Studenten gegenüberstünden. Was von der Polizei idealiter zu erwarten sei, sei aber das höhere Maß an Vernunft«[68] und der Schutz derjenigen, »die in Gefahr sind, zum Opfer des durch die geschickte Propaganda hergestellten Volkszorns zu werden«.

In der gleichen Woche verteidigte Mitscherlich die Studierenden auch in der *Zeit*[69] und machte geltend, dass die Jugend keine andere Wahl habe, als sich mit neuen und ungewöhnlichen Formen zu artikulieren, weil die Formulierung von Protest in der Bundesrepublik keinerlei Tradition habe: »Während wir nichts als Wirtschaftswunder im Kopfe hatten, sind neue Formen des Weltverstehens, neue Ansätze eines politischen und sozialen Selbstverständnisses in der Welt entwickelt worden, von denen die große Zahl unserer Mitbürger keine Ahnung hat.« Die »übernervösen« Politiker zeigten mit dem Schlagstock ihre Rückständigkeit. Insbesondere die Springer-Presse liefere den Sprengstoff für die Radikalisierung: Diese Verdummung der Zeitgenossen sei ein »antidemokrati-

---

68 Ebenda, S. 1136. Mit dieser Einschätzung traf Mitscherlich auf erregten Widerspruch (Holdt an Mitscherlich, 15.5.1968, AMA I, 2436.1); das folgende Zit.: S. 1138.
69 Mitscherlich, Alexander: Die Internationale der Rebellierenden. Sie denken über Dinge nach, die nicht vorgekaut wurden. In: Die Zeit, 26.4.1968 (GS VI, S. 318-321).

sches Erzverbrechen« und »unentschuldbar. Die Plattform, sie beliebig zu wiederholen, muß verbaut werden. [...] Wir müssen alle miteinander denken und beim Denken bleiben. Knüppel aus dem Sack zu spielen, ist jetzt sicherlich schiere Torheit. Denn es ist nicht zu vergessen, daß wieder einmal das Schicksal einer Generation auf dem Spiel steht, nach Jugendbewegung und Langemark, nach Horst-Wessel-Lied und Stalingrad.«

Die Erregungskurve der Protestbewegung erreichte ihren Höhepunkt im Mai 1968 anlässlich der drohenden Verabschiedung der Notstandsgesetze im Bundestag. Die Republik wurde von Demonstrationen geradezu erschüttert. Am 1. Mai fanden sich in Berlin mehr als 30 000 Menschen zusammen, am 11. Mai unternahmen 50 000 Protestierende einen Sternmarsch nach Bonn. Das Beispiel Frankreichs, wo die Protestbewegung gerade einen Generalstreik erreichte und Staatspräsident de Gaulle in die Nähe des Rücktritts brachte, wirkte als zusätzliche Motivation.[70]

Auch Mitscherlich fieberte mit. Für ihn war, wie er auf eine Leserzuschrift antwortete, die Skepsis hinsichtlich des Missbrauchs demokratischer Freiheitsbestände durch die Notstandsgesetze das treibende Motiv. Wenn doch – so hatte der Briefschreiber argumentiert – in der Bundesrepublik genügend demokratisches Bewusstsein vorhanden sei, »sehe ich nicht ein, wieso es sich nicht in der Notsituation bewähren und uns zu der dann sinnvollen Improvisation verhelfen sollte. Jede vorherige Institutionalisierung der Katastrophe kann nur diese befördern und nicht das Gegenteil.«[71] Das historische Beispiel des Januar 1933 war aus Mitscherlichs Sicht die entscheidende Bezugsgröße: »Der Nationalsozialismus und die Art und Weise, wie er an die Macht gekommen ist, stellt doch eine sehr gewichtige Warnung dar. Wenn wir über ein wirkliches demokratisches Bewußtsein verfügen, werden wir in der Lage sein, in echten Notständen unseres Landes der Situation entsprechend zu improvisieren. Wenn wir aber eine Notstandsregelung von vornherein als einen Ordnungsfetisch uns ausdenken, dann können wir ziemlich sicher sein, daß dieser Notstand – so wie ausgedacht – sich auch eines Tages zutragen wird. Psychologisch spricht man von einer Projektion in die Zukunft, englisch heißt das eine self fulfilling prophecy.«[72]

Mitscherlich machte sich die Forderung des SDS und des Kuratoriums »Notstand der Demokratie« nach einem Generalstreik zu eigen, erst recht nachdem die Notstandsgesetze am 15. und 16. Mai im Bundestag mit

---

70 Vgl.: Gilcher-Holtey, Bewegung.
71 Mitscherlich an Friebe, 19.6.1968, AMA I, 1696.2.
72 Mitscherlich an Nück, 19.6.1968, AMA I, 3983.2.

großer Mehrheit in zweiter Lesung verabschiedet worden waren.[73] Die Lage eskalierte: Am 15. Mai besetzten Streikposten die Eingänge der Frankfurter Universität und legten den Lehrbetrieb lahm.[74] Am 27. Mai ließ der Rektor die Universität präventiv für eine Woche schließen, woraufhin eine Gruppe von Studierenden das Rektorat besetzte. Auf einer Kundgebung auf dem Römerberg rief Hans-Jürgen Krahl zum gemeinsamen Streik von Studenten, Schülern und Arbeitern auf. In der in »Karl-Marx-Universität« umbenannten Universität fanden Veranstaltungen einer »Politischen Universität« statt. Auch die Mitarbeiter des Sigmund-Freud-Instituts wurden über Aushänge informiert, dass am 20. Mai ein »go-in des Sigmund-Freud-Instituts bei der IG Metall, 9.30 Uhr« stattfinde[75], um die Gewerkschaften auf den Generalstreik zu verpflichten. Mitscherlich sagte seine Teilnahme an einer Sitzung der Internationalen Psychoanalytischen Vereinigung ab: »Es war einfach demokratische Bürgerpflicht, bis zum letzten Proteste zu organisieren.«[76]

Zum Höhepunkt der Kampagne gegen die Verabschiedung der Notstandsgesetze und zur eindrucksvollsten Versammlung der intellektuellen und akademischen Väter und Mütter der Protestbewegung wurde schließlich eine Kundgebung im großen Sendesaal des Hessischen Rundfunks am 28. Mai 1968. Mitscherlich leitete die Veranstaltung, auf der eine Reihe Hochschullehrer, Künstler und Vertreter des öffentlichen Lebens ihren Protest gegen die Notstandsgesetze artikulierten.[77] Gegen Ende der Veranstaltung allerdings verschafften sich während der Rede Rudolf Augsteins einige SDS-Aktivisten gewaltsam Zutritt zu Bühne und Mikrofon und sprengten die Veranstaltung. Hans-Jürgen Krahl rief dem versammelten kritischen Establishment zu, es habe die APO verraten, obwohl kurz zuvor Hans Magnus Enzensberger klar die offene Rebellion gefordert hatte (»Schaffen wir endlich auch in Deutschland französische Zustände«).

73 Vgl.: Lohmann, Mitscherlich, S. 106 f.
74 Vgl. zu den Vorgängen in Frankfurt im Einzelnen: Fichter/Lönnendonker, SDS, S. 133 ff.
75 So las es zu seiner Verwunderung Mitscherlichs Mitarbeiter Horst Vogel, der sich – offenbar in der Minderheit – gegen die Ankündigung von politischen Aktionen als Institutsangelegenheiten verwahrte (Vogel an Mitscherlich, 18.5.1968, AMA III).
76 Mitscherlich an IPV, 27.5.1968, AMA IIa, 34.
77 Vgl. die Berichterstattung in der Frankfurter Allgemeinen Zeitung vom 29. und 30.5.1968; dort auch die folgenden Zit.

So wurde »der erste umfassende Sammlungsversuch der deutschen Intellektuellen zu einer politischen Frage überhaupt« ausgerechnet von der studentischen Protestbewegung vertan. Ein Antrag, die Versammelten als Gremium zu konstituieren, das fortan zusammentreten solle, wann immer die Demokratie in Gefahr sei, konnte infolge der Sprengung der Veranstaltung durch den SDS nicht mehr diskutiert werden. Mitscherlich brach die Veranstaltung ab, »aus dem Gefühl dafür, daß nach solchem Auftritt kein Gespräch mehr möglich sei«.

Der Bundestag verabschiedete die Notstandsgesetze am 30. Mai 1968 mit 384 gegen 100 Gegenstimmen – die Protestbewegung hatte ihr wichtigstes Ziel nicht erreicht und stand mit leeren Händen da. In Frankfurt wurde die besetzte Universität von mehreren Hundertschaften der Bereitschaftspolizei geräumt.[78] Ein am folgenden Wochenende stattfindender Schüler- und Studentenkongress zum Thema *Politik, Protest, Widerstand*, auf dem Mitscherlich, Wolfgang Abendroth, Jürgen Habermas und Eugen Kogon mit den Teilnehmern diskutieren wollten, fand nur ein geringes Echo. Habermas entschuldigte sich hier für seinen ein Jahr zuvor in Hannover geäußerten Vorwurf des »Linksfaschismus«[79], breitete vor den wenigen Teilnehmern aber auch eine hellsichtige Diagnose der Protestbewegung aus, die sich aus heutiger Sicht wie eine vorweggenommene Bilanz liest.[80]

Habermas zeigte sich gedanklich offen für die Vorstellung einer Gesellschaft, »die eine sozialistische Produktionsweise zur Voraussetzung, aber eine Entbürokratisierung der Herrschaft, nämlich politische Freiheit im materialistischen Sinne zu ihrem Inhalt hat«. Er befürchtete aber, dass sich manch hochfliegende Hoffnung nicht bewahrheiten werde. Weder seien die scheinbar erfolgversprechenden Agitationsformen der protestierenden Jugend auf die Gesellschaft übertragbar, noch werde sich das prinzipielle »Unverständnis für die sinnlose Reproduktion alter Normen und Werte« in politische Bewegung umsetzen lassen, wenn es nicht an einem Thema fixiert werde wie beispielsweise an der drängenden Frage nach Maß und Verteilung des Reichtums in der modernen Industriegesellschaft. Habermas zweifelte auch die stillschweigende Vorannahme der Protestierenden an, der (Spät-)Kapitalismus befinde sich in einer tiefen Krise, und stritt die Existenz einer revolutionären Situation ab. Das Ziel

---

78 Nordmeyer, Frankfurt, S. 30.
79 Frankfurter Allgemeine Zeitung, 4.6.1968.
80 Habermas, Jürgen: Die Scheinrevolution und ihre Kinder. Sechs Thesen über Taktik, Ziele und Situationsanalysen der oppositionellen Jugend. In: Frankfurter Rundschau, 5.6.1968.

der Protestbewegung könne deshalb nur in einer »langfristigen Strategie der massenhaften Aufklärung« bestehen. Dieser Einsicht, die Habermas mit Mitscherlich teilte, versperrten sich große Teile der Protestbewegung. So, wie es für Adorno beschrieben worden ist[81], verspürte auch Mitscherlich im Herbst 1968, als das Wintersemester begann und die Protestbewegung mit den Notstandsgesetzen ihren wichtigsten Bezugspunkt und die Perspektive eines Bündnisses mit den Arbeitern verloren hatte, eine Veränderung des Klimas. Schon im Sommer ahnte er, dass hinter dem zunächst vielversprechenden Protest »Terror sich vorbereitet«[82].

»Papiervater«

Zwar war Mitscherlich dank seines demonstrativen öffentlichen Eintretens für die Protestbewegung länger als andere Hochschullehrer in der Lage, eine Diskussionsbasis mit den Studierenden aufrechzuerhalten – so rettete nur seine Anwesenheit und sein beherztes moderierendes Einschreiten den 26. Deutschen Psychologenkongress in Tübingen im September 1968 vor der Sprengung durch ein »Aktionskomitee kritischer Psychologen«[83] –, doch der Herbst 1968 markierte die Wende. In seinen Memoiren erinnerte Mitscherlich die Sprengung einer Fakultätssitzung durch Studenten mit Knallfröschen und Kanonenschlägen als Umschlagspunkt: Zuvor war »noch keine endgültige Entzweiung zwischen Professoren und Studenten eingetreten, als mit gewaltigem Donnerschlag eine Explosion erfolgte, die theatralisch genug war, um anzuzeigen, daß die Grenze des Tolerablen überschritten war«[84]. Er selbst sah sich jetzt zunehmend zwischen den Stühlen sitzend. Ein Kollege, erinnerte sich Mitscherlich, stürzte auf ihn zu und schrie »mit gellender Stimme, daß dies ›meine‹ Studenten seien, ›meine‹ Produkte also. Die Situation war grotesk«. Insgesamt, so Mitscherlich im Rückblick, »verpufften viele Ansätze aus mangelnder politischer Erfahrung auf dem Weg zu einer tatsächlichen substantiellen Veränderung der Universität. Im Gegenteil, bald kämpfte sich ein ›fachidiotisch‹ verblendetes Gemisch von Miß-

---

81 Müller-Doohm, Adorno, S. 698.
82 Mitscherlich an Kohut, 18.7.1968, AMA I, 3026.40.
83 Vgl. die Berichterstattung in der Süddeutschen Zeitung, 21./22.9.1968.
84 Mitscherlich, Leben, S. 246 f.; dort auch die folgenden Zit. Mitscherlich datiert diese Episode nicht, es liegt jedoch nahe zu vermuten, dass sie sich im Herbst 1968 ereignete.

gunst, Neid und Engherzigkeit auf beiden Seiten – der Professoren wie der Studenten – nach vorn.«

Am 20. September 1968 feierte Alexander Mitscherlich seinen 60. Geburtstag. Er befand sich auf dem Höhepunkt seiner öffentlichen Wirkungsmacht. In der *Stuttgarter Zeitung* führte sein Mitarbeiter Lutz Rosenkötter dies darauf zurück, dass bei Mitscherlich »in einer Schärfe der Konturen, die sonst selten ist, Leben und Werk übereinstimmen und einen Kontrapunkt zum traditionell gepflegten deutschen Geistesleben bilden. [...] Deshalb findet studentische Rebellion in ihm einen verständnisvollen Interpreten; selbst wenn sie über ihr Ziel hinausschießt und zur Attitüde wird, gelingt ihm etwas, was dem kritischen Intellektuellen sonst keineswegs leicht wird, nämlich ›to suffer fools gladly‹.«[85] Auch die *Süddeutsche Zeitung* übermittelte öffentlich ihren »Glückwunsch für einen Störenfried«[86].

Weniger erfreut als über die Würdigungen seiner Person in den Medien konnte Mitscherlich über die Geburtstagspräsente aus seinem eigenen Haus sein. Peter Brückner hatte mit anderen Mitarbeitern Mitscherlichs eine Festschrift erstellt, die sich als »Kritik psychoanalytischer Gedanken von links«[87] verstand. Freundlich, aber bestimmt, wollten die Autoren ihren Lehrmeister in historischer Situation beim Wort nehmen: »Alexander Mitscherlich, im September dieses Jahres 60 Jahre alt geworden, hat zu vieler Leute Ärger demonstriert, wie Individuen, Gruppen und Kollektive nachdenkend über sich ins reine kommen können: einzig dadurch, daß sie sich die Geschichte ihres gegenwärtigen Zustands vorbehaltlos aneignen. Er ließ dabei nie einen Zweifel daran, daß Nachdenken ein Vorgang mit Konsequenzen ist, vor allem sein eigenes. Nicht jede Konsequenz allerdings hat er, soweit wir sehen, schon gezogen.«

Es sei die Aufgabe der Psychoanalyse, glaubten die Autoren, »die spätkapitalistische Gesellschaft [...] strukturell, also ökonomisch wie politisch, zu verändern«. Mitscherlich selbst habe »das politische Mandat der Psychoanalyse zu einer der großen Achsen gemacht, um die sich die Auseinandersetzung mit ihm nun dreht«. Schon im Frühjahr hätten Studenten die Losung geprägt: »Mitscherlich ist ein Papiervater.« Darin drücke sich das Bewusstsein darüber aus, dass es nicht mehr ausreichend sei, »zu lernen, das Defizit zwischen Hoffnung, Chance und Verwirklichung als

---

85 Stuttgarter Zeitung, 20.9.1968.
86 Süddeutsche Zeitung, 20.9.1968.
87 Brückner u. a., Psychoanalyse, S. 8; die folgenden Zit.: S. 7, 8, 11, 14, 16, 18 f., 25 f., 29.

Stachel der Lebensbewegung zu ertragen und die eigene Lage besonnener zu kontrollieren; gerade dies rät Alexander Mitscherlich.« Die nötigen Konsequenzen sah das Autorenkollektiv klar: »Was wir brauchen, ist Ungehorsam. Daraufhin muß erzogen werden. Alexander Mitscherlich sieht zu genau, was sich als ›sozialer Frieden‹, als bürgerliche Ordnung des Spätkapitalismus bloß tarnt«. Denn gerade er habe, »während sich in der Rekonstruktionsperiode des Spätkapitalismus nach 1948 die bürgerliche Moral wiederherstellte, die ihren eigenen Zusammenhang mit dem deutschen Faschismus dreist unterschlägt«, versucht, »uns das Gewissen dafür zu schärfen, daß Pflicht und Gehorsam falsche Leitwerte sind«. So habe Mitscherlich »das Recht auf Ungehorsam aus der psychoanalytischen Sozialpsychologie heraus entwickelt«, glaube aber fälschlicherweise noch immer daran, »daß die Stimme kritischer Intelligenz die Kommandozentralen der Sozietät erreicht«. Das aber, meinen die Autoren, bliebe »ein schöner, ein papierner Traum«, solange die äußeren Machtverhältnisse nicht verändert würden.

Hier trennten sich die Überzeugungen von Mitscherlich und seinen Schülern. Während Mitscherlich für die Ich-Autonomie des Individuums gegenüber der Gesellschaft eintrat, erschien den Jüngeren sein Plädoyer zur kritischen Selbsterkenntnis als Zögerlichkeit: »Gewiß läßt Alexander Mitscherlich nicht davon ab, Menschen aufzurufen, die ›Verhältnisse‹ und vorzüglich sich selbst zur Rationalität, zur Einfühlung hin zu verändern, aber mit halber Lautstärke.«[88] Es sei eben nicht die »Maschinenkultur« der modernen Arbeit, die den Menschen abstumpfe, sondern »die Träger der Gewalt des Kapitals und seiner Knechte«. Wilhelm Reich, dessen die Studentenbewegung beflügelnde Spätschriften Mitscherlich als Ausflüsse von Schizophrenie ablehnte, sahen die jüngeren Mitarbeiter als Gewährsmann für ihre Vorstellung von einer politisch handelnden Psychoanalyse. Wenig tröstlich konnte es da sein, wenn ihm seine Schüler abschließend ihre Sympathie zusicherten – nicht ohne das Lob mit dem leisen Vorwurf der Rückständigkeit zu versetzen:

»Alexander Mitscherlich ist es nach langer Isolierung gelungen, in Frankfurt ein Ordinariat zu erlangen; und bei seiner Lehr- und Forschungspraxis, die Psychoanalyse auf politische Probleme anwendet, ist dies bestimmt ein Gewinn für Psychoanalyse, Politik und Studenten, die provokativ, wie es heißt, während der Frankfurter Universitätsbesetzung (nicht zu verwechseln mit der anschließenden Besetzung durch die Polizei) im Rektorat den Geschlechtsverkehr betrieben, allerdings zum nicht

88 Ebenda, S. 32 f.; die folgenden Zit.: S. 41, 91.

geringen Zorne des Ordinarius Alexander Mitscherlich. Offen bleibt die Frage: wer war wem voraus, die provokativ vögelnden revolutionären Studenten dem zornig zur Zurückhaltung mahnenden Ordinarius, oder eher umgekehrt? Eines kann sich Alexander Mitscherlich ganz gewiß trotz divergierender politischer Praxis sicher sein: der ungeteilten Sympathie seiner Schüler und Studenten.«

Die neue Frontstellung zwischen der Protestbewegung und ihren akademischen Fürsprechern, die sich hier artikulierte, traf auch das benachbarte Institut für Sozialforschung. Jürgen Habermas musste sich vorhalten lassen, sich mit seinem Beitrag vom Juni 1968 im Sinne eines falsch verstandenen Idealismus von den konkreten Zielen der Protestbewegung abgewandt zu haben. Deren aktivste Vertreter waren inzwischen auch nicht mehr bereit, die Autonomie der Wissenschaft zu respektieren. Forschung und Lehre sollte nun explizit in den Dienst der Revolution gestellt werden. Die Losungen, unter denen jetzt im Umfeld des Soziologischen Seminars immer öfter Streikforderungen erklangen, lauteten »Leistet praktischen Widerstand gegen den autoritären Staat durch Selbstorganisation der Wissenschaft« und »Ausrichtung der Wissenschaft an den strategischen Erfordernissen der Protestbewegung«[89].

Im Frühjahr 1969 spitzte sich die Auseinandersetzung zwischen Universitätsleitung und Studierenden auf mehreren Ebenen zu. Auf universitärer Ebene ging es um eine neue Satzung der Universität, die nach einem 1966 erlassenen neuen Hochschulgesetz von jeder hessischen Universität zu erstellen war.[90] Innerhalb der Soziologie stritten Studierende für eine Demokratisierung der Studienbedingungen und der Studienordnung, die einhergingen mit Forderungen nach Lockerung der Prüfungsbestimmungen, Mitbestimmung in der Lehre und Verbesserung der Studienbedingungen.[91] Da die Hochschullehrer zwar eine Reform der Studienordnung befürworteten, aber keiner Lösung zustimmen wollten, die eine Beschlussfassung gegen eine Mehrheit der Dozenten ermöglichte, beschloss eine studentische Vollversammlung den Streik am Soziologischen Seminar und die eigenständige Ausarbeitung einer Studienordnung durch studentische Arbeitsgruppen. Das Soziologische Seminar wurde besetzt und in »Spartakusseminar« umbenannt, an der Außenwand des Instituts für Sozialforschung war jetzt zu lesen: »Bürgerliche

---

89 Fichter/Lönnendonker, SDS, S. 138f.
90 Vgl. den ausführlichen Bericht in: Die Zeit, 2.2.1968.
91 Fachschaft Soziologie der Universität Frankfurt: Zur Reform des Soziologie-Studiums, 7.2.1968, AMA IIa, 28.

Kritik am proletarischen Kampf ist eine logische Unmöglichkeit (Horkheimer)«[92].

Nach mehr als einer Woche fruchtloser Verhandlungen ließen Adorno, Habermas, Mitscherlich und von Friedeburg das Gebäude von der Polizei räumen, einige Studenten, unter ihnen Hans-Jürgen Krahl, wurden festgenommen.[93] Mitscherlich war verzweifelt über die Entwicklung. Seiner Lehranalytikerin Paula Heimann berichtete er nach London: »Hier geht momentan an der Universität alles drunter und drüber mit der Studentenunruhe, die immer radikalere und brutalere Formen annimmt. Die Menschheit ist grauenvoll. Ein Blutbad wie das des zweiten Weltkrieges genügt höchstens für die Dauer von zehn Jahren. Dann hebt eine neue Suche nach Opfern an.«[94]

Im Januar 1969 wurde auch Mitscherlichs Vorlesung zum ersten Mal in nennenswertem Ausmaß gestört, allerdings durfte er sich – rückblickend betrachtet – durch die Art und Weise der Störung durchaus geehrt fühlen. Der Störer, der sich seines Pultes in der Aula bemächtigte, war nämlich der Adorno-Student Hans Imhoff, der seit einiger Zeit eine ganz eigene Form der Aktionskunst entwickelt hatte, die Jargon und Aktionsformen der Protestbewegung karikierte und die er vorzugsweise dort aufführte, »wo der progressive Zeitgeist sich selbst feierte«[95]. Berühmt wurde Imhoff mit einem Auftritt bei einer Veranstaltung des Suhrkamp-Verlags, zu der er sich in Frauenkleidern Zutritt verschafft hatte, um das versammelte linksliberale Establishment mit Einwürfen und Absurditäten halb zu erheitern, halb zu quälen. In der Folge erreichte Imhoff solche Prominenz, dass selbst seine Ankündigung, die Verleihung des Büchner-Preises 1968 nicht zu stören, eine Pressemeldung wert war.

Im Sommersemester 1968 hatte Imhoff in einer Seminarsitzung Adornos verkündet, er habe sich selbst den Lehrstuhl für Asozialistik verliehen, den er im Wintersemester übernehmen werde.[96] Im November 1968 trat er daraufhin bei der Vorlesung Jürgen Habermas' in Erscheinung, unterbrach diesen (»Heute fange ich ganz sokratisch an: Wen beschwörst Du da eigentlich, o Wunderlicher?«[97]) und gab an, seine Antrittsvorlesung halten zu wollen. Habermas brach die Vorlesung ab. Auch Mit-

---
92 Frankfurter Rundschau, 9.12.1968; vgl. auch: Müller-Doohm, Adorno, S. 704f.
93 Fichter/Lönnendonker, SDS, S. 140; Jäger, Adorno, S. 281 ff.
94 Mitscherlich an Heimann, 16.12.1968, AMA I, 2221.28.
95 Brückner u. a., Psychoanalyse, S. 289.
96 Brock, Bazon: Kultur im Anbau von Göttern. Zur Selbstkrönung des Dichters Hans Imhoff. In: Frankfurter Rundschau, 15.6.1991.
97 Zit. nach: Jäger, Lorenz: Komödie der Weisheit. 1968 als Kunst. Hans Imhoff, ein deutscher Aristophanes. In: Frankfurter Allgemeine Zeitung, 30.5.1998.

scherlich war zwei Monate später nur mäßig amüsiert darüber, dass Imhoff sein Podium okkupierte und aus seinem Skript über den Aggressionstrieb vortrug. Dieser hatte erneut sein Ziel erreicht, die Lacher auf seine Seite zu bringen und die einstmals verbündeten Ordinarien in eine Konfrontation zu zwingen.[98]

Ohnehin litt Mitscherlichs Vorlesung zunehmend unter dem Anspruch der Hörer, den Vortrag durch freie Diskussionen zu ersetzen. Je mehr er dem Bedürfnis nachkam – er hatte ohnehin seit 1967 einen großen Teil der Vorlesungszeit für Diskussionen freigehalten –, verschärften sich die Forderungen. Mitscherlich war in erster Linie bestrebt, so antwortete er einer Hörerin, die den stetigen Verlust konzentrierter Arbeit beklagte, die Kommunikation zwischen Studenten und Professoren, wo sie überhaupt noch existiere, nicht abreißen zu lassen. Die Gefahr habe einige Male bestanden. Die Imhoff-Stunde habe bewiesen, dass die Studierenden zwischen Macht- und Sachautorität nicht unterscheiden könnten. Sie habe, so hoffte Mitscherlich, auch den Studierenden gezeigt,»wohin ihre Haltung führt: sie können nicht mehr unterscheiden, ob Herr Imhoff oder einer, der Sachwissen vermitteln will, in unserer Veranstaltung eher am Mikrophon am Platz ist«[99].

Für das Sommersemester 1969 ließ sich Mitscherlich krankheitshalber beurlauben[100], just dieses Semester sollte das letzte Semester seines Freundes Theodor W. Adorno sein, dessen Veranstaltung im Winter den Studentenprotesten zum Opfer gefallen war. Adorno hatte sich die Kritik der Studenten in ganz besonderer Weise zugezogen, als er im Winter das besetzte Institut hatte räumen lassen – und damit aus Sicht der Studenten genau jenes autoritäre Verhalten an den Tag legte, das er als integralen Bestandteil der das Individuum total verwaltenden Gesellschaft analysiert hatte. Die enttäuschten Hoffnungen im Verhältnis zwischen Adorno und seinen Studenten waren beidseitig tief und schmerzhaft.[101]

Als er seine Vorlesung im Sommersemester 1969 begann, sah sich Adorno zunächst von SDS-Vertretern in aggressiver Weise nach seinem Verhalten in Zusammenhang mit der Institutsbesetzung im Winter befragt und gleich darauf von drei Studentinnen umringt, die sich ihm mit entblößten Brüsten näherten und Blumenblätter über ihm ausstreuten. Adorno reagierte erschreckt und floh beschämt aus dem Saal. Als er im

---

98 Imhoff dokumentierte jede seiner Aktionen – in Mitscherlichs Fall ließ er sein Manuskript noch von Mitarbeitern des Sigmund-Freud-Instituts kommentieren: Imhoff, Mitscherlich-Aktion.
99 Mitscherlich an Engel, 3.2.1969, AMA I, 1373.2.
100 Kutter, Stachel, S. 467.
101 Jäger, Adorno, S. 279.

Juni seine Vorlesung wiederaufnahm, trat Hans Imhoff auf den Plan und hob an, jetzt auch die Vorlesung seines eigenen potentiellen Doktorvaters zu stören, woraufhin Adorno seine Vorlesung absagte.[102]

Am 6. August 1969 starb Theodor W. Adorno an seinem Urlaubsort in der Schweiz an einem Herzinfarkt. Mitscherlich war erschüttert. An Gretel Adorno schrieb er, ihm bleibe die »liebevolle Heiterkeit« Adornos »unvergeßlich«. »Zu der Strenge der Abstraktion und der hohen Verschlüsselungskunst seines Stils schien mir das eine bemerkenswerte Spannung zu bilden. Kurz, liebste Gretel, wir haben Teddy lieb gehabt, so einfach und selbstverständlich, wie das nur selten gelingt.«[103] Auch an Heinz Kohut schrieb Mitscherlich, wie sehr ihn Adornos plötzlicher Tod getroffen habe: »Er hat da eine Herzlichkeit entwickeln können, die eine kindlich-liebenswerte innere Erlebnislandschaft verraten hat, von der man in seinen hochstilisierten Büchern nichts zu spüren bekam.«[104]

Mit seinem krankheitsbedingten Urlaubssemester im Sommer 1969 und dem Tod Adornos deutete sich für Mitscherlich das Ende eines Lebensabschnitts an. Immer häufiger hatte er von nun an mit gesundheitlichen Beschwerden zu kämpfen, die Spannungen in der Universität und im Sigmund-Freud-Institut wuchsen. 1971 wechselte sein Kollege und Freund Jürgen Habermas aus Frankfurt nach Starnberg, wo er die Leitung des »Max-Planck-Instituts zur Erforschung der Lebensbedingungen der wissenschaftlich-technischen Welt« übernahm. Wesentliche Teile der spezifischen Frankfurter Gelehrtenkultur der 1960er Jahre, in denen sich Mitscherlich bewegt hatte, zerfielen. Die studentische Revolte, an die Mitscherlich so viele Hoffnungen geknüpft hatte, war gescheitert. Die Verleihung des Friedenspreises des Deutschen Buchhandels im Herbst 1969 war einerseits der Höhepunkt, aber auch ein früher Schlusspunkt des Wirkens von Alexander Mitscherlich.

Noch einmal machte er den Versuch, die Protestbewegung im Angesicht ihres Zerfalls psychoanalytisch zu deuten. Er setzte durch, dass das Thema *Protest und Revolution* auf die Tagesordnung des 26. Internationalen Psychoanalytischen Kongresses in Rom im Juli 1969 gesetzt wurde. Paul Parin erinnert sich, dass ihm dies nur »gegen das heftige Widerstreben der meisten Mitglieder der 18-köpfigen Versammlung« gelang: »Wie sehr dies gegen die innere Dynamik der damaligen Psychoanalyse verstieß, kann jeder ermessen, der sich an die Inkohärenz und Inkompetenz vieler Beiträge zu dieser aufgezwungenen Diskussion erinnert.«[105]

---

102 Müller-Doohm, Adorno, S. 722 ff.
103 Mitscherlich an Gretel Adorno, 6.8.1969, AMA III.
104 Mitscherlich an Kohut, 7.8.1969, AMA I, 3026.53.
105 Parin, Psychoanalytiker, S. 36.

Mitscherlich definierte die Protestbewegung in seinem einleitenden Beitrag als Ausdruck einer Spannung zwischen dem gesellschaftlichen Erwartungsdruck nach Anpassung der Jugend an die herrschenden Verhältnisse und der Weigerung der jungen Generation, dieser Erwartungshaltung zu entsprechen. Deren Zweifel an der Berechtigung der Werte und Normen der Elterngeneration musste Mitscherlich in der Tradition seiner eigenen sozialpsychologischen Arbeiten durchaus ernst nehmen: »Ist es eine Sensibilität für das ›falsche Bewußtsein‹ der manipulierten Massen, welche den Widerstand auslöst?«[106] Offenbar, so Mitscherlich, habe sich in der Gesellschaft etwas verändert, das die »Aversion gegen ein Mitspielen in der Konkurrenzgesellschaft stärker als ihre Anziehungskraft gemacht hat«. Tatsächlich ließen sich Anhaltspunkte für diese Veränderung benennen: »Der fortschreitende Prozeß der Macht- und Produktionskonzentration, die zunehmende Abhängigkeit des einzelnen in den anonymisierten Organisationen, ein immer umfassender Anspruch auf Konformisierung von der Privatsphäre bis zum politischen Rollenspiel.«

Allerdings, so formulierte Mitscherlich in Abgrenzung zu Adorno, könnten »die relativ einfach objektivierbaren Veränderungen auf der Ebene der Produktions- und der Machtverhältnisse nur *ein* Aspekt eines Vorganges sein, der gewiß weit verzweigt in seinen Zuflüssen ist«. Ein Erklärungsmoment fand er in der Altersphase der Rebellen, einen anderen Erklärungsweg suchte er über das Denkmodell der vaterlosen Gesellschaft zu finden: Hellsichtig vermutete er, es sei »ziemlich wahrscheinlich«, dass der »Kampf gegen die geschwächte Autorität« unbewusst motiviert sei »aus der Sehnsucht nach einer stärkeren Autorität«. Freilich trieb er diese Überlegung nicht so weit, zu vermuten, dass es auch die *fehlende* Sicherheit und Autorität einer abwesenden oder moralisch desavouierten Vätergeneration sein könnte, die die Söhne und Töchter in den verbissenen Generationenkonflikt trieb. Stattdessen nahm er an, dass es den Protestierenden um den Kampf als solchen gehe. Dies werde dadurch verstärkt, dass sich in als revolutionär erlebten Situationen bei den Unterdrückten ein neues »Kollektivbewußtsein« ausbilde, »oft zum ersten Mal das Erlebnis einer bejahten, also mit dem Ich-Ideal sich berührenden Identität«.

106 Mitscherlich, Alexander: Introduction to panel on protest and revolution. Vortrag auf dem 26. Internationalen Psychoanalytischen Kongreß in Rom, 28.7.1969. Veröffentlicht in: The International Journal of Psycho-Analysis, 50, p. 103-108; In deutscher Fassung unter dem Titel »Protest und Revolution« in: Psyche 24 (1970), S. 510-520, sowie in: Krovoza, Arbeitsfeld, S. 237-247, hier S. 237; die folgenden Zit.: S. 240, 245.

15. Abschiede

Nachhutgefechte

Waren die 1950er Jahre für Alexander Mitscherlich ein Jahrzehnt des Kampfes um seinen wissenschaftlichen Ort und seine akademische Position, dagegen die 1960er Jahre ein Jahrzehnt der Politisierung und des Hineinwachsens in eine singuläre Position des psychologischen Zeitkritikers, so waren die 1970er Jahre ein Jahrzehnt der großen Popularität und publizistischer Erfolge einerseits, aber andererseits auch ein Jahrzehnt der erlahmenden Schaffenskraft, der Krankheit, des frühzeitigen und oft bitteren Abschiednehmens – der Enttäuschungen. Am Anfang des Jahrzehnts, nach der Entgegennahme des Friedenspreises des Deutschen Buchhandels, schien Mitscherlich vor Tatendrang und Optimismus zu bersten. Die angemessene Art des Umgangs mit der Popularität schien ihm die Koketterie. Mehr als einmal klagte er halb scherzhaft über die unzähligen Anfragen und Solidaritätsbekundungen, die »nach Sorten geordnet in Waschkörben bei mir im Arbeitszimmer« liegen. »Ruhm oder Publizität, oder wie man es nennen mag, ist schon eine verdammte Angelegenheit.«[1]

Doch das Projekt, in dem Zeitgeschehen und persönliches Wirken in eins zu fallen schienen, die Protestbewegung der jungen Generation gegen den Immobilismus der restaurativen Bundesrepublik der Adenauer-Ära, gegen zweifelhafte Autoritäten und Illiberalität, war unübersehbar in Auflösung begriffen, seine langfristigen Folgen waren kaum absehbar. Für Alexander Mitscherlich war die Protestbewegung an der Unfähigkeit ihrer Protagonisten gescheitert, kritische Ich-Leistungen gegen die »herrschenden Verhältnisse« zu mobilisieren. Das zu diesem Zweck zunächst unabdingbare Rütteln an den Autoritäten hatte nicht zu einer reflektierteren Gesellschaft geführt, die mit der ihr doppelt aufgegebenen Bedrohung durch eigene unbewusste Triebe und Affekte einerseits und durch die Logik der gesellschaftlichen Strukturen andererseits umzugehen lernt. Im Gegenteil: Aus Mitscherlichs Sicht hatte sich die Protestbewegung ihrerseits irrationalen Ideologien und Heilslehren hingegeben, sich in Konflikten ausagiert und schließlich den Weg in die Gewalt gefunden.

---

[1] Mitscherlich an Neue Heimat Bayern (Geigenberger), 1.12.1969, AMA I, 3894.7.

NACHHUTGEFECHTE

Gleichwohl blieb Mitscherlichs grundsätzliche Sympathie für die Sache der Protestbewegung erhalten und wandelte sich nicht, wie bei so vielen ihrer ursprünglichen Sympathisanten, in Bitterkeit – zumindest nicht nach außen. Dies erwies sich in einer Art publizistischem Nachhutgefecht, als 1970 eine Reihe namhafter Hochschullehrer zum Gegenangriff gegen die Studentenbewegung schritt und in Bad Godesberg den »Bund Freiheit der Wissenschaft« gründete, den man als Gremium verstand, das die Freiheit der Wissenschaft gegen personelle und ideologische Unterwanderung aus den Reihen der Linken verteidigen sollte.[2] Im Gründungsaufruf des Bundes hieß es: »Wenn Professoren diffamiert und ausgesperrt, wenn Assistenten von aufgeregten Kollektiven boykottiert, wenn Studenten gegen ihren Willen indoktriniert werden, so werden wir Anklage erheben und nach besten Kräften Hilfe leisten. Wenn Ausschreibungen auf eine vorher bestimmte Person hin vorgenommen, wenn Habilitationen um politischer Verdienste willen vollzogen, wenn Stellen als Belohnungen für Aktivitäten in der ›Selbstverwaltung‹ vergeben werden, wenn Ministerien bereit sind, neugeschaffene Professuren ohne Ausschreibung und ohne Hinblick auf wissenschaftliche Qualifikation nach Gutdünken oder unter Pressionen zu besetzen, werden wir nicht schweigen.«[3] Mehr als 1500 Teilnehmer hatten sich in Bonn versammelt und spendeten den Rednern Applaus, die wie Hermann Lübbe »Rechts- und Freiheitsverletzungen« in den Universitäten anprangerten[4], die in den letzten Jahren zunehmend von Leistungsverfall und politischer Demagogie befallen seien.[5]

Die wichtigsten Protagonisten des Bundes waren der Bielefelder Sozialphilosoph Hermann Lübbe, der ehemalige Rektor der Universität Frankfurt Walter Rüegg sowie der Münchner Politikwissenschaftler Hans Maier. Unter den Vorstandsmitgliedern waren der Soziologe und Schüler René Königs Erwin K. Scheuch, der Soziologe Friedrich H. Tenbruck und der Berliner Politikwissenschaftler Richard Löwenthal.

Mitscherlich erregte sich zutiefst über diese Gründung und polemisierte in der Zeit[6] gegen die »Retterpose«, die der Bund einnehme, ohne konkrete Beispiele für die beklagte Einschränkung der wissenschaftlichen Freiheit zu benennen. Zwar komme es ohne Zweifel zu »quälerischen

---

2 Maier/Zöller, Gründungskongreß.
3 Gründungsaufruf des Bundes Freiheit der Wissenschaft, 1970 (AMA VII, 158).
4 Frankfurter Allgemeine Zeitung, 20.11.1970;
5 Tagesspiegel, 20.11.1970; Die Zeit, 27.11.1970.
6 Mitscherlich, Alexander: Vor bösen Buben bangen. In: Die Zeit, 11.12.1970 (GS VI, S. 326-328).

Übergriffen gegen Professoren – meist noch gegen die falschen«, doch zeuge der Gründungsaufruf von irrationaler Angst gegenüber den Studenten und sei eine »plötzlich beflissene[n] Demutsgebärde« vor dem Staat, den man um Hilfe anrufe.
Am 11. Januar 1971 trafen Mitscherlich und Richard Löwenthal in einer Fernsehdiskussion aufeinander.[7] Mitscherlich machte dabei die neue Erfahrung, dass sein Auftritt kein gutes Bild abgab. Ein Zuschauer sprach für viele, der anmerkte: »Ich fürchte, Sie haben dem Bund einige Mitglieder zugetrieben. Wo Zuhören am Platze gewesen wäre, haben Sie unterbrochen. Wo eine das Problem offenlegende Frage nahelag, haben Sie angegriffen und zumindest Diskutables ›Stuß‹ genannt. Sie werden mir zugeben, daß Sie so nicht mit Studenten sprächen; warum aber mit einem Kollegen, der weder ein ›Schuldiger‹ ist noch der Standfesteste?«[8] Andere Zuschauer warfen Mitscherlich vor, er habe sich als Wissenschaftler disqualifiziert: »Was treibt Sie dazu, sich politisch so zu engagieren, daß Sie als Wissenschaftler und als Mensch fragwürdig werden? Merken Sie nicht, daß man Sie nur als ›Aushängeschild‹ mißbraucht?«[9] Die *Frankfurter Allgemeine Zeitung* resümierte kurz: »Der Berliner Politikprofessor zeigte sich an Klarheit, Einfachheit und Schärfe der Begriffe dem Frankfurter Psychoanalytiker überlegen.«[10]

Richard Löwenthal entgegnete Mitscherlich in der *Zeit*[11], dieser wiederum antwortete zwei Wochen später an gleicher Stelle und bezeichnete den Bund Freiheit der Wissenschaft als »Bund gegen studentische Untaten«[12]. Mitscherlichs wichtigstes Argument: Die Hochschullehrer, die sich von den Ausläufern der Revolte von 1968 in ihrer Freiheit bedroht sähen, hätten eine kritische Überprüfung ihrer eigenen Verantwortung für die eingetretene Entfremdung zwischen Lehrenden und Studierenden versäumt. Die Kritiker ignorierten die Ursachen der studentischen Kritik, die Revoltierenden seien für sie »einfach da […], wie die Hexen für die Inquisitionsrichter da waren.« Die Folge sei, so Mitscherlich, eine tiefgehende Enttäuschung der jungen Menschen über ihre professoralen

---

7 Die Freiheit, die sie meinen. Diskussion mit Alexander Mitscherlich und Richard Löwenthal im ZDF, 11.1.1971.
8 Duderstadt an Mitscherlich, 12.1.1971, AMA I, 1256.1.
9 Irmer an Löwenthal und Mitscherlich, 12.1.1971, AMA I, 2610.1.
10 Frankfurter Allgemeine Zeitung, 13.1.1971.
11 Löwenthal, Richard: Farbenblind gegen rote Intoleranz? In: Die Zeit, 8.1.1971.
12 Mitscherlich, Alexander: Bund gegen studentische Untaten. Es geht immer wieder um das Verhältnis zwischen Lehrenden und Lernenden, zwischen Prüfern und Geprüften. In: Die Zeit, 22.1.1971 (GS VI, S. 329-335).

Vorbilder, die mit Flucht zu fernen und utopischen Vorbildern und Heilslehren quittiert werde, auf die wiederum die Professoren mit unbewusstem Neid reagierten.

Die Debatte führte zu nichts, das öffentliche Echo war geteilt, und Mitscherlich gestand zu, dass der Fernsehauftritt missglückt war (»Man verpatzt eben manchmal Chancen«[13]). Doch die Erfahrung, dass, anders als noch wenige Jahre zuvor, polemische Diskussionen, scharfe Angriffe und symbolische rhetorische Grenzziehungen zur vermeintlich reaktionären Fraktion sich in öffentlichen Debatten nicht mehr unweigerlich auszahlten, wiederholte sich. 1975 lud eine »Arbeitsgemeinschaft Sozialpädagogik und Gesellschaftsbildung« Mitscherlich als Diskussionspartner von Herbert Marcuse und CDU-Generalsekretär Kurt Biedenkopf nach Düsseldorf zum Thema *Die Welt verändern, aber wie? Philosophie und Praxis*. Der Westdeutsche Rundfunk strahlte diese Diskussion am 19.11.1976 in seinem dritten Fernsehprogramm aus.[14] Wenige Jahre zuvor wäre diese Diskussion zweifellos noch als Gipfeltreffen zwischen Marcuse und Mitscherlich wahrgenommen worden, jetzt blieb Mitscherlich Randfigur.

»Herbert Marcuse lockte viele an«, titelte die *Frankfurter Rundschau*, und im überfüllten und sommerlich heißen Schumann-Saal »hing ein Hauch von Sensation«[15] in der Luft. Die Szene war bereit für eine Auseinandersetzung zwischen Marcuse, dem Verkünder der »neuen Gesellschaft«, die nach Überwindung des kapitalistischen Systems ein »menschenwürdiges Leben für alle« verhieß, und Mitscherlich, der die psychoanalytisch begründete These der Evolution zum kritischen Bewusstsein vertrat. Herbert Marcuse erfüllte alle Erwartungen und beharrte auf der Möglichkeit der Realisierung einer angst- und repressionsfreien Gesellschaft schon in naher Zukunft. Die Pressevertreter hielten fest: »Marcuse entrollt sofort das verblichene Banner der Studentenrevolte seligen Angedenkens, er hat seit den sechziger Jahren nichts dazugelernt und er ist stolz darauf.«[16]

Doch es blieb nicht Mitscherlich, sondern Kurt Biedenkopf vorbehalten, die Utopien Marcuses einer kritischen Überprüfung an der Realität zu unterziehen. Dass an Biedenkopfs »äußerst praktischen Fragen die

13 Mitscherlich an Duderstadt, 18.1.1971, AMA I, 1256.2.
14 Die Welt verändern, aber wie? Philosophie und Praxis. Diskussion auf dem Düsseldorfer Bildungsforum mit Kurt Biedenkopf, Herbert Marcuse und Alexander Mitscherlich, 3.9.1976.
15 Frankfurter Rundschau, 2.9.1976.
16 Rheinischer Merkur, 10.9.1976.

ideologischen Steinbeile [Marcuses] zersprangen« und Marcuses »Pulver nicht mehr zündete«[17], war unter den Pressebeobachtern unumstritten. Mit Wohlbehagen erkannte der Berichterstatter der *Welt*: »Es genügt heute nicht mehr, irgendwelche utopiegesättigten Krawallthesen in die Welt zu setzen. Das Publikum will genauere Auskunft, es fragt nach dem Wohin und Wozu und wie hoch die Kosten sind.«[18] Auch die *Zeit* machte geltend, dass die bloße Imagination einer besseren Zukunft nicht mehr ausreiche, um das Publikum zu begeistern.[19]

Mitscherlichs Beitrag zu der Diskussion beschränkte sich im Wesentlichen auf den Hinweis, Marcuse mache es sich zu leicht, alle Übel auf die realen Verhältnisse zu schieben und dem utopischen Sozialismus gegenüberzustellen. Der Mensch sei nicht nur durch Verhältnisse, sondern durch innere Anlagen determiniert, zum Beispiel durch Trägheit und Streitsucht. Sei ein Problem gelöst, so schaffe sich die Menschheit unweigerlich neue. Er bezeichnete es als seine »Lebenserfahrung«, dass die menschliche Existenz einem »unendlichen Leiden« gleiche, allenfalls hier und da könne man lindernd eingreifen. Diese Mittelposition zwischen Marcuses Sozialutopie und Biedenkopfs freundlichem Pragmatismus wurde allerdings weder von den Diskussionspartnern noch vom Moderator Kurt Sontheimer aufgegriffen.[20]

Mitscherlich schlug sich damit auf die Seite Biedenkopfs, der mit »wenigen gezielten Stichen [...] die Luft aus Marcuses Illusionsballon entweichen [ließ]«[21], stellte sich aber mit seinem Hinweis, er verstehe nichts von Philosophie, selbst ins Abseits. Am Ende, so die Berichterstatter, wirkte Marcuse alt und abgekämpft, Biedenkopf vergnügt und Mitscherlich fehl am Platze. »›Gehen wir nach Hause?‹, fragt Alexander Mitscherlich. Die Herren Biedenkopf, Marcuse und Sontheimer sind einverstanden.«

Mitscherlich befand sich in der Beurteilung der Protestbewegung in einer schwer kommunizierbaren Mittelposition zwischen der schrumpfenden Fraktion derer, die die Ideale von 1968 weitertrugen, und der wachsenden Gruppe derjenigen, die wie Biedenkopf oder der Bund Freiheit der Wissenschaft nach dem kurzfristigen Einbruch der Revolte von 1968 wieder zum Tagesgeschäft zurückkehren wollten. Umso nachdenklicher musste er werden, weil er mit den Diffusionsprozessen einzelner Beteiligter der Protestbewegung in zweifelhafte Subkulturen in mehrfa-

---

17 Rheinische Post, 2.9.1976.
18 Die Welt, 2.9.1976.
19 Die Zeit, 10.9.1976.
20 Ebenda.
21 Rheinischer Merkur, 10.9.1976; dort auch das folgende Zit.

cher Hinsicht konfrontiert war. Mitscherlichs Tochter Monika, die 1968 den ersten antiautoritären Kinderladen in Frankfurt gründete und in der Folge zu einer der herausragenden Figuren der »Kinderladenbewegung« wurde[22], war seit 1958 mit Ulrike Meinhof befreundet. Mitscherlichs Mitarbeiter Peter Brückner[23], der 1964 an das Sigmund-Freud-Institut gekommen war und 1969 einen Lehrstuhl für Psychologie in Hannover übernahm, wurde 1972 dort für zwei Semester vom Dienst suspendiert, weil man ihm die Unterstützung der Rote-Armee-Fraktion vorwarf. Brückner, einer der prominentesten dezidiert linken Professoren der 1970er Jahre, wurde 1977 erneut vom Dienst suspendiert, weil er in die so genannte Mescalero-Affäre, die Publikation eines umstrittenen, weil Sympathien zu den Terroristen signalisierenden Nachrufs auf den ermordeten Generalbundesanwalt Siegfried Buback verwickelt war.

Auch aus der Universität Heidelberg erreichten Mitscherlich beunruhigende Nachrichten. Dort haderten die Universitätsoberen mit dem »Sozialistischen Patienten-Kollektiv« (SPK), das sich aus einer Gruppe von Psychiatriepatienten gebildet hatte, die unter der Obhut von Wolfgang Huber, einem Assistenten des mit Mitscherlich gut bekannten Psychiaters Heinz Häfner, standen. Für Huber war es die repressive Gesellschaft, die das Individuum deformiert und es dann gegebenenfalls in einer ebenso repressiven Psychiatrie entrechtet. Der Kranke musste aus Hubers Perspektive deshalb selbst zum revolutionären Subjekt werden. Huber entzog sich und seine Patienten immer mehr der Kontrolle der Klinik. Zunächst wurde geduldet, dass er sein »Patientenkollektiv« in externen Räumen weiter behandelte, bald aber vergrößerte sich das »Kollektiv«, in dem die Grenzen zwischen Pflegepersonal, Kranken und Sympathisanten zusehends verschwammen. Das Kollektiv wurde zum Kristallisationspunkt einer dubiosen Szene, die schließlich verdächtigt wurde, Kontakte in die entstehenden terroristischen Subkulturen zu unterhalten. 1971 wurde Wolfgang Huber zusammen mit sieben anderen SPK-Mitgliedern verhaftet, das Kollektiv löste sich auf. Mehrere Mitglieder gingen anschließend zur RAF, vier von ihnen waren bei der Sprengung der Stockholmer Botschaft 1975 beteiligt.[24]

Mitscherlich, der über die einzelnen Eskalationsstufen aus Heidelberg stets informiert wurde, betrachtete die Vorgänge mit kaum verhohlener Schadenfreude. Statt die selbstkritische Frage zu stellen, welche Bruch-

22 Seifert, Kindergärten.
23 Gödl, Brückner.
24 Baeyer-Katte, Patientenkollektiv; Brink, Psychiatriekritik. Vgl. auch die Lebenserinnerungen der RAF-Terroristin Margit Schiller: Schiller, Kampf, S. 31 ff.

ABSCHIEDE

stücke seiner revolutionären Antipsychiatrie Huber möglicherweise auch aus Mitscherlichs Appellen an die Emanzipation des Kranken und seines Arztes von der Apparate-Medizin der Psychiatrie gewonnen haben könnte, führte er das Heidelberger Fiasko auf die Ignoranz der dortigen Psychiater gegenüber der Psychoanalyse zurück:

»Den Krach in der Psychiatrischen Klinik habe ich der Heidelberger Fakultät von Herzen gegönnt. Sie dürfen es auch jedermann erzählen. Daß im Jahre 1970 ein Doktor in einer Universitäts-Klinik mit Gruppentherapie beauftragt wird, der nicht die leiseste Vorbildung dafür hat, ist eine solche Schande, daß ich mich nur mit äußerster Mühe davon zurückhalten konnte, darüber in der Zeit zu schreiben. Aber so ist es eben doch in den ganzen zwanzig Jahren gewesen. Herr Siebeck und Herr von Baeyer und wer auch immer haben stets den Scharlatanen den Vorzug auf diesem Gebiet gegeben. Ich denke mir, daß für das deformierte Ordinarien-Bewußtsein es unerträglich ist, von einem Fachgebiet, das eben mehr als nur ein Fachgebiet ist, sondern eigentlich eine Grundorientierung wie die allgemeine Pathologie darstellt, so gar nichts zu verstehen. [...] Nun, Herr von Bayer ist diesmal an einen etwas schwerer Gestörten geraten, als es sonst üblich war.«[25]

Die Gutachter, die vom Heidelberger Rektor gebeten wurden, die therapeutische Seriosität des Huber'schen Experiments zu überprüfen, konnten die Dinge nicht so einfach sehen wie Mitscherlich. Horst-Eberhard Richter empfahl, das SPK unter strengen Auflagen weiterarbeiten zu lassen, Mitscherlichs früherer Mitarbeiter Helmut Thomä hielt Hubers Gedanken dagegen für »Utopien wahnähnlichen Charakters« und sprach sich gegen eine Fortsetzung des Experimentes aus.[26] Peter Brückner schließlich kam zu dem Schluss: »Wahrscheinlich wäre das SPK die einzige effektive Therapie-Organisation für jugendliche Suchtgefährdete, falls ihm die formellen und materiellen Bedingungen für langfristige Arbeit garantiert wäre«, und bezog sich explizit auf Mitscherlich, der den Ausweg aus der Krankheit im »Machtzuwachs der Unterdrückten« erblickt habe.[27] Auch der Gutachter Dieter Spazier, Heidelberger Facharzt für Psychiatrie, machte den Konfrontationskurs der Heidelberger Psychiatrie für die Kontroverse verantwortlich und fügte mit Blick auf den früheren Elan Mitscherlichs gegen die Psychiatrie hinzu: »Nicht nur A.

25 Mitscherlich an Schettler, 20.4.1970, AMA I, 4707.17.
26 Die Gutachten von Horst-Eberhard Richter, Peter Brückner, Dieter Spazier und Helmut Thomä finden sich in AMA IIb, 96.
27 Vgl.: Brückner, Patientenkollektiv.

Mitscherlich weiß, daß auf dem Anstieg zu den leitenden Positionen aller revolutionärer Furor noch immer verloren gegangen ist.« Es bestand Anlass genug für Mitscherlich, das Abgleiten von Teilen der Protestbewegung in die Gewalt und ideologische Verblendung sozialpsychologisch zu reflektieren. Ein letztes Mal vertiefte er sich in Literaturstudien und rang um einen Zugang zu dem Problem, unter welchen Umständen und warum Menschen plötzlich und unerwartet in aggressive Akte ausbrechen. In dieser Frage flossen Tagesaktualität und eigene Lebenserfahrung zusammen. Mitscherlichs sozialpsychologisches Fragen musste sich auch an diesem Punkt um den Preis historischer Unschärfe um generalisierende Aussagen über die Natur des Menschen bemühen – und insofern war die Frage nach den Ursachen der entstehenden terroristischen Gewalt der 1970er Jahre eng verwandt mit der Frage nach denen der Gewalt im NS-Staat, in Vietnam und an allen anderen Krisenherden der Welt. Die ersten tastenden Antworten, die Mitscherlich versuchte, spiegelten diese gedankliche Parallele. Hatte er noch in den 1960er Jahren das Tabu und das Vorurteil als zu überwindende Gegenkräfte einer aufgeklärten Gesellschaft ausgemacht, so rückte in der zweiten Hälfte des Jahrzehnts – und endgültig mit der Erfahrung von 1968 – die Aggression in diese Funktion ein.[28]

Seine ersten Gedanken über die Bedeutung der Aggression für das Verhältnis zwischen Individuum und Gemeinschaft hatte Mitscherlich schon in den 1950er Jahren in der *Psyche* publiziert.[29] Eine neue Anregung lieferte 1963 der Verhaltensforscher Konrad Lorenz, der aus seinen Tierbeobachtungen einen Aggressionsinstinkt meinte herausgelesen zu haben und dies in dem überaus erfolgreichen populärwissenschaftlichen Buch *Das sogenannte Böse* publizierte.[30] Mitscherlich, der Lorenz umgehend zu einer Arbeitstagung des Sigmund-Freud-Instituts über Aggression einlud, fand hier einen Anknüpfungspunkt für seinen Versuch, Gruppenverhalten sozialpsychologisch zu erklären.

Im Januar 1968 wählte Mitscherlich im Lichte der eskalierenden Studentenproteste für seine Frankfurter Antrittsvorlesung das Thema *Die Idee des menschlichen Friedens und die menschliche Aggressivität*[31]. Der Text

---

28 Vgl. auch: Brede, Mitscherlich, S. 77.
29 Mitscherlich, Alexander: Aggression und Anpassung. In: Psyche 10 (1956), S. 177-193; ders.: Aggression und Anpassung II. In: Psyche 12 (1959), S. 523-537.
30 Lorenz, Aggression.
31 Mitscherlich, Alexander: Die Idee des menschlichen Friedens und die menschliche Aggressivität. Antrittsvorlesung an der Johann Wolfgang Goethe-Universität Frankfurt am Main, 26.1.1968.

wurde vom Suhrkamp-Verlag anlässlich der Friedenspreis-Verleihung im Herbst 1969 in einem gleichnamigen Sammelband[32] veröffentlicht, der – von Mitscherlichs Prominenz befördert – binnen eines halben Jahres eine Auflage von 120 000 Exemplaren erreichte.[33] Der Piper-Verlag, von Mitscherlichs Engagement bei Suhrkamp wenig erfreut, wollte nicht beiseitestehen und brachte unter dem Titel *Bis hierher und nicht weiter. Ist die menschliche Aggression unbefriedbar?* ebenfalls einen Band zum Thema Aggression, zu dem Mitscherlich Vor- und Nachwort sowie einen Aufsatz geliefert hatte.[34] Auch in seiner Rede anlässlich der Verleihung des Friedenspreises im Herbst 1969 setzte sich Mitscherlich mit der Frage auseinander, wie in einer modernen Gesellschaft der für ihn unzweifelhaft gegebene Aggressionstrieb des Menschen beherrschbar gemacht werden könnte.[35]

Mitscherlichs Antwort auf diese Herausforderung glich der Antwort, die er schon zehn Jahre zuvor auf die Frage nach einer Zukunft des Individuums in der modernen Gesellschaft gefunden hatte: die der Aufklärung des Menschen über sich selbst. Waren in den 1960er Jahren die Toleranz und die Stärkung der kritischen Ich-Leistung die Strategien gegen Tabu und Vorurteil, so war das probate Mittel zur Eindämmung des Aggressionstriebes für Mitscherlich die Aufklärung, oder schlicht: die Bekämpfung der »Dummheit«, wie es im Titel der Friedenspreisrede hieß.

Als im Herbst 1971 – die erste Generation der RAF hatte seit September 1970 schon mehrere Banküberfälle verübt – der Bayerische Rundfunk um eine Stellungnahme zum Problem des Terrorismus bat, bemühte sich Mitscherlich in seinem Beitrag[36] darum, die unbewusste psychische Determination des Handelns der Terroristen zu betonen. Er erklärte, dass Ulrike Meinhof und ihre Mitstreiter kaum in der Lage seien, die Realität und ihre eigenen Motive zu reflektieren, weil sie von unbewussten Affekten gesteuert seien – wie etwa einem Herrschaftsbedürfnis –, die durch aggressive Parolen lediglich verdeckt würden. Meinhof könne da-

32 Mitscherlich, Alexander: Die Idee des Friedens und die menschliche Aggressivität. Vier Versuche, Frankfurt am Main 1969.
33 Frankfurter Rundschau, 6.5.1970.
34 Mitscherlich, Alexander (Hrsg.): Bis hierher und nicht weiter. Ist die menschliche Aggression unbefriedbar? München 1969.
35 Mitscherlich, Alexander: Über Feindseligkeit und hergestellte Dummheit – einige andauernde Erschwernisse beim Herstellen von Frieden. Rede als Preisträger bei der Verleihung des Friedenspreises des Deutschen Buchhandels in der Frankfurter Paulskirche, 12.10.1969 (GS V, S. 363-375).
36 Mitscherlich, Alexander: Was würden Sie Ulrike Meinhof sagen? Vortrag im Bayerischen Rundfunk, 18.12.1971 (GS VI, S. 340-342).

her auch nicht in einem reflektierten Prozess der Selbstüberprüfung zu dem Entschluss gelangen, aufzugeben und sich zu stellen. Im Gegenteil werde das Erlebnis des Scheiterns und der Isolation die Realitätsverweigerung eher noch verstärken. Mitscherlichs Vorschlag lautete daher, um eine Eskalation zu vermeiden und einen Selbstmord der Terroristen zu verhindern, sollten diese in ein Land ausreisen, das sie nicht an die Bundesrepublik ausliefere, und von dort aus versuchen, die Deutschen von ihren Ideen zu überzeugen.

Mit diesem vergleichsweise abgewogenen Kommentar hatte sich Mitscherlich in der sich ausbreitenden Hysterie um den Terrorismus eindeutig auf der Seite der so genannten »Sympathisanten« verortet, die von konservativer Seite als Nährboden des Terrors ausgemacht wurden. Zu den Sympathisanten wurde auch Heinrich Böll gezählt, nachdem er im *Spiegel* ein rechtsstaatliches Vorgehen gegenüber der Baader-Meinhof-Gruppe gefordert hatte.[37] Mitscherlich vermerkte zu Recht: »Eine andere Union hat die Springer-Presse konfabuliert, indem sie nämlich Herrn Böll, Herrn Marcuse und mir die Schuld am Untergang der deutschen Jugend zuschiebt.«[38] Tatsächlich hatte die *Welt* im Sommer 1972 ihre Klage über die »gedankliche und materielle Unterstützung«, die den Terroristen zuteil werde, die alle »ihre einschlägigen Karrieren 1967 und 1968 in West-Berlin begonnen« hätten, mit einem Portrait Mitscherlichs und einigen seiner Äußerungen von 1968 illustriert, in denen er für die Protestbewegung gestritten hatte.[39] In ähnlicher Weise machte wenig später auch der *Bayernkurier* Mitscherlich und ein »Heer von Publizisten und Schriftstellern« als Sympathisanten aus, deren Gedankengut in alle Bereiche der Gesellschaft ausstrahle.[40] Die Konsequenz sei gewesen, so erinnerte sich Mitscherlich in seinen Memoiren, dass ihm »anonyme Briefe ins Haus geschickt [wurden], in denen mir der Vergasungstod angedroht wurde«[41].

Die politischen Fronten von 1968 waren nun verhärtet und zunehmend verzerrt. Die konservativen Kritiker der Studentenrevolte erblickten in der Baader-Meinhof-Gruppe eine nachträgliche Bestätigung ihrer Warnungen und sahen Mitscherlich und andere liberale Intellektuelle als mitschuldig an der Eskalation an. Aus den Kreisen der zerfallenen Pro-

37 Böll, Heinrich: Will Ulrike Meinhof Gnade oder freies Geleit? In: Der Spiegel 26 (1972), Heft 3.
38 Mitscherlich an Klett, 16.5.1975, AMA I, 1409.272.
39 Die Welt, 2.6.1972.
40 Bayernkurier, 10.6.1972.
41 Mitscherlich, Leben, S. 250.

testbewegung erklang dagegen der Ruf nach Solidarisierung auch noch im Angesicht des Terrors. Noch 1975, zwei Jahre nach seiner Emeritierung, wurde Mitscherlich von einer studentischen Initiative in der Frankfurter Universitätszeitschrift um eine Stellungnahme zu der »Isolationsfolter« angegangen, unter der die indessen inhaftierte erste Generation der RAF in Stuttgart-Stammheim angeblich litt. Die Begründung lautete bezeichnenderweise: »Sie haben in ihrer Dokumentensammlung ›Medizin ohne Menschlichkeit‹ zum Tun der Ärzte während des Faschismus klar Stellung bezogen. Sie können zu der heute praktizierten Isolationsfolter nicht schweigen.«[42]

1977, auf dem Höhepunkt des Terrorismus in der Bundesrepublik, verfasste Mitscherlich gemeinsam mit seiner Frau einen *Brief an einen (fiktiven) Sohn*, in dem er jetzt auch den Einfluss reflektierte, den sein eigenes Wirken auf den Linksradikalismus gehabt haben könnte:

»Du sagtest mir, ich sei derjenige gewesen, der dich darauf aufmerksam gemacht habe, in welchem Ausmaß viele unserer Landsleute bis heute unwillig seien, sich von alten Ideologien, Haltungen, Denkweisen zu lösen, die den Nationalsozialismus bestimmt oder doch zu ihm geführt hätten. [...] Nun aber, wo Ihr Jungen Euch gegen die doppelte Moral und die Verlogenheit einer pseudodemokratischen Gesellschaft zusammenschließen würdet, um, wenn nötig, mit Gewalt, dagegen zu kämpfen – denn anders sei eine Änderung dieses versteinerten kapitalistisch-faschistischen Staates kaum noch möglich –, nun hätte ich mich empört gegen eine solche Einstellung gewehrt, Ich sei eben doch, wie alle anderen meiner Generation, ein Mitläufer.«[43]

Mitscherlich gestand vielerlei Unzulänglichkeiten der gegenwärtigen Gesellschaft zu. Er diagnostizierte aber eine »neurotische Gefühlssituation« der in den Terror Abgeglittenen, die dazu führe, dass zusammengesehen werde, was nicht zusammengehöre. So nötig aktiver Widerstand gegen den Nationalsozialismus gewesen sei, so »absurd inadäquat« sei dies in der Bundesrepublik des Jahres 1977. Woher die »neurotische Gefühlssituation« seines fiktiven Sohnes und dessen Genossen rührte, konnte Mitscherlich aber nur vermuten: »Vielleicht war es für Euch besonders kränkend, Kinder einer Generation von Deutschen zu sein, die an der

---

42 Zit. nach: Frankfurter Rundschau, 31.11.1974.
43 Mitscherlich, Alexander/Mitscherlich-Nielsen, Margarete: Ihr endet bei der destruktiven Gleichgültigkeit. Brief an einen (fiktiven) Sohn. In: Duve, Freimut: Briefe zur Verteidigung der Republik, Reinbek bei Hamburg 1977, S. 113-116 (GS VI, S. 596-598), hier S. 596 f.; dort auch die folgenden Zit.

Unmenschlichkeit des ›Dritten Reiches‹ direkt oder indirekt beteiligt waren [...]. Ihr wart ja ein Teil Eurer Eltern. Von deren Welt hängt bekanntlich das eigene Selbstwertgefühl in hohem Maße ab. Ihr wollt also anders sein als sie und kämpfen, wo Ihr glaubt, Ungerechtigkeit und fehlende Menschlichkeit wahrzunehmen.«

Diesen Fragen konzentriert nachzugehen war Mitscherlich nicht mehr möglich. Er litt seit den frühen 1970er Jahren unter gesundheitlichen Problemen. Schon Ende 1969, nachdem er im Sommersemester bereits krankheitsbedingt ausgesetzt hatte, musste er sich von seinem Arzt erklären lassen, dass er »baldigst in die Grube fahre«, wenn er so weitermache wie bisher.[44] Im Sommersemester 1970 war er erneut krankheitshalber von der universitären Lehre befreit, und auch im darauf folgenden Sommer konnte er seine Vorlesung nicht bis zum Semesterende halten. Für das Wintersemester 1972/73 und das Sommersemester 1973 ließ sich Mitscherlich erneut beurlauben und ging zusammen mit seiner Frau für ein sabbatical year nach Palo Alto in Kalifornien. Siegfried Unseld, der in Frankfurt ungeduldig auf das große Buch über Aggression und Anarchismus wartete, wurde enttäuscht. Mitscherlich vermeldete, er ermüde sehr früh und leide unter einer merkwürdigen Schreibhemmung.[45] Nach seiner Rückkehr fühlte er sich weiterhin krank, spürte auch zunehmend eine »lästige Vergeßlichkeit«, von der er vergeblich hoffte, dass sie sich »bis zu einem gewissen Grade zurückbildet«[46].

So kam es nicht mehr zu einem letzten großen Buch. Mitscherlichs Verlage Piper und Suhrkamp machten das Beste aus der Situation und publizierten einzelne Aufsätze und Radiovorträge in immer neuen Verpackungen. Suhrkamp brachte 1970 »fünf Plädoyers in Sachen Psychoanalyse« unter dem Titel *Versuch, die Welt besser zu verstehen*[47] auf den Markt und fasste im folgenden Jahr einige Aufsätze zur Städtebauproblematik in einem Band zusammen.[48] Schließlich griff man 1973 auf eine Reihe unpublizierter Aufsätze und Vorträge aus den Jahren 1953 bis 1969 zurück, die unter dem Titel *Massenpsychologie ohne Ressentiment*[49] erschie-

---

44 Mitscherlich an Suhrkamp-Verlag (Unseld), 9.12.1969, AMA I, 5410.205.
45 Mitscherlich an Unseld, 13.12.1972, AMA II; Mitscherlich an Gaussmann, 12.5.1973, AMA III.
46 Mitscherlich an Yela Löwenfeld, 30.7.1975, AMA II.
47 Mitscherlich, Alexander: Versuch, die Welt besser zu verstehen. 5 Plädoyers in Sachen Psychoanalyse, Frankfurt am Main 1970.
48 Mitscherlich, Alexander: Thesen zur Stadt der Zukunft, Frankfurt am Main 1971
49 Mitscherlich, Alexander: Massenpsychologie ohne Ressentiment. Sozialpsychologische Betrachtungen, Frankfurt am Main 1972.

nen. Zwei Jahre später erschien eine weitere Textsammlung unter dem Titel *Toleranz, Überprüfung eines Begriffs*[50]. Weil Mitscherlichs Bücher sich besser als je zuvor verkauften, schlug auch der Piper-Verlag noch einmal Kapital aus einer Reihe von Rundfunkvorträgen, in denen Mitscherlich in gewohnter Manier die Psychoanalyse verteidigt hatte. Das Buch *Der Kampf um die Erinnerung* erschien 1975 in einer Startauflage von 50 000 Exemplaren[51], 1978 schob der Piper-Verlag noch ein »Lesebuch« nach, das verschiedenste Mitscherlich-Texte versammelte, einige nun schon zum wiederholten Mal – die Friedenspreisrede beispielsweise war in diesem Band bereits zum dritten Mal enthalten.[52]

So gut sich diese Bücher auch verkauften, die Kritiker waren allenfalls noch freundlich. Mitscherlichs Zeitkritik, einstmals als unerschrocken, mutig und scharfsinnig gepriesen, passte immer weniger in die Zeit: »Ihre Ebene ist die einer moralgeschwängerten Kulturkritik, die erstaunlich unbedenklich psychoanalytische Begriffe für globale Zeitdiagnosen strapaziert«[53], monierte die Mitscherlich eigentlich sehr gewogene *Zeit*. Seine Verteidigung der Lehre Freuds erschien den Rezensenten immer öfter als überlebter Dogmatismus. Das in den 1960er Jahren von Mitscherlich praktizierte burschikose Wegwischen von Kritik an der Psychoanalyse wurde jetzt problematisiert: Diese Übertragung wissenschaftlichen Disputs auf die Ebene emotionalen Geschehens und persönlicher Auseinandersetzung mit einzelnen – oder kollektiv imaginierten – Kritikern befand der Deutschlandfunk 1976 als ebenso deplaziert wie die Praxis Mitscherlichs, Bruchstücke der Psychoanalyse ungeordnet mit aktuellen Geschehnissen zu assoziieren. Die Erörterung, so klagte der Rezensent des Buches *Kampf um die Erinnerung*, »geschieht meist sehr verschwommen und allgemein, manchmal an der Grenze des Banalen.«[54]

Nicht nur ein weiteres sozialpsychologisches Gesellschaftsbild der frühen 1970er Jahre blieb ungeschrieben, sondern auch das große Lehrbuch

---

50 Mitscherlich, Alexander: Toleranz – Überprüfung eines Begriffs. Ermittlungen, Frankfurt am Main 1974.
51 Mitscherlich, Alexander: Der Kampf um die Erinnerung. Psychoanalyse für fortgeschrittene Anfänger, München/Zürich 1975.
52 Mitscherlich, Alexander: Das Ich und die Vielen. Parteinahmen eines Psychoanalytikers. Ein Lesebuch. Ausgewählt und eingeleitet von Gert Kalow, München/Zürich 1978.
53 Die Zeit, 5.12.1975.
54 Manuskript der Sendung »Der Weg zu sich selbst« des Deutschlandfunks, 29.3.1976, AMA X,70.

der psychosomatischen Medizin, das Mitscherlich nach der Logik seines Werdegangs hätte schreiben müssen.[55] Der Suhrkamp-Verlag brachte zwar 1966 und 1967 zwei Bände von älteren Texten zur psychosomatischen Medizin heraus[56] und präsentierte 1977 sogar noch eine Neuausgabe der *Freiheit und Unfreiheit in der Krankheit*[57] von 1946, doch dies waren allesamt keine Lehrbücher, sondern eher kämpferische Plädoyers für die Notwendigkeit einer psychosomatischen Medizin schlechthin.

In der Mitte der 1970er Jahre musste Mitscherlich die Erfahrung machen, dass nicht nur seine Essaybände zunehmend kritischer aufgenommen wurden, sondern dass sich auch manche Hoffnung der 1960er Jahre als nicht realisierbar erwies. Das aufsehenerregendste Kapitel bildete hier sein Engagement in der Stadtplanung. Im Nachgang zu seiner Klage über die *Unwirtlichkeit unserer Städte* war Mitscherlich aus der Rolle des Städtebau- und Architekturkritikers schnell in die Rolle des kritischen Gutachters geraten. Unter anderem wurde er Fachgutachter für Soziologie und Sozialpsychologie beim Bau des Münchner Olympiadorfs für die Olympischen Spiele 1972, er engagierte sich bei der Planung der 1968 fertiggestellten »Nordweststadt« in Frankfurt, und er war Mitglied eines Expertengremiums, das die Planung der »Entlastungsstadt Perlach« in München begleitete. Daneben betrieb er maßgeblich die Gründung des Instituts für Bauen und Umwelt in Darmstadt, das 1972 seine Arbeit aufnehmen konnte.

Heidelberg-Emmertsgrund

Das Projekt, in das Mitscherlich die meiste Zeit und Arbeit investierte, war aber der Bau des so genannten Emmertsgrundes. An einem traumhaft schönen Hang südlich von Heidelberg planten die Stadt und die »Neue Heimat« den Bau eines ganzen Stadtteils. Man versicherte sich dafür 1967 der wissenschaftlichen Begleitung Mitscherlichs und stellte dessen Beteiligung von Beginn an als Garant für das Gelingen des Projekts heraus. Die *Rhein-Neckar-Zeitung* benannte Mitscherlichs Auftrag

---

55 Vgl.: Habermas, Intellektueller.
56 Mitscherlich, Alexander: Krankheit als Konflikt. Studien zur psychosomatischen Medizin I, Frankfurt am Main 1966; ders.: Krankheit als Konflikt. Studien zur psychosomatischen Medizin II, Frankfurt am Main 1967.
57 Mitscherlich, Alexander: Freiheit und Unfreiheit in der Krankheit. Studien zur psychosomatischen Medizin III, Frankfurt am Main 1977.

klar. Mitscherlich solle zeigen, »was zu tun ist, um es besser zu machen«[58].

Im Frühjahr 1968 gab dieser seine schriftlichen Empfehlungen ab[59], die im Wesentlichen aus den Kritikpunkten der *Unwirtlichkeit unserer Städte* entwickelt waren. Er setzte sich für eine verdichtete Bauweise ein, die Kommunikationsräume schaffe und einen urbanen Stadtcharakter hervorbringe. Er problematisierte die moderne »Mutterrolle« und sprach die Empfehlung aus, »Ausbildungseinrichtungen für die Frauen« bereitzuhalten, die idealerweise in der örtlichen Gesamtschule unterzubringen seien. Weiterhin stritt er gegen die herkömmliche Form des Altersheims und plädierte für die Möglichkeit eines gleitenden Ruhestandes durch einen in Werkstätten zu erlernenden »Altersberuf«. Schließlich ging es Mitscherlich um ausreichend Spiel- und Sporteinrichtungen für Kinder und Jugendliche.

Der im Sommer 1968 ausgewählte Entwurf des Architektenbüros Angerer/Branca schien nach Auffassung der *Rhein-Neckar-Zeitung* alles nach der »Mitscherlich-Norm« Nötige zu enthalten.[60] An einer der Heidelberger Altstadt nachempfundenen zentralen Fußgängerzone fänden sich Geschäfte aller Art, Werkstätten für Alte, Jugendclubs und Cafés, daneben seien weitere öffentliche Einrichtungen an einer »Querbalken-Dominante« versammelt. Als einzig ernstzunehmende Konkurrenz zur »Wohn-Wissenschaft Mitscherlichscher Provenienz« machte die Zeitung einen Entwurf aus, der zwei zentrale gigantische Wohntürme vorsah, die je von einer mehrspurigen Straße umgeben waren, an die sich wiederum kleinere Hochhausringe anschlossen.[61]

Diese – vom Gutachtergremium ernsthaft erwogene – apokalyptische Vision einer autogerechten und von Natur völlig befreiten Siedlung unterlag am Ende aber dem Münchner Entwurf. Mitscherlich zeigte sich zufrieden und zollte dem Plan »hohes Lob«[62]. In den folgenden Jahren engagierte er sich in erstaunlicher Weise und nahm an den Sitzungen des Gutachterkreises regelmäßig teil. Negative Schlagzeilen über Großprojekte anderer Art wie die nur zäh angenommene »Nordweststadt« in

---

58 Rhein-Neckar-Zeitung, 29.12.1967.
59 Mitscherlich, Alexander: Psychologische und sozialpsychologische Anmerkungen zum Bauvorhaben Heidelberg-Emmertsgrund, 4.4.1968, AMA IIa, 67 (GS VII, S. 704-71).
60 Rhein-Neckar-Zeitung, 17.7.1968.
61 Rhein-Neckar-Zeitung, 19.7.1968.
62 Rhein-Neckar-Zeitung, 13.9.1968.

Frankfurt[63], konnten seinen Optimismus nicht trüben. Auf den besorgten Hinweis eines Architekten, in der eben fertiggestellten Trabantenstadt Mannheim-Vogelstang hätten sich bereits zwei Selbstmorde ereignet[64], reagierte Mitscherlich mit einer Mischung aus Naivität und Hochnäsigkeit. Die Bevölkerung, glaubte er, müsse sich an das Leben in Hochhäusern wohl zunächst gewöhnen. Ihm selbst seien die »schönen Häuser« in Mannheim-Vogelstang in »lebhafter Erinnerung. Schade, daß ich nicht in einem wohnen kann.«[65]

Im Herbst 1969 flog Mitscherlich mit einer Reisegruppe der »Neuen Heimat« in die USA und besichtigte Städte und insbesondere Einkaufszentren entlang der Westküste. Ein mitreisender Reporter des *Münchner Stadtanzeigers* war über Mitscherlichs Engagement und Sachkenntnis verblüfft: »Mitscherlich, so zurückhaltend, höflich, hilfsbereit und geduldig er auch auftrat, wirkte in der Reisegruppe als Instanz. Sein Engagement für Perlach ist erstaunlich differenziert. Er weiß über Perlach-Nuancen genauer Bescheid als mancher der zuständigen Herren im Rathaus. Wann hat Mitscherlich in diesen vierzehn Tagen der Studienreise geschlafen?«[66]

Die Notizen und Protokolle, die Mitscherlich für die Sitzungen des Emmertsgrunder Expertengremiums anfertigte[67], zeugen von seiner unendlichen Geduld, stets neue phantasievolle Vorschläge und strenge Mahnungen auszusprechen und alle Beteiligten immer wieder über die Notwendigkeit eines vom Individuum her gedachten Bauens zu belehren. Es ist schwer vorstellbar, dass Mitscherlich tatsächlich glaubte, seine Appelle ließen sich auch nur zu kleinen Teilen in die Realität umsetzen – und doch war er wohl von dieser Hoffnung getragen. Dies zeigte sich, als im Sommer 1970 die Pläne für den ersten Bauabschnitt vorlagen. Mitscherlich fand in den Plänen allenfalls einen Bruchteil seiner im Laufe der Zeit geäußerten Anregungen verwirklicht – und erschrak. An den Verantwortlichen der »Neuen Heimat« schrieb er, nun werde ihm deutlich, was Marx mit der »Entfremdung des Menschen von sich selbst« unter den Verhältnissen des Kapitalismus meinte: »Menschen haben keinen Zugang mehr zu ihrer Phantasie«, und sie sind »jederzeit bereit, sie bei Widerständen als erstes zu opfern. Was dann übrig bleibt, sind die sich selbst erklärenden sogenannten Sachzwänge. Es war schrecklich zu

63 Frankfurter Allgemeine Zeitung, 13.3.1969.
64 Striffler an Mitscherlich, 12.9.1969, AMA I, 5360.1.
65 Mitscherlich an Striffler, 18.9.1969, AMA I, 5360.2.
66 Münchner Stadtanzeiger, 14.11.1969.
67 AMA IIa, 60-68.

ABSCHIEDE

sehen, wie der Hand der Rationalisierungs-Ingenieure alle jene Züge von Menschlichkeit des Wohnens in Emmertsgrund zum Opfer gefallen sind, die wir mit Mühe vorgezeichnet hatten.« Der Entwurf unterscheide sich kaum von anderen Bauprojekten. Solle seine Beteiligung etwa darauf hinauslaufen, »eine Art Präambel zu verfassen«, die am Ende ignoriert werde?[68] Mitscherlichs Zweifel führten ihn aber nicht zum Abbruch des Projekts. Im Gegenteil bemühte er sich noch mehr als zuvor um regelmäßige Arbeitstreffen, sonst habe er »das Gefühl einer abschraubbaren Galionsfigur, die bis zum nächsten Anlaß in der Kiste ruht«[69]. Doch auch in diesen – sich zum Teil in abseitigsten Planungsdetails verlierenden – Sitzungen wurde Mitscherlichs Misstrauen gegen die beteiligten Institutionen nicht eines Besseren belehrt. In einem Beitrag über sein Engagement in München-Perlach, wo er zur selben Zeit ähnliche Erfahrungen machte, schrieb er schon im Herbst 1971: »Es ist phantastisch, in den Sitzungen zu beobachten, wie sich eine Schicht von Bürokratie über die andere lagert. Das Ganze kann gar nicht gut ausgehen.«[70] Tatsächlich wurde das Bauvorhaben in Emmertsgrund vor Mitscherlichs Augen immer weiter zusammengestrichen. Die »flexible Wohnung«, die in ihrer Größe hätte veränderlich sein sollen durch Zimmer, die wechselseitig verschiedenen Wohnungen zugeschlagen werden können, fiel ebenso dem Rotstift zum Opfer[71] wie die von Mitscherlich vorgeschlagenen Altenwerkstätten.

Die Wolken über Mitscherlichs utopistischem Städtebauhimmel zogen sich immer mehr zusammen. Der von Suhrkamp 1971 herausgebrachte Essayband *Thesen zur Stadt der Zukunft*[72] erntete harsche Kritik. Die *Welt* zeigte sich von dem ungeordneten Inhalt und der Wiederholung bekannter Thesen enttäuscht. Mitscherlich komme über den inzwischen auch von den Städtebauexperten erreichten Bewusstseinsstand nicht mehr hinaus.[73] Die *Bauwelt* hielt ihm vor, er singe »das Klagelied

68 Mitscherlich an Geigenberger, 30.7.1970, AMA IIa, 67.
69 Mitscherlich an Zundel, 15.2.1971, AMA IIa, 67.
70 Mitscherlich, Alexander: Meditationen vor dem Reißbrett. München-Perlach als städtebauliches Beispiel. In: Süddeutsche Zeitung 16./17.10.1971. Unter dem Titel »Perlach – bemerkenswert, bedenkenswert« auch in: Merian 24 (1971), Nr. 12, S. 130-138 (GS VII, S. 729-741).
71 Protokoll der Gutachterkommissionssitzung »Emmertsgrund« am 13.12.1971, AMA IIa, 66.
72 Mitscherlich, Alexander: Thesen zur Stadt der Zukunft, Frankfurt am Main 1971.
73 Die Welt, 25.11.1971.

auf den Verlust der bürgerlichen Öffentlichkeit des Mittelalters« und hänge dem hoffnungslos naiven Glauben an, Städtebau lasse sich durch kompetente Wissenschaftler allein revolutionieren.[74] Die inzwischen von den ersten Bewohnern erkundete »Entlastungsstadt München Perlach« bekam ebenfalls keine gute Presse. Das »Streiflicht« der *Süddeutschen Zeitung* überzog Mitscherlich mit Häme:

»Unsere Zeit bringt in Abständen lebende ›Galionsfiguren‹ hervor, Menschen, die zum Zeichen geworden sind; Figuren, die für das Humane, das uns fehlt, mit Wort und Tat einstehen wollen: einzelne, an die sich die Hoffnung von vielen knüpft, weil sie aufrütteln, wo andere schweigen. Sie vertreten eine Idee, welche über die Zwänge des Hier und Heute hinauszuführen vermag; sie warnen leidenschaftlich vor den katastrophalen Fehlentwicklungen dieser Gesellschaft. Einer von ihnen hat vor Jahren mit Vehemenz und Eloquenz die ›Unwirtlichkeit unserer Städte‹ angeprangert und mit seinem Pamphlet einen gelinden Schock ausgelöst. Das Unbehagen an den neuen kalten Städten, den Verlust ihrer urbanen Seele, die psychisch lähmende Kluft zwischen den affektiven Bedürfnissen der Bewohner und den verordneten Beschränkungen der Behausungen, die Bedeutung der Stadt als Biotop, den man nicht ungestraft in ein nur noch maschinelles Monstrum verwandeln darf – das alles hat Alexander Mitscherlich engagiert zusammengerafft und der damals über ihren rein quantitativen Wiederaufbauleistungen recht selbstgefällig gewordenen Bundesrepublik ins Gesicht geschleudert, so daß bald zum herumgereichten und manchen entlastenden Schlagwort wurde, was als Aufforderung zur Selbstbesinnung für jedermann gedacht war.«

Mitscherlich habe dafür plädiert, Neuperlach nicht zu einer Kommerzoase zu machen, eine öffentliche Solidarisierung mit den Bewohnern in ihrem Kampf gegen Flugzeuglärm habe er dagegen nicht vollzogen, stattdessen im Fernsehen gesagt, an einer Autobahnraststätte sei es noch lauter. »Ein unwirtlicher Hinweis, der die Hilflosigkeit auch eines klugen Mannes deutlich macht.«[75] Zuschriften enttäuschter Bewohner, die beklagten, sie müssten in Perlach an kilometerlangen Hochhausfronten entlang zur nächsten Einkaufsgelegenheit pilgern, entgegnete Mitscherlich mit Anzeichen von Resignation: »Sie mögen recht haben. Ich will nicht streiten.«[76] München-Perlach musste sich anlässlich der Grund-

74 Bauwelt, 26.6.1972.
75 Süddeutsche Zeitung, 20.7.1973.
76 Mitscherlich an Vitus, 22.3.1972, AMA I, 5816.2.

steinlegung im Juni 1974 schließlich sogar von höchster Stelle kritisieren lassen. Der Staatssekretär Erich Kiesl vom bayerischen Innenministerium sprach aus, was inzwischen viele dachten: In Perlach werde das »Dilemma der Vorhaben aus der Zeit der städtebaulichen Euphorien« deutlich dokumentiert. Nun stehe Perlach allerdings vor dem »Zwang zur Vollendung«[77].

Nach seiner Rückkehr von seinem sabbatical year in Kalifornien sah sich Mitscherlich dann mit dem etwa zur Hälfte fertiggestellten Heidelberg-Emmertsgrund konfrontiert. »Ich war ein Jahr in Amerika, als ich zurückkam und das hier stehen sah, dacht' ich, mich rührt der Schlag«, erklärte er der *Frankfurter Allgemeinen Zeitung*[78] und zog sich aus dem Gutachtergremium zurück. »Mitscherlich läßt seine Musterstadt im Stich«, titelte die Zeitung – und das, obwohl ein Stadtteil entstanden sei, »dessen Planung sich getreu an den Vorschlag des städtebaulichen Bußpredigers zu halten schien«.

Tatsächlich hatten beide Seiten recht. Was Mitscherlich zu sehen bekam, war ein städtebauliches Desaster, das sich in seiner monströsen Betongestalt von den zeitgleich entstandenen anderen Trabantenstädten nicht wesentlich unterschied. Dennoch war sein wichtigstes Diktum einer verdichteten Stadt mit einer zentralen Fußgängerzone umgesetzt worden, ebenso wie seine Forderung nach großen Wohnungen. Genau daraus ergaben sich aber in der Folge in Emmertsgrund einige der größten Probleme. Die enorme städtebauliche Verdichtung führte in Verbindung mit der fast völlig fehlenden Begrünung des Zentrums zu einer katastrophalen Lärmentwicklung in den engen Häuserschluchten[79]; die überdurchschnittliche Wohnungsgröße führte zu so hohen Mietkosten, dass für einkommensschwächere Bewohner die Mietbelastung 1975 bei 25-45 % des Nettoeinkommens lag. Die Wohnungen wurden, da sie sich als unvermittelbar erwiesen, an studentische Wohngemeinschaften und Gastarbeiterfamilien vermietet. Von 650 fertiggestellten Eigentumswohnungen waren im Sommer 1974 erst 44 verkauft.[80]

Der Heidelberger Ökonomieprofessor Egon Sohmen konnte nicht fassen, dass Mitscherlich an der Planung des Emmertsgrundes beteiligt gewesen war: »Ich kenne in meiner bisherigen Erfahrung kaum ein anderes Neubaugebiet, das sich im Hinblick auf massierte Trostlosigkeit klot-

---

77 Süddeutsche Zeitung, 29./30.6.1974.
78 Frankfurter Allgemeine Zeitung, 5.3.1974.
79 Eichler, Horst: Die Fallstudie Emmertsgrund oder von den Ansatzpunkten einer Geographie des Bauens. In: Ruperto Carola 1975, Heft 56, S. 185-194.
80 Heinzmann, Heidelberg-Emmertsgrund.

ziger grauer Betonbauten mit dem Emmertsgrund messen könnte.« Die Bewohner sähen das offenbar ähnlich. Durch Farbe ließe sich vielleicht noch »die äußere Optik des Stadtteils reparieren; die Massierung von Menschen in ›Konzentrations-Lagerhäusern‹, unter der Tausende von Bewohnern in Zukunft leiden werden, läßt sich nicht mehr rückgängig machen«[81].

Mitscherlich begegnete der Kritik mit erstaunlicher Chuzpe und bestritt, von Beginn an bei der Planung beteiligt gewesen zu sein: »Der Emmertsgrund ist nicht das geworden, was einst von ihm erhofft wurde. Leider habe ich an der Planung erst von einem Zeitpunkt an mitgewirkt, als es viel zu spät war. Außerdem schien mir vor drei oder vier Jahren noch die Chance sich zu eröffnen, an einer Planung mitwirken zu können, die von den Grundbedürfnissen der dort anzusiedelnden Menschen bestimmt sein würde. Gerade darin wurde ich jedoch – einflußlos wie ich als gelegentlicher Fachberater war – so enttäuscht, daß ich schließlich auch diese Beratungstätigkeit wieder aufgegeben habe.«[82]

Auch öffentlich zog sich Mitscherlich darauf zurück, seine Ratschläge seien von den Beteiligten nicht befolgt worden: »Ich habe natürlich keine Ahnung gehabt als Mensch, der von außen von einem Problem bewegt wird und es dann mit einer Fülle von Einzelfachleuten zu tun hat. Ich wußte auch nicht, wie man sich in einer solchen Gruppe von Leuten sichern muß, daß die nicht alle, wenn man etwas sagt, mit dem Kopf nicken, dann aus der Baubude rausgehen und genau das tun, was sie schon immer tun.«[83] Wie so oft, bildete Mitscherlichs reflexartiges Misstrauen gegenüber bürokratischen Großorganisationen den argumentativen Rahmen des Rückzugs von den gescheiterten Utopien. In seinen Memoiren schrieb er: »Da ich ein sprichwörtlicher Professor bin, bedurfte es eines längeren Anlaufes, bis ich begriffen hatte, daß die meisten Einladungen zu Diskussionen, Konferenzen, Studienreisen etc., die mich erreichten, Alibifunktionen hatten. Ich war für Schachzüge vorgemerkt.«[84] Mit der Selbstwahrnehmung des kämpferischen Außenseiters ließen sich auch Fehler in ihr Gegenteil ummünzen. Für Mitscherlich waren die Bauherren und Planer des Emmertsgrundes inzwischen zu einem gesichtslosen Feind geworden. Angeblich hatte er schon vor Annahme des Beratungsauftrags geahnt: »Ich würde es mit einem Kollektivgegner zu tun bekommen haben, ähnlich wie ich es in der Medizin durchgestanden habe. Da

---

81 Sohmen an Mitscherlich, 10.9.1975, AMA I, 5127.1.
82 Mitscherlich an Sohmen, 19.12.1975, AMA I, 5127.2.
83 Frankfurter Allgemeine Zeitung, 5.3.1974.
84 Mitscherlich, Leben, S. 302; das folgende Zit.: S. 303.

muß ich eingestehen, daß mir nunmehr der Kampfesmut für ein Treffen mit harten Bandagen fehlte. Einmal Sündenbock gewesen zu sein, scheint mir ausreichend für ein Leben.«

In der *Unwirtlichkeit unserer Städte* hatte Mitscherlich mit ungewollter Prophetie formuliert: »Trabantenstädte, scheint ein Ausweg; aber hier lauert die gähnende Langeweile. Alles ist artifiziell, gewollt, beabsichtigt, geplant – manipuliert also. Wir haben es noch nie erleben können, daß eine dieser neuen Siedlungseinheiten plötzlich Strahlungskraft entwickelte und ihre Nachbarschaft sich hierarchisch unterordnete, zur neuen Stadt wurde.«[85] Er hatte recht behalten – in Emmertsgrund war die Utopie an der Realität gescheitert.

Abschied von Universität und Sigmund-Freud-Institut

Weitere Enttäuschungen erlebte Mitscherlich innerhalb der Frankfurter Universität. Seine Hoffnung, mit dem Wechsel von Heidelberg in die Nachbarschaft Adornos und Habermas' die in Heidelberg so oft beklagte Verständnislosigkeit der Kollegen gegenüber der Psychoanalyse gleichsam zurückzulassen, hatte sich nicht bewahrheitet. Was in Heidelberg die konservative Psychiatrie gewesen war, trat ihm in Frankfurt in Gestalt der Psychologen gegenüber, mit denen sein Lehrstuhl organisatorisch zusammengespannt war. Insbesondere mit Fritz Süllwold, mit dem zusammen er das »Institut für Psychologie II« bildete, geriet Mitscherlich immer häufiger aneinander. Der Konflikt wurde durch die gespannte Atmosphäre der zerfallenden und sich in Teilen radikalisierenden Studentenbewegung noch verschärft. Süllwold kritisierte die zunehmende Disziplinlosigkeit und ideologische Überformung der wissenschaftlichen Arbeit, Mitscherlich stellte sich vor die Studierenden. Mitscherlichs Temperament tat sein Übriges. Die Ablehnung, die Süllwold von Seiten der Studenten erfuhr, führte Mitscherlich auf dessen »Selbstgerechtigkeit« und »Streitsucht« zurück und darauf, dass man es, »zur Kooperation mit Ihnen gezwungen, einfach angesichts Ihres allwissenden Lächelns nicht mit Ihnen aushalten kann«[86].

Das Porzellan war insofern schon weitgehend zerschlagen, bevor Mitscherlich 1972/73 in die USA ging. Als er zurückkehrte, hatte sich die Situation in doppelter Weise zugespitzt. Der revolutionäre Elan der Stu-

---

85 Mitscherlich, Unwirtlichkeit, S. 516.
86 Mitscherlich an Süllwold, 15.6.1972, AMA IIa, 29a.

ABSCHIED VON UNIVERSITÄT UND SIGMUND-FREUD-INSTITUT

dierenden war nicht erlahmt, sondern hatte sich in Abwesenheit Mitscherlichs verschärft. Peter Kutter, der 1973 nach Frankfurt wechselte, erinnert sich an »chaotische Zustände«, die er dort antraf. Das Institut

> »war praktisch in der Hand einiger weniger, aber politisch sehr aktiver Studenten und der nicht weniger politisch aktiven Sekretärin. Sie hielten im ›Tutorenraum‹ des Instituts [...] regelmäßig sogenannte ›Mitarbeiterbesprechungen‹ ab, diskutierten permanent die beklagenswerte Situation am Fachbereich mit ihrer Professorenmehrheit und zielten [...] auf Drittel-Parität von Professoren, Mitarbeitern und Studenten. Alle waren von der Psychoanalyse als Mittel, die Gesellschaft progressiv zu verändern, erfüllt. Feindbild waren die ›borniertenʿ Professoren des Instituts für Psychologie. Mit einigen fortschrittlichen Kräften des Instituts für Pädagogische Psychologie wurde koaliert. Es wurden Pläne geschmiedet, die gesamte akademische Psychologie psychoanalytisch zu ›unterwandern‹ bzw. ihr alternativ eine psychoanalytische Psychologie an die Seite zu stellen [...]. Die politische Richtung war, durch die Zugehörigkeit einiger der studentischen Aktivisten zu den damals sogenannten ›K-Gruppen‹ kommunistisch, zumindest sozialistisch. Sympathien zur RAF wurden nicht verhüllt, sondern offen gezeigt.«[87]

Daneben war im Zuge der Hochschulreform von 1972/73 die philosophische Fakultät zerschlagen und in Fachbereiche aufgeteilt worden, was zur Folge hatte, dass aus Mitscherlichs Lehrstuhl jetzt das lang ersehnte Institut für Psychoanalyse geworden war. Das war einerseits positiv, andererseits ein Danaer-Geschenk, wie Ludwig von Friedeburg freimütig zugab[88], weil dieses Institut von nun an unter der Dominanz der Psychologie und der pädagogischen Psychologie zu leiden hatte.[89] Mitscherlich war vor diesem Hintergrund nicht unglücklich, dass Ludwig von Friedeburg ihm nach der Rückkehr aus Kalifornien zu seinem 65. Geburtstag am 20. September 1973 die Emeritierungsurkunde überreichte.[90]

Auch im Sigmund-Freud-Institut war in den frühen 1970er Jahren die Euphorie der Anfangsjahre verflogen, ohne dass allerdings im Gegenzug die Arbeit auf organisatorisch und methodisch feste Beine gestellt worden wäre. Mitscherlich hatte mehrmals versucht, die experimentelle und individualistische Arbeit der Mitarbeiter zu fokussieren und verbindliche Orientierungen herbeizuführen. Schon im November 1965 hatte er die

---

87 Kutter, Stachel, S. 471.
88 Persönliche Mitteilung an Kutter: Ebenda, S. 470.
89 Vgl. im Einzelnen: Ebenda, S. 467 ff.
90 Mitscherlich an Witzleben, 5.10.1973, AMA II.

ABSCHIEDE

inzwischen vertrauten internationalen Gäste zum gemeinsamen Nachdenken über *Methodenprobleme der psychoanalytischen Forschung. Planung, Dokumentation, Verifikation*[91] in Frankfurt versammelt. Es ging ihm darum, die Frage einer sozialpsychologischen Anwendung der Psychoanalyse auf die Gesellschaft zu diskutieren. Doch die Debatten drehten sich im Kreis. Die internationalen Gäste zeigten sich wenig aufnahmefähig für die psychoanalytische Gesellschaftskritik nach Mitscherlichs Vorbild und blieben in althergebrachter Manier an der Diskussion einzelner Beispielfälle aus eigener Analysearbeit hängen.

Mitscherlichs Hoffnung auf Unterstützung durch die psychoanalytischen Autoritäten wurde enttäuscht. Ein Ausschnitt aus dem Wortprotokoll der Tagung illustriert die Ratlosigkeit: Mitscherlich: »Wenn die Gesellschaft so desorientiert ist, was können wir dann zur Reorientierung tun? Haben Sie einen Vorschlag?« Eissler: »Nein, ich bin ganz verzweifelt.« Mitscherlich: »Also dann können wir gemeinsam verzweifeln.« Eissler: »Entschuldigen Sie, aber ich bin hergekommen, um von Ihnen zu hören, was wir machen können.«[92] Den Einwand seiner Lehranalytikerin Paula Heimann, man bewege sich als Analytiker auf dem Gebiet der Soziologen unausweichlich als Dilettant, ließ Mitscherlich nicht gelten: »Wir tun es als Dilettanten. Völlig klar. Wenn wir aber in diesem Fall nicht wagen, mit etwas Dilettantischem anzufangen, dann werden wir ewig den Problemen der Welt aus dem Wege gehen.« Trotz solch wenig zielführender Debatten konnte Mitscherlich immerhin stolz vernehmen, dass die offenen Diskussionen in Frankfurt, die weit über die üblichen analytischen Fallbesprechungen hinausgingen, von den ausländischen Gästen sehr geschätzt wurden. Martin Wangh bemerkte anerkennend, solche Diskussionen könnten zum Vorbild werden, man habe das Gefühl: »Jetzt fangen wir an, die Provinz zu werden. Wir sind in New York vielleicht in einer engen Orthodoxie, die eine Furcht ausdrückt, und die dann hier vielleicht einen Durchbruch erreicht.«

Doch in Frankfurt blieb das Verhältnis zwischen Psychoanalyse und Soziologie jenseits individueller Kooperationen ungeklärt. Mitscherlich versuchte diesem Missstand durch eine Validierung des psychoanalyti-

---

91 Unterlagen zur Tagung »Methodenprobleme der psychoanalytischen Forschung. Planung, Dokumentation, Verifikation« im Sigmund-Freud-Institut, Frankfurt am Main, 26.-28.11.1965, AMA IIa, 18.
92 Wortprotokoll der Tagung »Methodenprobleme der psychoanalytischen Forschung. Planung, Dokumentation, Verifikation« im Sigmund-Freud-Institut, Frankfurt am Main, 26.-28.11.1965, AMA VIII, 28, hier V, S. 6; die folgenden Zit.: S. 37.

schen Handelns – und das hieß in erster Linie: des Deutens der Äußerungen der Patienten – abzuhelfen. Über mehrere Jahre hinweg versammelte er wöchentlich alle Mitarbeiter, um im Gespräch belastbare Aussagen über Voraussetzungen, Art und Folgen psychoanalytischer Deutungsarbeit zu erarbeiten.[93] Doch die Gruppe gelangte, wie sich mehrere Beteiligte erinnern, nicht zu einer gemeinsamen Theorie des Deutungsprozesses.[94] Man war getragen von dem zeitgenössischen Selbstbewusstsein, die eigene hermeneutische Wissenschaft nicht den Regularien des erkenntnistheoretischen Positivismus unterwerfen zu müssen, wie es auch Adorno für die Sozialwissenschaft geltend machte – aber der Mut, sich aus den herrschenden wissenschaftstheoretischen Kategorien zu lösen, trug keine Früchte. Auch im »Deutungsprojekt« kam man über die gemeinsame Diskussion von Fallbeispielen aus der Analysepraxis einzelner Beteiligter nicht wirklich hinaus.[95] 1969 wurde eine »Index-Gruppe« damit beauftragt, die im Deutungsprojekt gewonnenen Einsichten in schriftlicher Form zu systematisieren. Schon nach kurzer Zeit gab die Gruppe auf. Die damals beteiligte Ingrid Vogel zitiert aus dem Abschlussbericht der Gruppe: »Wir müssen uns darüber klar werden, [...] wo die Wissenschaft in Kunst übergeht.«[96] Das Deutungsprojekt wurde zum Jahreswechsel 1969/70 aufgegeben – zurück blieb der Eindruck des Scheiterns.

So existierten die soziologische und die klassisch psychoanalytische Arbeit im Sigmund-Freud-Institut in den frühen 1970er Jahren nebeneinander. Eine Integration, wie sie Mitscherlich in seinen sozialpsychologischen Schriften vollzog, gelang auf institutioneller Ebene kaum.[97] Karola Brede erlebte das Institut als »Experimentierfeld, [...] das den Beteiligten – den Beruf des Psychoanalytikers teilweise als Autodidakten aufnehmende Ärzte und Psychologen, hochschulangehörige Psychologen und Sozialwissenschaftler – persönlichen Einsatz unter Bedingungen eines ungewissen Ausgangs abverlangte«[98]. Mitscherlich wusste aus diesem Dilemma keinen Ausweg. Immerhin war die Integration von Psychoanalyse und Soziologie einst als eine der wichtigsten Aufgaben des nach seinen wissenschaftlichen Vorlieben institutionell geordneten Insti-

93 Unterlagen zum »Deutungsprojekt«: AMA VIII, 65.
94 Brede, Deutungsprojekt, S. 421.
95 Ebenda, S. 430 f.
96 Bericht der Index-Gruppe des Deutungsprojekts, 11.12.69, zit. nach: Vogel, Bilder.
97 Mitscherlich-Nielsen, Gespräch, S. 397.
98 Brede, Mitscherlich, S. 80.

tuts beschrieben worden. Möglicherweise müsse man, so grübelte er 1969, sich in der Tat praktisch »aneinander abarbeiten« – und fügte hinzu: »Wir hatten es uns alle leichter vorgestellt.«[99] Sein Mitarbeiter Klaus Horn machte in diesem Zusammenhang allerdings darauf aufmerksam, dass auch Mitscherlich selbst die theoretische Fundierung seiner Sozialpsychologie fernlag. Sie bereitete ihm, »wenn man Ernst machte, zu viele methodische und methodologische Probleme; sie strapazierte seine sympathische Ungeduld, hier und jetzt etwas zur Verbesserung des menschlichen Lebens beitragen zu wollen. Erst Mitarbeiter, denen er den Weg geebnet hat, griffen diese Fragen auf.«[100]

Auch Mitscherlichs öffentliche Präsenz stieß innerhalb des Instituts nicht mehr auf ungeteilte Begeisterung. Margarete Mitscherlich-Nielsen erinnert sich an Unmutsäußerungen zu den öffentlichen Eskapaden des Chefs, namentlich über die Fernanalyse Rainer Barzels, aber auch über die Kritik an der »Unwirtlichkeit« der Städte. Selbst über die *Unfähigkeit zu trauern* sei es leichter gewesen mit ausländischen Gästen ins Gespräch zu kommen als mit den Institutsangehörigen.[101] Mitscherlich galt vielen im eigenen Haus nicht als wahrer Psychoanalytiker, er schien seine Kompetenzen regelmäßig zu überschreiten. In dieser Einschätzung waren sich Mitscherlichs heimliche Kritiker nach Einschätzung Margarete Mitscherlich-Nielsens einig mit der Mehrheit der internationalen Psychoanalytiker, die zwar kein Desinteresse an der NS-Vergangenheit, wohl aber Desinteresse an anderen gesellschaftlichen Problemen goutierten.[102] Die Rolle des gesellschaftskritischen, »öffentlichen« Psychoanalytikers der Bundesrepublik übernahm seit den 1970er Jahren zunehmend Horst-Eberhard Richter. Innerhalb des Sigmund-Freud-Instituts war es vor allem Klaus Horn, der der sozialpsychologischen Abteilung durch seine eigene wissenschaftliche Arbeit und zahlreiche Publikationen ein eigenes und explizit gesellschaftskritisches Profil verschaffte.[103]

1976 zog sich Mitscherlich, gesundheitlich bereits angeschlagen, auch von der Leitung des Sigmund-Freud-Instituts zurück. Es war eine schmerzhafte Erfahrung. Als er aus dem Ferienhaus in Italien, das die Mitscherlichs seit 1973 besaßen, nach Frankfurt zu seiner Abschiedsfeier zurückkehrte, »war sein Zimmer ausgeräumt. Bücher, die ihm gehörten,

99   Mitscherlich an Hümpel, 13.2.1969, AMA I, 2489.2.
100 Horn, Klaus: Der Bürger Mitscherlich. In: Frankfurter Allgemeine Zeitung, 28.6.1982.
101 Mitscherlich-Nielsen, Gespräch, S. 405 f.
102 Ebenda, S. 406.
103 Horn, Anmerkungen; ders.: Aggression; ders.: Beteiligungschancen.

lagen ungeschützt im Flur des Instituts. Ein paar Tage später im Oktober bei seinem Abschiedsfest war er nicht mehr zuhause in seinem Zimmer. Das war für ihn sehr schmerzlich, wahrscheinlich auch der Grund dafür, daß er es vorzog, seinen 70. Geburtstag in St. Gallen und nicht in Frankfurt zu feiern.«[104] Mitscherlich reagierte auf das Gefühl, nicht mehr gebraucht und nicht mehr gewollt zu werden, »unerwartet heftig depressiv«[105]. Verstärkend wirkte das Leiden unter dem schnellen Alterungsprozess. Zu einer Reihe von Operationen, denen er sich unterziehen musste, kam hinzu, dass er an der Parkinson'schen Krankheit litt. Seine Frau, mit der er seit mehr als 20 Jahren eine »Denkgemeinschaft« bildete, reagierte zuweilen ungeduldig auf Mitscherlichs rapide nachlassende Schaffenskraft.[106]

Nachfolger als Leiter des Sigmund-Freud-Instituts wurde Mitscherlichs langjähriger Mitarbeiter Clemens de Boor, unter dessen Führung der Stern des Instituts allerdings rapide sank. Die öffentliche Wahrnehmbarkeit des Instituts kam mit Mitscherlichs Abschied an ein plötzliches Ende, auch weil de Boor in den Kämpfen um zunehmend knapper werdende öffentliche Gelder einen pragmatischen Kurs steuerte und den praktischen Nutzen der Psychoanalyse zu erweisen suchte.[107] Das Unbehagen mancher Analytiker an der sich daraus ergebenden »Medizinalisierung« des Instituts artikulierte sich 1983 und 1984 in zwei kritischen Publikationen[108], die auch auf reges Interesse stießen, auf kurze Frist aber keine Wende herbeiführten. Edith Kurzweil diagnostizierte mit einem Blick zurück auf Mitscherlich: »Dennoch gibt es noch nicht allzu viele, die am Morgen analysieren und am Nachmittag Gesellschaftskritik betreiben – eine Praxis, die auf deutschsprachige, linksorientierte Freudianer beschränkt zu sein scheint.«[109]

Bilanzen

Die hier angesprochene Medizinalisierung und Entpolitisierung der bundesdeutschen Psychoanalyse ist des Öfteren beklagt worden. Im Rückblick wird man dem Eindruck der Zeitgenossen, es habe sich in den

104 Mitscherlich-Nielsen, Gespräch, S. 407.
105 Mitscherlich, Leben, S. 307 f.
106 Lohmann, Mitscherlich, S. 115 f.; Mitscherlich, Leben, S. 308 f.
107 Mitscherlich-Nielsen, Gespräch, S. 408 ff.
108 Lohmann, Unbehagen; ders., Psychoanalyse.
109 Kurzweil, Freudianer, S. 525.

1970er und 1980er Jahren ein Desinteresse der Zunft an gesellschaftspolitischen Fragen ausgeprägt, entgegenhalten müssen, dass die Politisierung der Psychoanalyse in der Bundesrepublik in den 1960er Jahren nicht die Normalität war, von der man schließlich abwich, sondern ihrerseits eine singuläre Entwicklung der Nachkriegszeit. Sowohl die amerikanische als auch die deutsche Psychoanalyse der Nachkriegszeit war keine auf Freud bezogene Wissenschaft der Kultur- und Gesellschaftskritik mehr. Im amerikanischen Exil hatten die Pioniere der Psychoanalyse die Lehre Freuds unter Zurücklassung ihres kulturkritischen Impetus anschlussfähig für moderne Psychologie, Soziologie und Medizin gemacht. In Deutschland hatte im Berliner Göring-Institut eine politisch und moralisch schwer beschädigte Psychoanalyse den Nationalsozialismus überdauert. Daneben existierte eine philosophisch beeinflusste »Daseinsanalyse«, die ebenfalls keine Zukunft hatte.

Es war Mitscherlichs Wirken, das der bundesdeutschen Psychoanalyse ein klar freudianisches Profil einerseits und einen dezidiert gesellschaftskritischen Anspruch andererseits gab. Beides hatte international wenig Entsprechungen. Der Schweizer Analytiker Paul Parin, einer der wenigen, die Mitscherlichs Position teilten, hat darauf hingewiesen, dass auf den Kongressen der IPV von 1965 und 1967 unter 50 Beiträgen kein einziger zum Vietnamkrieg gewesen sei und es ihm und Mitscherlich nur mit Mühe gelang, 1969 über »Protest und Revolution« diskutieren zu lassen. Und das, obwohl das psychoanalytische Vokabular zu diesem Zeitpunkt gesellschaftlich bereits so breit rezipiert war, dass »Wissenschaftler, Künstler, Schriftsteller und Journalisten, eine ganze intellektuelle Welt« Gesellschaftskritik ganz selbstverständlich mittels psychologischer Kategorien vollzogen.[110]

Die Psychoanalyse in der Bundesrepublik, von ihrer prägenden Gestalt Mitscherlich in diesem Sinne als Gesellschaftswissenschaft interpretiert, geriet in den späten 1960er Jahren in den Sog des Interesses der Protestbewegung Freuds Lehre – als neben dem Marxismus wichtigste vom Nationalsozialismus abgeschnittene Geistestradition – trat einer neuen Generation als verheißungsvolle Geheimlehre gegenüber. Deren Interesse richtete sich allerdings nur im Sinne einer instrumentellen Aneignung auf die Klassiker psychoanalytischer Literatur – im Vordergrund stand die Frage, was die Psychoanalyse zur Kritik an den herrschenden Verhältnissen beitragen konnte. Die Antworten wurden nicht bei Freud, sondern bei Erich Fromm, Herbert Marcuse und vor allem bei Wilhelm

---

110 Parin, Psychoanalytiker, S. 35f.

Reich gesucht.[111] Viele derer, die sich in den 1960er Jahren für die Psychoanalyse interessierten, gingen deshalb nicht den mühsamen Weg der unter anderem vom Sigmund-Freud-Institut bereitgestellten psychoanalytischen Ausbildung, sondern »lasen schnell hier und dort in die psychoanalytische Literatur hinein und übten sich unverzüglich in einem dilettantischen wechselseitigen Herumanalysieren in ihren Kommunen und WGs. Einander in allem Tun und Reden zu deuten, vor allem zur Entwaffnung von Kontrahenten, wurde zum Gesellschaftssport in der linken Szene.«

Auf der institutionellen Ebene hatte die »one man army« Mitscherlich die Verankerung der Psychoanalyse in der Bundesrepublik wesentlich vorangebracht. Zog er aber in den 1970er Jahren Bilanz, so war eine erneute Ausdifferenzierung in verschiedenste psychoanalytische und psychotherapeutische Schulen und Lehren eingetreten, die seiner Orientierung an der reinen Lehre Freuds widersprach. Der in den USA längst vollzogene Prozess der Einpassung der Psychoanalyse als Therapieform in die medizinischen und sozialpolitischen Strukturen vollzog sich jetzt auch in der Bundesrepublik. Und wie in den USA war der Preis für die gesellschaftliche und politische Akzeptanz die Entpolitisierung und Ausdifferenzierung. Horst Eberhard Richter, der diese Entwicklung – aus einer Minderheitenposition heraus – bedauerte, bilanzierte: »Die Gesellschaft reagierte weniger beunruhigt, aber die Psychoanalyse hatte auch nicht mehr viel Beunruhigendes zu bieten.«[112] So konnte 1978 auf dem Ärztetag der Zusatztitel »Psychoanalyse« verabschiedet werden, ohne dass es auch nur im entferntesten zu ähnlichen Auseinandersetzungen gekommen wäre wie auf dem Ärztetag von 1956 um den Zusatztitel Psychotherapie.[113] Mit der Einführung eines Facharzttitels für psychotherapeutische Medizin 1992 war dann die Psychoanalyse endgültig als Behandlungsform innerhalb der Medizin etabliert – allerdings nur noch als eine Behandlungsform unter vielen.[114]

111 Insbesondere Reichs Lehre der sexuellen Befreiung als Voraussetzung der gesellschaftlichen Befreiung wurde zum Kernelement der Selbstverständigung der Protestbewegung. Als Raubdruck und ab 1966 in einer Neuauflage kursierte: Reich, Revolution. Vgl. zu diesem Punkt auch: Richter, Vorwort, S. 15; dort auch das folgende Zit.
112 Ebenda, S. 16. Vgl. auch: Bruns, Selbstbehauptung.
113 Moersch, Berufspolitik, S. 440. Zur Geschichte der Integration der Psychoanalyse in das Medizin- und Kassensystem der Bundesrepublik siehe weiterhin: Moeller, Psychoanalyse; sowie: Dührssen, Bewegung, S. 228 ff.
114 Fischer/Fischer/Otto, Chronologie, S. 458 f.

ABSCHIEDE

So stand Mitscherlich in den 1970er Jahren im Mittelpunkt widerstrebender Entwicklungen. Die Psychoanalyse blieb letztlich unberührt von dem kurzfristigen gesellschaftspolitischen Interesse, das ihr in den späten 1960er Jahren entgegengebracht worden war, und formierte sich nicht, wie von ihm erhofft, zu einer Wissenschaft kollektiver Selbsterkenntnis, die in der Lage gewesen wäre, eine gesellschaftskritische Wirkung zu entfalten. Gleichzeitig aber stand Mitscherlich nicht nur national mit seiner orthodoxen freudianischen Orientierung in einer psychoanalytischen Landschaft allein, die sich immer mehr funktionalisierte und in vielerlei therapeutische Richtungen ausdifferenzierte.[115] Von der psychoanalytischen Zunft wurden in den 1970er Jahren deshalb gleich beide Pole des Wirkens von Alexander Mitscherlich kritisch beäugt: Weder seine orthodoxe freudianische Orientierung noch sein gesellschaftskritischer Elan schienen mehr in die Zeit zu passen.

Diese Bemerkungen sollen Mitscherlichs Verdienste um den Wiederaufbau der Psychoanalyse nach 1945 nicht schmälern. Das, was institutionell – und langfristig auch personell – an Psychoanalyse in der Bundesrepublik existiert, ist ganz wesentlich ihm zuzuschreiben. Dies gilt auch für die Möglichkeit, die Werke Freuds überhaupt zur Kenntnis zu nehmen: Seit den 1950er Jahren verfolgte Mitscherlich beharrlich das Ziel, sowohl internationale psychoanalytische Literatur als auch Freuds gesammelte Schriften auf den Buchmarkt der Bundesrepublik zu bringen. Dabei hatten sich die Übersetzungen internationaler psychoanalytischer Literatur, die Mitscherlich seinem Verleger Klett oft genug gegen dessen Widerstreben ans Herz gelegt hatte, zunächst als kaum verkäuflich erwiesen[116], so dass die psychoanalytische Sparte bei Klett 1968 eingestellt wurde.[117]

Als Mitscherlich seit 1965/66 Ähnliches im Suhrkamp-Verlag versuchte[118], waren die Zeichen der Zeit günstiger und das Publikumsinteresse erheblich größer. Mitscherlich erreichte schließlich sein Ziel mit der wesentlich von ihm koordinierten Reihe *Literatur der Psychoanalyse,* in der zwischen 1970 und 1982 eine Reihe von Klassikern psychoanalytischer Literatur, aber auch Arbeiten jüngerer Analytiker veröffentlicht wurden. Die Reihe bildete damit ein Gegengewicht zu der Flut populärwissenschaftlicher psychoanalytischer und psychologischer Literatur, die den »Psycho-Boom« der 1970er Jahre begleitete. Noch wichtiger aber war Mitscherlichs unermüdliches Bemühen um eine deutsche Gesamtausgabe

115 Vgl.: Ehebald, Fahrt, S. 124.
116 Korrespondenz Mitscherlich/Klett, 1965/66, AMA I, 1409.
117 Aktennotiz über Besprechung Mitscherlich/Klett, 9.2.1968, AMA I, 1409.157.
118 Mitscherlich an Klett, 22.2.1968, AMA I, 1409.158.

der Schriften Sigmund Freuds, die er schließlich ab 1969 im Fischer-Verlag herausgeben konnte.[119]

Eine weitere aus Mitscherlichs Sicht ambivalente Entwicklung war die Modernisierung der Psychiatrie in der Bundesrepublik, die sich – nach langem Vorlauf in den 1950er und 1960er Jahren[120] – in den 1970er Jahren allenthalben bemerkbar machte. 1969 hatte Mitscherlich im *Spiegel*[121] noch innerhalb seiner alten Argumentationsmuster gegen die Verständnislosigkeit der Psychiater gegenüber der Psychoanalyse wettern können. Die Psychiatrie, so gab er an, sei lediglich »ein wenig freundlicher geworden, nicht weil sie selbst sehr viel weiter gekommen wäre, sondern weil es der Chemie gelungen ist, Drogen zu finden, die sogenannten psychotropen Drogen, mit denen man in der Tat Abläufe psychotischen Geschehens abkürzen oder abschwächen kann«. Innerhalb der Psychiatrie hatte sich seit den 1950er Jahren allerdings mehr entwickelt als nur eine neue Freundlichkeit. Es war aber für Mitscherlich nicht leicht zuzugestehen, dass der Psychoanalyse, die binnen weniger Jahre viel von ihrer Strahlkraft eingebüßt hatte, eine Psychiatrie gegenüberstand, die dabei war, sich an Haupt und Gliedern zu erneuern.

Mitscherlich kam damit sein Lieblingsgegner abhanden: Der rückständige, lediglich eine »Organmedizin« vertretene Psychiater, in dessen Person sich oftmals die problematische Verstrickung seiner Zunft in die NS-Medizinverbrechen und das ignorante Desinteresse gegenüber der Psychoanalyse trafen, war abgetreten. Die Psychiatrie der 1970er Jahre war wesentlich geprägt durch Figuren wie Heinz Häfner, Jahrgang 1926, der selbst bei Margarete Mitscherlich-Nielsen analysiert worden war und mit dem sich Mitscherlich schon solidarisiert hatte, als Häfner als junger Assistent Walter Ritter von Baeyers nach Heidelberg kam. Vor allem aus dessen Klinik waren auch seit den 1950er Jahren wichtige Modernisierungsimpulse für die Psychiatrie ausgegangen.[122] Diese Entwicklung war allerdings nicht, wie von Mitscherlich erhofft, über die Integration der Psychoanalyse in Schwung gekommen, sondern hatte ihren Ausgangspunkt im blanken Entsetzen, das die jüngeren Psychiater angesichts der men-

119 Mitscherlich, Alexander u. a. (Hrsg.): Sigmund Freud. Studienausgabe in 10 Bänden, Frankfurt 1969 ff. Siehe auch: Grubrich-Simitis, Freud-Ausgaben; sowie dies.: Dokumente.
120 Vgl. ausführlich: Kersting, Hypothek.
121 Mitscherlich, Alexander: Teufel noch mal, das haben sie nicht gern. Interview über die Lage der Psychoanalyse in der Bundesrepublik. In: Der Spiegel 21 (1967), Heft 52, S. 125-132.
122 Kulenkampff, Erkenntnisinteresse, S. 129.

schenunwürdigen Aufbewahrungs- und Disziplinierungspsychiatrie der Nachkriegszeit empfanden. Wissenschaftlich wurde die lange vorherrschende Arbeitstherapie in den 1950er und 1960er Jahren durch tastende Versuche einer Gesprächstherapie überwunden, was immerhin die Revision des traditionellen psychiatrischen Grundverständnisses von einer prinzipiellen Unverstehbarkeit des psychisch Kranken bedeutete.[123] Die amerikanische Entwicklung einer psychoanalytisch orientierten Psychiatrie wurde in der Bundesrepublik kaum rezipiert.[124] Stattdessen stand das Bestreben im Mittelpunkt, die Situation der Kranken konkret zu verbessern. Heinz Häfner erinnert sich: »Karl-Peter Kisker, mein oberärztlicher Kollege an der Heidelberger Klinik, Caspar Kulenkampff und ich wurden zu einer ›Verschwörergruppe‹, die den psychisch Kranken eine bessere Zukunft ermöglichen wollte.«[125] Die ersten Ergebnisse dieses moralisch begründeten Modernisierungskurses waren an vielen psychiatrischen Kliniken entstehende Netze von sozialpsychiatrischen Einrichtungen wie Übergangsheime, Tages- und Nachtkliniken, Patientenclubs und vor allem Weiterbildungsmöglichkeiten für das Pflegepersonal.

1965 startete die Riege der Oberärzte Walter Ritter von Baeyers einen gemeinsamen Anlauf, um eine breite Modernisierung der Psychiatrie durchzusetzen. Sie verfassten eine Denkschrift[126] und wurden mit ihrem Anliegen bei der Bonner Gesundheitsministerin Schwarzhaupt vorstellig. Dort trafen sie auf Wohlwollen, denn die Ministerin stand noch unter dem Eindruck eines Besuchs bei ihrer an Schizophrenie erkrankten Nichte im Bonner psychiatrischen Krankenhaus. Die Bemühungen der Psychiater führten 1970 schließlich zur Einrichtung einer Enquetekommission, die die Lage der Psychiatrie in der Bundesrepublik bilanzieren und Vorschläge zur Verbesserung machen sollte.[127]

Zeitlich parallel bildete sich aus einer Gruppe jüngerer Psychiater der so genannte Mannheimer Kreis. Anstoß für diese Neugründung war einmal mehr ein Generationenwechsel. Der damals beteiligte Manfred Bauer erinnert einen sozialpsychiatrischen Kongress in der Hamburger Klinik über die »Rückkehr der psychisch Kranken in die Gesellschaft« als Erweckungserlebnis. Die Jungen seien plötzlich buchstäblich unter sich gewesen, als der Hausherr Hans Bürger-Prinz »demonstrativ und die Tür

123 Veltin, Reformansätze, S. 104 ff.
124 Kulenkampff, Erkenntnisinteresse, S. 133.
125 Häfner, Psychiatrie-Enquete, S. 128.
126 Ders., Reformen.
127 Ders., Psychiatrie-Enquete, S. 131.

hinter sich zuknallend« die Veranstaltung verließ, nachdem ein Hamburger Medizinstudent eigene Untersuchungsbefunde referierte, »die für die Hamburger Universitätsklinik belegten, daß die Art des diagnostischen und therapeutischen Umgangs mit Patienten abhängig war von deren Schichtzugehörigkeit«[128]. Aus dem Mannheimer Kreis entstand eine Modernisierungsbewegung in der Psychiatrie, die schließlich in der Gründung einer eigenen Gesellschaft, der »Deutschen Gesellschaft für soziale Psychiatrie« (DGSP), mündete.[129] Deren Vorsitzender wurde Caspar Kulenkampff, der gleichzeitig auch die Enquetekommission des Bundestages leitete.

Eine solcherart reformwillige Psychiatrie hätte Alexander Mitscherlich gefallen können, denn die Enquetekommission beschönigte die Lage keineswegs und legte die haarsträubenden Zustände in der Psychiatrie offen.

»Der Zustand der Fachkrankenhäuser wurde [im Zwischenbericht der Kommission von 1973, T.F.] als ›brutale Realität‹ gebrandmarkt. 59 % der Kranken waren mehr als zwei Jahre und 39 % in Räumen mit elf oder mehr Betten untergebracht. Den Kranken, die dort viele Jahre zu fristen hatten, stand oftmals nur eine Schachtel unter dem Bett oder ein Spind auf dem Korridor zur Verfügung. Unvorstellbar dünn waren auch die Personaldecke und die fehlenden Möglichkeiten der Nachsorge. Im Mittel stand ein Sozialarbeiter für 715 und eine Beschäftigungstherapeutin für 740 Aufnahmen zur Verfügung.«[130]

Gleichwohl fühlten sich Mitscherlich und Horst Eberhard Richter, der die Interessenvertretung der Psychoanalyse innerhalb der Enquetekommission zu seiner Sache machte, von der Front der Psychiater aufs Neue marginalisiert. Diese schienen nach wie vor die Psychotherapie unter Bezugnahme auf die Situation in den USA samt und sonders als Teil der Psychiatrie zu verstehen. Richter und die DGPT protestierten 1973 dagegen, nicht offiziell als Verhandlungspartner in die Enquetekommission integriert zu sein. Als Konsequenz forderte Richter die Einsetzung einer eigenen Enquetekommission für die Psychotherapie. Diese Forderung wurde mit einem Kompromiss aufgefangen: Die bestehende Enquetekommission wurde um fünf Arbeitsgruppen und ein eigenes Koordinationsgremium für die Psychotherapeuten erweitert.[131]

128 Bauer, Reform, S. 156.
129 Ebenda, S. 157.
130 Häfner, Psychiatrie-Enquete, S. 135.
131 Ebenda.

Die Empfehlungen des Schlussberichts der Enquetekommission[132] entsprachen im Wesentlichen den Zielen der Reformpsychiatrie und führten in der Folge zu einer wesentlichen Modernisierung der Psychiatrie. Fortschritte wurden erzielt in Hinblick auf gemeindenahe Versorgung, Ausweitung der Fortbildung des Personals und der Gleichstellung von körperlich und seelisch Kranken. Die Situation der zuvor als »unheilbar« klassifizierten Patienten blieb allerdings weiterhin prekär, und allzu hochfliegende Hoffnungen auf Schließung der großen psychiatrischen Kliniken zugunsten einer gemeindenahen Versorgung in Krankenhäusern wurden enttäuscht.[133] Die von den Psychoanalytikern und Psychotherapeuten formulierten Reformforderungen und Vorschläge waren zwar in den Schlussbericht der Kommission integriert, fanden aber wenig öffentliches und politisches Gehör. Damit war Mitscherlichs Vision, die rückständige Nachkriegspsychiatrie würde eines Tages von einer breit aufgestellten psychoanalytisch fundierten, psychosomatischen Medizin überrundet, hinfällig geworden. Die Modernisierung der Psychiatrie hatte sich weitgehend an der Psychoanalyse vorbei vollzogen.

1977 musste sich Alexander Mitscherlich einer Operation an der Leiste unterziehen. Es mutet wie eine bittere Ironie der Geschichte an, dass er dabei – in der Obhut der »Organmedizin« – ein »schweres physisches und psychisches Trauma« erlitt. Obwohl er im Vorfeld auf seine »zerebralen Altersbeschwerden« hingewiesen hatte, wurden ihm nachts schwere Beruhigungsmittel verabreicht. »Meine Frau, die die ersten beiden Nächte die Wache bei mir übernommen hatte, fand mich am dritten Morgen [...] in kaum noch ansprechbare[m] Zustand.«[134] Mitscherlich stellte in seinen Memoiren bitter fest: »Die Folgen der Narkose und die anschließenden schweren Beruhigungsspritzen hat mein nicht mehr junges Gehirn bis heute nicht ganz überwunden. Es gab einen deutlich sichtbaren Bruch zwischen meinem Zustand, wie er vor und wie er nach der Narkose aussah.«

Nur selten fand Mitscherlich von nun an noch zu alter geistiger Präsenz zurück.[135] Freunde und Bekannte halfen ihm und Margarete Mit-

---

132 Bericht über die Lage der Psychiatrie in der Bundesrepublik Deutschland – Zur psychiatrischen und psychotherapeutisch/psychosomatischen Versorgung der Bevölkerung. Deutscher Bundestag, 7. Wahlperiode, Drucksache 7/4200 und 4201, Bonn 1975.
133 Aktion Psychisch Kranke, Psychiatrie-Enquete; Bauer, Nervenkraft; Bühring, Psychiatrie-Reform.
134 Mitscherlich, Leben, S. 309 f.; das folgende Zit.: S. 310 f.
135 Lohmann, Mitscherlich, S. 117 f.

scherlich-Nielsen, die folgende Zeit zu bewältigen, in der Mitscherlich mit Hilfe Herbert Wiegandts seine Memoiren verfasste und, solange es ihm noch möglich war, an Veranstaltungen teilnahm und seine Korrespondenz pflegte. Es blieb aber auch Bitterkeit zurück. Margarete Mitscherlich-Nielsen erinnert sich: »Als eine öffentliche Diskussion im Radio mit ihm stattfinden sollte, war man im Institut mehr darum besorgt, blamiert zu werden, als daß man ein bißchen Güte aufgebracht hätte und geholfen hätte.«[136]

Die öffentliche Figur Mitscherlich war seit Mitte der 1970er Jahre mehr und mehr verstummt. Ein letztes Mal sahen ihn die Deutschen, als Anfang 1979 der amerikanische mehrteilige Spielfilm »Holocaust« im deutschen Fernsehen gezeigt wurde. Der Film, der die fiktive Geschichte einer jüdischen Familie im Dritten Reich erzählt, markierte eine Zäsur in der Auseinandersetzung mit der NS-Vergangenheit in der Bundesrepublik. Die Deutschen, die zum ersten Mal buchstäblich in die Gaskammern der Vernichtungslager blickten, reagierten tief betroffen. Dem ungeheuren Echo des Publikums entsprechend, wurden nach den in den dritten Programmen ausgestrahlten Folgen Diskussionsrunden eingerichtet: Die Zuschauer konnten telefonisch und schriftlich Fragen stellen und Kommentare abgeben.[137] Am 26. Januar 1979 nahm Mitscherlich an der abschließenden Diskussionsrunde teil und diskutierte mit den Historikern Martin Broszat, Wolfgang Scheffler und Jehuda Bauer, mit der Journalistin und Auschwitz-Überlebenden Renate Harpprecht und dem Literaturkritiker Marcel Reich-Ranicki.[138]

Mitscherlich erlebte diese Diskussion als Demütigung: »Es war offensichtlich, daß es mir nicht so leicht fiel wie in den früheren Jahren, schnell zu formulieren. Was ich zu sagen hatte, schien mir dennoch wichtig genug. Es war für mich deswegen ein besonders niederschmetterndes Erlebnis, daß ich mich sogleich unterbrechen und überfahren lassen mußte. Man ließ mich bei der Sendung buchstäblich keinen Satz zu Ende

---

136 Mitscherlich-Nielsen, Gespräch, S. 407. Es handelte sich wahrscheinlich um die letzte von Mitscherlich bestrittene Radiosendung von 1978: Mitscherlich, Alexander: Leitung der Diskussion über das Thema »Geschichte« in der Reihe »Hauptworte – Hauptsachen« des Hessischen Rundfunks (Walter Boehlich, Michael Stürmer, Reinhart Koselleck und Dieter Wellershoff), 18.4.1978.
137 Vgl. das eilig produzierte Begleitbuch: Märtesheimer, Holocaust.
138 »Anruf erwünscht«. Diskussionssendung des WDR mit Martin Broszat, Jehuda Bauer, Renate Harpprecht, Alexander Mitscherlich, Marcel Reich-Ranicki und Wolfgang Scheffler am 26.1.1979.

sprechen.«[139] Tatsächlich konnten Zuschauer, die Mitscherlich aus den 1960er Jahren kannten und ihn nun zum ersten Mal seit Jahren wieder erlebten, seinen Auftritt mit »wollüstigem Grauen« zur Kenntnis nehmen. Er war plötzlich ein alter Mann »mit zeitlupenhaft verlangsamter Sprache und Gestik«[140].

Mitscherlich saß wach, doch spürbar beeinträchtigt in der Runde, die vor dem Hintergrund einer die ganze Republik ergreifenden Erschütterung in großem Ernst Fragen von Verantwortung und Schuld diskutierte. Während Marcel Reich-Ranicki den Film »Holocaust« engagiert verteidigte und wortreich beklagte, dass dieser nicht von deutscher Seite produziert worden war, gaben sich die anwesenden Historiker Mühe, erste Schneisen in die allzu offenkundige Unwissenheit der Zuschauer über konkrete historische Zusammenhänge zu schlagen. Mitscherlichs Beitrag, eine psychologische Erklärung, wie in Deutschland ein derartiger Massenmord möglich werden konnte, fiel unbefriedigend aus. Das lag nur zum Teil daran, dass er sich in seinen wenigen Wortmeldungen in seinen eigenen Sätzen verlor und zu keinem konzisen Argument vordringen konnte.

Wichtiger war, dass Mitscherlichs Ausführungen über »Grausamkeit«, die sich gegen eine als fremd empfundene Minorität entladen habe, dem Erwartungshorizont der fragenden Zuschauer in ihrer unhistorischen generalisierenden Unschärfe nicht mehr entsprachen. Der Film »Holocaust« provozierte konkrete Fragen nach Schuld und Verstrickung, Widerstand und Verantwortung, die von Mitscherlich nicht beantwortet werden konnten, schon weil Begriffsbildungen wie »Grausamkeit« den erschütternden Bildern des Films nicht entsprachen und weil psychoanalytische Grundannahmen von unbewussten Affekten und Aggressionen in sicherer Entfernung vor der historischen Konkretion haltmachten. Womöglich hätte Mitscherlich sich – wäre er im Vollbesitz seiner Kräfte gewesen – auch auf die nun anbrechende neue Phase der kritischen gesellschaftlichen Diskussion über die NS-Vergangenheit einlassen können, so aber blieb er innerhalb der Grenzen des Sagbaren der ersten Nachkriegsjahrzehnte, die auch das Buch *Die Unfähigkeit zu trauern* seinerzeit nicht überschritten hatte.

In den folgenden Jahren nahmen Mitscherlichs Kräfte immer mehr ab. Hans Martin Lohmann erinnert sich: »Die letzten Jahre Mitscherlichs waren gekennzeichnet von zunehmendem Verlust der Gedächtnis- und

---

139 Mitscherlich, Leben, S. 312.
140 Rutschky, Mitscherlich, S. 710.

Sprachfunktionen, von Phasen der Depression und des Pessimismus. Man konnte ihn zuweilen orientierungslos durch die Straßen irren sehen und mußte dann den Hilflosen behutsam zur Umkehr bewegen. Aber bis zuletzt, solange es die schwindenden Kräfte zuließen, zog Mitscherlich den weißen Arztkittel an, rang er um seine Identität als Arzt und Psychoanalytiker.«[141]

Alexander Mitscherlich starb am 26. Juni 1982 in Frankfurt am Main.

141 Lohmann, Mitscherlich, S. 121.

Schluss

Die Biographie Alexander Mitscherlichs wird als ein *Leben für die Psychoanalyse* erinnert; Mitscherlich selbst schrieb diese Lesart im Titel seiner Erinnerungen fest. Es war eine nachträgliche Deutung, die der Autobiograph damit einem äußerst disparaten Werdegang gab: die psychologische Begradigung eines Lebenslaufs zwischen Medizin, Psychoanalyse und Zeitkritik.

Von Seiten einer poststruktralistischen Kulturwissenschaft ist der historiographischen Gattung der Biographie Ähnliches vorgeworfen worden – dabei anknüpfend an Bourdieus Diktum, die Interpretation eines Lebens »als Abfolge von Ereignissen, die ihren Sinn allein dadurch erhalten, daß man sie auf ein ›Subjekt‹ bezieht, welches wiederum nichts anderes ist als die fiktive Konstanz des Eigennamens«, sei »fast ebenso absurd, wie wenn man versuchen würde, von einer Metrostrecke Rechenschaft abzulegen, ohne die Struktur des Netzes in Betracht zu ziehen«[1]. Zweifellos ist dieser Einwand auch hinsichtlich der Biographie Alexander Mitscherlichs ernst zu nehmen. Seine Lebensgeschichte wäre dann als Addition verschiedener Sinnzusammenhänge und Ereignisketten aufzufassen. Die Schilderung von Mitscherlichs Projekt einer »biographischen Medizin« beispielsweise hätte dann zunächst keinen zwingenden Zusammenhang mit der Rezeptionsgeschichte der *Unfähigkeit zu trauern*, Mitscherlichs Kindheit in Hof wäre analytisch zu trennen von der Ausweitung der Psychoanalyse zur Sozialpsychologie.

Eine solche konsequente Loslösung der Interpretation einer Lebensgeschichte von der »Einheit des Subjekts« ist theoretisch denkbar, praktisch allerdings kaum einzulösen: Sie ist in der Form einer historischen – einheitlichen – Erzählung nicht umzusetzen. Dies wäre allenfalls durch die Übernahme multiperspektivischer Erzählformen möglich, wie sie der moderne Roman kennt. Auf dieses Problem hat schon Jan Eckel zutreffend aufmerksam und überzeugend geltend gemacht, dass es gerade die Chance einer biographischen Geschichtsschreibung sein kann, dem theoretischen Einwand einer »biographischen Illusion« praktisch zu begegnen, indem sie Brüche und Diskontinuitäten eines Lebenslaufs auslotet.[2]

1 Bourdieu, Illusion, S. 111.
2 Eckel, Rothfels, S. 19.

SCHLUSS

Verloren ginge in einer konsequent multiperspektivisch angelegten Biographie auch jener Teil der Autonomie des Subjekts, der sich in der Chronologie eines Lebens in Form von Lernerfahrungen und Umdeutungsprozessen niederschlägt. Insofern muss aus geschichtswissenschaftlicher Perspektive nicht auf der »Autonomie« des Subjekts, aber doch auf dessen »Kohärenz« beharrt werden, die sich aus der Zentralstellung der Person innerhalb verschiedener Sinn- und Diskurszuschreibungen ergibt.

Dies ist auch der theoretische Hintergrund für die eingangs aufgeworfene Frage nach möglichen prägenden Erlebnissen und Erfahrungen, die eine Biographie strukturieren – sie möglicherweise auch in den analytischen Rahmen einer Gruppen- oder Generationenbiographie rücken können. Michael Wildts Definitionsversuch einer gemeinsamen Generationserfahrung der Jahrgänge 1900 bis 1910, denen auch Alexander Mitscherlich angehörte, sei deshalb noch einmal wiederholt: »Zukunft hieß für die Kriegsjugendgeneration, die bis dahin nur Instabilität, Diskontinuität und Zusammenbruch erlebt hatte, vor allem radikale Kritik am bürgerlichen Mummenschanz, an den hohlen Versprechungen liberaler Politiker, hieß Mißtrauen in die Steuerungsmedien bürgerlicher Gesellschaft, wie parlamentarische Demokratie, Gewaltenteilung und durch Gesetz verbürgtes Recht. Zukunft konnte in den Augen dieser Generation nur ein Gegenmodell zum Bestehenden, eine neue, radikal andere Ordnung sein, die ›wahre‹ Gemeinschaft stiftete und dem einzelnen einen verläßlichen Sinn gab.«[3]

Diese Beschreibung enthält augenfällige Parallelen zur Lebensgeschichte Alexander Mitscherlichs. Auch für seine Person lässt sich das Erleben von Instabilität, Diskontinuität und Zusammenbruch der Weimarer Republik als Grunderfahrung benennen. Mitscherlich hat diese Erfahrung tendenziell in eins gesetzt mit der verstörenden Haltlosigkeit und tiefen Verunsicherung, die er in seinem Elternhaus erfuhr, und dies psychoanalytisch vor allem in dem schwierigen Verhältnis zu seinem Vater begründet gesehen. Für Mitscherlich resultierte aus der Erfahrung von Isolation und Instabilität im Persönlichen wie im Politischen eine lebenslange tiefe Unsicherheit einerseits und ein Selbstverständnis als Außenseiter andererseits. Seine Hinwendung zu verschiedenen – sehr unterschiedlichen – Mentorfiguren und die jeweils anschließende, bis zur Feindseligkeit reichende Entfremdung von ihnen hat er selbst aus der fehlgeschlagenen Vater-Sohn-Beziehung erklärt.

3 Wildt, Generation, S. 850.

SCHLUSS

Die politische Dimension, die seiner Nähe zu Ernst Jünger und Ernst Niekisch innewohnte, hat er dagegen nur am Rande thematisiert. Die von ihm selbst als »rechtsradikal« bezeichnete Prägung im Elternhaus und das tiefe Misstrauen gegenüber der demokratischen Staatsform der Weimarer Republik fand in Ernst Jünger ein Medium. Dessen Aura als »Frontkämpfer« und sein antibürgerlicher Heroismus waren das Gegenbild zur scheinbar in selbstgefälliger bürgerlicher Dekadenz zugrundegehenden Weimarer Republik.

Horst Eberhard Richter, obgleich 15 Jahre jünger als Mitscherlich, hat den Zusammenhang zwischen individueller und politischer Orientierungssuche – allerdings bezogen auf die Nachkriegszeit – deutlicher als Mitscherlich formuliert: »Rückblickend finde ich es schon etwas merkwürdig, wie wichtig es mir und vielen anderen jungen Männern meines Alters damals war, väterliche Leitbilder zu finden oder zu vermissen. Hätten wir nicht längst fest auf dem Boden stehen und selber verwirklichen sollen, wonach wir bei den Älteren suchten? [...] Wir unfertigen Jüngeren sahen uns durch die Stagnation der verdrängenden Älteren blockiert. Es war ja kein Zufall, daß niemand aus der Vatergeneration, sondern nur der erzkonservative Großvater Adenauer zur Ausfüllung der Führungsrolle übriggeblieben war.«[4]

Eine dauerhaft stabile Bindung an eine seiner »Mentorfiguren« hat Mitscherlich nie gewonnen. Der jeweiligen Enttäuschung folgte eine radikale, meist unreflektierte Abwendung. Die Motivation der Abkehr war jeweils nicht einer normativen Moral oder einer politischen Prüfung abgerungen. Ernst Jüngers Heroismus entschwand buchstäblich in einem Hauseingang. Ernst Niekisch verschwand mit seiner Verhaftung aus Mitscherlichs Gesichtskreis, Karl Jaspers beging den Fehler, sich gegen die Psychoanalyse auszusprechen, und Viktor von Weizsäcker bot wissenschaftlich nach 1945 keine Anregung mehr. Sein emotional gesteuertes Zugehen auf andere Menschen hat Mitscherlich dennoch nie abgelegt und kaum einmal kritisch hinterfragt. Selbst seine Abneigung gegenüber der erstarkenden NSDAP erklärte er noch in seinen Memoiren nicht politisch, sondern mit dem Gefühl des emotionalen Widerstrebens gegen die Person Hitlers.

Seine Unsicherheit im politischen und persönlichen Urteil überführte Mitscherlich in das Handlungsmuster des Kampfes. Er verwandelte das Gefühl des Ausgestoßenwerdens in Angriffslust, hinter deren emotionalem Überschuss die zugrunde liegende Unsicherheit immer spürbar blieb.

4 Richter, Erinnerungen, S. 100 f.

Mitscherlich antizipierte reale und vermeintliche Bedrohungen und Angriffe geradezu reflexartig, und war stets bestrebt, sich im Konflikt als der Stärkere zu beweisen. Dieser Wesenszug stand in irritierendem Gegensatz zu seiner offenen, entgegenkommenden, bisweilen geradezu entwaffnend naiven Freundlichkeit, die viele Zeitzeugen ihm im privaten Umgang attestieren.

Das Scheitern der Weimarer Republik erlebte Mitscherlich als Scheitern ihrer bürgerlichen Elite. Seine Sorge um die schwindende gesellschaftliche Integrationskraft des Bürgertums drückte sich schon in seinem 1938 formulierten *Zweifel an Europa* aus. Sie bildete auch den Hintergrund seiner Beschäftigung mit dem Problem einer desintegrierten Massengesellschaft, die er in der ideologisierten und enthemmten Volksgemeinschaft des NS-Staates erblickte. Mitscherlichs Entfremdung von einer imaginierten Klasse des Bürgertums reichte tief. Sie drückte sich aus in einer zuweilen irrationalen Ablehnung von Vertretern der älteren Generation, wenn sie ihm mit dem Gestus des bürgerlichen Akademikers gegenübertraten; sie drückte sich ebenso in einer bis zur Selbstverleugnung reichenden Solidarisierung mit der Jugend aus, die für Mitscherlich nach 1945 die einzige Hoffnung darstellte.

Und doch war sein Verhältnis zum Bürgertum ambivalent. Mitscherlich hat seinen eigenen bildungsbürgerlichen Hintergrund nie verleugnet, er schien in einem elitären Grundzug seines Denkens immer wieder durch. Auch sein politisches Engagement blieb immer der bürgerlichen Tradition des kritischen Staatsbürgers verhaftet und ließ sich niemals in organisatorische Strukturen binden. Den basisdemokratischen Ansprüchen der Mitglieder der Humanistischen Union stand Mitscherlich daher verständnislos gegenüber.

Er selbst hat sich 1974 in einem Brief an den Psychiater Henry von Witzleben in dieser Hinsicht charakterisiert. Mitscherlich bezog seine eigene bürgerliche Prägung, aber auch den historischen Legitimationsverlust des bürgerlichen Ideals wiederum auf die »Imago« seines Vaters. Er konnte, so schrieb er 1974, diese verunsichernde Erfahrung »nur durch totale Rückweisung beantworten, durch Verweigerung [...] in meine Identität aufnehmen. Das war natürlich eine Art heroischer Kur und auch ein Stück Verblendung. Wie schön es ist, im Alter vielerlei nicht mehr unter Selbstbehauptungs- und Kampfperspektive sehen zu müssen. Wenn ich jetzt beobachte, wie eine neue Jugend mit neuem Desinteresse für die Verwirklichung des bürgerlichen Begriffs vom Individuum aufwächst, dann begreife ich sofort, daß hier geschichtlich etwas wichtiges zu leisten ist: Der Nachweis, daß die Individualität eine Kulturleistung ist, die sich zunächst im bürgerlichen Zeitalter (glanzvoll) verwirklichte, aber nicht mit dieser Erscheinungsform endgültig in eins zu setzen ist. Wir müssen im Massen-Zeitalter an der Humanitätsphilosophie festhalten und an ihrem Maßstab eigene Leistungen bemessen.«[5] 1945 rückte Mitscherlich plötzlich in eine herausgehobene Position. Als einer der wenigen formal ganz Unbelasteten seiner Generation fand er sich als politische und moralische Instanz an der Seite der Besatzungsmacht und in einer Schlüsselstellung innerhalb der Heidelberger Universität wieder. Damit ging eine gewisse Umdeutung auch seiner eigenen Lebensgeschichte einher, die den neuen politischen und moralischen Erfordernissen angeglichen wurde. Die Verfolgungserfahrung war jetzt in politischen und moralischen Vorsprung umzumünzen. Mitscherlich hat der Versuchung nicht widerstanden. Eine Interpretation dieser Tatsache im Gestus der Entlarvung ist gleichwohl unangemessen. Mitscherlich war niemals ein überzeugter Nationalsozialist oder in die Verbrechen des NS-Staates verstrickt. Seine zunächst eher emotionale Ablehnung des Regimes wurde durch die Erfahrung der Inhaftierung sowie durch den Kontakt zu den intellektuellen Kreisen in Zürich und Heidelberg bestärkt und befestigt.

Ein Rückgriff auf positiv besetzte politische Ordnungsvorstellungen war ihm 1945 freilich nicht möglich. Auch das von den Besatzern importierte Modell der Demokratie westlicher Prägung hatte aus sich heraus für Mitscherlich wenig Überzeugungskraft. Die politische Generation, die der Bundesrepublik ihr Grundgesetz gab, knüpfte an die Erfahrung einer parlamentarischen Demokratie in Deutschland an. Sie setzte dabei allerdings die Erfahrung der Erosion der Weimarer Republik in Form von entscheidenden verfassungsrechtlichen Veränderungen um, die die Bundesrepublik gegen ähnliche Gefährdungen absichern sollten. Für Mitscherlich gab es diese Anknüpfungsmöglichkeit zunächst nicht. Ein Denken in radikalen politischen Alternativen war die Folge. Es fand seine Form in dem Modell eines autoritativen »freien Sozialismus«, der in einer Kombination aus bürgerschaftlich organisierten Kleineinheiten und einer europäischen Integrationsperspektive die Idee des Nationalstaates gleichsam ausklammerte.

Das Ausbleiben eines radikalen Neuanfangs erlebte Mitscherlich seit 1946/47 als Enttäuschung. Aus seiner Perspektive übernahm eine gescheiterte Generation erneut das Ruder. Wenn er schon 1946 für eine Erziehung der Jugend zur Kritik und Mündigkeit plädierte, drückte sich darin

---

5 Mitscherlich an von Witzleben, 28.9.1974, AMA II.

SCHLUSS

seine Skepsis gegenüber den Älteren aus, die die Katastrophe des Nationalsozialismus zu verschulden hatten. Gleichzeitig spiegelte sich darin aber auch die eigene Lebenserfahrung, von Autoritäten in verhängnisvoller Weise fehlgeleitet worden zu sein. Die Kernelemente seiner späteren sozialpsychologischen Schriften bildeten sich bereits heraus: Ein Appell an die kritische Selbstbefragung des Individuums und eine im Kern elitäre Vorstellung der Erziehung der Masse zur (politischen) Mündigkeit. Beides hatte allerdings vorerst wenig Bezug zur politischen Realität der jungen Bundesrepublik, deren staatliche Form für Mitscherlich keineswegs Gewähr für ihre Stabilität bieten konnte.

Auch in seiner wissenschaftlichen Orientierung wurzelte Mitscherlich in der Erfahrung, die er vor allem bei Viktor von Weizsäcker gesammelt hatte. Seine Vorstellung einer »biographischen Medizin«, die er als Teil einer »neuen Anthropologie« verstand, reichte von Beginn an über die Perspektive des kranken Individuums hinaus. Die historische Erfahrung eines in Krieg und Völkermord umschlagenden »Massenwahns« säte Zweifel an der Kultureignung des Menschen per se und führte Mitscherlich zu einem anthropologischen Pessimismus, den er nie mehr völlig ablegte. Die Freiheit war aus dieser Sicht nicht durch staatliche Ordnungsprinzipien zu sichern, sondern überhaupt nur aus der Freiheit des Einzelnen zu erlangen. Und Freiheit hieß auch auf der Ebene von Krankheit in erster Linie Rückgewinnung von Selbstverantwortlichkeit und Mündigkeit.

Die entscheidende Weiterentwicklung erfuhr dieses Konzept, als Mitscherlich während seiner ersten Amerikareise die Integration einer psychoanalytisch fundierten Psychosomatik in die Medizin kennenlernte. Er re-importierte die nach 1933 aus Deutschland vertriebene Psychoanalyse im Bestreben, seiner Heidelberger Klinik eine konkrete wissenschaftliche Orientierung zu geben. Es war dabei Mitscherlichs Person geschuldet, dass er die Psychoanalyse zwar einerseits in der entpolitisierten und medizinalisierten Form adaptierte, die sie in den USA unterdessen angenommen hatte, sie aber in der Bundesrepublik gleichwohl nicht als bloße medizinische Hilfswissenschaft etablierte. Die Psychoanalyse half ihm, sich von der existenzialphilosophischen Daseinsanalyse Binswangers und Schottlaenders schrittweise abzusetzen, aber sie behielt für Mitscherlich ihren Anspruch, Erkenntnisse auch über »massenpsychologische« Fragen bereitzuhalten. Die Lehre Freuds half ihm auch dabei, das Nachdenken über eine »Massenpsychologie« der modernen Gesellschaften von bloßem Kulturpessimismus zu lösen. Die Massengesellschaft war, betrachtete man sie psychoanalytisch, nicht mehr Ausdruck eines notwendigen geschichtlichen Verfallsprozesses, sondern ein anthropologisches und psychologisches Problem, das unter den Bedingungen der Moderne neu beantwortet werden musste.

In erstaunlicher Weise nahm Mitscherlich in den 1950er Jahren die Psychoanalyse als alleingültigen Maßstab seines wissenschaftlichen Wirkens an. Fast starrsinnig hielt er an der reinen Lehre fest, betrachtete jede Abweichung, jeden Zweifel und jede Weiterentwicklung ihrer freudianischen Urform als Verfälschung und Verrat. Freud wurde eine weitere Mentorfigur in Mitscherlichs Leben – die einzige, die ihn nie enttäuschte. Freud und die Psychoanalyse gaben Halt auf unsicherem Terrain, Freund und Feind schieden sich fortan für Mitscherlich an ihrer Haltung zur Psychoanalyse. Er selbst war weitgehend blind dafür, dass er in Sigmund Freud einen neuen Mentor gefunden hatte und dass er in dessen Verteidigung oft selbst nicht weit von jenen Mechanismen von Tabu und Vorurteil entfernt war, die er später als Hemmnisse der Demokratisierung bezeichnete. Den ideologischen Status, den Mitscherlich der Psychoanalyse zumaß, reflektierte er allenfalls als Verlusterlebnis: 1978 teilte er seiner Lehranalytikerin Paula Heimann mit: »Sonst bin ich aber nach wie vor ein dankbarer Gefolgsmann Freuds, der, je weiter die Zeit voranschreitet, fremder, rätselhafter bleibt, bzw. wird. In dieser Situation, in der sich Freud in ein Schweigen zu hüllen beginnt, ist es einigermaßen schwer, seine Orientierung nicht zu verlieren.«[6]

Mitscherlichs zunehmende freudianische Orthodoxie schlug sich dann im institutionellen Wiederaufbau der Psychoanalyse in der Bundesrepublik nieder. Mit dem ihm eigenen Machtinstinkt, dank seines moralischen Vorteils politischer Unbelastetheit und infolge seiner guten Beziehungen zu den amerikanischen Besatzern gelang es ihm, zunächst gegen eine ihm nicht wohlgesonnene Kollegenschaft eine Klinik in Heidelberg zu gründen. In ganz ähnlicher Weise konnte er später gegen alle Widerstände in Frankfurt ein Ausbildungsinstitut gründen. Dies wurde möglich, auch weil die Adenauer-Ära in Hessen ein wenig eher zu Ende ging als andernorts: Hier wollten die Sozialdemokraten das »moderne Deutschland schaffen«, wie es später im Bundestagswahlkampf 1969 hieß. Ein Element der Modernisierung des sozialdemokratischen Vorzeigelandes war auch das Sigmund-Freud-Institut – die Unterstützung, die Mitscherlich fand, kam nicht aus den Universitäten, sondern aus der Politik.

Das nötige Geld kam im Fall der Heidelberger Klinikgründung zu wesentlichen Teilen von amerikanischen Stiftungen. Dies wiederum war

---

6 Mitscherlich an Heimann, 1.6.1978, AMA I, 2221.44.

nur deshalb möglich, weil Mitscherlich nach 1945 von Beginn an internationale Kontakte gesucht und stabile Netzwerke geknüpft hatte. Obwohl er mit Ausnahme seines Aufenthaltes in der Schweiz keine Auslandserfahrung hatte, agierte er in auffälliger Weise kosmopolitisch. In der Bundesrepublik selbst sah sich Mitscherlich derweil bei seinen Bemühungen, der Psychoanalyse wieder eine Heimat zu geben und den Anschluss an das Ausland zu finden, von Unkenntnis und Ablehnung umgeben. Aus seiner Sicht baute er mit wenigen Verbündeten eine aufklärerische Wissenschaft gegen den Willen der herrschenden akademischen Klasse auf – ein Gefühl, das durch die Ablehnung noch gesteigert wurde, die er infolge seiner Prozessberichterstattung aus Nürnberg erfahren hatte.

Es war daher konsequent, beim institutionellen Aufbau der Psychoanalyse nicht an die Strukturen anzuknüpfen, die den Nationalsozialismus mit einiger moralischer Beschädigung überdauert hatten. Erst als der in Heidelberg errichtete psychoanalytische Leuchtturm die in Berlin existierenden psychoanalytischen Vereinigungen zu überstrahlen begann, übernahm Mitscherlich mit dem Amt des DGPT-Geschäftsführers die faktische Interessenvertretung für das Gesamtgebiet der Psychotherapie. Von den Bemühungen der deutschen Psychoanalyse, international wieder Anschluss zu gewinnen, und den daraus resultierenden vergangenheitspolitischen Abgrenzungs- und Spaltungsprozessen hielt er sich fern. Diese institutionelle Reorganisation trug ohnehin zur offenen Konfrontation der Psychoanalyse mit ihrer NS-Vergangenheit nichts bei. Es wirkte am Ende eher verunklarend, dass ausgerechnet Carl Müller-Braunschweig die vermeintlich politisch unbescholtene DPV führte und diese mit der Symbolfigur Mitscherlich schmücken konnte. Aber auch dass Mitscherlich den ehemaligen Parteigenossen Scheunert zur Mitarbeit am Sigmund-Freud-Institut bat, war nur vor dem Hintergrund des allgemeinen Schweigens über die Vergangenheit der Zunft überhaupt denkbar. Die Aufarbeitung der NS-Vergangenheit der psychoanalytischen Zunft hat Mitscherlich nie aktiv befördert, dieses Thema wurde erst nach seinem Tod in den frühen 1980er Jahren breit thematisiert.

Mitscherlichs wissenschaftlicher Beitrag zur psychosomatischen Medizin und zur Psychoanalyse blieb gering. Seine Stärke war nicht die theoretische Fundierung, sondern die synthetisierende Gesamtschau seines Gebietes; und dies vorzugsweise in der Kommunikationsform der Vorwärtsverteidigung gegen die vermeintlichen oder realen Gegner. In dieser Funktion wurde Mitscherlich seinerseits zu einer charismatischen Symbolfigur, die Studierende, Mitarbeiter und in wachsendem Maße auch Medienvertreter für die Sache der Psychoanalyse begeistern konnte. Der

Verzicht auf eine methodische und theoretische Fundierung seines Tuns ermöglichte ihm auch den zwanglosen Anschluss seiner Gedanken an Nachbarwissenschaften wie Anthropologie und Soziologie. So bildete Mitscherlich seit den 1950er Jahren eine eng mit seiner Person verbundene psychoanalytische Sozialpsychologie aus, die nicht nur in der Bundesrepublik ohne Beispiel war. Die Psychoanalyse als Wissenschaft und Methode blieb dabei für die breite Öffentlichkeit eher Verheißung, als dass man über sie von Mitscherlich Konkretes hätte lernen können.

Ihre Überzeugungskraft gewannen dessen sozialpsychologische Deutungen und Diagnosen, weil sie anschlussfähig an Alltagserfahrungen waren. Mitscherlich löste seinen Anspruch, das Allgemeine aus der Krankengeschichte abzuleiten, kaum jemals ein, so dass seine Texte »in den Augen eines theoretisch versierten Lesers mitunter rührend naiv und undurchdacht wirken«[7]. Ihre illustrative Darstellungsform appellierte aber äußerst wirkungsvoll an Vorerfahrungen des Lesers, beispielsweise mit der Erfahrung einer »Unwirtlichkeit« in den schnell wieder aufgebauten Städten des Wirtschaftswunderlandes. Mitscherlichs Sozialpsychologie erwies ihre Relevanz in Form von zeitgebundener Signifikanz im Auge des Betrachters, weil sie »äußerst treffsicher eine Form der Verallgemeinerung beobachtbarer Einzeltendenzen«[8] zu leisten schien. Paul Parin hat in diesem Sinne die »Vertiefung des Diskurses«[9] über ein spezielles Problem als die eigentliche Leistung der Gesellschaftskritik Mitscherlichs beschrieben.

Deren inhaltlicher Fluchtpunkt war der Appell, die individuelle »kritische Ich-Leistung« unter den Bedingungen einer säkularisierten modernen Massengesellschaft zu stärken. Nur darin konnte Mitscherlich eine hoffnungsvolle Zukunftsperspektive erblicken, nachdem die traditionellen Bindekräfte der früheren Gesellschaftsformen entweder (wie die Religion) von der Aufklärung hinweggespült worden waren oder ihre nachlassende Kraft in der Katastrophe des Nationalsozialismus bewiesen hatten. In dem Appell an die kritische Mündigkeit des Individuums verbarg sich aber nur in zweiter Linie ein politischer Anspruch. Zunächst ging es Mitscherlich um die individuelle und kollektive Suche nach der »Wahrheit über uns selbst«, wie er bei der Eröffnung des Sigmund-Freud-Instituts formulierte. Die Notwendigkeit, einen eigenen Standpunkt in einer unübersichtlichen Welt ohne gesicherte Orientierungen zu finden, war der eigenen Lebensgeschichte entnommen. Mitscherlichs anthropo-

---

7 König, Sozialpsychologie, S. 215.
8 Krovoza/Schneider, Psychologie, S. 647.
9 Parin, Mitscherlich, S. 367.

logischer Pessimismus ließ ihn dabei nicht an einen Weg vom Dunkel der Barbarei ins Licht der Demokratie glauben. Der Mensch stand für ihn in gleich doppelter Weise in Gefahr, die Zukunft zu verspielen: Einerseits drohte dem Individuum in der verwalteten Welt der Moderne die Orientierungslosigkeit und die Vergewaltigung durch die bewusstlos geschaffenen Verhältnisse – andererseits drohten in jedem Moment verborgene Affekte und Triebe die dünne Schale der Zivilisation zu sprengen.

Seine Zuspitzung fand Mitscherlichs Diagnose der Moderne in dem – nur entlehnten – Begriff der »vaterlosen Gesellschaft«. Dieser Buchtitel sprach zeitgenössisch ein ganzes Bündel von Vorerfahrungen an: Die reale Vaterlosigkeit einer ganzen Generation infolge des Zweiten Weltkriegs, den Verfall väterlicher Autorität angesichts eines beschleunigten gesellschaftlichen Wertewandels sowie die Erfahrung von Unsicherheit in einer immer weniger von traditionellen Ordnungsmustern und Werten integrierten modernen Welt. Die »Therapie«, die Mitscherlich empfahl, die Stärkung kritischer Ich-Leistungen, erfuhr in den frühen 1960er Jahren eine politische Auflagung, indem sie sich in eine Aufforderung zur individuellen wie kollektiven »Fundamentaldemokratisierung« verwandelte. Doch Mitscherlichs Plädoyer war ambivalent oder zumindest missverständlich. Es bezog sich nicht auf ein aufgeklärtes Zutrauen in die parlamentarische Demokratie und deren konsequente Ausgestaltung, sondern zielte über alle staatlichen und gesellschaftlichen Strukturen hinweg auf die Mündigkeit des Einzelnen. Mitscherlich plädierte für die Rückgewinnung der kritischen Autonomie des Staatsbürgers in gleichsam atomisierter, individueller Form. Er verteidigte nicht die Bundesrepublik, sondern diejenigen, die mutig genug waren, sich gegen die herrschenden Umstände kritisch zur Wehr zu setzen.

Das Gesellschaftspanorama der »vaterlosen Gesellschaft« war zu wesentlichen Teilen in den 1950er Jahren formuliert worden. Die Verunsicherung angesichts der Delegitimation traditioneller Ordnung lag ihm zugrunde, und es war der älteren konservativen Kulturkritik Spenglers und Gehlens nur mühsam abgerungen.[10] Als das Buch aber 1963 erschien, lieferte es die Stichworte einer veränderten gesellschaftlichen Realitätswahrnehmung. Die von dem Versprechen »Keine Experimente« und der (groß)väterlichen Autorität des Kanzlers getragene Ära Adenauer war im selben Jahr zu Ende gegangen. Die öffentlichen Debatten über strukturelle politische und moralische Defizite wie die »unbewältigte

---

10 Vgl. Dehli, Konflikt, S. 254-264, der die Entwicklung von Mitscherlichs Massenpsychologie vor allem in diesem Sinne interpretiert.

SCHLUSS

Vergangenheit« oder die »Bildungskatastrophe« nahmen zu. Die Frage »Wohin treibt die Bundesrepublik«, die Karl Jaspers schließlich 1966 stellte[11], wurde als immer drängender empfunden. In diesem Klima der Entwertung traditioneller Sicherheiten und wachsender Unsicherheit und Krisenbewusstsein traf die psychologische Beschreibung einer »vaterlosen Gesellschaft« auf erhebliche Resonanz. Hinzu kam, dass Mitscherlichs Texte niemals den Ton des ruhigen, abgewogenen Räsonnierens trafen. Auch das assoziative Panorama der »vaterlosen Gesellschaft« war nicht wertneutral und wissenschaftlich formuliert. Es kam im sprachlichen Modus der Kritik daher, der in Mitscherlichs Texten im Laufe der 1950er Jahre den früheren an Karl Jaspers und die Existenzialphilosophie angelehnten pathetischen Grundton abgelöst hatte. Der Duktus, in dem Mitscherlich gesellschaftliche Entwicklungen deutete, trug dazu bei, dass sich seine Texte nicht nur mit politischer Bedeutung, sondern auch mit moralischem Anspruch aufladen ließen. Das Bild einer vater- und orientierungslosen Gesellschaft entstand, die der Gefahr ihres Untergangs in Desintegration und Entmündigung nur entgehen könne, wenn sie das Projekt einer »Fundamentaldemokratisierung« in Angriff nähme. Die »psychoanalytische Konstruktion des Fortschritts«, die Mitscherlich laut Jürgen Habermas vornahm, nahm in doppelter Weise Bezug auf die Wahrnehmung der modernen Welt in den 1960er Jahren: sowohl hinsichtlich der Bedrohung durch rasanten gesellschaftlichen Wandel als auch hinsichtlich der Utopie der Zukunftsgewinnung durch Mündigkeit. Ausgeblendet blieb in Mitscherlichs »vaterloser Gesellschaft« allerdings das Naheliegendste: die reale Vaterlosigkeit der zeitgenössischen Jugend sowie ihr oftmals traumatisches Verhältnis zu ihren »als Versehrte, Verbrecher oder Abwesende«[12] erlebten Vätern.

Auch das psychoanalytische Fachvokabular entfaltete seinen Reiz des Unbekannten. Die psychologische Deutung von diffusen Vorerfahrungen ermöglichte die faszinierende Entdeckung, dass es eine Beschreibungsebene individueller und kollektiver Prozesse, Probleme, Nöte und Ängste jenseits des Rationalen gab. Die Ernsthaftigkeit, mit der die Rezensenten und Leser mit dem wissenschaftlichen Objektivitätsanspruch der Psychoanalyse rangen, verweist auf den Grad an Fremdheit und Unsicherheit, mit der man sich diesem Gebiet näherte. Neben blanker Ab-

---

11 Jaspers, Bundesrepublik.
12 Brumlik, Väter, S. 67.

SCHLUSS

lehnung der freudschen Lehre als Scharlatanerie fällt die große Bereitschaft auf, der psychologischen Deutung Erklärungskraft zuzumessen.

Dem politisierten Verständnis seiner Texte entsprach eine persönliche Politisierung Alexander Mitscherlichs. Er schloss mit seinem Engagement innerhalb der Humanistischen Union und für den SDS an seine Vorstellungen von Engagement des kritischen Bürgers an, hielt sich aber nach wie vor fern von jeder Vereinnahmung durch politische Parteien oder Organisationen. Am ehesten war es die Humanistische Union als bürgerlich-kritische überparteiliche Sammlungsbewegung, die seinem Verständnis von Politik entsprach.

Auch das diffuse linksliberale Milieu kritischer Oppositioneller, zu dem Mitscherlich seit den frühen 1960er Jahren gerechnet wurde und zu dem er sich selbst zählte, gehorchte diesem Prinzip informeller Zusammengehörigkeit. Die in Briefen der Beteiligten oftmals erwähnte, nie definierte und doch allen sich zugehörig Fühlenden klar vor Augen stehende »gemeinsame Sache« wirkte als einigendes Band. Sie gewann ihre Konturen zumeist durch Abgrenzung – und innerhalb eines Bedrohungsszenarios. René König sprach darüber 1969 in einem offenen Brief an Mitscherlich bezeichnenderweise im Duktus des politischen Widerstands: »Heute noch sehe ich in so vielen öffentlichen Stellungnahmen gegen unsinnige Entscheidungen in der Bundesrepublik Ihren Namen, meinen Namen und die Namen von einigen anderen, die ich manchmal gar nicht kenne, die ich aber präsumtiv als meine Freunde betrachte, genau wie Sie. Die Zahl derer, die nach wie vor den Kopf oben halten, ist bedauerlich zusammengeschrumpft.«[13]

In Königs Worten drückt sich ein Zusammengehörigkeitsgefühl einer Gruppe von Intellektuellen aus, das ganz offenkundig der Erfahrung des Untergangs der Weimarer Republik und des Nationalsozialismus entsprang. Ihr Zutrauen in die Stabilität der Demokratie war labil, ihre Wachsamkeit stützte sich auf die Erfahrung, wie schnell demokratische Gesinnung zerrinnen konnte. Die Notstandsgesetze und die Bildung der Großen Koalition schienen diese Befürchtungen so eindrücklich zu bestätigen, dass sich kurzfristig eine Allianz zwischen Studentenbewegung, ihren akademischen Mentoren und den Gewerkschaften bildete. Mitscherlichs öffentliche Sichtbarkeit erreichte in diesem Zusammenhang in der zweiten Hälfte der 1960er Jahre ihren Höhepunkt.

Die seit Mitte des Jahrzehnts entstehende Protestbewegung erschien Mitscherlich als hoffnungsvolles Projekt einer überfälligen gesellschaft-

---

13 König, Psychoanalyse, S. 921.

lichen Modernisierung, das er in verlässlicher Solidarität öffentlich verteidigte. Seine – nicht nur habituelle – Distanz zum akademischen Betrieb, seine Bereitschaft zur Konfrontation und seine Begabung, sich in den Medien schlagfertig und pronociert zu äußern, machten ihn zum idealen Bündnispartner der Bewegung. Mitscherlich polemisierte und polarisierte, schoss nicht selten weit über das Ziel hinaus – und erfüllte damit die Erwartungen nach öffentlichen Symbolhandlungen. Er wurde im Kampf gegen die überkommenen Autoritäten selbst zur Autorität, was sich mit seinem latent elitären Verständnis von Gesellschaft durchaus traf. Seine Selbstwahrnehmung als psychoanalytische Autorität, die geradezu berufen sei, die Deutschen über sich selbst aufzuklären, fand ihren sprechendsten Ausdruck in dem Unverständnis, das er der Kritik an seiner »Analyse« Rainer Barzels gegenüber formulierte. Nach dem Scheitern der Kampagne gegen die Notstandsgesetze und dem damit verbundenen Verlust einer einigenden Zielperspektive schlug die Stimmung im Sommer 1968 um. Fortan stand auch Mitscherlich, der sich dem Hang der Protestbewegung zur ideologischen Engführung und aktionistischen Selbstbetäubung widersetzte, aus deren Sicht auf der Seite des vermeintlich zögerlichen Establishments – er wurde zum »Papiervater«, wie seine Studenten sagten.

Zusätzliche Popularität verschaffte Mitscherlich in den 1960er Jahren seine kritische Auseinandersetzung mit der NS-Vergangenheit und deren bislang ausgebliebener »Bewältigung«. Sein Buch *Wissenschaft ohne Menschlichkeit*, 1949 im Klima gesellschaftlichen Beschweigens der Vergangenheit regelrecht verschwunden, tauchte 1960 plötzlich unter dem Titel *Medizin ohne Menschlichkeit* wie eine Flaschenpost wieder auf und schob die Debatte um die »unbewältigte Vergangenheit« wesentlich an. Auch Mitscherlich hatte in den 1950er Jahren über die NS-Vergangenheit geschwiegen, nachdem ihm die moralische Verknüpfung der »Organmedizin« mit den im Nürnberger Ärzteprozess verhandelten Verbrechen die erbitterte Feindschaft der bundesdeutschen Medizin eingebracht hatte.

Jetzt setzte er mit einem neuen Vorwort und der sich daran anschließenden Arbeit an einer Analyse der *Unfähigkeit zu trauern* wieder an dem Punkt an, den er 1949 aus den Augen verloren hatte: der Frage nach den (massen)psychologischen Ursachen für die hohe gesellschaftliche Integrationskraft des Nationalsozialismus. Die Psychoanalyse wurde damit zum Medium der Vergangenheitsbewältigung. Als die Deutung einer *Unfähigkeit zu trauern* aber im Herbst 1967 publiziert wurde, rührte sie – zumindest hinsichtlich der Diagnose einer »unbewältigten« Vergangenheit – bereits kaum noch an ein gesellschaftliches Tabu, sondern brachte den Diskurs der 1960er Jahre auf den (inzwischen nahezu konsensualen) Begriff.

Ähnlich wie das Buch zur vaterlosen Gesellschaft enthielt die *Unfähigkeit zu trauern* eine ambivalente Botschaft und bot mehrere Lesarten an. Einerseits brachte die Argumentation, die Deutschen hätten ihr »Ich-Ideal« kollektiv auf den »Führer« übertragen, die brisante Tatsache der volksgemeinschaftlichen Begeisterung im Nationalsozialismus in bislang selten gehörter Deutlichkeit auf den Begriff. Andererseits lag in der psychologischen Einfühlung in die Zeitgenossen auch immer der Keim zu ihrer Exkulpation, schien doch die Zustimmung zum NS-Staat in unscharfer Weise in einer kollektiven psychischen Fehlfunktion aufzugehen. Einerseits thematisierten die Mitscherlichs den moralischen Skandal des Beschweigens der NS-Vergangenheit in den 1950er Jahren, andererseits suggerierte die psychoanalytische Deutung eine ahistorische Zwangsläufigkeit des Verdrängens.

Auch in dieser Doppeldeutigkeit und Unschärfe lag die Attraktivität der Diagnose begründet. Sie thematisierte einen historischen Tatbestand, dem auch 1967 noch hohe Brisanz innewohnte, und ermöglichte es dennoch, die Frage nach historischer Schuld und Verantwortung zu umgehen. In der Kollektivpsychologie verschwand die historische Realität, kaum dass sie in zahlreichen skandalösen personellen Kontinuitäten und Skandalen die westdeutsche Öffentlichkeit erschüttert hatte. Der Erfolg des Buches verweist somit nicht zuletzt auf die Tatsache, dass es auf eine Gesellschaft traf, die um ihre Verstrickung wusste – und in der sich der Wunsch regte, den eigenen »Massenwahn« im Nachhinein zu verstehen.

Das Wort von der *Unfähigkeit zu trauern* konnte aber auch deshalb fast sprichwörtlich werden, weil es die Vergangenheit allumfassend und abschließend zu erklären schien und doch einem kollektiven moralischen Vorwurf der Jüngeren an die Elterngeneration Munition lieferte. Dem Vorwurf eines gleichsam doppelten kollektiven moralischen Versagens der Älteren war in seiner Allgemeinheit kaum zu begegnen. Die Erschütterung, die der Film Holocaust 1979 auslöste, verweist indirekt auf die Defizite der »Vergangenheitsbewältigung« der 1960er Jahre, deren Abstraktheit von der *Unfähigkeit zu trauern* eher bestärkt als durchbrochen wurde.

In dieser Verbindung von radikalem Aufklärungsanspruch und begrifflicher Unschärfe liegt die Attraktivität begründet, die die psychoanalytische Sozialpsychologie in den 1960er Jahren – oder genauer: in der Reformzeit zwischen den späten 1950er und den frühen 1970er Jahren – hatte. Sowohl Margarete Mitscherlich-Nielsen als auch Clemens Alb-

SCHLUSS

recht, der Chronist der Frankfurter Schule, haben den Einfluss dieser mit Mitscherlichs Namen verbundenen Wissenschaft auf die Protestbewegung höher eingeschätzt als den der Kritischen Theorie.[14] Dem ist entgegenzuhalten, dass die Psychoanalyse von der Protestbewegung lediglich bruchstückhaft rezipiert wurde, die sich allenfalls des simplifizierten Trieb- und Befreiungsbegriffs Wilhelm Reichs bediente. Die Entwicklung der Psychoanalyse in den 1970er Jahren zeigt ebenfalls, dass von einer breiten »Wirkungsgeschichte« der Psychoanalyse nur sehr eingeschränkt gesprochen werden kann. Als Therapieform fand sie Eingang in die Medizin, doch als Medium gesellschaftlicher Selbstverständigung im Sinne einer Wissenschaft der Selbsterkenntnis hat sie sich nicht etabliert. Auch Mitscherlich musste in den 1970er Jahren erleben, wie die Bereitschaft der Bundesbürger, sich an ihrem streitlustigsten Analytiker zu erfreuen, merklich abnahm. Seine Texte wurden immer mehr auf ihre theoretischen Unzulänglichkeiten und zuweilen ins Banale reichenden psychologischen Zirkelschlüsse hin kritisch rezipiert.

Psychologische Erklärungsmuster fanden weithin Eingang in neue Gattungen populärwissenschaftlicher Ratgeberliteratur, und die Psychologisierung des Alltagslebens schritt zweifellos auf breiter Front voran. Eine psychoanalytisch fundierte Gesellschaftskritik jedoch büßte ihren Neuigkeitswert noch zu Mitscherlichs Lebzeiten ein. So konnte 1973 die *Frankfurter Rundschau* feststellen: »Mitscherlich hat sich niemals als Praeceptor Germaniae gefühlt, aber für einige Zeit war er, nicht ohne seine Mitwirkung, aber doch ohne seine Absicht, eine Art Praeceptor republicae. Davon ist heute keine Rede mehr.«[15]

Auch deshalb spricht vieles dafür, die Renaissance psychoanalytischen Gedankenguts in den 1960er Jahren als sehr zeitgebunden zu interpretieren und der Person Mitscherlichs dabei einen zentralen Einfluss zuzuschreiben. Als öffentliche Figur war Alexander Mitscherlich stets mehr als nur Psychoanalytiker. Er war ein zutiefst von der Erfahrung des Zivilisationsbruchs des Nationalsozialismus geprägter Intellektueller, der seine Lebenserfahrung in den Appell an die politische Mündigkeit des Individuums goss. Seine Skepsis gegenüber der Zukunftsfähigkeit der Moderne und gegenüber der Kultureignung des Menschen führte ihn zu einem Demokratisierungs- und Liberalisierungsbegriff, der über die bloße Akzeptanz demokratischer Strukturen weit hinausging. Mitscherlich schrieb und sprach über die fundamentale Verunsicherung einer Gesellschaft

14 Albrecht, Bundesrepublik, S. 525; Mitscherlich-Nielsen, Gespräch, S. 410 f.
15 Frankfurter Rundschau, 20.9.1973.

nach einem noch kaum verstandenen Abgleiten in die Barbarei. So wenig historisch konkret seine Analysen auch schienen: Immer ging es um die deutsche Gesellschaft nach Hitler. Mitscherlich leistete damit einen wesentlichen Beitrag zur Selbstfindung einer kritischen Öffentlichkeit in der Bundesrepublik der 1960er Jahre.

Dank

Mein Dank dafür, dass dieses Buch entstehen konnte, richtet sich zuerst an Norbert Frei, der mich im Jahr 2000 – noch während meines Studiums – einlud, an der wissenschaftlichen Beratung einer Fernsehreihe über *Hitlers Eliten nach 1945* und an der Erstellung eines Begleitbandes mitzuwirken, und der mich damit indirekt auch zur Person Alexander Mitscherlich führte. Mitscherlich nämlich, dessen Rolle im Zusammenhang mit dem Nürnberger Ärzteprozess ich jetzt zu beschreiben hatte, war mir bis dato nur ein ungefährer Begriff. Je mehr ich erkannte, welche Prominenz der »Zeitkritiker« Mitscherlich in der »Bonner Republik« erlangt hatte, desto erstaunlicher erschien mir der Mangel an historischer Forschung über seine Person.

Norbert Frei war es auch, der mich nach meinem Studienabschluss ermutigte, mich an einer biographischen Dissertation zu versuchen, und mir in den folgenden Jahren mit unermüdlichem Engagement, Rat und Tat zur Seite stand. Ihm habe ich es auch zu verdanken, dass diese Arbeit finanziell abgesichert war. Von 2002 bis 2004 konnte ich meine Archivstudien dank eines Stipendiums des Graduiertenkollegs der Ruhr-Universität Bochum durchführen, für das ich ebenfalls zu danken habe.

Die wesentlichen Quellen fand ich im Nachlass Alexander Mitscherlichs, der neben der umfänglichen Korrespondenz auch eine Unzahl an Manuskripten und verschiedenster Materialien bereithält, die noch kaum erschlossen sind. Von besonderem Nutzen waren die dort leicht zugänglichen Presseausschnitt-Sammlungen, die die ansonsten nur mühsam und zeitraubend zu bewältigende Durchsicht diverser Presseorgane fast überflüssig machten. Ich danke vor allem Jochen Stollberg dafür, dass er mir äußerst unkompliziert Zugang zu den Quellen gewährte, meine Dauerpräsenz mit Gelassenheit ertrug, und mich zudem noch regelmäßig mit seinem exzellenten Espresso verwöhnte.

Zur Einordnung und Einschätzung der eigenen Quellenfunde, zur Reflexion über die Relevanz einer Gelehrtenbiographie für die Nachkriegsgeschichte und zur Klärung vieler anderer Fragen bedarf es der Diskussion. Ich bin dankbar, dass ich im Kreis der Doktoranden und Mitarbeiter des Bochumer – und später des Jenaer – Lehrstuhls und mancher auswärtiger Gäste zwischen 2002 und 2006 unzählige Gespräche über mein Thema führen konnte. Ich danke – lediglich stellvertretend – Karen Bayer, Monika Boll, Christian Jansen, Dirk van Laak, Marc von Miquel,

Sybille Steinbacher und Matthias Weiß. Von besonderem Nutzen waren auch die Diskussionen im Forschungskolloquium, dessen Teilnehmern ich nachträglich für ihre Anmerkungen, Fragen und konstruktive Kritik danken möchte. Auch Martin Dehli, der in Florenz etwa zeitgleich an seiner eigenen Studie über Mitscherlich saß, danke ich für manche Diskussion im Umkreis der Bockenheimer Landstraße.

Schließlich kann ein solches Buch nicht ohne die uneigennützige Hilfe von Freunden und Familie entstehen. Wiederum nur stellvertretend gilt mein Dank Elke Walendy und Katharina Baberg, ohne deren Unterstützung die termingerechte Fertigstellung des Manuskripts im Sommer 2006 nicht möglich gewesen wäre. Für die Erstellung des Personenregisters danke ich Anja Hildebrandt.

Diese Arbeit wurde im Herbst 2006 von der Philosophischen Fakultät der Universität Jena als Dissertation angenommen und für die Drucklegung geringfügig überarbeitet.

Quellen und Literatur

Archive

Alexander-Mitscherlich-Archiv, Frankfurt am Main (AMA)
Universitätsarchiv Frankfurt am Main
Universitätsarchiv Heidelberg
Institut für Zeitungsforschung, Dortmund

Schriften von Alexander Mitscherlich

1926
Maschine, (Typoskript) 1926, unveröffentlicht, AMA VII, 37.

1935/36
Das Reiterbuch. Gedanken und Gesänge. Berlin 1935 und 1936 (GS VII, S. 11-65).

1938
[Pseudonym: Michael Dreher]: Ulysses Umfahr. In: Mass und Wert 1 (1938), S. 519-540 (GS VI, S. 11-30).
[anonym]: Deutsche Zweifel an Europa. In: Mass und Wert 1 (1938), S. 621-629 (GS VI, S. 31-40).

1941
Zur Wesensbestimmung der synaesthetischen Wahrnehmung. Inaugural-Dissertation zur Erlangung der Doktorwürde in der Medizin der Hohen Medizinischen Fakultät der Ruprecht-Karls-Universität zu Heidelberg. Referent Viktor von Weizsäcker. Promotion am 12.5.1941, unveröffentlicht, AMA VII, 45.1.

1944
Zur Symptomwahl in den Neurosen. Vortrag im Naturhistorisch-medizinischen Verein zu Heidelberg, 1.2.1944, unveröffentlicht, AMA VIIb, 58.
Überwindung der Angst. In: Kölnische Zeitung 4.3.1944 (GS VII, S. 125-130).

1945
Geschichtsschreibung und Psychoanalyse. Gedanken zum Nürnberger Prozeß. In: Schweizer Annalen 1945, Nr. 11, S. 604-613; sowie in: Die Fähre 1 (1946), S. 29-30; posthum in: Psyche 36 (1982), S. 1082-1093 (GS VII, S. 66-77).
Maß und Ziel, 29.9.1945. In: Rhein-Neckar-Zeitung, 29.9.1945 (GS VI, S. 41-43).
Schuld und Seele. Zu einem Aufsatz von C. G. Jung. In: Allgemeine Zeitung Berlin, 11.11.1945 (GS VII, S. 136-140).

1946
Unbetiteltes Vortragsmanuskript, 18.7.1946, AMA VIIb, 52/53.
Der Arzt und die Humanität. Erste Bemerkungen zum Nürnberger Ärzteprozeß. In: Neue Zeitung, 20.12.1946 (GS VI, S. 142-145).

SCHRIFTEN VON ALEXANDER MITSCHERLICH

Die Krise des Bewußtseins. Zum 90. Geburtstag Sigmund Freuds. In: Neue Zeitung, 6.5.1946 (GS VII, S. 359-363).
Die Lüge des naturwissenschaftlichen Zeitalters. In: Wiesbadener Kurier, 27.4.1946 (GS VI, S. 356-359).
Die schwersten Stunden. Überschlag eines Jahres. In: Die Fähre 1 (1946), Heft 2, S. 131-138 (GS VI, S 79-87).
Die Symptomwahl in den Neurosen. In: Deutsche Medizinische Wochenschrift 71 (1946), Nr. 13, S. 147-150 (GS II, S. 52-62).
Einführung in die Psychoanalyse I. Vorlesung im Sommersemester 1946 (GS IX, S. 7-82).
Einführung in die Psychoanalyse II. Vorlesung im Wintersemester 1946/1947 (GS IX, S. 83-164).
Entwicklungsgrundlagen eines freien Sozialismus. In: Der Tagesspiegel, 7.7.1946.
& Weber, Alfred: Freier Sozialismus, Heidelberg 1946.
Freiheit und Unfreiheit in der Krankheit. Das Bild des Menschen in der Psychotherapie, Hamburg 1946 (GS I, S. 13-140).
Individuum, Gesellschaft, Masse. Ein psychologischer Abriß. Vortrag in Zürich am 1.2.1946 (Typoskript), unveröffentlicht, AMA VII, 58.
Kadaver-Deutschland. In: Rhein-Neckar-Zeitung, 12.1.1946 (GS VI, S. 44-48).
Niemandskinder. In: Neue Zeitung, 3.5.1946. (GS VI, S. 601-606).
Nürnberger Trichter. In: Rhein-Neckar-Zeitung, 25.1.1946 (GS VII, S. 131-135).
Politik in der Wissenschaft. Vortragsmanuskript, 13.6.1946, unveröffentlicht, AMA IIIa, 1.42.

1947
Aktuelles zum Problem der Verwahrlosung. In: Psyche 1 (1947), S. 103-114; gekürzter Vorabdruck unter dem Titel »Verwahrlosung der Jugend« in: Tagesspiegel, 29.11.1947 (GS VI, S. 612-630).
& Mielke, Fred: Das Diktat der Menschenverachtung. Der Nürnberger Ärzteprozeß und seine Quellen, Heidelberg 1947.
Das Phantomglied – seine Deutung und Bedeutung. Über das Problem der Stumpfschmerzen nach Amputation. In: Schweizerische Medizinische Wochenschrift 77 (1947), S. 423-431 (GS II, S. 309-318).
Der Dokumentenstreit, Mitscherlich antwortet: Unmenschliche Wissenschaft. In: Göttinger Universitäts-Zeitung 2 (1947), Heft 17/18, S. 7 f. (GS VI, S. 164-160).
Der Sozialismus und die Freiheit. In: Der Phönix. Ein Almanach für junge Menschen, Berlin 1947, S. 152-171 (GS VI, S. 95-104).
Ejaculatio praecox. In: Medizinische Klinik 42 (1947), S. 571.
Endlose Diktatur? Heidelberg 1947 (GS VI, S. 105-131).
Jugend ohne Bilder. In: Du 7 (1947), Heft 4, S. 39 f.; sowie in: Die Umschau 3 (1948), S. 102-105 (GS VI, S. 607-611).
Schuld und Entschuldigung. In: Neue Zeitung, 7.2.1947 (GS VI, S. 145-151).
Über die Bedeutung der Enuresis. In: Medizinische Klinik 42 (1947), S. 1-8 (GS II, S. 301-308).
Vom Ursprung der Sucht. Eine pathogenetische Untersuchung des Vieltrinkens, Stuttgart 1947.
Was ist Psychotherapie? Ein Streit um ihre formale und faktische Inhaltsbestimmung. In: Psyche 1 (1947), S. 456-460.

1948
Absicht und Erfolg. In: Göttinger Universitäts-Zeitung 3 (1948), Heft 3, S. 4 f.

Protest oder Einsicht? Antwort Mitscherlichs an die Professoren Heubner und Sauerbruch. In: Göttinger Universitäts-Zeitung 3 (1948), Heft 10, S. 6-8 (GS VI, S. 164-171).

Sigmund Freuds Beitrag zur modernen Psychologie. In: Synopsis. Festgabe für Alfred Weber zum 80. Geburtstag, Heidelberg 1948, S. 283-309.

1949

Amnestie statt Umerziehung. In: Frankfurter Hefte 4 (1949), S. 508-509 (GS VI, S. 138-139).

Das Jahr verging – was blieb? Vortrag im Radio Stuttgart am 30.12.1949 (GS VI, S. 140-141).

Planlose Suche nach dem Heil. Warum fesseln ›Wundertäter‹ die Massen? In: Die Welt, 21.9.1949 (GS VI, S. 353-355).

Schlusswort zur 55. Tagung der Deutschen Gesellschaft für Innere Medizin in Wiesbaden 1949. In: Psyche 3 (1949), S. 391-398.

Über die Reichweite psychosomatischen Denkens in der Medizin. In: Psyche 3 (1949), S. 342-358; sowie in: Verhandlungen der Deutschen Gesellschaft für innere Medizin, München 1950, S. 24-40 (GS II, S. 32-51).

& Mielke, Fred: Von der Absicht dieser Chronik. In: dies.: Wissenschaft ohne Menschlichkeit. Medizinische und eugenische Irrwege unter Diktatur, Bürokratie und Krieg, Heidelberg 1949, S. 5-7 (GS VI, S. 171-173).

& Mielke, Fred: Wissenschaft ohne Menschlichkeit. Medizinische und eugenische Irrwege unter Diktatur, Bürokratie und Krieg, Heidelberg 1949.

Zehnder, Max: Psychochirurgie in USA (Rezension). In: Psyche 3 (1949), S. 691-692.

1950

& Oehme, Carl: Bemerkungen zum klinisch-ärztlichen Allergieproblem. In: Hippokrates 21 (1950), S. 429-435 (GS II, S. 338-347).

Die Medizin sucht einen neuen Umgang mit dem Menschen. Zum Anliegen in der psycho-somatischen Medizin. In: Die Umschau der Wissenschaft und Technik 50 (1950), S. 27-29.

Gebt Raum für die Spiele und Träume. Über die Bedeutung der Kinderstube. In: Neue Zeitung, 5.8.1950 (GS VI, S. 631-634).

Ödipus und Kaspar Hauser. Tiefenpsychologische Probleme in der Gegenwart. In: Der Monat 3 (1950), S. 11-18 (GS VII, S. 151-163).

Person und Kollektiv aus psychologischer Sicht. In: von Wiese, Leopold (Hrsg.): Synthetische Anthropologie, Bonn 1950, S. 31-38 (GS V, S. 111-119).

Psychosomatische Aspekte der Allergie. In: International Archives of Allergy and Applied Immunology 1 (1950), Separatum Suppl. ad. Vol. 1, p. 76-96 (GS II, S. 319-337).

Sigmund Freud. Umrisse seiner Lehre und ihre Bedeutung für unsere Zeit. Vorlesung im Sommersemester 1950 (GS IX, S. 190).

Das Leib-Seele-Problem im Wandel der modernen Medizin. In: Merkur 5 (1951), S. 741-751 (GS II VII, S. 164-183).

1951

Wie ich mir – so ich dir. Zur Psychologie der Toleranz. In: Psyche 5 (1951), S. 1-15 (GS V, S. 410-428).

1952

Die Psychosomatik in der Allergie. In: Erster Allergiekongreß, Zürich/Basel/New York 1952, S. 817-826 (GS II, S. 348-361).

Ein Psychologe hört die Wehrdebatte. In: Die Zeit, 14.2.1952 (GS VI, S. 213-215).
Gegen Verführung. Zum Problem der literarischen Gefährdung der Jugend. In: Süddeutsche Zeitung, 22.10.1952. Unter dem Titel »Wen kann man verführen?« auch in: Rhein-Neckar-Zeitung, 28.10.1952 (GS VI, S. 635-638).
Massenpsychologie. Einleitungs-Vorlesung in die Kollegs »Einführung in die Psychoanalyse« und »Massenpsychologie«. Vorlesung im Sommersemester 1952 (GS IX, S. 236-287).
Zur Analyse der Massen. In: Du 12 (1952), Nr. 3, S. 19-21 und 52 (GS V, S. 120-134).

1953

Die Masse fängt in der Familie an. In: Frankfurter Allgemeine Zeitung, 23.12.1953 (GS VI, S. 369-374).
Diagnose der Organisierten. Referat im Darmstädter Gespräch »Individuum und Organisation«, 27.9.1953 (GS VI, S. 375-393).
Lust- und Realitätsprinzip in ihrer Beziehung zur Phantasie. In: Psyche 6 (1953), S. 401-424 (GS VIII, S. 69-96).
Massenpsychologie ohne Ressentiment. In: Neue Rundschau 1953, Heft 64, S. 1-24 (GS V, S. 135-158).
Psychotherapeutische Fachausbildung für Ärzte. In: Medizinische Klinik 48 (1953), S. 761.
Tiefenpsychologie und soziale Krankenversicherung. In: Sozialer Fortschritt 2 (1953), S. 265-268.

1954

Leib und Seele. In: Das Weltbild unserer Zeit, Nürnberg 1954, S. 35-64; sowie in: Die Südpost, 11.5.1954; sowie in: Gewerkschaftliche Monatshefte 5 (1954), S. 395-403 (GS VII, S. 220-242).
Was von der Psychoanalyse geblieben ist. In: Deutsche Zeitung und Wirtschaftszeitung, 9.1.1954. Unter dem Titel »Die Wandlungen der Psychoanalyse. Aus den Umwälzungen des Daseins in zwei Kriegen sind andere Aufgaben erwachsen« auch in: Wiesbadener Kurier, 16.1.1954; sowie in: Höchster Kreisblatt, 16.1.1954 (GS VII, S. 211-219).
Zur psychoanalytischen Auffassung psychosomatischer Krankheitsentstehung. In: Psyche 7 (1954), S. 561-578 (GS II, S. 154-175).

1955

Antwort an Blank. In: Deutsche Studentenzeitschrift 5 (1955), Nr. 5, S. 2 (GS VI, S. 217-219).
Aus der Analyse eines Gummi-Fetischisten. Eine Krankengeschichte (1955, GS II, S. 379-422).
Befehlsdruck und Convoyreflex. In: Frankfurter Allgemeine Zeitung, Weihnachtsausgabe 1955 (GS VI, S. 411-451).
Der unsichtbare Vater. Ein Problem für Psychoanalyse und Soziologie. In: Kölner Zeitschrift für Soziologie und Sozialpsychologie 7 (1955), S. 188-201. Unter dem Titel »Die unsichtbare Gestalt des Vaters. Ein Phänomen der modernen Zivilisation – neue Sozialordnungen formen das neue Menschenbild« in: Die Zeit, 29.9.1955.
Großstadt und Neurose. In: Merkur 9 (1955), S. 201-219 (GS VII, S. 615-624).
Jugend in der technischen Welt. Versuche über eine Metamorphose. In: Kontinente 8 (1955), S. 1-5; sowie in: Neue Deutsche Hefte 37 (1955), S. 396-405 (GS VI, S. 646-664).
Scheinfütterung. Kollektive Ersatzbefriedigungen in der heutigen Kultur. In: Deutsche Studentenzeitung, 5 (1955), Nr. 6/7, (GS VI, S. 401-410).

QUELLEN UND LITERATUR

1956

Aggression und Anpassung. In: Psyche 10 (1956), S. 177-193.

Ansprache im Namen der Medizinischen Fakultät der Universität Heidelberg anläßlich der 100. Wiederkehr des Geburtstages von Sigmund Freud in der Johann-Wolfgang-Goethe-Universität zu Frankfurt am Main 1956 (GS VII, S. 364-368).

Der Einzelne in seiner Angst. Ein Wort zu den Massenreaktionen unserer Zeit. In: Deutsche Zeitung und Wirtschaftszeitung, 6.10.1956 (GS VI, S. 416-425).

& Ruffler, Gerhard: Der Schmerz als Symbol. In: Medizinische Klinik 51 (1956), S. 909-913 (GS II, S. 63-75).

Die störenden Illusionen. Zum 100. Geburtstag Sigmund Freuds am 6. Mai. In: Frankfurter Allgemeine Zeitung, 5.5.1956 (GS VII, S. 369-379).

(Hrsg.): Entfaltung der Psychoanalyse. Das Wirken Sigmund Freuds in die Gegenwart, Stuttgart 1956.

Erwiderung 38 oder Die unbotmäßige Psychoanalyse. In: Der Monat 8 (1956), Nr. 89, S. 56-60 (GS VII, S. 243-253).

1957

Automation – ein Pyrrhussieg? Vortrag im Westdeutschen Rundfunk in der Reihe »Umstrittene Sachen«, 7.5.1957, unveröffentlicht (Typoskript), AMA 76.

Die Krankheiten der Gesellschaft und die psychosomatische Medizin. In: Krankheit im Wandel der Welt, Bad Homburg 1957, S. 37-54 (GS II, S. 425-444).

Erstickt die Technologie die Geisteswissenschaften? Die Forschung der Welt steht vor neuen Entscheidungen. Vom Standort deutscher Wissenschaft. In: Die Welt, 18.1.1958 (GS VI, S. 429-439).

Grundkonzepte der psychosomatischen Medizin. Vorlesung im Sommersemester 1957 (GS IX, S. 362-412).

Meditationen zu einer Lebenslehre der modernen Massen. In: Merkur 11 (1957), S. 201-231 und 335-350 (GS V, S. 135-158).

Pubertät und Tradition. In: Verhandlungen des 13. Deutschen Soziologentages in Bad Meinberg, Köln/Opladen 1957, S. 65-86 (GS V, S. 475-499).

Über die Vielschichtigkeit sozialer Einflüsse auf Entstehung und Behandlung von Psychosen und Neurosen. In: Medizinische Klinik 52 (1957), S. 125-129 und 161-164 (GS II, S. 92-111).

1959

Aggression und Anpassung II. In: Psyche 12 (1959), S. 523-537.

1960

& Mielke, Fred (Hrsg.): Medizin ohne Menschlichkeit, Frankfurt 1960.

Germany's Problem of Collective Shame, Vortrag in der BBC 10.3.1960 (GS VI, S. 220-225).

Von der Absicht dieser Chronik. In: ders./Fred Mielke (Hrsg.): Medizin ohne Menschlichkeit, Frankfurt 1960, S. 7-17. Unter dem Titel »Nach dem Zwischenspiel vielfacher Fluchten« auch in: Frankfurter Allgemeine Zeitung, 27.4.1960 (GS VI, S. 174-187).

1962

Die Vorurteilskrankheit. In: Psyche 16 (1962), S. 241-245 (GS V, S. 379-383).

Humanismus heute in der Bundesrepublik. In: Richter, Hans-Werner (Hrsg.): Bestandsaufnahme. Eine deutsche Bilanz 1962. 36 Beiträge deutscher Wissenschaftler, Schriftsteller und Publizisten, München 1962 (GS VI, S. 219-250).

SCHRIFTEN VON ALEXANDER MITSCHERLICH

Revision der Vorurteile. In: Der Monat 14 (1962), Nr. 165, S. 7-21 (GS V, S. 384-409).

Sechs Fragen an Alexander Mitscherlich. Auskunft über die Motive, Thesen und Ziele der Humanistischen Union. In: Diskus. Frankfurter Studentenzeitung, 12.2.1962.

1963

Argwohn in Sachen Stadt: Die Zukunft ist schon verbaut. Appell an die Zivilcourage. Wer rührt am Eigentum von Grund und Boden? In: Die Zeit, 8.11.1963.

Auf dem Weg zur vaterlosen Gesellschaft. Ideen zur Sozialpsychologie, München 1963 (GS III, S. 7-370).

Das Achselzucken der jungen Soldaten. Gedanken, die der Prozeß ›Nagold‹ anregte. In: Die Zeit, 20.12.1963. Wiederveröffentlicht in: Frisé, Adolf (Hrsg.): Vom Geist der Zeit. Kulturpolitische Betrachtungen im Hessischen Rundfunk, Gütersloh 1966, S. 156-160 (GS VI, S. 288-292).

Planen für die Freiheit. Notwendigkeiten, Möglichkeiten und Grenzen der Planung. In: Der Monat 15 (1963), S. 22-32; sowie in: Mundt, Hans Josef (Hrsg.): Deutschland ohne Konzeption? München 1964, S. 141-169.

Stirbt man zu leicht in der Welt der Technik? Wir brauchen dringend eine Katastrophen-Hilfszentrale. In: Die Zeit, 8.11.1963 (GS VI, S. 453-456).

Vorwort. In: de Boor, Clemens/Künzler, Erhard: Die psychosomatische Klinik und ihre Patienten. Erfahrungsbericht der psychosomatischen Universitätsklinik Heidelberg/Stuttgart 1963, S. 11-14.

1964

Eröffnungsansprache zum »1. Frankfurter psychoanalytischen Kongreß«, 14.10.1964, unveröffentlicht, Typoskript, AMA VII, 35.

1965

(Mitverfasser): Die Bochumer Erklärung, 16.9.1965 (GS VII, S. 625-629).

Die Unwirtlichkeit unserer Städte. Anstiftung zum Unfrieden, Frankfurt am Main 1965 (GS VII, S. 515-624).

Einfühlung in den Angeklagten. In: Der Spiegel, 27.1.1965 (GS VII, S. 78-83).

Hemmen Tabus die Demokratisierung der deutschen Gesellschaft? In: Bergedorfer Gesprächskreis zu Fragen der Freien Industriellen Gesellschaft, Protokoll 18, Hamburg 1965, S. 6-18 (GS VI, S. 252-274).

In der Schuldfrage gleichgezogen? Vortrag im Hessischen Rundfunk, 25.4.1965. Veröffentlicht in: Vorgänge 4 (1965), S. 193-194 (GS VI, S. 283-286).

Stellungnahme. In: Tribüne. Zeitschrift zum Verständnis des Judentums 3 (1964), S. 1265 (GS VI, S. 251).

Vorwort. In: Bychowski, Gustav: Diktatoren. Beiträge zu einer psychoanalytischen Persönlichkeits- und Geschichtsdeutung, München 1965, S. 8-13 (GS VII, S. 84-88).

1966

Anmerkungen zur Sozialkultur. In: Frisé, Adolf (Hrsg.): Vom Geist der Zeit. Kulturpolitische Betrachtungen im Hessischen Rundfunk, Gütersloh 1966, S. 103-107 (GS VI, S. 457-461).

Auf die Couch gezerrt? Ein Nachwort. In: Die Zeit, 18.3.1966 (GS VI, S. 300-302).

Das soziale und das persönliche Ich. In: Kölner Zeitschrift für Soziologie und Sozialpsychologie 18 (1966), S. 21-36.

Humanismus als Konfession. Vortrag auf dem katholischen Studententag 1966 in Darmstadt, 30.5.1966.

Krankheit als Konflikt. Studien zur psychosomatischen Medizin I, Frankfurt am Main 1966.

Menschenversuche im Dritten Reich. In: Wissenschaft und Ethos. Mainzer Universitätsgespräche, Wintersemester 1966/67, S. 16-29 (GS VI, S. 189-212).

1967

Die Gefahr am Schopfe fassen. In: Pardon 6 (1967), Nr. 9, S. 16 (GS VI, S. 307-310).

& Mitscherlich-Nielsen, Margarete: Die Unfähigkeit zu trauern. Grundlagen kollektiven Verhaltens, München 1967 (GS IV, S. 9-348).

Einführung in die Psychoanalyse I – Metapsychologie. Vorlesung im Sommersemester 1967 (GS IX, S. 423-656).

Krankheit als Konflikt. Studien zur psychosomatischen Medizin II, Frankfurt am Main 1967.

Teufel noch mal, das haben sie nicht gern. Interview über die Lage der Psychoanalyse in der Bundesrepublik. In: Der Spiegel 21 (1967), Heft 52, S. 125-132.

1968

Die Internationale der Rebellierenden. Sie denken über Dinge nach, die nicht vorgekaut wurden. In: Die Zeit, 26.4.1968 (GS VI, S. 318-321).

Psychologische und sozialpsychologische Anmerkungen zum Bauvorhaben Heidelberg-Emmertsgrund, 4.4.1968 (GS VII, S. 704-71).

Vaterlose Gesellen. Über den Frankfurter SDS-Kongreß und die Studenten-Rebellion. In: Der Spiegel 22 (1968), Heft 15, S. 81-86 (GS VI, S. 311-320).

Vom »halbstarken« zum starken Protest. Vortrag in der Polizeiakademie Hiltrup, 26.4.1968. Posthum in: Psyche 36 (1982), S. 1121-1143 (GS V, S. 510-534).

1969

(Hrsg.): Bis hierher und nicht weiter. Ist die menschliche Aggression unbefriedbar? München 1969.

Die Idee des Friedens und die menschliche Aggressivität. Vier Versuche, Frankfurt am Main 1969.

Introduction to panel on protest and revolution. Vortrag auf dem 26. Internationalen Psychoanalytischen Kongreß in Rom, 28.7.1969. In: The International Journal of Psycho-Analysis, 50 (1969), p. 103-108. Deutsche Fassung unter dem Titel »Protest und Revolution« in: Psyche 24 (1970), S. 510-520; sowie in: Krovoza, Alfred (Hrsg.): Politische Psychologie. Ein Arbeitsfeld der Psychoanalyse, Stuttgart 1996, S. 237-247.

(Hrsg.): Sigmund Freud. Studienausgabe in 10 Bänden, Frankfurt 1969 ff.

Über Feindseligkeit und hergestellte Dummheit – einige andauernde Erschwernisse beim Herstellen von Frieden. Rede als Preisträger bei der Verleihung des Friedenspreises des Deutschen Buchhandels in der Frankfurter Paulskirche, 12.10.1969 (GS V, S. 363-375).

1970

Versuch, die Welt besser zu verstehen. Fünf Plädoyers in Sachen Psychoanalyse, Frankfurt am Main 1970.

Vor bösen Buben bangen. In: Die Zeit, 11.12.1970 (GS VI, S. 326-328).

1971

Bund gegen studentische Untaten. Es geht immer wieder um das Verhältnis zwischen Lehrenden und Lernenden, zwischen Prüfern und Geprüften. In: Die Zeit, 22.1.1971 (GS VI, S. 329-335).

WEITERE LITERATUR

Meditationen vor dem Reißbrett. München-Perlach als städtebauliches Beispiel. In: Süddeutsche Zeitung 16./17.10.1971.

Thesen zur Stadt der Zukunft, Frankfurt am Main 1971.

Was würden Sie Ulrike Meinhof sagen? Vortrag im Bayerischen Rundfunk, 18.12.1971 (GS VI, S. 340-342).

1972

Kekulés Traum. Psychologische Betrachtung einer chemischen Legende. In: Psyche 26 (1972), S. 649-655 (GS VII, S. 282-288).

Massenpsychologie ohne Ressentiment. Sozialpsychologische Betrachtungen, Frankfurt am Main 1972.

1973

& de Boor, Clemens: Verstehende Psychosomatik. Ein Stiefkind der Medizin. In: Psyche 27 (1973), S. 1-19.

1974

Toleranz – Überprüfung eines Begriffs. Ermittlungen, Frankfurt am Main 1974.

& Rosenkötter, Lutz: Hans Jürgen Eysenck oder die Fiktion der reinen Wissenschaft (1974). In: Psyche 36 (1982) S. 1144-1163.

1975

Der Kampf um die Erinnerung. Psychoanalyse für fortgeschrittene Anfänger, München/Zürich 1975.

1977

Freiheit und Unfreiheit in der Krankheit. Studien zur psychsomatischen Medizin III, Frankfurt am Main 1977.

& Mitscherlich-Nielsen, Margarete: Ihr endet bei der destruktiven Gleichgültigkeit. Brief an einen (fiktiven) Sohn. In: Duve, Freimut: Briefe zur Verteidigung der Republik, Reinbek bei Hamburg 1977, S. 113-116 (GS VI, S. 596-598).

1978

Das Ich und die Vielen. Parteinahmen eines Psychoanalytikers. Ein Lesebuch. Ausgewählt und eingeleitet von Gert Kalow, München/Zürich 1978.

1980

Ein Leben für die Psychoanalyse. Anmerkungen zu meiner Zeit, Frankfurt am Main 1980.

1983

Gesammelte Schriften (hrsg. von Klaus Menne). 10 Bände, Frankfurt am Main 1983.

QUELLEN UND LITERATUR

Weitere Literatur

Adorno, Theodor W.: Die Freudsche Theorie und die Struktur der faschistischen Propaganda (1951). In: Psyche 24 (1970), S. 486-509.
ders.: Erziehung zur Mündigkeit. In: ders.: Erziehung zur Mündigkeit. Vorträge und Gespräch mit Hellmut Becker 1959-1969, Frankfurt am Main 1969, S. 133-147.
ders.: Individuum und Organisation. Einleitungsvortrag zum Darmstädter Gespräch 1953. In: Tiedemann, Rolf (Hrsg.): Theodor W. Adorno. Gesammelte Schriften, Band 8, Frankfurt am Main 1972, S. 440-456.
ders.: Postscriptum. In: Kölner Zeitschrift für Soziologie und Sozialpsychologie 18 (1966), S. 37-42.
ders. u. a.: The Authoritarian Personality, New York 1950, in (gekürzter) deutscher Übersetzung unter dem Titel »Der autoritäre Charakter. Studien über Autorität und Vorurteil« zuerst Amsterdam 1953.
ders.: Was bedeutet: Aufarbeitung der Vergangenheit? In: Tiedemann, Rolf (Hrsg.): Theodor W. Adorno. Gesammelte Schriften, Band 10, Frankfurt am Main 1977, S. 555-572.
ders.: Zum Verhältnis von Psychoanalyse und Gesellschaftstheorie. In: Psyche 6 (1952), S. 1-18.
ders.: Zum Verhältnis von Soziologie und Psychologie (1955). In: Tiedemann, Rolf (Hrsg.): Theodor W. Adorno. Gesammelte Schriften, Band 8, Frankfurt am Main 1972, S. 42-85.
Aktion Psychisch Kranke (Hrsg.): 25 Jahre Psychiatrie-Enquete, 2 Bde., Bonn 2001.
Albrecht, Clemens: »Das Allerwichtigste ist, daß man die Jugend für sich gewinnt«: Die kultur- und bildungspolitischen Pläne des Horkheimer-Kreises bei der Remigration, in: ders. u. a.: Die intellektuelle Gründung der Bundesrepublik. Eine Wirkungsgeschichte der Frankfurter Schule, Frankfurt am Main/New York 1999, S. 97-131.
ders: Die Erfindung der Frankfurter Schule aus dem Geist der Eloge. In: ders. u. a.: Die intellektuelle Gründung der Bundesrepublik. Eine Wirkungsgeschichte der Frankfurter Schule, Frankfurt am Main/New York 1999, S. 21-35.
ders.: Die Frankfurter Schule in der Geschichte der Bundesrepublik. In: ders. u. a.: Die intellektuelle Gründung der Bundesrepublik. Eine Wirkungsgeschichte der Frankfurter Schule, Frankfurt am Main/New York 1999, S. 497-529.
ders. u. a.: Die intellektuelle Gründung der Bundesrepublik. Eine Wirkungsgeschichte der Frankfurter Schule, Frankfurt am Main/New York 1999.
ders.: Die Massenmedien und die Frankfurter Schule. In: ders. u. a.: Die intellektuelle Gründung der Bundesrepublik. Eine Wirkungsgeschichte der Frankfurter Schule, Frankfurt am Main/New York 1999, S. 203-246.
ders.: Im Schatten des Nationalsozialismus. Die politische Pädagogik der Frankfurter Schule. In: ders. u. a.: Die intellektuelle Gründung der Bundesrepublik. Eine Wirkungsgeschichte der Frankfurter Schule, Frankfurt am Main/New York 1999, S. 387-447.
ders.: Metamorphosen der Vergangenheitsbewältigung; in: ders. u. a.: Die intellektuelle Gründung der Bundesrepublik. Eine Wirkungsgeschichte der Frankfurter Schule, Frankfurt am Main/New York 1999, S. 530-566.
ders.: Vom Konsens der 50er zur Lagerbildung der 60er Jahre: Horkheimers Institutspolitik. In: ders. u. a.: Die intellektuelle Gründung der Bundesrepublik. Eine Wirkungsgeschichte der Frankfurter Schule, Frankfurt am Main/New York 1999, S. 132-168.

WEITERE LITERATUR

ders.: Warum Horkheimer Golo Mann einen ›heimlichen Antisemiten‹ nannte: Der Streit um die richtige Vergangenheitsbewältigung. In: ders. u. a.: Die intellektuelle Gründung der Bundesrepublik. Eine Wirkungsgeschichte der Frankfurter Schule, Frankfurt am Main/New York 1999, S. 189-202.

ders.: Wie das IfS zur Frankfurter Schule wurde, in: ders. u. a.: Die intellektuelle Gründung der Bundesrepublik. Eine Wirkungsgeschichte der Frankfurter Schule, Frankfurt am Main/New York 1999, S. 169-188.

Albrecht, Willy: Der sozialistische Deutsche Studentenbund (SDS). Vom parteikonformen Studentenverband zum Repräsentanten der neuen Linken, Bonn 1994.

Alexander, Franz: The Western Mind in Transition, New York 1960.

Arendt, Hannah: Eichmann in Jerusalem, München 1964.

Argelander, Hermann: Das Erstinterview in der Psychotherapie. In: Psyche 21 (1967), S. 341-512.

ders.: Der Weg Alexander Mitscherlichs. In: Psyche 37 (1983), S. 292-297.

ders.: Zur Geschichte des Sigmund-Freud-Instituts. In: Bareuther, Herbert (Hrsg.): Forschen und Heilen. Auf dem Weg zu einer psychoanalytischen Hochschule. Beiträge aus Anlaß des 25jährigen Bestehen des Sigmund-Freud-Instituts, Frankfurt am Main 1989, S. 289-301.

ders.: Zur Geschichte des Sigmund-Freud-Instituts. In: Plänkers, Tomas u. a. (Hrsg.): Psychoanalyse in Frankfurt am Main. Zerstörte Anfänge, Wiederannäherung, Entwicklungen. Tübingen 1996, S. 373-384.

Ash, Mitchell G.: Emigration und Wissenschaftswandel als Folgen der nationalsozialistischen Wissenschaftspolitik. In: Kaufmann, Doris (Hrsg.): Geschichte der Kaiser-Wilhelm-Gesellschaft im Nationalsozialismus. Bestandsaufnahme und Perspektiven der Forschung, Bd. 2, Göttingen 2000, S. 610-631.

Ash, Mitchell G./Geuter, Ulfried (Hrsg.): Geschichte der deutschen Psychologie im 20. Jahrhundert, Opladen 1985.

Aust, Stefan: Der Baader-Meinhof-Komplex, erweiterte und aktualisierte Auflage, Hamburg 2005.

Baader, Gerhard: Das Humanexperiment in den Konzentrationslagern. Konzeption und Durchführung. In: Osnowski, Rainer (Hrsg.): Menschenversuche. Wahnsinn und Wirklichkeit, Köln 1988, S. 48-69.

ders.: Opfer der Medizin im Nationalsozialismus: Herausforderung für eine halachisch orientierte Medizinethik? In: Wiesemann, Claudia/Frewer, Andreas (Hrsg.): Medizin und Ethik im Zeichen von Auschwitz. 50 Jahre Nürnberger Ärzteprozeß, Erlangen/Jena 1996, S. 79-98.

Baeyer, Walter von: Die Bestätigung der NS-Ideologie in der Medizin unter besonderer Berücksichtigung der Euthanasie. In: Universitätstage 1966. Veröffentlichung der Freien Universität zu Berlin. Nationalsozialismus und die deutsche Universität, Berlin 1966, S. 63-75.

ders./Häfner, Heinz/Kisker, Karl Peter: Psychiatrie der Verfolgten. Psychopathologische und gutachterliche Erfahrungen an Opfern der nationalsozialistischen Verfolgung und vergleichbarer Extrembelastungen, Berlin/Göttingen/Heidelberg 1964.

Baeyer-Katte, Wanda von: Das Sozialistische Patientenkollektiv in Heidelberg (SPK). In: dies. u. a.: Gruppenprozesse, Opladen 1982, S. 184-316.

Bahrdt, Hans Paul: Die moderne Großstadt. Soziologische Überlegungen zum Städtebau, Hamburg 1961.

ders.: Humaner Städtebau. Überlegungen zu Wohnungspolitik und Städtebau für eine nahe Zukunft, Hamburg 1968.

Bardé, Benjamin: Zum Verhältnis von Soziologie und Psychologie (Adorno 1955) – Versuch einer Bestandsaufnahme 40 Jahre danach. In: Bruns, Georg (Hrsg.): Psychoanalyse im Kontext. Soziologische Ansichten der Psychoanalyse, Opladen 1996, S. 153-170.

Bareuther, Herbert: u. a.: Forschen und Heilen. Auf dem Weg zu einer psychoanalytischen Hochschule, Frankfurt am Main 1989.

ders.: Sigmund-Freud-Institut 1960-1985. Eine Bibliographie. In: ders. u. a. (Hrsg.): Forschen und Heilen. Auf dem Weg zu einer psychoanalytischen Hochschule. Beiträge aus Anlaß des 25jährigen Bestehens des Sigmund-Freud-Instituts, Frankfurt am Main 1989, S. 711-795.

Bauer, Manfred: Nervenkraft für den Systemwechsel. Das nahe Ende der Sonderkrankenhäuser: Fünfundzwanzig Jahre Psychiatrie-Enquete. In: Frankfurter Allgemeine Zeitung, 22.11.2000.

ders.: Reform als soziale Bewegung: Der »Mannheimer Kreis« und die Gründung der »Deutschen Gesellschaft für Soziale Psychiatrie«. In: Kersting, Franz-Werner (Hrsg.): Psychiatriereform als Gesellschaftsreform. Die Hypothek des Nationalsozialismus und der Aufbruch der sechziger Jahre, Paderborn u. a. 2003, S. 155-163.

Becker, Hellmut: Freiheit, Sozialismus, Psychoanalyse. Anmerkungen zu Begegnungen mit Alexander Mitscherlich von einem Nichtanalysierten. In: Merkur (32) 1978, S. 923-937.

Beland, Hermann: Religiöse Wurzeln des Antisemitismus. Bemerkungen zu Freuds »Der Mann Moses und die monotheistische Religion« und zu einigen neueren psychoanalytischen Beiträgen. In: Psyche 45 (1991), S. 448-470.

Berger, Falk: »Das Tragen eines Smokings wäre ein Fauxpas«. Die Veranstaltung zum 100. Geburtstag Sigmund Freuds im Jahre 1956. In: Plänkers, Tomas u. a. (Hrsg.): Psychoanalyse in Frankfurt am Main. Zerstörte Anfänge, Wiederannäherung, Entwicklungen. Tübingen 1996, S. 335-348.

ders.: Zur »Biographie« einer Institution. Alexander Mitscherlich gründet das Sigmund-Freud-Institut. In: Plänkers, Tomas u. a. (Hrsg.): Psychoanalyse in Frankfurt am Main. Zerstörte Anfänge, Wiederannäherung, Entwicklungen. Tübingen 1996, S. 349-372.

Bergmann, Werner: Antisemitismus als politisches Ereignis. Die antisemitische Schmierwelle im Winter 1959/60. In: Ders./Erb, Rainer (Hrsg.): Antisemitismus in der politischen Kultur nach 1945, Opladen 1990, S. 253-277.

Bericht über die Lage der Psychiatrie in der Bundesrepublik Deutschland – Zur psychiatrischen und psychotherapeutisch/psychosomatischen Versorgung der Bevölkerung. Deutscher Bundestag, 7. Wahlperiode, Drucksache 7/4200 und 4201, Bonn 1975.

Berlepsch, Hans-Jürgen von: Die Wiederkehr des »wirklichen Menschen« in der Geschichte. Neue biographische Literatur. In: Archiv für Sozialgeschichte 29 (1989), S. 488-510.

Berndt, Heide u. a.: Architektur als Ideologie, Frankfurt am Main 1968.

dies.: Nachträgliche Bemerkungen zur »Unruhe der Studenten«. In: Psyche 27 (1973), S. 1128-1151 (wiederveröffentlicht in: Krovoza, Alfred (Hrsg.): Politische Psychologie. Ein Arbeitsfeld der Psychoanalyse, Stuttgart 1996, S. 251-270).

Beyme, Klaus von: Karl Jaspers – Vom philosophischen Außenseiter zum Praeceptor Germaniae. In: Heß, Jürgen/Lehmann, Hartmut/Sellin, Volker (Hrsg.): Heidelberg 1945, Stuttgart 1996, S. 138-148.

Blasius, Dirk: Die Ordnung der Gesellschaft. Zum historischen Stellenwert der NS-Psychiatrie. In: Dörner, Klaus (Hrsg.): Fortschritte der Psychiatrie im Umgang mit Menschen. Wert und Verwertung des Menschen im 20. Jahrhundert, Rehburg-Loccum 1984, S. 11-22.

ders.: Psychiatrischer Mord in der Zeit des Nationalsozialismus. Perspektiven und Befunde. In: Euthanasie in Hadamar. Die nationalsozialistische Vernichtungspolitik in hessischen Anstalten, Begleitband zu einer Ausstellung des Landeswohlfahrtsverbandes Hessen (bearbeitet von Christina Vanja und Martin Vogt), Kassel 1991, S. 51-58.

Blumenberg, Yigal: Annemarie Dührssen. Ein Jahrhundert psychoanalytische Bewegung in Deutschland. Die Psychotherapie unter dem Einfluß Freuds (Rezension). In: Luzifer-Amor 8 (1995), S. 153-175.

ders.: Psychoanalyse – eine jüdische Wissenschaft? In: Forum der Psychoanalyse 12 (1996), S. 156-178.

Boberach, Heinz: Meldungen aus dem Reich. Auswahl aus den geheimen Lageberichten des Sicherheitsdienstes der SS 1939-1944, Neuwied/Berlin 1965.

Bödeker, Hans Erich: Biographie. Annäherungen an den gegenwärtigen Forschungs- und Diskussionsstand. In: ders. (Hrsg.): Biographie schreiben, Göttingen 2003, S. 9-63.

Böhme, Günther (Hrsg.): Die Frankfurter Gelehrtenrepublik, Idstein 1999, Neue Folge Idstein 2002.

Böll, Heinrich: Will Ulrike Meinhof Gnade oder freies Geleit? In: Der Spiegel 26 (1972), Heft 3.

Bohleber, Werner: Vorwort. In: Plänkers, Tomas u. a. (Hrsg.): Psychoanalyse in Frankfurt am Main. Zerstörte Anfänge, Wiederannäherung, Entwicklungen. Tübingen 1996, S. 20-26.

ders.: Zur Geschichte der Psychoanalyse in Stuttgart. In: Psyche 40 (1986), S. 377-411.

Boll, Monika: Nachtprogramm. Intellektuelle Gründungsdebatten in der frühen Bundesrepublik, Münster 2004.

Bopp, Jörg: Antipsychiatrie. Theorien, Therapien, Politik, Frankfurt am Main 1980.

Borens, Raymond: Trauer und Psychosomatik. In: Drews, Sybille (Hrsg.): Freud in der Gegenwart. Alexander Mitscherlichs Gesellschaftskritik, Frankfurt am Main 2006, S. 113-126.

Bormuth, Matthias: Lebensführung in der Moderne. Karl Jaspers und die Psychoanalyse, Stuttgart 2002.

Bourdieu, Pierre: Die biographische Illusion. In: Neue Rundschau 3 (1991), S. 109-115.

Bracher, Karl-Dietrich: Die Gleichschaltung der deutschen Universität. In: Herzfeld, Hans u. a. (Hrsg.): Universitätstag 1966. Nationalsozialismus und die deutsche Universität, Berlin 1966.

Bräutigam, Walter: Rückblick auf das Jahr 1942. Betrachtungen eines psychoanalytischen Ausbildungskandidaten des Berliner Instituts der Kriegsjahre. In: Psyche 38 (1984), S. 905-914.

Braunbehrens, Volker: Aus den Anfängen der Humanistischen Union. Persönliche Erfahrungen. In: vorgänge 155 (3/2001), S. 62-67.

Brecht, Karen u. a.: »Hier geht das Leben auf eine sehr merkwürdige Weise weiter ...«. Zur Geschichte der Psychoanalyse in Deutschland, Hamburg 1985.

dies.: In the Aftermath of Nazi-Germany. Alexander Mitscherlich and Psychoanalysis – Legend and Legacy. In: American Imago 52 (1995), S. 291-312.

Brede, Karola: Alexander Mitscherlich: Leben, Zeitgeschichte und psychoanalytische Aufklärung. In: Böhme, Günther (Hrsg.): Die Frankfurter Gelehrtenrepublik, Idstein 1999, Neue Folge Idstein 2002, S. 61-86.

dies.: Die Deutung als Gegenstand von Forschung. Ein Rückblick auf das ›Deutungsprojekt‹. In: Bareuther, Herbert u. a. (Hrsg.): Forschen und Heilen. Auf dem Weg zu einer psychoanalytischen Hochschule. Beiträge aus Anlaß des 25jährigen Bestehens des Sigmund-Freud-Instituts, Frankfurt am Main 1989, S. 421-433.

dies.: Psychoanalyse zwischen Therapie und Wissenschaft. In: Lohmann, Hans-Martin (Hrsg.): Das Unbehagen in der Psychoanalyse. Eine Streitschrift, Frankfurt am Main/ Paris 1983, S. 93-103.

dies.: Unbewußtes – und sonst gar nichts? Stellungnahme zu Reimut Reiches »Von innen nach außen«. In: Psyche 49 (1995), S. 259-280.

Brenner, Arthur David: Emil J. Gumbel. Weimar German Pacifist and Professor, Boston 2001.

Breuer, Stefan: Anatomie der Konservativen Revolution, Darmstadt 1993.

Brink, Cornelia: Radikale Psychiatriekritik in der Bundesrepublik. Zum Sozialistischen Patientenkollektiv in Heidelberg. In: Kersting, Franz-Werner (Hrsg.): Psychiatriereform als Gesellschaftsreform. Die Hypothek des Nationalsozialismus und der Aufbruch der sechziger Jahre, Paderborn u. a. 2003, S. 165-179.

Brintzinger, Klaus/Klingemann, Carsten/Blomert, Reinhard: Intellektuelle im Aufbruch: Karl Mannheim, Alfred Weber, Norbert Elias und die Heidelberger Sozialwissenschaften der Zwischenkriegszeit, München 1999.

Broch, Hermann: Massenwahntheorie. Beiträge zu einer Psychologie der Politik, Frankfurt am Main 1979.

Brocher, Tobias: Der Einfluß englischer Psychoanalytiker auf die Entwicklung des Sigmund-Freud-Instituts. In: Bareuther, Herbert u. a. (Hrsg.): Forschen und Heilen. Auf dem Weg zu einer psychoanalytischen Hochschule. Beiträge aus Anlaß des 25jährigen Bestehens des Sigmund-Freud-Instituts, Frankfurt am Main 1989, S. 321-327.

ders.: Interkulturelle Begegnungen in einer sich wandelnden Welt. In: Hermanns, Ludger (Hrsg.): Psychoanalyse in Selbstdarstellungen, Band 3, Tübingen 1995, S. 11-72.

Brochhagen, Ulrich: Nach Nürnberg. Vergangenheitsbewältigung und Westintegration in der Ära Adenauer, Hamburg 1994.

Bröer, Ralf: Eine Wissenschaft emanzipiert sich. Die Medizinhistoriographie von der Aufklärung bis zur Postmoderne, Pfaffenweiler 1999.

Brückner, Peter: Anmerkungen zum sozialistischen Patientenkollektiv (SPK) mit einer Diskussion zwischen Erich Wulff und Peter Brückner. In: Kritische Justiz 4 (1973), S. 420-434.

ders./Leithäuser, Thomas/Kriesch, Werner: Psychoanalyse. Zum 60. Geburtstag von Alexander Mitscherlich, Frankfurt am Main 1968.

Brumlik, Micha: Abwesende Väter. Über das Fehlen der realen Vaterlosigkeit in Alexander Mitscherlichs »Vaterloser Gesellschaft«. In: Mittelweg 36, 15 (2006), Literaturbeilage zu Heft Nr. 4, S. 61-72 [auch in: Drews, Sybille (Hrsg.): Freud in der Gegenwart. Alexander Mitscherlichs Gesellschaftskritik, Frankfurt am Main 2006, S. 35-49].

Bruns, Georg: Einleitung: Psychoanalyse und Soziologie – ein Verhältnis? In: ders. (Hrsg.): Psychoanalyse im Kontext. Soziologische Ansichten der Psychoanalyse, Opladen 1996, S. 9-34.

ders.: Spaltung und Entfaltung. Die doppelte Bedeutung wissenschaftlicher Entwicklungen in der Psychoanalyse. In: ders. (Hrsg.): Psychoanalyse im Kontext. Soziologische Ansichten der Psychoanalyse, Opladen 1996, S. 101-125.

ders.: Zivilisierte Psychoanalyse? Soziologische Bemerkungen zu Selbstbehauptung und Anpassungsproblem. In: Zeitschrift für psychoanalytische Theorie und Praxis 9 (1994), Heft 2, S. 135-155.

WEITERE LITERATUR

Buckmiller, Michael/Perels, Joachim (Hrsg.): Opposition als Triebkraft der Demokratie. Bilanz und Perspektiven der zweiten Republik. Jürgen Seifert zum 70. Geburtstag, Hannover 1998.

Büchner, Franz: Der Eid des Hippokrates. In: ders.: Der Mensch in der Sicht moderner Medizin, Freiburg/Basel/Wien 1985, S. 131-151.

Bühring, Petra: Psychiatrie-Reform. Auf halbem Weg stecken geblieben. In: Deutsches Ärzteblatt 98 (2001), S. C238-C241.

Buselmann, Karin/Harth, Dietrich/Jansen, Christian (Hrsg.): Auch eine Geschichte der Universität Heidelberg, Mannheim 1985.

Bussemer, Thymian/Camman, Alexander (Hrsg.): Freiheitsrechte durchsetzen, Grundrechte einfordern, in Freiheit leben. Der Humanistischen Union zum 40. Gründungsjubiläum, Berlin 2001.

Callies, Jörg (Hrsg.): Die Reformzeit des Erfolgsmodells BRD. Die Nachgeborenen erforschen die Jahre, die ihre Eltern und Lehrer geprägt haben, Rehburg-Loccum 2004.

Catel, Werner: Die Gegenwartssituation unserer Kinder. Münchner Medizinische Wochenschrift 100 (1957), S. 1369-1374.

Caplan, Arthur L. (Hrsg.): When Medicine Went Mad. Bioethics and the Holocaust, Totowa 1992.

Claasen, Christoph: Bilder der Vergangenheit. Die Zeit des Nationalsozialismus im Fernsehen der Bundesrepublik Deutschland 1955-1965, Köln/Weimar/Wien 1999.

Claassen, Eugen: In Büchern denken, München 1998.

Clark, Delbert: Again the Goose Step: The Lost Fruits of Victory, Indianapolis 1949.

ders.: Heidelberg Held Failure in Policy: Reactionary Elements have taken over Old University, some critics declare. In: New York Times, 16.12.1947.

Claussen, Detlev: Theodor W. Adorno. Ein letztes Genie, Frankfurt am Main 2003.

ders.: Über Psychoanalyse und Antisemitismus. In: Psyche 41 (1987), S. 1-21. Wiederveröffentlicht in: Krovoza, Alfred (Hrsg.): Politische Psychologie. Ein Arbeitsfeld der Psychoanalyse, Stuttgart 1996, S. 94-116.

Cocks, Geoffrey: Psyche and Swastika. Neue Deutsche Seelenheilkunde 1933-1945, Diss. University of California, Los Angeles/Ann Arbor 1975.

ders.: Psychoanalyse, Psychotherapie und Nationalsozialismus. In: Psyche 37 (1983), S. 1056-1106.

ders.: Psychotherapy in the Third Reich. The Göring Institute, New York, Brunswick/London 1997 (zuerst 1985).

Corsten, Michael: Biographie, Lebensverlauf und das »Problem der Generation«. In: BIOS 14 (2001), Heft 2, S. 32-59.

Cremerius, Johannes: Spurensicherung. Die ›Psychoanalytische Bewegung‹ und das Elend der psychoanalytischen Institutionen. In: Psyche 40 (1986), S. 1063-1091.

Dahmer, Helmut: Die eingeschüchterte Psychoanalyse. Aufgaben eines psychoanalytischen Forschungsinstituts heute. In: Lohmann, Hans-Martin (Hrsg.): Das Unbehagen in der Psychoanalyse. Eine Streitschrift, Frankfurt am Main/Paris 1983, S. 24-39.

ders.: In memoriam Alexander Mitscherlich. In: Psyche 36 (1982), S. 1071-1072.

ders.: Kapitulation vor der »Weltanschauung«. Zu einem Aufsatz von Carl Müller-Braunschweig aus dem Herbst 1933. In: Psyche 37 (1983), S. 1116-1135.

ders.: Zur aktuellen Debatte um die Psychoanalyse im »Dritten Reich«: In: Fallend, Karl u. a. (Hrsg.): Der Einmarsch in die Psyche: Psychoanalyse, Psychologie, Psychiatrie im Nationalsozialismus und die Folgen, Wien 1989, S. 99-110.

QUELLEN UND LITERATUR

Danyel, Jürgen (Hrsg.): Die geteilte Vergangenheit. Zum Umgang mit Nationalsozialismus und Widerstand in den beiden deutschen Staaten, Berlin 1995.

de Boor, Clemens/Künzler, Erhard: Die psychosomatische Klinik und ihre Patienten. Erfahrungsbericht der psychosomatischen Universitätsklinik Heidelberg, Stuttgart 1963.

de Rosa, Renato (Hrsg.): Briefwechsel 1945-1968, Karl Jaspers, Karl Heinrich Bauer, Berlin 1983.

ders.: Politische Akzente im Leben eines Philosophen. Karl Jaspers in Heidelberg 1901-1946. Nachwort. In: ders. (Hrsg.): Karl Jaspers. Erneuerung der Universität. Reden und Schriften 1945/46, Heidelberg 1986, S. 301-426.

Dehli, Martin: Leben als Konflikt. Zur Biographie Alexander Mitscherlichs, Göttingen 2007.

Demm, Eberhard: Alfred Weber und die Nationalsozialisten. In: Zeitschrift für Geschichtswissenschaft 47 (1999), S. 211-236.

ders.: Von der Weimarer Republik zur Bundesrepublik. Der politische Weg Alfred Webers 1920-1958, Düsseldorf 1999.

ders.: Zivilcourage im Jahr 1933. Alfred Weber und die Fahnenaktion der NSDAP. In: Heidelberger Jahrbücher 21 (1982), S. 69-80.

Doering-Manteuffel, Anselm: Eine neue Stufe der Verwestlichung? Kultur und Öffentlichkeit in den 60er Jahren. In: Schildt, Axel/Siegfried, Detlef/Lammers, Karl Christian (Hrsg.): Dynamische Zeiten. Die 60er Jahre in den beiden deutschen Gesellschaften (Hamburger Beiträge zur Sozial- und Gesellschaftsgeschichte, Bd. 37), Hamburg 2000, S. 661-672.

ders.: Westernisierung. Politisch-ideeller und gesellschaftlicher Wandel. In: Schildt, Axel/ Siegfried, Detlev/Lammers, Karl Christian (Hrsg.): Dynamische Zeiten. Die 60er Jahre in den beiden deutschen Gesellschaften, Hamburg 2000, S. 311-341.

ders.: Wie westlich sind die Deutschen? Amerikanisierung und Westernisierung im 20. Jahrhundert, Göttingen 1999.

Dörner, Klaus: Bürger und Irre. Zur Sozialgeschichte und Wissenschaftssoziologie der Psychiatrie, Frankfurt am Main 1969.

ders./Ebbinghaus, Angelika/Linne, Karsten (Hrsg.): Der Nürnberger Ärzteprozeß 1946/47. Wortprotokolle, Anklage- und Verteidigungsmaterial, Quellen zum Umfeld (Mikrofiche-Edition), München/New York 1999; mit einem Erschließungsband München/ New York 2000.

ders. (Hrsg.): Fortschritte der Psychiatrie im Umgang mit Menschen. Wert und Verwendung des Menschen im 20. Jahrhundert, Rehburg-Loccum 1985.

ders.: Wiedervereinigung mit den Schwachen. Haben wir genug aus der Medizin des »Dritten Reiches« gelernt? In: Frankfurter Allgemeine Zeitung, 14.7.1999.

Dohnanyi, Klaus von: Eröffnungsrede zum 34. Kongreß der internationalen Psychoanalytischen Vereinigung am 28. Juli 1985. In: Psyche 40 (1986), S. 860-863.

Dopheide, Renate: Clauberg – ein Kieler Arzt. Massensterilisationen in Auschwitz und die Geschichte eines Prozesses. In: Kock, Sabine (Hrsg.): »Ich habe mir Deutschland vom Leibe zu halten versucht«. Frauen im Nationalsozialismus und der Umgang »nachgeborener« Frauen mit dem Gedenken. Dokumentation einer Veranstaltung am 8. Mai 1995 an der Christian-Albrecht-Universität zu Kiel, Kiel 1998, S. 46-83.

Dräger, Käthe: Bemerkungen zu den Zeitumständen und zum Schicksal der Psychoanalyse und Psychotherapie in Deutschland zwischen 1933 und 1949. In: Psyche 25 (1971), S. 255-267.

WEITERE LITERATUR

Dressler, Stephan: Viktor von Weizsäcker. Medizinische Anthropologie und Philosophie, Wien 1989.

Drews, Sybille (Hrsg.): Freud in der Gegenwart. Alexander Mitscherlichs Gesellschaftskritik, Frankfurt am Main 2006.

dies. u. a. (Hrsg.): Provokation und Toleranz. Festschrift für Alexander Mitscherlich zum siebzigsten Geburtstag. Frankfurt am Main 1978.

Dudek, Peter: »Vergangenheitsbewältigung« – Zur Problematik eines umstrittenen Begriffs. In: Aus Politik und Zeitgeschichte 1992, Heft 1-2, S. 44-53.

Dührssen, Annemarie: Ein Jahrhundert psychoanalytische Bewegung in Deutschland. Die Psychotherapie unter dem Einfluß Freuds, Göttingen/Zürich 1994.

dies.: Katamnestische Ergebnisse bei 1004 Patienten nach analytischer Psychotherapie. In: Zeitschrift für psychosomatische Medizin 8 (1962), S. 94-113.

Durkheim, Emile: Die Regeln der soziologischen Methode, Nachdruck der 1. Auflage, Frankfurt am Main 2002 (zuerst Paris 1895).

Duve, Freimut: Briefe zur Verteidigung der Republik, Reinbek bei Hamburg 1977.

Ebrecht, Angelika: Alexander und Margarete Mitscherlich – Erinnerungsarbeit als politische Kritik. In: Fröhlich, Claudia/Kohlsruck, Michael (Hrsg.): Engagierte Demokraten. Vergangenheitspolitik in kritischer Absicht, Münster 1999, S. 277-288.

Ebbinghaus, Angelika/Dörner, Klaus (Hrsg.): Vernichten und Heilen. Der Nürnberger Ärzteprozeß und seine Folgen, Berlin 2001.

Eckel, Jan: Hans Rothfels. Eine intellektuelle Biographie im 20. Jahrhundert, Göttingen 2005.

Ehebald, Ulrich: Wünsch' Dir eine lange Fahrt. In: Hermanns, Ludger M. (Hrsg.): Psychoanalyse in Selbstdarstellungen, Band 3, Tübingen 1995, S. 73-163.

Eich, Wolfgang: Psychosomatische Medizin als anthropologische Medizin. Die Heidelberger Tradition. In: Schott, Heinz (Hrsg.): Meilensteine der Medizin, Dortmund 1996, S. 540-546.

Eichler, Horst: Die Fallstudie Emmertsgrund oder von den Ansatzpunkten einer Geographie des Bauens, in: Ruperto Carola 1975, Heft 56, S. 185-194.

Erlenmayer, Arvid/Von der Tann, Matthias: Jung und der Nationalsozialismus. Texte und Daten, Berlin 1991.

Ernst, Fritz: Die Wiedereröffnung der Universität Heidelberg 1945-1946. Aus Anlaß des 70. Geburtstags von Karl Heinrich Bauer am 26. September 1960. In: Heidelberger Jahrbücher 4 (1960), S. 1-28.

Fages, Jean-Baptiste: Geschichte der Psychoanalyse nach Freud, Frankfurt am Main u. a. 1981.

Fallend, Karl/Nitzschke, Bernd (Hrsg.): Der »Fall« Wilhelm Reich. Beiträge zum Verhältnis von Psychoanalyse und Politik, Frankfurt am Main 1997.

Faulstich, Heinz: Die Anstaltspsychiatrie unter den Bedingungen der »Zusammenbruchgesellschaft«. In: Kersting, Franz-Werner (Hrsg.): Psychiatriereform als Gesellschaftsreform. Die Hypothek des Nationalsozialismus und der Aufbruch der sechziger Jahre, Paderborn u. a. 2003, S. 21-30.

ders.: Hungersterben in der Psychiatrie 1914-1949. Mit einer Topographie der NS-Psychiatrie, Freiburg 1998.

Federn, Ernst: Ein Leben mit der Psychoanalyse. Von Wien über Buchenwald und die USA zurück nach Wien, Gießen 1999.

ders.: Zur Psychologie der Revolution. Die vaterlose Gesellschaft, Wien 1919.

Fermi, Laura: Illustrous Immigrants. The Intellectual Migration from Europe 1930/41, Chicago/London 1968.

Fetscher, Iring: Alexander Mitscherlich – in the Pathology of West German Society. In: Psyche 37 (1983), S. 298-310.

Fetscher, Sebastian: Das Dritte Reich und die Moral der Nachgeborenen. Vom Dünkel der Betroffenheit. In: Die neue Sammlung. Vierteljahres-Zeitschrift für Erziehung und Gesellschaft, 29 (1989), S. 161-189.

Fichter, Tilman/Lönnendonker, Siegward: Kleine Geschichte des SDS. Der Sozialistische Deutsche Studentenbund von 1946 bis zur Selbstauflösung, Berlin 1977.

Finzen, Asmus: Hospitalisierungsschäden in psychiatrischen Krankenhäusern, München 1974.

Fischer, Eugenia/Fischer, René/Otto, Hans-Heinrich: Von der Rhein-Main-Neckar-Gruppe über die Frankfurter Psychoanalytische Vereinigung zum Frankfurter Psychoanalytischen Institut. Eine Chronologie. In: Plänkers, Tomas u. a. (Hrsg.): Psychoanalyse in Frankfurt am Main. Zerstörte Anfänge, Wiederannäherung, Entwicklungen. Tübingen 1996, S. 450-460.

Flitner, Andreas (Hrsg.): Deutsches Geistesleben und Nationalsozialismus. Eine Vortragsreihe der Universität Tübingen mit einem Nachwort von Hermann Diem, Stuttgart 1965.

Forschungsrat des Landes Hessen: Krankheit im Wandel der Zeit. Bad Homburg/Berlin/Zürich, 1957.

Frei, Norbert: 1945 und wir. Das Dritte Reich im Bewußtsein der Deutschen, München 2005.

ders./Steinbacher, Sybille (Hrsg.): Beschweigen und Bekennen. Die deutsche Nachkriegsgesellschaft und der Holocaust, Göttingen 2001.

ders.: Der Frankfurter Auschwitzprozeß und die deutsche Zeitgeschichtsforschung. In: Fritz-Bauer-Institut (Hrsg.): Auschwitz. Geschichte, Rezeption und Wirkung. Jahrbuch 1996 zur Geschichte und Wirkung des Holocaust, Frankfurt am Main 1996, S. 123-138.

ders.: Vergangenheitspolitik. Die Anfänge der Bundesrepublik und die NS-Vergangenheitspolitik, 2. Taschenbuchauflage, München 2003 (zuerst 1996).

Freimüller, Tobias: Mediziner. Operation Volkskörper. In: Frei, Norbert (Hrsg.): Karrieren im Zwielicht. Hitlers Eliten nach 1945, Frankfurt am Main/New York 2001, S. 13-65.

Freud, Sigmund: Massenpsychologie und Ich-Analyse. Die Zukunft einer Illusion, Frankfurt am Main 2005 (zuerst Leipzig/Wien/Zürich 1921).

Friedeburg, Ludwig von: Anfänge und Wiederbeginn der Soziologie in Frankfurt am Main. In: Mitteilungen des Instituts für Sozialforschung an der Johann Wolfgang Goethe-Universität, Frankfurt am Main 1998, S. 5-24.

Frisé, Adolf: Wir leben immer mehrere Leben. Erinnerungen, Reinbek bei Hamburg 2004.

Fritz-Bauer-Institut (Hrsg.): »Gerichtstag halten über uns selbst«. Geschichte und Wirkung des ersten Frankfurter Auschwitz-Prozesses. Jahrbuch 2001 zur Geschichte und Wirkung des Holocaust, Frankfurt am Main 2001.

Fritzsche, Siegfried: Philosophische Auseinandersetzung mit Alexander Mitscherlich als »Psychotherapeut der Gesellschaft«, (Diss.) Berlin 1986.

Fröhlich, Claudia: Wider die Tabuisierung des Ungehorsams. Fritz Bauers Widerstandsbegriff und die Aufarbeitung von NS-Verbrechen, Frankfurt am Main 2005.

Funke, Hajo: Emigrantenansichten. »Sich wirklich gefühlsmäßig vergegenwärtigen, was geschehen ist«. Alexander Mitscherlich aus der Sicht emigrierter Psychoanalytiker. In:

WEITERE LITERATUR

Bareuther, Herbert u. a. (Hrsg.): Forschen und Heilen. Auf dem Weg zu einer psychoanalytischen Hochschule. Beiträge aus Anlaß des 25jährigen Bestehens des Sigmund-Freud-Instituts, Frankfurt am Main 1989, S. 305-320.

Gerhard, Ute: Die amerikanischen Militäroffiziere und der Konflikt um die Wiedereröffnung der Universität Heidelberg 1945-1946. In: Heß, Jürgen C. (Hrsg.): Heidelberg 1945, Stuttgart 1996. S. 30-54.

dies.: Talcott Parsons. An Intellectual Biography, Cambridge 2002.

Gerst, Thomas: »Nürnberger Ärzteprozeß« und ärztliche Standespolitik. Der Auftrag der Ärztekammern an Alexander Mitscherlich zur Beobachtung des Prozeßverlaufs. In: Deutsches Ärzteblatt 91 (1994), Heft 22/23, S. 1200-1210.

Gilcher-Holtey, Ingrid: Die 68er Bewegung. Deutschland, Westeuropa, USA, München 2001.

Glaser, Hermann: Die Bundesrepublik zwischen Restauration und Rationalismus. Analysen und Perspektiven, Freiburg 1965.

Godau-Schüttke, Klaus-Detlev: Die Heyde-Sawade-Affäre, Baden-Baden 1998.

Göderitz, Johannes/Hoffmann, Hubert/Rainer, Roland: Die gegliederte und aufgelockerte Stadt, Tübingen 1957.

Gödl, Doris: Peter Brückner. Leben und Werk, Frankfurt am Main 1988.

Görlich, Bernard: Grenzüberschreitungen. Alfred Lorenzer: Erkenntnis-, Sozialisations- und Kulturtheoretiker der Psychoanalyse. In: Plänkers, Tomas u. a. (Hrsg.): Psychoanalyse in Frankfurt am Main. Zerstörte Anfänge, Wiederannäherung, Entwicklungen. Tübingen 1996, S. 617-629.

Görres, Albert: Psychoanalyse und Personenverständnis im Werk Felix Schottlaenders. In: Keppler, Lene (Hrsg.): Schottlaender, Felix: Das Ich und seine Welt, Stuttgart 1959, S. 5-15.

Götschi, Anne Sybil: Gustav Bally (1893-1965). Leben und Werk des Zürcher Psychoanalytikers, (Diss.) Zürich 1997.

Goldschmidt, Otto: Die Patienten einer psychoanalytischen Großstadtambulanz. Statistische Auswertung einer Stichprobe von 646 Patienten des Sigmund-Freud-Instituts aus den Jahren 1960-1980. In: Bareuther, Herbert u. a. (Hrsg.): Forschen und Heilen. Auf dem Weg zu einer psychoanalytischen Hochschule. Beiträge aus Anlaß des 25jährigen Bestehens des Sigmund-Freud-Instituts, Frankfurt am Main 1989, S. 344-418.

ders.: Vorgeschichte und Entwicklung des Sprechstundeninterviews. In: Psyche 27 (1973), S. 1012-1024.

Gradmann, Christoph: Geschichte, Funktion und Erfahrung – kritische Anmerkungen zur neuerlichen Aktualität der historischen Biographie. In: Internationales Archiv für Sozialgeschichte der deutschen Literatur 17 (1992), S. 1-16.

Graumann, Carl F. (Hrsg.): Psychologie im Nationalsozialismus, Berlin/New York 1985.

Grodin, Michael A. (Hrsg.): The Nazi Doctors and the Nuremberg Code. Human Rights in Experimentation, New York 1992.

Grosch, Helmut: Der Kieler Gynäkologe Carl Clauberg und die Bevölkerungspolitik des Nationalsozialismus. In: Heesch, Eckhard (Hrsg.): Heilkunst in unheilvoller Zeit. Beiträge zur Geschichte der Medizin im Nationalsozialismus, Frankfurt am Main 1993, S. 85-118.

Grubrich-Simitis, Ilse: Zurück zu Freuds Texten. Stumme Dokumente sprechen machen, Frankfurt am Main 1993.

dies.: Zur Geschichte der deutschsprachigen Freud-Ausgaben. In: Psyche 43 (1989), S. 773-802 und S. 889-911.

Grünbaum, Adolf: Psychoanalyse in wissenschaftstheoretischer Sicht: Zum Werk Sigmund Freuds und seiner Rezeption, Konstanz 1987.

Grundmann, Kornelia: »Vergangenheitsbewältigung« nach dem Zweiten Weltkrieg. Zur Berufungspraxis an der Marburger Medizinischen Fakultät. Werner Catel als Bewerber um den Marburger Lehrstuhl für Kinderheilkunde. In: Hafeneger, Benno (Hrsg.): Marburg in den Nachkriegsjahren, Marburg 2006, S. 47-68.

Gumbel, Emil Julius: Auf der Suche nach Wahrheit, Berlin 1991.

Gusy, Christoph (Hrsg.): Weimars lange Schatten – »Weimar« als Argument nach 1945, Baden-Baden 2003.

Habermas, Jürgen: Alexander Mitscherlich. Arzt und Intellektueller. In: Die Zeit, 23.9.1978.

ders.: Bemerkungen zu Alexander Mitscherlichs analytischer Sozialpsychologie. In: Psyche 37 (1983), S. 352-363.

ders.: Eine psychoanalytische Konstruktion des Fortschritts. In: Merkur 17 (1963), Heft 7, S. 1105-1109.

ders.: In memoriam Alexander Mitscherlich. In: Psyche 36 (1982), S. 1060-1063.

ders.: Protestbewegung und Hochschulreform, Frankfurt am Main 1969.

ders.: Sigmund Freud – der Aufklärer. In: Frankfurter Allgemeine Zeitung, 7.6.1956.

Hachmeister, Lutz: Der Gegnerforscher: Die Karriere des SS-Führers Franz Alfred Six, München 1998.

Haedecke, Gerd (Hrsg.): Kulturradio. Erinnerungen und Erwartungen, Bonn 1996.

Häfner, Heinz: Caspar Kulenkampff (1922-2002). In: Der Nervenarzt 73 (2002), S. 1105-1106.

ders.: Die Inquisition der psychisch Kranken geht ihrem Ende entgegen. Die Geschichte der Psychiatrie-Enquete und Psychiatriereform in Deutschland. In: Kersting, Franz-Werner (Hrsg.): Psychiatriereform als Gesellschaftsreform. Die Hypothek des Nationalsozialismus und der Aufbruch der sechziger Jahre, Paderborn u.a. 2003, S. 113-140.

ders.: Die Psychiatrie-Enquete. In: Psycho 27 (2001), S. 258-270.

ders.: (unter Mitarbeit von Walter von Baeyer und Karl Peter Kisker): Dringliche Reformen in der psychiatrischen Krankenversorgung der Bundesrepublik. Über die Notwendigkeit des Aufbaus sozialpsychiatrischer Einrichtungen (psychiatrischer Gemeindezentren). In: helfen und heilen. Diagnose und Therapie in der Rehabilitation 4 (1965), S. 118-125.

Hähner, Olaf: Historische Biographik. Die Entwicklung einer geisteswissenschaftlichen Darstellungsform von der Antike bis ins 20. Jahrhundert, Frankfurt am Main u.a. 1999.

Härlein, Jürgen u.a. (Hrsg.): Medizin und Gewissen. Wenn Würde ein Wert würde ... Eine Dokumentation über den internationalen IPPNW-Kongreß Erlangen 24.-27. Mai 2001, Frankfurt am Main 2002.

Hahn, Peter: Innere Medizin II, Allgemeine Klinische und Psychosomatische Medizin. In: Schettler, Gotthard (Hrsg.): Das Klinikum der Universität Heidelberg und seine Institute, Berlin u.a. 1986, S. 87-89.

Hahn, Peter/Jacob, Wolfgang: Viktor von Weizsäcker zum 100. Geburtstag. Beiträge zum Symposion der Universität Heidelberg, Berlin 1987.

Hammerstein, Notker: Paul Joachimsen. In: Garber, Klaus (Hrsg.): Kulturwissenschaftler des 20. Jahrhunderts. Ihr Werk im Blick auf das Europa der Frühen Neuzeit, München 2002, S. 159-173.

Hanrath, Sabine: Strukturkrise und Reformbeginn: Die Anstaltspsychiatrie in der DDR und in der Bundesrepublik bis zu den 60er Jahren. In: Kersting, Franz-Werner (Hrsg.):

Psychiatriereform als Gesellschaftsreform. Die Hypothek des Nationalsozialismus und der Aufbruch der sechziger Jahre, Paderborn u. a. 2003, S. 31-61.

Harth, Dietrich (Hrsg.): Karl Jaspers: Denken zwischen Wissenschaft, Politik und Philosophie, Stuttgart 1989.

Hartkamp, Norbert: Zur Kritik an Max Schurs Konzept der Desomatisierung und Resomatisierung. In: Zepf, Siegfried (Hrsg.): Tatort Körper – Spurensicherung: eine Kritik der psychoanalytischen Psychosomatik, Berlin u. a. 1986, S. 27-44.

Hartmann, Heinz: Ich-Psychologie und Anpassungsproblem (1939). In: Psyche 14 (1960), S. 81-164.

Heiber, Helmut: Universität unterm Hakenkreuz. Die Kapitulation der Hohen Schulen. Das Jahr 1933 und seine Themen, München 1991.

Heim, Robert: Vatermord und Dialektik der Aufklärung. Die »vaterlose Gesellschaft« als Modell einer psychoanalytischen Archäologie der Moderne. In: Psyche 47 (1993). S. 344-377.

Heinzmann, Roland: Wohnungsmarktsituation, Altersaufbau und Sozialstruktur der Wohnbevölkerung in Heidelberg-Emmertsgrund. In: Ruperto Carola 1975, Heft 56, S. 182-184.

Henkelmann, Thomas: Viktor von Weizsäcker (1886-1957). Materialien zu Leben und Werk, Berlin 1986.

ders.: Zur Geschichte der Psychosomatik in Heidelberg. Viktor von Weizsäcker und Alexander Mitscherlich als Klinikgründer. In: Psychotherapie, Psychosomatik, Med. Psychologie 42 (1992), S. 175-186.

Henscheid, Eckhard: Die Unfähigkeit zu trauern oder so ähnlich. In: Frankfurter Allgemeine Zeitung, 12.6.1993.

Herbert, Ulrich: Best. Biographische Studien über Radikalismus, Weltanschauung und Vernunft, 1903-1989, Bonn 1996.

ders.: Drei politische Generationen im 20. Jahrhundert. In: Reulecke, Jürgen (Hrsg.): Generationalität und Lebensgeschichte im 20. Jahrhundert, München 2003, S. 95-114.

ders.: »Generation der Sachlichkeit«. Die völkische Studentenbewegung der frühen zwanziger Jahre in Deutschland. In: Bajohr, Frank (Hrsg.): Zivilisation und Barbarei. Die widersprüchlichen Potentiale der Moderne. Detlev Peukert zum Gedenken, Hamburg 1991, S. 115-144.

ders.: Liberalisierung als Lernprozess. Die Bundesrepublik in der deutschen Geschichte. Eine Skizze, in: ders. (Hrsg.): Wandlungsprozesse in Westdeutschland. Belastung, Integration, Liberalisierung 1945-1980, Göttingen 2002, 7-49.

ders. (Hrsg.): Wandlungsprozesse in Westdeutschland. Belastung, Integration, Liberalisierung 1945-1980, Göttingen 2002.

Herf, Jeffrey: Zweierlei Erinnerung. Die NS-Vergangenheit im geteilten Deutschland, Berlin 1998.

Hermanns, Ludger M. (Hrsg.): Spaltungen in der Geschichte der Psychoanalyse, Tübingen 1995.

Heß, Jürgen/Lehmann, Hartmut/Sellin, Volker (Hrsg.): Heidelberg 1945, Stuttgart 1996.

Heubner, Wolfgang/Sauerbruch, Ferdinand: Protest von Heubner und Sauerbruch. In: Göttinger Universitäts-Zeitung 3 (1948), Heft 3, S. 6 f.

Hildebrand, Klaus: Von Erhard zur Großen Koalition 1963-1968, Stuttgart 1984.

Hodenberg, Christina von: Konsens und Krise. Eine Geschichte der westdeutschen Medienöffentlichkeit 1945-1973, Göttingen 2006.

Hoevels, Fritz Erik: Das Elend der Psychoanalyse. Plädoyer für einen neuen Lehrstuhl. In: Freiburger Studenten Zeitung 17 (1967), Heft 7, S. 23-26.

Hoffmann, Klaus: Ludwig Binswangers Einfluss auf die deutsche Psychoanalyse nach 1945. In: Jahrbuch der Psychoanalyse 41 (2000), S. 191-208.

Hoffmann, Wilhelm: Felix Schottlaender. In: Keppler, Lene (Hrsg.): Schottlaender, Felix: Das Ich und seine Welt, Stuttgart 1959, S. 335-342.

Hohendorf, Geritt/Magull-Seltenreich, Achim (Hrsg.): Von der Heilkunde zur Massentötung. Medizin im Nationalsozialismus, Heidelberg 1990.

Holtkamp, Martin: Werner Villinger (1887-1961). Die Kontinuität des Minderwertigkeitsgedankens in der Jugend- und Sozialpsychiatrie, Husum 2002.

Homann, Harald: Die Frankfurter Schule im Exil. In: Albrecht, Clemens u. a.: Die intellektuelle Gründung der Bundesrepublik. Eine Wirkungsgeschichte der Frankfurter Schule, Frankfurt am Main/New York 1999, S. 57-77.

Honolka, Bert: Die Kreuzelschreiber. Ärzte ohne Gewissen. Euthanasie im Dritten Reich, Hamburg 1961.

Horkheimer, Max/Adorno, Theodor W.: Dialektik der Aufklärung, 15. Auflage, Frankfurt am Main 2004 (zuerst: Amsterdam 1947).

Horn, Klaus: Aggression und Gewalt. Vom gegenwärtigen Schicksal menschlicher Expressivität. In: Schöpf, Alfred (Hrsg.): Aggression und Gewalt, Würzburg 1985, S. 123-145.

ders.: Der Bürger Mitscherlich. In: Frankfurter Allgemeine Zeitung, 28.6.1982.

ders.: Die Medizinalisierung sozialer Kontrolle und die Psychoanalyse. In: Bareuther, Herbert u. a. (Hrsg.): Forschen und Heilen. Auf dem Weg zu einer psychoanalytischen Hochschule. Beiträge aus Anlaß des 25jährigen Bestehens des Sigmund-Freud-Instituts, Frankfurt am Main 1989, S. 137-163.

ders.: Insgeheime kulturistische Tendenzen der modernen psychoanalytischen Orthodoxie. In: Lorenzer, Alfred u. a.: Psychoanalyse als Sozialwissenschaft, Frankfurt am Main 1971, S. 93-151.

ders.: Politische Bildung und reale Beteiligungschancen. Eine sich öffnende Schere (hrsg. von der Bundeszentrale für politische Bildung), Bonn 1985, S. 95-109.

ders.: Psychoanalyse – Anpassungslehre oder Kritische Theorie des Subjekts. In: Frankfurter Hefte (1971) Heft 7, S. 532 ff. und Heft 8, S. 617 ff.

ders.: Wie kommen wir zu einer ›konstitutionellen Intoleranz‹ gegen den Krieg? Anmerkungen zum Einstein-Freud-Briefwechsel 50 Jahre danach. In: Psyche 38 (1984), S. 1083-1104.

Imhoff, Hans: Die Mitscherlich-Aktion. Beispiel einer öffentlichen Analyse, Frankfurt am Main 1972 (vervielfältigtes Typoskript).

in der Beeck, Manfred: Praktische Psychiatrie, Berlin 1957.

Indefrey, Peter: Franz Alexander: Der Mensch als komplizierte Maschine. In: Zepf, Siegfried (Hrsg.): Tatort Körper – Spurensicherung: eine Kritik der psychoanalytischen Psychosomatik, Berlin u. a. 1986, S. 15-26.

Jachertz, Norbert: Phasen der »Vergangenheitsbewältigung« in der deutschen Ärzteschaft nach dem Zweiten Weltkrieg. In: Jütte, Robert (Hrsg.): Geschichte der deutschen Ärzteschaft. Organisierte Berufs- und Gesundheitspolitik im 19. und 20. Jahrhundert, Köln 1997, S. 276-288.

Jacobs, Jane: The Death and Life of Great American Cities, New York 1961 (deutsche Ausgabe: Tod und Leben großer amerikanischer Städte, Berlin u. a. 1963).

Jacoby, Russell: Die Verdrängung der Psychoanalyse oder Der Triumph des Konformismus, Frankfurt am Main 1985.

Jäger, Lorenz: Adorno. Eine politische Biographie, München 2003.

WEITERE LITERATUR

ders.: Komödie der Weisheit. 1968 als Kunst. Hans Imhoff, ein deutscher Aristophanes. In: Frankfurter Allgemeine Zeitung, 30.5.1998.

Jäger, Ludwig: Seitenwechsel. Der Fall Schneider/Schwerte und die Diskretion der Germanistik, München 1998.

Jansen, Christian: Emil Julius Gumbel. Portrait eines Zivilisten, Heidelberg 1991.

ders.: Professoren und Politik. Politisches Denken und Handeln der Heidelberger Hochschullehrer 1914-1935, Göttingen 1992.

Janzarik, Werner: Psychiatrische Klinik. In: Schettler, Gotthard (Hrsg.): Das Klinikum der Universität Heidelberg und seine Institute, Berlin u. a. 1986, S. 128-136.

Jappe, Gemma: Klaus Horn und manche Anfänge im Sigmund-Freud-Institut. Ein Versuch, sich zu erinnern. In: Bareuther, Herbert u. a. (Hrsg.): Forschen und Heilen. Auf dem Weg zu einer psychoanalytischen Hochschule. Beiträge aus Anlaß des 25jährigen Bestehens des Sigmund-Freud-Instituts, Frankfurt am Main 1989, S. 302-304.

Jaspers, Karl: Allgemeine Psychopathologie, 4., völlig neu bearbeitete Auflage, Berlin 1946.

ders.: Erneuerung der Universität. Reden und Schriften 1945/46, Heidelberg 1986.

ders.: Schicksal und Wille. Autobiographische Schriften (hrsg. von Hans Saner), München 1967.

ders.: Wohin treibt die Bundesrepublik? Tatsachen, Gefahren, Chancen, München 1966.

ders.: Zur Kritik an der Psychoanalyse. In: Nervenarzt 21 (1950), S. 465-468.

Jores, Arthur: Gedanken zum Nürnberger Ärzteprozeß. In: Hamburger Akademische Rundschau 2 (1947/48), Heft 1/2, S. 29ff.

Jütte, Robert (Hrsg.): Geschichte der deutschen Ärzteschaft. Organisierte Berufs- und Gesundheitspolitik im 19. und 20. Jahrhundert, Köln 1997.

Junker, Helmut: Der Exodus der Psychoanalyse – vom Schicksal der Menschen und der Ideen. In: Psychosozial 22 (1999), S. 51-59.

Kadereit, Ralf: Karl Jaspers und die Bundesrepublik Deutschland. Politische Gedanken eines Philosophen, Paderborn 1999.

Kenkmann, Alfons: Von der bundesdeutschen »Bildungsmisere« zur Bildungsreform in den 60er Jahren. In: Schildt, Axel/Siegfried, Detlef/Lammers, Karl Christian (Hrsg.): Dynamische Zeiten : Die 60er Jahre in den beiden deutschen Gesellschaften, Hamburg 2000, S. 402-423.

Keppler, Lene (Hrsg.): Schottlaender, Felix: Das Ich und seine Welt, Stuttgart 1959.

Kershaw, Ian: Der NS-Staat. Geschichtsinterpretationen und Kontroversen im Überblick, 3. Auflage, Reinbek 2002.

Kersting, Franz-Werner: Einführung. In: ders. (Hrsg.): Psychiatriereform als Gesellschaftsreform. Die Hypothek des Nationalsozialismus und der Aufbruch der sechziger Jahre, Paderborn u. a. 2003, S. 1-12.

ders.: Helmut Schelskys »skeptische Generation« von 1957. Zur Publikations- und Wirkungsgeschichte eines Standardwerkes. In: Vierteljahrshefte für Zeitgeschichte 50 (2002), Heft 3, S. 465-495.

ders. (Hrsg.): Psychiatriereform als Gesellschaftsreform. Die Hypothek des Nationalsozialismus und der Aufbruch der sechziger Jahre, Paderborn u. a. 2003.

ders.: Vor Ernst Klee. Die Hypothek der NS-Medizinverbrechen als Reformimpuls. In: ders. (Hrsg.): Psychiatriereform als Gesellschaftsreform. Die Hypothek des Nationalsozialismus und der Aufbruch der sechziger Jahre, Paderborn u. a. 2003, S. 63-80.

Kielmansegg, Peter Graf: Lange Schatten. Vom Umgang der Deutschen mit der nationalsozialistischen Vergangenheit, Berlin 1989.

Kinner, Margareta: Karl Alexander von Müller (1882-1964). Historiker und Publizist, München (Diss.) 1998.
Kittel, Manfred: Die Legende von der »Zweiten Schuld«. Vergangenheitsbewältigung in der Ära Adenauer, Frankfurt am Main 1993.
Klages, Helmut: Der Nachbarschaftsgedanke und die nachbarliche Wirklichkeit in der Großstadt, Köln-Opladen 1958.
Klauber, John: Die Entfaltung der Psychoanalyse in der Geschichte. In: Drews, Sibylle u. a. (Hrsg.): Provokation und Toleranz. Festschrift für Alexander Mitscherlich zum siebzigsten Geburtstag. Frankfurt am Main 1978, S. 7-20.
Klee, Ernst: Was sie taten – was sie wurden: Ärzte, Juristen und andere Beteiligte am Kranken- oder Judenmord, Frankfurt am Main 1986.
Klein, Christian (Hrsg.): Grundlagen der Biographik. Theorie des biographischen Schreibens, Stuttgart 2002.
Kleßmann, Christoph: Die doppelte Staatsgründung. Deutsche Geschichte 1945-1955, Bonn 1982.
ders.: Zwei Staaten, eine Nation. Deutsche Geschichte 1955-1970, Bonn 1988.
Klußmann, Rudolf: Psychosomatische Medizin. Eine Übersicht, 2., überarbeitete und erweiterte Auflage, Berlin u. a. 1992.
Knoell, Dieter Rudolf: Die doppelte als einseitige Vergangenheitsbewältigung. Tilman Mosers analytisch-therapeutischer Beitrag zum geistigen Wiederaufbau. In: Psyche 47 (1993), S. 775-794.
König, Helmut: »Die allezeit und immer wieder unterschätzte Gewalt der Triebnatur«. Alexander Mitscherlichs Ideen zur Sozialpsychologie. In: Bareuther, Herbert u. a. (Hrsg.): Forschen und Heilen. Auf dem Weg zu einer psychoanalytischen Hochschule. Beiträge aus Anlaß des 25jährigen Bestehens des Sigmund-Freud-Instituts, Frankfurt am Main 1989, S. 210-233.
ders.: Die Zukunft der Vergangenheit. Der Nationalsozialismus im politischen Bewußtsein der Bundesrepublik, Frankfurt am Main 2003.
ders./Kuhlmann, Wolfgang/Schwabe, Klaus (Hrsg.): Vertuschte Vergangenheit. Der Fall Schwerte und die NS-Vergangenheit der deutschen Hochschulen, München 1997.
ders.: Was leistet die Psychoanalyse für die Erklärung gesellschaftlicher Verhältnisse? – Über Alexander Mitscherlich. In: Leviathan 2 (1985), S. 219-237.
König, René: Alexander Mitscherlich: Psychoanalyse und Zeitkritik (1969). In: Psyche 37 (1983), S. 921.
ders.: Leben im Widerspruch. Versuch einer intellektuellen Biographie, München/Wien 1980.
ders.: Masse und Vermassung. In: Gewerkschaftliche Monatshefte 7 (1956), S. 463-470.
ders.: Vom Wesen der deutschen Universität, Berlin 1935.
König, Waldemar/Müller, Klaus-Dieter: Nachkriegs-Semester. Studium in Kriegs- und Nachkriegszeit, Stuttgart 1990.
Kogon, Eugen: Das Recht auf den politischen Irrtum. In: Frankfurter Hefte 2 (1947), S. 641-655.
ders.: Der SS-Staat. Das System der deutschen Konzentrationslager, 38. Auflage, München 2000 (zuerst Frankfurt am Main 1946).
Koller, Hans-Christoph: Biographie als rhetorisches Konstrukt. In: BIOS 6 (1993), S. 33-45.
Korsukéwitz, Sabine: Der Fall Szczesny. Zum Verhältnis von Kreativität und Kontrolle im öffentlich-rechtlichen Rundfunksystem. (Diss.) Berlin 1979.

WEITERE LITERATUR

Kraushaar, Wolfgang (Hrsg.): Die Protest-Chronik 1949-1959. Eine illustrierte Geschichte von Bewegung, Widerstand und Utopie, Hamburg 1996.

ders. (Hrsg.): Die RAF und der linke Terrorismus, 2 Bde., Hamburg 2006.

ders./Wieland, Karin: Rudi Dutschke, Andreas Baader und die RAF, Hamburg 2005.

Kretschmer, Wolfgang: Psychoanalyse im Widerstreit, München/Basel 1982.

Kröner, Hans-Peter: Von der Rassenhygiene zur Humangenetik. Das Kaiser-Wilhelm-Institut für Anthropologie, menschliche Erblehre und Eugenik nach dem Kriege, Stuttgart u. a. 1998.

Krohn, Claus-Dieter: Die westdeutsche Studentenbewegung und das »andere Deutschland«. In: Schildt, Axel/Siegfried, Detlef/Lammers, Karl Christian (Hrsg.): Dynamische Zeiten. Die 60er Jahre in den beiden deutschen Gesellschaften, Hamburg 2000, S. 695-718.

Krohn, Claus-Dieter u. a. (Hrsg.): Handbuch der deutschsprachigen Emigration 1933-1945, Darmstadt 1998.

ders./Schildt, Axel (Hrsg.): Zwischen den Stühlen? Remigranten in der deutschen Medienöffentlichkeit nach dem Zweiten Weltkrieg, Hamburg 2002.

Krovoza, Alfred (Hrsg.): Politische Psychologie. Ein Arbeitsfeld der Psychoanalyse, Stuttgart 1996.

ders./Schneider, Christian: Politische Philosophie – politische Psychologie. Über das Verhältnis von Kritischer Theorie und Psychoanalyse nach 1945. In: Plänkers, Tomas u. a. (Hrsg.): Psychoanalyse in Frankfurt am Main. Zerstörte Anfänge, Wiederannäherung, Entwicklungen. Tübingen, 1996, S. 630-653.

ders./Schneider, Christian: Psychoanalyse in Berlin und Heidelberg nach 1945. Zur Vorgeschichte des Sigmund-Freud-Instituts in Frankfurt. In: Bareuther, Herbert u. a. (Hrsg.): Forschen und Heilen. Auf dem Weg zu einer psychoanalytischen Hochschule. Beiträge aus Anlaß des 25jährigen Bestehens des Sigmund-Freud-Instituts, Frankfurt am Main 1989, S. 237-262.

Krüger, Horst: »Psychoanalyse und Politik«. In: Merkur 22 (1968), Heft 24, Mai 1968, S. 457-460.

Kruse, Johannes: Alexander Mitscherlich: Die zweiphasige Abwehr – Indiziensammlung. In: Zepf, Siegfried (Hrsg.): Tatort Körper – Spurensicherung: eine Kritik der psychoanalytischen Psychosomatik, Berlin u. a. 1986, S. 58-74.

Kudlien, Friedrich/Andree, Christian: Sauerbruch und der Nationalsozialismus. In: Medizinhistorisches Journal 15 (1980), S. 201-222.

Küper, Wilfried: Gustav Radbruch (1878-1949). Leben und Lehre in Heidelberg. In: Heidelberger Jahrbücher 40 (1996), S. 169-191.

Kulenkampff, Caspar: Erkenntnisinteresse und Pragmatismus. Erinnerungen an die Zeit von 1945-1970. In: Dörner, Klaus (Hrsg.): Fortschritte der Psychiatrie im Umgang mit Menschen. Wert und Verwertung des Menschen im 20. Jahrhundert, Rehburg-Loccum 1984, S. 127-138.

Kuiper, Piet: Abwehrformen neurotischer Schuldgefühle in der Gegenwart. In: Psyche 22 (1968), S. 689-700.

Kurzweil, Edith: Die Freudianer treffen sich in Deutschland. In: Psyche 40 (1986), S. 909-921.

dies.: Freud und die Freudianer. Geschichte und Gegenwart der Psychoanalyse in Deutschland, Frankreich, England, Österreich und den USA, Stuttgart 1993.

dies.: Legitimationsprobleme der Nachkriegs-Psychoanalyse in der Bundesrepublik. In: Bareuther, Herbert u. a. (Hrsg.): Forschen und Heilen. Auf dem Weg zu einer psychoanalytischen Hochschule. Beiträge aus Anlaß des 25jährigen Bestehens des Sigmund-Freud-Instituts, Frankfurt am Main 1989, S. 164-179.

Kutter, Peter: Der Stachel im Fleisch: Das Institut für Psychoanalyse im Fachbereich Psychologie. In: Plänkers, Tomas u.a. (Hrsg.): Psychoanalyse in Frankfurt am Main. Zerstörte Anfänge, Wiederannäherung, Entwicklungen. Tübingen 1996, S. 461-488.

Laier, Michael: Das Frankfurter Psychoanalytische Institut: 1929-1933: Anfänge der Psychoanalyse in Frankfurt am Main. 2. Auflage, Münster 1994.

ders.: »Sie wissen, daß alles von unserem alten Institut vernichtet wurde«. Das Frankfurter Psychoanalytische Institut (1929-1933). In: Plänkers, Tomas u. a. (Hrsg.): Psychoanalyse in Frankfurt am Main. Zerstörte Anfänge, Wiederannäherung, Entwicklungen. Tübingen 1996, S. 41-86.

Lammers, Karl Christian: Die Auseinandersetzung mit der »braunen« Universität. Ringvorlesungen zur NS-Vergangenheit an westdeutschen Hochschulen. In: Schildt, Axel/ Siegfried, Detlef/ders. (Hrsg.): Dynamische Zeiten: Die 60er Jahre in den beiden deutschen Gesellschaften, Hamburg 2000, S. 148-165.

Larese, Dino: Alexander Mitscherlich. Eine Lebensskizze, St. Gallen 1969. In: Drews, Sybille u.a. (Hrsg.): Provokation und Toleranz. Festschrift für Alexander Mitscherlich zum siebzigsten Geburtstag, Frankfurt am Main 1978, S. 1-5.

Laufs, Adolf: Gustav Radbruch. In: Ulmer, Peter (Hrsg.): Geistes- und Sozialwissenschaften in den 20er Jahren. Heidelberger Impulse, Heidelberg 1998, S. 73-88.

Laufs, Bernd: Vom Umgang der Medizin mit ihrer Geschichte. In: Hohendorf, Geritt/ Magull-Seltenreich, Achim (Hrsg.): Von der Heilkunde zur Massentötung. Medizin im Nationalsozialismus, Heidelberg 1990, S. 233-257.

Laurien, Ingrid/Vielberg, Iris (Hrsg.). Politisch-kulturelle Zeitschriften in den deutschen Besatzungszonen 1945-1949. Eine Sammlung bibliographischer Daten, Göttingen 1986.

Le Bon, Gustave: Psychologie der Massen, 15. Auflage, Stuttgart 1982 (französische Originalausgabe »Psychologie des foules« 1895).

Le Soldat, Judith: Kekulés Traum. Ergänzende Bemerkungen zum »Benzolring«. In: Psyche 46 (1992), S. 180-201.

Leggewie, Claus: Generationsschichten und Erinnerungskulturen. Zur Historisierung der »alten« Bundesrepublik. In: Tel Aviver Jahrbuch für deutsche Geschichte 28 (1999), S. 211-235.

ders.: Von Schneider zu Schwerte. Das ungewöhnliche Leben eines Mannes, der aus der Geschichte lernen wollte, München 1998.

Leonhard, Joachim-Felix (Hrsg.): Karl Jaspers in seiner Heidelberger Zeit, Heidelberg 1983.

Lepsius, Rainer M.: Die Entwicklung der Soziologie nach dem Zweiten Weltkrieg 1945-1967. In: Lüschen, Günther (Hrsg.): Deutsche Soziologie seit 1945. Entwicklungslinien und Praxisbezug, Opladen 1979.

Lifton, Robert Jay: Ärzte im Dritten Reich: Alexander Mitscherlich zum 80. Geburtstag (20.9.1908 – 26.6.1982). Frankfurt am Main 1989.

Loch, Wolfgang: Alexander Mitscherlich und die Wiedergeburt der Psychoanalyse in Deutschland. In: Psyche 37 (1983), S. 336-345.

ders./Pohlmann, Ursula: Psychoanalyse – Heilmittel oder Forschungsmethode? in: Kutter, Peter (Hrsg.): Psychoanalyse im Wandel, Frankfurt am Main 1977, S. 27-41.

Lockot, Regine: Die Reinigung der Psychoanalyse. Die Deutsche Psychoanalytische Gemeinschaft im Spiegel von Dokumenten und Zeitzeugen (1933-1951), Tübingen 1994.

dies.: Erinnern und Durcharbeiten. Zur Geschichte der Psychoanalyse und Psychotherapie im Nationalsozialismus, Frankfurt am Main 1985.

dies.: Missbrauch, Disqualifizierung und Spaltung statt Entsühnung. Stationen der Deutschen Psychoanalytischen Gesellschaft (DPG) im Umfeld des Zürcher Kongresses von 1949. In: Hermanns, Ludger M. (Hrsg.): Spaltungen in der Geschichte der Psychoanalyse, Tübingen 1995, S. 106-119.

dies.: Paula Heimann im Gespräch mit Marlinde Krebs. Eingeleitet und kommentiert von Regine Lockot. In: Luzifer-Amor 8 (1995), S. 134-160.

Löwenfeld, Henry/Dahmer, Helmut: Libido und Gesellschaft. Studien über Freud und die Freudsche Linke. In: Psychoanal. Quart. 44 (1975), S. 468-469.

Loewenstein, Rudolph M.: Christians and Jews. A Psychoanalytic Study, New York 1951.

Loewy, Hanno/Winter, Bettina (Hrsg.): NS-»Euthanasie« vor Gericht. Fritz Bauer und die Grenzen juristischer Bewältigung, Frankfurt am Main 1996.

Lohmann, Hans-Martin: Alexander Mitscherlich, Reinbek bei Hamburg 1987.

ders. (Hrsg.): Das Unbehagen in der Psychoanalyse. Eine Streitschrift, Frankfurt am Main 1983.

ders.: Mitscherlich, Alexander. Der Antifaschist in der Stunde Null. In: Frankfurter Rundschau, 11.5.1985.

ders. (Hrsg.): Hundert Jahre Psychoanalyse. Bausteine und Materialien zu ihrer Geschichte, Stuttgart 1996.

ders./Rosenkötter, Lutz: Psychoanalyse in Hitlerdeutschland. Wie war es wirklich? Ein Nachtrag. In: Psyche 37 (1983), S. 1107-1115.

ders. (Hrsg.): Psychoanalyse und Nationalsozialismus: Beiträge zur Bearbeitung eines unbewältigten Traumas. Frankfurt am Main 1994.

ders.: Wie harmlos dürfen Psychoanalytiker sein? Notizen zur verdrängten Thanatologie. In: ders. (Hrsg.): Das Unbehagen in der Psychoanalyse. Eine Streitschrift, Frankfurt am Main/Paris 1983, S. 50-59.

ders.: 50 Jahre PSYCHE (1947-1996). In: Plänkers, Tomas u. a. (Hrsg.): Psychoanalyse in Frankfurt am Main. Zerstörte Anfänge, Wiederannäherung, Entwicklungen. Tübingen 1996, S. 753-756.

Lorenz, Konrad: Das sogenannte Böse. Zur Naturgeschichte der Aggression, Wien 1963.

Lorenzer, Alfred: Plädoyer für eine psychoanalytische Hochschule. In: Bareuther, Herbert u. a. (Hrsg.): Forschen und Heilen. Auf dem Weg zu einer psychoanalytischen Hochschule. Beiträge aus Anlaß des 25jährigen Bestehens des Sigmund-Freud-Instituts, Frankfurt am Main 1989, S. 31-46.

ders. u. a.: Psychoanalyse als Sozialwissenschaft, Frankfurt am Main 1971.

Loth, Wilfried/Rusinek, Bernd A. (Hrsg.): Verwandlungspolitik. NS-Eliten in der westdeutschen Nachkriegsgesellschaft, Frankfurt am Main 1998.

Ludwig, Arndt: Der Exodus der Psychoanalyse – vom Schicksal der Menschen und der Ideen. In: Psychosozial 22 (1999), S. 61-64.

Lübbe, Hermann: Der Nationalsozialismus im politischen Bewußtsein der Gegenwart. In: Historische Zeitschrift 236 (1983), S. 579-599.

Lützeler, Paul Michael: Hermann Broch. Eine Biographie, Frankfurt am Main 1985.

Märthesheimer, Peter (Hrsg.): Im Kreuzfeuer: Der Fernsehfilm Holocaust. Eine Nation ist betroffen, Frankfurt am Main 1979.

Maetze, Gerhard: »Psychoanalyse« in Berlin von 1950 bis 1970. In: Abraham, Hilda u. a. (Hrsg.): Psychoanalyse in Berlin. Beiträge zur Geschichte, Theorie und Praxis. 50-Jahre-Gedenkfeier des Berliner Psychoanalytischen Instituts, Meisenheim 1971, S. 50-75.

QUELLEN UND LITERATUR

Mahler, Eugen: In der Zerstreuung aufgehoben. Zur Geschichte des Kasseler Psychoanalytischen Instituts – Alexander-Mitscherlich-Institut. In: Psychosozial 22 (1999), S. 9-15.

ders.: Zur Idee des Friedens und der menschlichen Aggressivität. Der Beitrag Alexander Mitscherlichs zur Friedens- und Konfliktforschung. In: Bareuther, Herbert u. a. (Hrsg.): Forschen und Heilen. Auf dem Weg zu einer psychoanalytischen Hochschule. Beiträge aus Anlaß des 25jährigen Bestehens des Sigmund-Freud-Instituts, Frankfurt am Main 1989, S. 195-209.

Maier, Hans/Zöller, Michael (Hrsg.): Bund Freiheit der Wissenschaft. Der Gründungskongreß in Bad Godesberg am 18. November 1970, Köln 1971.

Marcus, Steven: Erneute Betrachtung der Anfänge der Psychoanalyse: Gedanken und Folgerungen. In: Drews, Sibylle u. a. (Hrsg.): Provokation und Toleranz. Festschrift für Alexander Mitscherlich zum siebzigsten Geburtstag. Frankfurt am Main 1978, S. 21-41.

Mathy, Helmut: Adolf Süsterhenn (1905-1974). In: Geschichte im Westen 3 (1988), Heft 2, S. 203-217.

Mausbach, Hans: Der Nürnberger Ärzteprozeß – Wirkungen und Nachwirkungen. In: Thom, Achim/Rapoport, Samuel Mitja (Hrsg.): Das Schicksal der Medizin im Faschismus. Auftrag und Verpflichtung zur Bewahrung von Humanismus und Frieden, Neckarsulm/München 1989, S. 260-266.

Meinecke, Friedrich: Die deutsche Katastrophe. Betrachtungen und Erinnerungen, Wiesbaden 1946.

Mertens, Wolfgang: Psychoanalyse: Geschichte und Methoden. München 1997.

Michaelis, Detlef: »Heute gehen wir Baby-Gucken und morgen ...«. Psychoanalyse auf der Höhe des Zeitgeistes. In: Zepf, Siegfried (Hrsg.): Diskrete Botschaften des Rationalen. Psychoanalyse jenseits des Common-Sense, Göttingen/Zürich 1995, S. 144-175.

Middendorp, Vera: Katamnestische Untersuchungen nach poliklinisch durchgeführter Kurztherapie. In: Psyche 19 (1965), S. 662-675.

Mielke, Fred: Der Nürnberger Prozeß und der deutsche Arzt. In: Bayerisches Ärzteblatt 2 (1947), S. 1f.

Miquel, Marc von: Ahnden oder Amnestieren? Westdeutsche Justiz und Vergangenheitspolitik in den sechziger Jahren, Göttingen 2004.

Mitscherlich-Nielsen, Margarete: Das Sigmund-Freud-Institut unter Alexander Mitscherlich – ein Gespräch. In: Plänkers, Tomas u. a. (Hrsg.): Psychoanalyse in Frankfurt am Main. Zerstörte Anfänge, Wiederannäherung, Entwicklungen. Tübingen 1996, S. 385-412.

dies.: Die Notwendigkeit zu trauern. In: Psyche 33 (1979), S. 981-990.

dies.: Erinnerungsarbeit. Zur Psychoanalyse der Unfähigkeit zu trauern, Frankfurt am Main 1987.

dies.: Was können wir aus der Vergangenheit lernen? In: Psyche 47 (1993), S. 743-753.

Moeller, Michael Lukas: Gold und Kupfer. Die Psychoanalyse in der Medizinpsychologie. In: Plänkers, Tomas u. a. (Hrsg.): Psychoanalyse in Frankfurt am Main. Zerstörte Anfänge, Wiederannäherung, Entwicklungen, Tübingen 1996, S. 576-595.

Moersch, Emma: Forschung und Berufspolitik. Das Sigmund-Freud-Institut unter Clemens de Boor. In: Plänkers, Tomas u. a. (Hrsg.): Psychoanalyse in Frankfurt am Main. Zerstörte Anfänge, Wiederannäherung, Entwicklungen, Tübingen 1996, S. 413-449.

dies.: Vom Arbeiterkind zur Psychoanalytikerin. In: Hermanns, Ludger M. (Hrsg.): Psychoanalyse in Selbstdarstellungen, Band 3, Tübingen 1995, S. 231-303.

Mohler, Armin: Der Nasenring. Im Dickicht der Vergangenheitsbewältigung, Essen 1989.
ders.: Vergangenheitsbewältigung. Von der Läuterung zur Manipulation, Stuttgart-Degerloch 1969.
Morsey, Rudolf: Die Bundesrepublik Deutschland. Entstehung und Entwicklung bis 1969, München 1987.
Moser, Tilman: Die Unfähigkeit zu trauern: Hält die Diagnose einer Überprüfung stand? Zur psychischen Verarbeitung des Holocaust in der Bundesrepublik. In: Psyche 46 (1992), S. 389-405.
Moses, Dirk: Die 45er. Eine Generation zwischen Faschismus und Demokratie. In: Neue Sammlung 40 (2000), Heft 2, S. 233-263.
Müller, Thomas/Ricken, Désirée: Alexander Mitscherlichs »politische« Psychoanalyse, seine Beziehungen zur Humanmedizin und die Wahrnehmung der bundesdeutschen Öffentlichkeit. In: Tel Aviver Jahrbuch für deutsche Geschichte 32 (2004), S. 219-257.
ders.: Von Charlottenburg zum Central Park West. Henry Löwenfeld und die Psychoanalyse in Berlin, Prag und New York, Frankfurt am Main 2000.
Müller-Doohm, Stefan: Adorno. Eine Biographie, Frankfurt am Main 2003.
Mundt, Hans Josef (Hrsg.): Deutschland ohne Konzeption? München 1964.
Naumann, Klaus (Hrsg.): Nachkrieg in Deutschland, Hamburg 2001.
Niekisch, Ernst: Hitler – ein deutsches Verhängnis, Berlin 1932.
Nolte, Paul: Die Ordnung der deutschen Gesellschaft. Selbstentwurf und Selbstbeschreibung im 20. Jahrhundert, München 2000.
Nordmeyer, Helmut: Frankfurt am Main. Die sechziger Jahre, Frankfurt am Main 2003.
Oelkers, Jürgen: Biographik – Überlegungen zu einer unschuldigen Gattung. In: Neue Politische Literatur 3 (1974), S. 296-306.
Ohlmeier, Dieter: Die Psychoanalyse in der Gesellschaft. In: Psychosozial 22 (1999), S. 31-36.
Osnowski, Rainer: (Hrsg.): Menschenversuche. Wahnsinn und Wirklichkeit, Köln 1988.
Otte, Rainer: Thure von Uexküll. Von der Psychosomatik zur Integrierten Medizin, Göttingen 2001.
Otto, Karl A.: APO. Außerparlamentarische Opposition in Quellen und Dokumenten (1960-1970), Köln 1989.
Paprotny, Thorsten: Das Wagnis der Philosophie. Denkwege und Diskurse bei Karl Jaspers, Freiburg 2003.
Parin, Paul: Bemerkungen zur Beschädigung der Psychoanalyse. In: Fallend, Karl u. a. (Hrsg.): Der Einmarsch in die Psyche. Psychoanalyse, Psychologie, Psychiatrie im Nationalsozialismus und die Folgen, Wien 1989, S. 53-59.
ders./Parin-Matthèy, Goldy: Das obligat unglückliche Verhältnis der Psychoanalytiker zur Macht. In: Lohmann, Hans-Martin (Hrsg.): Das Unbehagen in der Psychoanalyse. Eine Streitschrift, Frankfurt am Main/Paris 1983, S. 17-23.
ders.: Der Widerspruch im Subjekt. Ethnopsychoanalytische Studien, Frankfurt am Main 1978.
ders./Parin-Matthèy, Goldy: Der Widerspruch im Subjekt. Die Anpassungsmechanismen des Ichs und die Psychoanalyse gesellschaftlicher Prozesse. In: Drews, Sybille u. a. (Hrsg.): Provokation und Toleranz. Festschrift für Alexander Mitscherlich zum siebzigsten Geburtstag, Frankfurt am Main 1978, S. 410-435.
ders.: Psychoanalyse als Gesellschaftskritik im Werk von Alexander Mitscherlich. In: Psyche 37 (1983), S. 364-373.
ders.: Warum die Psychoanalytiker so ungern zu brennenden Zeitproblemen Stellung nehmen. Eine ethnologische Betrachtung. In: Psyche 32 (1978), S. 385-399, wiederveröf-

fentlicht in: Krovoza, Alfred (Hrsg.): Politische Psychologie. Ein Arbeitsfeld der Psychoanalyse, Stuttgart 1996, S. 25-40.

Parsons, Talcott: Edward Yarnall Hartshorne Jr., 1912-1946. In: American Sociological Review 11 (1946), S. 877f.

Pehle, Walter H./Sillem, Peter (Hrsg.): Wissenschaft im geteilten Deutschland. Restauration oder Neubeginn nach 1945, Frankfurt am Main 1992.

Peter, Jürgen: Der Nürnberger Ärzteprozeß im Spiegel seiner Aufarbeitung anhand der drei Dokumentensammlungen von Alexander Mitscherlich und Fred Mielke, Münster/Hamburg, 1994 (Neuauflage Frankfurt am Main 1998).

ders.: Unmittelbare Reaktionen auf den Prozeß. In: Dörner, Klaus/Ebbinghaus, Angelika (Hrsg.): Vernichten und Heilen. Der Nürnberger Ärzteprozeß und sein Folgen, Berlin 2001, S. 452-475.

Pfeil, Elisabeth u. a.: Die Familie im Gefüge der Großstadt, Hamburg 1965.

Pfister, Oskar: Karl Jaspers als Sigmund Freuds Widersacher. In: Psyche 6 (1952), S. 241-275.

Picht, Georg: Die deutsche Bildungskatastrophe. Analyse und Dokumentation, Freiburg 1964.

Pieper, Werner (Hrsg.): Heidelberg zur Stunde Null. Dokumente, Fotos, Augenzeugenberichte 1945, Heidelberg 1985.

Plänkers, Tomas: Die Verleihung des Frankfurter Goethe-Preises an Sigmund Freud 1930. Aus den Sitzungsprotokollen des Goethe-Preis-Kuratoriums. In: ders. u. a. (Hrsg.): Psychoanalyse in Frankfurt am Main. Zerstörte Anfänge, Wiederannäherung, Entwicklungen. Tübingen 1996, S. 254-331.

Plänkers, Tomas: Einleitung. In: ders. u. a. (Hrsg.): Psychoanalyse in Frankfurt am Main. Zerstörte Anfänge, Wiederannäherung, Entwicklungen. Tübingen 1996, S. 27-37.

Platen-Hallermund, Alice: Die Tötung Geisteskranker in Deutschland, Frankfurt am Main 1948.

Plessner, Monika: Miteinander reden heißt miteinander träumen. Gruppenstudie mit Horkheimer. In: Frankfurter Allgemeine Zeitung, 28.9.1991.

Pollock, Friedrich (Bearb.): Gruppenexperiment. Ein Studienbericht, Frankfurt am Main 1955.

Radbruch, Gustav: Der Innere Weg. Aufriß meines Lebens, Stuttgart 1951.

Rehberg, Karl-Siegberg: Verdrängung und Neuanfang: Die Soziologie nach 1945 als »Normalfall« westdeutscher Geschichtserledigung. In: Loth, Wilfried/Rusinek, Bernd A. (Hrsg.): Verwandlungspolitik. NS-Eliten in der westdeutschen Nachkriegsgesellschaft, Frankfurt am Main 1998, S. 259-284.

Reich, Wilhelm: Die sexuelle Revolution, Frankfurt am Main 1966.

Reiche, Reimut: Von innen nach außen? Sackgassen im Diskurs über Psychoanalyse und Gesellschaft. In: Psyche 49 (1995), S. 227-258.

Reichel, Peter: Vergangenheitsbewältigung in Deutschland. Die Auseinandersetzung mit der NS-Diktatur von 1945 bis heute, München 2001.

Reichmayr, Johannes: Spurensuche in der Geschichte der Psychoanalyse. Frankfurt am Main, 1990.

Rein, Hermann Friedrich: Vorbeigeredet. In: Göttinger Universitäts-Zeitung 2 (1947) Heft 17/18, S. 7-8.

ders.: Wissenschaft und Unmenschlichkeit, Bemerkungen zu drei charakteristischen Veröffentlichungen. In: Göttinger Universitäts-Zeitung 2 (1947), Heft 14, S. 3-5.

Reinhardt, Stephan: Alfred Andersch. Eine Biographie, Zürich 1990.

Remy, Steven P.: The Heidelberg myth. The Nazification and Denazification of a German university, Cambridge/Mass. u. a. 2002.

Requate, Jörg: »Weimar« als Argument in der Debatte um die Notstandsgesetze. In: Gusy, Christoph (Hrsg.): Weimars lange Schatten – »Weimar« als Argument nach 1945, Baden-Baden 2003, S. 311-334.

Reulecke, Jürgen (Hrsg.): Generationalität und Lebensgeschichte im 20. Jahrhundert, München 2003.

Reuster, Thomas: Viktor von Weizsäckers Rezeption der Psychoanalyse. Stuttgart-Bad Cannstatt 1990.

Reuter, Frederike: Heidelberg 1945-1949. Zur politischen Geschichte einer Stadt in der Nachkriegszeit, Heidelberg 1994.

Richter, Hans-Werner (Hrsg.): Bestandsaufnahme. Eine deutsche Bilanz 1962. 36 Beiträge deutscher Wissenschaftler, Schriftsteller und Publizisten, München 1962.

Richter, Horst-Eberhard: Bedenken gegen Anpassung. Psychoanalyse und Politik. Hamburg 1995.

ders.: Die Chance des Gewissens. Erinnerungen und Assoziationen, Hamburg 1986.

ders.: Vorwort. In: Plänkers, Tomas u. a. (Hrsg.): Psychoanalyse in Frankfurt am Main. Zerstörte Anfänge, Wiederannäherung, Entwicklungen. Tübingen 1996, S. 14-19.

Riesman, David/Denney, Reuel/Glazer, Nathan: TheLonely Crowd. A Study of the Changing American Character, New Haven 1950 (deutsche Übersetzung: Die einsame Masse. Untersuchung der Wandlungen des amerikanischen Charakters, Darmstadt/Berlin/Neuwied 1956).

Rimpau, Wilhelm: Viktor von Weizsäcker im Nationalsozialismus. In: Hohendorf, Geritt/Magull-Seltenreich, Achim (Hrsg.): Von der Heilkunde zur Massentötung. Medizin im Nationalsozialismus, Heidelberg 1990, S. 113-135.

Roelcke, Volker: Die Zähmung der Psychoanalyse durch öffentliche Institutionen. Aus der Gründungsgeschichte der Heidelberger Psychosomatischen Klinik. In: Zepf, Siegfried (Hrsg.): Diskrete Botschaften des Rationalen. Psychoanalyse jenseits des Common-Sense, Göttingen/Zürich 1995, S. 125-143.

ders.: Ist die Psyche antiquiert? Typen der psychotherapeutischen Zivilisationskritik im Werk von Alexander Mitscherlich in: Psychotherapie, Psychosomatik, Med. Psychologie 45 (1995), S. 277-284.

Rohlfes, Joachim: Ein Herz für Personengeschichte. Strukturen und Persönlichkeiten in Wissenschaft und Unterricht. In: Geschichte in Wissenschaft und Unterricht 45 (2001), S. 305-320.

Rosenkötter, Lutz: Alexander Mitscherlich als Chef und Lehrer. In: Psyche 37 (1983), S. 346-351.

ders.: Arier Jung. In: Psychologie Heute 4 (1995), S. 6.

Roth, Karl Heinz: Psychosomatische Medizin und ›Euthanasie‹. Der Fall Viktor von Weizsäcker. In: 1999. Zeitschrift für Sozialgeschichte des 20. und 21. Jahrhunderts 1 (1986), S. 65-99.

Rothe, Hans-Joachim: Ein exemplarisches Schicksal. Karl Landauer (1887-1945). In: Plänkers, Tomas u. a. (Hrsg.): Psychoanalyse in Frankfurt am Main. Zerstörte Anfänge, Wiederannäherung, Entwicklungen. Tübingen 1996, S. 87-108.

Rürup, Reinhard/Schieder, Wolfgang (Hrsg. im Auftrag der Präsidentenkommission der Max-Planck-Gesellschaft): Geschichte der Kaiser-Wilhelm-Gesellschaft im Nationalsozialismus, 13 Bde., Göttingen 2000-2006.

Rüsen, Jörn: Normativität und Modernität in der Geschichtswissenschaft. In: Rossi, Pietro (Hrsg.): Theorie der modernen Geschichtsschreibung, Frankfurt am Main 1987, S. 230-237.
Rutschky, Michael: Die Stimme des Intellekts ist leise. Alexander Mitscherlich in seinen Gesammelten Schriften. In: Merkur 38 (1984), Heft 5, S. 709-714.
ders.: Politik und Erinnerung. In: Frankfurter Hefte, Oktober 1968, S. 719-722.
Salin, Edgar: Irrgang der Wissenschaft. In: Deutsche Rundschau 70 (1947), Heft 12, S. 187-193.
Saner, Hans: Karl Jaspers, Reinbek bei Hamburg, 12. Auflage 2005.
Sauermann, Uwe: Ernst Niekisch und der revolutionäre Nationalismus, München 1985.
Schäfer, Wolfram: »Bis endlich der langersehnte Umschwung kam ...«. Anmerkungen zur Rolle des Marburger Psychiaters Werner Villinger in der NS- und Nachkriegszeit. In: »Bis endlich der langersehnte Umschwung kam ...«. Von der Verantwortung der Medizin unter dem Nationalsozialismus, Marburg 1991, S. 178-283.
Scheibe, Moritz: Auf der Suche nach der demokratischen Gesellschaft. In: Herbert, Ulrich (Hrsg.): Wandlungsprozesse in Westdeutschland. Belastung, Integration, Liberalisierung 1945-1980, Göttingen 2002, S. 245-277.
Schelsky, Helmut: Die Arbeit tun die anderen. Klassenkampf und Priesterherrschaft der Intellektuellen, Opladen 1975.
ders.: Die skeptische Generation. Eine Soziologie der deutschen Jugend, Düsseldorf 1957.
Schettler, Gotthard: Das Klinikum der Universität Heidelberg und seine Institute. Berlin/Heidelberg 1986.
Schildt, Axel: Ankunft im Westen. Ein Essay zur Erfolgsgeschichte der Bundesrepublik, Frankfurt am Main 1999.
ders./Siegfried, Detlef/Lammers, Karl Christian (Hrsg.): Dynamische Zeiten. Die 60er Jahre in den beiden deutschen Gesellschaften, Hamburg 2000.
ders.: Zwischen Abendland und Amerika. Studien zur westeuropäischen Ideenlandschaft der 50er Jahre, München 1999.
Schirrmacher, Frank (Hrsg.): Die Walser-Bubis-Debatte. Eine Dokumentation, Frankfurt am Main 1999.
Schlesinger-Kipp, Gertraud (Hrsg.): Schwerpunktthema. Psychoanalyse in der Tradition Alexander Mitscherlichs, Gießen 1999.
Schmul, Hans-Walter: Einführung. In: Kersting, Franz-Werner (Hrsg.): Psychiatriereform als Gesellschaftsreform. Die Hypothek des Nationalsozialismus und der Aufbruch der sechziger Jahre, Paderborn u. a. 2003, S. 15-19.
Schneider, Christian: Jenseits der Schuld? Die Unfähigkeit zu Trauern in der zweiten Generation. In: Psyche 47 (1993), S. 754-774.
ders.: Verstehen und Verzeihen, Schweigen und Protest. Über einige aktuelle Schwierigkeiten beim Umgang mit dem Erbe des Nationalsozialismus. In: Werkblatt 2/1997, S. 75-93.
Schneider, Kurt: Klinische Psychopathologie, 4. Auflage, Stuttgart 1955.
ders.: Zur Frage der Psychotherapie endogener Psychosen. In: Deutsche Medizinische Wochenschrift 79 (1954), S. 873-875.
Schneider, Lambert: Rechenschaft über vierzig Jahre Verlagsarbeit 1925-1965. Ein Almanach, Heidelberg 1965.
Schneider, Michael: Demokratie in Gefahr? Der Konflikt um die Notstandsgesetze. Sozialdemokratie, Gewerkschaften und intellektueller Protest (1958-1968), Bonn 1986.

Schönborn, Felicitas: Margarete Mitscherlich. Zwischen Psychoanalyse und Frauenbewegung. Ein Portrait, Frankfurt am Main 1997.
Schöpf, Alfred: (Hrsg.): Aggression und Gewalt, Würzburg 1985.
ders.: Sigmund Freud und die Philosophie der Gegenwart, Würzburg 1998.
Schöttler, Peter (Hrsg.): Geschichtsschreibung als Legitimationswissenschaft, Frankfurt am Main 1997.
Schottlaender, Felix: Aspekte der Neurose (1954). In: Keppler, Lene (Hrsg.): Schottlaender, Felix. Das Ich und seine Welt, Stuttgart 1959, S. 209-288.
ders.: Das Ich und seine Determinanten. Ein Beitrag zur Frage der Neurosenentstehung. In: Keppler, Lene (Hrsg.): Schottlaender, Felix. Das Ich und seine Welt, Stuttgart 1959, S. 99-116.
ders.: Die Mutter als Schicksal, Stuttgart 1947.
ders.: Menschenkenntnis und Menschenliebe. In: Keppler, Lene (Hrsg.): Schottlaender, Felix: Das Ich und seine Welt, Stuttgart 1959, S. 310-334.
Schröter, Michael: Zurück ins Weite. Die Internationalisierung der deutschen Psychoanalyse nach dem Zweiten Weltkrieg. In: Bude, Heinz/Greiner, Bernd (Hrsg.): Westbindungen. Amerika in der Bundesrepublik, Hamburg 1999, S. 93-118.
Schulz, Andreas/Grebner, Gundula: Generation und Geschichte: Zur Renaissance eines umstrittenen Forschungskonzepts. In: dies. (Hrsg.): Generationenwechsel und historischer Wandel, München 2003 (Historische Zeitschrift, Beihefte, Band 36), S. 1-23.
ders.: Individuum und Generation. Identitätsbildung im 19. und 20. Jahrhundert. In: Geschichte in Wissenschaft und Unterricht 52 (2001), S. 406-414.
Schulz, Til: Eine eingreifende Psychoanalyse. In: taz, 1.7.1982.
Schulze, Hagen: Die Biographie in der »Krise der Geschichtswissenschaft«. In: Geschichte in Wissenschaft und Unterricht 29 (1978), S. 508-518.
Schur, Max: Comments on the Metapsychology of Somatization. In: Psychoanalytic Study of the Child 10 (1955), S. 119-164. Deutsche Fassung: Zur Metapsychologie der Somatisierung. In: Brede, Karola (Hrsg.): Einführung in die psychosomatische Medizin. Klinische und theoretische Beiträge, Frankfurt am Main, S. 335-395.
Schwidder, Werner: Die klinische Psychotherapie in Berlin. In: Psyche 4 (1950), S. 382.
Seifert, Jürgen: Gefahr im Verzuge. Zur Problematik der Notstandsgesetzgebung, Frankfurt am Main 1963.
Seifert, Monika: Zur Theorie der antiautoritären Kindergärten (1969). Wiederabdruck in: Geissler, Erich Eduard (Hrsg.): Autorität und Freiheit, 3. erweiterte Auflage, Bad Heilbrunn 1970, S. 68-73.
Sellin, Volker: Die Universität Heidelberg im Jahre 1945. In: Heß, Jürgen C. (Hrsg.), Heidelberg 1945, Stuttgart 1996, S. 91-106.
Siebel, Walter: Alexander Mitscherlichs Kritik der Stadt. In: Drews, Sybille (Hrsg.): Freud in der Gegenwart. Alexander Mitscherlichs Gesellschaftskritik, Frankfurt am Main 2006, S. 103-112.
Siedler, Joachim: »Holocaust«. Die Fernsehserie in der deutschen Presse. Eine Inhalts- und Verlaufsanalyse am Beispiel ausgewählter Printmedien, Münster 1984.
Simmel, Ernst (Hrsg.): Antisemitism. A Social Disease. New York 1946; Loewenstein, Rudolph M.: Christians and Jews. A Psychoanalytic Study, New York 1951.
Sombart, Nicolaus: Nachdenken über Deutschland: vom Historismus zur Psychoanalyse. München u. a., 1987.
ders.: Rendezvous mit dem Weltgeist. Heidelberger Reminiszenzen 1945-1951, Frankfurt am Main 2000.

Sontheimer, Kurt: So war Deutschland nie. Anmerkungen zur politischen Kultur der Bundesrepublik, München 1999.

Spiegel, John P.: Die Beziehungen zwischen der Psychoanalyse und der Soziologie aus der Sicht der Psychoanalyse. In: Jahrbuch der Psychoanalyse, Band 5, 1968, S. 21-47.

Stiftung Deutsches Rundfunkarchiv Frankfurt am Main/Berlin (Hrsg.): Rückkehr in die Fremde? Remigranten und Rundfunk in Deutschland 1945-1955, Frankfurt am Main 2000.

Szczesny, Gerhard: Als die Vergangenheit Gegenwart war. Lebenslauf eines Ostpreußen, Berlin/Frankfurt am Main 1990.

ders.: Die Zukunft des Unglaubens. Zeitgemäße Betrachtungen eines Nichtchristen, München 1958.

Teller, Christine: Carl Schneider. Zur Biographie eines deutschen Wissenschaftlers. In: Geschichte und Gesellschaft 16 (1990), S. 464-478.

Tent, James F. (Hrsg.): American Proconsul: Edward Y. Hartshorne and the Reopening of German Universities, 1945-1946. His Personal Account, Trier 1998.

Thom, Achim/Rapoport, Samuel Mitja (Hrsg.): Das Schicksal der Medizin im Faschismus. Auftrag und Verpflichtung zur Bewahrung von Humanismus und Frieden, Neckarsulm/München 1989.

Thomä, Helmut: Die Neopsychoanalyse Schultz-Henckes. Eine historische und kritische Betrachtung. In: Psyche 17 (1963/64), S. 44-128.

ders.: Psychohistorische Hintergründe typischer Identitätsprobleme deutscher Psychoanalytiker. In: Forum der Psychoanalyse 2 (1986), S. 59-68.

ders.: Von der »biographischen Anamnese« zur »systematischen Krankengeschichte«. In: Drews, Sybille u. a. (Hrsg.): Provokation und Toleranz. Festschrift für Alexander Mitscherlich zum siebzigsten Geburtstag, Frankfurt am Main 1978, S. 254-277.

ders.: Von der Psychosomatischen Medizin zur Psychoanalyse – Heidelberg 1949-1967. In: Psyche 37 (1983), S. 322-335.

Treiber, Hubert: Salongeselligkeit und Vortragskultur im Nachkriegs-Heidelberg – oder: über die Rückkehr der »letzten Bildungsbürger«. In: Heß, Jürgen/Lehmann, Hartmut/Sellin, Volker (Hrsg.): Heidelberg 1945, Stuttgart 1996, S. 255-269.

Uexküll, Thure von (Hrsg.): Lehrbuch der psychosomatischen Medizin, 4. Auflage, München 1990.

van Laak, Dirk: Gespräche in der Sicherheit des Schweigens, Berlin 1993.

Vanja, Christina/Vogt, Martin (Bearb.): Euthanasie in Hadamar. Die nationalsozialistische Vernichtungspolitik in hessischen Anstalten, Kassel 1991.

Veltin, Alexander: Praktische Reformansätze in den 60er Jahren: Therapeutische Gruppenarbeit im psychiatrischen Krankenhaus. In: Kersting, Franz-Werner (Hrsg.): Psychiatriereform als Gesellschaftsreform. Die Hypothek des Nationalsozialismus und der Aufbruch der sechziger Jahre, Paderborn u. a. 2003, S. 101-112.

Vollnhals, Clemens (Hrsg.): Entnazifizierung. Politische Säuberung und Rehabilitierung in den vier Besatzungszonen 1945-1949, München 1991.

Von der Tann, Matthias: Jung und der Nationalsozialismus. Texte und Daten, Berlin 1991.

Wangh, Martin: Die Durcharbeitung der Nazivergangenheit in der deutschen psychoanalytic community. Versuch einer Einschätzung aus naher Ferne. In: Psyche 50 (1996), S. 97-122.

ders.: Psychoanalytische Betrachtungen zur Dynamik und Genese des Vorurteils, des Antisemitismus und des Nazismus. In: Psyche 46 (1992), S. 1152-1176. Zuerst als gekürzte

Fassung in: Psyche 16 (1962), S. 273-284; wiederveröffentlicht in: Krovoza, Alfred (Hrsg.): Politische Psychologie. Ein Arbeitsfeld der Psychoanalyse, Stuttgart 1996, S. 66-93.

Warsitz, Rolf Peter: Das zweifache Selbstmißverständnis der Psychoanalyse: die Psychoanalysekritik von Karl Jaspers in immanenter Darstellung, Marburg 1985.

Weber, Marianne: Academic Conviviality. In: Minerva 15 (1977), S. 214-246.

Wehr, Gerhard: Gründergestalten der Psychoanalyse: Profile – Ideen – Schicksale. Zürich u. a. 1996.

Weigel, Sigrid: Korrespondenzen und Konstellationen. Zum postalischen Prinzip biographischer Darstellung. In: Klein, Christian (Hrsg.): Grundlagen der Biographik. Theorie des biographischen Schreibens, Stuttgart 2002, S. 41-54.

Weindling, Paul: Ärzte als Richter: Internationale Reaktionen auf die Medizinverbrechen des Nationalsozialismus während des Nürnberger Ärzteprozesses in den Jahren 1946-1947. In: Wiesemann, Claudia/Frewer, Andreas (Hrsg.): Medizin und Ethik im Zeichen von Auschwitz. 50 Jahre Nürnberger Ärzteprozeß, Erlangen/Jena 1996, S. 31-44.

ders.: Alexander Mitscherlich und die Deutsche Medizinische Kommission beim Nürnberger Ärzteprozess. In: Woelk, Wolfgang (Hrsg.): Nach der Diktatur. Die Medizinische Akademie Düsseldorf vom Ende des Zweiten Weltkriegs bis in die 1960er Jahre, Essen 2003, S. 69-85.

ders.: Die Rolle der Opfer und der ärztlichen Untersucher bei der Formulierung des Nürnberger Kodex. In: Härlein, Jürgen u. a. (Hrsg.): Medizin und Gewissen. Wenn Würde ein Wert würde … Eine Dokumentation über den internationalen IPPNW-Kongreß Erlangen 24.-27. Mai 2001, Frankfurt am Main 2002, S. 42-53.

Weisbrod, Bernd: Akademische Vergangenheitspolitik. Beiträge zur Wissenschaftskultur der Nachkriegszeit, Göttingen 2002.

ders.: Generation und Generationalität in der Neueren Geschichte. In: Aus Politik und Zeitgeschichte (2005), Heft 8, S. 3-9.

Weisert, Hermann: Die Verfassung der Universität Heidelberg: Überblick, 1386-1952, Heidelberg 1968.

Weizsäcker, Viktor von: Ärztliche Fragen, Leipzig 1934.

ders.: Begegnungen und Entscheidungen, Stuttgart 1949.

ders.: »Euthanasie« und Menschenversuche. In: Psyche 1 (1947), S. 5-39.

ders.: Gesammelte Schriften (hrsg. von Peter Achilles), Frankfurt am Main 1986-2005.

ders.: Psychosomatische Medizin. In: Psyche 3 (1949), S. 331-341.

ders.: Seelenbehandlung und Seelenführung nach ihren biologischen und metaphysischen Grundlagen betrachtet, Gütersloh 1926.

Wiesemann, Claudia/Frewer, Andreas (Hrsg.): Medizin und Ethik im Zeichen von Auschwitz. 50 Jahre Nürnberger Ärzteprozeß, Erlangen/Jena 1996.

Wiesenhütter, Eckhart: Freud und seine Kritiker, Darmstadt 1974.

Wiggershaus, Rolf: Die Frankfurter Schule. Geschichte, theoretische Entwicklung, politische Bedeutung, München 1988.

Wildt, Michael: Generation des Unbedingten. Das Führungskorps des Reichssicherheitshauptamtes, Hamburg 2002.

ders./Jureit, Ulrike (Hrsg.): Generationen. Zur Relevanz eines wissenschaftlichen Grundbegriffs, Hamburg 2005.

Winau, Rolf: Medizin und Menschenversuch. Zur Geschichte des »informed consent«. In: Wiesemann, Claudia/Frewer, Andreas (Hrsg.): Medizin und Ethik im Zeichen von Auschwitz. 50 Jahre Nürnberger Ärzteprozeß, Erlangen/Jena 1996, S. 13-29.

Wisser, Richard/Ehrlich, Leonhard H.: Karl Jaspers' Philosophie. Gegenwärtigkeit und Zukunft; Beiträge zur Fourth International Jaspers Conference, Würzburg 2003.

Witter, Ben: Alexander Mitscherlich. In: Prominentenportraits. Frankfurt am Main 1977, S. 23-26.

Wittmer, Christoph: Psychosomatische Konzepte bei Frank Alexander und Alexander Mitscherlich, (Diss.) Zürich 1994.

Woelk, Wolfgang/Bayer, Karen: »Ich habe es als meine Pflicht aufgefasst und gehofft, hier als Frau auch helfen zu können ...«. Herta Oberheuser. Eine Ärztin im Konzentrationslager Ravensbrück und ihr Leben in der Nachkriegszeit. In: Woelk, Wolfgang (Hrsg.): Nach der Diktatur. Die Medizinische Akademie Düsseldorf vom Ende des Zweiten Weltkriegs bis in die 1960er Jahre, Essen 2003, S. 253-268.

Wolgast, Eike: Karl-Heinrich Bauer – der erste Heidelberger Nachkriegsrektor. Weltbild und Handeln 1945-1946. In: Heß, Jürgen/Lehmann, Hartmut/Sellin, Volker (Hrsg.): Heidelberg 1945, Stuttgart 1997, S. 107-129.

Wolfe, Robert: Revival of Democratic Culture during the American Occupation of Heidelberg, 1945-1949. In: Heß, Jürgen C. (Hrsg.): Heidelberg 1945, Stuttgart 1996, S. 13-27.

Wünschel, Hans J.: Alexander Mitscherlich als »Regierungsmitglied«. In: Damals. Das aktuelle Magazin für Geschichte und Kultur 27 (1995), Nr. 5, S. 48.

ders.: Alexander Mitscherlich in der Provinzialregierung Neustadt. In: Psyche 36 (1982), S. 1164-1167.

Wunder, Michael: Der Nürnberger Kodex und seine Bedeutung für heute. In: Härlein, Jürgen u.a. (Hrsg.): Medizin und Gewissen. Wenn Würde ein Wert würde... Eine Dokumentation über den internationalen IPPNW-Kongreß Erlangen 24.-27. Mai 2001, Frankfurt am Main 2002, S. 54-63.

Wyss, Dieter: Die tiefenpsychologischen Schulen von den Anfängen bis zur Gegenwart, Göttingen 1977.

Zapp, Gudrun: Psychoanalyse und Nationalsozialismus: Untersuchungen zum Verhältnis Medizin/Psychoanalyse während des Nationalsozialismus, (Diss.) Kiel 1980.

Zepf, Siegfried (Hrsg.): Diskrete Botschaften des Rationalen. Psychoanalyse jenseits des Common-Sense, Göttingen/Zürich 1995.

ders.: Psychoanalytische Psychosomatik – Auf dem Weg zu einer affirmativen Wissenschaft? Eine Untersuchung des latenten gesellschaftlichen Inhaltes ihrer Konzepte. In: ders. (Hrsg.): Diskrete Botschaften des Rationalen. Psychoanalyse jenseits des Common-Sense, Göttingen/Zürich 1995, S. 176-218.

Zilboorg, Gregory: Zur Psychopathologie des sozialen Vorurteils (1947). In: Krovoza, Alfred (Hrsg.): Politische Psychologie. Ein Arbeitsfeld der Psychoanalyse, Stuttgart 1996, S. 43-65.

Zinnecker, Jürgen: Das Problem der Generationen. Überlegungen zu Karl Mannheims kanonischem Text. In: Reulecke, Jürgen (Hrsg.): Generationalität und Lebensgeschichte im 20. Jahrhundert, München 2003, S. 33-58.

Abkürzungen

AÄGP	Allgemeine Ärztliche Gesellschaft für Psychotherapie
APO	Außerparlamentarische Opposition
ARD	Arbeitsgemeinschaft der öffentlich-rechtlichen Rundfunkanstalten der Bundesrepublik Deutschland
AStA	Allgemeiner Studentenausschuss
BBC	British Broadcasting Corporation
BDIS	Bundesverband Deutsch-Israelischer Studiengruppen
BDM	Bund Deutscher Mädel
BMW	Bayerische Motorenwerke
BRD	Bundesrepublik Deutschland
CIC	Counter Intelligence Corps
CDU	Christlich-Demokratische Union
CSU	Christlich-Soziale Union
DAÄGP	Deutsche Allgemeine Ärztliche Gesellschaft für Psychotherapie
DAF	Deutsche Arbeitsfront
DDR	Deutsche Demokratische Republik
DFG	Deutsche Forschungsgemeinschaft
DGPT	Deutsche Gesellschaft für Psychotherapie und Tiefenpsychologie
DGSP	Deutsche Gesellschaft für soziale Psychiatrie
DPG	Deutsche Psychoanalytische Gesellschaft
DPV	Deutsche Psychoanalytische Vereinigung
EKG	Elektro-Kardiographie
FDP	Freie Demokratische Partei
FPI	Frankfurter Psychoanalytisches Institut
HJ	Hitler-Jugend
HSU	Humanistische Studenunion
HU/H.U.	Humanistische Union
IfS	Institut für Sozialforschung
IPA/IPV	International Psychoanalytic Association/ Internationale Psychoanalytische Vereinigung
IPPNW	International Physicians for the Prevention of Nuclear War
KPD	Kommunistische Partei Deutschlands
LSD	Liberaler Studentenbund
NPD	Nationaldemokratische Partei Deutschlands
NWDR	Nordwestdeutscher Rundfunk
NS	Nationalsozialismus, nationalsozialistisch
NSDAP	Nationalsozialistische Deutsche Arbeiterpartei
OSS	Office for Strategic Studies
RAF	Rote Armee Fraktion
RIAS	Rundfunk im amerikanischen Sektor
RM	Reichsmark
SA	Sturmabteilung
SBZ	Sowjetische Besatzungszone

ABKÜRZUNGEN

SDS	Sozialistischer Deutscher Studentenbund
SHB	Sozialdemokratischer Hochschulbund
SPD	Sozialdemokratische Partei Deutschlands
SPK	Sozialistisches Patientenkollektiv
SS	Schutz-Staffel
TAZ	Die Tageszeitung
US	United States
USA	United States of America
WDR	Westdeutscher Rundfunk
ZDF	Zweites Deutsches Fernsehen

Personenregister

Abendroth, Wolfgang 325, 329, 332, 357 ff., 375
Achelis, Johann Daniel 51, 64, 66, 68, 115 f.
Adenauer, Konrad 21, 79, 258, 290, 325, 328 ff., 348, 360, 384, 422, 426, 429
Adorno, Gretel 382
Adorno, Theodor W. 27, 78, 210, 213, 227, 230, 242, 263, 287-292, 306, 312, 314, 329, 353-357, 363, 366, 376, 380-383, 404, 407
Agricola, Rudolf 88 f.
Alexander, Franz 160 ff., 164, 181, 202, 210, 227
Altmann, Rüdiger 346
Alwens, Ludwig 37, 67
Amery, Jean 331
Andersch, Alfred 323, 327
Andersen, Christian 42
Anschütz, Gerhard 58
Arendt, Hannah 298, 302
Argelander, Hermann 152, 225, 227 f.
Arndt, Adolf 18, 78
Augstein, Rudolf 281, 374
Baader, Andreas 371, 393
Baeyer, Walter Ritter von 195, 215, 354, 390, 413 f.
Baeyer, Wanda von 333
Bahrdt, Hans Paul 340
Bakunin, Michail Alexandrowitsch 35
Balint, Michael 180, 202, 222, 227 f., 292
Bally, Gustav 44, 49, 59, 86, 90, 98, 135, 145, 158, 164, 179, 187, 202, 223
Bally, Hans Jürgen 86
Barzel, Rainer 11, 348-352, 357, 359, 408, 432
Bauer, Fritz 8, 273, 280 f., 329, 331 f.
Bauer, Jehuda 417
Bauer, Karl Heinrich 60, 62-66, 68 f., 73, 139, 147, 149, 207 ff.

Bauer, Manfred 414
Baumayer, Franz 188
Beauvoir, Simone de 331
Becker, Hellmut 59, 212, 218, 345 f.
Becker-Freysing, Hermann 112
Behr, Melitta 39, 43
Belzner, Emil 108
Benstz, Wolfgang 97, 99
Bermann-Fischer, Gottfried 268
Berna, Jaques 120
Best, Werner 27
Biedenkopf, Kurt 387 f.
Bila, Helene von 216, 218-222
Binswanger, Ludwig 158, 202, 425
Bismarck, Otto von 79
Bitter, Wilhelm 183
Blank, Theodor 325
Blanvalet, Lothar 81
Bloch, Hubert 112, 146, 148
Boehm, Felix 181 f., 187
Böll, Heinrich 329, 393
Bondy, Curt 90
Boor, Clemens de 409
Bouhler, Philipp 105
Bourdieu, Pierre 420
Bräutigam, Walter 355
Brandt, Karl 99, 105
Brandt, Willy 21, 342, 359
Brede, Karola 313, 340 f., 407
Brentano, Heinrich von 78
Broch, Hermann 238
Brocher, Tobias 225, 229, 292
Broszat, Martin 417
Brücher, Hildegard 75
Brückner, Peter 377, 389
Brundert, Willi 230
Buback, Siegfried 389
Bucerius, Gerd 281
Büchner, Franz 111 ff., 116, 119, 271-274
Bürger-Prinz, Hans 192, 194, 196, 277, 346 f., 414

475

Bullock, Alan 319
Bumke, Oswald 214, 347
Bychowski, Gustav 298
Catel, Werner 192, 276-279
Christian, Paul 159, 207
Clark, Delbert 147
Claassen, Eugen 84f., 87, 106, 155, 235, 243
Clauberg, Carl 268
Corti, Walter Robert 76f., 90
Crum, Earl L. 64ff.
Dahmer, Helmut 8
Dahrendorf, Ralf 251, 288, 329
Darwin, Charles 363
Dibelius, Martin 61
De Boor, Clemens 227
Degkwitz, Rudolph 276f.
Ding-Schuler, Erwin 279
Dirks, Walter 10
Dudek, Peter 319
Durkheim, Emile 234
Dutschke, Rudi 367, 370f.
Ebbinghaus, Julius 71, 73
Eberhard, Fritz 76
Eckardt, Hans von 52, 237
Ehebald, Ulrich 160, 194, 228
Eichmann, Adolf 298f., 302
Engelking, Ernst 63, 66, 107
Ensslin, Gudrun 371
Enzensberger, Hans Magnus 326, 329, 374
Epp, Franz von 47
Eppinger, Hans 114
Erhard, Ludwig 348
Erikson, Erik H. 164, 180, 188f., 202ff.
Ernst, Fritz 61, 65
Eysenck, Hans Jürgen 201
Federn, Paul 245
Feuerbach, Anselm 52
Fischer, Fritz 115
Frank, Walter 36
Franzen, Erich 324
Frenzel, Ivo 268
Freud, Anna 180, 204f.
Freud, Sigmund 21, 30, 35, 50, 53, 139, 141f., 156ff., 161f., 164f., 175, 178,

184ff., 189, 191f., 200-204, 214, 216, 224, 226f., 230, 232, 234, 236, 240, 245, 249, 289f., 305, 362f., 396, 410-413, 425f., 431
Friedeburg, Ludwig von 355, 380, 405
Frisé, Adolf 251, 337, 347
Fromm, Erich 180, 224, 410
Fromm-Reichmann, Frieda 180
Fuchs/ Foulkes, Siegmund Heinz 224
Gaulle, Charles de 373
Gebhardt, Karl 115
Gehlen, Arnold 154, 248, 260f., 429
Geiler, Karl 77
Gentner, Wolfgang 60f.
Gerber, Herbert 333
Gerold, Karl 109, 322, 337
Givesius, Hans Bernd 299
Göring, Hermann 92, 181
Göring, Mathias Heinrich 181
Goldman, Wilhelm 14
Goverts, Henry 86, 135
Grassi, Ernesto 244
Gregg, Alan 146
Gross, Johannes 319
Grotewohl, Otto 90
Grunberger, Bela 222, 293f.
Gürsching, Johannes 67, 103, 108
Gumbel, Emil 50, 213
Gutzeit, Kurt 114
Haagen, Eugen 112ff.
Habermas, Jürgen 9, 204, 228, 264f., 355f., 363, 366f., 375, 379ff., 382, 404, 430
Hacker, Friedrich 210
Haedenkamp, Carl 129
Häfner, Heinz 193f., 389, 413f.
Haffner, Sebastian 28
Hamacher, Jupp 110f.
Handloser, Siegfried 105
Harpprecht, Renate 417
Hartlaub, Gustav F. 75
Hartlieb, Horst von 333
Hartmann, Heinz 162f., 168, 234, 248
Hartner, Willy 272
Hartshorne, Edward Yarnall 62-66, 71
Hassel, Kai Uwe von 277

476

Hause, Richard 88 f.
Hauser, Kaspar 237 f.
Heer, Hans Georg 282 f.
Heidegger, Martin 154
Heigenmoser, Clara 31 f., 91, 246
Heigenmoser, Ernst 32
Heigenmoser, Karl 32, 146
Heilmeyer, Ludwig 209
Heimann, Paula 180, 188, 227, 380, 406, 426
Heimerich, Hermann 58
Heinemann, Gustav 14, 20 f.
Hegel, Georg Wilhelm Friedrich 260
Henk, Emil 53, 58, 60
Hess, Gerhard 219 f.
Heubner, Wolfgang 114 ff., 118 f., 127, 150
Heuss, Theodor 204, 345
Heyde, Werner (Fritz Sawade) 51, 268, 276 f., 281 f.
Hillebrecht, Rudolf 342
Himmler, Heinrich 273
Hitler, Adolf 24, 40 ff., 45 f., 92, 118, 133, 182, 222, 286, 298 f., 303 f., 313, 316 f., 319, 345, 348, 367, 422, 435
Hochheimer, Wolfgang 179, 293 f.
Hoelscher, Gustav 52
Hoffer, Willi 224, 227, 339
Hoffmann, Ernst 52
Hoffmann, Waldemar 39
Hofstätter, Peter R. 306
Holzlöhner, Ernst 111 f.
Honolka, Bert 277, 279, 281 f.
Hoops, Johannes 60
Horkheimer, Max 27, 202 ff., 210-214, 216, 218, 221-224, 227, 230, 242, 287-290, 295, 299, 306, 329, 355 ff., 363
Horn, Klaus 363, 408
Horney, Karen 181, 224
Huber, Wolfgang 389 f.
Humboldt, Alexander von 31
Imhoff, Hans 380 ff.
Jacobs, Jane 340
Jacoby, Russell 162
Jaffé, Else 52

Jahn, Alfred 282
Janssen, Sigurd 112
Jaspers, Karl 52 ff., 60-65, 70, 73, 75, 78, 81, 86, 113, 142 f., 147, 150, 155, 422, 430
Jellinek, Georg 70
Jens, Walter 329
Jensen, Friedrich 97, 99
Joachimsen, Paul 35 f.
Jones, Ernest 181
Jores, Arthur 121, 144, 219
Joseph, Frank 80
Jünger, Ernst 21, 37 f., 40 ff., 67, 422
Jünger, Friedrich Georg 38
Jung, Carl Gustav 93 f.
Kahler, Erich von 44
Kaiser, Joachim 252, 329
Katzenstein, Erich 44
Katzenstein, Netty 44
Kekulé, Friedrich August 362
Kemper, Werner 182
Kennedy, John Fitzgerald 348
Kielmannsegg, Peter Graf von 319
Kiesl, Erich 402
Kimming, Joseph 209
Kisker, Karl-Peter 414
Klein, Melanie 181
Klett, Ernst 177, 201, 235, 412
Kluke, Paul 299
Knappstein, Karl Heinrich 78
König, René 44, 131 f., 217, 219, 244 f., 263, 293, 327, 331 f., 334, 356, 385, 431
Kogon, Eugen 109, 132, 280, 319, 375
Kohut, Heinz 14 f., 226, 259, 337, 354, 382
Kopernikus, Nikolaus 363
Korn, Karl 10 f., 196, 202
Krämer-Badoni, Rudolf 324
Krahl, Hans-Jürgen 367, 374, 380
Krapf, Eduardo 202
Kretschmer, Ernst 156, 189-192, 194, 197 f., 215
Kretschmer, Wolfgang 194
Krüger, Horst 307 f.
Kuby, Erich 329
Künzler, Erhard 228

PERSONENREGISTER

Kütemeyer, Wilhelm 354
Kuiper, Piet 226
Kulenkampff, Caspar 414 f.
Kunz, Hans 178 f.
Kurzweil, Edith 409
Kutter, Peter 361, 405
Lampl-de Groot, Jeanne 180, 183, 224, 227
Landauer, Karl 180, 287
Le Bon, Gustave 241
Leibbrand, Werner 192, 325
Lenz, Siegfried 327
Le Soldat, Judith 362
Linfert, Carl 323 f.
Löwenfeld, Henry 222, 354
Löwenfeld, Yela 347
Löwenthal, Richard 385 f.
Lorenz, Konrad 391
Lorenzer, Alfred 227
Lübbe, Hermann 318 f., 385
Lübke, Heinrich 307, 345
Luther, Martin 35
Maier, Hans 385
Mann, Golo 329
Mann, Klaus 28
Mann, Thomas 37, 305
Mannheim, Karl 249
Marcuse, Herbert 202, 259, 290, 306, 365, 368, 387 f., 393, 410
Marcuse, Ludwig 331
Martini, Paul 150, 221
Marx, Karl 35, 82, 88, 260
Massfeller, Franz 278
Mauz, Friedrich 195
Mehring, Otto von 226 f.
Meinecke, Friedrich 36, 303
Meinhof, Ulrike 389, 393
Meng, Heinrich 180, 224
Mengele, Josef 216
Mennecke, Friedrich 51
Mielke, Fred 97, 99, 107, 118, 123 ff., 126, 129, 270, 275
Mikorey, Max 214 f.
Mitscherlich, Alexander (1836-1918) 31
Mitscherlich, Barbara 39, 43, 247
Mitscherlich, Harbord 31 ff., 35, 47, 246

Mitscherlich, Eilhard 31
Mitscherlich, Melitta 247
Mitscherlich, Meret 43
Mitscherlich, Monika 39, 247, 358 f., 389
Mitscherlich, Oliver Malte 43
Mitscherlich, René 53, 247
Mitscherlich, Thomas 53, 247
Mitscherlich, Mathias 247
Mitscherlich-Nielsen, Margarete 49, 149, 227, 229, 247, 252, 317, 355 f., 408, 413, 417, 433
Moellenhoff, Fritz 210
Moser, Tilman 12, 320 f.
Müller, Karl-Alexander von 36
Müller-Braunschweig, Carl 181 f., 184-189, 427
Müller-Marein, Josef (Jan Molitor) 281
Nannen, Henri 281
Neill, Alexander Sutherland 334
Neuffer, Hans 199
Niekisch, Ernst 21, 39-44, 46-49, 422
Niemöller, Martin 18
Oberheuser, Herta 267 f.
Oehme, Curt 63, 66, 119, 136 ff., 140 f., 207, 212
Oelemann, Carl 98, 102 f.
Oertzen, Peter von 358
Ohlendorf, Otto 301
Ohnesorg, Benno 363-366
Oprecht, Emil 44, 87
Ormond, Henry 273 f.
Osterloh, Edo 277 f.
Otto, Günther 67
Parin, Paul 157, 161 f., 164, 382, 410, 428
Parsons, Talcott 163, 234, 248
Penham, Daniel 65 f.
Picht, Georg 282
Pieck, Wilhelm 90
Platen, Alice von 97, 99, 102, 125
Plessner, Helmuth 211, 327
Plügge, Herbert 207
Plum, Maria 112
Portmann, Adolf 85
Quadflieg, Will 251
Radbruch, Gustav 52, 60 f., 70, 107

478

Radkau, Joachim 25
Rado, Sandor 224
Rascher, Sigmund 111, 116, 272
Rathenau, Walter 37
Rathke, Arthur 349
Redlich, Fritz 189, 214, 296, 305, 361, 369
Regenbogen, Otto 52, 60f., 70
Reich, Wilhelm 181, 363, 365, 368, 378, 410f., 434
Reich-Ranicki, Marcel 417f.
Rein, Hermann Friedrich 116-119, 121, 127, 150, 208
Reifenberg, Benno 251
Rentsch, Eugen 129
Richter, Hans-Werner 329
Richter, Horst Eberhard 184f., 188, 222, 355, 390, 408, 411-415, 422
Richthofen, Else 52
Riesman, David 239f., 324
Rößner, Hans 301f.
Rodenwaldt, Ernst 51
Rose, Gerhard 279ff.
Rosenberg, Alfred 182
Rosenkötter, Lutz 229, 377
Rosenthal-Pelldram, Erich 280
Rossier, Paul H. 145
Rothfels, Hans 25f.
Rüegg, Walter 385
Rühmkorf, Peter 329
Ruff, Siegfried 282f.
Ruffler, Gerhard 228
Ruge, Gerd 18
Runge, Hans 51, 207
Salin, Edgar 120f., 147, 236
Salomon, Ernst von 37
Sauerbruch, Ferdinand 67, 114ff., 118f., 127, 150
Schäfer, Konrad 114
Schauer, Helmut 361
Scheffler, Wolfgang 417
Scheler, Max 154
Schelsky, Helmut 27, 72, 249, 258, 263, 356
Schenk, Ernst von 86
Scheuch, Erwin Kurt 385

Scheunert, Gerhart 222, 224, 427
Schmid, Carlo 78, 149f., 358f.
Schmidhuber, Karl 64
Schmitt, Carl 346
Schmitthenner, Paul 60
Schneider, Carl 50f., 70, 137
Schneider, Hans 107, 302
Schneider, Kurt 137-141, 143f., 169, 191f., 206, 214f.
Schneider, Lambert 78, 85, 106, 115, 129, 131, 268
Schottlaender, Felix 44, 59, 86f., 112, 137f., 140, 146, 158, 177ff., 183, 187, 425
Schraml, Walter 297
Schröder, Oskar 114
Schüddekopf, Jürgen 323
Schumacher, Kurt 80
Schultz, Johannes Heinrich 187
Schultz-Hencke, Harald 157, 182-185, 289
Schulze-Boysen, Harro 39
Schur, Max 162, 165, 168
Schwarzhaupt, Elisabeth 414
Schwiegk, Herbert 130
Seifert, Jürgen 358f.
Seitz, Walter 219f.
Senghor, Leopold 12
Shakespeare, William 35
Siebeck, Richard 63, 138, 155, 187, 390
Siebel, Walter 341
Sieburg, Friedrich 324
Siedler, Wolf Jobst 341
Sievers, Wolfgang 105
Silbermann, Alphons 293f.
Six, Alfred 326
Sohn, Karl Heinz 346
Sohmen, Egon 402
Solms, Wilhelm 224
Sombart, Nicolaus 52, 78f.
Sontheimer, Kurt 388
Spamer, Wolfgang 97, 99
Spazier, Dieter 390
Spengler, Oswald 429
Spitz, René A. 164, 180, 202f., 217, 222
Stengel, Erwin 202

Stern, Carola 18
Sternberger, Dolf 39f., 54, 57f., 86-89
Sterren, H.A. van der 224
Strauß, Franz Josef 281, 349
Strawinsky, Igor Fjodorowitsch 14
Süllwold, Fritz 355, 404
Süsterhenn, Adolf 333
Szczesny, Gerhard 306, 308, 326 -332, 334f.
Taube, Jacob 369
Tenbruck, Friedrich H. 314, 385
Thieme, Hans 272f.
Thomä, Helmut 165, 390
Uexküll, Thure von 208, 215f., 218-222, 230, 293
Unseld, Siegfried 395
Verschuer, Otmar Freiherr von 216
Villinger, Werner 191f., 195, 218, 279
Vogel, Horst 225
Vogel, Ingrid 407
Vogel, Paul 53f., 63, 74, 140
Wagenbach, Klaus 13
Walser, Martin 321, 326
Wangh, Martin 293-296, 314, 406

Weber, Alfred 51f., 61, 70, 78-81, 85, 88f., 113, 201, 207, 250, 325
Weber, Marianne 52
Weber, Max 25
Weigert, Edith 222
Weismann, Willi 322
Weizsäcker, Viktor von 44, 49, 53, 63f., 97, 113, 136ff., 140f., 143, 146, 150, 152f., 155, 156-160, 164, 177, 186, 189, 206ff., 422, 425
Weltz, Georg August 112, 135
Wickert, Ulrich 283
Wiedemann, Georgia 43, 47, 246f.
Wiegandt, Herbert 21, 417
Wilmanns, Karl 51
Witzleben, Henry von 423
Wolf, Robert 79
Wyatt, Frederik 202
Zahn, Peter von 367
Zierold, Kurt 219
Zinn, Georg August 204ff., 218f., 220-223, 230, 280
Zullinger, Hans 202, 222
Zutt, Jürg 112, 195, 220f., 273, 274